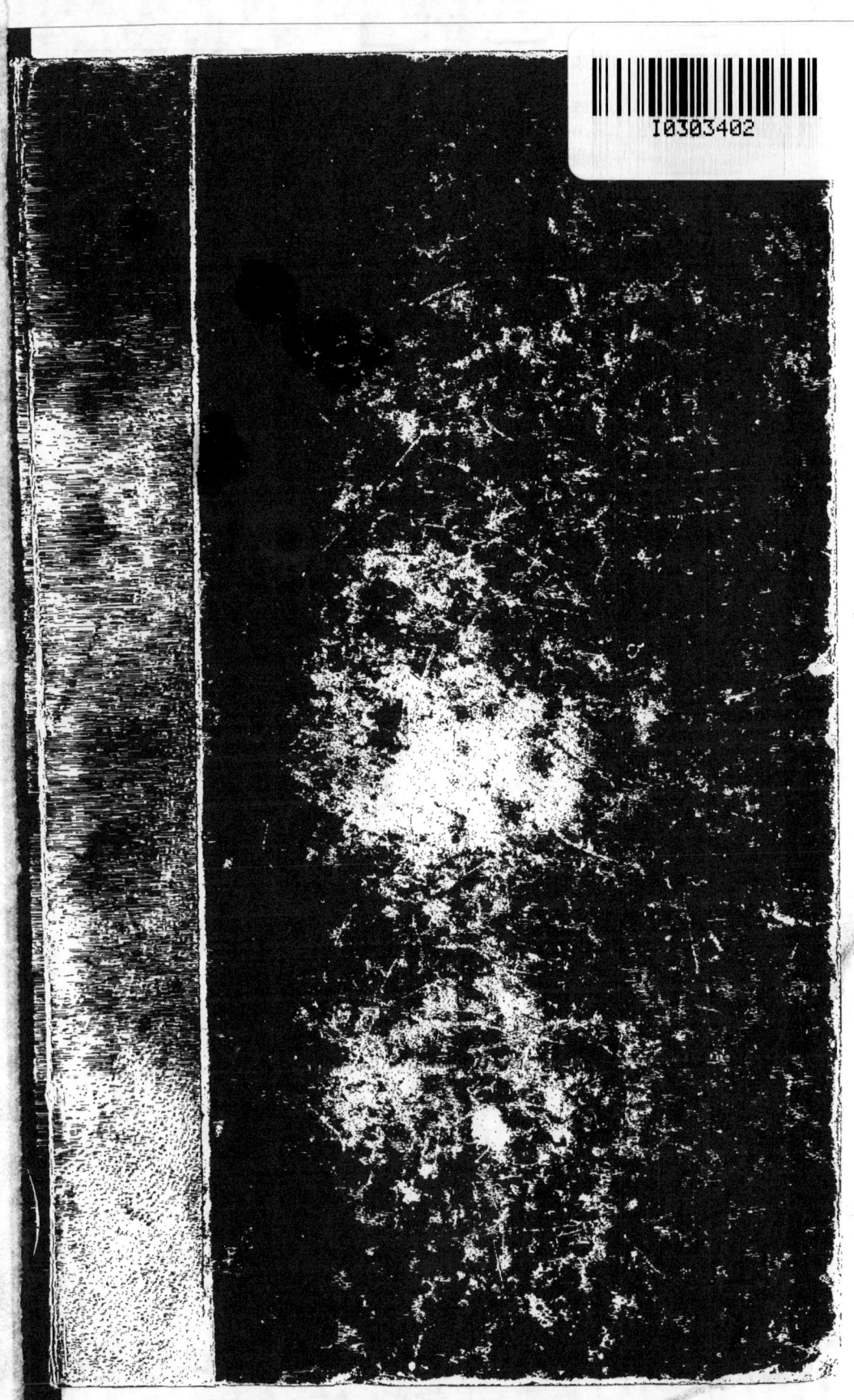

ANNALES

HISTORIQUES ET CHRONOLOGIQUES

DE

LA VILLE D'ARBOIS,

DÉPARTEMENT DU JURA,

DEPUIS SON ORIGINE JUSQU'EN 1830,

PAR EMM. BOUSSON DE MAIRET,

Professeur émérite de Belles-Lettres, Officier de l'Université, Membre de plusieurs Sociétés savantes.

Celebrare domestica facta.
Hor.

On peut se procurer cet ouvrage

A ARBOIS, CHEZ L'AUTEUR,

ET CHEZ POINTURIER PÈRE, IMPRIMEUR-LITHOGRAPHE A DOLE,

ÉDITEUR.

1856.

ANNALES

HISTORIQUES ET CHRONOLOGIQUES

DE LA VILLE D'ARBOIS.

ARBOIS, IMPRIMERIE DE MADAME JAVEL.

PRÉFACE.

De toutes les villes importantes de l'ancienne province de Franche-Comté, Arbois est la seule à laquelle il n'ait été consacré que de courtes notices, dont aucune n'est exempte de nombreuses erreurs. Leurs auteurs, étrangers à la localité, ont été privés des moyens de réunir les documents authentiques sans lesquels il leur était impossible de ne pas s'égarer souvent.

Arbois mérite néanmoins de posséder ses annales; aux États-généraux de la province, où siégeaient les députés de quatorze villes, classées d'après leur population, elle occupait le cinquième rang. Avant 1789, elle était le chef-lieu d'un bailliage; sa mairie datait des dernières années du xve siècle; on distinguait dans son enceinte, dont les fortifications ne disparurent qu'après la conquête de 1674, un prieuré, dont plusieurs prélats furent les titulaires; une église paroissiale, fondée au xe siècle, à laquelle était attachée une familiarité nombreuse; une église collégiale et cinq couvents. Elle a soutenu quatre siéges et vu naître plusieurs hommes illustres ou recommandables. Depuis 1802, elle est le siége du tribunal de première instance de l'arrondissement, et possède un collége communal, dont l'établissement remonte à près de quatre siècles.

Ce n'était point dans des ouvrages imprimés que nous pouvions puiser la matière de nos récits, c'était dans les archives de la ville, où se trouvent déposés les documents que nous avons consultés. Le temps et les orages révolutionnaires en ont détruit un grand nombre ; plusieurs ont enrichi le dépôt départemental ; néanmoins, malgré ces soustractions, il en reste une quantité immense, la plupart insignifiants, que nous avons examinés l'un après l'autre, et dont nous avons opéré le classement.

Dans la composition d'une histoire locale, on pouvait choisir entre deux méthodes. La première, qui consistait à grouper les faits dans une narration continue, se rapprochait de la forme d'une histoire générale : la seconde, était de les présenter isolément, jour par jour et dans l'ordre chronologique. La première offrait l'inconvénient de rapporter beaucoup de faits connus qui appartiennent à l'histoire du pays entier, et en excluait nécessairement beaucoup d'un intérêt secondaire, mais qui, pour les habitants de la localité, ne sont pas moins curieux que les faits généraux. La seconde écartait ces inconvénients, et présentait en outre l'avantage de mettre en relief une foule d'actes intéressants, non seulement pour la ville, mais encore pour les familles, auxquelles il devenait facile de remonter à leur origine, et de retrouver tout ce qui peut leur être honorable.

Cette méthode, qui ne se recommande que par l'exactitude, et ne comporte aucun mérite purement littéraire, nous a paru infiniment préférable à l'autre, et nous nous y sommes arrêté. Avant l'époque où nous nous sommes livré à ce travail, elle avait été employée par un ecclésiastique érudit, M. l'abbé Pianet, décédé en 1842, qui avait compulsé à cet effet les registres des délibérations du corps du magistrat, depuis 1587 jusqu'aux premières années du xviiie siècle. Le résultat de ses recherches nous a été communiqué, et nous l'avons poursuivi jusqu'à nos jours. C'était une ébauche dont nous avons élagué tout ce qui offrait peu d'importance et d'intérêt. Mais les registres étant loin de rapporter tous les faits dignes d'être rappelés à la mémoire, et ne renfermant aucune chartre et pièce officielle, nous avons complété le tableau au moyen des pièces détachées conservées dans les archives, et nous avons fidèlement analysé les chartres, dont la longueur ne permettait pas de les transcrire dans leur intégrité.

Tel est l'ouvrage, fruit de douze années de consciencieuses et pénibles recherches, que nous présentons à nos concitoyens ; ils y verront les titres de gloire de leurs pères, et y trouveront de beaux exemples à suivre ; les leur faire connaître, c'est les encourager et les préparer à les imiter.

Arbois, avril 1856.

INTRODUCTION.

§ I. Origine et antiquité de la ville d'Arbois.

Si l'origine de la ville d'Arbois, chef-lieu de canton de l'arrondissement de Poligny, département du Jura, remonte à des temps déjà reculés, il est impossible d'en préciser l'époque. On assure que ses vins étaient connus des Romains ; ce qui peut nous faire admettre cette assertion, c'est que dans ses environs il a été découvert beaucoup de médailles consulaires et impériales, et des fragments de tuiles et d'autres débris de bâtiments dont les fondements même ont disparu. Quant à la ville, elle n'offre dans son enceinte aucun édifice dont la fondation ne puisse être déterminée.

Quelques écrivains, sur la foi de Paul Mérula, célèbre géographe qui florissait vers la fin du xvie siècle, ont cru retrouver dans Arbois ce qu'ils ont appelé l'*Arborosa* d'Ammien Marcellin. Nous ferons observer d'abord que le nom d'Arborosa ne se trouve point dans l'historien romain. Le texte est altéré dans ce passage, on y lit Arbor... et la fin du mot, restée illisible dans le manuscrit, est perdue. En second lieu, Ammien, dans cet endroit de son ouvrage, parle d'une expédition du césar Julien, gouverneur des Gaules, qui, apprenant que la cité d'Autun était menacée d'une attaque des barbares, quitta précipitamment la ville de Vienne, et accourut au secours de l'antique capitale des Eduens. Là, il reçoit l'avis que de nombreux rassemblements ennemis se sont formés aux environs d'Auxerre, et il se décide à les dissiper sans délai. Dans cette intention, il assemble son conseil, afin de connaître quel est le chemin le plus sûr et le plus court pour y conduire son armée. Les uns proposent de marcher par Arbor..., les autres par Sedelaucum (Saulieu), et Cora (Cure (1). Or, pour aller d'Autun à Auxerre, dans une circonstance où les moments étaient précieux, aucun des officiers de Julien ne pouvait proposer de faire un détour de plus de cinquante lieues, en passant par Arbois. Du reste, la localité d'Arbor... est complétement inconnue, et jamais Arbois ne s'est appelée Arborosa. Dans les chartes les plus anciennes, elle a toujours été désignée sous celui d'*Arbos*, *Arbosium*, composé de deux mots celtiques, *Ar*, terre, et *bos*, fertile.

En effet, aucune qualification ne lui convient davantage, et le célèbre chanoine de Nozeroy, Gilbert Cousin, dans sa description de la Haute-Bourgogne, publiée en 1552, a décrit Arbois avec une exactitude que trois siècles n'ont point altérée.

« Sed hinc rectà Arbosium descendamus, quod inter
» egregia oppidula numerari potest. Peramœno enim loco
» situm, atque omnium rerum copiâ in primis optimi et
» ad vetustatem durantis vini florens ac celeberrimum est.
» Magnis circumquàque suburbiis impeditur, folsis cingi-
» tur, sed hortensibus. Circum se sunt montes, aspectu

---

(1) Saulieu (Côte-d'Or); Cure, village près de Vézelay, département de l'Yonne.

» fontium, vinetorum ac arborum copiâ suavissimi. Hinc
» Arbosium dictum, quod arboribus consitum sit. Fruc-
» tibus enim sic referta est hæc vallis ut pomarium tota
» videri possit.

   » Pecori acceptissima tellus
» Est alibi, gramenque virens hinc miltit alendo...
» Æthera quid purum memorem, cœlique salubris
» Hic tenues auras, quas dicti ad sidera montes
» Adspirant......

» Ejus vallis ad occidentem vergentis lætissima excipiunt
» prata, quæ usquè ad Vadanæ arcis mænia perdurant.
» Nemo enim crederet quanta sit utriusque agri Arbosiani
» et Vadani tum amœnitas, tum fertilitas, quantaque sit
» omnis generis fructuum ibidem copia. »

« — Mais, de là, descendons directement à Arbois,
» petite ville fortifiée qui peut être comptée parmi les plus
» remarquables. Sa position est pleine d'agrément, toutes
» les productions, excellentes chacune dans leur espèce,
» y croissent en abondance ; mais ce qui la rend surtout
» florissante et célèbre, ce sont ses vins, dont la bonté
» augmente toujours en vieillissant. De vastes faubourgs
» l'environnent de toutes parts, et des fossés, cultivés en
» jardins, en dessinent l'enceinte. Autour d'elle s'élèvent
» des montagnes dont l'aspect enchanteur offre des sources,
» des vignes et une multitude d'arbres, d'où lui vient le
» nom d'Arbois, lieu planté d'arbres. En effet, cette vallée
» est tellement féconde en fruits, qu'elle peut tout entière
» être appelée un verger.

» Nulle terre n'est plus agréable aux troupeaux et n'offre
» à leur nourriture d'herbe plus verdoyante. Que dirai-je
» de la pureté du ciel, de la salubrité du climat, de la

» légèreté de l'air, respiré sur ces montagnes qui s'élèvent
» vers les astres?

» Vers la partie de la vallée qui s'incline à l'occident,
» s'étendent de riantes prairies, qui ne s'arrêtent qu'aux
» remparts du château fort de Vadans. Personne enfin ne
» pourrait se figurer quelle est, et la beauté et la fertilité,
» et l'abondance en toutes productions de ces deux terri-
» toires, Arbois et Vadans. »

Au même sentiment d'admiration pour les agréments du pays doit être attribuée la recommandation suivante :

« Arbosium repete, si vis dormire quiete. »
« Reviens à Arbois, si tu veux jouir d'un paisible sommeil. »

C'est environ au quatrième siècle de l'ère chrétienne que nous croyons pouvoir faire remonter une première agglomération de population dans le vallon d'Arbois. Ce nom n'est mentionné ni dans la carte de Peutinger, ni dans la notice de l'empire. La grande voie romaine de Lyon à Besançon la laissait au nord-est, à environ trois ou quatre kilomètres de distance. Suivant toute apparence, ses premiers habitants furent une colonie de *Faramanni*, Faramans, venus à la suite des conquérants Burgondes ou Bourguignons, dont ils formaient ce qu'on appelait la famille, domestiques ou colons cultivateurs. La beauté du climat, la fertilité du sol les décidèrent à y fixer leurs demeures. Enrichis par leurs travaux, ils obtinrent leur affranchissement, et, devenus citoyens libres, sous la protection de quelques personnages puissants, ils en vinrent à participer aux affaires générales, dont aucune ne pouvait être décidée sans leur consentement. Ainsi, en 1053, longtemps avant l'établissement des communes, nous les voyons participer à la fondation de la Maladrerie d'Arbois.

Ces conjectures, auxquelles l'absence de tout document écrit nous oblige d'avoir recours, nous semblent d'autant mieux fondées, que d'après M. le baron de Gingins la Sarraz, dans son savant ouvrage *de l'Établissement des Bourguignons dans les Gaules*, le mot germanique *Fahrmann*, se décompose ainsi : *Fahr*, émigrant, et *mann*, homme. De son côté, la loi Gombette a désigné sous le nom de *Fahrenmanns* des bandes de Germains qui émigraient en Séquanie par familles isolées, après la conquête de la province par les Bourguignons.

Environ trois siècles après, vers l'an 732, une autre émigration vint se joindre à la première avec laquelle elle se confondit dans la suite des temps. Ce fut celle des armées musulmanes d'Abdel-Rahman, qui, vaincues à Poitiers par Karle Martel, et poursuivies dans le midi de la Gaule, remontèrent la rive gauche du Rhône, et se répandirent dans la Séquanie, où une foule de lieux rappellent le souvenir de leur passage.

Le premier document écrit où il soit question de la localité d'Arbois ou de son territoire, est de l'an 969. C'est une donation faite par un diacre nommé Alton, à la comtesse Ermentrude, femme d'Albéric II, comte de Bourgogne, pour en disposer en œuvres pies, de l'église de Glénon et d'une vigne en Corcelles (1). Or, Corcelles ou Courcelles est un faubourg de la ville, et l'église de Glénon, depuis longtemps détruite, ainsi que le village qui l'environnait, s'étendait dans l'espace compris entre les granges Grilliard et de Vauxy, qui font partie du territoire d'Arbois.

C'est à cette époque, et antérieurement peut-être, qu'on

(1) Voy. Chevalier, Mémoires sur la ville de Poligny, tome 1, page 77 et 315.

peut faire remonter l'établissement du prieuré de S.-Just. On sait que c'est aux établissements religieux que la plupart des villes qui datent du moyen-âge, ont dû leur fondation. Mais ici se présente une difficulté. Ce prieuré fut-il primitivement établi près de l'église dont il portait le nom, et dont les premières constructions ne remontent pas au delà du dixième siècle, ou au monastère depuis longtemps détruit, qui s'élevait dans un vallon demi-circulaire, nommé Cul-du-Brey, à l'orient du village de Mesnay, à la distance de plus de trois kilomètres de la ville actuelle? L'existence de ce monastère est incontestable, il serait même possible que saint Lauthein, mort en 547, ait été son fondateur, et que là doit être placé le *Maximiacus*, où il réunit quarante de ses disciples. Mais comme nous ne présentons ces observations que sous la forme du doute, nous n'entreprendrons point de discussion à cet égard.

§ II. POSITION GÉOGRAPHIQUE, TOPOGRAPHIE.

La ville d'Arbois est située à quarante-huit kilomètres sud-ouest de Besançon, quarante nord-est de Lons-le-Saunier, trente-quatre sud-est de Dole, et placée à peu près à égale distance des villes de Salins et de Poligny. Son élévation au-dessus du niveau de la mer, est, d'après le célèbre P. Chrysologue de Gy, de cent quarante-sept toises, ou deux cent nonante-quatre mètres.

Le territoire se divise en partie haute et partie basse; la première est couverte de bois, de pâturages et de terres labourables; l'autre partie, consacrée presque entière à la culture de la vigne, dont les produits forment la principale richesse du pays, offre en même temps des prés, des vergers, des jardins et des champs où croissent toutes les productions nécessaires à la vie. Les céréales néanmoins sont loin d'être en rapport avec les besoins de l'alimentation des habitants.

Trois cours d'eau le traversent, la *Cuisance*, qui prend sa source au village des Planches, à cinq kilomètres au-dessus de la ville qu'elle sépare en deux parties inégales. Les eaux de cette rivière sont poissonneuses, et nourrissent surtout la truite, qui y est d'une excellente qualité; elles ne tarissent jamais, et les deux sources dont elles sortent sont remarquables en ce que l'une est favorable à la production du tuf, et que l'autre le dissout. Elle alimente de nombreux moulins et une papeterie, située au village de Mesnay, qui depuis quelques années a pris de vastes proportions, et dont les produits sont recherchés au loin. Le second cours d'eau, connu sous le nom de *Ruisseau Javel*, venait, il y a environ un siècle, arroser au nord les fossés d'Arbois; mais depuis que les fortifications en ont été détruites, son cours a été détourné; et après avoir arrosé les faubourgs de Larnay et de Verreux, il rejoint la Cuisance au-dessous de la ville. Quant au troisième, le moins considérable de tous, mais que les pluies rendent souvent torrentueux, il prend sa source à la Doye, et se dirige sur le faubourg de Faramand, où des conduits souterrains amènent ses eaux dans la Cuisance.

Indépendamment de ces trois cours d'eau, on remarque dans le territoire un grand nombre de sources plus ou moins abondantes qui donnent des eaux limpides et saines. Celle qui alimente la plupart des fontaines de la ville et beaucoup de maisons particulières, est située au nord-est du village de Mesnay, d'où l'amènent des conduits en fer qui la distribuent dans les différents quartiers. Ce fut vers 1829 que l'administration municipale, dirigée par M. de Sarret de Grozon, en assura le bienfait à la ville.

Le territoire d'Arbois est limité au nord par la grange Perrey et le village de Montigny, à l'est par ceux des Planches et de la Châtelaine, au sud par Poligny, Buvilly, Pupillin et Grozon, à l'ouest par les villages de l'Abergement, de Vadans et de Villette. D'après le cadastre exécuté en 1810, il comprend 747 hectares de terres labourables, 495 de prés, 1,037 de vignes, 1861 de bois, 97 de pâture et de friches, et 24 de jardins et vergers. A cette époque, le nombre des maisons s'élevait à 1085, mais il s'est augmenté depuis.

L'établissement d'une Maladrerie, au milieu du xie siècle, prouve que déjà alors, la population avait atteint un chiffre important. Quatre siècles après, en 1488, nous trouvons dans un jet (imposition extraordinaire) mis pour la façon des cloches et la reconstruction du beffroi de l'église de Saint-Just, 373 contribuables, chefs de famille. Aujourd'hui, d'après le dernier recensement, Arbois renferme 6,793 habitants.

Jusque vers l'an 1260, Arbois, quoique déjà considérable, ne fut qu'une *villa*, ou bourg sans défense. Ce fut dans les dix années qui suivirent qu'elle s'entoura de remparts.

Au sud-est, à l'endroit où se rencontrent la Grand'rue et celle de la Tour, s'élevait la porte Oudin, ou d'En-haut, ou de l'Hôpital, dont les bâtiments étaient voisins. En remontant vers le nord, se trouvaient successivement et sur le même alignement les tours de Rosières et de Chaudane; celle-ci, sur l'emplacement actuel de la petite maison occupée par le garde du chantier, formait le coin. De là, le rempart, faisant face au nord, se dirigeait vers le presbytère, ancien château dont la tour, encore intacte, portait le nom de Vellefaux, et descendait à la porte Picardet, située vers l'endroit où se trouve l'arc du collége, à l'entrée de la rue de ce nom. A cette porte que défendait une chaîne à l'extérieur, aboutissait la route qui conduisait à Besançon. Plus bas, vers le haut de la promenade de Notre-Dame, s'élevait la tour du Raisin, d'où le rempart, fortifié de demi-lunes, arrivait à la tour de Vautravers, en face de laquelle était placée la tour Daguet, qu'a remplacée plus tard le château de Montfort.

De la tour de Vautravers qui formait le coin, une courtine dont quelques parties sont encore debout, aboutissait, faisant face à l'ouest, à la porte d'En-bas ou de Courcelles, située immédiatement au-dessus de la promenade qui sépare la ville du faubourg.

Venait ensuite, après une courtine qui passait au-devant de l'église collégiale de Notre-Dame, la tour des Oies, d'où le rempart se dirigeait vers le château Bontemps, et sur la rive droite de la Cuisance, l'intervalle qui s'étend depuis le château au pont de Saint-Just, était fortifié par un mur à maçonnerie simple, cette partie de l'enceinte étant la moins accessible et la moins exposée au feu de l'artillerie, à raison des fortifications qui s'élevaient de l'autre côté de la rivière.

En effet, de l'autre côté de la rivière était un rempart formant l'enceinte du cimetière, protégeant le moulin des Terreaux, l'église de Saint-Just et le Prieuré, qui lui-même était une véritable forteresse. Il en reste la partie inférieure d'une tour, dont les murs sont d'une épaisseur extraordinaire. De là, le rempart se rapprochait de la rivière et allait se joindre à la tour de Faramand, où s'ouvrait la porte de ce nom, qui formait la tête du pont de la Boucherie. Après avoir traversé ce pont, se trouvait une seconde porte appelée du Bourg, ou des Maiseaulx.

De cette deuxième porte, le rempart suivait la rive droite de la rivière, arrivait à la tour Chaffin, dont il reste quelques vestiges, puis à la tour Gloriette, la seule qui, avec la tour Vellefaux, ait été en son entier respectée par le temps.

De la tour Gloriette, le rempart, faisant face au midi, se dirigeait en droite ligne vers la porte Oudin ; à l'issue de la rue Bourgogne existait une poterne servant de communication directe entre cette rue et la rue Chevrière.

Telles étaient les fortifications d'Arbois, dont, pendant quatre siècles, l'entretien fut le principal objet des dépenses de la ville et des villages dits *retrahants*, qui, en cas de danger, avaient le droit de se retirer dans leur enceinte avec tout ce qu'ils possédaient de plus précieux. Ce droit ne les empêchait pas de se refuser, autant qu'ils le pouvaient, à contribuer aux impositions ou jets qui leur étaient commandés pour les réparations de ces vastes constructions, mais toujours un arrêt du Parlement venait mettre un terme à leur résistance. Les retrahants d'Arbois étaient les habitants des villages des Planches, Mesnay, Valempoulières, Pupillin, l'Abergement, Laferté, Mathenay, St.-Pierre, Molamboz, Vadans, Montmalain, St.-Cyr, Villeneuve-d'Aval, Villersfarlay, Certemery, Villette et Montigny, auxquels se joignit la Châtelaine, lorsque, vers le commencement du seizième siècle, son château cessa d'être une place en état d'opposer quelque résistance à l'ennemi.

Ce fut à la deuxième conquête de la Franche-Comté, par Louis xiv, en 1674, qu'Arbois cessa d'être une ville fortifiée ; ses remparts disparurent insensiblement dans toute leur étendue, faisant place, ainsi que leurs fossés, à des jardins, qui réunissent l'utilité à l'agrément, et prit une face nouvelle, dont nous allons tracer le tableau.

Sept faubourgs, plus ou moins populeux, et généralement habités par des cultivateurs et des vignerons, environnent la ville. Ces faubourgs sont ceux de Faramand, de Courcelles, de Changin, de Verreux, de Larnay, de Gillois et de Champerroux. La ville, proprement dite, comprend tout l'espace renfermé entre les deux promenades de Notre-Dame à l'ouest, du Champ-de-Mars et la rivière.

Onze rues la sillonnent, la Grande-Rue, qui s'étend de l'est à l'ouest ; la rue du Vieil-Hôpital, ainsi nommée de l'hôpital civil qui y fut situé depuis le xive siècle jusque vers la fin du xviie ; la rue de la Tour, qui a pris son nom de la tour Gloriette, qui s'élève à son extrémité occidentale ; la rue de Bourgogne, qu'ornait autrefois un château appartenant aux souverains du pays ; la rue ou ruelle Camu, ainsi appelée d'une ancienne famille qui, au xviie siècle, a donné des mayeurs à la ville ; la rue du Collége, qui antérieurement a été désignée d'abord sous le nom de Picardet, ancienne famille éteinte depuis plusieurs siècles, puis sous celui des Minimes, à cause de cet ancien couvent, transformé en collége communal en 1802 ; la rue Tripet, habitée à une époque reculée par des vendeurs d'issues d'animaux tués à la boucherie ; la rue Mercière, anciennement des Juifs, parce qu'ils l'habitaient exclusivement avant leur expulsion au xive siècle ; la rue de l'Hôtel-de-Ville, où est situé cet hôtel ; la rue du Vieux-Château, où l'on remarque cette ancienne résidence des comtes de Bourgogne, jusqu'au xve siècle ; la rue Notre-Dame, qui conduit de la Grande-Rue à l'ancienne église collégiale ; enfin celle des Fossés, construite sur l'emplacement des anciens fossés de la ville, du côté du nord.

Le faubourg de Faramand, que la rivière sépare de la ville, renferme quatorze rues, dont quatre, celles de Champagnole, de l'Hermitage, de Poligny et de Lyon, tirent leur dénomination des villes ou des localités où elles conduisent. Parmi les autres, on remarque la rue principale qui porte le nom du faubourg, celle du Four, venant d'un four banal qui y était placé ; de l'Huilerie, dont l'origine est la même ; de l'Orme, qui rappelle un arbre de cette espèce dont la place qui la précède était ornée ; du Montot, à raison de la pente ardue qui s'élève à son extrémité ouest ; des Orfèvres, qui semble indiquer que ce quartier, aujourd'hui presque désert, était, au temps des anciens Burgondes, dont d'anciens auteurs vantent l'habileté dans l'art de façonner les métaux précieux, couvert d'opulentes habitations ; des Boucheries, qui indique le genre de commerce qui s'y fait encore, de l'Eau, qui se dirige vers la rivière ; de Necy, dont la signification nous est inconnue ; et de la Personne, qui lui vient, dit-on, de ce qu'une peste n'y laissa qu'un seul vivant.

A l'ouest, s'étend le vaste faubourg de Courcelles ou de Couturette, borné au midi et à l'ouest par la rivière. Il comprend neuf rues, dont la principale, prolongement de la Grande-Rue de la ville, fait partie de la route de Strasbourg à Lyon, et porte le nom du faubourg. Les autres sont celles de l'Abreuvoir, de la Bourre, des Juifs, du

Cournot, dont l'étymologie nous est inconnue ; de Jallerey, ainsi nommée d'une famille noble, depuis longtemps disparue, et la rue Morel, qui tire son nom du brave capitaine qui, en 1595, périt presque à son entrée victime de son dévouement à sa patrie et de son intrépidité. D'après la tradition, la maison de ses parents, encore existante, était située au haut de cette rue.

A ce faubourg est contigu celui de Changin, qui forma une commune séparée jusqu'en 1645, époque où il fut réuni à la ville. Il renferme quatre rues, celle de Battant, sur la rive gauche de la Cuisance ; celle de Dole, celle de Besançon et celle qui porte son nom.

A l'est de ce faubourg s'étendent ceux de Verreux, de Larnay et de Champerroux, le dernier attenant au village de Mesnay, dont naturellement il devrait faire partie, et distant des deux autres de plus d'un kilomètre ; tous les trois tirent leur nom d'anciennes familles qui florissaient aux XIIIe et XIVe siècles, et qui ont disparu vers cette époque, ou peu de temps après. Dans le premier sont trois rues, celles de Verreux, des Soulerots et de Vauxelles. La seconde conduit au canton de ce nom, et l'autre à un hameau enseveli dans une gorge profonde et dépendant de Montigny. Outre la rue de Larnay, le second renferme celles de Molpré (*molle pratum*), mal orthographié Maupré, nom d'une famille dont le château aujourd'hui détruit, s'élevait sur la gauche de la route de Mesnay, et celle des Nouvelles, par où l'on se dirige vers l'excellent canton de vignes de ce nom. Le faubourg n'est traversé que par une seule rue dont la dénomination est la même.

Le septième faubourg est celui de Gillois, séparé de la ville par la promenade appelée Champ-de-Mars, et de Faramand par la rivière ; trois rues le partagent, l'une porte son nom ; la seconde celui de Rue-Dessous, au lieu de celui de Dampjourdain qu'elle portait au xv° siècle ; son nouveau nom lui vient de sa position au-dessous du mont des Olivettes ; la troisième rue est nommée Chevrière, soit parce qu'on y élevait des chèvres, soit d'une dame Chevrière de Vaudrey, dont il est fait mention dans nos annales de l'année 1277.

Ces différents quartiers sont ornés de six places, dont deux seulement, la Grande-Place et celle de Faramand, sont vastes et régulières. Les autres, étroites et irrégulières, sont la Petite-Place, celles de l'Orme, de la Rue-Dessous et de Courcelles.

Ainsi que dans toutes les villes dont l'antiquité est déjà reculée, les rues d'Arbois, quoique généralement assez larges et aérées, offrent peu de régularité, et le plus souvent sont inclinées et tortueuses ; elles présentent peu de constructions dignes d'être remarquées.

§ III. ÉTABLISSEMENTS PUBLICS, RELIGIEUX ET CIVILS.

Avant 1789, Arbois renfermait un grand nombre d'établissements religieux dont la plupart ont été supprimés depuis cette époque, ou dont on a changé la destination. Outre le Prieuré, auquel était attachée l'église paroissiale de St.-Just, on y remarquait, en établissements consacrés au culte, le chapitre de Notre-Dame, deux couvents d'hommes, les Minimes et les Capucins, et trois de femmes, les Tiercelines, les Carmélites et les Ursulines, qui chacun possédaient leur maison et leur église particulière. A ces églises se joignaient plusieurs chapelles, celles de la Croix, de l'Hermitage, de St.-Jean-de-Jérusalem, du Temple, de la Maladrerie, de St.-Roch et de Changin. Cette dernière, jusqu'au xvıı⁰ siècle, forma une paroisse séparée. Enfin de nombreux oratoires étaient répandus sur divers points du territoire. Tous les faits qui concernent ces divers établissements étant mentionnés à leur date, nous nous contenterons de rappeler ici ce qui n'a pu trouver place dans le cours de nos annales.

Au premier rang était le Prieuré dont l'origine est inconnue, et dont les bâtiments occupaient tout l'espace compris entre l'église de St.-Just, à laquelle il était attenant, la rue du Montot, la porte de Faramand et le pont des Boucheries. Les appartements du prieur était somptueusement décorés ; c'était là que descendaient toutes les personnes élevées en dignité qui venaient visiter Arbois. Aussi, parmi ces prieurs, qui, pour la plupart, n'en faisaient point leur résidence habituelle, voit-on figurer plusieurs prélats et des princes de l'Eglise. Le premier dont le nom nous est parvenu, est l'abbé Hugo, qui l'occupa de 1192 à 1200. Vinrent après lui :

1200, Pierre. 1229, Jean, 1ᵉʳ du nom. 1250, Guillaume. 1257, Guy. 1267, Jean, ııᵉ du nom. 1280, Eudes de Vaudrey. 1312, Regnauld de Présilly. 1313, Regnauld de Dramelay. 1341, Pierre de Salève. 1358, le cardinal de Maguelonne. 1364, le cardinal de Cligny, suppléé par Guillaume de Belregard, abbé de Saint-Oyan de Joux. 1370, Guillaume de Frumento. 1377, le cardinal Jean de Neufchâtel. 1380, Etienne de Chaveau. 1404, Etienne de Doures. 1444, Guy de Chauvirey. 1449, Etienne de Chassault, abbé de Baume. 1488, Etienne Morel, évêque de St.-Jean-de-Maurienne. 1499, Philibert Naturel. 1526,

Jean Regnauld du Retau, évêque de Macaire (Macari, ancien nom de l'évêché de Comminges). 1531, le cardinal Pierre de la Baume, évêque de Genève, puis archevêque de Besançon. 1544, le cardinal Claude de la Baume, archevêque de Besançon. 1584, Jean de Montfort, décédé avant d'avoir pris possession. 1584, Ferdinand de Rye, archevêque de Besançon. 1636, Joachim de Poitiers, baron de La Ferté. 1658, Charles de Gorrevod, archevêque de Besançon. 1659, Eléonor Bouton de Chamilly, frère du maréchal de France de ce nom. 1706, Rahant de Gamache, auditeur de Rote. 1735, Louis-Franç. de Mornay, évêque de Québec. 1742, Marie-François Boquet de Courbouson.

Supprimé en 1779, le prieuré de St.-Just devait être, après la mort du titulaire, réuni à l'abbaye de Château-Châlon, à laquelle auraient été attribués les revenus de ce bénéfice.

Au prieuré était attenante, comme nous l'avons dit plus haut, l'église paroissiale de St.-Just, patron de la ville. Ses premières constructions remontent au dixième siècle, et elle fut agrandie à mesure que la population augmenta. Quoique placée en dehors de la ville, la position fut parfaitement choisie; elle est à la même distance à peu près des différents quartiers de la ville, les faubourgs compris.

Le prieur en était curé primitif; mais les fonctions curiales étaient confiées à un vicaire perpétuel, choisi dans le corps de la Familiarité. Ce corps, composé d'abord de ving-cinq prêtres, et en dernier lieu de dix-huit, tous natifs d'Arbois, avait été attaché à l'église dans la première moitié du XIIIe siècle; en 1252, l'archevêque de Besançon, Guillaume de la Tour, le qualifia d'université des prêtres et clercs d'Arbois, et le 30 décembre 1512, l'archevêque Antoine de Vergy le reconnut sous le titre de communauté et de collège, ce qui fut confirmé le 15 décembre 1516, par le parlement de Dole, dans une contestation entre le magistrat d'Arbois et la familiarité, dont il s'était attribué le jugement.

La deuxième église, convertie en halle au blé depuis 1802, était la collégiale de Notre-Dame, dont la construction première date de l'année 1384, mais qui depuis fut plusieurs fois restaurée. Grâce aux corvées qui vinrent en aide aux fondateurs, cette première construction, y compris celle des maisons canoniales qui s'élevaient entre cette église et la Grande-Rue, où elles touchaient aux remparts, ne coûta que six cents livres, somme équivalente à environ six mille francs de notre monnaie. Comme sa proximité du rempart l'exposait, dans le cas d'un siége, au feu de l'artillerie, dont l'usage était depuis peu établi, la hauteur de l'édifice fut fixée à soixante pieds, et sa largeur à quarante.

Indépendamment de la Maladrerie, dont les ruines même ont disparu, et dont l'emplacement n'est connu que par le canton qui en a conservé le nom, Arbois a toujours possédé un hôpital, qui d'abord fut situé sur la rive droite de la Cuisance, au-dessous du château Bontemps, dans le quartier de la Bourre. Sa trop grande proximité des fortifications le fit démolir, et en 1363, la comtesse Marguerite de France donna aux habitants une maison qu'elle possédait hors de la ville, à charge de la convertir en hôpital. Mais c'était retomber dans l'inconvénient reproché à celui qui venait d'être détruit, et dix ans après, le gouverneur de la province, Jean de Vienne, en ordonna la démolition. Il fallait le remplacer. D'après la tradition, un jeune enfant, fils unique, venait d'être enlevé à ses parents, Guillaume d'Estavayer, chevalier, et Nicole, sa femme, par une horrible catastrophe. Des sangliers infestaient le territoire, ils surprirent l'enfant dans une vigne où il mangeait du raisin, et le dévorèrent. Le père et la mère résolurent de quitter le pays; la dame d'Estavayer possédait une maison à gauche en descendant de la porte Oudin; de l'autorité de son mari, elle la donna pour servir à un hôpital, et fit placer à l'angle septentrional du bâtiment une statue de la Vierge, tenant son enfant qui mange du raisin, et au-dessous de la niche qui la renfermait, mit un bas relief représentant deux sangliers qui dévorent un enfant. Chaque samedi, tant que dura cette statue, une lampe allumée dans une lanterne était placée devant elle.

Cet hôpital, dont la rue voisine a conservé le nom, resta affecté à cette destination jusque vers la fin du xviie siècle, époque où fut érigé, au haut du faubourg de Faramand, l'hôpital actuel.

De tous les anciens monuments religieux d'Arbois, sans y comprendre l'église paroissiale, trois ont été rendus au culte depuis l'année 1800; ce sont les chapelles des Minimes, des Capucins et de l'Hermitage. La chapelle des Minimes est affectée au service religieux du collége communal; les tableaux qui la décorent sont dus à la générosité de la famille d'Achey : le couvent des Capucins, acheté par le célèbre abbé Bardenet, a été converti en un couvent des Filles-de-Marie, qui y ont établi un pensionnat de jeunes demoiselles, et une école publique de filles : l'Hermitage a été consacré aussi à un pensionnat de jeunes orphelines indigentes, qui y reçoivent gratuitement l'instruction convenable à leur position, et qui doit les mettre en état de subvenir à leurs besoins.

Les deux couvents des Tiercelines et des Carmélites n'ont rien conservé de ce qui les rattachait au culte ; l'église du premier a été convertie en salle de spectacle, et ses bâtiments, ainsi que ceux des Carmélites, en maisons particulières.

Le couvent des Ursulines, dont les bâtiments ont été construits en 1764 et années suivantes, est devenu l'Hôtel-de-Ville, et la partie supérieure de sa chapelle la salle d'audience du tribunal de première instance. La partie inférieure sert de corps-de-garde lorsqu'il y a des troupes de garnison ou de passage.

Les chapelles de la Croix, de St.-Roch et de Changin sont aujourd'hui des maisons particulières ; celle du Temple et celle de St.-Jean de Jérusalem ont été démolies.

Parmi les établissements civils on doit remarquer l'Hôtel-de-Ville, la Maison d'arrêt, le Presbytère, le Collége communal, le Théâtre, la Halle au blé, l'Hôpital et l'Ecole des Frères de la doctrine chrétienne. L'instruction primaire y est représentée en outre par une école d'enseignement mutuel et quelques écoles libres. Pour tous les faits qui les concernent, ils sont, chacun à leur date, rapportés dans nos annales.

§ IV. Administration municipale.

Jusqu'à l'année 1316, la seigneurie d'Arbois fut partagée également entre le comte de Bourgogne et le dom de Thoire, seigneur de Vaudrey. En 1257, leurs droits respectifs furent établis dans un traité dont nos annales reproduisent les principales dispositions. Il en résultait que tous deux avaient leurs prud'hommes et échevins particuliers. La comtesse Mahault d'Artois jugea à propos de mettre un terme à cet état de choses qui offrait de graves inconvénients ; elle acheta la seigneurie de Thoire, et, à dater de ce moment, Arbois ne reconnut plus qu'un seul seigneur. De huit qu'ils étaient avant cette acquisition, les prud'hommes furent réduits à quatre.

Cette organisation ne subit aucun changement jusqu'en 1494. Dans la guerre suscitée par l'ambition de Louis XI, qui, non content d'avoir réuni le duché de Bourgogne à sa couronne, voulut s'assujétir aussi la Franche-Comté, les habitants d'Arbois avaient donné d'éclatantes preuves de leur courage et de leur attachement à la maison de Bourgogne et à la princesse Marie, fille de Charles-le-Téméraire, et épouse de l'empereur Maximilien. Pour les en récompenser et les dédommager des pertes qu'ils avaient essuyées, ce prince leur concéda le droit de *mairie*, auquel il attacha l'exercice de la haute, moyenne et basse justice. Le mayeur, dont l'élection fut réservée aux habitants, prit, en qualité de lieutenant du comte de Bourgogne, le titre de vicomte, et il lui fut adjoint quatre échevins, dix-huit conseillers, un secrétaire et un procureur-syndic. Ce dernier eut dans ses attributions tout ce qui concernait la police et la répression des crimes ou délits.

Ce nombre ne fut pas toujours le même, un arrêt du parlement, du 2 décembre 1647, réduisit à douze le nombre des conseillers, et dix ans après, par un second arrêt du 18 décembre 1657, le corps du magistrat dut se composer d'un mayeur, de trois échevins, de huit conseillers, d'un secrétaire et d'un syndic.

La conquête de la province amena encore d'autres changements. L'élection fut en partie supprimée ou soumise au bon plaisir de l'intendant de la province, et le système de la vénalité des charges appliqué aux offices municipaux. Il fut créé, par un édit du mois de novembre 1733, deux charges alternatives mi-triennales de maire, lieutenant de maire, secrétaire-greffier et contrôleur, et quatre de conseillers, d'avocat et de procureur de l'Hôtel-de-Ville. Le prix de ces charges fut fixé à 24,000 livres, qui durent être payées dans un court délai. En vertu de cet édit, le corps du magistrat demeura composé d'un maire, d'un lieutenant de maire, de quatre échevins, de six conseillers, de deux secrétaires-greffiers alternatifs, d'un procureur du roi de police, de deux syndics, de trois sergents de ville, de trois gardes de police et d'un trompette.

Quand il s'agissait de délibérations importantes et de l'élection du mayeur et des échevins, le conseil s'adjoignait les notables en nombre égal à celui de ses membres; dans l'origine, ces notables étaient choisis par égale part dans chacun des quatre quartiers de la ville. Un arrêt du parlement, du 7 septembre 1652, prescrivit qu'il en serait pris un tiers parmi les riches, un parmi les bourgeois possédant une fortune médiocre, et le dernier tiers parmi les pauvres; cet arrêt fut modifié le 18 décembre 1657, et un tiers dut être pris parmi les ecclésiastiques, le second tiers parmi les nobles, et le troisième parmi les bourgeois. Le choix en était fait par la voie du sort, mais ces notables devaient être âgés de vingt-cinq ans au moins, et nul ne pouvait être compris dans la liste s'il s'y trouvait son père, son fils, son gendre, son beau-frère, son oncle ou son neveu. Les mêmes interdictions s'appliquaient aux membres du conseil.

Le conseil s'assemblait, au son de la cloche, tous les

lundis ; il était alloué à chaque conseiller un droit de présence, mais celui qui manquait aux assemblées, sans justifier son absence, était puni d'amende arbitraire pour la première et la seconde fois, et exclu à la troisième.

Le 31 décembre était le jour fixé pour les élections, que précédait une grand'messe, dite du St.-Esprit ; les élections se faisaient à haute voix. En 1659, le mayeur et les échevins adressèrent au parlement une requête à l'effet d'obtenir que l'élection se fît par billets au bulletin secret, afin de remédier aux intrigues des personnages influents et aux haines et dissensions qui résultaient de cette forme d'élection.

Les élections faites, le mayeur, accompagné des échevins, des conseillers et des notables, se rendait solennellement à l'église de St.-Just, où, agenouillé au pied de l'autel, il prêtait, sur le Saint-Sacrement tenu par le curé ou un autre prêtre, le serment suivant :

« Je jure de bien, loyalement et légalement faire et
» administrer justice tant aux grands qu'aux petits, en
» gardant les haulteurs et prééminences du roy nostre
» souverain seigneur ; aussy le droit des parties, vefves et
» orphelins à mon pouvoir ; de garder, maintenir et dé-
» fendre les priviléges, libertés, franchises et droitures de
» la ville ; procurer et faire le profit d'icelle tant que je le
» pourray ; de ne consentir à aulcunes aliénations ou hy-
» pothèques du domaine et droiture de la ville, sans déli-
» bération de tout le corps d'icelle ; de ne faire aulcune
» assemblée de peuple sans délibération précédente de
» ceulx qu'il appartient ; et au surplus, de faire tout ce
» que bon et loyal mayeur peut, doibt et est tenu de faire
» pour le profit de la ville et utilité d'icelle. »

Les échevins ne pouvaient être pris que dans le conseil ; leur exercice ne durait qu'un an, et ils ne pouvaient rentrer en charge qu'après un intervalle de deux ans ; cette dernière règle fut rarement observée.

Quant au mayeur, il pouvait être choisi dans le corps du magistrat ou au-dehors parmi les personnes les plus qualifiées ou les plus distinguées de la ville, nobles ou graduées en droit civil. Il ne pouvait exercer qu'une année; l'année suivante, il était de droit premier échevin, et à moins, comme il arriva quelquefois, qu'il fût continué dans ses fonctions, ne pouvait, d'après la règle, être réélu que trois ans après un premier exercice ; s'il avait été pris hors du conseil, il ne pouvait être échevin que s'il y avait une place vacante.

Ayant pris à tâche de dresser une liste aussi exacte et aussi complète qu'il nous a été possible des prud'hommes, mayeurs et échevins qui ont administré la ville d'Arbois depuis le commencement du xive siècle jusqu'à nos jours, nous la donnons ici. Ces recherches nous ont été faciles depuis 1587, année où commence la tenue régulière des registres des délibérations du conseil ; pour les temps antérieurs, ces documents n'existent que dans des pièces détachées, qui reposent dans les archives.

Prudhommes.

1304. Crestin dit Champon, Guyenet de Verreux, Girard de la Tespe, Olivier de Faramand, pour la comtesse. Jehannin de Villette, Arduet fils Vigour, Jacquet fils Savour, Humbert dit Sapience, pour le seigneur de Thoire.

1316. Estevenin dit Rosset, Hugon dit Soneax, Guillaume dit Bertier, et Crestin dit Champon, pour la comtesse. Jehannin de Villette, Humbert dit Josserand, Nicolin dit Duchamp, et Jacques de Vaudrey, pour Thoire.

1317. Jehannin dit Brun, Perrenin dit Moyne, Estevenin dit Mercier, et Colart dit du Chastel.

1327. Girard le Clerc, Odon de Vaulx, Huguenin Bouez et Regnauld Boilloz.

1329. Nicolet d'Yvory, esc., Jehannin dit Grevillet, Viénot dit Quacce.

1330. Nicolet d'Yvory, Jehannin dit Grevillet, Guillaume Gascoignet, et Regnauld de Portes.

1334. Jacquet Rosset, Jehan Lombard Mercier, Girard Petitvalet, et Estevenon Bernard.

1338. Jehannin dit Grevillet, Guyot dit Bertier, Guillaume de Larnay, et Estevenon Bernard.

1339. Thibault dit Vanneret, Regnauldin Bernard, Pierre de la Rivière, et Girard Petitvalet.

1340. Guillaume Bauduyn, Jehan de Molain, clerc, Guillaume de Larnay, et Regnauldin Bernard.

1354. Guyot Ligier, Girard Lambert, Regnauld de Larnay, et Lambellet Bernard.

1361. Guillaume Lebrun, esc., Aymonet Geret, Perrenin Inglet, et Regnauld de Larnay.

1365. Jehan de Verreux, Jacquet Bellissant, Jehan Josserand, et Guillaume Grevillet.

1368. Guillaume Gascoignet, Jacquet Bellissant, Humbert Inglet, et Jehan Croichet.

1375. Guillaume Gascoignet, Guillaume de Verreux, Willemin Bernard, et Huguenin Justoz.

1379. Guillaume de Pupillin, esc., Humbert de Larnay, Guyenet de Sirod, et Perrin des Planches.

1384. Aymonet du Chastel, Guillaume de Verreux, Jacquet Bellissant, et Guyenet Lebault.

1390. Aymonet Mornay, Hugues Mercier, Jacquet de Belregard....

1397. Estienne Le Grand, Regnauld de Myon, Christophe de Molain, et Regnauld de Larnay.

1414. Estienne Le Grand, esc., Girard Grosse, Alexandre de Verreux, et Jehan Pourchet.

1430. Estevenin Barthod, Jehan de la Tespe, Perrin Retondeur, et Jehan de Fraisans.

1435. Jacques Amyot, Jehan Roguier, Girard de Plasne et Antoine de Bracon.

1453. Othenin Couquet, escuyer, Jehan Pouquet, Jehan de la Tespe, le jeune, et Jehan Perrecey.

1456. Othenin Couquet, Guillaume Prost, licencié ès lois, Jehan Voicturier et Estevenin Bataillot.

1457. Fréry Boudrans, Guillaume Pontier.....

1464. Fréry Boudrans, Jehan Pouquet, Estienne Bouton et Pierre de Cise.

1472. Antoine de Chaffoy, escuyer, Pierre Voicturier, Claude Papillard.....

1475. Antoine de Chaffoy, Pierre Voicturier, Pierre Retondeur et Jehannin Jobert.

1476. Jehan de Molpré.....

1477. Estevenin Mitorion, Jehan Desbos, Cl. Papillard....

1478. Jehan Vigoreux, Estevenin Mitorion, Jehan Bontemps et Girard Guy.

1479. Estevenin Mitorion, Christophe de la Tespe, Antoine de Chaffoy, et Pierre Voicturier.

1485. Antoine de Chaffoy, Pierre Voicturier, Girard Guy.

1488. Claude Le Grand, sieur de Charchilla, Michel Mitorion, Claude Boudrans et Jehan Tissier.

1490. Pierre Voicturier, Guillaume Boudrans, Jehannin Jobert.....

1494. Guillaume Bontemps, Guillaume Boudrans, Sébastien Gillaboz et Girard Guy.

Mayeurs et Eschevins jusqu'à l'année 1792.

1495. Claude Le Grand, sieur de Charchilla. ∾ Sébastien Gillaboz, Estienne d'Arnoville, Christophe de la Tespe, Philibert Voicturier.

1496. Claude Le Grand. ∾ Estienne d'Arnoville, Guillaume Greslet, Sébastien Gillaboz.....

1497. Claude Legrand. ∾ Loys de Cise, licencié ès lois, Guillaume Boudrans, Jehannin Jobert....

1498. Christophe de la Tespe, esc. ∾ Pierre Jaillon, Guillaume Boudrans, Jehan Poupon, Jehannin Jobert.

1500. Estienne d'Arnoville, esc. ∾ Loys de Cise, Guillaume Bontemps, Antoine Largeot, Christophe Belin.

1501. Loys de Cise, esc. ∾ Claude Le Grand, Guillaume Greslet, Girard Guy.....

1502. Estienne d'Arnoville. ∾ Loys de Cise, Claude Le Grand, Guillaume Greslet et Girard Guy.

1503. Loys de Cise. ∾ Estienne d'Arnoville, Guillaume Bontemps, Désiré Voicturier, Christophe Belin.

1506. Claude Glanne, licencié ès droits. ∾ Guillaume Bontemps, Guillaume Greslet, Adrien Desboz et N*** Billaudet.

1507. Claude Glanne. ∾ Guillaume Greslet, Guillaume Bontemps, Claude Boudrans et Girard Guy.

1508. Claude Glanne. ∾ Guillaume Bontemps, Guillaume Greslet, Girard Guy et Antoine Largeot.

1509. Claude Glanne, licencié ès droits. ∞ Guillaume Boudrans, Claude Boissenet, Antoine Largeot et Lyon Ligier.

1511. Guillaume Bontemps. ∞ Jehan Leubet, Simonet Gillaboz, Richard Pacoutet.....

1513. Claude Glanne, docteur ès droits. ∞ Girard Guy, Antoine Largeot.....

1517. Girard Guy. ∞ Guillaume Greslet, Pierre Jobert, Girard Jaillon et Jehan Maire.

1518. Denys de Fontaine. ∞ Désiré Voicturier, Nicolas Bidal, Antoine Largeot et Pierre Jobert.

1520. Nicolas Bidal. ∞ Girard Guy, Pierre Barbier, Jehan Maire et Guillaume Champier.

1522. Désiré Voicturier, esc. ∞ Thiébault Vigoreux, Antoine Largeot, Pierre Jobert et Jehan Voicturier.

1524. Antoine d'Usie, esc. ∞ Simon Voicturier, Claude Gillaboz, Estienne Vuillin et Just Ratelot.

1525. Antoine d'Usie. ∞ Désiré Voicturier, Girard Guy, Claude Moratte et Estienne Gullault.

1530. Loys de Cise, esc. ∞ Pierre Jobert, Pierre Largeot, Jehan Millet et Guillaume Pacoutet.

1531. Antoine d'Usie. ∞ Thiébault Vigoreux, Guyot Bontemps, Simonnet Gillaboz et Pierre Jobert.

1535. Simon Voicturier, doct. ès droits. ∞ Claude Bontemps, Guillaume Pacoutet, Jehan de Molain et Jehan Malain.

1538. Simon Voicturier. ∞ Thiébault Vigoreux, Michel Patrognet, Just Pécauld et Guillaume Pacoutet.

1539. Thiébault Vigoreux, lic. ès droits. ∞ Guillaume Pacoutet, Pierre Boudrans, Jehan de Molain.....

1541. Pierre Chappelain, doct. ès droits. ∞ Pierre Jobert,

Guillaume Pacoutet, Jehan de Molain et Mich. Patrognet.

1542. Philibert Glanne. ∞ Guillaume Pacoutet, Claude Maire et Michel Patrognet.

1543. Pierre Chappelain. ∞ Pierre Jobert, Franç. Largeot et Jehan Fiancie....

1544. Claude Jaillon, doct. ès droits. ∞ Pierre Jobert, Jehan de Molain, Jehan Fiancie et Pierre Mathey.

1545. Thiébault Vigoreux. ∞ Guillaume Pacoutet, Jehan de Molain....

1546. Girard Guy. ∞ Guillaume Greslet, Pierre Jobert, Girard Jaillon et Jehan Maire.

1547. Claude Glanne, doct. ès droits. ∞ Pierre Jobert, Just Pécauld et Sébastien Gillaboz.

1548. Claude Glanne. ∞ Pierre Jobert, Sébast. Gillaboz, Just Patrognet et Guillaume Gillaboz.

1549. Pierre Boudrans, escuyer. ∞ Jehan Fiancie, Sébastien Gillaboz. Just Patrognet.....

1550. Pierre Boudrans. ∞ Just Pécauld, Alexandre Ratelot, Claude Pouquet.....

1551. Pierre Boudrans. ∞ Pierre Jobert, Pierre Mathey, Just Pécauld et Claude Pouquet.

1552. Pierre Jobert. ∞ Pierre Mathey, Cl. Pouquet....

1554. Thiébault Vigoreux, doct. ès droits. ∞ Thiébault Vuillin, Just Pécauld, Pierre Mathey et Alex. Ratelot.

1555. Philibert Glanne, doct. ès droits. ∞ Pierre Jobert, Thiébault Vuillin, Jehan Fiancie et Marc Vuillin.

1556. Thiébault Vigoreux. ∞ Thiébault Vuillin, Just Pécauld, Marc Vuillin et Antoine Jobert.

1557. Philibert Glanne. ∞ Just Pécauld, Pierre Mathey, Antoine Bergeret et Marc Vuillin.

1558. Thiébault Vigoreux. ∞ Pierre Jobert, Thiébault Vuillin, Pierre Thonon et Loys Jobert.

1559. Thiébault Vigoreux. ∾ Just Pécauld, Jehan Fiancie, Claude Pouquet et Loys Jobert.
1560. Thiébault Vigoreux. ∾ Just Pécauld, Pierre Mathey, Claude Pouquet et Marc Vuillin.
1561. Thiébault Vigoreux. ∾ Just Pécauld, Claude Pouquet, Claude Bontemps et Pierre Gillaboz.
1562. Pierre Boudrans ∾ Pierre Mathey, Cl. Bontemps, Pierre Gillaboz et Jehan Laurenceot.
1563. Pierre Boudrans. ∾ Cl. Bontemps, Pierre Mathey, Marc Vuillin et Jehan Laurenceot.
1567. Philibert Glanne. ∾ Sébastien Gillaboz, Pierre Mathey, Marc Vuillin et Jehan Laurenceot.
1568. Claude Barberot. ∾ Pierre Mathey, Marc Vuillin, Denis Boudrans....
1570. Philibert Glanne. ∾ Sébastien Gillaboz, Pierre Mathey, Marc Vuillin et Jehan Fiancie, notaire.
1572. Guyot Boudrans, sieur de Villers-les-Bois. ∾ Sébastien Gillaboz, Pierre Mathey, Estienne Bergeret....
1573. Pierre Jobert. ∾ Alexandre Glanne, Sébastien Gillaboz, Guill. Guyot-Jeannin et Gaspard Grilliard.
1574. Guyot Boudrans. ∾ Sébastien Gillaboz, Pierre Mathey, Gaspard Grilliard...
1575. Guyot Boudrans. ∾ Sébastien Gillaboz, Jehan Bontemps, Gaspard Grilliard et Alexandre Glanne.
1582. Alexandre Glanne, doct. ès droits. ∾ Séb. Gillaboz, Jehan Bontemps, Just Pécauld et Gaspard Grilliard.
1583. Gaspard Grilliard. ∾ Sébastien Gillaboz, Jehan Bontemps, esc., Quentin Gallevalot....
1586. Jehan Bontemps, doct. ès droits. ∾ Jehan Bontemps, esc., Gaspard Grilliard, Claude Vuillin et Alexandre Glanne.

1587. Alexandre Glanne. ∞ Jehan Bontemps, esc., Gaspard Grilliard, Cl. Vuillin et Guillaume Guyot-Jeannin.

1588. Antoine de Montrond, esc. ∞ Jehan Bontemps, esc., Gaspard Grilliard, Claude Mathey et Claude Gillaboz.

1589. Noble Gaspard Grilliard. ∞ Alexandre Glanne, Jehan Bontemps, esc., Claude Mathey et Claude Gillaboz.

1590. Alexandre Glanne. ∞ Jehan Bontemps, esc., Guillaume Guyot-Jeannin, Gaspard Grilliard et Cl. Gillaboz.

1591. Cl. de Jaillon, esc. ∞ Jehan Bontemps, esc., Cl. Gillaboz, Jehan Laurenceot et Claude Vuillin.

1592. Jehan Bontemps, esc. ∞ Guillaume Guyot-Jeannin, Mathieu Gillaboz, Claude Vuillin et Claude Gillaboz.

1593. Cl. de Jaillon. ∞ Mathieu Gillaboz, Cl. Vuillin, Jehan Bontemps, esc., et Pierre Bresillet.

1594. Jehan Bontemps, esc. ∞ Mathieu Gillaboz, Claude Vuillin, Claude Gillaboz et Pierre Bresillet.

1595. Ant. de Montrond. ∞ Alexandre Glanne, Mathieu Gillaboz, Gaspard Grilliard et Claude Gillaboz.

1596. Frédéric Vigoreux, seigneur de They. ∞ Alexandre Glanne, Jehan Bontemps, esc., Mathieu Gillaboz et Pierre Bresillet.

1597. Frédéric Vigoreux. ∞ Alexandre Glanne, Mathieu Gillaboz, Pierre Bresillet et Jacques Grilliard.

1598. Alex. Glanne. ∞ Mathieu Gillaboz, Cl. Gillaboz, Pierre Bresillet et Sébastien Pacoutet.

1599. Claude de Jaillon. ∞ Alexandre Glanne, Mathieu Gillaboz, Claude Gillaboz et Pierre Bresillet.

1600. Frédéric Vigoreux. ∞ Alexandre Glanne, Jehan Bontemps, Claude Vuillin et Pierre Bresillet.

1601. Claude de Jaillon. ∞ Jehan Bontemps, esc., Cl. Gillaboz, Claude Vuillin et Pierre Bresillet.

1602. Frédéric Vigoreux. ∞ *Les mêmes.*
1603. Frédéric Vigoreux. ∞ Alexandre Glanne, Jehan Bontemps, Mathieu Gillaboz et Pierre Bresillet.
1604. Alexandre Glanne. ∞ Jehan Bontemps, Loys Bergeret, Pierre Bresillet et Sébastien Pacoutet.
1605. Claude de Jaillon. ∞ *Les mêmes.*
1606. *Les mêmes.*
1607. Alexandre Glanne. ∞ Mathieu Gillaboz, Loys Bergeret, Pierre Bresillet et Sébastien Pacoutet.
1612. Mathieu Gillaboz, doct. ès droits. ∞ Jehan Camu, Loys Bergeret, Philippe Pacoutet et Thiéb. Boudrans.
1614. Loys Bergeret, doct. ès droits. ∞ Jehan Camu, Cl. Glanne, Philippe Pacoutet et Thiébaud Boudrans.
1615. Loys Bergeret. ∞ Mathieu Gillaboz, Cl. Glanne, Philippe Pacoutet et Thiébaud Boudrans.
1616. Cl. Glanne, esc. ∞ Mathieu Gillaboz, Loys Bergeret, Philippe Pacoutet et Pierre Vuillin.
1625. Frédéric Vigoreux. ∞ Cl. de Pontarlier, Just Pacoutet, Alexandre Pacoutet et Just Pécauld.
1626. Jean-Franç. Legrand, sieur de Charchilla. ∞ Jehan Camu, Just Pacoutet, P. Boudrans et Just Pécauld.
1628. Jehan Fauche, sieur de Nancray. ∞ Fr. Pouquet, Frédéric Vigoreux, Jehan Camu et Claude Glanne.
1629. Claude Glanne. ∞ Cl. Gillaboz, Pierre Boudrans, Jehan Regnauld et Gaspard Bommard.
1632. Jehan Fauche de Nancray. ∞ Thiébaud Bergeret, Jehan Regnauld, Just Pécauld et Gaspard Bommard.
1634. *Le même.* ∞ Just Pacoutet, Philippe Guillot, Jehan Regnauld et Mathieu Boudrans.
1635. Quentin Vigoreux, sieur de Ruhan. ∞ Thiébaud Bergeret, Philippe Guillot, Jehan Regnauld et Gaspard Bommard.

1636. Jehan Fauche de Nancray. ∞ Just Pécauld, Jehan Camu, Mathieu Boudrans et François Pouquet.

1637. Noble Jehan Camu. ∞ Just Pécauld, Mathieu Boudrans, François Pouquet et Claude Bergeret.

1639. Estienne Domet, doct. ès droits. ∞ Simon Petitjean, Anatoile Laurent, Pierre Barberot.....

1640. Just Pacoutet, doct. ès droits. ∞ Pierre Barberot, N*** Bontemps, Fauche de Nancray et Joseph Vuillin.

1641. Quentin Vigoreux de Ruhan. ∞ Anatoile Bichet, Claude Jarre, Guillaume Pécauld et Jacques Louvet.

1642. Jehan Fauche de Nancray. ∞ Just Pacoutet, Simon Petitjean, Pierre Barberot et Guillaume Pécauld.

1643. Thiébaud Bergeret. ∞ Just Pacoutet, Simon Petitjean, Pierre Barberot et Claude Jarre.

1644. Guillaume Pécauld. ∞ Anatoile Bichet, Cl. Jarre, Pierre Barberot et Jacques Louvet.

1645. Jehan Fauche de Nancray. ∞ Just Pacoutet, Thiéb. Bergeret, Pierre Barberot et Jacques Louvet.

1646. Thiébaud Bergeret. ∞ Claude Jarre, N*** Laurenceot et Pierre Barberot.

1647. Vincent Glanne. ∞ Guillaume Pécauld, Cl. Jarre, Jacques Louvet et N*** Bruet.

1648. Jehan Fauche de Nancray. ∞ Vincent Glanne, Just Pacoutet, Simon Petitjean et Pierre Barberot.

1649. Vincent Glanne. ∞ Guillaume Pécauld, Simon Petitjean, Jacques Louvet et Estienne Bruet.

1650. Quentin Vigoreux de Ruhan. ∞ Simon Petitjean, Pierre Barberot, Antoine Grosez et Jehan Jacquemet.

1651. Fauche de Nancray. ∞ Quentin Vigoreux, N*** Voicturier, Just Pacoutet et Claude Jarre.

1652. Vincent Glanne. ∞ Fauche de Nancray, Léonel Bontemps d'Authume, Guillaume Pécauld et Cl. Gillaboz.

1653. Philibert Voiturier, esc. ∞ Vincent Glanne, Cl.-Fr. Lebrun, J.-François Noirot et Antoine Paraudier.

1654. Fauche de Nancray. ∞ Philibert Voiturier, Just Pacoutet, Simon Petitjean et Quentin Vigoreux.

1655. Léonel Bontemps, sieur d'Authume. ∞ Fauche de Nancray, Jean Jacquemet, Jos. Vuillin et Ant. Grosez.

1656. Philibert Voiturier. ∞ Léonel Bontemps, Jean Jacquemet, Joseph Vuillin et Antoine Grosez.

1657. Cl. Gillaboz, doct. ès droits. ∞ Philibert Voiturier, Simon Petitjean et Jean-François Noirot.

1658. Fauche de Nancray. ∞ Claude Gillaboz, Joseph Vuillin et Antoine Grosez.

1659. Jean-Baptiste de Cussemenet. ∞ Léonel Bontemps, Etienne Bruet et Claude-Antoine Vuillin.

1660. Philibert Voiturier. ∞ Jean-Bapt. de Cussemenet, Philippe Pécauld et Jean-François Noirot.

1661. Cl.-Ant. Vuillin, doct. ès droits. ∞ Philibert Voiturier, Claude Gillaboz et Antoine Grosez.

1662. Cl.-Denis Bontemps. ∞ Cl-Ant. Vuillin, Jacques Louvet et Etienne Bruet.

1663. Claude Gillaboz. ∞ Jean-Baptiste Domet, Antoine Paraudier et Charles-François Regnauld.

1664. Philippe Pécauld. ∞ Claude Gillaboz, Philibert Voiturier et Claude-Denis Bontemps.

1665. Philibert Voiturier. ∞ Philibert Pécauld, Jacques Louvet et Etienne Bruet.

1666. Joseph Vuillin, doct. ès droits. ∞ Philibert Voiturier, Jean-Baptiste Domet et Antoine Paraudier.

1667. Claude Gillaboz. ∞ Joseph Vuillin, Antoine Grosez et Charles-François Regnauld.

1668. Philippe Pécauld. ∞ Claude Gillaboz, Montjoie Vigoreux, sieur d'Escrilles, et Etienne Bruet.
1669. *Le même.* ∞ *Les mêmes.*
1670. Philibert Voiturier. ∞ Philippe Pécauld, Joseph Vuillin et Charles-François Regnauld.
1671. Claude Gillaboz. ∞ Philibert Voiturier, Jean-Bapt. Domet et Antoine Paraudier.
1672. Vincent Glanne. ∞ Claude Gillaboz, Etienne Bruet et Antoine Grosez.
1673. Cl.-Denis Bontemps. ∞ Vincent Glanne, Joseph Vuillin et Charles-François Regnauld.
1674. Philibert Voiturier. ∞ Cl.-Denis Bontemps, Jean-Baptiste Domet et Antoine Paraudier.
1675. Philippe Pécauld. ∞ Philibert Voiturier, Etienne Bruet et Antoine Grosez.
1676. Joseph Vuillin. ∞ Claude Gillaboz, Jean Jacquemet et François Panier.
1677. Vincent Glanne. ∞ Cl. Gillaboz, Jean-Baptiste Domet et Antoine Paraudier.
1678. Cl. Gillaboz. ∞ Vincent Glanne, Etienne Bruet et Antoine Grosez.
1679. Philippe Pécauld. ∞ Claude Gillaboz, Philibert Voiturier et Nicolas Jacquemet.
1680. Jean-Baptiste Domet. ∞ Philippe Pécauld, Claude-Denis Louvet et François Panier.
1681. Claude-Denis Bontemps. ∞ Jean-Baptiste Domet, Etienne Bruet et Antoine Grosez.
1682. Claude Gillaboz. ∞ Cl.-Denis Bontemps, Philibert Voiturier et Nicolas Jacquemet.
1683. Vincent Glanne. ∞ Claude Gillaboz, Claude-Denis Louvet et François Panier.

1684. Philippe Pécauld. ∾ Philibert Voiturier, Etienne Bruet et Antoine Grosez.
1685. Claude-Denis Bontemps. ∾ Cl. Barberot, Pierre-Denis Brahier et Claude Laurenceot.
1686. Philibert Voiturier. ∾ Philippe Pécauld, J.-Bapt. Domet et Jean-François Roberty.
1687. Pierre-Denis Brahier. ∾ Philibert Voiturier, Ant. Grosez et Etienne Bruet.
1688. Claude Barberot. ∾ Pierre-Denis Brahier, Claude Laurenceot et N*** Boussu.
1689. Philippe Pécauld. ∾ Claude Barberot, Vincent-Fr. Pouquet et Jean-François Roberty.
1690. Claude-Denis Bontemps. ∾ Jean-Baptiste Domet, sieur de Mont, Antoine Grosez et Etienne Bruet.
1691. Guillaume Pécauld. ∾ Philibert Voiturier, Charles-François Regnauld et Pierre-Denis Brahier.
1692. *Le même.* ∾ Charles-François Regnauld, Claude Laurenceot et Etienne Bruet.
1693. Claude Pécauld, sieur de Combelles. ∾ Cl. Barberot, Joseph Vuillin et Jean-François Roberty.
1694. *Le même.* ∾ *Les mêmes.*
1695. Charles-Franç. Regnauld. ∾ Ant. Grosez, Etienne Bruet et N*** Boussu.
1696. Guill. Pécauld. ∾ Ch.-Franç. Regnauld, Claude Laurenceot et Jean-François Roberty.
1697. Ch.-Hyacinthe Regnauld. ∾ Pierre-Denis Brahier, Antoine Grosez et N*** Boussu.
1698. Claude Barberot. ∾ Claude Laurenceot, Jean-Fr. Roberty et Etienne Bruet.
1699. Charles-Hyacinthe Regnauld. ∾ Philippe Louvet, François Panier et Anatoile Comte.

1700. *Le même.* ∞ *Les mêmes.*
1701. Claude Barberot. ∞ Charles-Hyacinthe Regnauld, Pierre-Denis Brahier et Claude Laurenceot.
1702. Cl. Pécauld de Combelles. ∞ Cl. Barberot, Jean-François Roberty et Anatoile Comte.
1703. Cl.-Denis Bontemps. ∞ Cl. Pécauld de Combelles, Claude Gillaboz et Nicolas Jacquemet.
1704. Charles-Hyacinthe Regnauld. ∞ Jacques Louvet, Antoine Lambert et Pierre-Denis Brahier.
1705. Jacques Louvet. ∞ Charles-Hyacinthe Regnauld, Anatoile Comte et Nicolas Jacquemet.
1707. *Le même.* ∞ Charles-Hyac. Regnauld, Anatoile Comte et Etienne Brigand.
1708. Claude Barberot. ∞ Thiébauld Panier, Jean-Franç. Cuinet et N*** Papillard.
1709. Charles-Hyacinthe Regnauld. ∞ Claude Barberot, Jacques Louvet et Nicolas Jacquemet.
1710. Cl. Pécauld de Combelles. ∞ Joseph Vuillin, Just-Ignace Gillaboz et Claude-François Martin.
1711. Thiébaud Panier. ∞ Charles-Hyacinthe Regnauld, Anatoile Comte et Etienne Brigand.
1712. Ch.-Hyac. Regnauld. ∞ Thiébaud Panier, Anat. Comte et Antoine Jacquemet.
1713. Antoine Lambert. ∞ Claude Barberot, Etienne Brigand et Claude-François Marcaire.
1714. *Le même.* ∞ Charles-Hyacinthe Regnauld, Denis-François Grosez et Claude-François Martin.
1715. Philippe Louvet. ∞ Antoine Lambert, Anatoile Comte et Joseph Vuillin.
1716. Claude Barberot. ∞ Philippe Louvet, Thiébaud Panier et Claude-François Marcaire.

1717. Denis-François Grosez. ∞ Claude Barberot, Ant. Lambert, Claude-François Martin.
1718. Noble-Remy Pécauld. ∞ Denis-François Grosez, Claude-François Martin, Claude-Franç. Marcaire.
1719. Claude Pécauld de Combelles. ∞ Remy Pécauld, Antoine Lambert, Philibert Estienne.
1720. *Le même.* ∞ Thiébaud Panier, Denis-Franç. Grosez, Philibert Estienne.
1721. Denis-François Grosez. ∞ Joseph Bruet, Claude-François Martin, Estienne-François Boussu.
1722. Joseph Bruet. ∞ Ant. Lambert, Anat. Barberot, Just-Ignace Gillaboz.
1723. Antoine Lambert. ∞ Joseph Bruet, Pierre-Etienne Bergeret, Philibert Estienne.
1724. *Les mêmes.* ∞ *Suppression des élections et des charges municipales.*
1725. Laurent Barberot. ∞ Antoine Lambert, Cl.-Franç. Martin, Etienne Boussu.
1726. Philippe-Alexis Patornay. ∞ Etienne Bergeret, Claude-François Martin, Estienne Boussu.
1727. Joseph Bruet. ∞ Thiébaud Panier, Pierre-Denis Brahier, Philibert Estienne.
1728. Thiébaud Panier. ∞ Joseph Bruet, Cl.-François Martin, Etienne Boussu.
1729. Pierre-Adrien Brahier. ∞ Thiébaud Panier, Nicolas-François Perroux, Philibert Estienne.
1730. Nicolas-François Perroux. ∞ Pierre-Adrien Brahier, Jean-Etienne Petitjean, Thiébaud Jarre.
1731. Joseph Bruet. ∞ Nicolas-François Perroux, Jean-Etienne Petitjean, Thiébaud Jarre.
1732. Pierre-François Baud. ∞ Joseph Bruet, Thiébaud Panier, Pierre-Adrien Brahier.

1733. Pierre-François Baud. ∞ Joseph Bruet, Cl.-Franç. Martin, Etienne Boussu.

1734. Antoine-Alexis Regnauld d'Epercy. ∞ Pierre-Fr. Baud, Thiébaud Panier, Pierre-Ch. Bouvenot.

    Les mêmes. ∞ *Élections suspendues en* 1735, 1736, *et* 1737, *par ordre de l'intendant*.

1738. Pierre-Adrien Brahier. ∞ Joseph Bruet, Cl.-Franç. Martin, Pierre-Charles Bouvenot.

1739. *Le même.* ∞ Joseph Bruet, Pierre-Franç. Baud, Claude-François Marcaire.

1740. Joseph Bruet. ∞ Pierre-Adrien Brahier, Etienne Petitjean, Thiébaud Jarre. *Continués en* 1741.

1742. Antoine-Alexis Regnauld d'Epercy. ∞ Jos. Bruet, Claude-François Marcaire, Jean-Baptiste Noirot.

1743. *Les mêmes.* ∞ *Défense de procéder* aux *élections*.

1744. Ferdinand Clerc. ∞ Jean-Denis Rousseau, Pierre-Charles Bouvenot, Jean-Baptiste Noirot.

1745. Joseph Brenans. ∞ Ferdinand Clerc, Pierre-Ch. Bouvenot, Jean-Denis Rousseau.

    Les mêmes en 1746, 1747 *et* 1748.

1749. Thiéb. Panier. ∞ Ant.-Alexis Regnauld d'Epercy...

1750. Marie-Joseph-Hyacinthe Clerc. ∞ Pierre Lefèvre, Pierre-Charles Bouvenot, Jean-Denis Rousseau.

1751. Antoine-Alexis Regnauld d'Epercy. ∞ *Les mêmes*.

1752. Hyacinthe Clerc. ∞ Antoine Grosez, Pierre-Charles Bouvenot, Jean-Denis Rousseau.

1753. Pierre-Adrien Brahier. ∞ Antoine Grosez....

1754. Ant.-Alexis Regnauld d'Epercy. ∞ Pierre Lefèvre, Pierre-Charles Bouvenot, Jean-Denis Rousseau.

1755. Hyacinthe Clerc. ∞ Pierre Lefèvre.....

1756. Gabriel-Aimé Gillaboz. ∞ Ferdinand Marcaire.....

1757. Hyacinthe Clerc. ∾ Pierre Lefèvre.....
1758. Pierre-Charles Bouvenot. ∾ *Le même*....
1759. Hyacinthe Clerc. ∾ *Le même*.....
1760. Jean-Baptiste Domet de Mont. ∾ Jean-Denis Rousseau, lieutenant.....
1761. Jean-Etienne Bruet. ∾ Pierre Lefèvre, lieuten....
1762. Hyacinthe Clerc. ∾ Pierre Lefèvre, lieut.-échevin, Jean-Cl. Laurenceot, Ferd. Marcaire, Pierre-Charles Bouvenot et Jean-Denis Rousseau.
1763. Hyac. Clerc, lieut., Ch.-Anat. Regnauld d'Epercy. ∾ Pierre Lefèvre, Ferdinand Marcaire, Pierre-Charles Bouvenot et Jean-Denis Rousseau.
1764. Jean-Et. Bruet, lieut., Pierre Lefèvre. ∾ Charles-Anat. Regnauld d'Epercy, Hyacinthe Clerc, Jean-Denis Rousseau et Pierre-Charles Bouvenot.
1765. Gabriel-Aimé Gillaboz. ∾ Hyacinthe Clerc, Pierre-Charles Bouvenot.....
1766. Etienne de Belon. ∾ Jean-Cl. Laurenceot, Pierre-Charles Bouvenot, Etienne-Joseph Bruet.....
1767. *Le même*. ∾ Pierre-Ch. Bouvenot, Etienne-Joseph Bruet, Pierre Lefèvre......
1768. *Le même*. ∾ Ch.-Anat. Regnault d'Epercy, Pierre Lefèvre, Hyacinthe Clerc et Cl.. Petitjean.
1769. Ch.-Anat. Regnauld d'Epercy. ∾ Hyacinthe Clerc, Hugues Bouvenot, Jean-Claude Martin.....
1770. *Le même*. ∾ Jean-Cl. Martin, Antoine Grosez, Philippe-Paul Pécauld de Changin.....
1771. *Le même*. ∾ Etienne-Joseph Bruet, Ant. Grosez, Just-Ant. Pécauld d'Ivrey.....
1772. Just-Ant. Pécauld d'Ivrey. ∾ Th.-Fr. Martinet, Cl.-Etienne Petitjean, Joseph-Bernard Giroulet.....

1773. *Le même*, lieut., Hyac. Clerc. ∞ Domet de Mont, lieut.-col. d'infant., Pécauld, cap. d'infant., Claude-Etienne Petitjean.....

1774. *Les mêmes.* ∞ De Gillaboz, chev. Pécauld, Claude-Etienne Petitjean et Ch.-Anatoile Regnauld d'Epercy.

1775. Just-Ant. Pécauld d'Ivrey. ∞ Clerc, Petitjean, chev. Pécauld et Jean-Claude Laurenceot.

1776. *Le même.* ∞ Clerc, de Gillaboz, Petitjean.....

1777. *Le même.* ∞ *Les mêmes.*

1778. Hyacinthe Clerc, lieut., Cl.-Etienne Petitjean. ∞ De Gillaboz, Noirot, Bouvenot et Morivaux.

1779 et 1780. *Les mêmes.*

1781. Clerc, Petitjean, lieutenant. ∞ Noirot, Bouvenot, Morivaux.....

1782. Hyac. Clerc. ∞ Bouvenot, Morivaux, Marcaire, Calamard.

1783. *Le même.* ∞ Bouvenot, Morivaux, Marcaire, Regnauld d'Epercy.

1784. *Le même.* ∞ Bouvenot, Marcaire, Calamard, Milleret.

1785, 1786, 1787. *Les mêmes.*

1788. Hyacinthe Clerc. ∞ Bouvenot, Morivaux, Regnauld d'Epercy.....

1789. *Le même.* ∞ *Les mêmes.*

1790. Claude-Louis Laurenceot. ∞ Bouvenot, Morivaux, Regnauld d'Epercy.....

1791. Jean-Denis Milleret.

1792. Anatoile-François-Antoine Morivaux.

A côté de l'autorité des mayeurs, investis de la haute, moyenne et basse justice, s'élevait celle du bailli d'Aval, qui, jusqu'à l'époque de la conquête, était représentée par un lieutenant qui y tenait ses audiences sous le nom de *journées*. Louis XIV établit les bailliages; celui d'Arbois comprenait dans son ressort vingt-quatre villages, et comptait parmi ses officiers un lieutenant général, un lieutenant criminel, trois conseillers, un avocat du roi, son substitut, un greffier et un receveur des consignations.

L'autorité supérieure de la province y était représentée par un subdélégué de l'intendant.

La police était exercée par un procureur du roi de l'hôtel-de-ville, assisté d'un syndic, d'un greffier et de trois sergents de ville.

§ 5. Productions du sol.

Dans les trois départements qui composent l'ancienne Franche-Comté, il n'existe peut-être pas un territoire qui surpasse celui d'Arbois en fertilité et en variété de produits. D'excellentes prairies y fournissent aux bestiaux une nourriture abondante et saine; les céréales, auxquelles il n'est consacré, à raison des assolements, qu'environ la moitié de 747 hectares de terres labourables, sont loin de suffire à la consommation annuelle, mais, pour y suppléer, la population possède les fruits que donnent de nombreux vergers; l'huile, tirée des noyers dont la quantité est grandement diminuée de ce qu'elle était autrefois; le jardinage, dont le commerce alimente les villes voisines et toute la partie montagneuse des deux départements du Doubs et du Jura, et par-dessus tout la vigne, dont nulle part la culture n'est plus étendue et plus perfectionnée.

La renommée des vins d'Arbois remonte à un temps immémorial; on prétend même, sans qu'aucun document certain vienne à l'appui de cette assertion, qu'ils étaient déjà connus des Romains. On ne saurait douter toutefois qu'ils étaient célèbres au dixième siècle, et qu'ils ont fait l'ornement de la table des rois, et plus tard des comtes de Bourgogne. Plusieurs écrivains, soit anciens, soit modernes, en ont fait l'éloge ; il serait trop long de rappeler ce qu'ils en ont dit, nous nous bornerons à la citation suivante, tirée d'un professeur de médecine de l'Université de Besançon, le docteur Athalin, mort en 1782 :

« *Sequanorum colles amat Bacchus, Bacchum amant* » *Sequani, sed nulla est urbs, nullum oppidum quod tam* » *suis ditavit donis quàm Arbosianam urbem. Ista potis-* » *simùm popinat vina duo, quorum rubescat unum, al-* » *bescat alterum. Illud vetustate ambrosiacum acquirit* » *saporem, illud dulcissimus nympharum potus. Verùm,* » *proh dolor! mel ori, fel capiti, sapit in ore, ardet in* » *ventre.*

» *Bacchus chérit les côteaux de la Séquanie, et les Sé-* » *quanais aiment Bacchus ; mais il n'est aucune ville,* » *aucune cité qu'il ait autant enrichi de ses dons que la* » *ville Arboisienne. Là se boivent deux espèces de vins,* » *l'un rouge et l'autre blanc. L'un, en vieillissant, ac-* » *quiert la saveur de l'ambroisie, l'autre est le doux* » *breuvage des nymphes. Mais, ô douleur! c'est du miel* » *dans la bouche, du fiel dans la tête ; il réjouit le palais,* » *il brûle les entrailles.* »

Quoique un peu exagéré, surtout à la fin, le jugement du docteur est généralement vrai ; la douceur extrême du vin blanc de première qualité n'en exclut pas le danger ; il faut savoir résister aux attraits qu'il présente, et se conformer sévèrement, dans son usage, aux lois de la modération et de la sobriété. Le vin rouge, quoique moins alcoolisé, exige aussi beaucoup de prudence.

INTRODUCTION. 45

Anciennement, la réputation des vins d'Arbois était, il faut en convenir, plus méritée et moins sujette à contestation qu'aujourd'hui. La faute en est due à la cupidité du plus grand nombre des producteurs, qui, au lieu de suivre l'exemple de leurs ancêtres, s'inquiètent beaucoup de l'abondance de la récolte, et trop peu de sa qualité. Pour obtenir cette abondance, ils ont répandu la culture de plants dont les produits sont médiocres ou mauvais. Autrefois, il n'en était admis aucun qui pût altérer la bonté des vins. L'autorité souveraine maintenait cette sévérité dans les choix avec sollicitude et vigilance. On voit, en 1464, le duc Philippe-le-Bon rendre à ce sujet une ordonnance, que firent sagement observer tous ses successeurs. Ce fut en 1636, à l'époque des guerres qui désolèrent le pays, qu'on commença à y apporter une attention moins soutenue, et beaucoup de propriétaires, ruinés par les courses des armées belligérantes, en profitèrent, soit pour introduire dans leurs terres des plants de mauvaise qualité, mais d'un produit presque assuré et considérable, soit pour planter des vignes nouvelles dans des terrains plats ou peu propres à cette espèce de culture. Le Parlement de Franche-Comté s'efforça de remédier à cet abus, et ordonna que toutes les nouvelles vignes plantées depuis 1636, et les mauvais plants introduits dans les anciennes, fussent immédiatement extirpés.

Malheureusement, depuis 1789 surtout, toutes ces prohibitions ont fini par tomber en désuétude. Il en est résulté que le territoire où l'on ne trouvait autrefois que des vins d'une qualité supérieure et toujours au-dessus du médiocre, en offre aujourd'hui de toute espèce, dont les mélanges, habituellement opérés dans le commerce, ne dissimulent qu'avec peine l'infériorité. Néanmoins il en reste encore, et même en grande quantité, qui pourraient, comme à la fin du xvie siècle, servir à la réconciliation de Henri iv et du duc de Mayenne, dont les Mémoires de Sully (Livre 8e) nous ont donné le récit, et qui sont dignes de figurer sur les tables les plus splendides.

Un savant agronome, feu M. le docteur Dumont, auquel nous avons consacré une notice biographique dans le paragraphe 7 de cette introduction, nous a laissé sur la connaissance des vins d'Arbois, sur les plants répandus dans le vignoble, sur le mode de culture et sur la fabrication des vins, un excellent travail inédit, intitulé : *Essai d'Ampélographie,* dans lequel il a refondu deux opuscules publiés en 1826, dans le dix-neuvième volume de la *Bibliothèque physico-économique*. Comme nous ne saurions prendre un meilleur guide en cette matière, nous allons extraire de son ouvrage ce qu'il contient de plus instructif et de plus intéressant.

» Le nombre des cépages cultivés dans le vignoble d'Arbois s'élève à vingt-quatre, dont dix-huit à fruits colorés et six à fruits blancs. Douze seulement sont de nature à produire des vins de qualité supérieure, le reste ne peut offrir que du médiocre et du mauvais, en grande quantité. Ces derniers sont tous dénommés dans l'arrêt rendu par le Parlement le 3 février 1731, que l'on trouvera dans nos Annales. Nous ne donnons de détails que sur ceux auxquels les vins d'Arbois ont dû leur antique et juste renommée.

Au premier rang des cépages à fruits colorés se présente le *Poulsart*, dont les grappes sont grasses, ailées et pendantes, les grains ovoïdes, d'un rouge qui passe au noir, ou d'un rouge clair, ou d'un blanc perlé. D'un produit abondant, d'une maturité facile, il donne les vins les plus délicats et les plus salubres, dont on distingue le vin naturel, c'est-à-dire sans préparation, le vin mousseux, façon Champagne, et le vin de paille, qui se fait avec le raisin pressé après être resté quelque temps suspendu dans une chambre, et qui peut rivaliser avec le Malaga.

Viennent ensuite le *Petit-Noirin*, ou *plant de Bourgogne*, d'un produit faible, auquel la Côte-d'Or doit sa réputation; le *Pineau gris*, ainsi nommé de la couleur de son raisin, précoce et mûrissant bien; le *Gros-Noirin*, dont les grappes sont bien fournies de baies rondes, noires, bien sucrées à leur maturité, d'un bon produit, mais demandant un terrain fertile; le *Trousseau*, à grappes courtes, baies serrées, rondes, noires, craquantes et très-sucrées; l'*Enfariné*, ainsi appelé d'une poussière blanche semblable à la farine, qui se répand sur ses grappes, dont les baies sont rondes, grosses, juteuses, d'un goût acerbe, mais donnant un vin qui, d'abord vif et dur, prend, en vieillissant, une belle couleur et un fumet agréable; le *Gros-Margillin* ou *Argant*, à grosses grappes, dont les qualités sont celles du précédent; le *Petit-Margillin*, à baies rondes, noires, de moyenne grosseur, très-adhérentes à la grappe, et produisant un vin corsé et coloré; le *Taquet* ou *Valet noir*, à grappes longues, baies rondes, très-noires, de grosseur moyenne, produisant abondamment un vin peu alcoolisé, mais potable dès la première année.

En tête des cépages à raisins blancs se font remarquer le *Sauvagnin* et le *Melon*. Le premier, plus ordinairement appelé *Naturé*, offre des grains ovoïdes, quelquefois ronds, dont le péricarpe est épais, dur, et prend à sa maturité une couleur jaune ambrée, du côté où il est frappé des rayons du soleil. C'est avec cette espèce, qui n'est communément récoltée qu'après les gelées, et souvent quand la terre est déjà couverte de neige, que se fabrique le vin blanc, dit *de garde*, qui, après avoir été pendant plusieurs années conservé en tonneau, y prend la couleur qui lui a fait donner le nom de *vin jaune*. C'est à lui que le vignoble a dû, depuis plusieurs siècles, une si grande réputation. On lui reprochait, lorsqu'il était mis en bouteilles, de laisser au fond un dépôt qui le troublait à la moindre agitation. Cet inconvénient a disparu au moyen du dégorgement usité en Champagne. Il n'est peut-être aucun vin qui conserve plus longtemps sa chaleur, sa force et son arome, mais il faut s'en méfier, et n'en user que comme d'une excellente liqueur.

L'autre espèce, le *Melon*, est reconnaissable à ses grappes pyramidales, à baies rondes, petites, serrées, d'un jaune clair à la maturité, et très-sucrées. Il mûrit aisément, mais il est très-sujet à la pourriture quand, à l'approche de la récolte, il est surpris par les pluies. Son produit est abondant, d'une douceur légèrement acide, et très-propre à fabriquer le vin mousseux et le clairet.

A ces espèces on peut en ajouter deux, l'une noire et l'autre blanche, qu'il convient de cultiver en treilles, et dont les fruits figurent très-bien sur les tables. L'espèce noire est le *Noirin précoce*, ou *Plant de juillet*, parce que souvent à cette époque il approche de sa maturité ; l'autre est le *Lignant*, variété du *Chasselas*, à baies grosses, ovales et assez sucrées. Ni l'une, ni l'autre, ne sont propres à fournir un vin généreux.

Les vins d'Arbois se conservent fort longtemps, et plus ils vieillissent, plus ils s'améliorent. Ils participent aussi à cette propriété remarquable dans les vins de Bordeaux, que le mouvement et les voyages leur sont très-favorables. Aussi le débit s'en étend-il fort loin, la Suisse et l'Alsace leur offrent d'importants débouchés, et aujourd'hui que les chemins de fer vont rendre les communications plus faciles et plus rapides, il est à présumer qu'il s'étendra bien davantage encore.

Avant de terminer, n'oublions pas une autre qualité bien précieuse de ces vins. Sans rien perdre de leur nature généreuse et de leur salubrité, ils peuvent, par de simples manipulations, acquérir le goût et le parfum même des espèces les plus renommées. Le Muscat, le Tokai, le Malaga, l'Alicante, le Champagne, y sont imités dans une perfection telle, que les connaisseurs les plus habiles et les plus délicats s'y méprennent facilement. Nous n'entrerons point dans l'exposé des procédés employés pour obtenir de si beaux résultats.

§ VI. Caractère, moeurs, coutumes, usages. Anecdotes.

On a dit, et non sans raison, que c'est particulièrement dans les locutions proverbiales et dans les coutumes d'un pays que se décèle le caractère de ses habitants ; c'est en les exposant que nous ferons connaître celui de la population arboisienne.

Arbois, on y rit, on y sonne, on y boit,
On y voit des Pécauld par les riais (rues).

On y rit. De tout temps, mais autrefois bien plus qu'aujourd'hui, le caractère des Arboisiens était gai, jovial et rieur, s'exhalant bruyamment en chansons, en couplets mordants, dont chacun était une épigramme. Ils étaient généralement en patois, et réunissaient le double avantage d'être très-intelligibles pour le peuple, et d'exprimer dans leur naïveté, des idées plaisantes que repousse le génie étudié et scrupuleux de la langue française. Nous en donnerons plus loin quelques extraits.

On y sonne. Arbois se vantait de posséder et le plus beau clocher et la plus belle sonnerie de la province. Aussi ne s'y faisait-on pas faute de mettre les cloches en branle pour la moindre cause, et le magistrat se vit contraint d'en limiter l'usage, ce qui n'empêcha pas les fréquentes refontes de la principale cloche, dont le poids s'éleva à près de 6,000 kilogrammes, et dont le son, suivant les habitants, était beaucoup plus fort que celui du bourdon de la cathédrale de Besançon.

On y boit. C'était dans les jours de pluie, d'hiver et de fête, mais après s'être acquittés de leurs devoirs religieux, la principale occupation des vignerons. Ils ne croyaient pas qu'il existât dans le monde un vin qui l'emportât sur le leur ; aussi plusieurs proverbes lui étaient-ils consacrés :

Du vin rouge le soir et le matin du blon (blanc),
Cela donne courage et force au vigneron.

Buvez tras coues : devant lo soi, pou lo préveni ; pendant lo soi, pou lo fère coisie ; oprè lo soi, pou lo préveni.
— *Buvez trois coups : avant la soif, pour la prévenir ; pendant la soif, pour la faire taire ; après la soif, pour en prévenir le retour.*

Pinte à midi, pinte le soir,
Trois muids de vin il faut avoir.

Telle était la ration journalière et annuelle de chaque vigneron aisé, en dehors de tout excès.

On y voit des Pécauld par les riais. La famille Pécauld, aujourd'hui disparue, était l'une des plus anciennes et la plus nombreuse de la ville. On en comptait douze branches avant 1789 : 1° de Changin, 2° de Courbières, 3° de St.-Germain, 4° de Longevelle, 5° d'Ivrey, 6° de Rigny, 7° du Larderet, 8° de Vannoz, 9° d'Udressier, 10° de la Provenchère, 11° de Vauxelles, 12° de Verreux.

Les locutions proverbiales usitées à Arbois peuvent se diviser en deux classes, celles qui s'emploient partout, mais dont l'expression est souvent plus piquante et plus vive, et celles qui sont particulières à la localité, et auxquelles ont donné naissance des faits tirés de l'histoire de la province.

Celles de la première espèce sont trop nombreuses pour que nous les exposions en détail ; en voici quelques-unes :

« Cet homme est un mandrin, ses fils sont des mandril-
» lards. Si jamais ils achètent des décrets, je veux que le
» cric me croque, je l'irai dire à Rome. Je préfèrerais
» passer ma vie aux Rousses que d'entrer dans cette famille
» de manans, de chenapans, dont l'estomac insatiable
» dévore tout comme des pignards (peigneurs de chanvre).
» Ces malotrus, ces pieds blancs, sont fiers comme des
» Catalans ; s'ils sont riches, qu'ils dînent deux fois ; mais
» ils seront bientôt *à quià*, car ils engloutiraient le Poitou
» et la Saintonge. S'ils n'ont pas mangé leur saint-frusquin,
» c'est qu'ils ont chez eux un bœuf noir qui est bien le
» meilleur de la charrue. L'année des cabriolets, ils n'ont
» fait que boire ; mais l'année suivante ils avaient des tam-
» bours dans leur cave, il leur fallut vendre leur écurie,
» en sorte qu'il ne leur reste plus que leur Catinat ; passe
» encore s'ils eussent gardé leur Condé ou leur Turenne,
» ils eussent pu aller en avant ; mais, qui a bu boira, et
» ce qui vient par la flûte s'en va par le tambour, et mon

» père m'a toujours dit que le bien mal acquis ne passait
» jamais à la troisième génération. Parce que vous êtes
» habillé comme un St. Georges, et que vous parlez comme
» un livre, vous croyez me faire faire ce que vous voudrez;
» mais non, c'est du vieux boire, je persiste dans mon
» projet, et je partirai demain. Comme les capucins ne
» vont pas seuls, je vous offre une place dans ma voiture ;
» nous prendrons celle de St.-François ou la monture des
» cordeliers. En attendant, mettez-vous là, et mangez
» un morceau avec moi, on a toujours un boyau de vide
» pour ses amis ; j'ai encore du bon vin, et je ne le gar-
» derai pas pour une meilleure occasion. »

Passons à ceux qui sont particuliers à la localité, et qui sont tirés de l'histoire du pays.

C'est une mère Lusine. On sait que Mélusine, dont le peuple a altéré le nom, fut la source de l'illustre maison de Poitiers, à laquelle a appartenu le château de Vadans. Nos pères assuraient que cette dame, à raison de sa méchanceté, avait conservé les formes d'une femme jusqu'à la ceinture, mais que la partie inférieure de son corps avait été changée en queue de serpent. Lorsque quelque malheur menaçait ses descendants, elle apparaissait, disait-on, au sommet de la tour du château, et y faisait entendre des cris lamentables.

C'est une Mahaut. Se dit d'une femme à l'air sinistre. La comtesse Mahaut, ou Mathilde d'Artois, était la souveraine du pays au commencement du xive siècle, et habitait ordinairement le château de la Châtelaine. La tradition rapporte que, dans une année de disette, ne pouvant nourrir les pauvres de ce village, elle les fit rassembler dans une grange, à laquelle elle ordonna de mettre le feu.

Les actes nombreux de bienfaisance qui signalèrent toute sa vie, démentent suffisamment cette horrible imputation, dont il est impossible de découvrir l'origine.

Lorrain, vilain, traître à son Dieu et à son prochain. Ce dicton a pris sa source dans les ravages du partisan Tremblecourt, qui, en 1595, envahit inopinément la province, et la dévasta en partie.

Je me f... de lui comme de Henri IV. Lorsque la nouvelle se répandit que Henri IV se disposait à envahir la province, les Arboisiens exprimèrent ainsi l'espérance qu'ils avaient conçue de repousser facilement ses attaques, et malgré l'événement, ils continuèrent à en faire usage.

Il est f.... comme Henri IV sur le Pont-Neuf. La mort tragique de Henri IV, que les Francs-Comtois n'avaient point raison d'aimer, fit naître cet adage qui s'applique à tout homme frappé d'un malheur soudain et imprévu.

Il est méchant comme un Suédois. Souvenir des cruautés commises en Franche-Comté par les bandes indisciplinées du duc Bernard de Saxe-Weimar, en 1636 et années suivantes.

C'est un Flandrin. Expression de mépris, ordinairement appliquée à tout homme de haute taille, mais pâle, faible et maigre. Les soldats Flamands, soumis au même prince que les Francs-Comtois, avaient souvent combattu à leurs côtés. A en croire ceux-ci, ils n'avaient pas déployé beaucoup de force et de courage, mais en temps de paix ils affectaient une morgue et une hauteur offensantes.

Il parle français comme une vache espagnole. Sous la dernière domination de l'Espagne, de 1668 à 1674, les plus hauts emplois du gouvernement de la province étaient donnés à des gentilshommes de cette nation, à l'exclusion de la noblesse franc-comtoise. Pour se venger de cet ostracisme, motivé sans doute par la défiance dont elle était l'objet, elle appliqua ce dicton aux étrangers qui venaient commander dans le pays et qui en écorchaient la langue.

Bâtir des châteaux en Espagne. Locution inspirée par le même sentiment que la précédente. Afin d'en imposer à la noblesse, qui leur témoignait assez ouvertement son mépris, les Espagnols imaginèrent de vanter à tout propos les richesses qu'ils possédaient et les châteaux qu'ils allaient bâtir à leur retour en Espagne. Les Francs-Comtois ne furent pas dupes de ces forfanteries castillanes, et exprimèrent ainsi leur incrédulité.

Ancien costume arboisien. Ce costume, assez pittoresque, n'existe plus que dans les souvenirs. Il consistait dans un sarreau, vert pour les propriétaires aisés, blanc pour les vignerons, à longues basques, à poches larges et profondes ; une large courroie de cuir ceignait les reins et assujettissait la culotte, qui était recouverte jusqu'au-dessus des genoux par des guêtres blanches que serraient des jarretières rouges, et qui descendaient sur de gros souliers ferrés qui formaient la chaussure. Les jours ouvrables ils se coiffaient d'un bonnet de laine qui s'élevait en pointe, et les jours de fête d'un chapeau à trois cornes.

Le costume des femmes ne se distinguait, seulement dans les temps froids ou dans les jours de pluie, que par un manteau nommé *cape,* qui s'attachait sur la tête, dont il dessinait le contour, et descendait jusqu'au-dessous des genoux, enveloppant le corps tout entier. Quelques femmes d'un âge avancé le portent encore.

Le patois arboisien diffère peu de la langue française, dont il dérive dans la plupart de ses mots ; mais il a conservé cette naïveté piquante qui la caractérisait encore au xvie siècle. Il en résulte qu'il est souvent intraduisible, ou que la traduction lui fait perdre ses grâces naturelles. Nous ne possédons de cet idiôme que quelques Noëls, composés au xviiie siècle. Sauf les prières adressées à la Vierge Marie et à l'Enfant Jésus, ces pièces offrent généralement le dénombrement des diverses classes de fidèles qui viennent visiter le nouveau-né, et c'est dans ce détail que le poëte se plaît à signaler sa malice. En voici quelques traits.

La noblesse, en grand étalage, arrive et, d'un ton arrogant, demande à entrer.

On vue o liouto pisto
Evoucats, proucurous;
L'endge liou dit de suito:
Reviries vo tretous.
Il est vré, c'tu poupon,
Au bout de son maissadge,
Dait se voir antre dès larrous;
Mé pou souffri so passion,
I n'o pas ancou l'adge.

An lo ricanan, l'Endge
Li desit dau l'instant :
I treuve bin aitrendge
Que vo vo gonflies tant ;
Bassie un poue le ton
De vout' humou altiero,
Et comprentais, sot fanfaron,
Que devant c'tu divin poupon
Tsaicun n'est que poussiero.

La porte est fermée aux grandes filles et ouverte aux petites qui n'ont pas encore eu le temps ni l'occasion de pécher, puis viennent les femmes.

Au tintamarre qu'on entend,
On devine faciloment
Que lès fonnai sont de lo féto.
Djouset dit : Ne brouemai pas tant,
Vo no cassie o tous lo této
Et vo révoillerie l'enfant.

Alors, haussant ancou lo voix,
Elles criiant tout o lo fois :
Voiqui Djésu, vive so mère !
Djouset, vos n'étai qu'un grougna ;
Pouquoi vouloi nos fare taire?
Le bon Duc ne le pourrait pas.

Quelquefois aussi le poëte adresse la parole à une seule personne, qu'il presse de l'accompagner pour voir l'enfant.

D'oveu vouetai boyoueles
Que vos étais lambin !
Touetais vouetais pairoueles
Ne tsont que pou le vin.
Mé que diro Djésu

En voyant voueto trouegne?
Au reste, qui sait muc que lu,
Que vos coutchie, quan vos ai bu,
Dans lo piau d'en ivrouegne?

Il était naturel que dans une population presque entièrement livrée à la culture, la garde du vignoble, à l'approche de la récolte, fût une affaire importante. En conséquence, indépendamment des gardes ordinaires, furent institués des *gardes-fruits,* dont les fonctions commençaient à la fin d'août, et finissaient à la St.-Martin. Cette corvée était imposée aux jeunes gens mariés dans l'année. Ils se choisissaient un chef parmi eux, lequel prenait le titre de maître des gardes, et, pour son installation, payait cet honneur, qui était très-apprécié, par un dîner auquel étaient invités tous ses subordonnés. Le premier acte de son pouvoir était de faire confectionner le *biou,* ou *chapeau de saint Just,* composé d'un énorme bouquet de raisins noirs et blancs, le plus mûrs possible, que les gardes, armés de leurs piques et conduits par le maire ou l'un des échevins, précédés du hautbois et du violon, portaient solennellement à l'église paroissiale, où il était suspendu en avant du grand autel, et consacré au patron de la paroisse. Cette cérémonie est toujours en vigueur, et célébrée le jour de la fête patronale.

Ces gardes étaient obligés de veiller à la sûreté des récoltes, d'arrêter les maraudeurs et de les traduire en justice. Jusqu'en 1789, les délits de ce genre étaient justiciables du peuple, qui infligeait au coupable la punition suivante :

Le premier dimanche après son emprisonnement, à l'issue des vêpres, il était promené dans toutes les rues de la ville, portant sur lui ce qu'il avait maraudé. La marche était ouverte par un homme qui soufflait dans un cornet à bouquin de toutes ses forces et de la manière la plus discordante. Puis venait le coupable, escorté de deux agents de police, ou *chasse-coquins,* chargés de lui faire subir les humiliations prescrites par l'arrêt de condamnation. A son cou était suspendu un collier de pommes de terre enfilées par une corde, deux grosses raves lui servaient de pendants d'oreilles, une longue carotte attachée à ses cheveux descendait sur son dos, et dans sa main était une tige de maïs. Les gardes le suivaient, et le cortége était entouré de la foule, qui prodiguait au patient les injures et les moqueries. La lecture du jugement était faite par le maître des gardes, devant l'hôtel-de-ville, et annoncée par trois coups de cornet.

Quelques anecdotes que nous avons recueillies, achèveront de faire connaître le caractère des habitants.

Le cardinal Cobrissa. Un particulier, nommé Aubry, était allé chercher fortune à Rome, et était parvenu à entrer au service d'un cardinal. Le bruit étant venu au pays qu'il y faisait bien ses affaires, deux ou trois de ses compatriotes, très-liés avec lui, pensèrent qu'avec son aide ils pourraient marcher sur ses traces. Les voilà partis pour la capitale du monde chrétien, à pied, et rigoureusement vêtus du costume national. Ils arrivent, mais ils ne connaissent point l'adresse d'Aubry ; précaution inutile, selon eux : un cardinal est un personnage facile à trouver, et d'ailleurs Aubry devait être parfaitement connu à Rome. Aussi, aux premières personnes qu'ils rencontrent, ils demandent : « Où » reste le cardinal Cobrissa (qu'Aubry sert) ? » Les individus interrogés ouvrent de grands yeux ; on s'assemble autour d'eux, et un des assistants qui savait le français, leur demande qui ils sont et d'où ils viennent. A cette question, ils lèvent fièrement la tête, et répondent tous à la fois : « Nos tsins d'Arbois, d'Arbois même ! » Là, s'arrête l'histoire, on ne sait pas s'ils retrouvèrent Aubry, ou s'ils revinrent à Arbois aussi avancés qu'à leur départ.

Les pois megetout. Un procureur au bailliage avait commandé une perruque à un artiste de la ville, qui, après l'avoir confectionnée, la portait à son propriétaire. Un vigneron le rencontre, et lui demande à qui le couvre-chef est destiné ; sur la réponse qu'il reçoit : « Ce ne tsint pas » des pois sucrés, mais bin des pois megetout (poils et » mange tout). »

Le chanoine de St.-Claude. Dans une journée d'hiver, un petit commerçant d'Arbois, conduisant un âne, dont chaque flanc était garni d'une barrique d'huile, descendait à St.-Claude la pente rapide de St.-Romain. La glace rendait la rue très-glissante ; notre homme glisse, chancelle et tombe. Un chanoine l'a vu, il ouvre sa fenêtre, et voulant le railler, lui dit : « Mon ami, il est fier, le pavé de St.-Claude, il n'aime pas qu'on lui marche dessus. » L'Arboisien se relève, regarde son interlocuteur, et lui répond sans hésiter : « Pas si fie que vo, monsue le chaloine, » il o basie mon darrie, et vo n'en ferie pas autant. »

Le cas de conscience. Un pénitent ayant avoué à son confesseur qu'il s'était enivré, celui-ci lui demanda s'il avait vomi. — Oui, mon père. — En ce cas, vous avez dû bien souffrir, et vous avez fait une rude pénitence : allez en paix. Un autre ivrogne se présente, mais s'il s'est enivré, il n'a point vomi. — Avec quoi vous êtes-vous saoûlé ? — Avec du bon vin de poulsard. — Eh bien ! c'est une misère, Dieu ne défend point d'user de ce qui est bon, et il le renvoie absous. Mais si l'ivresse avait été produite par du vin de gamé ou de plant mal doux, qui est détestable, le coupable était gourmandé d'importance, et le bon prêtre lui disait qu'il fallait être plus que bête, plus qu'ivrogne, plus que goujat, pour oser perdre la raison avec du vin qui n'était bon qu'à laver les pieds des chevaux.

Le capucin confesseur. Un vieux père capucin, porteur d'une barbe épaisse et longue, après avoir entendu la kyrielle des méfaits d'un jeune faubourien de Faramand, se mit à lui faire les remontrances usitées en pareil cas. Sa barbe passait en grande partie audelà du grillage du confessionnal, et le pénitent, auquel il recommandait de ne plus faire d'espiègleries, loin de l'écouter, ne rêvait qu'à de nouveaux péchés. La barbe du révérend père lui parut une excellente occasion. Tout en paraissant l'écouter avec attention, il prend adroitement quelques poils de la barbe, et en fait des nœuds en deçà des barreaux. En finissant son sermon, le père capucin lui déclare qu'il ne peut lui donner l'absolution ; mais le mouvement brusque qu'il fait en se retirant lui arrache un cri de douleur. Il prie son pénitent de défaire ces maudits nœuds, mais le garnement ne veut y consentir qu'en échange de l'absolution. Le débat ne se termine que par l'intervention d'une femme qui délivre le vénérable patient du supplice improvisé qu'il endurait.

La sonnerie à la sourdine. Il tonne, Laurent ! sonne ! Tel était, il y a soixante et dix ans, le cri des enfants, aussitôt qu'ils entendaient gronder le tonnerre. Cependant, comme on avait fini par s'apercevoir que le son des cloches était un fort mauvais moyen pour dissiper ou écarter les nuées orageuses, un arrêt du parlement avait expressément défendu de sonner à l'avenir. Le peuple d'Arbois s'était promis, de son côté, de ne point obéir, quoi qu'il dût en arriver. Désobéir à l'autorité ou s'attirer l'animadversion de ses administrés, telle était l'alternative où le mayeur se trouvait placé. Alors, dit-on, il publia l'édit suivant : « A l'avenir, on sonnera les cloches comme auparavant ; » mais afin de ne point blesser l'autorité du parlement,

» on les sonnera à la sourdine, de manière à ce que per-
» sonne ne puisse les entendre. »

§ VII. Notices biographiques.

ACHEY. Famille noble de nom et d'armes, aujourd'hui éteinte. Parmi ceux de ses membres qui se sont illustrés, on remarque les suivants :

Jean, sieur de Thoraise, bailli de Dole, chevalier d'honneur au parlement, fait partie, en 1451 et 1452, de l'expédition du Milanais, sous les ordres de Guillaume de Châlon, sire d'Arguel.

Jean, sieur de Verreux, où, suivant toute probabilité, il habitait le château dit de la Motte, combat, en 1450, en Lombardie, sous le duc de Savoie. Devenu chambellan du roi de France Louis xi, il est nommé, en 1478, bailli d'Auxois et capitaine de Dijon. En 1481, il passe au commandement de Besançon en qualité de lieutenant de Jean de Baudricourt, gouverneur de Bourgogne.

Jérôme, sieur de Thoraise (xve siècle), bailli d'Amont et gouverneur de Gray.

François, sieur d'Avilley (xve siècle), bailli d'Amont et gouverneur de Dole.

Claude, échanson du duc de Bourgogne Philippe-le-Bon, en 1460.

Charles, se distingue au mois de juillet 1506, dans un tournoi donné à Valladolid ; en 1526, il figure au nombre des membres de la confrérie de Saint-Georges.

Jean, premier chevalier d'honneur au parlement, en 1561.

Claude, archevêque de Besançon, succède, en 1637, à François de Rye, et meurt en 1654. Sous son gouvernement, le chapitre métropolitain, privé de ses revenus par suite des guerres et par les subsides qu'il était contraint de fournir aux troupes auxiliaires du duc de Lorraine, aliène la table d'or donnée par Charlemagne à l'église de Besançon.

CHARLES-LOUIS, comte d'Achey, fils aîné de Nicolas-Éléonor, marquis d'Achey, et de Jeanne-Thérèse Bergeret, né à Arbois le 10 octobre 1702. D'abord capitaine au régiment d'Enghien, il passa dans la marine et s'éleva au grade de vice-amiral. Envoyé, en 1757, dans les mers de l'Inde à la tête d'une escadre de six vaisseaux, il fut chargé de bloquer par mer le fort de Saint-David. Le 3 avril 1758, l'amiral anglais Pocock accourut au secours de la place; quoique abandonné de trois de ses vaisseaux, d'Achey soutint courageusement l'attaque, repoussa trois fois l'ennemi, et le força de se retirer. Un autre amiral anglais, Stewens, continua la lutte et n'obtint pas un meilleur succès. Mais le 3 août suivant, les deux escadres ennemies se rencontrèrent à la hauteur de Négapatnam; l'artillerie anglaise, dont le calibre était beaucoup plus fort que celui des vaisseaux français, causa à ceux-ci, qui ne pouvaient y répondre, de si grands dommages, que l'amiral d'Achey, blessé, manquant d'hommes, de vivres, de mâture et d'agrès, n'évita la poursuite de l'ennemi qu'à la faveur de la nuit, et se retira à l'île de France, d'où, après avoir réparé ses avaries, il se dirigea sur Pondichéri. Le 10 septembre 1759, l'escadre anglaise de Pocock lui ayant présenté le combat, il l'attaqua impétueusement, et si un de ses capitaines n'avait pas quitté son poste et entraîné toute l'arrière-garde dans sa fuite, d'Achey aurait remporté un avantage signalé. Malgré cette défection, réduit à sept bâtiments contre neuf plus forts que les siens, il soutint vigoureusement le combat, fut blessé de nouveau, et se retira sans que les Anglais osassent le poursuivre. Retiré à l'île de France, sa flotte ayant été ruinée sur ses ancres par un ouragan, se trouvant hors d'état d'agir, il revint en France (*Voyez Léon Guérin, Histoire maritime de la France, tome II, in-12, chap. VIII*), où il mourut peu de temps après. N'ayant pu découvrir l'acte de son décès, qui probablement n'eut pas lieu dans sa ville natale, nous ne pouvons en préciser la date.

Le dernier membre de cette illustre famille fut Remy-François, marquis d'Achey, frère cadet du précédent, capitaine au régiment de Languedoc-dragons, né le 5 novembre 1712, mort le 10 avril 1768. Son héritière universelle fut la marquise de Damas, qui, en trois mois, trouva le moyen de dissiper son immense fortune. L'hôtel d'Achey fut acquis par M. Just-Denis de Sarret, capitaine au régiment de cavalerie de Condé (*Voy. Sarret*).

ARBOIS, ancienne maison noble de nom et d'armes, eut pour auteur Richard, qui vivait en 1147. Ses descendants se partagèrent en plusieurs branches.

1°. Arbois, proprement dite, qui s'éteignit en 1600, dans la personne d'Élisabeth, épouse de Walter d'Andlaw.

2°. La Grange, dont le dernier représentant, Aymonin, laissa une veuve, Jeanne de Chaffoy, qui testa en 1408.

3°. La Platière, qui commença à Gérard, mort en 1316, et finit à Louis, décédé vers 1420.

4°. Du Vernois, dont la tige fut Gérard, mort vers 1260, et qui s'éteignit dans Simon, gentilhomme de la maison de l'empereur Charles-Quint, décédé en 1537.

Parmi les membres de cette famille qui se distinguèrent et s'élevèrent en dignité, on remarque :

Jacques, surnommé *le François*, bailli de Bourgogne en 1269 et 1270.

Othenin, fils du précédent, comme lui bailli de Bourgogne, de 1300 à 1304.

Philippe, d'abord doyen du chapitre de Saint-Donatien de Bruges, et successivement évêque de Noyon et de Tournay, de la branche de la Platière. Il fit construire à Tournay les églises des Chartreux et des Augustins, et fonda, dans l'église de St.-Just d'Arbois, quatre chapelles connues sous le nom du dernier siége épiscopal qu'il occupa. Ce fut lui qui donna la bénédiction nuptiale au duc de Bourgogne, Philippe-le-Hardi, et à Marguerite de Flandre. A sa sollicitation, fut fondé par cette princesse, en 1382, le chapitre de Notre-Dame d'Arbois, pour lequel il avait laissé à son décès, arrivé en 1379, des sommes considérables.

Humbert, dit de *la Platière*, cousin germain du précédent, devint, en 1357, conseiller intime et maître de l'hôtel de Marguerite de France, comtesse de Flandre, d'Artois et de Bourgogne. Créé chevalier en 1367, il reçut en don du duc de Bourgogne, la mairie de Montigny, et fut chargé de diriger l'emploi des sommes léguées par Philippe d'Arbois, et de celles que donna la comtesse pour la fondation du chapitre de Notre-Dame. Son testament est daté de 1396, ce qui fait présumer qu'il mourut vers cette époque.

Jean, capitaine général et bailli de Bourgogne en 1377, devint gardien de Besançon en 1386.

François, sieur de Morvillars, qu'il acquit en 1519, membre de la confrérie de St.-Georges, en 1539, et chambellan de l'empereur Charles-Quint, était, en 1515, régale ou juge royal à Besançon. S'étant rendu coupable de voies de fait envers Guy de Laferté, il fut poursuivi par le procureur général, et condamné par défaut à une amende de cinq cents livres. Mais l'empereur Maximilien écrivit à sa fille Marguerite d'Autriche de faire cesser toute poursuite contre François, qui s'était accordé avec sa partie : « en » considération, dit ce prince, que luy et ses prédécesseurs » nous ont toujours bien servy, ainsy que feu nostre fils » le roy Don Philippe, que Dieu absoille, en nos guerres » et affaires, et à ce exposé la plus part de leurs chevances. » (*Correspondance de Maximilien* II, 294). François d'Arbois mourut en 1550.

BAUD, François-Joseph, né le 5 novembre 1734, entra dans les fermes, où il devint contrôleur général, et se fixa à St.-Claude, dont il fut nommé sous-préfet, à l'époque de l'institution de l'administration départementale, sous le consulat. S'étant mis en rapport avec M. Varenne de Fenille, habile agronome, qui résidait à Bourg-en-Bresse, il lui envoya des échantillons de l'érable duret qui croît spontanément sur les sommités du Jura, et en reçut en échange l'acacia qu'il répandit et acclimata dans le pays. De savantes observations sur les arbres de nos contrées, envoyées par lui à M. de Fenille, donnèrent lieu à l'éloge de son correspondant, qu'il publia dans ses Mémoires sur l'administration des forêts. Baud entendait également bien l'irrigation des prairies, et, par ses soins, le produit de celles du village de St.-Sauveur avait été doublé. Il mourut à Saint-Claude en 1803. M. Raymond Baud, son fils, a publié à Paris, en 1802, l'*Art de faire les vins,* traduit de l'italien de Fabroni, et M. Dés. Monnier, dans l'Annuaire du Jura de 1847, nous a donné le Mémoire inédit de M. Baud sur l'état des manufactures et des arts dans l'arrondissement de Saint-Claude, en 1789, et en l'an IX (1801).

BAUDRAND, Marie-Etienne-Franç.-Henri, lieutenant général du génie, aide de camp du prince royal duc d'Orléans, grand-croix de la Légion d'honneur, naquit, non à Besançon, comme on l'a dit par erreur, mais à Arbois, le 24 juin 1776. Engagé volontaire dans le 12ᵉ bataillon du Doubs, le 5 septembre 1793, il passa comme élève sous-lieutenant à l'école du génie, le 13 mars 1794. Promu au grade de lieutenant le 21 mars 1795, il fut nommé capitaine le 19 juillet de la même année. Jusqu'alors son avancement avait été rapide; mais quoiqu'il eût fait partie, depuis cette époque jusqu'en 1801, des armées du Haut-Rhin, d'Angleterre, de Mayence, de Rome et d'Italie, quoiqu'il eût été blessé de deux coups de feu à la défense de la tête de pont du Var, en mai 1800, ce ne fut que le 5 septembre 1806 qu'il obtint le grade de chef de bataillon, et fut appelé à la grande armée. Il se distingua au passage du Danube et aux combats de Wertingen et de Languenau. De là, il passa en Italie, et fut chargé, au siége de Gaëte, de plusieurs opérations importantes, qui furent couronnées de succès. Envoyé, en 1807, dans les îles Ioniennes, il y mérita le grade de major, qu'il reçut le 5 décembre 1810, puis celui de colonel, auquel il fut élevé le 31 mars 1812. Fait prisonnier de guerre le 11 juin 1813, il rentra en France au mois d'août 1814. Ce ne fut que le 24 avril 1821 qu'il devint maréchal de camp. En 1824 et 1825, il fut envoyé en mission en Espagne, et en 1826 aux Antilles. Le 14 décembre 1830, il fut nommé lieutenant général, inspecteur général du génie, et aide de camp du prince royal duc d'Orléans. La grand-croix de la Légion d'honneur, dont il faisait partie depuis la création de l'ordre, lui fut accordée le 30 mai 1837. Mis à la retraite le 30 mai 1848, par le gouvernement provisoire, il termina le 7 septembre suivant sa glorieuse carrière.

BAUME-MONTREVEL (Pierre de la), prieur de Saint-Just, cardinal et archevêque de Besançon, né en 1477, à Montrevel, près de Bourg-en-Bresse, subit, en 1502, ses examens de docteur en théologie au collége de Saint-Jérôme, à Dole, en présence d'un archiduc d'Autriche et d'autres grands personnages. Devenu, en 1510, abbé de Saint-Oyan-de-Joux, il organisa la société des prêtres du Grandvaux, qui étaient au nombre de cinq. L'année suivante, il parut avec éclat au concile de Latran, où le duc de Savoie l'avait envoyé. Appelé, en 1518, à Milan, pour y assister au couronnement de l'empereur Charles-Quint, il vendit aux moines de Saint-Claude sa terre de Longchaumois, dont le prix fut employé aux frais de son voyage. Il quitta, en 1523, l'évêché de Tarbes pour celui de Genève, où les magistrats Bernois s'efforçaient de faire pénétrer le protestantisme. Il leur résista courageusement, mais les novateurs se portèrent à de tels excès, que dans la nuit du 1er août 1528, le prélat fut contraint de quitter précipitamment la ville, et se réfugia dans son abbaye de St.-Claude. Le 1er juillet 1533, sur l'invitation de quatre conseillers de Genève, il rentra dans sa ville épiscopale. Son retour irrita les protestants au point que diverses tentatives contre sa vie furent essayées par eux, le peuple fut entraîné, et le calvinisme adopté publiquement. Sa présence étant ainsi devenue inutile aux intérêts du catholicisme, il se décida à quitter Genève, mais avant de partir, il publia dans toutes les églises de son diocèse, l'excommunication contre tous ceux des habitants qui avaient embrassé l'hérésie. Cette publication eut lieu le 1er août 1535. Six ans auparavant, en 1529, il avait été nommé coadjuteur d'Antoine de Vergy, archevêque de Besançon. Le 1er janvier 1539 (v. s.), le pape Paul III le créa cardinal, et il prit possession de l'archevêché en 1542. De tous les prieurs de St.-Just qui l'avaient précédé, Pierre de la Baume fut celui qui fit à Arbois de plus longs séjours, et il y mourut le 4 mai 1544. Quelques mois avant sa mort, il avait obtenu du pape la transmission du siège de Besançon à son neveu Claude de la Baume, dont l'article suit.

BAUME-MONTREVEL (Claude de la), prieur de St.-Just, cardinal et archevêque de Besançon. Il fit recevoir dans son diocèse le concile de Trente, et préserva le comté de Bourgogne des doctrines de Calvin, que repoussait d'ailleurs l'immense majorité des habitants. Quoique engagé dans l'état ecclésiastique depuis sa première jeunesse, il avait épousé Nicole de Savigny, dame de St.-Remy, et ce mariage fut déclaré nul par sentence rendue à Rome, en 1565. Ce prélat aimait les lettres et les protégea. Le pape Grégoire XIII l'éleva à la dignité de cardinal en 1578, et le roi d'Espagne, Philippe II, lui conféra la vice-royauté de Naples, dont il allait prendre possession lorsqu'il mourut à Arbois le 14 juin 1584. Il fut inhumé dans le chœur de l'église de Saint-Just, à côté de son oncle le cardinal Pierre de la Baume, son prédécesseur au prieuré et sur le siège de Besançon. Jusqu'à la révolution de 1789, les chapeaux rouges de ces deux prélats restèrent suspendus au-dessus du chœur, et l'on conserva dans le trésor de l'église, la crosse et la mître du dernier, ainsi qu'un certain nombre d'ornements dus à sa munificence.

BILLOT (Jean-Louis), né à Arbois le 8 août 1736, et mort dans la même ville le 6 août 1811, auteur de quatre noëls en patois du lieu, et de quelques poésies religieuses dont l'intention louable l'emporte beaucoup sur l'exécution. Au goût de la poésie, il joignait celui de la musique et de la peinture, qu'il cultiva avec de médiocres succès. Après avoir été précepteur à Dole des enfants du comte de Froissard-Broissia, il se retira dans sa ville natale, où il perdit beaucoup de temps et d'argent dans la recherche du mouvement perpétuel. Billot était d'un caractère ombrageux et difficile, qui lui fit beaucoup d'ennemis. Ses poésies ont été publiées à Arbois, in-16, en 1802, imprimerie d'Anatoile Javel.

BONTEMPS, très-ancienne famille, dont les descendants ont quitté la ville vers la fin du siècle dernier. Elle tirait son origine de Jean, premier du nom, trésorier général de Bourgogne, et conseiller de l'empereur Maximilien, qui lui vendit, en 1486, l'ancien château de plaisance, alors à moitié ruiné, où, depuis le onzième siècle, avaient résidé par intervalles les souverains du pays. Jean Bontemps le rétablit et lui donna son nom, sous lequel il est encore actuellement connu. Anobli à la même époque, il acquit la seigneurie de Salans, exerça la charge de capitaine de Besançon, et fit, sous les ordres du prince d'Anhalt, la guerre contre les Vénitiens, par lesquels il fut fait prisonnier à la bataille d'Agnadel, le 14 mai 1509. Nous ignorons l'époque de sa mort.

BONTEMPS (Jean), troisième du nom, arrière-petit-fils du précédent, docteur ès droits, conseiller de LL. AA. sérénissimes, et avocat fiscal au bailliage d'Arbois, vivait à la fin du xvi⁰ siècle. Il a laissé inédite une notice sur sa ville natale et sur le siège qu'elle soutint en 1595, contre l'armée française, commandée par le roi Henri iv. Cet opuscule, conservé dans le registre des délibérations du conseil de 1587 à 1607, est écrit dans un style fort remarquable pour le temps, et aurait assuré à son auteur, s'il eût été connu, un rang honorable parmi les écrivains ses contemporains. Il est intitulé : *Discours sommaire et véritable de la ville d'Arbois, et de la prinse et sac d'icelle, en* 1595. Il a été publié pour la première fois, par nos soins, en 1836, dans la *Revue des deux Bourgognes*, tome 1er, et réimprimé la même année à la suite du volume que nous avons fait paraître sous ce titre : *Le Capitaine Morel, ou le Siége d'Arbois, en* 1595. Arbois, Javel, 1 v. in-18.

BOUVENOT (Pierre), né le 22 août 1748, à Arbois, où son aïeul, Hugues, chirurgien, originaire de Vadans, s'était fixé en 1705. Il exerçait, à Besançon, la profession d'avocat au parlement, lorsque la révolution éclata, et il en adopta les principes. Nommé membre de l'administration départementale du Doubs, il fut élu, en 1791, député à l'assemblée législative, où sa modération ne tarda point à le rendre suspect aux ennemis de la royauté. Revenu dans le Doubs après la session, il fut réélu membre du directoire du département, et le présidait lorsque après le 31 mai 1793, les administrateurs du Jura invitèrent ceux du Doubs à protester, comme eux, contre les décrets de la Convention. Une assemblée des principaux notables de la ville, convoquée par lui, se réunit le 16 juin dans la grande salle de l'ancien parlement, et après une vive discussion, décida que la Convention n'ayant point été libre au 31 mai, une adresse lui serait envoyée, où elle serait invitée à rapporter les décrets rendus contre des députés qui, par leur courage et leurs services, avaient acquis des droits à la reconnaissance de tous les bons citoyens. Il n'en fallait pas davantage pour désigner Bouvenot à la haine de la faction victorieuse ; le conventionnel Bassal se hâta de le destituer, et le mit en réclusion. Peu de jours après, il fut conduit à Paris avec trois de ses collègues, accusés comme lui de fédéralisme, et comparut devant le tribunal révolutionnaire, qui, chose extraordinaire à cette terrible époque, les renvoya tous absous. Rendu à la liberté, Bouvenot vint se fixer dans sa ville natale, et après le 9 thermidor, fut nommé membre du tribunal du département du Jura. En 1796, un de ses frères ayant été accusé d'être le principal agent d'une conspiration contre la république, il publia, pour sa défense, une adresse aux citoyens de Besançon. (Couché, an IV, in-8° de quinze pages). En 1800, à l'organisation des tribunaux, il fut nommé président du tribunal de première instance d'Arbois, fonctions qu'il exerça avec la plus noble intégrité jusqu'à la deuxième restauration, qui le destitua sous prétexte de bonapartisme. Ce ne fut qu'en 1820 que justice lui fut rendue, et qu'il fut appelé à la présidence du tribunal de Lons-le-Saunier. Atteint de cécité vers 1830, il demanda et obtint sa retraite, et s'établit à Vadans, où il mourut, âgé de 85 ans, le 15 novembre 1833.

BOUVENOT (Hugues), frère du précédent, naquit à Arbois le 17 novembre 1754. Entré, à l'âge de dix-huit ans, dans un régiment de cavalerie, il ne tarda point à se dégoûter de la carrière des armes, qui ne lui offrait aucune chance d'avancement, et ayant acheté son congé, revint à Besançon, où il continua ses études à l'université. Son cours de théologie terminé, il reçut les ordres, et fut nommé vicaire d'une des paroisses de la ville, où, dès son début, il s'acquit la réputation d'un prédicateur distingué. La réforme des abus, que promettait la révolution, était trop juste pour qu'à l'exemple de tous les hommes éclairés de son temps, il ne se déclarât pas en sa faveur ; il prêta le serment exigé des ecclésiastiques, et exposa dans un discours inédit qu'il prononça, les motifs de sa conduite. Un second discours de sa composition, prononcé avant l'élection de l'évêque métropolitain, fut imprimé, et le prélat élu le choisit pour un de ses vicaires généraux. Les excès de la révolution ayant fait évanouir les espérances qu'avaient conçues tous les amis d'une liberté vraie, honnête et sage, il se démit de ses fonctions de vicaire, et vécut dans la retraite jusqu'après le 9 thermidor. Elu membre de la municipalité de Besançon, il fut nommé commissaire du pouvoir exécutif près de cette administration, mais cette nomination n'ayant point été confirmée par le directoire, il rentra dans la vie privée. Bientôt son repos y fut troublé par la découverte d'une conspiration de quelques émigrés, tendant à livrer Besançon au prince de Condé, et, à son insu, il s'y trouva compromis et fut incarcéré ; mais il s'évada et courut se réfugier à Paris, où l'un de ses amis, le célèbre Corvisart, l'accueillit et lui donna asile. Engagé par lui à étudier la médecine, il y fit, quoique âgé de près de quarante-deux ans, des progrès si rapides, qu'il se vit bientôt en état de soutenir sa thèse de docteur. Elle parut en 1800, in-8°, sous ce titre : *Recherches sur le vomissement, sur ses causes multipliées, directes ou sympathiques, avec un aperçu des secours qu'on peut lui opposer dans différents cas.* Outre quelques articles dans le *Dictionnaire des sciences médicales*, ce fut le seul ouvrage qu'il composa. La mort de Corvisart lui fit abandonner Paris, où il s'était créé une nombreuse clientèle, et il se retira à Sens, où il mourut dans sa soixante-seizième année, le 1er juillet 1830.

BRUET (François-Ignace-Xavier), né le 4 juillet 1727, d'une famille dont plusieurs membres ont, depuis le xviie siècle, figuré comme mayeurs ou échevins dans la magistrature municipale. Entré dans les ordres, il obtint une place dans le corps de la familiarité, et le 1er juillet 1774, fut nommé vicaire perpétuel. En 1789, l'assemblée électorale du clergé, réunie à Lons-le-Saunier, l'élut député à l'assemblée constituante, et il figura parmi les députés de son ordre qui se réunirent les premiers au tiers état. Revenu dans sa paroisse après la session, il prêta serment à la constitution civile du clergé, ainsi que ses vicaires et la plus grande partie des ecclésiastiques de la ville, et prononça à cette occasion un discours qui fut généralement applaudi. Il dut cesser ses fonctions sous le règne de la terreur, mais il les reprit aussitôt après le 9 thermidor, et coopéra de tout son pouvoir à la réunion ecclésiastique, ordonnée par le premier consul, en vertu du concordat, et opérée le 29 juin 1802. Il mourut le 17 février 1821, après avoir donné constamment d'éclatantes preuves de la plus haute vertu. A la piété la plus sincère il unissait la charité la plus tendre et la plus dévouée. A l'âge de 92 ans, on le voyait tous les jours, soutenu par un bras étranger, parcourir les rues de la ville, et prodiguer aux indigents et aux malheureux les secours et les consolations. Les larmes de la population tout entière l'accompagnèrent à sa dernière demeure, et le temps n'a point effacé le souvenir de ses vertus. Il est triste d'avoir à ajouter qu'elles ne désarmèrent point l'esprit de parti, et qu'immédiatement après sa mort, il fut mis en doute s'il était permis d'offrir des prières en faveur de cette âme si noble et si belle, dont toutes les pensées avaient eu pour objet la gloire et le maintien de la religion.

CISE (DE), famille ancienne, depuis longtemps éteinte. Gérard, anobli en 1467, fut conseiller du duc de Bourgogne Charles-le-Téméraire, maître des requêtes de son hôtel et bailli d'Aval, de 1472 à 1477. Claude exerça la même charge de 1502 à 1504, et la transmit à son fils Louis, qui la conserva en 1505, et qui en était encore investi en 1534. Il joignit à cette dignité le titre de conseiller et de maître des requêtes de l'archiduchesse Marguerite.

CORDIER (Jean-Claude), né le 24 août 1778, d'une famille d'artisans, ne reçut d'autre instruction que celle des écoles primaires et quelques leçons de dessin. Mais, plus tard, accueilli à Paris par le célèbre statuaire Dejoux, il se perfectionna dans cette dernière partie, qu'il étudia spécialement sous le rapport de l'ébénisterie, dans laquelle il devint fort habile. Il a laissé des ouvrages appréciés des hommes de goût. Dejoux aurait désiré le fixer dans la capitale, où il lui faisait espérer d'être nommé menuisier de l'empereur; mais Cordier, dont le caractère était fier et indépendant, préféra revenir dans sa ville natale. A une remarquable habileté dans son art, il joignait, ce qui est bien peu commun, un talent poétique dont on pourra juger par les couplets suivants, composés à l'occasion du retour de Napoléon en France, au mois de mars 1815.

1.

France! qu'as-tu fait de ta gloire?
Où sont tes antiques lauriers?
Le fils chéri de la victoire
Avait mis l'Europe à tes pieds; (*bis*)
Ta grandeur était son ouvrage;
C'est lui qui nous a délivrés
De tous les tyrans conjurés
Qui méditaient notre esclavage.
Courage, fiers guerriers! formons nos bataillons,
Marchons (*bis*) sous les drapeaux du grand Napoléon.

2.

Vous qui du sein de l'Angleterre,
Contre les Français malheureux,
Avez armé l'Europe entière,
Fuyez, traîtres, loin de ces lieux. (*bis*)
Croyez-vous que la France oublie
Et vos forfaits et vos fureurs?
Dans un abîme de malheurs
Vous avez plongé la patrie.
Courage, fiers guerriers, etc.

3.

Héros, dont la gloire immortelle
Vivra dans la postérité,
A la France qui te rappelle,
Reviens rendre la liberté ; (bis)
La terre retentit encore
Du bruit de tes exploits divers,
Ton nom fait trembler l'univers,
Et ton peuple toujours t'adore.
Courage, fiers guerriers, etc.

4.

Au sommet de la citadelle,
Sur le rempart, en faction,
Regarde, brave sentinelle,
Vois-tu venir Napoléon ? (bis)
Vers nous, du côté de l'aurore,
Il vole, pour briser nos fers ;
Bientôt tu verras dans les airs,
Flotter l'étendard tricolore.
Courage, fiers guerriers, formons nos bataillons,
Marchons (bis) sous les drapeaux du grand Napoléon.

Il nous reste encore de Cordier quelques couplets satiriques sur les affaires du temps, qui ne manquent ni de sel, ni de gaîté. Il mourut à l'âge de 44 ans, le 16 juin 1822.

COURVOISIER (Jean-Baptiste), né le 24 avril 1745, après avoir fait de bonnes études au collége de sa ville natale, suivit les cours de l'université de Besançon, et se fit recevoir avocat au parlement. Joignant une science profonde à une rare éloquence, il se créa bientôt une nombreuse clientèle. En 1775, une chaire de droit étant devenue vacante à l'université, il l'emporta sur tous ses concurrents, et obtint la chaire qu'il remplit avec la plus haute distinction. Ce qui caractérisait le plus son enseignement, c'était la clarté qu'il répandait sur les matières les plus confuses et les plus abstraites. Privé de cette place à la suppression de l'université, en 1794, il occupa ses loisirs dans la composition de deux ouvrages qui furent publiés à Paris en 1792, intitulés : *Éléments de droit politique,* in-8°, et *Essai sur la constitution du royaume de France,* in-8°. Les dangers qui, peu de temps après, menacèrent tous les gens de bien, le forcèrent de chercher un refuge à l'étranger, où il resta jusqu'au moment où le premier consul rappela les émigrés. Dans cet intervalle, il fit paraître en Allemagne, 1797, une brochure in-8°, sous ce titre : *De l'excellence du gouvernement monarchique en France, et de la nécessité de s'y rallier*. Revenu à Besançon, la faiblesse de sa santé ne lui permit point de se livrer aux travaux du barreau, il n'y parut qu'une seule fois, et mourut le 8 décembre 1803. Son fils, Jean-Joseph-Antoine, né à Besançon le 30 novembre 1775, fut élevé, en 1829, par le roi Charles x, au ministère de la justice, dont il se démit après avoir vainement combattu les projets extra-légaux de ses collègues, et mourut à Lyon à son retour des Eaux-Bonnes, le 10 septembre 1835.

DAVID (Jean-Antoine), né le 9 novembre 1767, de simples cultivateurs, était à peine sorti de l'enfance, lorsque, le 22 novembre 1781, il s'engagea dans le 4ᵉ régiment de chevau-légers, ci-devant Forêts. Ses parents achetèrent son congé, qu'il reçut le 26 avril 1783. Mais, le 3 octobre 1784, il s'engagea de nouveau, et entra au régiment de Languedoc, qui devint plus tard le 6ᵉ de chasseurs à cheval. Nommé brigadier le 6 mai 1786, il était devenu maréchal des logis chef quand il assista à la bataille de Jemmapes, où sa conduite le fit élever, le 14 décembre suivant, au grade de sous-lieutenant dans la Légion du Nord. Peu après, parvenu au grade de lieutenant, il passa, le 1ᵉʳ juin 1793, à l'armée des Pyrénées orientales, occupée à repousser les Espagnols qui avaient envahi une partie de nos départements du midi. David, nommé adjoint aux adjudants généraux, fut chargé de défendre Montlouis, que les Espagnols, très-supérieurs en forces, menaçaient d'assiéger; le 28 août 1793, il les attaque, se rend maître de leur camp, de leurs vivres et de huit pièces de canon. Promu, pour ce beau fait d'armes, au grade d'adjudant général, il se jette de nouveau sur l'ennemi qui fuit en désordre, abandonnant son artillerie, ses caissons, ses tentes et ses munitions. Ce nouveau succès le fait élever au grade de général de brigade, qu'il reçoit le 1er mars 1794. Il était important d'assurer les communications entre Montlouis et Perpignan ; à la tête de trois mille hommes, il aborde l'ennemi près de Prade, deux pièces de canon et de nombreux prisonniers restent en son pouvoir ; le lendemain, cette ville elle-même est emportée de vive force, et l'ennemi poursuivi jusqu'à Corbère. Il s'élance à la suite des fuyards, et se rend maître de Collioure et de Jonquières. Le sol français est délivré, et bientôt les bataillons de David, formant l'avant-garde, paraissent sous les murs de Roses et de Figuières. L'Espagne épouvantée, se hâte de traiter de la paix. Mais d'autres champs de bataille appellent l'intrépide général, c'est sous les ordres du vainqueur d'Arcole qu'il va combattre, sa cavalerie doit couvrir les opérations du siége de Mantoue. Attaché l'année suivante au corps de Joubert, il exécute à la tête de la cavalerie les expéditions les plus périlleuses. Tant de travaux avaient gravement altéré sa santé, il vint la rétablir dans ses foyers, mais son repos ne fut pas de longue durée. Envoyé, en 1799, dans la Hollande que menaçait une formidable attaque des Anglo-Russes, il y arrive sans argent, sans équipages, n'ayant de vêtements que ceux dont il était couvert ; huit jours après, à Alckmaer, il marche à la tête de sa brigade contre une nombreuse artillerie qui la décime, et y trouve, le 14 septembre, cette mort qu'il avait tant de fois bravée.

On trouvera, dans nos annales, 5 octobre 1799, la lettre de l'adjudant général Dardenne, qui annonce la mort de ce brave, dont l'éloge fut prononcé le 19 du même mois par M. Petitjean. Jusqu'à leur décès, arrivé le 3 août et le 30 décembre 1804, le père et la mère du général David jouirent d'une pension de 600 francs que le premier consul leur avait accordée.

DAVID DE SAINT-GEORGES (Jean-Joseph-Alexis). Quoique né à St.-Claude le 30 décembre 1759, M. de St.-Georges nous a paru devoir être compté parmi les citoyens d'Arbois, au nombre desquels il fut admis le 12 août 1788. Outre l'étude de la jurisprudence, dont la connaissance lui était nécessaire pour sa charge de conseiller au grand conseil, il s'était livré dès sa jeunesse aux sciences et aux lettres. Occupé d'abord d'histoire naturelle, il composa une Flore des montagnes du Jura ; mais ses manuscrits et ses collections furent détruits ou dispersés au moment où les fureurs révolutionnaires le contraignirent à chercher un asile en Allemagne. Pendant son exil, quoique privé de livres, il entreprit de retrouver dans les langues vivantes les éléments de la langue primitive de l'homme, œuvre immense, que Court de Gebelin avait ébauchée dans le *Monde primitif*. Aussi le temps lui manqua-t-il pour l'achever, et il n'en a paru que les *Prolégomènes de l'archéologue*, publiés par Charles Nodier, auquel il avait confié ses manuscrits. Ces recherches lui facilitèrent la connaissance de plusieurs langues, surtout de l'anglais, dont il a traduit les ouvrages suivants, dans un style correct et avec beaucoup d'exactitude : 1° *Lettres de Charlotte à Caroline, pendant sa liaison avec Werther*, Paris, 1787, 2 v. in-12 ; 2° *Histoires fabuleuses destinées à l'éducation des enfants, par miss Sara Trimmer*, Genève, 1789, 2 vol. in-12 ; 3° *Fathom et Melvil, par Smollett*, Paris, 1796, 4 v. in-12 ; 4° *Poésies d'Ossian et de quelques autres bardes*, trad. en société avec Labaume, pour servir de suite à l'Ossian de

Letourneur, Paris, Dufart, an VI, (1798), 3 vol. in-18. L'incorrection de cette édition l'avait décidé à en préparer une seconde, revue avec le plus grand soin. 5° *Histoire des Druides, et particulièrement de ceux de la Calédonie, d'après Smith*, Arbois, Javel, 1808. L'impression de ce volume, restée inachevée à sa mort, n'a été terminée qu'en 1845. A la suite de cette histoire se trouvent deux opuscules originaux, intitulés : le premier, *Recherches sur les antiquités celtiques et romaines des arrondissements de Poligny et de Saint-Claude*, 46 pages in-8°; le second, *Mémoire sur les tourbières*, 30 pages in-8°. Indépendamment de ces ouvrages, David de St.-Georges a laissé inédits : *Arsace, prince de Betlis*, supposé trad. de l'anglais, 3 v. in-8°, et un *Cours d'éducation, anglais et français, propre à apprendre les deux langues aux enfants, en leur formant l'esprit et le cœur*. A son retour de l'émigration, il avait embrassé la profession d'avocat. Trois sociétés l'avaient admis dans leur sein, l'académie de Besançon, en 1788, celle de législation, en 1805, et l'académie celtique, en 1807. Il mourut à Arbois le 30 mars 1809, à 49 ans, laissant trois enfants, dont un fils, officier du génie, qui périt en Espagne au siége de Saint-Sébastien. Une de ses filles a épousé M. Emmanuel Moréal de Brevans.

DEJOUX (Claude), sculpteur célèbre, né à Vadans en 1732, descendait par une filiation non interrompue, dont les preuves nous ont été communiquées, de la famille de Joux, l'une des plus puissantes de la Franche-Comté, du XIIe au XIVe siècle. Son ascendance directe remontait à Louis de Joux, sire de Naisey, qui florissait dans la dernière moitié du XIVe siècle. Son père et sa mère étaient cultivateurs ; entré comme apprenti chez un menuisier, il travailla successivement à Lons-le-Saunier, à Lyon et à Marseille, où la vue des chefs-d'œuvre de Puget ayant éveillé son génie, il se rendit à Paris et entra dans l'atelier de Guillaume Coustou. Un des élèves de ce maître, Pierre Julien, avec lequel Dejoux s'était uni d'une étroite amitié, ayant remporté le grand prix de sculpture, ce dernier le suivit à Rome, où il fit un séjour de six ans (1768-1774). De retour à Paris, une statue en marbre, *Saint Sébastien mourant*, le fit admettre, en 1779, à l'académie des beaux-arts. A dater de cette époque, de nombreux chefs-d'œuvre sortirent successivement de son ciseau, les statues d'*Achille*, de *Catinat*, de *Philopœmen*, le groupe colossal d'*Ajax enlevant Cassandre*, créèrent sa réputation, à laquelle il mit le sceau par deux statues, celle de la *Renommée*, destinée à couronner le dôme du Panthéon, haute de 25 pieds, mais qui ne fut point coulée en bronze, et par celle de *Desaix*, qui devait décorer la place des Victoires. Après tant de travaux, dont nous n'avons cité que les plus remarquables, arrivé à l'âge de 78 ans, il vint jouir de quelques instants de repos dans son village natal, auquel il fournit, quoique sa fortune fût bornée, les fonds nécessaires pour la fondation d'une école primaire gratuite, et pour la construction d'une fontaine monumentale, et fit hommage à l'hôpital d'Arbois de deux bronzes, *Esculape* et *Hygie*, et de son buste, qui décorent une des salles de l'établissement. Retourné à Paris, où, jusqu'à son dernier jour, il s'occupa de l'art qu'il avait cultivé avec tant d'éclat, il y mourut le 18 octobre 1816. Dejoux était un monument vivant de la bonhomie et de la simplicité du vieux temps ; bonne foi, pureté de mœurs, bienfaisance, amitié sûre et fidèle, il cachait ces belles qualités sous une écorce rude qui rendait son commerce un peu difficile pour les personnes qui le connaissaient peu. Au titre de membre de l'Institut dans lequel il avait été compris à la création, il joignait celui de chevalier de la Légion d'honneur, et de recteur des écoles spéciales de peinture et de sculpture.

DELORT (Jacques-Antoine-Adrien), né le 16 novembre 1773, d'une famille originaire de Salins, qui vint s'établir à Arbois en 1710. Il avait à peine achevé ses études, lorsque, le 15 août 1791, il entra comme volontaire au 4ᵉ bataillon du Jura. Quelques mois après, il passa au régiment d'Austrasie (8ᵉ d'infanterie de ligne), où il fut nommé sous-lieutenant le 16 juin 1792, et lieutenant le 18 septembre suivant. Adjoint aux adjudants généraux le 15 juin 1793, il reçut, le 28 août de la même année, le brevet de capitaine au 24ᵉ régiment de cavalerie. En 1798, il quitta l'armée du Rhin, dont il avait fait toutes les campagnes, passa à l'armée d'Italie, et obtint, après la bataille livrée le 26 mars 1799, sous les murs de Vérone, le grade de chef d'escadron au 22ᵉ de cavalerie. Ce régiment ayant été licencié en 1801, il passa avec son grade au 2ᵉ de cuirassiers. Nommé major du 9ᵉ de dragons en 1803, il commandait à Versailles le dépôt de son corps en 1805, lorsqu'il fut appelé à la grande armée pour y remplacer le colonel Maupetit, blessé à l'affaire de Wertingen. A Austerlitz, il chargea avec la plus grande vigueur les cosaques réguliers de l'armée russe, fut blessé de deux coups de lance, et courut les plus grands dangers. Sa conduite dans cette immortelle journée, fut récompensée par le titre de chevalier de l'empire avec dotation, et par le grade de colonel du 24ᵉ dragons, qui lui fut conféré le 1ᵉʳ mai 1806. Entré en Espagne en 1808, à la tête de son régiment, il

prit une part brillante aux siéges de Gironne, de Tortose
et de Tarragone, pénétra dans cette ville par la brèche,
et amena au quartier général près de dix mille prisonniers,
dont trois maréchaux de camp. Dans l'intervalle de ces
siéges, il avait remporté des succès signalés aux combats
de Cardadeu, du Pont-du-Roi, de Vich, de Cervera, de
Vals, où, entouré par la cavalerie ennemie, il dut son
salut à son dragon d'ordonnance, Nicolas Messier, et à une
compagnie du régiment qui le dégagea. Le prix mérité de
si beaux services fut le grade de général de brigade, d'officier de la Légion d'honneur, dont il était membre depuis
la création de l'ordre, et de baron de l'empire. A la bataille
de Sagonte, il culbuta l'ennemi et s'empara d'une partie
de son artillerie, ce qui lui valut le titre de commandant
de la Légion d'honneur. L'avant-garde de l'armée lui ayant
été confiée, il se porta sur Alicante, et ayant rencontré, à
Castalla, l'armée du général en chef O'Donnel, quoiqu'il
n'eût avec lui qu'environ 3,000 hommes, il l'attaqua; le
mit en déroute, lui prit deux pièces de canon, quatre mille
prisonniers et deux cents officiers. Cette brillante affaire a
été le sujet d'un tableau de Langlois, qui fait partie du
musée de Versailles. L'année suivante, 1813, il défit le
général en chef Elio à Yecla, et se signala à Alcira et au
col d'Ordal, qu'il enleva. Revenu en France en 1814, il
coopéra puissamment, le 18 février, à la victoire de Montereau, où quatre régiments autrichiens furent contraints
par lui de mettre bas les armes, et, sur le champ de bataille, Napoléon le nomma général de division. Créé par
Louis XVIII chevalier de St.-Louis, il était en non-activité
lorsque l'empereur, revenu de l'île d'Elbe, lui donna le
commandement d'une division de cuirassiers, à la tête de

laquelle il contribua à la victoire de Ligny. Le maréchal prussien Blücher fut renversé sous les chevaux de sa division, dont les cavaliers poursuivirent leur charge, sans le reconnaître; le surlendemain, Delort combattit à Waterloo, où il exécuta cette charge fameuse où plusieurs carrés anglais furent enfoncés et sabrés; il y eut trois chevaux tués sous lui, ses habits furent percés de balles, et il fut atteint de plusieurs blessures. Réduit à l'inactivité et mis en surveillance dans sa ville natale, il ne rentra en activité qu'en 1830; le roi Louis-Philippe lui confia plusieurs commandements importants, à Marseille, à Metz, à Lyon et à Grenoble; sa fermeté et sa modération y rétablirent l'ordre, et le roi l'attacha à sa personne en qualité d'aide de camp. Elu député du Jura, de 1831 à 1837, il fut élevé à la dignité de pair de France et de grand'croix de la légion d'honneur. Pendant sa retraite, de 1815 à 1830, il avait occupé ses loisirs en traduisant en vers les *Poésies lyriques d'Horace*, qu'il publia en 1831. Cette traduction, justement estimée, a été réimprimée avec d'importantes corrections en 1844, époque où, atteint par la loi, il fut admis dans le cadre de réserve des officiers généraux. Il passa les deux dernières années de sa vie dans sa belle habitation du faubourg de Verreux, et y mourut le 28 mars 1846. Outre ses odes d'Horace, le général Delort a laissé : 1° Un *Eloge du général en chef Joubert*, prononcé à Arbois l'an vııı (1800). Arbois, Javel, in-8° de 24 pages. 2° Plusieurs *Opinions, Discours ou Rapports prononcés à la Chambre des Députés et à celle des Pairs*. 3° *Trois Satires et une Épître d'Horace*, traduites en vers, et tirées à cent exemplaires. Arbois, Javel, 1845. — Deux frères du général Delort ont embrassé comme lui la carrière militaire; l'un,

Auguste-Osias, né en 1771, devint capitaine de cuirassiers, et mourut en 1831 ; l'autre, Jean-Baptiste, capitaine de dragons, né en 1784, est mort en 1849.

DOMET-DE-MONT (Charles-Anne-Joseph), né à Arbois le 19 décembre 1778, d'une famille ancienne qui a compté plusieurs membres distingués dans les armes et dans la magistrature. Livré dès sa jeunesse à l'étude des sciences, notamment de l'optique, il a donné aux lunettes, dites *achromatiques,* un degré de perfection inconnu jusqu'à lui. On lui doit l'invention d'une pâte minérale excellente pour aiguiser les rasoirs et autres instruments tranchants. En étudiant la nature de l'attérissement de cailloux et de sable répandu dans le bassin de la Saône, il a remarqué que certains galets de jaspe présentaient, après avoir été broyés, tous les caractères du tripoli de Corfou, et étaient éminemment susceptibles de donner aux métaux un très-beau poli. Il est décédé à Dole le 2 mars 1847.

DUMONT (François-Joseph), docteur en médecine, né à Vuillafans (Doubs), le 31 décembre 1762, mort le 17 mars 1850, à Arbois, où il s'était établi en 1801. Entré, en 1792, dans le service médical des armées, il fut attaché successivement à l'armée du Rhin et à l'hôpital militaire de Besançon, où il se fit recevoir docteur en 1798, d'après les formes anciennes ; mais lorsque les facultés de médecine furent instituées, et l'art de guérir soumis à de nouveaux règlements, il se présenta devant la faculté de Strasbourg, qui lui conféra ce même grade d'après les formes nouvelles. En 1809, un *Mémoire sur les hernies ombilicales* le fit nommer membre correspondant de la société de médecine de Besançon, titre auquel il joignit, en 1825, celui de membre de la société Linnéenne de Paris. L'année suivante, il fut associé à la société des sciences, agriculture et arts du département du Bas-Rhin, et à la société d'Emulation du Jura. Le docteur Dumont possédait, en agriculture et en botanique, les connaissances les plus étendues, et, dans sa profession, il pouvait être compté au nombre des praticiens les plus expérimentés et les plus habiles. Nommé maire d'Arbois en 1831, il refusa cette charge et se contenta de celle d'adjoint, qu'il exerça jusqu'en 1841. Dans le but de répandre la connaissance des sciences agricoles, il fonda un comice, mais tous ses efforts furent rendus inutiles par l'indifférence des travailleurs, qui ne comprirent point le but qu'il voulait leur faire atteindre. Dans le journal publié en 1840, au nom de cette association, le docteur Dumont a inséré plusieurs fragments d'un *Essai sur les prairies*, qui contient les notions les plus utiles. En 1826, il a fait paraître dans la *Bibliothèque physico-économique*, une *Description du vignoble d'Arbois*, 27 pages in-12, et la même année, chez Decourchant, à Paris, une *Statistique de ce même vignoble*, 39 pages in-12. En 1845, il réunit, en les retouchant, ces deux opuscules, sous le titre d'*Essai d'ampélographie*. Cet ouvrage, resté inédit, se distingue comme tout ce qu'il a écrit, par la justesse des idées, la simplicité et la clarté du style. Le docteur était aussi recommandable par les qualités du cœur que par celles de l'esprit, et sa mémoire est justement vénérée de tous ceux qui l'ont connu.

GILLABOZ (Jean-Claude-Alexis), chanoine de l'église collégiale de Notre-Dame d'Arbois, naquit le 26 septembre 1708, d'une ancienne famille de la ville, anoblie par lettres patentes de l'empereur Charles-Quint, du 4 novembre 1549, dans la personne de Simon Gillaboz. Ami des lettres, il possédait une bibliothèque bien choisie; il a laissé quelques poésies inédites, parmi lesquelles on remarquait une tragédie de *Sainte Reine*, composée en 1735. Il mourut le 9 février 1784.

GLANNE. Très-ancienne famille, dont il est possible que l'origine remonte antérieurement à Pierre et à Philippe Glanne, assassinés à Payerne en 1126, avec le comte de Bourgogne Guillaume-l'Enfant. En 1516, Hugues Glanne, tabellion général du comté et procureur du bailliage d'Aval, obtint de Marguerite d'Autriche des lettres patentes d'anoblissement, et fut autorisé à faire précéder son nom de la particule *de*. En 1746, un de ses descendants, Charles-Gabriel, seigneur de Villersfarlay, reçut le titre de *baron*. Il eut de son épouse, Charlotte Mauclerc, quatre enfants, dont l'un, Gaspard-Marie, baron de Villersfarlay, né le 24 novembre 1756, commanda en chef, pendant la révolution, la garde nationale d'Arbois. Obligé de s'expatrier à l'époque de la tyrannie de Robespierre, il revint après le 9 thermidor, et s'établit à St.-Laurent-en-Grandvaux, où il mourut vers 1823, ne laissant qu'une fille décédée sans avoir été mariée, en 1846. Cette famille est éteinte.

GRILLON (Alexis), né le 14 mai 1760, s'engagea à l'âge de seize ans, en 1776, dans les gardes françaises. Ce ne fut qu'en 1789 qu'il obtint le grade de capitaine au 104e régiment d'infanterie. Créé chevalier de St.-Louis en 1791, il fit l'année suivante la campagne de Belgique, et fut fait prisonnier à Valenciennes. Il recouvra la liberté en 1793, et passa à l'armée d'Italie en qualité d'adjudant général. Après avoir assisté à la prise de Toulon, il fut appelé successivement au commandement des places de Marseille, de Lyon et de Genève, et prit sa retraite en 1802. Il reste de lui une lettre adressée au bureau central du canton de Marseille, en date du 23 pluviôse an vi (11 février 1798), où il établit les droits du commandant militaire dans les places en état de siége. Retiré dans sa ville natale, il exerça les fonctions d'adjoint au maire en 1813, 1814 et 1815, et mourut le 4 décembre 1826.

GROSEZ (Etienne-Joseph), né vers 1640, d'une famille dont plusieurs membres ont exercé les charges municipales, entra dans l'ordre des jésuites. En 1670, il publia un ouvrage ascétique, intitulé : *Journal des Saints*, 3 v. in-12, qui fut souvent réimprimé, et dont la dernière édition parut en 1740. Le P. Grosez mourut à Dole dans la maison de son ordre, en mars 1718, au retour d'un carême qu'il était allé prêcher à Auxonne.

JAILLON (Mercurin et Claude Fauche de). Deux frères qui, au rapport de Gilbert Cousin, illustraient la ville d'Arbois en 1552. La famille Fauche, depuis longtemps éteinte, se divisait en deux branches, Jaillon et Nancray, qui, toutes deux, la dernière surtout, fournit à la ville des mayeurs au xviie siècle. Aux deux frères de Jaillon, Cousin a joint, comme un homme remarquable de la localité, Alexandre Glanne, chanoine de la Collégiale.

JOBELOT (Jean-Ferdinand), chevalier, premier président du parlement, et président-né des concours de l'université, né à Gray de 1620 à 1630, n'appartient à la ville d'Arbois que par les propriétés considérables qu'il y possédait, le long séjour qu'il y fit, et les éminents services qu'il rendit à la localité. Avocat général au parlement en 1653, puis conseiller, il en fut nommé premier président en 1675, et mourut au mois de décembre 1702, après 49 ans d'exercice, pendant lesquels il s'était acquis la réputation de profond politique et de magistrat intègre et savant.

Il avait siégé 22 ans au parlement de Dole, et 27 à celui de Besançon. Le gouvernement espagnol lui fit un crime de s'être chargé, conjointement avec le marquis de Laubespin, d'une députation envoyée par le parlement au prince de Condé, à l'insu du gouverneur de la province, pour en négocier la neutralité. Les deux accusés produisirent chacun un mémoire justificatif qu'on ne lit pas sans intérêt. Le président Jobelot, quoique marié deux fois, n'a point laissé de postérité.

JOUVENOT (Jean-Charles), né le 18 mai 1785, et mort le 4 avril 1837, se perfectionna dans sa profession de serrurier en séjournant dans plusieurs villes de France. Revenu dans ses foyers, des malheurs domestiques l'affectèrent au point qu'à peine âgé de trente ans il fut frappé d'une paralysie qui ne lui laissa de libre que la main gauche. Réduit à l'inaction, il se livra à la lecture, et les poésies de Boileau, les tragédies de Racine et de Voltaire lui inspirèrent l'idée de composer des vers. Bientôt on vit sortir de sa plume des pièces fugitives, des poëmes en plusieurs chants, une comédie, un drame, etc. Ces productions, tout imparfaites qu'elles étaient et qu'elles devaient être, l'auteur n'ayant reçu d'autre instruction que celle des écoles primaires, et plus encore, le courage avec lequel il supportait ses souffrances, lui concilièrent la bienveillance du général Delort, qui s'empressa de le soulager, et qui lui abandonna le produit de la première édition de sa traduction d'Horace. Jouvenot résolut alors de publier ses poésies qui parurent en 1831 et 1832, sous le titre du *Nouvel Adam Billaut*, 2 v. in-12. A côté de beaucoup de fautes de langue et de versification, on y remarque de l'imagination, quelquefois une gaîté qui contraste avec la position de l'auteur, et des détails agréables.

LAURENCEOT (Jacques-Henri), né le 18 janvier 1763, d'une famille anoblie en 1520 par l'empereur Charles-Quint, et qui fournit aux rois d'Espagne, ses successeurs, plusieurs officiers employés à la garde de leurs personnes. Dans l'ordre ecclésiastique, on distingue plusieurs membres de cette famille ; quelques-uns ont fait partie du Chapitre de Notre-Dame. En 1635, Pierre Laurenceot, docteur ès Saints Canons, était chapelain d'honneur de S. M. C. Jacques Henri, servait en qualité d'officier dans un régiment d'infanterie, lorsqu'en 1792 son frère Jean, qui servait aussi dans la même arme, et lui, furent élus, le premier, commandant du 12e bataillon, et le second, du 4e bataillon du Jura, qu'ils conduisirent à l'armée du Rhin. Ce fut là que lui parvint la nouvelle de son élection de député de son arrondissement à la Convention nationale, et il se hâta de se rendre à son poste. Ennemi de tous les excès, il prit place au rang de ces députés sages et animés d'un vrai patriotisme qui s'efforcèrent d'arrêter la marche sanglante de la révolution, et dans le procès de l'infortuné Louis XVI, après avoir déclaré qu'il ne croyait point réunir le double caractère de législateur et de juge, il vota pour la réclusion du roi et son bannissement à la paix. Au 31 mai, il ne déploya pas moins de courage, il fut l'un des 73 députés qui protestèrent contre les décrets rendus dans cette néfaste journée, décrété d'arrestation et détenu à la Force pendant treize mois. Rappelé après le 9 thermidor au sein de la Convention, il en fut élu secrétaire, puis envoyé en mission dans les départements du centre, où il s'attacha à réparer les maux causés par la Terreur. A son retour dans l'assemblée, il y provoqua l'arrestation de plusieurs des proconsuls de Robespierre, à raison de leur conduite dans les départements qu'il venait de parcourir, entre autres celle de Fouché, qui, dans la Nièvre, avait frappé, sans en rendre compte, des taxes qui s'élevèrent à plusieurs millions. Entré, après la session conventionnelle, au Conseil des Cinq cents, il en sortit en 1797, et rentra dans la vie privée, qu'il ne consentit à quitter que pour remplir les modestes fonctions de sous-inspecteur des forêts de l'arrondissement de Dole, qu'il occupa jusqu'en 1827, époque où, sur sa demande, il fut admis à la retraite. A la fin de juillet 1830, il fut nommé par acclamation des habitants d'Arbois, président de l'administration municipale provisoire, maintint dans la ville l'ordre et la tranquillité, et le 18 août résigna ses fonctions entre les mains du nouveau maire, M. l'avocat Choupot. Laurenceot mourut presque subitement le 19 août 1833, laissant après lui la réputation d'homme de bien, unissant toutes les vertus privées à celles du bon citoyen. — Son frère Jean, commandant du 4e bataillon, atteint à l'armée d'une maladie qui lui rendait impossible l'exercice de ses fonctions, revint dans ses foyers, où il mourut peu de temps après, à la fleur de l'âge.

MAIRE (Claude-Etienne), né le 9 mai 1715, embrassa l'état ecclésiastique et devint, en 1748, principal du collége d'Arbois. Il ne quitta ce poste qu'en 1754, pour aller occuper un canonicat de l'église collégiale de Notre-Dame de Toucy, petite ville à quelques lieues d'Auxerre, où il mourut le 8 janvier 1782. Il a laissé un ouvrage intitulé : *Principes généraux de la langue latine, vérifiés par le texte des auteurs*, Auxerre, 1781, un v. in-12, où l'on remarque une connaissance profonde de cette langue. L'ordre en est clair et lumineux; tous les exemples, choisis de préférence parmi les moralistes, sont d'une application facile et offrent le double avantage de présenter à la jeunesse d'excellents préceptes de morale et des modèles de la plus pure latinité. Cet ouvrage a pourtant passé inaperçu ; l'auteur mourut quelques mois après sa publication, et son livre est tombé dans un oubli qu'il ne méritait pas.

MORIVAUX (Anatoile-François), né le 17 janvier 1745, mort le 18 août 1816, fut élu en 1791, député à l'assemblée législative. Revenu après la session dans sa ville natale, il en fut élu maire le 3 décembre 1792, et déploya dans ses fonctions, que les circonstances rendaient si dangereuses et si difficiles, la plus louable modération et la plus grande fermeté. Suspendu de ses fonctions et décrété d'arrestation par les représentants du peuple Bassal et Bernard ; l'arrêté, vivement combattu par le conseil municipal, fut révoqué quelques jours après, et Morivaux recouvra sa liberté le 30 septembre 1793. Il offrit, le 28 mars 1795, sa démission, qu'il ne parvint à faire accepter que le 26 novembre suivant. A la réorganisation des tribunaux, il fit partie de celui d'Arbois sous le titre de magistrat de sûreté. Morivaux avait fait sur sa ville natale quelques recherches historiques, nous ignorons ce qu'elles sont devenues.

NOIROT (Jean-Baptiste), né le 21 décembre 1709, était familier de l'église de Saint-Just, lorsque, en 1791, il prêta, ainsi que la plus grande partie de ses confrères, le serment à la constitution civile du clergé, et publia, sous le titre de : *Raisons qui ont décidé les fonctionnaires publics du district d'Arbois à prêter le serment requis par l'assemblée nationale*, la justification de sa conduite. Cet opuscule, en 58 pages in-8°, impr. de Daclin, exaspéra tellement le parti anti-constitutionnel, qu'une femme rencontrant sur un pont de la ville le vénérable prêtre, âgé de 82 ans, se précipita sur lui, et s'efforça de le jeter à la rivière. L'approche de quelques personnes la fit renoncer à son criminel dessein. L'abbé Noirot refusa de se plaindre de la violence dont il avait été l'objet, et d'en faire connaître l'auteur. Il mourut généralement regretté, le 13 octobre 1793.

PÉALARDY (Mathieu), né à Vadans le 9 septembre 1753, s'engagea le 30 juillet 1771, dans le régiment de Grenoble (artillerie). Sergent en 1777, il fut incorporé en 1785, en qualité de sergent-major, dans l'artillerie des colonies, où ayant fait les campagnes de 1786 et 1787, il fut promu au grade de lieutenant en troisième le 3 juillet 1788, et passa dans la brigade de la Martinique. Revenu en France en 1791, il fut nommé lieutenant en second le 1er mars 1792, lieutenant en premier le 1er janvier 1793, et le 16 juin suivant capitaine au 8e régiment d'artillerie à pied. Au mois de septembre de la même année, il fut envoyé à l'armée de l'ouest, et vers la fin du mois nommé directeur provisoire de l'artillerie au Port-Louis. Désigné, en janvier 1794, pour commander son arme dans les îles du Vent, il prit part à plusieurs combats, notamment à l'attaque de la Pointe à Pître, où sa brillante conduite le fit élever, le 5 juillet 1794, par le commissaire Hugues, au grade de général de division. Il justifia cet avancement le 7 octobre suivant, en forçant les quinze cents hommes commandés par le général anglais Graham, à mettre bas les armes, et mit le siége devant le fort St.-Charles, qu'il emporta après 58 jours de tranchée ouverte. Ce dernier fait d'armes assurait à la France la possession entière de la Guadeloupe. Il n'en tomba pas moins dans la disgrâce du commissaire Hugues, qui le destitua. Le général repassa en France, fut remis en activité le 16 août 1798, et renvoyé aux colonies, d'où il ne revint qu'en 1801. Dans la traversée, il fut fait prisonnier par les Anglais, le 9 avril, et échangé après le traité d'Amiens. Il ne fut point compris dans la nouvelle organisation de l'armée, et resta en inactivité jusqu'au 21 juin 1811, époque où il fut admis à la retraite. La générosité et l'humanité, jointes à la bravoure, formaient le caractère de Péalardy, auquel il n'a manqué qu'un grand théâtre pour se créer une haute renommée.

PERRIN (Claude), peintre, né aux Planches-les-Arbois vers 1644, mérite une place élevée parmi les artistes dont la mémoire doit être conservée. Anobli par Louis xiv en récompense de ses travaux, il fut nommé peintre du roi de Pologne. Il résida pendant quelques années à Arbois, où l'on voit, en 1696, son nom figurer parmi ceux des notables. Une paralysie dont il fut atteint au bras droit, ne l'empêcha point de cultiver son art. On croit qu'il mourut à Rome, où se trouvent plusieurs de ses ouvrages, dans les premières années du dix-huitième siècle. L'église d'Arbois en possède deux, un *Christ* et un *saint François-Xavier*.

PERRIN (Jean-Charles), ancien missionnaire dans les Indes, chanoine honoraire de la métropole de Bourges, et vicaire général de l'évêque de Fréjus, naquit le 26 juillet 1754. Il remplit, en 1788, les fonctions de principal du collége de sa ville natale. Il nous reste de lui : 1° *Voyage dans l'Indostan*, Paris, Le Normant, 1807, 2 v. in-8°. Il y rend compte de ses travaux apostoliques et des difficultés qu'il a eu à surmonter dans ce pays. 2° *Oraison funèbre du cardinal de Bausset, prononcée dans l'église cathédrale de Fréjus, le 30 juillet* 1824, Draguignan, 1824, 8 pages in-4°. Il mourut à Fréjus le premier mai 1844.

PETITJEAN (Jean-Baptiste-Etienne), né le 3 mai 1764, d'une famille ancienne et recommandable, embrassa l'état ecclésiastique et obtint un canonicat dans l'église collégiale de Notre-Dame. La suppression du Chapitre dont il était membre ne l'empêcha point de se déclarer partisan des réformes opérées en 1789, mais toujours sage et modéré, il ne se prononça pas avec moins de franchise contre les excès qui signalèrent les années suivantes, et fut contraint de chercher un asile à l'étranger. Rappelé après le 9 thermidor, il fut nommé d'abord commissaire du Directoire exécutif, puis maire d'Arbois, poste qu'il occupa pendant toute la durée du consulat et de l'empire. Son administration fut sage, prudente et ferme; l'on n'a point oublié les proclamations que de graves circonstances l'obligèrent à adresser à ses administrés ; elles se distinguent par l'énergie, la simplicité et une éloquence qui produisait toujours l'effet qu'il pouvait en espérer. Remplacé dans ses fonctions en 1814, il les reprit pendant les cent jours, et les quitta au mois de juillet 1815. Retiré au château de Vadans, où le général Delort lui avait ménagé une habitation, il ne revint à Arbois que lorsque ses infirmités ne lui permirent plus de rester dans la solitude. Il y mourut le 13 août 1844, âgé de 80 ans.

PICHEGRU (Jean-Charles), naquit le 16 février 1761, d'une famille de cultivateurs, originaire du village des Planches. Les succès qu'il obtint au collége, spécialement dans l'étude des mathématiques, décidèrent les PP. Minimes du couvent d'Arbois, à l'envoyer comme répétiteur au collége militaire de Brienne, où Pichegru compta Napoléon Bonaparte parmi ses élèves. Le séjour de cette école lui inspira l'envie de suivre la carrière des armes, et il s'engagea dans le 1ᵉʳ régiment d'artillerie, où son intelligence lui procura un assez rapide avancement. Lieutenant en 1792, il présidait un club à Besançon, lorsqu'un bataillon du Gard, de passage en cette ville, se trouvant sans chef, l'élut pour son commandant, et, sous sa conduite, arriva à l'armée du Rhin. Pichegru ne tarda point à y être employé à l'état-major général, et les représentants du peuple, appréciant ses talents, le nommèrent peu de temps après général de brigade, puis, général de division le 4 octobre 1793. L'armée avait éprouvé des échecs, il fut jugé propre à les réparer, et le commandement en chef lui fut conféré. Il se hâta de prendre l'offensive, et vers la fin de décembre 1793, débloqua Landau. Passé à l'armée du Nord en janvier 1794, il la réorganisa, et manœuvrant avec autant d'habileté que d'audace, défit successivement les Autrichiens à Courtray, à Montcassel et à Menin. Leurs lignes, jusqu'alors réputées imprenables, furent rompues. Le 17 mai, animés par la présence de l'empereur d'Allemagne, ils réunissent toutes leurs forces ; mais Pichegru remporte sur eux, près de Turcoing, une victoire complète et décisive, les bat à Rousselaer, puis à Hooglède, où leur défaite entraîne la chute des villes de Bruges, de Gand et d'Anvers. Alors se présente l'armée anglaise, elle est vaincue à Boxtel, la Belgique entière est soumise, l'ennemi rejeté au delà du Rhin, et la Hollande ouverte. Cependant l'hiver était arrivé, mais Pichegru est résolu de poursuivre ses avantages ; les Etats généraux sollicitent un armistice, il est refusé ; la Meuse est franchie le 27 décembre, seize cents hommes, avec leur artillerie et leurs munitions, sont faits prisonniers dans l'île de Bommel ; Grave, Heusden, Gertruydenberg, Utrecht, ouvrent leurs portes, et les clés d'Amsterdam lui sont présentées. Les Etats généraux capitulent. La flotte hollandaise était arrêtée dans les glaces du Zuyderzée, les hussards et l'artillerie légère de l'armée s'y portent, et elle tombe tout entière au pouvoir du vainqueur. Les provinces de Frise, de Groningue, d'Ower-Yssel et de Zélande se soumettent ; un mois a suffi à Pichegru pour se rendre maître de la Hollande ; à l'avenir il doit être compté au rang des plus grands capitaines. Revenu à Paris, il comprime une révolte des faubourgs contre la Convention, et va prendre le commandement de l'armée du Rhin. Mais là, le héros, jusqu'alors toujours victorieux, a disparu, d'inexplicables revers frappent les braves qui ont été mis sous ses ordres, le Directoire, qui a succédé à la Convention, s'en étonne, et apprend qu'un intrigant Neufchâtelois est venu lui proposer de rétablir la famille des Bourbons, et lui a promis, en cas de succès, le bâton de maréchal de France, le gouvernement de l'Alsace, le cordon rouge, un million, deux cent mille livres de rente, la propriété du château de Chambord, etc. Aussitôt, en échange de son commandement, qui lui est retiré, on lui propose l'ambassade de Suède. Il la refuse, et se retire à l'abbaye de Bellevaux, dont il était devenu propriétaire. Nommé par le département du Jura député au Conseil des Cinq cents, il en est élu président. La pensée d'une restauration des Bourbons ne l'avait point abandonné, le coup d'état du 18 fructidor (5 septembre 1797) renverse tous ses desseins, il est déporté, sans jugement, à Sinamari, d'où il parvient à s'échapper, et se réfugie en Angleterre. Là, il se lie intimement avec Georges Cadoudal, qui avait résolu d'attaquer le premier consul Bonaparte à force ouverte, passe avec lui en France, et arrive à Paris en janvier 1804. Le 28 février, il est saisi pendant son sommeil chez un nommé Leblanc, qui l'avait vendu à la police, et incarcéré au Temple, en attendant son jugement. Le 6 avril au matin, il est trouvé mort par strangulation dans son lit. En 1828, deux statues, l'une en bronze, l'autre en marbre, lui furent érigées à Besançon et à Lons-le-Saunier, où elles furent brisées à la première nouvelle de la révolution consommée en juillet 1830.

PLUMEY (Jean-Pierre), né le 9 décembre 1763, était familier de Saint-Just, lorsqu'en 1789 il obtint au concours la place de principal au collége d'Arbois. En 1791, il prêta serment à la constitution civile du clergé, et la même année fut nommé vicaire général de M. Moïse, évêque constitutionnel du Jura. Deux ans après, en 1793, il consentit, sur la demande du conseil municipal, à se réduire aux fonctions de vicaire de la paroisse, qu'il exerça jusqu'en 1821. A la réorganisation du collége, en 1802, il en fut élu principal par le conseil, et fut mis à la retraite en 1824, époque où, après sa rétractation du serment constitutionnel, il fut nommé desservant de la paroisse de Vadans. Il mourut dans son presbytère le 1er juin 1836, laissant la réputation d'un prédicateur éloquent, d'un professeur habile, dévoué à son état, et possédant toutes les vertus imposées à un ministre de la religion.

POUQUET (Pierre), né vers la fin du quatorzième siècle, d'une famille ancienne, éteinte depuis près de deux cents ans, entra, vers 1400, dans l'ordre des Célestins, et fut élevé à la dignité de supérieur de leur maison de Paris. Il fut compté au nombre des plus savants jurisconsultes de son temps. L'époque de sa mort nous est inconnue.

REGNAULT (Charles-Anatoile), seigneur d'Epercy, né à Arbois le 21 mars 1731, d'une famille ancienne et considérée, dont plusieurs membres ont honorablement figuré dans l'administration municipale et dans la charge de subdélégué de l'intendance de Franche-Comté, fut élu, en 1791, député à l'Assemblée législative, et employa l'influence que cette position lui avait acquise, pour rendre à sa ville natale d'importants services. Il fut chargé, en cette qualité, de présenter à l'Assemblée un rapport sur le projet du canal de jonction du Rhône au Rhin, dans lequel il se prononça en faveur du travail de M. Bertrand, inspecteur général des ponts et chaussées, et s'opposa à l'adoption de celui de M. de Lachiche. Il mourut le 2 juillet 1805.

SAILLARD (Jean-François), né le 17 janvier 1734, s'engagea le 20 mai 1751, dans un régiment de dragons, où il obtint les galons de fourrier le 28 mars 1763. Porte guidon le 1er juin 1772, il devint lieutenant en second le 24 juillet 1783, et fut décoré de la croix de St.-Louis le 10 décembre 1789. Il était capitaine en 1792, et fut appelé, le 26 janvier 1793, au commandement provisoire du 6e régiment de chasseurs à cheval; mais ayant eu la jambe cassée dans un combat, il rentra dans ses foyers, et fut remplacé par le célèbre général d'Hautpoul, mort à la bataille d'Eylau. Son âge et ses infirmités le firent admettre à la retraite, et il mourut à Arbois le 1er juillet 1799.

SARRET DE GROZON (Louis-Ign.-Thérèse-Vernier de), né en 1762, d'une famille noble, originaire d'Ollioules en Provence. Son aïeul, Jacques de Sarret, major au régiment de cavalerie de Villiers, qui fut ensuite incorporé dans celui de Condé, chevalier de St.-Louis, vint s'établir à Arbois, où il fut reçu habitant en 1713. Son père, Just-Denis, né en 1707, et mort en 1787, servit en qualité de capitaine dans le même régiment de Condé, et fut aussi décoré de la croix de St.-Louis. Il laissa quatre fils, dont l'aîné, né en 1750, mourut sans enfants en 1834, lieutenant-colonel en retraite, et chevalier de St.-Louis. Louis-Ignace entra au corps royal du Génie, où il s'éleva au grade de lieutenant-colonel, et reçut, comme son père et son aïeul, la croix de St.-Louis. Il émigra à la révolution, et rentra en France à l'époque du consulat. Admis, peu de temps après, au conseil municipal, il fut nommé maire de la ville en novembre 1814. Il abandonna ces fonctions en avril 1815, et les reprit au mois de juillet suivant. Pendant les deux invasions, il rendit à ses concitoyens d'éminents services, et les protégea efficacement contre les exigences de l'ennemi. Son administration, qui ne cessa qu'au commencement d'août 1830, fut douce et paternelle, et loin d'abuser du pouvoir, il empêcha, autant qu'il était en lui, toute espèce de réaction. La ville lui dut plusieurs établissements d'une haute utilité. Il mourut en 1842, estimé de tous les partis et aimé de tous ceux qui l'avaient connu. Nous avons parlé de son frère aîné ; celui qui venait après lui, Just-Anne-Ignace-François, lieutenant de vaisseau et chevalier de Saint-Louis, né en 1764, fit partie de l'expédition de Quiberon, fut fait prisonnier, et fusillé à Vannes le 31 juillet 1795. Le cadet des quatre frères, Just-Charles-Louis-Gabriel, enseigne des vaisseaux du roi, né en 1766, s'embarqua en 1787 sur *le Malin*, qui s'est perdu corps et bien près des côtes occidentales de l'Afrique. Un autre membre de la même famille, Ignace-François, capitaine au régiment de cavalerie de Condé, et chevalier de Saint-Louis, a publié, sous le voile de l'anonyme, un opuscule intitulé : *Réflexions d'un ancien militaire au sujet de l'exportation des grains dans les pays étrangers.*

VIGOREUX ou **VIGOUREUX**, seigneurs de Ruhan et de They. Ancienne et noble famille qui s'est éteinte dans celle des Pécauld. En 1517, Thiébauld Vigoreux était recteur de l'Université de Dole.

VOITURIER, famille ancienne, éteinte au xviie siècle. Philibert Voiturier était recteur de l'Université de Dole, en 1567.

VUILLEMIN ou **WILLEMIN** (Jean), docteur en médecine, né vers 1540, fit ses études à Paris, et revenu dans sa province, y exerça son art avec tant d'éclat, qu'il fut appelé à la cour de Madrid en qualité de médecin ordinaire du roi Philippe II. Edouard Dumonin l'a surnommé l'*Esculape bourguignon*, et Pierre Mathieu, qui lui avait dû sa guérison dans une maladie grave, lui adressa en remerciment une élégie latine, imprimée à la suite de sa tragédie d'*Esther*, où il lui donna le titre d'*Hippocrate séquanais*. Aux travaux de sa profession, Willemin unit la culture des lettres. Retiré dans sa ville natale, il s'y trouvait lorsque Henri IV vint l'assiéger ; il courut aux remparts avec ses concitoyens, et une décharge d'artillerie le couvrit de poussière. La date précise de sa mort nous est inconnue, nous savons qu'il n'existait plus à la fin de l'année 1605. De son mariage avec Marguerite Mitorion, qui lui survécut, il n'eut qu'une fille nommée Antoinette, qui, le 2 septembre 1609, épousa Jacques Domet, docteur en médecine. Il est probable que plusieurs des ouvrages de Willemin sont restés inédits ; les seuls qui aient été publiés sont : 1° *Historia belli quod cum hæreticis rebellibus gessit, anno 1567, Claudia de Turaine, domina Turnoniæ*, 1569, in-4°. Quoique écrite en vers, cette histoire rapporte exactement les faits. Belleforest l'a traduite en vers français, sous ce titre : *Discours de la brave résistance, l'an 1567, par Claudia de Turaine, dame de Tournon, comtesse de Roussillon*, 1569. 2° Deux *Sonnets*, qui précèdent les tragédies de *Wasthi* et de *Clytemnestre*, par Mathieu. 3° *Ode à la louange de Louis Gollut*, imprimée en tête des *Mémoires de la République Séquanaise*, 1592. 4° *Discours sur le trépas de François de Vergy, chevalier de la Toison d'Or et gouverneur du comté de Bourgogne*, Dole, 1592, in-4° de 32 pages. Willemin est l'auteur des deux épitaphes, latine et française, gravées sur la tombe de Joseph Morel, qui se trouve près d'une des portes latérales de l'église paroissiale d'Arbois.

ANNALES
HISTORIQUES ET CHRONOLOGIQUES
DE
LA VILLE D'ARBOIS.

XIe SIÈCLE.

Année 1053. Statuts et établissement de la Maladière ou Maladrerie, faits et consentis par les souverains seigneurs Regnauld 1er, comte de Bourgogne, et don de Thoire, sire de Vaudrey, et acceptés par les proudomes, prieur, prévoirs, bourgeois et gagnours de la prévosté d'Arbois, assemblés dans l'église de Saint-Just.

Par cet acte, sont affectés au service des malades, à toujours et franchement, un homme de Pupillin, un de Montigny et un d'Arbois, avec leur tenement. Chaque jour de foire et de marché, ils seront tenus de donner deux deniers auxdits malades, qui recevront en outre cinq sols que devront payer les acheteurs et vendeurs. Des quarris ou mesures sont prescrits pour la vente et pour l'achat; il sera payé un denier par quatre setiers. Seront données en outre, auxdits malades, toutes les fressures des grosses bêtes tuées dans la prévosté.

Sera gouverneur de la Maladière un prévoir (prêtre), qui jurera sur saint évangile de conserver toutes choses à son povoir, sans décroître, et sera nourri et entretenu aux frais de ladite maison. Ledit prévoir sera assisté d'un clerc, qui recevra trois deniers chaque fois que l'on chantera. Sera faite chaque dimanche une offrande au profit des malades à Pupillin, Mesnay, Changin, Montigny et Arbois, qui donnera trois fois autant que les autres.

Seront admis comme malades, ceux de la Chastelaine, Mesnay, Arbois, Changin, Montigny, Villette, St.-Cyr et Villeneuve, lesquels, à leur entrée, paieront douze deniers et une pinte de vin.

Donneront chaque année, par feu, une gerbe, ceux de Villette, St.-Cyr et Villeneuve, en place de l'offrande du dimanche, et ceux de Mathenay, un pain. Donneront les confréries, tout le temps qu'elles seront assemblées, chaque jour et à chaque malade, une miche et pidance.

Sera permis, les lundis et vendredis, à deux ou trois malades, de venir à Arbois chercher l'aumône, sans aller sur le marché, et perdra un jour de provende, celui qui sera sans bâton. Devront chaque matin, les malades, sonner la cloche du moustier et faire oraisons, à perte de provende le lendemain. Sera privé de provende, sur l'ordre du prévoir, tout malade ayant joué ou esmu riote (querelle), et si ladite riote a causé blessures, si le malade a commis larcin ou désobéissance, sera privé de provende quarante jours, pendant lesquels vivra du communal.

Est défendu à toute personne saine, sauf à gars et donzaille (garçon et fille servant les malades), de entrer en la maison; doivent lesdits gars et donzaille, jurer à prévoir ne souffrir dommaige à la maison sans le lui révéler. Ne doit, nul malade, venir à Arbois le mois d'août, et s'il y est trouvé, perdra sa provende un mois. Demeurent à la Maladière tous meubles ayant servi à malade guéri. Ne doit aucun malade rien recevoir qu'avec permission du prévoir, et sera désaprovendé s'il reçoit, et ce doit tantôt rendre à communal. Enfin est établi et ordonné que tout malade jeté à la Maladière peut donner et vendre ses biens comme s'il était au siècle, et après son décès, demeurent ses biens à ses héritiers, sauf ce qu'il aurait donné à la Maladière, et les meubles avec lesquels se doivent payer ses dettes et son enterrement.

Cette charte, dont nous ne donnons que les principales dispositions, mais dont quelques prescriptions tombèrent plus tard en désuétude (voyez 5 et 6 mai 1543), prouve qu'à cette époque Arbois formait déjà une importante communauté, jouissant de droits, de franchises et de priviléges que les souverains du pays étaient obligés de respecter.

1088. L'abbaye de St.-Oyan-de-Joux est confirmée par Hugues de Salins, troisième du nom, archevêque de Besançon, dans la possession de l'église d'Arbois et des chapelles de Changin et de la Châtelaine. La charte est sans date, mais elle doit être de 1088 à 1099. La possession consistait en un droit de patronage et de perception des dîmes.

XIIe SIÈCLE.

1126, 27 février (v. st.). Avec Guillaume-l'Enfant, comte de Bourgogne et sire de Salins, assassiné à Payerne, périssent deux frères, Pierre et Philippe Glanne, suivant toute apparence originaires d'Arbois, où leurs descendants ont occupé un rang distingué. Un neveu des deux victimes, Philippe Glanne, meurt à Hauterive, près de Pontarlier, en 1142. Gollut, liv. vi, chap. 2 (édit. de 1846), nous a donné son épitaphe.

1157, 18 novembre. Arrivée à Arbois de l'empereur Frédéric-Barberousse, accompagné de son épouse Béatrix, fille unique de Regnauld III, comte de Bourgogne. Pendant son séjour, qui dura du 18 au 25 novembre, il confirme l'archevêque Héraclius dans la principauté de la ville de Lyon et du Lyonnais, et accorde à l'abbé de Baume les fonds nécessaires pour la restauration de l'abbaye de ce nom.

1161. Le corps de saint Claude, levé de terre par Aymon, abbé de Condat, et trouvé entier et sans corruption, est porté dans les différentes villes du diocèse, afin de recueillir des aumônes. Il est exposé dans l'église de St.-Just, où, d'après la tradition confirmée par l'office du Saint, imprimée à Dijon en 1654, il attire une foule immense, et opère plusieurs miracles, parmi lesquels on cite les suivants : Un jeune homme dont les mains étaient desséchées depuis sa naissance, les approche de celles du saint, et se voit aussitôt guéri ; une femme alitée depuis trois ans, rêve que le saint lui offre un bâton, le matin elle se lève, et avec l'aide de son mari, arrive à Arbois avec beaucoup d'efforts ; elle se jette à genoux devant le corps, lui adresse, en pleurant, une fervente prière, se relève, et d'un pas ferme, s'avance vers l'autel ; enfin, un nommé André, de Saint-Aubin, atteint de démence furieuse, est amené lié sur une voiture. Dès qu'il aperçoit le clocher de St.-Just : « Pour- » quoi, dit-il à ceux qui le conduisent, me tenez-vous » ainsi lié ? Par la grâce de Dieu et de monseigneur saint » Claude, j'ai repris mon bon sens. » On le délie, et il vient dans l'église rendre grâces de sa guérison.

1177, 16 septembre. Sur les remontrances faites par le prieur de St.-Just, que les moulins situés au-dessous du château d'Arbois, et compris dans le domaine impérial, ne rapportent aucun revenu et sont en partie ruinés, l'empereur Frédéric lui concède la moitié de la propriété.

1184, 15 novembre. Par diplôme daté de ce jour, l'empereur Frédéric prend sous sa protection les religieux bénédictins de St.-Oyan, tous les biens qu'ils possèdent, ainsi que les dîmes et le patronage qui y sont attachés. Ces biens, énumérés dans le diplôme, consistaient en 88 prieurés ou chapelles, dont douze dans le diocèse de Vienne, quatorze dans celui de Genève, et trente-un dans chacun des diocèses de Lyon et de Besançon. Y sont compris le prieuré de St.-Just, les églises de Villette, Saint-Cyr, Villeneuve, et les chapelles de Changin, Pupillin, Mesnay et la Châtelaine.

1190, 10 juin. L'empereur Frédéric se noie dans le Cydnus (rivière de Tarsous), en Asie mineure, laissant de son épouse Béatrix, décédée en 1185, trois fils, dont le second, Otton II, hérite de sa mère et devient comte souverain de Bourgogne.

1199, juillet. Le comte Otton II se trouvant dans une chasse aux environs de l'abbaye de Balerne, les religieux, avertis de sa présence, accourent pour le prier de visiter leur maison. Le prince y consent, et est reçu, ainsi que toute sa suite, avec tous les honneurs dus à son rang. Il y confirme tous les priviléges et les possessions précédemment accordés aux religieux. Informé par eux que quelques-uns de ses sujets et de ses officiers leur font éprouver des vexations, il les prend sous sa protection spéciale, et confère aux trois hospices possédés par l'abbaye à Salins, Poligny et Glénon, le privilége d'être affranchis de l'observance du règlement des bans pour les vendanges.

1200, 13 janvier (v. st.). Décès et obsèques d'Otton II, à Besançon. Deux ans après, sa fille unique, Béatrix II, épouse le duc de Méranie, qui prend possession de la souveraineté du comté sous le nom d'Otton III.

XIIIe SIÈCLE.

1205. La guerre éclate entre Otton III et le comte Etienne de Bourgogne, qui se disputent la possession du pays. Arbois se déclare en faveur d'Etienne. Alors s'élèvent la plupart de ces châteaux forts dont les imposantes ruines nous étonnent encore. Les seigneurs de Vienne, partisans et cousins d'Etienne, font bâtir le château de Mirebel, auquel le comte Otton oppose celui de Montrond. Enfin, après beaucoup de ravages dont les villes de Poligny et d'Arbois ont beaucoup à souffrir, la paix est conclue en 1230, et le comte Etienne fait hommage à Otton des terres qu'il possède dans le comté.

1221, 18 janvier (v. st.). Donation faite au prieur de St.-Just, par le titulaire de la chapelle de St.-Pierre-sous-Vadans, de cette chapelle, avec toutes ses dépendances. Cette donation est confirmée par un décret de Gérard de Rougemont, soixante-troisième archevêque de Besançon.

Dans le cours du siècle, on ne trouve pas moins de 70 actes, dons testamentaires et acquisitions à titre onéreux ou gratuit, passés au profit du prieur de Saint-Just.

1229, 3 avril (v. st.). Concession faite par Guillaume de Vaudrey au prieur de St.-Just, de tous droits d'usage et de pacage dans les forêts de Thoire, c'est-à-dire d'y faire paître des porcs, d'y prendre le bois nécessaire au chauffage des religieux, et à la réédification et entretien des maisons, moulins et bâtiments d'exploitation qui leur appartiennent. Le bois de chêne seul leur est interdit. En considération de cette concession, le seigneur de Vaudrey sera reçu, une fois par an, à perpétuité, dans le prieuré, avec une suite de cinq personnes.

1233, septembre. Le comte Etienne cède à son fils Jean de Châlon, dit l'Antique, la seigneurie d'Arbois avec ses dépendances et autres possessions qui l'avoisinent.

1234, mai. Transaction entre Hugues, abbé de Saint-Claude, et Girard d'Arbois, écuyer. De la donation faite au prieuré par les prédécesseurs de Girard, de la moitié du moulin des Crosets, étaient résultées des difficultés. D'après l'avis de Jean, prieur de St.-Just, de Guillaume de Vaudrey, de Just de Champerroux, et de Hugues d'Arbois, il est convenu que Girard et ses successeurs paieront annuellement au prieur six quartauts de froment, à la mesure d'Arbois. (D'après D. Grappin, *Recherches sur les monnaies, poids et mesures du comté de Bourgogne*, p. 116 et 117, ces six quartauts équivalaient au bichot, dont le poids était de 480 livres, ou 240 kilogrammes).

1245, 3 juillet. Par une bulle de ce jour, datée de Lyon, le pape Innocent IV déclare prendre sous sa protection le prieuré de Saint-Just et les biens qui en dépendent.

1252, 23 mars, (v. st.). Autre bulle du même pape, par laquelle il est défendu à tous, en général et en particulier, de construire aucune église, chapelle et oratoire dans la ville ou sur le territoire d'Arbois, sans l'assentiment du prieur de Saint-Just.

1252, juin. Sentence de Guillaume II de la Tour, 67e archevêque de Besançon. Dans l'origine, les prieurs de St.-Just percevaient le cinquième des anniversaires établis dans l'église. Plus tard, ils s'en attribuèrent le tiers, ce qui émut une querelle violente entre le prieur Guillaume et les religieux du prieuré, d'une part, et de l'autre, les prêtres et clercs attachés à l'église. L'affaire fut soumise au jugement de l'archevêque, qui, de concert avec l'abbé de St.-Oyan, décida qu'à l'avenir le prieur se contenterait du quart desdits anniversaires, laissant le reste à la disposition des clercs et des prêtres.

1252. Le prieur Guillaume cède aux Templiers une menade qu'il possédait sur leur maison, en échange d'une vigne, dite en Prohé. Le Templier contractant est désigné sous le nom de frère Pontius, dit Busuus, précepteur des maisons des Frères de la milice du Temple, établis dans toute la Bourgogne.

1255. Guerre entre Jean de Châlon, l'Antique, et son fils aîné Hugues, époux d'Alix, fille d'Otton III, comte de Bourgogne. La paix se rétablit par l'intervention de saint Louis, roi de France. Il est probable qu'une des conditions de cette paix fut la cession de la seigneurie d'Arbois, faite par Jean de Châlon à son fils, qui en jouissait en 1257.

1257. Traité de partage de la seigneurie d'Arbois entre le comte Hugues de Bourgogne et le sire de Vaudrey, ce dernier autorisé à cet effet par le comte Guillaume de Vienne, son suzerain. Le traité est conclu dans l'église de St.-Just, en présence de toute la communauté d'Arbois, par quatre arbitres, Raoul de Molpré et Humbert de Ceys, pour le comte Hugues, Hugues de Thoire et Pierre de Molpré pour le sire de Vaudrey. Il est convenu : Que chacun des deux seigneurs aura sa justice particulière et son ban, auxquels seront soumis les hommes appartenant à chacun d'eux ;

Que tout étranger restera attaché à la justice qu'il aura choisie en arrivant, sans que l'autre puisse se l'approprier ;

Que tout homme momentanément absent rentrera, à son retour, sous le pouvoir de son premier seigneur ;

Que la Châtelaine est comprise dans le territoire d'Arbois, et que les Côtes-Pendantes, les cours d'eau et les Chaumois sont indivis ;

Que, pendant les jours de marché, les aulnes et mesures d'huile restent dans les attributions du comte, sans participation du seigneur de Vaudrey, et quant aux mesures pour le vin et autres, aux falsifications du pain, que chacun des deux seigneurs conservera sur les siens ses amendes et son droit particulier;

Que tout voleur surpris, quelle que soit la justice à laquelle il appartiendra, sera, en cas de châtiment corporel, jugé par le comte, qui, seul, aura droit de punir corporellement; en cas d'amende ou de simple satisfaction, le droit de jugement appartiendra à chacun des deux seigneurs;

Que les sujets des deux seigneurs seront libres d'acquérir des terres les uns des autres, et de s'unir par mariages;

Qu'en cas de vente ou échange d'un serf, le primitif seigneur ne perdra ses droits sur lui; mais qu'il est loisible pourtant à chacun des deux seigneurs de vendre ou échanger au principal, si telle est sa volonté;

Que les femmes veuves resteront sujettes du seigneur de leurs maris, et qu'en cas de secondes noces, elles suivront la condition de leurs maris nouveaux;

Que les voies et chemins seront en commun, les dégradations et dommages réparés par celui qui les aura causés;

Que les gardes-vignes, bergers et messiers seront communs et justiciables du conseil des prudhommes;

Que le crieur public, choisi par le lieutenant du comte, sera présenté au seigneur de Vaudrey, auquel il prêtera serment comme au comte, et devra soutenir les intérêts et les droits de chacun d'eux; en cas de conteste, ajourner la décision, publier le ban des deux parties, et se transporter partout où il sera envoyé, ses dépens réservés;

Que ledit crieur, en cas de guerre déclarée par chacun

des deux seigneurs, déploiera leur bannière en lieu public où tous puissent la voir, et battra le tambour afin que nul n'en ignore, que tous hommes valides devront suivre leur seigneur et sa bannière, que lesd. seigneurs, leurs hommes étant rassemblés, examineront s'ils sont supérieurs aux ennemis, que s'ils ne le sont pas, le second ban sera convoqué; que s'il reste dans une maison deux ou trois hommes, le plus valide doit partir; que s'il n'en reste qu'un, il doit partir aussi, à moins de vieillesse ou infirmité. En cas de grossesse de la femme, le mari seul sera dispensé;

Qu'au retour de guerre, tout homme ayant refusé de suivre la bannière de son seigneur, sera déclaré contumace, et main sera mise sur son fief, à moins d'excuse légitime;

Que les amendes prononcées les jours de marché sont au comte; que tout objet trouvé sur la voie publique ou au dehors, sera apporté à l'église, où le prêtre le publiera, et restera à l'église, si nul ne le réclame;

Que tout seigneur nouveau devra jurer sur saints Evangiles de Dieu, tenir, garder et maintenir loyalement, sans fraude et corruption, et faire tenir, garder et maintenir par ses hoirs et ayant cause de lui, la présente transaction;

Que toute saisie, non publiquement exposée, sera nulle; que nul ne peut être traduit en justice, l'accusateur absent, et sans jour fixé pour comparaître;

Que nul aubergiste ne conservera chez lui des joueurs après la cloche sonnée, à peine de trois sols d'amende;

Que, sans encourir l'amende, pourra chacun citer devant le seigneur, à haute voix, sauf à confirmer la citation le second jour, à peine de trois sols d'amende et dépens;

Que, sauf le cas de défense personnelle, tout dommage sera réparé par celui qui l'a fait, le gardien ou maître demeurant responsable si le dommage vient d'un animal, que celui qui l'a souffert retiendra, s'il y consent, comme dédommagement ;

Que tout noble, chevalier, écuyer, bourgeois franc et clerc tonsuré, ne peut être amendé de trois sols s'il répare le dommage, et, s'il est cité, il devra comparaître en personne devant le seigneur, et s'il fait défaut trois jours, il pourra être amendé ;

Que toute femme mariée à noble ou bourgeois franc, demeurera affranchie par ledit mariage ; mais que toute femme noble mariée à serf ne peut l'affranchir ;

Que tout noble et bourgeois franc ayant eu plusieurs enfants d'un premier mariage, et un seul de secondes noces, laissera, à sa mort, au seul enfant du second lit, part égale dans sa succession à celle de tous les enfants du premier lit.

1258, 21 mai. Publication d'une bulle du pape Alexandre IV, donnée à Viterbe le 17 août 1257, à la demande du comte Hugues de Bourgogne, et de la comtesse Alix, présentée par l'abbé de St.-Oyan, par laquelle est établi dans le prieuré de St.-Just, un collége de religieux de l'ordre de St.-Benoît. Par cette même bulle, la cure d'Arbois est réunie au prieuré ; mais pour que cette réunion ne soit point nuisible à la régularité de la desserte de la paroisse, il y sera nommé un vicaire capable de la bien administrer.

1264. Par lettres patentes du comte Hugues, sont établies, à Arbois, deux foires, tenues, la première nommée foire chaude, le vendredi après l'Ascension ; la seconde, foire froide, le vendredi après la saint Nicolas. Elles duraient toutes deux du jeudi soir au samedi soir.

1265. Par un acte authentique, Girard d'Arbois reconnaît tenir à perpétuité, du seigneur prieur, une vigne lieudit à la Fontaine-de-l'Ecole, à charge de lui en rendre annuellement le tiers des fruits. Cette désignation de lieu fait présumer qu'à cette époque existait déjà, à Arbois, une école assez florissante pour avoir donné son nom à un canton notable du territoire.

1266. Mort du comte Hugues de Bourgogne, laissant une postérité nombreuse. La comtesse Alix, sa veuve, épouse, l'année suivante, le comte Philippe de Savoie, qui prend le titre de comte palatin de Bourgogne. Elle lui assure, en cas de survie, la jouissance de la seigneurie de Poligny.

1269. Jacques d'Arbois, surnommé le François, est élevé à la dignité de bailli de Bourgogne, et, suivant l'usage, remplit cette charge pendant les deux années suivantes.

1277, juin. Philippe d'Antigny, sire de Mirebel, de la maison de Vienne, vend à la comtesse Alix, au prix de 400 livres estevenantes, toutes ses possessions dans la ville, val, châtellenie et appendices d'Arbois. Il est convenu en outre, que dame Chevrière de Vaudrey, sera, comme elle l'était envers lui, en hommage et féauté envers ladite comtesse Alix.

1278, 8 mars (v. st.). La comtesse Alix meurt à Salins, après avoir institué son héritier, Otton IV, son fils aîné, qui lui succède dans la souveraineté du comté de Bourgogne.

1281. Le comte de Bourgogne Otton IV, devenu, l'année précédente, veuf de la comtesse Philippe, épouse en secondes noces la princesse Mathilde, communément appelée Mahaut, fille de Robert, comte d'Artois.

1282, mai. Concession et octroi faits par le comte Otton à la ville d'Arbois, des bois, fours, moulins, libertés et franchises, dans le désir, dit-il, de voir la ville d'Arbois accrue, multipliée et amendée.

« Pleine puissance est donnée à la communauté d'élire chaque année, le jour de fête de la nativité de saint Jean-Baptiste (24 juin), ou le dimanche après, quatre proudomes, lesquels seront choisis par le communal assemblé, au son de la grosse cloche, dans l'église paroissiale. Ne pourra refuser le proudome élu ; lesdits proudomes rendront ordonnances à pluralité des voix ; si un ou deux faisaient défaut par accident, il en sera aussitôt choisi d'autres. La communauté d'Arbois aura usage aux bois des Côtes-Pendantes et Chaumois, pour faire desdits bois profit et volonté, se réservant le comte, les bois au-dessus desdites Côtes et Chaumois ; seront, en tout ou en partie, réglées les coupes sans commandement ni permission, quand il plaira aux proudomes, qui pourront y mettre forestiers (gardes), dont ils recevront le serment. Tous ceux surpris tranchant bois morts, paieront trois sols d'amende, et chêne, sept sols, et appartiendront à la communauté lesdites amendes ; mais si, par aventure, aucuns tiraient et mettaient à plain lesd. bois, au comte écherrait l'amende. Sont donnés auxdits proudomes et communal les fours du Bourg, acquis de Humbert d'Arbois ; de Mesnay, acquis du même, sis près l'église St.-Oyan ; de Faramant, sis près les Joncatz, et meix et appertenances, et leur sont garantis envers et contre tous. Pourront le communal et les proudomes, acquérir d'oires en avant meix et places à leur volonté, pour y construire des fours, renonçant le comte, pour lui et les siens, à posséder aucun four, et s'engageant à ne souffrir qu'autres en construisent. Et s'il s'en trouvait aucun qui cuisit son pain à autres fours qu'à ceux du communal, il perdra le pain et la pâte, qui seront confisqués au profit dudit communal, et paiera trois sols d'amende au profit du comte.

Et si font faute les fermiers et porteurs à cuire et amener les pains, ils pourront être déchus de leur office, sans entremise du comte, de la pleine autorité des proudomes. Devront, en reconnaissance, les proudomes et communal moudre aux moulins du comte, sis en la ville, et par chaque quartaut froment, orge, mil, peniz et autres menues graines, paieront trois deniers et une maille, monnaie d'Arbois, à charge par ledit comte, soigner ses moulins et fournir meuniers suffisants, et seront tenus lesdits meuniers, par eux ou par domestiques, prendre blés et autres graines, et les ramener à la maison sans rien demander; et paieront soixante sols d'amende tous ceux allant moudre à autres moulins. Sera la mesure d'Arbois, contenant le boisseau et quart, en usage dans lesdits moulins. En cas de dommage par faute du meunier, sera le dommage réparé au rapport des proudomes, auquel foi doit être ajoutée, et qui doivent en connaître. Et s'engage et promet ledit comte, pour lui, ses hoirs et ceux qui auront cause de lui, maintenir de bonne foi lesdites lettres, et fait spécialement commandement à ses bailli, prévôt et autres officiers, à leur entrée dans la ville, de prêter serment sur saints Évangiles de Dieu, d'en tenir et garder fermement la teneur. L'année suivante, 1283, le comte Otton concède aux habitants de Changin, par lettres datées de l'abbaye de Rosières, la jouissance d'un four qu'il possédait dans le village. »

1290. Le comte Otton constitue à son épouse, Mahaut d'Artois, son douaire, composé de plusieurs seigneuries, Arbois et ses dépendances, Bracon, la Châtelaine, les Planches et autres, dont la jouissance lui est immédiatement abandonnée. En 1294, il y joint ses droits de justice sur les deux dernières localités, 40 livres à percevoir chaque année sur la halle d'Arbois, et l'exemption de la banalité des moulins.

1295. Traité de Vincennes, entre le roi de France Philippe-le-Bel et le comte Otton, par lequel celui-ci constitue en dot, à sa fille Jeanne, fiancée en 1291 au fils aîné du roi, le comté de Bourgogne qu'il remet incontinent à ce prince, comme administrateur des biens de son fils. Il règle l'état de ses filles, nées et à naître, et s'il lui survient des enfants mâles, ils seront remis, jusqu'à l'âge de dix-sept ans, entre les mains du monarque, qui pourvoira à leur établissement.

1297. Guy de Vaudrey cède à la comtesse Mahaut une rente annuelle de soixante livres tournois, que Hugues de Vaudrey percevait sur les moulins d'Arbois, et se reconnaît son vassal lige pour ses possessions d'Arbois et de Vaudrey, et pour la prévosté de la ville.

1299. Mercredi après la Pentecôte. Des difficultés étant survenues entre les communautés d'Arbois et de Poligny, relativement au partage de la forêt des Chaumois, pleine puissance et spécial commandement sont donnés à noble et sage chevalier Regnault, seigneur de St.-Aigue et châtelain de Poligny, de faire la division de ladite forêt, avec promesse de tenir et garder à toujours mais telle division et partie comme ledit messire Regnault en fera en bonne foi et sans nulle corruption. L'opération est achevée au mois de mai 1300.

1300. Le traité de Vincennes, en vertu duquel le roi de France avait pris possession de la Franche-Comté, au préjudice de plusieurs des enfants du comte Otton, avait vivement irrité la noblesse franc-comtoise, et elle s'était engagée à ne jamais reconnaître Philippe-le-Bel comme souverain du pays. Leurs vassaux allaient prendre les armes lorsqu'en 1300 la comtesse Mahaut donna à Otton un héritier de ses états. Cet événement, dont la conséquence était l'annulation du traité, apaisa la noblesse, qui, ne se voyant pas soutenue par l'empereur d'Allemagne comme elle l'espérait, fit, le 8 juin 1301, ses soumissions à Philippe-le-Bel.

XIVe SIÈCLE.

1301. Sentence prononcée à l'assise d'Arbois, par Jehan de Hayronal, bailli du comté, de par le roi de France, par laquelle la communauté de Changin est tenue de contribuer aux frais de construction et d'entretien des fortifications du bourg d'Arbois.

1302, 13 septembre. Testament du comte Otton IV, fait à Vitry, par lequel il révoque et déclare nul et de nul effet le traité de Vincennes. Il institue son fils Robert, âgé de deux ans, héritier de ses états; assigne à sa fille Jeanne, épouse du comte de Poitiers, fils de France, une dot de trente mille livres tournois, et fixe à dix mille livres celle de Blanche, sa fille cadette. Il confirme à la comtesse Mahaut le douaire qui lui a été constitué, ainsi que la jouissance des seigneuries d'Arbois, Bracon, la Châtelaine et les Planches.

1303. Un nommé Gauthier, habitant d'Arbois, étant décédé, les religieux du couvent de St.-Jean-de-Jérusalem s'emparent du corps et l'inhument dans leur chapelle. Le prieur de St.-Just leur en conteste le droit, observant que c'est une infraction aux conventions faites depuis longtemps, et confirmées par l'ordinaire. Une sentence arbitrale reconnaît la justice de ses réclamations, et ordonne que le corps soit exhumé et placé dans le cimetière commun.

— 27 mars (v. st.). Le comte Otton IV meurt à Melun, ensuite de blessures reçues dans un combat contre les Flamands, livré par l'armée française, dont il faisait partie. La comtesse Mahaut, sa veuve, est déclarée tutrice de son fils Robert.

1304. En vertu du traité de Vincennes, Philippe-le-Bel affectait de faire administrer le comté de Bourgogne par ses propres officiers. Leurs ordres étaient-ils exécutés, et ne s'élevait-il pas souvent des conflits de juridiction ? On peut le supposer, en voyant la comtesse Mahaut demander et recevoir cette année l'hommage des vassaux de son fils, pour tout ce qu'ils tenaient de lui, et pour tout ce qui relevait des seigneuries de Bracon, Salins et Arbois. En 1309, elle règle les parts de chacun de ses enfants dans les biens de leur père.

— Cession faite par Othenin d'Arbois, fils de Jacques (Voy. plus haut, ann. 1269), et bailli du comté de Bourgogne, des moulins, maisons, prés et champs qu'il tenait en fief de la comtesse Mahaut, dans le territoire d'Arbois.

— Mardi après la Toussaint. Décision des prudhommes, par laquelle ils déclarent qu'il leur appartient de nommer le directeur de l'hôpital.

— 24 février (v. st.). Charte datée de Poligny, par laquelle la comtesse Mahaut décide que tous les habitants et propriétaires du val d'Arbois seront imposés pour l'entretien des fortifications et défenses de la ville. Les habitants de Mesnay refusent de s'y soumettre, sous prétexte qu'ils doivent guet et garde à la Châtelaine; mais ils sont condamnés à payer leur quote-part.

1307, 23 juin. Huguenin de Thoire, écuyer, se reconnaît vassal de la comtesse pour les biens qu'il possède en fief dans la ville et le territoire d'Arbois. Les droits d'éminage, provenant d'Anne de Vaudrey, mariée dans la maison d'Arbois, appartenaient par moitié aux familles de Thoire et de Vaudrey.

1309. Année de disette; l'exportation du vin est défendue, et la misère à son comble. C'est donc à cette année ou à la suivante que pourrait, si réellement il a eu lieu, être fixé l'acte affreux imputé par la tradition locale à la comtesse Mahaut, d'avoir fait brûler dans une grange, à la Châtelaine, un certain nombre de pauvres qu'elle y aurait fait rassembler.

Cet acte inhumain, qu'une démence complète pourrait seule expliquer, et dont le souvenir nous a été transmis par Gollut (*Mémoires*, liv. vii, chap. 60), est loin d'être garanti par le vieil historien franc-comtois. Il est, en effet, incroyable de la part d'une princesse dont les nombreuses fondations pieuses attestent l'humanité et l'affection pour les pauvres. Il n'en est pas moins vrai que de cette tradition est résultée parmi les populations d'Arbois et des environs, une expression proverbiale qui rappelle la catastrophe. Si l'on veut désigner une femme cruelle, d'une figure sinistre, au langage rude et impérieux, on dit : *C'est une Mahaut.*

1312. Abolition de l'ordre des Templiers. Ces chevaliers possédaient, à Arbois, une grande quantité de terres et de vignes. Outre des maisons et des jardins situés au-dessus de la rue du Cournot, toute la vaste plaine qui s'étend de Changin à Villette, leur appartenait. De là vient que cette partie du territoire a conservé le nom de *Champ du Temple.*

Au centre de cette plaine existaient une chapelle et une habitation actuellement détruites. Une croix indiquait le lieu de la sépulture de ces religieux guerriers.

1313. Raymond d'Arbois est nommé lieutenant du gardien (gouverneur) de Bourgogne.

1314, 29 novembre. Mort de Philippe-le-Bel, roi de France. Une révolte générale, excitée et soutenue par toute la noblesse du pays, était sur le point d'éclater, causée, et par une contribution extraordinaire levée sur la province, dont les seigneurs n'étaient point exempts, et par l'horrible et injuste supplice d'un des plus illustres enfants du comté, Jacques de Molay, grand-maître des Templiers, qui, membre de la maison de Longwy, comme le prouve le testament de Jean de Longwy, son père, était allié à la plupart des plus nobles familles. Philippe ayant, à ses derniers moments, révoqué son édit, l'insurrection fut calmée.

Le déshonneur public de ses trois belles-filles, dont deux, Jeanne et Blanche, étaient nées d'Otton IV et de la comtesse Mahaut, abrégea, dit-on, les jours de ce prince. Jeanne, accusée d'infidélité envers son époux Philippe V, dit le Long, comparut devant le Parlement, et fut absoute. Blanche, femme de Charles-le-Bel, devenue l'objet de la même accusation, ne put sauver sa vie qu'en prétextant la nullité de son mariage pour cause de parenté. Après sept ans de détention au château Gaillard, elle embrassa la vie religieuse, et fit profession à l'abbaye de Maubuisson, où elle mourut en 1325.

1316. Ces événements avaient dû porter un coup terrible au cœur de la comtesse Mahaut; mais d'autres épreuves lui étaient encore réservées. Malgré le testament d'Otton IV, le traité de Vincennes avait été mis à exécution, et le jeune comte Robert, qui devait rester sous la garde du roi jusqu'à l'âge de dix-sept ans, était élevé au château de Grimont-sur-Poligny. Dans une promenade à cheval, hors du château, il fit une chute dont il mourut à l'âge de seize ans. Sa fin prématurée lui a fait donner le surnom de l'*Enfant*. Par cette mort, l'époux de sa sœur Jeanne, le roi de France Philippe-le-Long, devint, sans contestation, le souverain de la Franche-Comté.

— La ville d'Arbois est déclarée propriétaire de la forêt des Chaumois.

— Le nombre des prudhommes, chargés de l'administration municipale, était de huit, dont quatre relevaient de la seigneurie de Thoire, et quatre de la comtesse. Cette princesse acquiert les droits des seigneurs de Thoire, et les prudhommes sont réduits à quatre.

1317. Amodiation des fours et moulins pendant un an, pour la somme de 418 livres bons estevenants.

1320. Par convention faite entre les prudhommes d'Arbois et les habitants de Pupillin, ces derniers sont admis à la jouissance des moulins, de l'église et des forêts de la ville, moyennant une forte redevance en argent et en corvées, et l'obligation de contribuer aux dépenses des objets dont ils jouiront, ainsi que des fortifications.

— 20 décembre. Ordonnance de la comtesse Mahaut, par laquelle il est statué qu'il sera prélevé à perpétuité, sur la rente annuelle de 300 livres petits tournois, constituée à son profit par l'excellent prince et cher seigneur Philippe, par la grâce de Dieu roi de France et de Navarre, et par son illustre et chère fille Jehanne, royne des royaumes susdits, sur le produit du puits à muire de Salins, la somme de 28 livres petits tournois, ou monnoye équivalente.

Laquelle somme sera, chaque année, à perpétuité, pour soulager les pauvres et indigents de la ville d'Arbois, remise ès mains des curés d'Arbois et de Poligny, ou de l'un d'eux si l'autre est empêché, et de deux proudomes d'Arbois, au jour de feste de St. Michel. Et de ladite somme, un tiers sera employé à l'achapt de drap commun, dont seront faites tuniques de quatre aunes et demie, à la mesure de Besançon, qui seront distribuées auxdits pauvres. Et des deux autres tiers seront achetés tuniques de bure et souliers. En indemnité des peines prises par les acheteurs et distributeurs, leur seront donnés, chaque année, vingt sols petits tournois. Ne recevront rien lesdits pauvres, nobles ou non, l'année qui suivra celle où il leur aura été distribué une tunique et des souliers.

Le même jour est rendue, dans les mêmes termes et pour une distribution semblable, une seconde ordonnance qui établit une rente perpétuelle de quatre livres dix sols petits tournois, en faveur des pauvres de la Châtelaine.

1321 et années suivantes. Plusieurs acquisitions de terres sont faites dans le val d'Arbois par la comtesse Mahaut.

1325. Hugues Mévillot, d'Arbois, est élevé à la dignité de bailli de Bourgogne.

1327, à la St.-Michel. Par lettres de Guy de St.-Seine, seigneur de Villefrancon, bailli de Bourgogne, et reçues par les prudhommes d'Arbois, il est ordonné que les prudhommes de Pupillin payeront aux prudhommes d'Arbois cent sols, pour missions (dépenses communes), et ne seront, à l'avenir, tenus de rien payer si lesdites missions ne dépassent pas dix livres; si elles les dépassent, lesdits de Pupillin, dûment appelés, payeront la portion de la dépense qui sera fixée par le bailli.

— 18 octobre. Entrevue, à Poligny, de la comtesse Mahaut, de sa fille Jeanne, veuve du roi Philippe-le-Long, et de sa petite-fille Marguerite, laquelle est accompagnée de son époux Louis, comte de Flandre. Par convention de ce jour, le comte de Flandre assigne à son épouse Marguerite, 4,000 livres de rente, et le roi de France Charles IV, dit le Bel, est prié de délivrer 40,000 livres, restant à payer des 60,000 livres de dot promises à la princesse par Philippe-le-Long.

1329, 27 octobre. La comtesse Mahaut meurt à Paris. Jeanne 1re, sa fille, reine douairière de France, hérite de la seigneurie d'Arbois et de toutes les terres que sa mère possédait dans les environs.

— (v. st.), samedi après la fête de la Purification. Arrivée de Jeanne II, duchesse de Bourgogne, fille de la reine Jeanne 1re, à Arbois. Cette princesse, assistée de Robert de Bourgogne, comte de Tonnerre, nommé procureur spécial de Eudes, duc de Bourgogne, son frère, connaissent, confessent publiquement, chacun par soi, qu'ils tiendront et maintiendront, feront tenir, garder et maintenir à leur pouvoir, toutes les coutumes de Bourgogne, générales et locales en ladite ville d'Arbois, et appartenances de icelle, tant les écrites que non écrites, toutes les libertés, franchises, grâces, priviléges, bénéfices, en leur teneur données et octroyées, et les établissements faits et octroyés du temps passé pour tout temps mais, de très-haute et excellente dame la comtesse Alix, de très-haut et puissant monseigneur Otthe, comte de Bourgogne, de dame Mahaut, comtesse d'Artois et de Bourgogne, et de dame Jehanne, reine de France, mère de ladite duchesse.

1330, 17 juin. Réception à seigneur et dame de monseigneur et madame de Flandre, et de messire Eudes de Cromary, à gardien et baillif, en laquelle qualité ledit messire de Cromary a fait serment de tenir et garder les priviléges du lieu d'Arbois, écrits et non écrits, et octroyés du cuens (comte) Otthe de Bourgogne.

Ces deux actes de souveraineté de Jeanne II, duchesse de Bourgogne, ne pouvaient avoir lieu qu'après la mort de sa mère Jeanne Ire, reine de France. En effet, cette princesse n'avait survécu que de trois mois à la comtesse Mahaut, et son décès était arrivé le 31 janvier 1329 (v. s.). C'est à cette reine qu'est due la fondation du collége de Bourgogne, à Paris (V. Gollut, *Mémoires*, liv. VII, c. 62).

La duchesse de Bourgogne avait quatre filles ; elles demandèrent un supplément de dot, et chacune d'elles obtint 10,000 livres de rentes annuelles, assignées partie sur la saline de Salins, et partie sur des terres. La deuxième de ces princesses, Marguerite, comtesse de Flandre, reçoit en partage Arbois, la Châtelaine, Quingey, Liesle, Chissey, etc. Elle établit au château d'Arbois (château Bontemps) le centre de ses affaires, et en fait son séjour habituel lorsqu'elle vient dans le pays.

1331, 9 mai. Lettres données à Bruges, par Louis, comte de Flandre, en exécution desquelles les habitants de la ville et dépendances d'Arbois sont tenus de contribuer à la construction et à l'entretien des fortifications.

1334. De profonds mécontentements sont suscités par la conduite hautaine et cruelle de Guy de Villefrancon ; ce bailli traite sans ménagement les gens d'église, les seigneurs et les barons ; une révolte se prépare.

1335. Guy de Villefrancon s'empare du château de Montrond, d'où, à l'aide de la garnison qu'il y met, composée de gentilshommes et de bourgeois de Poligny, il dirige contre Jean de Châlon, baron d'Arlay, des expéditions appelées *gageries*, qui consistent à enlever les bestiaux et à piller les maisons des cultivateurs sujets de ce seigneur.

1336, 14 avril. Le baron d'Arlay n'était pas homme à tolérer ces excès. A sa voix, la noblesse franc-comtoise prend les armes ; dès le lendemain Salins est emporté, livré aux flammes, et en peu d'heures la ville, ses faubourgs, le village et le château de Bracon sont réduits en cendres. La ville de Pontarlier, le château d'Arguel et le monastère de Vaux-sur-Poligny éprouvent le même sort. Des secours arrivés à propos sauvent Grozon et ses salines. Arbois n'est épargné qu'au prix d'une rançon, payée au moyen d'une vente de bois, sol compris, faite à réachat aux Lombards de Salins, et rachetée trois ans après. Un traité de paix conclu à Vincennes au mois de juin 1337, mit fin à cette guerre atroce.

1339, vendredi après la Pentecôte. Convention faite par-devant Guillaume Gallois, garde du scel de monseigneur, entre les quatre prudhommes de la ville d'Arbois et les habitants de Mesnay, par laquelle ces derniers se soumettent à contribuer aux missions faites par lesdits prudhommes et échevins de la ville d'Arbois.

1341, samedi après la fête de la Madelaine. Lettres écrites en la maison de St.-Jean, jadis du Temple, par lesquelles il est reconnu aux habitants d'Arbois droit de pâturage et d'usage au bois de Cépoy ou Glénon.

1347. Désordres commis dans le pays par des bandes dont le chef prenait le titre de roi des *Ribauds*. Cet homme exigeait des contributions et prononçait des sentences de châtiment et de mort même avec l'appareil et les formalités de la justice. Par son ordre, un nommé Jean Jennoret est pendu par sa courroie à la crémaillère d'un habitant du village de Bersaillin.

1348. Invasion de la peste noire; de fougueux ouragans et d'effrayants météores semblent en être le prélude. Elle éclate en automne à Arbois, et y fait les plus grands ravages. Comme il arrive toujours, l'ignorance populaire s'imagine qu'on empoisonne les eaux et les fontaines; les Juifs en sont accusés, ils sont chassés de toutes parts, mis à mort et leurs biens confisqués. A Arbois, la rue qu'ils habitaient et qui portait leur nom, prend celui de rue Mercière.

1349. Mort du duc de Bourgogne, Eudes IV; la duchesse son épouse, Jeanne II, était décédée deux ans avant lui. Son petit-fils Philippe, dit de Rouvre, parce qu'il était né dans le château de ce nom, près de Dijon, lui succède dans la souveraineté du comté; mais comme il n'était âgé que de quatre ans, il fallut pourvoir à l'administration du pays pendant sa minorité, et il fut établi un conseil dont la comtesse de Flandre Marguerite, sa grand'tante, eut la présidence.

— Décembre, mercredi après la Sainte-Luce. Lettres passées par-devant Aymonet de Cerdon, bailli de madame de Flandre, en sa terre de Bourgogne, par lesquelles il est statué que l'on ne peut ôter de censie les maisons et édifices sans le consentement du seigneur du cens, à moins d'obligation spéciale.

1353, jeudi avant la Pentecôte. Lettres de Eudes de Vaudrey, bailli de madame de Flandre, arrêtant que nul ne peut être pris ou détenu au bourg d'Arbois, sauf le cas de flagrant délit, par les sergents ou officiers dudit bourg.

N. B. Cette ordonnance eut lieu parce que Guillaume

d'Esternod, chevalier et châtelain de la Châtelaine, avait fait arrêter par ses sergents, dans l'enceinte d'Arbois, le nommé Estevenon, fils de Nicolier de Villette, lequel avait avoué son corps et ses biens à madame de Flandre.

1355, 16 juin. Lettres de Marguerite de Flandre, dressées en son conseil au château de Quingey, étant présents Eudes de Chays, Jehan Dangant, le sire de Vaudrey et Jehan de Chissey. Sur l'humble supplique des prudhommes et des habitants d'Arbois, puissance leur est octroyée d'y vendre, acheter et mesurer à la grande aune qui leur sera taillée à l'étalon qu'ils ont par-devant eux, tous draps, toiles et autres denrées qui doivent se mesurer à l'aune; défense de mesurer, vendre et acheter à l'avenir à nulle autre aune, sous peine de l'amende de soixante sols au profit de ladite dame.

— Lettres de Jehan de Chissey, chevalier, bailli de madame de Flandre, statuant que nul ne peut être arrêté ou ajourné pour amendes ou autre cause, quand il a abandonné ses gages.

1356, 19 septembre. Bataille de Poitiers, où le roi de France Jean est fait prisonnier. Les Anglais vainqueurs poussent leurs incursions jusques dans le comté de Bourgogne, que dévastaient d'autre part des troupes de soldats débandés, connus sous le nom de *routiers* et d'*écorcheurs*. Les habitants d'Arbois se hâtent de réparer leurs murailles, s'approvisionnent d'armes et de munitions de guerre, et se disposent à les repousser s'ils se présentent devant la ville. Il paraît qu'il n'y eut aucune tentative dirigée contre eux.

1357. Hugues de Vienne, VIe du nom, 71e archevêque de Besançon, condamne les habitants d'Arbois, coupables de voies de fait commises dans la maison d'un clerc de leur ville, à une amende dont le produit est employé à une statue de vermeil, du poids de onze marcs (2,750 grammes), représentant saint Jean l'évangéliste, dont il décore son église métropolitaine.

1358. Le cardinal Audouin Alberti, évêque de Maguelonne, est nommé prieur de St.-Just. A peine a-t-il pris possession de son bénéfice, que s'élève un débat entre lui et les religieux de l'ordre de Saint-Jean-de-Jérusalem, au sujet des dîmes de vin et de blé, dues suivant le procureur du prieuré, sur toutes les vignes et terres possédées par ces religieux. Par transaction conclue entre le prieur et le religieux Estienne Gros, d'Arbois, il est convenu qu'à l'avenir sera perçue la dîme des champs et vignes appartenant à l'ordre, à l'exception de ceux que les religieux de Saint-Jean cultivent de leurs propres mains.

Nota. On ne sait à quelle époque les religieux de Saint-Jean, successeurs des Templiers, abandonnèrent leur couvent d'Arbois. Longtemps avant 1789, il ne restait de leur vaste maison, située dans les prés de St.-Jean, à droite de l'ancienne route de Poligny, qu'une chapelle, démolie en 1778, et dont les matériaux même ont été enlevés.

1359, 17 décembre. Lettres données à Nevers par Marguerite de Flandre, par lesquelles elle ordonne que toute la pierre et le bois de sa grange de Vaugrenand (grange Perrey), vendus par elle aux prudhommes et échevins d'Arbois, pour le prix de 60 florins qu'elle a reçus, seront employés à la réfection des tours, chazal et forteresse d'Arbois, et que la laine qu'elle leur permet de prendre servira à recouvrir la tour des Masiaulx (Faramand), séant en ladite ville.

— Jeudi avant la Purification (v. st.). Fondation de la

chapelle de St.-Léonard, dans l'église de St.-Just, faite par Aymé de Cerdon et Huguette de Beaufort, son épouse, avec dotation d'une maison au bourg d'Arbois, d'une vigne en Verreux, et de dix livres de cens sur une vigne située à Salins. La collation de la chapelle est laissée au prieur, sous la condition qu'à la mort de chaque titulaire elle ne restera pas plus d'un mois vacante.

1361, 20 novembre. Mort du duc et comte de Bourgogne Philippe de Rouvre, âgé de 14 ans. Ses états font retour à la couronne de France. Le roi Jean abandonne le duché à son fils Philippe-le-Hardi, et le comté à Marguerite, comtesse de Flandre et d'Artois. Cette princesse, à laquelle avait plu la situation d'Arbois, y fixe sa résidence habituelle. Parmi ses conseillers, on voit figurer plusieurs habitants de la ville, entre autres Jehan Bizet, qui reçoit 27 francs et dix sols de gage ; messire Aubry, qui en reçoit 40, et Humbert de la Platière, qu'elle honore de sa confiance la plus étendue.

1362. Par lettres du mardi après la saint Barnabé (juin), les habitants de Pupillin sont tenus de payer six deniers pour livre de toutes les missions (impositions), sauf celles de l'église, qui se font dans la ville d'Arbois.

1363, 8 novembre. Mésintelligence entre le prieur et les habitants, qui en viennent jusqu'à lui contester la jouissance de la maison prieurale, dont les prudhommes ordonnent de murer la grande porte. Cet acte de violence donne lieu à une protestation émise sous forme de bulle par un envoyé du souverain pontife, nommé Urbain.

1364. Le cardinal de Cligney, successeur de l'évêque de Maguelonne, amodie le prieuré à Guillaume de Belregard, abbé de St.-Oyan-de-Joux, qui, se prétendant propriétaire de la partie des fossés de la ville qui touche au jardin du prieuré et au cimetière de St.-Just, les acense pour une rente annuelle de deux sols six deniers estevenants, payables à Pâques à Jacques Dumoulin. Mais, ensuite de l'opposition des prudhommes, l'acte reste sans exécution.

1365, 5 mai. Sont assignés à comparaître dans six jours, par-devant Pierre, évêque d'Albe, cardinal de la sainte église romaine, légat du pape Urbain v, messires Jehan de Verreux, Jacques Bellissant, Jehan Josserand, Guillaume Grevillet, Juenet de Sirod, Jacques Pouctier, Jehan Croichet, Hugues Maison et autres d'Arbois, accusés d'avoir, poussés par le diable et par coustume de brigandaige, pillé, ravagé, dilapidé et détruit en totalité, enlevant jusqu'aux bois, pierres et tuiles, une maison du bourg d'Arbois, appartenant à révérendissime seigneur Philippe d'Arbois, évêque de Tournay, reçue par lui en patrimoine, en laquelle il est né, et qu'il a abandonnée comme bien d'une chapelle par lui fondée, pour le salut de son âme et de celles de ses amis.

1366, 15 novembre. Pèlerinage de Philippe de France, surnommé le Hardi, duc de Bourgogne, à Saint-Claude. Le sire de Montferrand et Humbert de la Platière se rendirent à Bletterans pour l'inviter, de la part de la comtesse leur souveraine, à visiter à son retour les bonnes villes du comté, Poligny, Arbois, Salins, Dole et autres lieux qu'il lui plairait. Le duc accepta l'invitation, et le vendredi 14 novembre arriva à Poligny avec une suite de 248 chevaux. Dans cette ville, où il resta un jour, lui fut donné un repas aussi remarquable par l'abondance que par la simplicité des mets. Le lendemain il partit pour Arbois, où le récit suivant, fondé sur une tradition locale, expose les détails de son passage.

La nouvelle de l'arrivée du prince avait ému tout l[e] populaire, quoique le séjour presque habituel des souve[-]rains du pays cût pu lui donner une idée de la somptuosit[é] princière. Mais il s'agissait d'un souverain qui, dans so[n] estime, était bien supérieur aux autres, du fils d'un ro[i] puissant, l'un des premiers de la chrétienté, qui, malgr[é] son courage, trahi un instant par la fortune, avait déploy[é] un caractère énergique et supporté noblement les coups d[e] l'adversité. Depuis l'entrée du faubourg de Faramand, dan[s] toute l'étendue du chemin de Surcourt, qui alors conduisai[t] à Poligny, on n'apercevait que nobles, prêtres, bourgeoi[s] et gens du peuple confondus, qui, attendant avec impa-tience le moment de jouir d'un spectacle sinon nouveau du moins peu fréquent pour eux, avaient les yeux fixés su[r] la route que le brillant cortége allait parcourir. Au milie[u] de la foule on distinguait les représentants de la cité, le[s] prudhommes et échevins, dont le premier devait haran-guer le prince à son arrivée, et, suivant l'usage, lui pré-senter les vins d'honneur.

Un beau soleil d'automne éclairait la scène. Enfin, aprè[s] une attente toujours trop longue au gré du peuple qu'avai[t] rassemblé la curiosité, paraissent au sommet de la mon-tagne les puissants coursiers bardés de fer, et les chevalier[s] aux casques ombragés de leurs panaches, et revêtus de leur[s] cuirasses étincelantes. Un cri général est poussé par la foule[:] *Noël! Noël! le voici! le voici!* Le cortége descend, pré-cédé des trompettes qui retentissent au loin, le corps d[u] magistrat se met en ordre et s'avance à sa rencontre, et le[s] deux troupes s'abordent à la source de la Doye. Le premie[r] des prudhommes s'approche du prince, et lui dit : « Grand » prince, que *nous avons l'heur de ne posséder qu'un mo-*

» *ment*, daignez recevoir favorablement les vins d'honneur
» que nous vous offrons ; ils sont dignes de vous, car, sans
» trop les cuider, il n'en est point de meilleur dans toute
» la Comté, et c'est d'eux que le St.-Esprit a parlé, quand
» il a dit : *Bonum vinum lœtificat cor hominis.* » A cette
harangue par trop naïve, le prince répondit gracieusement,
on ne dit pas en quels termes ; puis, il but un grand coup
à la santé des habitants, et prenant à la lettre le compliment qu'il venait d'entendre, traversa la ville sans s'arrêter.
En bonne logique, il ne pouvait faire autrement, un prince
qu'on a le bonheur de ne posséder qu'un moment, on voit
son départ avec plaisir. L'orateur, dit-on, se mordit les
doigts jusqu'au sang, s'apercevant trop tard qu'il avait
dit une sottise de nature à compromettre grandement sa
réputation d'homme d'esprit.

1368, 8 février (v. st.). Prestation de serment de noble
Jehan Mellet de Frontenay, écuyer, bailli d'Aval, et de
Guillaume Gascoignet, Jacquet Bellissant, Humbert Inglet
et Jehan Croichet, prudhommes et échevins. « Chier sire,
» disent lesdits prudhommes audit bailli, veez est que totes
» et présentes fois que vient en ceste ville novel officier,
» soit gardien, bailli, prévost ou aucun pour exerciter justice en la ville, ils doibvent, et ainsi l'ont-ils toujours
» accostumé avant qu'ils soient reçus à seigneurs et justice,
» faire soirement sur saint évangile de Dieu, de garder,
» maintenir et faire tenir les preveléges et chartres de ceste
» ville en tous leurs poincts et clauses, ensemble totes les
» bonnes costumes et usaiges dudit lieu. Pour ce est-il que
» vous vous disez estre bailli du comté de Bourgoingne,
» vous supplions et requérons en nom de ladite commu» naltey, que fassiez ledit soirement en la menière devant

» dite, et comme les devant baillis du comté l'ont fait et
» accostumé de faire. » Esdites supplications et requeste,
ledit bailli répondit auxdits prudhommes que ils lui montrassent lettres et instructions sur ledit soirement qu'il estoit prest de faire, et les requit que ils fissent aussi soirement de lui obéir et respondre comme à bailli étant audit office en nom de Madame, ce que offrirent de faire lesdits échevins. Adoncques ledit bailli jura sur missal mis sur le grand autel de l'église de Saint-Just, tenir, garder, maintenir et faire tenir les preveléges et chartres dudit lieu en tous leurs poincts et clauses, et totes bonnes costumes et usaiges sans contredit et sans faire le contraire. Et jurèrent aussi lesdits échevins sur lesdits missal et autel, de être obéissants à lui tant qu'il seroit audit office en nom de madite Dame.

1369. Mariage de Philippe-le-Hardi, duc de Bourgogne, et de Marguerite de Flandre, fille du comte Louis de Mâle, et petite-fille de la comtesse régnante de Bourgogne, Marguerite. Ce fut en conséquence de ce mariage que le comté de Bourgogne, au décès de la comtesse Marguerite, en 1382, se réunit au duché.

1370. Mort de Philippe d'Arbois, qui, depuis l'an 1351, occupait le siége épiscopal de Tournay et Noyon. Ce prélat illustre, l'un des plus savants de son temps, était aussi premier aumônier du comte de Flandre, membre de son conseil, et possédait toute la confiance de ce prince. Ce fut lui qui donna la bénédiction nuptiale au duc Philippe de Bourgogne et à Marguerite de Flandre. Sa ville natale lui fut toujours chère, c'est à ses instances et aux fonds qu'il laissa, que l'on dut la fondation de la collégiale et du chapitre de Notre-Dame. L'église eut aussi part à ses libéralités. Il y fonda quatre chapelles, consacrées à saint Martin, saint Claude, saint Maur et à tous les saints, connues encore aujourd'hui sous le nom de *Chapelles de Tournay,* dont l'érection fut approuvée par une bulle apostolique du pape Grégoire XI, de 1371, datée d'Avignon. L'une de ces chapelles, située près des fonts baptismaux, est remarquable par la beauté et la solidité de sa construction. Il laissa au chapitre une belle croix, qui, cachée pendant les orages de 1793, par M. Etienne Petitjean, a été rendue à la paroisse lors du rétablissement du culte.

— Le nommé Huguenin Lardereau, d'Arbois, défie un étranger, et lui jette son gage de bataille. Mais ni l'un ni l'autre ne jouissant des priviléges de la noblesse, à qui seule étaient réservés les combats singuliers, le gardien de Bourgogne, Jean de Ray, ordonne que les deux adversaires, nus et armés de verges, se battront en se fustigeant publiquement dans la halle d'Arbois. Lardereau refusa d'accepter ces conditions, et fut condamné à livrer une queue de vin, qui fut vendue 8 florins, au profit de la comtesse de Bourgogne.

1370, 3 janvier (v. st.). Fondation faite par Pierre Melecot et sa femme, d'une messe quotidienne dans l'église de Saint-Just, en vertu de laquelle le prieur recevra par férences 20 sols estevenants. Les offrandes en argent seront perçues par le prêtre célébrant; celles en nature, par le curé.

1371, 27 avril. Par lettres de la comtesse, datées de Troyes, il est ordonné au Gruyer d'Aval de livrer aux habitants d'Arbois tout le bois qui leur sera nécessaire pour le remparement des ponts, portes et fortifications de la ville, toutes fois que mestier en sera, et que ledit bois sera pris dans la forêt Mouchard, en lieu le moins dommageable pour elle, et pour eux le plus aisé.

— 11 juillet. Guy de Cicon, bailli d'Aval, ordonne qu' soit procédé au débornement des terres. Les amendes prononcées contre les délinquants sont attribuées à la vill d'Arbois.

1373, 30 août. Donation reçue de Panier, tabellion d'une maison située près la porte d'Enhaut, ou porte Oudin touchant de bise la Grande-Rue, et de levant le chemi virant de ladite porte à la rivière, faite par dame Nicole femme de messire Guillaume d'Estavayer, chevalier. Cett donation est confirmée par la comtesse Marguerite, don les lettres patentes sont datées de Troyes, 31 octobre 1374

Cette donation était faite dans l'intention d'y établi l'hôpital de la ville, dont les bâtiments, alors situés à l Bourre, en dehors des fortifications, mais protégés par l château des souverains, tombaient en ruines par vétusté

1374, 13 juin. Par lettres patentes de ce jour, les habi tants de Mesnay sont otés du guet de la Châtelaine, e attachés au bourg d'Arbois.

— Autres lettres expédiées par le chapelain et gardie du scel de la comtesse, Humbert du Champ, d'Arbois devenu plus tard premier doyen du chapitre de Notre Dame, par lesquelles est confirmé à la ville l'octroi de fours banaux, fait en 1282 par le comte Otton.

— 14 novembre. Autres lettres ainsi conçues : « Comm li habitants d'Arbois aient refaict et rappareillé plusieur tours et chaffaux en nostre bourg et forteresse d'Arbois savoir faisons qu'il nous plaist et vuillons que pour le temp présent et advenir li quatre eschevins de nostre ville d'Arbois puissent laissier et acensir à toujours dès les allées de murs dudit bourg et forteresse en aval pour le profit qui e yssera convertir par eulx esdites tours, chaffaux et effiches..

Données à Troyes, en Champaigne, par Madame, en son conseil, où estoient messires Charles de Poitiers, Ancel de Montferrand et Humbert de la Platière. »

1375. A la requête des échevins, prudhommes et communauté d'Arbois, il est fait, par Girard de Myon, écuyer, lieutenant du bailli d'Aval, défense de gager des bêtes quand il se trouve autres gages, et est annulé tout gage qui ne serait point exécuté dans huitaine.

— 22 juillet. Marché fait avec un nommé Ligier, pour construire une porte près de la tour Gloriette, pour la commodité des habitants.

— Réapparition, en Bourgogne, des Tard-Venus, Routiers, Grandes-Compagnies. La comtesse ordonne à Gauthier de Vienne, sire de Mirebel, à Thiébauld, sire de Rye, et à Humbert de la Platière, de visiter les villes du comté pour les mettre en état de défense. Dole, Arbois et Salins réparent leurs fortifications.

1375, 15 novembre. Ordonnance de la comtesse qui annule la défense faite par le prieur aux habitants de moudre leurs grains ailleurs qu'à son moulin, et lève l'interdit qu'il a jeté sur la ville.

1376, 14 et 16 juin. Défense faite par Girard de Myon, lieutenant du bailli d'Aval, aux habitants d'Arbois, Montaigney, Pupelin, Mesnay, pour le commun profit évident de la ville et de ses appertenances, et du commun accord des nobles, chapelains, clercs, bourgeois et autres, que aucun dès ores en avant ne cuille, ne fasse cuidre (cueillir) avans devant la feste de saint Martin d'hiver, ne oisières (osiers) devant la feste Nativité Notre-Dame, sous poine de sexante sols, de perdre les avans et oisières, et demorer huit jours en la tour d'Arbois.

1378, 28 août. Par lettres de la comtesse, données à Hesdin, pouvoir est conféré aux prudhommes d'Arbois de mettre toutes fois qu'ils le jugeront convenable, une gabelle sur les vins, pour le produit en être employé à l'entretien des fortifications, auxquelles elle déclare, pour elle et ses successeurs, ne vouloir pas contribuer à l'avenir.

1380, 8 avril, après Pâques. Acensement perpétuel fait à Vuillin, dit Vauderet, et autres d'Arbois, pour le prix annuel de dix-huit sols estevenants, par les prudhommes de la ville, du premier étage d'une tour des murs du bourg, séant entre le cimetière de l'église de St.-Just et la rivière de Cuisance, avec faculté d'y faire voûte ou cellier, sans dommager ladite tour, et si ladite tour venait en ruines, lesdits retenants ne devraient rien jusqu'à ce qu'elle fût remise en estat dehu et suffisant.

— 25 avril. Par arrêt du parlement de Dole, les habitants de Montigny sont tenus de contribuer à l'entretien et aux réparations des fortifications d'Arbois.

1381, 17 août. Lettres de la comtesse Marguerite, par lesquelles elle ordonne qu'il soit délivré aux incendiés de la ville d'Arbois, mille chênes, à prendre dans la forêt de Mouchard, pour la reconstruction de leurs maisons. Cet incendie avait éclaté au mois de juillet précédent, le jeudi avant la fête de sainte Madelaine.

— 23 mars (v. st.). Dans le dessein de fonder, à Arbois, une église collégiale, la comtesse Marguerite sollicite auprès de l'antipape Clément VII, dont la France et l'Espagne reconnaissaient l'autorité, une bulle qui est rendue à Avignon le 23 mars. Par cette bulle, Jean de Molpré, d'Arbois, est chargé de constituer un chapitre, composé d'un doyen, douze chanoines, six ou huit chapelains et quatre clercs, tous natifs de la ville, s'il s'y en trouve suffisamment de capables, nommés par la comtesse et ses successeurs, à l'exception du doyen, qui sera élu par le chapitre et confirmé par le souverain. Ce chapitre est déclaré exempt de la juridiction de l'ordinaire, et soumis exclusivement à celle du doyen. Messire Humbert de la Platière reçoit de la comtesse les sommes nécessaires à l'érection de l'église et à la dotation; à ces sommes est jointe celle qu'avait laissée, pour le même objet, l'évêque de Tournay.

1382, 9 mai. Mort de la comtesse Marguerite, qui n'a point la satisfaction de voir exécuter son pieux dessein. Louis de Mâle, son fils, est proclamé comte de Bourgogne par les Etats assemblés à Salins.

— 12 juin. Les conseillers du comte Louis de Mâle, Ancel de Salins, sire de Montferrand, Josse de Halwin, Humbert de la Platière et Henri de Donzy, commis par ce prince pour la visitation, gouvernement et ordonnance de ses terres et pays de Bourgoigne, arrivent à Arbois, et sur la requête des prudhommes et habitants, ils déclarent qu'ayant vu et ouï lire les franchises et priviléges de la ville d'Arbois, ils ont, pour et en nom du seigneur comte, juré et ratifié lesdits priviléges, promettant de les faire confirmer par ledit comte, et avoir pour ce lettres de lui, et de lui en faire faire le sérement quand il viendra au pays de Bourgoigne, par la manière que par madame sa mère et ses devantiers a esté fait du temps passé.

Le même jour, les trois envoyés du prince considérant que les échevins et habitants d'Arbois se sont plaints de ce que plusieurs clercs et autres habitants du lieu se sont refusés à contribuer aux jets et tailles imposés pour les fortifications, ordonnent que desdits jets et tailles, passés et à venir, demeurent seuls exempts tous nobles d'ancienneté, vivant noblement, obligés de suivre à la guerre notre seigneur comte, et que tous autres tenants et possédant biens en ladite ville, seront par toutes voies qu'il appartiendra, contraints à contribuer selon ce qu'ils seront imposés.

1383. Est nommé par le révérendissime archevêque de Besançon, une commission pour informer sur le miracle advenu en l'église St.-Just d'Arbois, d'un corporal et des nappes sur lesquelles il était posé, de la proportion et continence dudit corporal, demeurés en leur entier, combien que le reste desdites nappes fût brulé avec les autres ornements qui se trouvèrent sur l'autel, voires la pierre d'icelui, quoique fort épaisse, laquelle fut cassée et rompue par l'ardeur du feu, et se trouvèrent encore des charbons ardents sur ledit corporal.

— 27 octobre. Acquisition faite par messire Humbert de la Platière, pour la dotation du Chapitre, de deux vignes sises au territoire de Changin, lieudit au Clos-Maire, vendues par messire Jehan d'Estavayer, chevalier, pour le prix et somme de 700 francs, de bon or et juste poids, au coin du roi de France, les 64 pesant un marc d'or. — A cette époque, le marc d'or équivalait à 250 grammes; ces 700 francs représentaient en valeur actuelle 9,328 francs 55 centimes.

— Décembre, jeudi avant la saint Thomas. Autre acquisition faite par le même, d'une maison, fonds, meix, appartenances et appendices d'icelle, pour convertir en sainte église, pour le prix de 220 florins d'or de Florence (valeur actuelle, 6,243 fr. et quelques cent.). Cette maison est vendue par Aignan, dit Mubelloz, d'Arbois, chevalier. Le 29 mars suivant, messire Humbert achète encore, pour le même objet, de Hugon, dit Chaponet, chevalier, une vigne en Rusart, au prix de trente francs d'or.

— Janvier (v. st.). Mort du comte Louis de Mâle. Sa fille unique Marguerite, duchesse de Bourgogne, lui succède dans la souveraineté du comté. Jusqu'en 1479, le duché et le comté resteront soumis à la même domination.

1385, 5 mai. Fulmination faite par Jehan de Molpré, commissaire apostolique, de la bulle d'érection du chapitre, dont les premiers membres sont tous choisis parmi des ecclésiastiques natifs d'Arbois.

Doyen : Henri de Pupillin. — Chanoines : Humbert du Champ, Guillaume de la Tespe, Guy Arménier, Jehan Canier, Jacquet de Branges, Jehan Botin, Estienne Mutin, Robert Moïse, Oudot d'Augerans, Jehan Vercel, Guy Alexandre et Hugues de la Platière. — Chapelains : Guillaume Gauffre, Henri Lesclumé, Jehan Penautier, Henri de Bans, Jehan Sagot et Estienne Perrot.

— 17 juin. Lettres patentes du duc et de la duchesse de Bourgogne, par lesquelles ils approuvent et confirment la fondation du chapitre, et conformément à la bulle d'érection, déclarent que ledit chapitre sera exempt de la juridiction de l'archevêque et de l'archidiacre de Besançon, et soumis immédiatement à celle de son doyen. Ledit doyen pourra statuer et régler ce qu'il jugera à propos pour l'avantage de son église ; il aura une prison et toutes autres choses nécessaires pour l'exercice de sa juridiction, et pourra, dans les cérémonies publiques, se faire précéder d'un marguillier ou sergent, portant une baguette blanche. Le chapitre sera décoré des mêmes habits et ornements que ceux de son espèce ; il élira son doyen, sous la réserve de sa confirmation et de la nomination aux prébendes vacantes, droits dévolu aux comtes de Bourgogne, à charge cependant de ne les conférer qu'à des ecclésiastiques natifs d'Arbois, capables de les posséder. Le chapitre et ses biens sont mis sous la protection spéciale des comtes de Bourgogne ; toutes les affaires du corps pourront être portées par-devant les tribunaux souverains, et seront jugées sommairement et à bref délai ; enfin, il sera exempt de toutes charges réelles ou personnelles, imposées ou à imposer par la commuauté d'Arbois ou toute autre personne laïque.

1393. L'église de St.-Just, à raison de sa vétusté, tombe en ruines. Des indulgences sont accordées par le prieur, cardinal de Neufchâtel et légat apostolique en Franche-Comté et en Lorraine, à l'effet d'engager les fidèles à contribuer par leurs libéralités aux réparations chaque jour plus urgentes. Ces réparations sont bientôt exécutées, et l'église agrandie.

Quelque temps auparavant, par les soins d'Humbert de la Platière, l'église de Notre-Dame avait été achevée. Le clocher, construit hors de l'un des angles, à gauche de la porte d'entrée, sur des pierres placées en saillie, ainsi que les tourelles que l'on voit encore dans quelques anciens édifices, était un ouvrage trop hardi pour être durable. En effet, 156 ans après on fut obligé de le reconstruire. Comme l'édifice touchait presque aux remparts de la ville, ce qui l'exposait, en cas de siége, au feu de l'artillerie, dont l'usage était depuis peu établi, sa hauteur fut fixée à 60 pieds (20 mètres), et sa largeur à 40. Grâces aux corvées qui furent commandées, la construction de l'église et celle des maisons canoniales qui s'élevaient entre elle et la Grande-Rue, ne coûta que 600 livres.

Peu de temps après ces travaux terminés, deux membres

du chapitre, envoyés à Lyon, en rapportèrent un bras de saint Just, qui fut revêtu d'argent et enrichi de pierreries.

1394, 16 janvier, (v. st.). Bulle du pape Clément VII, par laquelle il est établi que le doyen de l'église collégiale de Notre-Dame est investi de toute autorité sur les chanoines et clercs prébendés de cette église, et qu'il a le droit de percevoir toutes les offrandes.

1396, 20 juillet. Concession faite par Marguerite de Vaudrey à la communauté de Changin de la forêt du Deffoy, connue aujourd'hui sous le nom de bois de Changin.

— 28 septembre. Bataille de Nicopolis, en Hongrie, où le comte de Nevers Jean de Bourgogne, fils du duc Philippe-le-Hardi, est vaincu et fait prisonnier par le sultan des Turcs, Bajazet. Presque toute la noblesse qui l'avait accompagné y périt, et il ne dut lui-même la vie qu'à l'intrépidité qu'il déploya en présence du vainqueur, ce qui lui fit donner le surnom de *Sans-Peur*. Plusieurs gentilshommes d'Arbois tombèrent sur ce fatal champ de bataille ou furent égorgés après l'action.

1397, 8 septembre. Par lettres patentes de ce jour, le duc Philippe confirme les deux foires établies par le comte Hugues en 1264, mais afin de les rendre plus profitables aux habitants, il ordonne que chacune d'elles durera trois jours consécutifs, le jeudi, le vendredi et le samedi.

1397, novembre. Traité conclu entre les nobles et vivant noblement, d'une part, et de l'autre, les bourgeois, laboureurs et habitants d'Arbois, par lequel les premiers, quoique ayant obtenu du seigneur duc de Bourgoingne d'être et demorer perpétuellement quittes pour tout le temps passé et avenir des dons, aides ou impôts qui se feraient doires en avant pour ledit seigneur, renoncent à ce privilége, et déclarent pour eux et leurs hoirs qu'ils contribueront avec lesdits bourgeois et habitants aux dons et aides qui se feront audit seigneur de Bourgoingne. Dans ce traité, daté du samedi devant la Saint-Martin d'hiver, figurent, parmi les nobles, les Vautravers, du Vernoy, du Champ, Petit-Louvet, de la Platière, du Chastel, de Chaffoy, Le Grand, de Myon, de Molain et de Larnay.

1398, 18 avril après Pâques. Lettres du duc de Bourgogne par lesquelles il est ordonné qu'il sera prélevé sur les produits de la saulnerie de Salins, une somme annuelle de cent livres estevenantes, dont vingt-cinq livres seront payées au chapelain de la chapelle de Tournay, dans l'église de Saint-Just, trente livres aux religieux d'Acey, dix livres au chapitre de Saint-Anatoile de Salins, autant aux frères mineurs de la même ville et vingt-cinq livres aux frères mineurs de Lons-le-Saunier.

XVe SIÈCLE.

1404, 27 avril. Mort de Philippe-le-Hardi, 1er duc de Bourgogne de la branche de Valois. Sa veuve, Marguerite de Flandre, souveraine, par son chef, du comté de Bourgogne, prend les rênes du gouvernement de la province, mais le 21 mars suivant, elle suit son époux au tombeau, et Jean, comte de Nevers, depuis si célèbre sous le nom de Jean-Sans-Peur, succède à leurs immenses possessions.

1405. Afin de réparer les fortifications d'Arbois, un jet est mis sur les habitants et sur les retrahants qui, en temps de guerre, ont droit de refuge dans l'enceinte des murailles. Les habitants de Villette ayant refusé de payer leur quote-part sont assignés en justice, mais ils finissent par transiger, se soumettent à l'impôt et reconnaissent qu'ils doivent guet et garde.

1407, 23 novembre. Meurtre du duc Louis d'Orléans par Jean-Sans-Peur, d'où naissent les guerres sanglantes des Bourguignons et des Armagnacs, ainsi nommés à cause de leur chef, le connétable d'Armagnac. La haine portée à ces derniers par les Arboisiens était si vive, si profonde qu'elle s'est longtemps perpétuée, et que jusque vers la fin du siècle dernier ils ne connaissaient aucune injure plus cruelle à adresser à un adversaire ou à un ennemi.

1413, 24 juin. Sur la demande du curé Thiébaud Domo, le chapitre de Notre-Dame cède à l'église paroissiale le bras de saint Just que deux de ses membres avaient apporté de Lyon.

— 22 juillet. Les États Généraux du comté s'assemblent à Arbois sous la présidence de la duchesse de Bourgogne, épouse de Jean-Sans-Peur. Ils accordent un subside extraordinaire de six mille livres, demandé par le duc pour l'entretien des troupes qu'il est contraint d'opposer à ses nombreux ennemis. Cette somme ne lui suffit pas; l'année suivante, 1414, il ouvre un emprunt de 12,280 livres qui est rempli par les villes d'Arbois, de Salins, de Dole, de Quingey et de Poligny.

1415. Dans une transaction ensuite de tutelle, faite entre Robert de Larnay et ses neveux, enfants de son frère Jean de Larnay, est mentionnée une maison située dans la rue de Guerlois (actuellement Gillois).

1416, 15 août. Le duc Jean-Sans-Peur arrive à Arbois et s'y arrête quelques jours. Il est accueilli avec joie par les habitants, reconnaissants de ce que le 3 décembre 1412, par lettres patentes datées de Dijon, il avait confirmé celles de la comtesse Marguerite, données à Troyes le 27 avril 1371. Ce prince estimait les Arboisiens, qui avaient gagné sa confiance par leur bravoure sur les champs de bataille et leur dévouement à son service.

1418, 30 mai. Surprise de Paris par Jean-Sans-Peur. Parmi les guerriers qui l'accompagnaient se trouvaient, dit Jean Bontemps (1), sept chevaliers et trente-sept gentilshommes, tous originels et habitants d'Arbois, dont il est à regretter qu'il n'ait pas conservé les noms. On présume que c'est en souvenir des sept chevaliers qui ont pris part à cette expédition qu'un canton des forêts de la ville a reçu le nom de *Côte des Sept Sergents*.

1419, 10 septembre. Assassinat du duc Jean, sur le pont de Montereau, en présence du Dauphin, depuis Charles VII. On remarque sur son crâne, conservé à Dijon, la profonde entaille faite par le coup de hache qui termina sa vie. Philippe, son fils, surnommé le Bon, lui succède.

1420. Les héritiers de Simon de Gilley, fondateur de la chapelle de Saint-Laurent, dans l'église de Saint-Just, désignent pour cette chapellenie, dont la collation leur était réservée, messire Guillaume Perrin, prêtre d'Arbois.

1421. Fondation de l'université de Dole par le duc Philippe-le-Bon, qui la fait confirmer par une bulle du pape Martin V. La ville d'Arbois fournit à cet établissement plusieurs professeurs en droit, en médecine et en théologie,

---

(1) Dans son opuscule intitulé *Discours sommaire et véritable de la ville d'Arbois, et de la prinse d'icelle en* 1595. Il a été publié pour la première fois par nos soins, en 1856, dans la *Revue des deux Bourgognes*, tome Ier et à la suite du récit historique intitulé : *Le capitaine Morel ou le Siége d'Arbois en* 1595. Arbois, Jules Javel, 1856. 1 vol. in-18, planche et carte.

et deux recteurs, Thiébaud Vigoreux (1517) et Philibert Voiturier (1557).

1422. Voyage de Philippe-le-Bon dans le comté. Il séjourne à Arbois, et y renouvelle, sur la demande du magistrat, la main sur les saints Évangiles, la promesse faite par ses prédécesseurs, de maintenir les franchises, droits, libertés et privilèges de la ville.

— Guy Arménier, bailly d'Aval en 1409, fait construire le château de Montigny, qui subsiste encore en entier. On remarque dans la petite église de ce village la tombe de cet illustre magistrat, avec son épitaphe en lettres gothiques.

1423. Le duc Philippe divise en deux parties le bailliiage d'Aval, dont la circonscription, faite en 1332 par le duc de Bourgogne Eudes IV, lui parut trop étendue, en le comparant à celle du bailliage d'Amont. Le nouveau bailliage prend le nom de Dole, son chef-lieu, et Étienne Arménier, fils de Guy, est élevé à cette dignité, à laquelle il joint le titre de conseiller du duc. Ses gages, comme on disait alors, sont fixés à 140 livres estevenantes.

— 3 octobre. Messire Jehan de Verreux, chanoine, prend possession de la chapelle Saint-Martin, l'une des quatre dites de Tournay, annexées au chapitre de Notre-Dame. Parmi les ornements dont elle était décorée, on remarquait le portrait du fondateur, Philippe d'Arbois, et celui de la mère de ce prélat.

1426. Alliance offensive et défensive du duc de Bourgogne et des Anglais, contre le roi de France Charles VII. Ordre est donné à toutes les villes du comté de se mettre en état de défense. En conséquence, tous les manants et retrahants sont sommés de faire guet et garde. Les habitants de Pupillin forment opposition; mais un mandement de nouvelleté les contraint de se soumettre (9 mars), et les oblige en outre à payer leur quote-part du jet pour les fortifications, ainsi qu'à travailler aux corvées commandées par les prudhommes.

Quelques gentilshommes, Jehan Létonnat, Estienne Legrand, Guillaume de Chaffoy, Guillaume Simonin, Jehan du Chastel, Antoine de Bracon et Joffroy du Vernoy, afin de se soustraire au paiement de cent livres estevenantes auxquelles ils ont été imposés, excipent de leur qualité et de l'obligation où ils se trouvent de marcher en personne à la guerre ; mais leur prétention est vivement repoussée par les prudhommes Jehan de Martigny, Huguenin Baron, Annot Mitorion et Jehannin Thiébault, et une délibération du conseil du duc les condamne à payer les cent livres, qui sont employées au remparement de la tour Gloriette.

1430. Lettres patentes du duc Philippe, par lesquelles sont confirmés les priviléges et immunités accordés par Marguerite de Flandre au chapitre de Notre-Dame.

— Les prudhommes, Estevenin Barthod, Jehan de la Tespe, Perrin Retondeur et Jehan de Fraisans, sont ajournés au parlement de Dole par Jehan de Villersexel, chevalier de Saint-Jehan-de-Jérusalem et commandeur du Temple-lez-Dole, à raison d'un jet où il a été compris pour la somme de 18 gros.

1433, 9 août. Sur les représentations des prudhommes et habitants d'Arbois, que l'époque des élections du magistrat, fixée à la fête de saint Jean-Baptiste, est dans la saison des travaux de la campagne, et celle où peuvent être exécutés les remparements des fortifications, ce qui ne se peut raisonnablement faire que par les échevins qui les ont commencés et tenus, de rendre compte des deniers qu'ils ont reçus à cet effet de la communauté, le duc Philippe ordonne, conformément à la supplique des requérants, que l'élection sera faite à l'avenir au 1ᵉʳ janvier de chaque année. Les prudhommes en exercice et élus à la St.-Jehan précédente, Estienne Legrand, Jehan de Martigny, Jehan Amour et Guillaume Coulon, n'ayant point, au 1ᵉʳ janvier suivant, 1433 (v. st.), rempli l'année de leur échevinage, ne sortiront de leur charge qu'au 1ᵉʳ janvier 1434 (v. st.).

1435, 5 octobre. Traité conclu entre les prudhommes d'Arbois, Jacques Amyot, Jehan Roguier, Girard de Plasne et Antoine de Bracon, d'une part, et de l'autre, par les échevins de Villette, en vertu duquel ces derniers, autorisés à cet effet par leurs seigneurs Loys d'Usier et Jehan de Falerans, s'engagent, pour eux et les habitants dudit Villette, aux impositions et jets mis pour les réparations des fortifications de la ville d'Arbois, en raison de ce qu'ils possèdent rière le finaige et territoire.

1442. Ordination faite dans l'église collégiale de Notre-Dame par le révérendissime Quentin Ménard de Flavigny, archevêque de Besançon. Le prélat n'est reçu qu'en qualité de délégué du Saint-Siége, et tenu de déclarer que c'est sans préjudice des priviléges du chapitre.

1446: Afin d'augmenter la pompe des cérémonies religieuses, célébrées par les chanoines dans leur église collégiale, le duc Philippe consent à la réunion de plusieurs chapelles à la mense capitulaire, ce qui assure au chapitre les fonds nécessaires pour l'entretien d'un maître de musique.

1449, 8 mars (v. st.). Sentence du bailli d'Aval, qui condamne les habitants de Mesnay à contribuer à l'entretien et aux réparations des fortifications de la ville. Cette sentence est renouvelée le 5 juin 1451.

1455, 21 juillet. Don d'un bras de saint Just fait à l'église paroissiale d'Arbois par les religieux de Saint-Just de Lyon. Cette note, prise comme toutes celles que contient notre ouvrage, sur les documents originaux, conservés dans les archives de la ville, semble indiquer que l'église d'Arbois a possédé les deux bras de son patron. On a vu plus haut, 24 juin 1413, que le chapitre lui avait cédé un bras du saint évêque de Lyon.

1456. Acensement fait par les prudhommes Othenin Couquet, escuyer, Guillaume Prost, licencié ès lois, Jehan Voicturier et Estevenin Bataillot, à Perrenot de Seroncourt d'un curtil (jardin) et noyeresse, touchant à la tour Gloriette, pour sept sols estevenants, annuellement payés.

1457, 19 avril, après Pasques. Ordonnance du duc Philippe, datée de Bruges. Considérant que les murs, tours, eschiffes, portes et barrières de la ville d'Arbois, sont en danger de tomber en ruines, à moins de grandes et promptes réparations, qui ne peuvent se faire sans grands frais, et que pour ce, les habitants ont jeté, égalé et proportionné sur eux et ceux possédant maisons, terres, rentes et cens en ladite ville et ses faubourgs, mais qu'ils doutent que plusieurs d'iceux ne soient délayants et refusant de payer les deniers auxquels ils ont esté imposés, refus qui a déjà causé à la ville de grands dommages, désirant que ladite ville d'Arbois soit mise en bon estat et sûreté de défense nous voulons et ordonnons que tous ceux y possédant maison, rentes, revenus et héritages soient contraints par toutes voies dehues et raisonnables, de payer leur impôt au receveur à ce ordonné, nonobstant toute opposition ou appellation faite ou à faire au contraire.

Le 9 juillet 1507, cette ordonnance fut renouvelée par

l'empereur Maximilien et son petit-fils Charles, archiduc d'Autriche et prince d'Espagne.

1459, 10 mars (v. st.). Cession faite par le magistrat au prieur, d'un terrain attenant aux dépendances du prieuré et joignant les murs de la ville, pour en faire un jardin qu'il sera tenu de clore de murailles, en y élevant une tour en forme de fer à cheval.

Le plus ancien terrier du domaine est daté de cette année 1459.

1460. Par lettres patentes du duc Philippe, sont institués et attachés à la collégiale de Notre-Dame, quatre enfants de chœur, natifs d'Arbois. Il est pourvu à leur entretien par les revenus d'une prébende supprimée.

— 6 décembre. Arrêt du Parlement de Dole, qui condamne messire Jacques de Sarre, commandeur du Temple, successeur de Jean de Villersexel (Voy. ann. 1430), à payer les dix-huit gros auxquels il avait été imposé pour sa maison et ses terres, sises à Changin. Par cet arrêt, il est déclaré en outre que ledit commandeur et ses successeurs devront à l'avenir contribuer aux jets mis pour le remparement des fortifications.

1463, 16 septembre. Lettres patentes du duc Philippe. Considérant que les habitants d'Arbois nous ont humblement exposé que ladite ville et les villages d'alentour sont situés en pays de vignoble, entre les montagnes et les villes de Salins et de Poligny, que le labourage y est peu important, qu'il n'y a pour la conduite des produits du vignoble que les lieux de Salins, Pontarlier, Nozeroy et Dole, où ils n'étaient tenus à aucun paiement de gabelles, réfections de villes et autres charges, sinon celles de péages et charroyages, ce qui leur donnait moyen d'entretenir en bonne police et fermeté les murs, portes et autres fortifications de leur ville ; mais, que depuis quinze ou seize ans, plusieurs des villes de Bourgogne ont obtenu lettres d'octroi pour établir en aucune d'icelles gabelles et autres subsides à lever sur les vins étrangers qui y sont conduits ; qu'en outre, plusieurs de ces villes ont planté quantité de vignes dont les vins ne sont de telle bonté ni saveur que ceux d'Arbois, lesquels, nonobstant, sont rejetés ou vendus à vil prix, par quoi ils ne peuvent ni maintenir ni cultiver leur vignoble, qui est aussi en danger de devenir un désert, ni entretenir la fermeté et cloison de leur ville, déjà fort détruite par une grande inondation de la rivière de Cuisance, ce qui pour l'avenir serait à notre grand préjudice. Inclinant à leur supplication, nous leur avons accordé et accordons, octroyé et octroyons par ces présentes, que déans le terme de douze ans, à compter de ce jour, ils pourront conduire et faire conduire leurs vins où bon leur semblera, dans toutes les villes de nostre comté de Bourgogne, pour y estre vendus, sans payer aucuns droits résultants des octrois par nous faits auxdites villes, concernant les vins estrangers. Et en cas que les habitants de Salins et autres villes, qui ont reçu de nous octroi, n'en seraient contents, ledit terme de douze ans, fixé en faveur desdits d'Arbois, commencerait au temps où expireront les lettres accordées auxdits de Salins et autres villes.

La prévision du duc de Bourgogne, relativement au mécontentement que la concession faite aux habitants d'Arbois exciterait à Salins, ne tarda pas à se réaliser. Une vive opposition s'y manifesta, et le 30 octobre 1464, deux particuliers de Salins, Jehan Bon et Jehan Bavoux, firent fermer la porte du Bourg-Dessus à un charretier d'Arbois,

Perrin Sergent, qui conduisait une queue de vin, disant que quelque mandement qui eût été ou serait accordé par le duc, les habitants de Salins ne souffriraient point que ceux d'Arbois vinssent y vendre leurs vins sans payer la gabelle.

Le duc Philippe n'était pas homme à permettre qu'on résistât aussi ouvertement à ses volontés. Cet incident lui fut bientôt connu, et le 9 décembre suivant, de nouvelles lettres furent expédiées de Bruxelles, portant en substance : « Nonobstant tous empeschements mis par les habitants de Salins, nous ordonnons à nos bailli et officiers de faire jouir les habitants d'Arbois et user paisiblement de l'effet et contenu de nos dessus-dites lettres d'octroy, par manière de provision, jusqu'à ce que par la court de nostre Parlement de Dole, les parties ouïes sur lesdites matières d'appel, autrement en soit ordonné. Car ainsi nous plaist-il estre fait. »

Le 2 janvier 1464 (v. st.) les lettres furent vues et entérinées par le lieutenant général du bailli d'Aval, Hugues Bidal, sur la présentation de Fréry Boudrans, Jehan Pouquet, Estienne Bouton et Pierre de Cise, prudhommes et eschevins d'Arbois.

1464, 8 février (v. st.). Autres lettres patentes du duc Philippe, données à Bruxelles, par lesquelles il confirme aux habitants d'Arbois le droit d'imposer tous les étrangers possédant biens dans la ville et le territoire pour le remparement des murailles et fortifications. Ces lettres sont conçues en ces termes : « Vu la supplique à nous adressée par les habitants de la ville d'Arbois, contenant que toutes fois qu'il en a été besoin, ils ont eu accoutumé d'imposer les étrangers non résidants, ayant terres, cens, rentes, tant pour les aides à nous octroyées dans le comté, que pour le remparement de leurs murailles, que naguères lesdits étrangers ont été, chacun suivant ses revenus, taxés à la somme annuelle de trois ou quatre cents francs, pendant dix ans, mais que le paiement n'en a pu être fait sans grands frais ; les suppliants, au défaut de paiement, ont pris le parti de faire barrer et arrêter ce qui revient auxdits étrangers ; mais que le barrage ne peut avoir son effet qu'après quarante jours, ce qui est dommageable, et qu'il conviendrait ajourner lesdits étrangers. Pour ce est-il que ces choses considérées, et afin que lesdits deniers se puissent facilement recouvrer, consentons que quarante jours après la main mise et barre signifiée auxdits étrangers, ou à leurs facteurs et entremetteurs, ou par cri public, lesdits suppliants pourront prendre garde et possession de la part d'impôts dus par lesd. étrangers, de manière que cette part puisse être recouvrée sans grande dépense, et les réparations non ajournées. »

1465. Ligue du bien public contre le roi de France Louis xi, à laquelle participe le duc de Bourgogne. Les députés des villes du comté sont convoqués pour délibérer sur les précautions de sûreté commandées par les circonstances. Il est résolu que dans chaque ville, château et seigneurie, il sera fait monstre d'armes et dressé état nominatif de tous les hommes en état de porter les armes, que dans chaque ville vingt feux réunis seront tenus d'équiper un homme, et vingt-cinq feux dans les villages, qu'à chaque homme armé il sera fourni rondelle, gorgerin, maillet, salade, épée et bon coustel, et que chaque chef de maison devra être armé et faire guet sur les remparts.

1467, 15 juin. Mort du duc Philippe-le-Bon, à Bruges,

dans la 72ᵉ année de son âge, et la 48ᵉ de son règne. Charles, comte de Charolais, son fils, lui succède.

1469, 15 février (v. st.). Par une bulle du pape Paul II, Jean de Chauvirey, parent de Guy de Chauvirey, alors prieur de St.-Just, âgé de 22 ans, est nommé recteur de la Maladrerie, en remplacement de Guillaume de Chauvirey, démissionnaire.

1474, 7 octobre. Le procureur général du Parlement, Jehan Poinçot, avait élevé, au nom du souverain, la prétention d'enlever aux habitants d'Arbois la propriété et la jouissance des forêts concédées par le comte Otton, en 1282, ainsi que le droit des prudhommes d'exercer la haute, moyenne et basse justice. Des réclamations sont adressées au duc Charles, qui les accueille, et, en ce qui concerne les forêts, remet le jugement de l'affaire au grand gruyer du comté, Philippe de Vaudrey, dont la sentence déboute le procureur général de ses prétentions, lui impose silence à l'avenir, et maintient la ville dans la propriété de la partie contestée, les Chaumois, comprenant tout l'espace qui s'étend de Pupillin à la Châtelaine.

— 8 mars (v. st.). Arrivée du duc de Bourgogne, Charles-le-Hardi ou le Téméraire, à Arbois. Préoccupé de la guerre qu'il allait porter chez les Suisses, qui, sans provocation et en pleine paix, cédant aux suggestions de Louis XI, étaient venus piller et ravager plusieurs points du comté, le duc visitait toutes ses places voisines de la frontière, et mettait sur pied tous les hommes en état de porter les armes. Il visite, avec la plus grande attention, les fortifications de la ville, qu'il appelait son jardin de noblesse, et passe la revue des hommes armés. Il se montre pleinement satisfait, loue le zèle des habitants, et leur dit qu'il voyait avec plaisir toutes choses en bon état et hommes prêts à bien guerroyer.

1475, 2 mars (v. st.). Premier revers du duc Charles; il est défait par les Suisses à la bataille de Grandson.

1476, 22 juin. Bataille de Morat, où le duc est défait pour la seconde fois. Echappé à la poursuite des vainqueurs, il rentre dans le comté par St.-Claude, où il arrive le 27 juin; le lendemain il s'arrête à Moyrans, le 29 à Poligny, où il séjourne le lendemain qui était un dimanche. Le 1er juillet, dans l'après-midi, il entre à Arbois, et le 2, se rend à Salins, où il a convoqué les états.

D'après une tradition, que rien ne nous semble démentir, le prince descendit au château de Molpré, qui appartenait à une famille de ce nom, riche et puissante, dont le chef était premier échevin de la ville. C'était un château fort que trois ans après, en 1479, les Français prirent et ruinèrent. L'emplacement fut vendu à divers particuliers qui y élevèrent des maisons qu'ont remplacées celles que l'on voit à gauche en sortant d'Arbois par la nouvelle route de Mesnay, à moitié chemin environ entre le village et la ville.

— 5 janvier (v. st.). Après plusieurs mois de séjour au château de la Rivière, près de Pontarlier, le duc Charles dirige sur Nancy le peu de forces qui lui restent. Attaqué par l'armée combinée des Lorrains et des Suisses, quatre ou cinq fois plus nombreuse que la sienne, et trahi par un misérable italien, le comte de Campobasso, en qui il avait mis sa confiance, l'intrépide et malheureux prince y périt, laissant héritière de ses vastes états sa fille unique, Marie de Bourgogne, qui, le 19 août suivant, épouse l'archiduc d'Autriche, devenu, après la mort de son père, Frédéric III, l'empereur Maximilien.

1477, 30 juin. En cas d'extinction de la postérité mâle de Philippe-le-Hardi, fils du roi Jean, le duché de Bourgogne devait faire retour à la couronne de France. Louis XI ne perdit point un instant pour faire valoir ses droits, et des craintes s'élevèrent relativement à ses desseins sur le comté. Des préparatifs de défense y furent ordonnés, et des garnisons envoyées dans les principales villes. Le capitaine Courault vint occuper Arbois avec sa compagnie allemande, forte de 52 hommes, et conclut avec les échevins un traité, en vertu duquel il s'engageait à conserver et défendre la ville pendant un mois, à dater du jour du traité.

1478. Louis XI ne tarda pas à justifier les alarmes que ses projets supposés avaient fait naître. A l'aide du prince d'Orange, gouverneur du comté, et de Louis de Châlon, sire de Chatel-Guyon, il s'était ménagé dans le pays des intelligences, et plusieurs villes, à leur instigation, reçurent des garnisons françaises. Arbois refusa de suivre cet exemple. Voici en quels termes ces circonstances sont racontées par Jean Bontemps.

« Mais la grande fidélité des gens d'Arbois, leur amour
» extrême pour leur prince, se fit clairement voir lorsque
» Loys onzième ayant invehy le comté de Bourgougne, après
» la mort du bon duc Charles, la ville d'Arbois estant assié-
» gée par son armée très-puissante, elle fit tel debvoir à se
» défendre qu'enfin l'ennemy fut contrainct d'y amener
» l'artillerie, et l'ayant battue de furie, fit bresche en divers
» endroits, jusqu'à la largeur de plus de trente toises. Et
» par ce moyen forcée, elle fut pillée, saccagée et les habi-
» tants mis en rançon, lesquels n'ayant perdu couraige,
» treuvèrent moyen de chasser la garnison françoise, pour
» reprendre le parti de leur prince. »

Dans ce siége la ville fut attaquée du côté du midi. Les batteries françaises étaient placées dans la plaine dite de Dampjourdain, à l'endroit où se rencontrent la rue Chevrière et la rue Dessous, qui à cette époque, portait aussi le nom de Dampjourdain. La brèche fut ouverte dans la partie des remparts sur les fondations desquels sont assises aujourd'hui les maisons n°s 5, 7, 9, 11 et 13 de la rue du Vieil-Hôpital.

1479, mai. Le succès des villes comtoises ne fut pas de longue durée. Une trève d'un an avait suspendu les hostilités ; à peine fut-elle expirée, au mois de mai 1479, que l'armée française, commandée par Charles d'Amboise, sire de Chaumont, fit irruption dans le comté. Une trahison fit tomber la ville de Dole au pouvoir de l'ennemi qui l'incendia presque tout entière, et massacra sans pitié ses défenseurs. Cette catastrophe fut suivie de la soumission d'une grande partie de la province. Salins et Poligny se rendirent sans résistance, Arbois n'ouvrit ses portes qu'après un nouveau siége. Nous laissons parler Jean Bontemps.

« Après la prinse de Dole, les chefs françois, soubs la
» conduite du seigneur d'Aubijoux, frère de d'Amboise,
» que le roy Loys avait estably gouverneur du pays, con-
» duisirent toute leur armée (14,000 hommes) devant
» Arbois. Les François occupoient déjà Poligny et Bracon.
» Ainsi, le vendredi devant la Pentecoste, l'an 1479, la
» ville fut reprinse. Or, comme ledit d'Aubijoux l'eust
» volée, saccagée et de nouveau rançonné les habitants,
» iceux ayant payé se retirèrent aux montagnes, ne voulant
» retorner pour n'estre en la servitude des François. D'Au-
» bijoux voyant qu'il estoit par ce moyen maistre d'une
» place vuide et non d'une ville, car *non est in parietibus*

» *respublica*, comme disoit Pompée, il menassa et voulut
» brusler ladite ville, sans les prières de quelques gens
» d'église et aucuns vieillards qu'estoient demeurés, aus-
» quels il outroya sauf conduit pour huit ou dix des prin-
» cipaux habitants pour traiter du réachapt de feu, ce qu'ils
» firent, et pour ostages restèrent Jehannin Jobert, es-
» chevin, et Loys Barbier pour le payement de la somme
» de 5,000 florins, payables dans trois sepmaines selon
» lesdites conventions, comme il en conste par divers bons
» tiltres et notamment par un arrest rendu à la court de
» Parlement séant alors à Salins, du mardi cinquième jour
» de mars de l'an 1479 (v. st.). » En effet, dans le but
d'affermir son autorité, Louis XI avait fait convoquer à
Salins les États du comté, à l'effet d'aviser aux moyens de
soulager le peuple, que dévoraient les soldats et la famine.

Ce passage de Bontemps fait naître quelques difficultés,
résultant d'une pièce conservée dans les archives de la ville
d'Arbois, d'après laquelle ce ne serait point à 5,000 florins,
mais à vingt-cinq cents francs que d'Aubijoux avait condamné la ville. Voici cette pièce :

1479, 2 juin. Gect et impost gecté et égalé au lieu d'Arbois par les eschevins et habitants d'illec pour fournir au
paiement de la somme de vingt-cinq cents francs monnoie,
accordés et promis par lesdits habitants, tant à Mons.
d'Aubijoux qu'aux aultres capitaines et gens de guerre
estants à la prinse de la ville dudit Arbois, et ce pour réa-
chepter les feux et pillaiges de ladite ville, faubourgs et
villaiges du ressort.

Le jet produisit 2,833 francs 9 gros, dont 300 francs et
18 gros furent laissés au receveur Jacquot Barbier pour
ses gages et pour le rôle en double expédition. Ce rôle, qui

existe encore, est signé De Cise, E. Mitorion, Christofle de la Tespe, de Chaffoy, Pierre Voicturier et Jehan Jobert.

La perception offrait de grandes difficultés, beaucoup de contribuables étaient étrangers ou éloignés, de telle sorte que onze mois après, le recouvrement complet avait été impossible. Les échevins s'adressèrent en conséquence à d'Aubijoux lui-même, alors à Dijon, et qui répondit par le mandement suivant :

Mandement patent de H. d'Amboise, seigneur d'Aubijoux, lieutenant général de Mons. le gouverneur général de Bourgoingne et Champaigne, à tous huissiers d'armes, sergents royaux et autres justiciers et officiers du Roy, et à chascun d'eux sur ce requis, Salut. — De la part des eschevins et habitants d'Arbois nous a esté remonstré que par impost fait aud. Arbois pour fournir au payement de la composition faicte avec nous pour le reachapt des feux, corps et biens des habitants d'Arbois et ressort d'illec, plusieurs dud. Arbois absents du lieu et autres estrangiers, ayant maisons, terres, rentes et revenues aud. Arbois et vaulx d'iceluy lieu, sont estés imposés et engalés selon leurs facultés et chevance, lequel gect bonnement l'on ne pourroit exécuter par la justice ordinaire dud. Arbois pour ce que les contredisants et délayants sans grands frais pour notiffier les exécutions auxdits estrangiers imposés dud. gect, dont le payement de lad. composition en a esté et est grandement retardé au grand domaige des habitants et du recepveur d'icelluy impost, requérants sur ce nostre provision. Pour ce est-il que nous vuillants l'exécution dud. impost estre faite, vous mandons contraindre réallement et de faict comme des propres deniers du roy tous ceux et celles qui de lad. composition sont estés imposés par les rôles d'icelles, de quelque estat qu'ils soient, ayants chevance et biens audit ressort, par la prinse de leurs corps et biens..... sans tenir les sollempnités ou marchiefs accoustumés, et que à icelles exécutions et vendaiges l'aucthorité et décret de la court dud. bailli d'Aval soit mise et interposée au prouffit desdits habitants ou de leur recepveur. Donné à Dijon, soubs nostre seing manuel le xii[e] jour de mai mil iiii[c] iiii[xx] (12 mai 1480). Ainsi signé H. d'Amboise.

1481. Pèlerinage de Louis xi à St.-Claude, où il séjourne pendant quatre jours. Il offre de riches présents à l'église du saint évêque, dont il était venu implorer l'intercession pour le rétablissement de sa santé gravement altérée, et pour la prolongation de sa vie. Il fait démanteler les châteaux de Vadans et de la Châtelaine, et rétablir la forteresse de Grimont sur Poligny, à la demande de son médecin Coythier, né dans cette ville, qu'il élève à la dignité de président de la Chambre des comptes, en lui donnant la seigneurie de Poligny, et le produit du greffe du bailliage d'Aval.

— 23 décembre. Traité d'Arras entre Louis xi et Maximilien. Ce dernier, peu confiant dans la loyauté du roi, exige que ce traité soit garanti et ratifié par les villes les plus considérables de la France et du comté de Bourgogne. Parmi ces villes figurent Salins, Dole, Poligny et Arbois.

— 8 février (v. st.). Sentence rendue par Gillet Contesse, lieutenant local au siége d'Arbois, de messire Anselme de Marenches, bailli de Hugues de Châlon, par laquelle, considérant que les habitants des Planches et de la Châtelaine ont été compris, comme parochiens de l'église Saint-Just, dans le jet mis pour le remparement de lad. église, et imposés à huit francs, qu'ils ont refusé de payer, ledit lieutenant les condamne à payer ladite somme.

1486. Le château d'Arbois, qui avait fait partie du domaine des comtes souverains de Bourgogne, à demi-ruiné par les siéges de 1478 et 1479, est vendu par l'empereur Maximilien à Jehan Bontemps, seigneur de Salans, trésorier général de Bourgogne et capitaine de Besançon.

1488, 28 décembre. Jet mis sur tous les habitants de la ville, à l'effet de réparer le clocher de l'église de St.-Just, qui menaçait ruine. Ce clocher, probablement aussi ancien que l'église, s'élevait sur le sanctuaire. Il était, assure-t-on, carré à sa base et se terminait en pyramide.

1491. Par sentence du conseil impérial, le chapitre de Notre-Dame qui, en vertu de ses priviléges, se refusait à contribuer aux jets et impôts auxquels les habitants étaient soumis, est condamné à en payer sa quote-part.

— 6 décembre. Renvoi de Marguerite d'Autriche, fiancée de Charles VIII, et élevée à la cour de France, en vertu du traité d'Arras. Outrés de cet affront, Maximilien, père de la princesse, et la noblesse Comtoise, réclament la restitution des comtés de Bourgogne et d'Artois, assignés pour la dot de Marguerite. Charles VIII repousse cette juste demande. Aussitôt Maximilien fait entrer 8,000 hommes en Franche-Comté, la noblesse arme ses vassaux et les habitants d'Arbois chassent la garnison française et rentrent spontanément sous l'obéissance de l'empereur, représenté par Jehan Bontemps.

1492, décembre. A l'exception des villes de Poligny, Dole et Gray, tout le pays est recouvré par Maximilien, qui est reçu à Besançon le 21 décembre. De là il se rend à Salins dont les habitants s'empressent de lui ouvrir les portes. Le général français Baudricourt se retire dans le château de Bracon qu'il fortifie, et après y avoir laissé une forte garnison, commandée par **Henri de Maillot**, gentilhomme normand, se rend à Poligny, d'où il envoie des partis qui ravagent le territoire d'Arbois. Afin de préserver cette ville, l'empereur y place 2,200 fantassins allemands, conduits par Ulrich Van Hasberg, qui y entrent le **26** décembre et n'en sortent qu'aux Pâques suivantes.

— 17 janvier (v. st.). Cependant Baudricourt avait réuni à Poligny toutes ses forces qui s'élevaient à près de 10,000 hommes. Instruit que Philippe de Loëtte, seigneur d'Aresche, qui occupait Salins avec quelques compagnies comtoises, dont une d'Arbois, n'attendait, pour attaquer Bracon, que l'arrivée de Frédéric Kapler, capitaine alsacien envoyé à son secours avec 500 lansquenets et une artillerie considérable, il résolut de marcher à sa rencontre avec toutes les troupes dont il disposait. Kapler, afin d'éviter un engagement qui aurait retardé sa marche et compromis le succès de sa mission, se dirigeait à travers les montagnes par des chemins peu fréquentés. Baudricourt se met en marche, mais tandis qu'il traverse la forêt d'Arbois, des bûcherons l'aperçoivent, et l'un d'eux court à Salins avertir Philippe de Loëtte qui se hâte de rassembler tous les hommes en état de porter les armes. Il savait que Kapler devait passer au village de Dournon, et que Baudricourt s'avançait dans cette direction. Il la prend lui-même et arrivé près du village, il place sa troupe dans les halliers, à droite et à gauche du chemin que devait suivre le convoi. D'après un contemporain, l'abbé de Balerne, qui nous a laissé une relation de cette affaire, un rocher voisin favorisa beaucoup les Comtois.

Le mouvement de Loëtte n'était point ignoré de Baudricourt, mais sachant qu'il n'avait environ que 900 hommes à combattre, il ne douta point de la victoire. Pleines d'une présomptueuse confiance, ses troupes, la cavalerie en tête, s'avancent en colonne serrée, et sans avoir éclairé leur marche, s'engagent dans l'étroit chemin dont les Comtois occupaient les deux côtés. Dès que Loëtte voit leur colonne entrée tout entière, il commande le feu, et l'ennemi se voit chargé tout à la fois en tête et sur les flancs. En peu d'instants, surpris dans l'étroit espace où il lui est impossible de se mouvoir, il le couvre de morts, de blessés, de chevaux abattus, de cavaliers écrasés ou étouffés sous leurs montures. Les deux généraux français, Baudricourt et Louis d'Orléans, marquis de Rothelin, se précipitent avec leurs archers pour forcer le passage, mais leurs efforts sont inutiles; enfin, couverts de blessures, ils ne trouvent de salut que dans une retraite presque aussi périlleuse que le combat lui-même, et se retirent au village de Lemuy. L'action commencée à deux heures de l'après-midi, ne se termina qu'à six heures du soir.

Trop peu nombreux pour se hasarder à poursuivre les vaincus, les vainqueurs se contentèrent d'observer leurs mouvements, et malgré la rigueur de la saison, bivouaquèrent sur le champ de bataille. La nuit était avancée, lorsque les sentinelles signalèrent l'arrivée du capitaine Kapler et de ses canons. Au point du jour les Français, qui ignoraient la jonction des deux troupes, se ruent avec fureur sur les Comtois. Ce combat, plus terrible que le premier, donne lieu, de part et d'autre, à des prodiges de valeur, mais l'artillerie de Kapler jette le désordre parmi les Français et les met en pleine déroute. De toute son armée, Baudricourt rallie à peine un millier d'hommes, à la tête desquels il regagne le château de Grimont, poursuivi avec acharnement, mais emmenant prisonnier le frère de Kapler, que son imprudente impétuosité avait fait tomber en son pouvoir. Les Comtois passèrent encore la nuit sur le théâtre de l'action, afin de constater, à l'exemple de leurs ancêtres, la victoire qu'ils venaient de remporter, victoire d'autant plus glorieuse, que les vaincus, soldats aguerris, étaient huit fois plus nombreux que les vainqueurs dont, jusqu'à ce jour, la plupart étaient étrangers au métier des armes.

Revenus de la poursuite et rassemblés sur le champ de bataille, les Comtois rendirent grâces à la Vierge et à son fils, et y chantèrent un *Te Deum* qu'accompagna le bruit du canon et le son des trompettes, puis ils rentrèrent à Salins, en chantant ce refrain impromptu :

> Loëtte, Chapelard (1), et vous, fiers Salinois,
> Triompherez toujours, aidés de ceux d'Arbois.

Les Salinois accueillirent les vainqueurs avec d'autant plus de joie que leurs craintes avaient été plus vives. Pendant les deux jours de combat, les clés de la ville étaient restées déposées sur le tombeau de saint Anatoile, les vieillards montaient la garde sur les remparts, tandis que les femmes, les enfants et le clergé imploraient dans les églises la protection divine. Il fut fait, en actions de grâces, une procession générale, à laquelle assistèrent les combattants Arboisiens, au nombre de deux cents. La cérémonie terminée, ils reprirent le chemin de leur ville, reconduits jusqu'à la vue d'Arbois par tous les Salinois qui avaient pris part à la bataille. Avant de se séparer, ils se promirent mutuellement aide et secours dans tous les dangers dont

---

(1) C'était l'usage chez nos ancêtres de franciser les noms étrangers, ainsi Kapler fut changé en Chapelard.

l'une ou l'autre ville serait menacée, promesse qui, comme nous le verrons, ne fut pas oubliée.

En récompense de leur conduite à la journée de Dournon, les Arboisiens furent gratifiés de sept journaux de terre, au lieu même où le combat s'était livré, et jusqu'en 1789, on leur en paya le cens, montant à 27 sols, somme assez considérable à l'époque où le cens fut constitué, devenue insignifiante plus tard, mais qui n'en était pas moins honorable.

En mémoire de cet événement, fut instituée, à Salins, la fête de Notre-Dame-Libératrice, célébrée encore aujourd'hui par une procession générale. A Arbois, fut réparée ou agrandie la chapelle dite de l'Hermitage, qui jusqu'alors n'avait été qu'un simple oratoire, sanctifié par le respect des fidèles. Cette chapelle ne comprenait que la sacristie actuelle de ce monument religieux.

1493. Démolition des halles et de l'ancien hôtel-de-ville dont les bâtiments occupaient tout l'espace où s'étend la Grande-Place. Ces bâtiments, fort élevés, offusquaient les maisons voisines, et il en résultait des maladies causées par l'infection de l'air qui ne pouvait se renouveler. Le bois des plafonds, de la charpente, des portes, etc., est abandonné aux soldats de la garnison et aux habitants indigents qui s'en servent pour leur chauffage.

— Avril. Le dévouement des habitants d'Arbois, leur courage, les pertes que leur faisaient essuyer les courses des soldats de Baudricourt, méritaient des dédommagements et des récompenses. L'empereur Maximilien s'empresse de les leur accorder par les lettres patentes, datées de Fribourg, dont nous donnons l'extrait :

« Sur l'humble supplication et requeste des manants et

habitants d'Arbois, contenant comme pour tenir le parti
de la maison de Bourgongne, ils ont estés pris par hostillité,
la ville pillée deux fois, les feugs racheptés des François à
grande somme de deniers, les murailles abaptues à force
d'artillerie et autrement, refaictes et mises en défense à
grands frais, et subséquemment lesd. habitants s'ostants
eux-mêmes des mains des François, et se remectants en
nostre obéissance, les gens de guerre allemans ayans abaptu
et mis en ruines ponts, tours, et maisons parmi lesquelles
une part de la aule pour brusler et eulx servir pendant
l'hiver dernier passé où ils furent mis en garnison pour
garder ladite ville, et résister aux François, alors en grand
nombre aux lieux de Poligny et de Bracon, toutes choses
dont ils sont fort apauvris, en voie d'abandonner led. Arbois, et leurs héritaiges laissés en ruines, s'il n'est pourveu
pour le temps présent et à venir à les mectre à mesme de
réédifier, entretenir et payer les droitures. A ces causes,
premièrement, pour le bien, police et entretenement de la
justice et chose publique dudit lieu, doires en avant lesdits
habitants pourront chascun an eslire et créer entre eulx un
maire, au jour qu'ils eslisent leurs eschevins, lequel maire
sera premier juge en la justice et seignorie, et selon le taux
ancien ; led. maire sera salarié au feurg de deux sols par
livre estevenante, qu'il prendra et recouvrera sur toutes
amendes, défauts, condemnations provenants de son adjugé
et justice, et aura, led. maire, pouvoir de créer, quand
bon lui semblera, deux ou trois sergents pour l'exercice et
exécution de sadite justice. Item, lesd. maire et eschevins
auront pouvoir de faire faire, par leurs trompettes ou sergents, tous cris, publications et défenses pour fait de police
et chose publique. Item, sera donnée aux habitants d'Ar-

bois, une petite maison touchant l'aule d'illec d'une part, et de soleil couchant le meix de feu Guillaume Belin, et par derrière, la maison de feu Jehan Bontemps, laquelle devra estre abaptue et l'emplacement servir à esdiffier une maison de ville et à une place vuide et marchief public, et seront appliqués le bois et couverture de lad. aule à l'esdiffice d'une boucherie publique faicte à leurs frais sur la rivière, afin d'éviter que les infections des bestes grosses et menues que l'on a accoustumé de tuer en lad. aule ne corrompent plus l'air comme par le passé, dont plusieurs pestes et mortalités sont survenues aud. Arbois ; et sur lad. boucherie sera establie à perpétuité et à nostre prouffit la cense annuelle de trente-six sols estevenants, qui nous estoit dehue sur la petite maison donnée par les présentes.

Franchise des vins. Deuxièmes lettres données à Fribourg, sous la même date. — Veu que la ville et val d'Arbois sont situés en lieu escarté, loin des grands passaiges, la pluspart peuplée de vignes dont la culture et l'entretien sont de plus haute valeur que le prix des fruits qu'elles donnent, et que bien petite est la distribution des vins, par quoy ils ne peuvent bonnement vivre, payer les droits et cultiver, s'ils n'ont faculté de distribuer et conduire lesd. vins au dehors, ce qu'ils ne peuvent à raison des gabelles et imposts mis sur vins estrangers en la ville de Salins et autres lieux du comté... A ces causes, voulons et ordonnons qu'à l'advenir, les vins crus et venus au vignoble et val d'Arbois, qui en sortiront pour estre conduits par tous les lieux et villes du comté, tant de Salins que aultres, y seront admis franchement, sans pour ce payer aucunes gabelles, charges, maltôtes, mis et ordonnés en ces lieux et villes sur vins estrangers.

L'entérinement de ces lettres souffrit des difficultés; les membres du conseil, à Besançon, voulurent en supprimer la clause de perpétuité; mais, sur la plainte des habitants d'Arbois, Maximilien, par de nouvelles lettres du 17 juin, déclara formellement que ladite concession n'était sujette à aucun rappel, et durerait à toujours, non seulement pour les impétrants, mais pour leurs hoirs et successeurs.

Foires franches. D'après les mêmes considérations détaillées comme dans les ordonnances précédentes, Maximilien déclare que désirant la ville d'Arbois estre refaicte, entretenue, augmentée et repeuplée autant que faire se pourra, il a, de sa certaine science et auctorité, par édict perpétuel et à toujours, outroyé et accordé de grâce espéciale par les présentes, deux foires franches chascune année, lesquelles commenceront, la première le jeudi, heure de vespres, avant la foire chaude de Poligny, et finissant le samedi suivant à la mesme heure; la seconde, le jeudi, heure de vespres, avant la foire froide dudit Poligny, et finissant à semblable heure le samedi suivant. Lesquelles deux foires il veut et déclare estre franches de tous péages, tailles, tributs, charges et aultres subsides quelconques payés à cause de la seignorie d'Arbois, en telle manière que tous marchands menant et conduisant des denrées à icelles foires, seront, tant en lieux où ils debvront passer du comté, qu'en la ville et sa banlieue, francs et quittes de toutes charges et tributs quelconques.

— 28 juin. Autres lettres patentes, qui déclarent les habitants d'Arbois francs et quittes de la cense de trente-six sols due annuellement sur une maison située près de la halle.

— 9 juillet. Mandement du même au seigneur de Rançonnières, bailli d'Aval, à maistre Viénot, son conseiller ordinaire, et à Guillaume Laloux, notaire et secrétaire du roi, de s'informer dehuement de tout ce que les manants et habitants d'Arbois ont fourni et dépensé en argent, vivres et aultrement, pour l'entretien de la garnison allemande, et d'envoyer cette information aux membres du conseil et à ceux des finances.

Par cette information, il est constaté que le lendemain du jour de feste Noël (1492), entrèrent à Arbois 300 cavaliers, commandés par le capitaine Ulrich Van Hasberg, auquel, sur ses réquisitions, il a esté livré, pendant les soixante-trois jours que sa troupe est restée dans la ville :

Florins d'or.

1°. 1,150 quartaulx d'avoine, 530 de blé, 220 muids et demi de vin, valent en tout, 1817

2°. En monnoye, payé audit Van Hasberg, sur son récépis., 200

3°. Les 63 jours écoulés, ledit capitaine a quitté la ville; mais, peu de jours après, y est revenu, renforcé de 50 cavaliers, qui ont séjourné trois semaines, et leur a été fourni, en comptant ce qu'ils ont pris de vive force en blé, avoine et vin..... 196

4°. Pour l'ordinaire de la table du capitaine, 89

5°. Le mesme jour, lendemain de Noël, entrèrent aussi à Arbois 1,200 piétons, qui ont séjourné trois mois, jusqu'à Pasques, et ont reçu, en vin, 1,008 muids; en blé, 2,500 quartaulx, 6,297

6°. Ont fourni, la ville et les villages, 600 bestes à cornes, dont lesdits piétons ont pris et vendu les cuirs, 1,800

7°. Sur menace de pillage, ont été payés par ordonnance de messire Jehan Bontemps, trésorier, 1,100

8°. Payé, pour compléter la solde de 600 piétons partis la veille de Pasques, 60

9°. Fourni aux 600 piétons restés à Arbois, depuis Pasques au 16 juin, en vin, viande, pain, solde et draps, 3,764

10°. Et pendant son séjour, lad. garnison a abaptu plusieurs maisons, desmoly partie des murailles, enlevé planchers, ruiné partie de l'aule, et bruslé le bois en provenant, pris et bruslé sceaux, cuves, tonneaux, coffres, buffets, coppé ès environs noyers et arbres à fruits en grand nombre, pour ce   14,100

11°. N'ont esté comprins èsdits dommaiges plusieurs chevaulx de labour, pris et emmenés, par quoy ont esté laissées les terres incultes. Somme totale des pertes,   29,483

1494, 28 avril. La concession de franchise des vins d'Arbois avait donné lieu à de vives réclamations de la part de la ville de Salins, à laquelle avait été précédemment octroyé un droit de gabelle de quinze sols estevenants par muids de vin étranger amené dans ses murs. Cette opposition qui, en plusieurs occasions, s'était manifestée en actes de violence, força les habitants d'Arbois à recourir de nouveau à l'autorité de Maximilien, qui, le 19 août 1493, jour du décès de son père, avait ceint la couronne impériale. L'empereur, toujours disposé à les favoriser de tout son pouvoir, rendit, le 28 avril, à Lintz, une ordonnance nouvelle, par laquelle il prescrivait, sous les peines les plus sévères contre tout opposant, l'exécution franche, entière et sans restriction de ses lettres précédentes.

— 28 août. Lettres de l'empereur, confirmatives du privilége accordé par la comtesse Marguerite au chapitre de Notre-Dame, de n'admettre parmi ses membres que des prêtres nés et baptisés à Arbois.

— Institution de la Chambre des Comptes, établie à Dole, pour récompenser le dévouement des habitants de cette ville pendant les guerres de la succession de Bourgogne. Jusqu'alors, les comptes et titres du Domaine avaient été conservés à Poligny, mais l'empereur voulut punir cette ville de n'avoir opposé à l'ennemi aucune résistance. Six ans après (1500) la Chambre des Comptes de Lille fut réunie à celle de Dole.

— 14 octobre. Les deux foires d'Arbois, qui aux termes des lettres patentes de l'année précédente, devaient être tenues immédiatement avant celles de Poligny, parurent, à raison de leur proximité, nuisibles aux habitants de cette dernière ville. Ils adressèrent des réclamations à l'empereur qui refusa de les accueillir, et ordonna, par lettres datées de Dendermonde, que son ordonnance d'avril 1493 sortirait son plein effet, sans empêchement.

— La concession de Mairie conférait à la ville d'Arbois le droit d'armoiries, et tout fait croire que ce fut à cette époque qu'elle adopta le *Pélican*, oiseau qui, d'après une erreur des anciens, se déchire le sein pour nourrir ses petits. L'exergue *Sic his quos diligo* fait allusion à cette croyance. Il est à présumer que le choix de cet animal fut déterminé par la reconnaissance que devaient inspirer aux habitants d'Arbois les faveurs que leur prodiguait Maximilien. Dans la notice qu'il a consacrée au Pélican, Buffon rapporte, d'après Gesner, qu'un oiseau de cette espèce, attaché à l'empereur qui l'affectionnait beaucoup, le suivait dans ses campagnes, volant au-dessus de l'armée quand elle était en marche.

1495, 14 septembre. Jet mis sur tous les habitants de la ville et des villages du ressort, et étrangers y possédant biens, pour remparement des ponts, portes, tours, eschiffes, murailles de la cloison et fermeté de la ville. Dans ce jet, dont le produit s'éleva à 1,263 francs comtois, sont compris, pour la ville et les faubourgs, 373 chefs de famille.

— 30 novembre. Lettres données à Bruxelles, par Philippe-le-Beau, fils de Maximilien, devenu comte de Bourgogne, par l'abandon que lui avait fait son père de tous les pays qui avaient appartenu à sa mère Marie de Bourgogne.

— Ordre ayant esté donné par nostre très-redoubté seigneur et père que les vingt-deux cents Alemans, tant de pied que de cheval, mis en garnison à Arbois, Salins et Quingey, seraient payés et soldoyés des deniers de nos saulneries de Salins et d'argent envoyé d'Alemagne, comme il est que les capitaines et distributeurs desdits deniers n'en ont baillé que petite portion aux Alemans dud. Arbois, ce qui a obligé les habitants de soustenir à leurs frais nosdits gens de guerre, plus de 8 mois, et pour ce faire y ont consumé leurs vivres et biens meubles, et de plus se sont endebtés envers plusieurs marchands de Besançon, Salins, Lons-le-Saunier et ailleurs pour draps et denrées qu'ils ont baillés auxdits Alemans, pour plus de 5,000 florins d'or, pour quoy ils sont par lesdits marchands menacés d'expropriation, tellement que les frais, intérests et despens soustenus par eulx, montent à plus de 29,000 florins d'or, sans y comprendre les autres debtes particulières, par quoy ils ont préservé nostred. ville d'Arbois de totale destruction, voulants lesd. Alemans la brusler et emmener les habitants prisonniers, ou livrer lad. ville aux François, si ne leur avoit esté faict led. payement. Pour ce est-il que ces choses considérées, et veues les informations faictes par l'ordonnance de nostred. seigneur et père par nostre amé et féal secrétaire Guillaume Laloux, veu que, oultre ce qui leur a desjà esté délivré, de par nostred. seigneur et nous, il reste une somme de 11,019 florins et 1 gros, avons outroyé et accordé que de lad. somme lesd. habitants seront payés, contentés et remboursés par les mains de nostre recepveur général de Bourgoingne Claude Pillot, des deniers de sa recepte, assavoir, en la présente année, 2,000 francs, et de là en avant, d'an en an, 1,000 francs, jusqu'à entier payement et remboursement. Et en oultre, de nostre grâce, en considération et récompense des choses dessus dites, avons outroyé auxdits habitants, jusqu'à leur remboursement, la clergie de la mairie dud. lieu, dont ils jouiront, ainsi que des droits et émoluments d'icelle, moyennant quoy lesd. habitants nous quicteront et promettront tenir quictes et deschargés de tout ce qu'ils nous pourroient jamais réclamer à raison des deniers par eulx pressés et déboursés, comme de toutes pertes, domaiges et intérests soubstenus à cause du logis et entretien desd. gens de guerre.

1496, 29 juin. Est institué messire Antoine Jaillon, chapelain et recteur de la Maladière, par révérend Pierre Morel, abbé de St.-Oyant-de-Joux, agissant comme vicaire de très-révérend père en Dieu, Etienne Morel, prieur de St.-Just, évêque de St.-Jean-de-Maurienne.

— Instruits que leur jeune souverain, âgé de 18 ans, se dispose à visiter le comté, les habitants d'Arbois se hâtent de rétablir leurs fortifications. Les retrahants sont sommés de contribuer aux frais, en proportion de leurs biens. Les habitants de Pupillin s'y étant refusés, un arrêt du Parlement, motivé sur ce qu'ils possèdent à Arbois droit d'église, de mouture dans les moulins, de refuge en temps de guerre, et que leurs biens font partie du territoire de la ville, les condamne à payer leur quote-part des dépenses et à fournir guet et garde, toutes fois qu'ils en seront requis par le mayeur.

1497, 26 mai. En exécution des ordres du prince d'Orange, gouverneur du comté, les nommés Pierre Roy et Jehan Favier, de Valempoulières, sont sommés par les mayeurs et eschevins d'Arbois, de partir, comme élus, pour aller en guerre avec les autres élus du ressort. Ils répondent qu'ils sont prêts et appareillés de partir, mais qu'ils ne veulent aller sous la bannière d'Arbois. Il leur est répliqué qu'ils doivent aller sous lad. bannière, et qu'ainsi ceux dud. village l'avaient fait de toute ancienneté.

1498, 15 mars (v. st.). Sur la requeste de deux ladres, l'un d'Arbois, l'autre de Villeneuve, lesquels n'ont pu estre receus à la Maladière, dont les bâtiments sont en ruines, il est ordonné, par sentence de Loys de Vers, lieutenant général du bailli d'Aval, aux habitants d'Arbois, Montaigney, Grange-des-Arseures, Certemery, Mesnay, Villeneuve, St.-Cyr, Villette, Changin, Pupillin, les Planches et la Chastellaine, de contribuer à la reconstruction de lad. Maladière.

1499, septembre. Bulle du pape Alexandre vi, par laquelle il est permis à messire Philibert Naturel, seigneur de St.-André, de prendre possession du prieuré de St.-Just, vacant par le décès d'Estienne Morel.

1500. Concession faite à la ville par la princesse Marguerite, archiduchesse d'Autriche, d'une maison située près de la porte Oudin, joignant la Grande-Rue au nord, et les murs de la ville au levant, pour y établir le collége.

1500, 2 février (v. st.). Acensement, reçu de Hugues Glanne, tabellion général, fait par les mayeurs et eschevins à Jehan Gros, dit de la Sarre, et Estienne son fils, de la demeurance qu'est sur la porte de Nostre-Dame, ainsi que de la tour de lad. porte jusqu'à l'entrée et issue en lad. tour par les degrés et par-dessus les murailles de lad. ville devant l'église Notre-Dame, et toutes aysances et appertenances desd. tour et eschiffe, pour y demorer et ouvrer de leur mestier, à perpétuité, moyennant 15 sols de censc annuelle payables au bourcier de lad. ville le jour de la feste Saint-Martin d'hiver, sous réserve de guet et garde et retrait, en temps de guerre et quant besoin sera, de jour et de nuit, et non aultrement, soubs promesse desd. Gros d'entretetenir lesd. tour et eschiffe.

XVI° SIÈCLE.

1503, 3 janvier (v. st.). Grande inondation. Les eaux de la Cuisance s'élèvent à une telle hauteur, et sont si impétueuses, que tous les ponts, une partie des remparts et les moulins sont emportés.

1506, 25 septembre. Mort de Philippe-le-Beau, devenu en 1504 roi d'Espagne, après le décès de la célèbre reine Isabelle, sa belle-mère. Une pleurésie causée par de l'eau fraiche qu'il avait bue abondamment étant couvert de sueur, fait périr à l'âge de 28 ans ce jeune prince dont les excellentes qualités promettaient le souverain le plus accompli. Sa veuve, Dona Juanna, ressentit de sa perte une telle douleur, qu'elle en perdit immédiatement la raison, ce qui l'a fait surnommer *Jeanne-la-Folle*. Ses états devant passer à l'aîné de ses quatre enfants, qui fut Charles-Quint, l'empereur Maximilien reprit les rênes du gouvernement pendant la minorité de son petit-fils.

— Il était urgent de réparer les fortifications de la ville, en partie renversées par l'artillerie française, par la garnison allemande et par l'inondation. Les Neufchâtelois et autres habitants de la frontière Suisse faisaient des incursions dans les montagnes et pouvaient descendre à Arbois. L'argent manquait; pour hâter les travaux, le magistrat met un jet sur les habitants et retrahants, et trouvant ces ressources insuffisantes, adresse à l'empereur une supplique, où sont détaillés les travaux déjà terminés, qui avaient nécessité une dépense de 3,280 francs.

Ces travaux consistaient : 1° En un pont de pierres de taille, allant d'une portion de la ville à l'autre, gardé par environ cinq toises de gros mur, et une petite tour, formant fortification.

2° Un rempart épais de 12 pieds, garni de cabionières et barbacanes, près la porte de Faramand, et 8 toises de mur, abattues par les Français, le long de la rivière.

3° 10 toises de rempart entre la tour Gloriette et la porte Oudin, renversées par les canons français, et au joignant une tour à glacis, comprenant 22 toises.

4° 33 toises de remparts, en divers endroits, abattues par les Français, pour rendre la ville un village, et une tour demi-ronde de pierres de maçonnerie.

Il reste à refaire deux tours, abattues par l'inondation, l'une en deçà, l'autre au delà de la rivière. Pour toutes ces dépenses, le jet mis sur les villages n'a produit que 387 fr.

A la suite de cet exposé, le lieutenant général du bailliage et les avocat et procureur fiscaux certifient qu'ils ont vu et vérifié les édifices et ouvrages déclarés, au moyen desquels la ville est en bonne réparation.

— 5 mars (v. st.). Sur la demande des mayeur, conseil et habitants d'Arbois, est ordonnée par le Parlement une enquête à l'effet de prouver que les chapitres de Saint-Anatoile, de Salins, et de Saint-Antoine, de Nozeroy, sont tenus, comme possédants fonds dans le finaige et territoire, de contribuer aux jets mis pour l'entretien et remparement de fortifications de la ville. Sont entendus comme témoins, par le commissaire du Parlement, Guy de la Fertey, plusieurs particuliers d'Arbois, Changin, Mesnay et Vadans, qui tous attestent le droit de la ville de comprendre dans lesdits jets les chapitres ci-dessus nommés.

— 2 avril (v. st.). Par acte reçu Hugues Glannë, la ville acquiert d'Alexandre Vaulcheret et d'Antoine Cussignet, pour la somme de 35 francs, un meix et maison, sis au bourg, pour faire le treige au pont neuf, tirant à l'église de Saint-Just.

1507. Les craintes qu'inspiraient les mouvements des Suisses se réalisent. Le château de Joux est emporté et Pontarlier livré au pillage. Des troupes allemandes sont envoyées à Salins, Arbois et Poligny ; 100 hommes composent la garnison d'Arbois, et y séjournent pendant six semaines, à la charge des habitants, ce qui, à 4 francs par mois pour chaque homme, occasionne à la ville une dépense de 600 francs, et 200 francs consacrés à l'achat de poudre, de boulets et autres munitions de guerre.

— Le magistrat réclame le paiement des 11,019 florins d'or, promis en 1495, dont la ville n'a rien reçu. Il sollicite de nouvelles lettres, confirmatives des premières, et sur l'exposé que, dans l'inondation, les moulins, faisant partie du domaine impérial, ont péri, ce qui, depuis ce temps, oblige les habitants à aller moudre en autres moulins éloignés de la ville, et, en cas de siége ou d'invasion, deviendrait impraticable, il demande qu'il plaise à Sa Majesté de reconstruire lesdits moulins, ou consentir que les habitants les refassent à leurs frais, et en perçoivent les revenus à réachat d'une portion de la somme qui leur est due.

— 8 juin. Lettres patentes de l'empereur Maximilien et de l'archiduc Charles, prince d'Espagne. Considérant les désastres causés par la rivière passant par Arbois, que le

habitants ne peuvent plus fournir à l'entretien de leurs
murailles, que plusieurs ont vendu leurs maisons et héritages ou constitué rentes à grand nombre d'étrangers, qui,
par ce moyen, possèdent plus des neuf dixièmes du territoire, que leur position est aggravée par les guerres et
mauvaises années, nous déclarons et voulons, que, durant
le temps et terme de 10 ans à venir, à commencer d'aujourd'huy, lesdits habitants pourront, chacun an, lever et
recouvrer sur tous estrangers, non résidants, possédants
maisons, terres, cens, rentes ou autres redevances quelconques dans la ville, faubourgs, val, territoire et villages
du ressort, le dixième denier de leurs rentes, cens, revenus
et la dixième partie de tous les fruits et profits de quelque
espèce qu'ils soient, ou leur valeur; pour lesd. deniers et
profits qui en viendront estre, sans fraude, employés à la
fortification et réparation de lad. ville, et le compte en
estre rendu par-devant nostre bailli d'Aval, ou autre
commis à cet effet. Le présent octroy demeurant en sa force
et vertu pendant 10 ans, et, ce terme expiré, tant qu'il
nous plaira jusqu'à notre rappel.

Donné en notre cité de Constance.

Par le Roy et Monseigneur l'Archiduc, signé Botechou.

— 30 Juin. Autres lettres des mêmes, données à Constance, et adressées au Gruyer de Bourgogne... Considérant
que de toute ancienneté les habitants d'Arbois ont eu droit
de prendre et couper en nostre forest de Mouchard tous bois
vifs, gros ou petits, nécessaires pour fortification et réparation des ponts, portes, tours, eschiffes, chaffaulx, rateaulx et
murailles de leur ville; comme il advient que pour mieux
réparer et entretenir lad. ville en bon estat, il leur convient
establir au lieu dit Champgoin, près lad. forest, une tuilerie

à chaulx, carreaux et tuiles pour couvrir les tours, murailles, maisons, édifices et aultres aisances de lad. ville, nous, d'après advis de nostre conseil, leur donnons congié et licence de construire lad. tuilerie quand bon leur semblera, rière lad. forest en lieu commode, et d'y conduire autant de bois mort pour usage et chauffage d'icelle qu'ils jugeront nécessaire, sans offense ni reproche de justice.

— 9 juillet. Autres lettres des mêmes, adressées au Parlement de Dole et au bailli d'Aval. Considérant que pour fournir aux frais de fortification et de réparation de la ville d'Arbois, les mayeur, eschevins et habitants de lad. ville ont jeté et imposé sur eux et les estrangers ayants biens dans la ville, faubourgs, villages, val et territoire un ject et impost selon les facultés de chacun, mais que quelques-uns desdits habitants et estrangers se sont opposés au recouvrement dud. ject et impost, à raison de quoy ils ont estés cités par-devant vous, bailli, ou vostre lieutenant, leurs juges ordinaires. Et combien que vous deussiez avoir congneu desd. causes, plusieurs opposants, pour deffuir justice et empescher lad. réparation, ont obtenu de la court de Parlement évocation des causes intentées au bailliage, au grand intérest et domaige de lad. ville, et retard des réparations. Pourquoy, nous, ces choses considérées, ordonnons et déclairons que toutes causes dépendantes dud. ject et impost, intentées par-devant vous, bailli, et évoquées en nostre court de Parlement, soient renvoyées par-devant vous, bailli, en l'estat qu'elles sont, pour y procéder selon le dernier appointement, et vous chargeons de faire exécuter la provision, nonobstant toutes évocations que nous ne voulons sortir aucun effect.

— 6 août. Sur requeste présentée par maistre Antoine

Martel, maistre aux arts, maistre et recteur des escholes générales de la ville et communaulté d'Arbois, par laquelle il expose que aux mayeur, eschevins et conseilliers de la ville compétoit et appartenoit le droit et auctorité, toutes fois que bon leur sembloit, et quand la maistrise et rectorie desdites classes estoit vacante, de mectre et instituer un recteur et maistre desd. escholes, en lesquelles et auditoire d'icelles tous escholiers estant aud. Arbois sont tenus aller oyr les leçons dud. recteur, auquel appartient la correction de tous lesd. escholiers, en tel droict qu'il n'estoit permis à personne quelconque, de quelque estat qu'ils estoient, soy entremectre à régenter et tenir lesd. escholes en Arbois, en son hostel ou ailleurs, sans venir oyr les leçons en l'auditoire desd. escholes générales; que depuis dix-huict mois led. maistre Antoine a esté institué recteur en remplacement de maistre Claude Boissenet, qui avoit abandonné lad. rectorie, que néanmoins, depuis la résurrection de N.-S., led. Claude Boissenet, de son auctorité privée, sans institution ni licence, s'estoit ingéré tenir eschole en son hostel, ce qui empeschoit les escholiers d'aller en l'auditoire des escholes générales, et payer à maistre Antoine le salaire accoustumé. — Les parties appelées et ouïes, le 31 mars suivant, défense est faite, par sentence de Louis de Cise, lieutenant général du bailli d'Aval, à Claude Boissenet, de tenir aucune école.

— 22 septembre. Le sieur Just Légerot, clerc et sous diacre, est présenté par les mayeur, eschevins et conseil, au prieur à l'effet d'être nommé marguillier de Saint-Just, en remplacement du sieur Denys Ratelot, qui ne remplit point son office à la satisfaction des paroissiens.

— 1er décembre. Rapport de Simon de Ferrette, chevalier et conseiller du Roy. En vertu de l'ordre à moy donné de visiter la ville d'Arbois, les murailles, tours, fossés et portes d'icelle, il m'a apparu et appart que les habitants dud. Arbois ont faict grande diligence de réparer et fortifier lad. ville, et ont faict nouvellement à l'entour d'icelle les édifices et ouvraiges des ponts, tours, boulovards et murailles, par lesquels ouvraiges et réparacions lad. ville est bien fortifiée et tenable beaulcop mieulx qu'elle n'estoit auparavant, et ont cousté lesd. ouvraiges grands deniers et frais que je ne soye proprement extimer. Et ce je certifie estre vray, tesmoing mon seing manuel icy mis.

— Invasion de la peste. L'empereur Maximilien autorise les bonnes villes à rendre toutes ordonnances et tous édits nécessaires pour remédier aux maladies contagieuses et à punir les désobéissants par l'amende et l'emprisonnement. Un acte de cette époque, signé Aubry, nous apprend que le magistrat d'Arbois, pour délivrer la ville du fléau qui la ravageait depuis quatre ans et demi, la mit sous la protnction de Notre-Dame-de-Gray.

— L'empereur Maximilien confère à sa fille Marguerite d'Autriche le gouvernement des Pays-Bas, et lui donne, à titre d'apanage, les comtés de Bourgogne et de Charolais.

1508. Mercurin Arborio, seigneur de Gatinara, petite ville du Piémont, sur la Sésia, à six lieues de Verceil, est nommé premier président du Parlement de Dole. Les membres de ce corps, le croyant étranger à la province, témoignèrent du mécontentement de le voir élevé à cette dignité ; pour les apaiser, Mercurin se hâta de publier un mémoire, où il prouva que sa famille était originaire d'Arbois. Il y exposa que ses ancêtres, s'étant attachés à l'empereur Frédéric Barberousse, à l'époque de son mariage avec Béatrix, fille du comte Regnauld III, l'avaient suivi en Italie, et que l'un d'eux avait reçu en fief de ce prince la seigneurie de Gatinara, dont il avait pris le nom. Devenu professeur en droit à l'université de Dole, il s'était fait connaître de Marguerite d'Autriche, en lui faisant recouvrer les droits que lui donnait son mariage avec Philibert de Savoie, mort en 1504.

— 14 septembre. Saisie des biens de Guillaume de la Tespe, gentilhomme d'Arbois, dont un canton du territoire, la *Tespe-aux-Loups*, a retenu le nom. Au nombre des créanciers figure le prieur, Philibert Naturel, pour un cens établi sur une vigne, lieu dit en Fercourt, aujourd'hui Sarcou. Ce canton tirait son nom de carrières voisines, d'où l'on extrayait du minerai de fer.

— Même jour. Sentence du bailli d'Aval, par laquelle le prieur est colloqué parmi les créanciers de Claude-Alexandre Barthod ou Berthod. Cette famille, depuis longtemps éteinte, et dont un canton du vignoble a conservé le nom, jouissait alors d'une certaine considération. En 1400, Jean Berthod était lieutenant général du bailli d'Aval, et 50 ans après, Alexandre Berthod était doyen du chapitre, dont il a laissé les statuts en 45 articles, sous la date de 1460.

— 29 septembre. Délivrance de la somme de 28 livres estevenantes, léguées par madame Mahaut, pour acheter du drap aux pauvres d'Arbois, faite par honorable Jacques Luc, trésorier à Salins.

— 26 mars, avant Pasques (v. st.). Nomination et présentation faite par les mayeur et eschevins d'Arbois, au prieur de Saint-Just, de messire Jehan Boy, prebstre, pour prendre et recepvoir son serment en tel cas nécessaire, comme *marreglier* (marguillier) et garde des reliques, joyaulx et ornements de l'église parrochiale mons. St.-Just d'Arbois.

1510, 10 juin. Sentence du lieutenant général du bailli d'Aval, rendue à la requête du prieur, contre les frères Papillard de Mesnay, convaincus de n'avoir point déclaré aux décimateurs la quantité réelle de leur dernière récolte en vin. Le vin recélé est confisqué et les prévenus sont condamnés à l'amende et aux dépens.

1511, 27 juin. Lettres de l'archiduchesse Marguerite. Sur ce que nous avons esté informée que depuis peu plusieurs estrangers et incongneus, soubs ombre de mendier, quoique robustes et suffisants pour gaigner leur vie, se sont retirés dans le comté de Bourgongne, depuis les pays voisins, d'où ils ont estés chassés à raison de plusieurs homicides, larrecins et abus, considérant qu'il en adviendrait aud. comté de grands domaiges, si lesd. belistres y estoient soufferts, ayant pris l'advis de nos amés et féaulx conseilliers en la court du Parlement de Dole, ordonnons qu'il sera faict, en tous les lieux du ressort, à cris accoustumés, injonction à tous estrangers et incongneus, qui ne sont natifs dud. comté, de s'en despartir incontinent et sans délay, à peine, s'ils y sont trouvés après la publication des présentes, d'être saisis, destenus prisonniers et punis comme transgresseurs de nos édicts.

— 28 juillet. Procès entre le prieur de Saint-Just et les moines de Vaux-sur-Poligny. Le prieur soutient que les dîmes de Tessonnières et de Glénon lui appartiennent, ces deux localités étant comprises dans le territoire d'Arbois; les moines que Glénon est distinct d'Arbois, qu'il s'y trouvait anciennement une église dont ils étaient patrons et collateurs, et que Tessonières est enclavé dans Glénon. La sentence du lieutenant général du bailliage les déboute de leurs prétentions et donne gain de cause au prieur.

1512, septembre. Par sentence du bailli d'Aval, les réfugiaires, retrahants et étrangers possédants biens au territoire sont condamnés à contribuer aux réparations des fortifications de la ville.

1513. Nouvelle supplique des mayeur, eschevins et conseil, adressée à l'archiduchesse pour obtenir le paiement des 11.019 florins d'or dont l'empereur Maximilien s'est reconnu débiteur en 1495.

1516, 23 janvier (v. st.). Mort du roi d'Espagne, Ferdinand-le-Catholique, et avénement de Charles-Quint à la couronne d'Espagne; mais comme il n'avait pas 16 ans accomplis, il n'est proclamé roi que 2 ans après, le 7 février 1518 (v. st.). A cette occasion, Mercurin d'Arbois, à qui Marguerite d'Autriche venait de retirer la présidence du parlement de Dole, aux instantes sollicitations du gouverneur Claude de Vergy et de la noblesse de la province, qu'avait irrités l'inflexible sévérité de ce magistrat, est créé par le nouveau roi comte de Gatinara et élevé à la dignité de chancelier.

1517, 3 janvier (v. st.). Acensement fait à Jacques Guyot Jehannin de Broussent, demeurant en la tour Gloriette, pour le prix annuel de trois sols estevenants, à perpétuité, portant los, émende, retenue et seignorie, par les mayeur, eschevins et conseil de la ville d'Arbois, de la place et terre qu'est entre les murailles dud. Arbois devers bise et la rivière de Cuisance devers vent, et commence en amont dois le quarré de lad. tour Gloriette jusqu'à un demi rond de tour de pierre en aval, contenant environ les deux parts d'un ouvrier, selon les confins dessusd. en long et en large, ensemble ses aisances et appertenances, pour en icelle place faire vergier et culty et autres ses nécessités et aysances non nuysables et domaigeables à lad. ville, et se est édiffice nuysable à lad. ville, lesd. habitants le pourront empeschier ou desmolir s'il estoit faict, sans offence de justice en temps de guerre, ou quant bon leur semblera.

— Visite des reliques de l'église de Saint-Just, où sont mentionnés un poulce de Mons. saint Just en chair et en os, un fragment de la vraie croix, un tableau de bois renfermant plusieurs reliques, et une croix dorée en laquelle est enchassé un autre fragment de la vraie croix.

1518, 2 février (v. st.). Lettres de l'archiduchesse Marguerite, données à Malines, et adressées au bailli d'Aval. Considérant que 26 ans en çà, au temps où le comté de Bourgoingne estoit occupé par les François, et fut réduict en l'obéissance de feu l'empereur, mon seigneur et père, et que pour lad. réduction fut assemblée à Arbois grosse quantité de gens de guerre, fut abattue et desmolie la aule qui servoit à la vente des marchandises, laquelle aule qui remplissoit toute entière la place qui est au milieu de lad. ville, offusquant grande partie des maisons d'icelle, et y respandant des infections qui causoient beaucop de maladies, comme ceste aule, veu la pauvreté des habitants, n'a point esté rebastie, ce qui interesse grandement le bien public et nos droittures qui ne peuvent plus estre recouvrées, pourquoy, vous mandons de permectre aux habitants d'Arbois de faire eslever de nouveau, en nostre nom, à leurs propres despens, à l'un des bouts de la place où estoit l'ancienne, une aule de moyenne grandeur, sans souffrir qu'il y soit mis aucun empeschement. Car ainsy nous plaist-il. Signée Marguerite. Et plus bas, par Madame en son conseil, Desbarres.

1519, 31 mars (v. st.). Par traité conclu entre les mayeur, eschevins et conseil de la ville d'Arbois, d'une part, et les familiers de l'église Saint-Just, approuvé par Antoine de Vergy, 84ᵉ archevêque de Besançon, il est convenu : 1° Que le nombre des familiers ne pourra excéder vingt-cinq, y compris les trois religieux du prieuré; 2° Que les familiers pourront obtenir plusieurs bénéfices, pourvu que le service du culte dans l'église de Saint-Just n'en souffre, à l'exception des canonicats de Notre-Dame, dont les offices sont célébrés en même temps que ceux de Saint-Just; 3° Qu'il ne sera admis dans la familiarité que des sujets natifs d'Arbois, baptisés ès fonts baptismaux de l'église, et dont les pères et mères auront aussi été baptisés èsdits fonts, ainsi que de grande ancienneté il a esté accoustumé de faire; 4° Que l'office de marguillier restera à la nomination du prieur, sur la présentation du magistrat, qui n'en présentera que de natifs d'Arbois, s'il s'en trouve de capables.

— 28 juin. Election de Charles 1ᵉʳ, roi d'Espagne, à l'empire d'Allemagne, sous le nom de Charles-Quint, en remplacement de Maximilien, décédé le 12 janvier précédent.

1520. Reconstruction du rempart de la ville entre le château Bontemps et le pont de St.-Just. En cette année, la rectorie des escholes est occupée par maistre Bouchard.

1522, 8 juillet. Traité de neutralité avec intervention des cantons suisses, conclu à St.-Jean-de-Losne sur la proposition de l'archiduchesse Marguerite, tendant à ce que le comté de Bourgogne demeure étranger à la guerre déclarée entre François 1er, roi de France, et l'empereur Charles-Quint. Ce traité est renouvelé en 1527, 1542, 1544, 1552, 1555, 1562, 1580, 1595 et 1611.

— 24 juillet. Assemblée du conseil de la ville à l'effet de délibérer sur la construction du moulin du Creusot, autorisée par lettres octroyées à la ville d'Arbois par la princesse d'Orange et le prince son fils, et confirmées et agréées par l'archiduchesse Marguerite.

1523. Les villes de Salins, Arbois et Poligny sont autorisées à établir dans chacune d'elles une compagnie d'arquebusiers, qui, sous le nom de chevaliers de l'arquebuse, tireront chaque année l'oiseau ou papegay.

— 23 février (v. st.). Vente faite par Guillaume de Vellefaux à Nicolas Perrenot de Grandvelle, conseiller maître des requêtes de l'empereur, de meix, maison, terres, héritages, rentes, cens, droitures, chevances et bien quelconques, par lui tenus et possédés ès ville, vignoble, finage et ressort d'Arbois. Cette vente est confirmée et approuvée par lettres de l'archiduchesse Marguerite, données à Malines le 5 juin 1525, à charge par l'acheteur de reprendre de fief et bailler son dénombrement en lieu et place du vendeur.

La maison comprise dans cette vente resta en la possession de la famille Perrenot jusqu'en 1599, époque où M. Perrenot de Champagney la vendit à M. Désiré Pécauld.

1524. Invasion de la peste à Dole et à Dijon ; Arbois ferme ses portes aux voyageurs partis de ces deux villes, où il est défendu à ses habitants de se transporter. Malgré ces précautions le fléau y pénètre, et les personnes atteintes sont transférées à la Maladrerie.

1525, 20 janvier (v. st.). Décès du prieur Philibert

Naturel. Il est remplacé par Jehan Regnauld du Retau, évêque de Macaire, dont le premier acte est de déclarer aux Familiers qu'il a droit, comme chef de l'église d'Arbois, aux offrandes, oblations et anniversaires, et qu'il doit participer aux fondations qui ne peuvent être acceptées sans son consentement. Les Familiers repoussent ces prétentions, qui deviennent plus tard l'objet d'un procès intenté par le cardinal Pierre de la Baume.

1526, 25 juillet. En vertu d'une transaction entre le prieur et le magistrat, la dîme est fixée au 13e des récoltes. Il est convenu en outre : 1° Que la quantité de vin qu'il percevra est limitée à treize muids par an sur le vignoble; 2° que les mesures employées pour les perceptions de toute espèce, seront échantillonnées par le général des monnaies, Eustache Duchamp, au nombre de deux, en cuivre, lesquelles seront remises, l'une au prieur, l'autre aux habitants, et fabriquées aux frais des deux parties; 3° seront institués chaque année, huit jours après la publication du premier ban, deux commis taxeurs, choisis, l'un par le prieur, sur la présentation du mayeur ou de l'un des échevins, l'autre, sur la même présentation, par les habitants; à défaut de choix des habitants, le prieur pourra seul nommer les deux commis; 4° sera prêté serment par lesd. commis, ès mains du prieur et du mayeur, de s'acquitter en conscience de leur commission; 5° en cas de non accord des deux commis, sera nommé un arbitre, dont lesd. commis seront tenus de suivre l'avis; 6° ne sera, par les habitants, donné aucun empêchement direct ou indirect auxd. commis pour remplir leur devoir.

1528. Démolition de l'ancien clocher de l'église de St.-Just qui, depuis longtemps, menaçait ruine. La carrière de Montesserain fournit les matériaux du nouvel édifice, dont la construction est terminée deux ans après, en 1530. Ce nouveau clocher, haut de 75 mètres (225 pieds), est orné de deux galeries dont il ne reste que l'inférieure. Le dôme est revêtu de bronze et de cuivre doré. (Voyez 23 avril 1651.)

— septembre. Lettres de l'archiduchesse, données à Malines, par lesquelles sont confirmées les concessions de mairie, haute, moyenne et basse justice, accordées en 1493 à la ville d'Arbois par l'empereur Maximilien.

1529, 5 août. Traité de Cambray, surnommé *Paix des Dames*, parce qu'il fut conclu par l'entremise de Louise de Savoie, mère de François 1er, et de Marguerite d'Autriche. Les articles en sont réglés par le chancelier Mercurin d'Arbois, comte de Gatinara. La comtesse sa femme étant morte dans le cours de cette année, Mercurin prend les ordres, et est immédiatement élevé à la dignité de cardinal. Ce fut sous ce titre qu'en décembre suivant, il conclut à Bologne un traité pour la défense de l'Italie, auquel adhérèrent le pape, l'empereur, la république de Venise et le duc de Milan. Ce traité fut qualifié, par le cardinal de Grandvelle, de chef-d'œuvre de politique.

1530, 30 avril. Lettres de l'archiduchesse, données en la cour de Parlement à Dole, et adressées aux trois baillis de la province. « Ayant esté advertie que plusieurs achapts de rente de bled et vin ont esté faicts et se font à vil prix, en sorte que l'année passée et la présente, ils excèdent le prix principal, voulant qu'à l'advenir nos subjets ne soient point défraudés, travaillés ou oppressés, ains soulagés en tous droicts; avons ordonné que toutes rentes de bled et vin acheptées depuis 50 ans à moindre prix que les cy-après déclairées, seront réduictes de la manière que s'en suit : Le bichot de froment, 90 fr. ; d'orge et de seigle, 70 fr. ; d'avoine, 36 fr. ; la queue de vin, mesure de Baune, 100 fr.; sans que lesd. achepteurs puissent prendre et recouvrer lesd. rentes plus grandes que à ce prix, à peine d'amende arbitraire, et seront tenus, eulx, leurs hoirs et ayant cause, de communiquer leurs lettres d'acquisition aux vendeurs d'icelles ou à leurs hoirs et ayant cause, auxquelles mesures quant auxdicts achapts de rente sera pris eschantillon et faict réduction. Ordonnons que pour les arréraiges des deux dernières années, ne seront tenus les debteurs de payer auxd. achepteurs aulcuns grains ni vins, ains seulement le dix pour cent, et feront restituer ce qu'ils auront de trop ; voulons que ceulx et celles qui depuis 50 ans ont vendu lesd. rentes les puissent rachepter en payant le prix principal et les arréraiges au taulx fixé ci-dessus, et s'il en survient contention, ordonnons qu'il y soit procédé sommairement sans forme de procès. »

Pour bien comprendre cette ordonnance, rendue pour réprimer les excès de l'usure, il faut savoir que l'on entendait par acheteurs de rentes les prêteurs de capitaux, et par vendeurs, ceux qui les empruntaient. Les intérêts légalement admis étaient, comme on le voit, très-élevés, puisque la princesse les tolère à dix pour cent.

En exécution de l'édit, les officiers de l'archiduchesse, à Arbois, prirent les résolutions suivantes, qui nous font connaître les mesures alors en usage.

Par arrêté du 10 juin 1531, messire Loys de Cise, Pierre Jobert, Guillaume Pacoutet, Simon Voiturier et Simonnet Gillaboz, mayeur et échevins, publient, au feurg de l'édit, l'évaluation suivante des rentes de vin et de blé :

La queue Beaunoise, 5 quarils 23 channes; le muids d'Arbois, 4 quarils; le quaril, 32 channes; le quaril au prix de 100 fr. la queue, 17 fr. 4 gros 8 engrognes; la channe, 6 gros, 6 engrognes, 2 oboles et un sixième; la pinte, 3 gros, 3 engrognes et deux tiers d'obole; le muids, 69 fr. 6 gros 8 engrognes; le bichot de froment, 24 mesures, valeur, 90 fr.; le quartaut, 12 fr. 11 gros 1 engrogne et un tiers d'obole; la mesure tenant 15 pintes, 3 fr. 2 gros 9 engrognes et un douzième d'obole; la demi-mesure, 19 gros 4 engrognes 2 oboles et un vingt-quatrième; la pinte tenant 18 pourcions, 3 gros moins un douzième.

1530, 5 juin. Mercurin d'Arbois meurt à Inspruck, âgé de 65 ans; son corps, transporté à Gatinara, est inhumé dans l'église des chanoines réguliers de cette ville, où il lui est érigé un mausolée, surmonté de sa statue en marbre. Il laisse une fille qui épouse le comte de Liguana, et un fils nommé Charles, qui hérite du comté de Gatinara, et vient passer quelques jours à Arbois, berceau de sa famille. Dans le siècle suivant, un de ses descendants est élu Grand-Maître de l'ordre de Malte.

— 25 octobre. Funérailles de Philibert de Châlon, à Lons-le-Saunier, auxquelles assistent les députés de la ville d'Arbois. Parmi les seigneurs qui portent les étendards du défunt figurent les sieurs de Thoraise et de Coges, dont le nom sera plusieurs fois répété dans ces Annales.

— 30 novembre. Mort de l'archiduchesse Marguerite, à Malines. Pendant un gouvernement de 23 ans, elle n'avait cessé de donner à ses sujets des preuves de bienveillance et de bonté. Elle repose dans l'église de Brou, près de Bourg en Bresse, qu'elle avait fait bâtir, et où elle avait demandé à être inhumée près de son époux, Philibert de Savoie. On y voit sur son tombeau sa statue, remarquable par son exécution et la blessure que lui avait faite au pied un éclat de verre. La plaie devint gangréneuse et l'amputation fut jugée nécessaire; pour lui épargner les douleurs de l'opération, on lui fit prendre de l'opium, mais la dose en fut si mal calculée, que la princesse s'endormit pour ne plus se réveiller. Charles-Quint, son neveu, lui succède dans la souveraineté du comté de Bourgogne.

1531. Acensement perpétuel, fait par les mayeur et eschevins d'Arbois, à Estevenin Coulon, pour le prix annuel de 70 sols estevenants, du boulovard, situé entre la première et la seconde porte des Maiseaulx, par laquelle on entre dans la ville du coustel du faubourg de Faramand.

— Lettres de l'empereur Charles-Quint données à Bruxelles le 6 janvier (v. st.), par lesquelles il permet à Pierre de la Baume, évesque de Genève, coadjuteur de l'archevesque de Besançon, abbé de St.-Claude et prieur de St.-Just, de faire ouvrir dans les murailles de la ville une poterne pour aller et venir facilement en un sien verger, despendant de son prieuré, à condition que lad. ouverture se puisse commodément faire sans grand et évident danger et domaige de la ville, seureté et closture d'icelle.

1532. La sommation faite par le prieur aux familiers de St.-Just (20 janvier 1525) étant restée sans effet, le nouveau prieur Pierre de la Baume les traduit devant le Parlement qui ordonne une enquête, à laquelle procède le lieutenant du bailli d'Aval. Il y est constaté :

1° Qu'en tous actes divins, messes, vespres, matines et processions, la première place appartient au prieur, à qui sont dévolus tous les droits de paroissage, les offrandes et oblations, à l'exception des anniversaires, dont les trois-quarts doivent être perçus par le curé-vicaire perpétuel et les familiers.

2° Que les familiers ne peuvent faire aucune procession sans le consentement du prieur.

3° Que les religieux, dont le nombre vient d'être porté à quatre, sont attachés au prieuré et ont toujours primé les autres prêtres.

4° Que l'évêque de Macaire, ancien prieur, avait souvent rempli les fonctions curiales, telles que la célébration de la messe paroissiale et le port du corps de Notre Seigneur aux processions générales.

5° Que le feu vicaire perpétuel Amyot, n'a pu, sans le consentement du prieur, résigner son vicariat à son neveu.

6° Qu'il est interdit aux familiers de célébrer les messes de fondation les jours de feste de saint Just, de la Dédicace de l'Église, de saint Nicolas, sainte Catherine, de la Visitation, de Notre-Dame et des Trépassés.

7° Que la charge des âmes appartient au prieur qui ne la délègue à un vicaire que pour se conformer aux dispositions des conciles.

8° Que le prieur a le droit absolu de nommer le marguillier et le sacristain, sans avoir égard, s'il le juge à propos, aux présentations qui lui seraient faites, soit par le magistrat d'Arbois, soit par les religieux de l'abbaye de Saint-Claude.

1532, 23 décembre. Lettres de l'empereur Charles-Quint à la cour de Parlement de Dole. Il la prévient qu'Antoine Perrenot de Grandvelle, évesque d'Arras et protonotaire du Saint-Siége, ayant obtenu du Saint-Père un bref adressé au chapitre de Notre-Dame-d'Arbois, afin que le cas advenant de la vacation du doyenné de ladite église, par résignation, mort ou autrement, ledit chapitre ait à eslire, invitant toute autre eslection et présentation qu'il voudrait faire, ledit Antoine Perrenot, et désirant la promotion dudit Antoine à icelluy doyenné, qu'il consent à ce que led. bref soit mis à entière exécution, et qu'en conséquence lad. court fasse et souffre led. Antoine pleinement jouir et user, cessants tous contredits et empeschements, car ainsy lui plaist.

A ces lettres, données à Bologne, était joint le bref du pape Clément VII, daté de Rome, 24 décembre, par lequel considérant l'élection comme déjà faite et accomplie, il la confirme, tout en reconnaissant le droit du chapitre au choix de son doyen, toutes les fois que le décanat devient vacant par mort ou démission.

1533. Il paraît que cette exigence de l'empereur et du pape avait mécontenté le chapitre; ce fut probablement afin de l'apaiser que, l'année suivante, l'empereur lui accorda des lettres confirmatives des droits, priviléges et immunités qu'il tenait des anciens souverains du pays, et où il maintient les habitants de la ville dans le droit d'être admis dans ce corps, de préférence à tous autres.

1554, 11 juin. La ville est menacée de la peste. Le conseil ordonne que les portes Oudin et de Courcelles seront closes jusqu'à nouvel ordre, et gardées par deux de ses membres, commis à cet effet.

— 24 septembre. Sur la plainte portée au bailli d'Aval, que le 20 septembre messire Philippe Amyot, curé d'Arbois, au lieu de célébrer, suivant l'usage accoutumé, une grand-messe chantée en l'église paroissiale de Saint-Just, s'est contenté de dire une basse messe de mort, sentence est prononcée par le lieutenant du bailli, messire Loys de Cisc, qui déclare ledit curé obligé de célébrer, chaque dimanche et jour férié, une grand-messe au maître-autel.

— 6 janvier (v. st.). Les lettres de l'empereur n'ayant pas produit le résultat qu'on en attendait, le pape se crut obligé de frapper un coup d'autorité. Une bulle apostolique nomma Antoine Perrenot doyen, et peu de temps après, par lettres de jussion, Charles-Quint confirma cette nomination, et ordonna qu'à chaque quartier le titulaire percevrait les revenus du décanat. On a vu plus haut, 23 février 1523, que Nicolas Perrenot, père d'Antoine, avait acquis à Arbois une maison et des terres.

1535. Le prieur Pierre de la Baume, évêque de Genève depuis l'année 1523, est contraint d'abandonner cette ville, qui tout entière a embrassé le protestantisme. Il fixe sa résidence dans son prieuré d'Arbois, ainsi que son frère, le baron de St.-Sorlin, qui y vit naître ses deux fils, Claude, qui succéda à son oncle, et Pierre, qui devint successivement doyen du chapitre de Notre-Dame et évêque de St.-Flour.

1536. Bruits du renouvellement de la guerre entre l'empereur et le roi de France. Le mayeur arrête qu'il sera fait guet et garde, ainsi que monstre d'armes (revue) de tous les hommes de 18 à 50 ans d'âge, propres à porter les armes. Par décision du baron de Saint-Sorlin, maréchal de Bourgogne, le seigneur de Coges est nommé commandant militaire de la ville, à la grande satisfaction des habitants. Les dixaines, composées chacune de dix à douze hommes, sont formées. Mais une trêve conclue l'année suivante, rend ces préparatifs inutiles.

1538. Ouverture de la grande fenêtre, encore existante, qui éclaire le chœur de l'église de St.-Just. Le prieur s'y fait représenter, en verres de couleur, revêtu de ses ornements pontificaux. Il s'applique à embellir cette partie du monument, où doivent être inhumés les membres de sa famille. Il fait placer les barres de fer qui soutiennent les murs latéraux de la grande nef, et construire la chapelle de la Vierge, à gauche du maître-autel.

— 15 novembre. Acte par lequel les habitants de Mesnay se reconnaissent faire partie du ressort et bannière d'Arbois, et soumis à la haute, moyenne et basse justice, exercée par le mayeur.

1539. Le prieur de St.-Just, Pierre de La Baume, est élevé, par le pape Paul III, à la dignité de cardinal.

1542, 2 janvier (v. st.). Mort d'Antoine de Vergy, archevêque de Besançon. En sa qualité de coadjuteur, le cardinal, prieur de St.-Just, prend possession de l'archevêché, dont il est le 85e titulaire.

1543, 6 mai. Mandement de garde, rendu à la requête de messire Jacques Grilliard, recteur de la Maladière, et publié sur la place publique d'Arbois, par lequel est constaté le droit dud. recteur de prendre, recouvrer et percevoir, chaque jour, les fressures de toutes grosses bestes que l'on tue au lieu et val d'Arbois, en vertu de la fondation de lad. Maladière, par le comte Regnauld, en l'an 1053.

1544, 4 mai. Mort de Pierre de La Baume, archevêque de Besançon, dans son prieuré d'Arbois, tant à cause de son grand âge que pour autant qu'il estoit fort intéressé d'une hernie. Il est enseveli dans le sanctuaire de l'église de St.-Just, auprès de Claude, son frère, baron de St.-Sorlin, chevalier de la Toison d'Or et maréchal de Bourgogne.

— 28 mai. Délibération des députés aux états des villes de Salins, Arbois, Poligny, Pontarlier, Chasteau-Chalon et Montmorot, par laquelle il est convenu qu'à l'advenir, dans l'élection et nomination des esleus commis et députés pour lesd. villes tant à l'engalement des jects, dons gratuits et imposts outroyés par lesd. sieurs des Trois Estats que pour l'audition des comptes des députés, doires en advant aulcun ne sera député à ce que dessus pour lesd. villes, sinon qu'il soit mayeur, eschevin ou conseillier d'aulcunes icelles villes; quant aux délibérations seront recueillies les voix par ordre, en commençant à lad. ville de Salins et continuant conséquemment par ordre de ville en ville, selon qu'elles sont par ordre cy-dessus déclairées.

— 8 août. Sentence rendue au bailliage d'Aval, par laquelle il est permis à tout habitant d'Arbois d'avoir et tenir d'ordinaire en sa maison un quarry, sans pour ce rien payer au mire (médecin) de la Maladière, chargé des quarrys servant à mesurer les vins.

1545. Lettres de l'empereur Charles-Quint, par lesquelles il est permis à la ville d'Arbois, moyennant le cens annuel d'un franc par tournant ou saut d'eau, d'augmenter les usines et d'en construire à sa volonté sur la rivière de Cuisance, les anciennes ayant été détruites par inondations ou incendies.

1546, 17 septembre. Testament de dame Jehanne de Marnix, femme de Nicolas de Gilley, chevalier, seigneur de Marnol, Aillepierre, Andelot, etc., par lequel sont nommés héritiers ses trois fils naturels et légitimes, Jehan-François, Jehan et Claude de Gilley. A l'église Nostre-Dame d'Arbois, elle donne et lègue sa robe de velours violet, qu'est doublée de drap d'or, pour convertir et employer à la façon d'une chesuble servant au divin office, afin qu'elle y soit participante et qu'ils soient tenus de prier pour elle; plus, une somme de cent francs pour convertir et emplier au parachèvement de la couverture d'icelle église, en laquelle sera célébrée chaque semaine, pour le salut de sa pauvre âme, une messe de la passion de Notre-Seigneur, pour laquelle fondation elle établit une rente annuelle et perpétuelle de six livres estevenantes, laquelle pourra estre racheptée par ses héritiers pour la somme de six-vingts livres ; de plus, un anniversaire qui se célébrera le jour qu'elle ira de vie à trépas, et pour ce, une rente annuelle de trente sols estevenants, à réachapt de la somme de trente francs pour une fois.

1548, 3 août. Par sentence de Jehan de Poupet, chevalier, bailli d'Aval, la confrérie du St.-Esprit, establie à la Chastelaine, est condamnée à payer sa quote-part pour les fortifications d'Arbois, comme y ayant droit de retraite et réfuge, et y devant guet et garde en toutes nécessités. Le 3 novembre de la même année, par autre sentence du même, messire Jacques Amyot, chanoine de St.-Anatoile de Salins, et curé de St.-Just, est condamné à payer six francs, montant de sa quote-part du jet mis pour le remparcment des fortifications de la ville.

1549, 4 juillet. Transaction entre le magistrat et le chapitre de Nostre-Dame, par laquelle les chanoines, renonçant à toute opposition à cet égard, se reconnaissent imposables pour réparation des murs, entretien des fontaines, et autres dépenses de la ville, et s'engagent à payer annuellement trois livres estevenantes, moyennant quoi ils seront à perpétuité exempts de tous jets et impositions quelconques.

— 31 août. Défense faite par le magistrat de fabriquer à l'avenir des tonneaux à vin blanc, de contenance autre que le pousson, (demi-muids), ou le demi pousson (quaril), dont les échantillons sont déposés à la halle de la ville, afin d'éviter toutes les fraudes dont se plaignaient les acheteurs.

1550. Difficultés entre messire Thomas de Pontailler, seigneur de Vaulgrenans (Grange-Perrey), et la ville d'Arbois, au sujet de la délimitation des Soulerots; elles sont résolues par la justice.

L'étymologie de ce nom, *Soulerots,* paraît être *sol oriens, soleil levant;* en effet, dans les grands jours de l'été, c'est au-dessus de ces hauteurs que depuis Arbois on voit apparaître le soleil à son lever. Néanmoins, la plus grande partie de ce canton est située au nord de la ville.

Relativement à cette partie du territoire, il existait, à cette époque, un usage remarquable. Toute terre, restée un an sans culture, était livrée au premier occupant qui en devenait, en la cultivant, légitime propriétaire.

1551, 26 octobre. Monstre d'armes de tous les hommes en état de porter les armes et armés dans les ville et villages du ressort, ordonnée par Claude de Vergy, comte de Champlitte, gouverneur du comté, qui vient lui-même en faire l'inspection. Il se trouve dans la ville 616 hommes et 680 dans les villages.

— 9 avril (v. st.). Quatre ouvrées de vignes ayant été acquises dans le vignoble, par Jehan Clerc, prêtre de la ville, sans qu'il en eût été fait déclaration au procureur du prieuré, le prieur s'empare de la vigne par droit de retrait, et en dispose en faveur d'un nommé Tournon, à charge par celui-ci de lui payer un cens annuel de 4 sols estevenants.

1553, 29 juillet. Par sentence de Claude Barberot, secrétaire de l'empereur, lieutenant local du bailli d'Aval au siége d'Arbois, les habitants de Valempoulières sont condamnés, comme retrahants, à faire guet et garde et à contribuer aux frais d'entretien et de réparation des fortifications de la ville.

1555, 25 octobre. Investiture des états de Flandre et de Bourgogne donnés par l'empereur Charles-Quint à son fils Philippe II, en faveur duquel, le 6 janvier suivant, il abdique la couronne d'Espagne.

1556. Translation temporaire à Arbois du Parlement de Dole. Il siége dans un hôtel appartenant aux comtes de Bourgogne, et où leur prévost rendait la justice. Ce bâtiment qui, du côté du levant et du midi, touchait aux halles et à la rue du Pont-de-St.-Just, était environné au nord et au couchant par de vastes jardins, contigus aux maisons et à l'église du chapitre, et qui s'avançaient jusque près de la rivière. L'entrée, connue encore sous le nom de Cour du Prince ou du Parlement, se trouvait à l'emplacement qu'occupent aujourd'hui les maisons n°s 53 et 55 de la Grande-Rue. Au siècle suivant cet hôtel devint la propriété du baron d'Escrilles, Frédéric Vigoreux.

— 3 avril, (v. st.). En 1543, le cardinal Pierre de La Baume avait obtenu pour son neveu, Claude de La Baume, né à Arbois en 1531, des bulles de coadjutorerie à l'archevêché de Besançon. Deux jours après le décès de l'archevêque, le chapitre métropolitain, qui ignorait cette disposition, avait procédé à l'élection de son successeur, et avait nommé François Bonvalot, abbé de Luxeuil, et beau-père du chancelier Nicolas Perrenot de Grandvelle. Claude de La Baume réclama, et le pape ainsi que l'empereur se prononcèrent en sa faveur. Mais, à raison de son âge, il fut convenu que François Bonvalot gouvernerait le diocèse en qualité d'administrateur, jusqu'à ce que ledit de La Baume eût atteint l'âge de discrétion, telle que telle charge l'exigeait, assavoir les 27 ou 28 ans de son âge. Cette limite ne fut pas atteinte, François Bonvalot mourut, et le 3 avril

1556, Claude de La Baume prit possession de l'archevêché et en même temps, du prieuré de Saint-Just.

1557. Première construction, en bois, du Pont des Capucins. Par l'ordre de Philippe II, une armée allemande, commandée par le baron de Polvillers, ami du cardinal de Grandvelle, et dont les enfants étaient élevés à Dole, était venue assiéger Bourg-en-Bresse, d'où elle fut forcée de se retirer. Elle passa par Arbois pour regagner l'Allemagne. Mais cette armée, comme toutes celles de ce temps, était composée d'hommes indiciplinés, dissolus, cruels et pillards, leur passage était un fléau. Les magistrats des villes que ces bandes devaient traverser prirent des précautions contre leurs brigandages; ceux d'Arbois refusèrent de leur permettre l'entrée de la ville, et pour faciliter leur passage, firent jeter un pont de bois provisoire entre la tour Gloriette et le faubourg de Faramand. Ce fut par là que passa l'armée de Polvillers qui suivit l'enceinte des remparts jusqu'à la porte Picardet, où elle rejoignit la route de Besançon. Pour la suite de sa marche, voyez les Mémoires de Gollut, liv. II, chap. 22.

1559, 6 août. Acensement perpétuel fait à Claude de Canoz, protonotaire du Saint-Siége, et chanoine de Notre-Dame, d'une tour incluse dedans les murailles de la ville, auprès de l'église de Notre-Dame, appelée la tour des Oyes, touchant devers vent et bise lesd. murailles, devers soleil levant un jardin, acensé du chapitre par ledit sieur de Canoz, et devers soleil couchant les fossés de la ville, pour en lad. tour faire maisonnement et édifice pour sa commodité et demeurance, y laissant néanmoins les canonnières y estants, et sans pouvoir percer lad. tour, oultre lesd. cannonières, moyennant trois sols estevenants payables chascune année le jour de feste Sainct-Martin d'yver.

— 8 avril, avant Pasques (v. st.). Acensement à Philibert Grillot, moyennant douze deniers estevenants, payables chascune année, d'une petite place, longue d'une toise et demie, large d'une toise, joignant les fossels de la ville, près de la porte de Faramand, lieu auquel on tire à l'arbaleste.

1562. Jet mis sur les nouveaux venus, pour réparations faites à l'église de Saint-Just.

— 20 janvier (v. st.). Lettres patentes de Philippe II, données à Bruxelles, par lesquelles, sur sa requête, il est permis à messire Alexandre Glanne, doyen de la collégiale d'Arbois, de prendre à coadjuteur et futur successeur dans le décanat de la collégiale messire Pierre de La Baume, protonotaire du Saint-Siége.

D'autres lettres du même prince dans la même année, confirment tous les droits et priviléges précédemment accordés au chapitre de Notre-Dame.

1564. Le mayeur d'Arbois, Guyot Boudrans, escuyer, et Gaspard Grilliard, eschevin, sont députés par la ville aux états de la province, assemblés à Dole.

1569, 3 janvier (v. st.). Testament de Claude Barberot, secrétaire de S. M. C., par lequel il fonde une aumosne annuelle et perpétuelle de 15 francs qui seront distribués le jour des morts à 130 indigents d'Arbois, par les syndics qui, pour leur peine, recevront chacun 10 sols. Cette somme est hypothéquée sur la maison du testateur, et dans le cas où la distribution de l'aumosne serait différée d'un seul jour, lad. maison et le jardin y attenant, appartiendront à l'hospital, aux charges et conditions du testament.

Cette maison, située rue du Pont, fut vendue vers 1646 aux religieuses carmélites qui en firent leur couvent. En 1791, les bâtiments furent achetés par plusieurs particuliers qui y élevèrent les maisons qui font face à l'Hôtel-de-Ville, n°s 7, 9 et 11.

— Jean d'Achey, depuis 1561 premier chevalier d'honneur du Parlement de Dole, lève une compagnie d'infanterie, qu'il conduit en Flandre, à l'armée de Philippe II. Il avait épousé Marguerite Perrenot, fille du chancelier de Grandvelle et sœur du cardinal. Il en eut quatre enfants; l'un d'eux, Jérôme, baron de Thoraise, bailli de Dole et capitaine de la ville de Gray, en 1599, fut le premier de cette famille qui fixa sa résidence à Arbois, ainsi que sa sœur Suzanne, qui épousa Anatoile de Scey, seigneur du Vernois (près d'Arbois), de Maillot, de Grozon, etc. L'hôtel d'Achey, situé Grande-Rue, n° 7, devint, vers 1768, la propriété de M. de Sarret de Grozon.

1570, 29 mars (v. st.). Sentence rendue par messire Guyot Boudrans, escuyer, seigneur de Villers-les-Bois, mayeur, par laquelle les habitants de Mesnay et de Pupillin doivent contribuer au remparement des fortifications.

1571. L'archevêque Claude de La Baume confirme à Pierre de Gemilly, dit Bachoulet, le rectorat de la Maladière résigné par Jacques Grilliard, auquel, en considération de son grand âge et de ses longs services, est abandonnée la jouissance des fruits, revenus et profits de lad. Maladière, sa vie durant.

1572. Malgré sa récente construction, le clocher exigeait déjà des réparations, dont les dépenses s'élèvent à 6 ou 7 mille francs. Pour y subvenir, il est mis sur chaque habitant au-dessus de 12 ans, un jet d'un tesson le roy ou demi franc comtois.

1573, 23 avril. Toutes les vignes sont gelées pendant la nuit, et tout espoir de récolte est perdu; le prix des denrées augmente immédiatement dans une proportion extraordinaire. Il en résulte une si grande misère, que les 14 et 15 mai suivants, le conseil s'assemble pour régler la répartition d'un jet destiné à pourvoir à la subsistance des pauvres, selon la fortune de chacun. Parmi les plus imposés, on remarque le mayeur, Pierre Jobert, Gaspard Grilliard, Alexandre Glanne, Sébastien Gillaboz, eschevins, Jean Bontemps et damoiselle de Chauvirey, dont le père correspondait fréquemment avec le cardinal de Grandvelle sur les affaires du comté.

— Fondation de la chapelle dite de St.-Roch. Dans le cours du xvie siècle, et jusque vers le milieu du xvii, la peste ravagea très-fréquemment la province. Afin d'en prévenir le retour dans la ville, le magistrat résolut de consacrer une chapelle dédiée à saint Roch et à saint Sébastien, dont on invoquait l'intercession pour la cessation du fléau. L'emplacement que l'on choisit, lieu dit en Chaignan, appartenait à la Familiarité, et servait de cimetière aux pestiférés. Le bâtiment, aujourd'hui converti en maison d'habitation, avait sa porte d'entrée au nord, et l'autel était adossé au mur du midi. Dans ce mur, à gauche de l'autel, était scellée une pierre avec cette inscription :

Anno ab hominum genere restituto millesimo quingentesimo septuagesimo tertio, quorumdam privatorum atque reipublicæ sumptibus conditum est hoc sacellum, ad divinum cultum in beatorum Rochi et Sebastiani immemorationem. Petro Jobert, juris utriusque docto, Urbis præfecto, nobilibus Alexandro Glanne, legum prudente, Sebastiano Gillaboz, Guillelmo Guyot-Jehannin et Gaspardo Grilliard, quatuor viris urbem gerentibus.

Nos decet hoc fragili miseros ita vivere seclo
Ut detur vitâ post meliore frui.

— Par lettres-patentes du roi Philippe ii, le chapitre de

Notre-Dame d'Arbois est déclaré exempt du droit de joyeux avénement, qu'avaient coutume de lever les archevêques de Besançon, quand ils prenaient possession de leur siége.

1574, 30 octobre. Dans une requête adressée à la cour de Parlement, noble Alexandre Glanne expose :

1°. Qu'en 1282, le comte de Bourgongne Otton a donné à la ville d'Arbois une charte de commune, antérieure d'une année à celle concédée à la ville de Poligny ; 2° que la ville d'Arbois a obtenu de l'empereur Maximilien, au mois d'avril 1493, concession de mairie, laquelle n'a été accordée que 32 ans et 4 mois après, à la ville de Poligny, en août 1525, par l'archiduchesse Marguerite ; 3° qu'à l'assemblée des derniers États, en 1573, les villes du bailliage d'Aval ont occupé l'ordre suivant : Salins, Arbois, Poligny, Pontarlier, etc. ; 4° qu'en conséquence, la ville d'Arbois demande à être maintenue dans le deuxième rang qui lui est acquis.

La cour appointe la requête, et ordonne à la ville de Poligny de fournir ses réponses dans quatre jours, au défaut de quoi il sera passé outre. Ces réponses sont présentées le 3 novembre ; la ville de Poligny prétend repousser la demande pour vice de forme, résultant d'irrégularité dans les pièces à l'appui.

Sur cet incident, le mayeur d'Arbois, de concert avec les sieurs Boudrans et Vigoreux, députés de la ville aux États, adresse une nouvelle requête au gouverneur du comté, qui s'empresse d'y faire droit. Les États s'assemblent le 17 novembre, et les députés d'Arbois y prennent place immédiatement après ceux de Salins, malgré l'opposition du sieur de Tramelay, député et mayeur de la ville de Poligny.

— Décembre, lundi avant Noël. Déclaration du Parlement de Dole, confirmative de celle de l'Official de l'archevêché de Besançon, rendue la veille, par laquelle il est ordonné que d'oires en avant l'année commencera au premier janvier, et non plus à la résurrection de N.-S. Le roi de France, Charles ix, en 1564, avait prescrit ce changement, adopté en 1567 par le parlement de Paris.

— 28 décembre. Fondation faite par les mayeur, échevins et conseil d'Arbois, d'une messe basse, célébrée le lundi de chaque semaine, dans la chapelle de St.-Roch, par les familiers de St.-Just, avec dotation perpétuelle en faveur desdits célébrants, d'une rente de six francs, payable chaque année au jour de la circoncision de Notre-Seigneur, par le receveur et boursier de la ville.

1575, 1ᵉʳ janvier. Règlement provisoire pour les eslections des mayeur, échevins et conseil de la ville, dressé par le conseiller au Parlement, Pierre Oudot, commis à cest effect, pour remédier aux discours et manières de pratiques qui se sont faictes en chascun an auxd. eslections, et au subject desquels doléances et advertissements ont été adressés à la court. D'oires en avant la communaulté d'Arbois, tant en ce qui regarde police, justice et toutes affaires en despendantes, sera régie, conduicte et administrée par un mayeur, quatre eschevins et dix-huict conseilliers, duquel conseil ne pourront estre ensemble le père et le fils, ni deux frères; que pour l'eslection des mayeur et eschevins, seront appelés seize bons et notables personnaiges des plus apparents de la ville, lesquels, joincts au conseil, esliront par ensemble parmi les plus idoines, propres, capables et suffisants qu'il sauront pour la desserte desdites charges.

— 15 février. Nouvelles réclamations de la ville de

Poligny au sujet de la préséance. La ville d'Arbois déclare qu'elle s'en rapporte aux recès des derniers états. Alors la cour de Parlement, en séance solennelle, après avoir fait retirer les parties et vérifié les registres, arrête que les villes du bailliage d'Aval sont et doivent être inscrites dans l'ordre suivant : Salins, Arbois, Poligny, Pontarlier, Orgelet, Château-Chalon et Montmorot.

— Juillet. Avis donné par les mayeur et eschevins de la ville de Salins, de la marche d'une troupe de cinq à six cents chevaux, assemblés à Morges, et ayant avec eux des fugitifs de Besançon, échappés de cette ville après la surprise du 21 juin précédent. Le 11 du même mois, des ordres sont donnés par le comte de Champlitte et par le Parlement, de prendre toutes mesures nécessaires pour repousser les protestants chassés de Besançon, lesquels, d'après avis reçus, ont autres nouveaux desseins et entreprises.

1577. De nombreuses bandes espagnoles traversent Arbois, se dirigeant sur la Flandre, où la guerre continue.

1578. Le pape Grégoire XIII élève à la dignité de cardinal Claude de La Baume, archevêque de Besançon, en récompense du zèle qu'il déploie pour maintenir la religion catholique dans son diocèse.

1579. Janvier. Le régiment d'infanterie du marquis de Varambon est cantonné dans plusieurs villes de la province. La compagnie du sieur de Maillot, forte de 200 arquebusiers, tient garnison à Arbois depuis le 6 janvier au 24 février, aux frais des habitants, dont les dépenses s'élèvent à 980 francs quatre gros et demi. Les villages du ressort devant y contribuer, celui de Villersfarlay est taxé à 22 fr. d'argent et 66 quartauts de froment; cette cotisation n'ayant point été acquittée, le magistrat d'Arbois a recours au Parlement de Dole, qui en ordonne le paiement.

— Octobre. Incendie de la ville de Saint-Claude et de son église. On parvient avec peine à sauver le corps de Saint-Claude et la chasse qui le renfermait.

1581, 28 mars. Déclaration des Etats généraux de Hollande, assemblés à Delft, par laquelle Philippe II, roi d'Espagne, est déchu de la souveraineté des Pays-Bas. Sur l'avis du prince d'Orange, Guillaume-le-Taciturne, le duc d'Anjou, fils du roi de France, est proclamé souverain du pays. La guerre est continuée par Alexandre Farnèse, prince de Parme, ce qui fait craindre aux Francs-Comtois, quoique éloignés du théâtre des événements, que leur neutralité ne soit pas respectée. Toutes les villes se mettent en état de défense, Arbois répare ses fortifications, et le 9 juin, obtient du Parlement un arrêt qui condamne les habitants de Vadans et de Villersfarlay à faire guet et garde, à contribuer au remparement de la ville, et à payer leur part des frais de nourriture, solde et logement de la garnison.

1581, 20 mai. Testament de dame Marguerite Girardot, femme de Jehan Bontemps, par lequel elle lègue aux pauvres d'Arbois, une somme de 100 francs, dont l'intérêt annuel, fixé à 8 francs, doit leur être distribué.

1582, 1er juillet. Jet mis sur les habitants et étrangers possédant biens, pour le remparement des fortifications.

— Parmi les charges imposées au prieur de St.-Just, en compensation de la dîme qu'il percevait, était une *dosne* ou aumône, faite à deux époques de l'année, à tous les habitants d'Arbois, riches ou pauvres, qui se présenteraient pour la demander ; la première au Jeudi-Saint, consistait en un pain ou michotte de froment, avec une écuelle de fèves, d'une livre chacune; la seconde, à la Saint-Martin d'hiver, d'un tiers de channe de vin. De toute ancienneté, cette dosne avait été acquittée en nature, mais quelquefois, et notamment en 1582, le prieur en fut libéré moyennant 8 muids de vin, délivrés au magistrat, pour en disposer à son gré.

1583, 12 mai. Par lettres du roi Philippe II, les habitants de Villette-lez-Arbois sont condamnés à contribuer aux frais des réparations des murailles et fortifications de la ville.

— 13 septembre. En vertu d'un traité conclu le 31 mars 1519, entre le prieur et le magistrat, présentation est faite par celui-ci, et agréée par le prieur, d'un sujet, natif d'Arbois, propre et idoine, pour remplir l'office de sacristain.

1584, 9 mars. Violent tremblement de terre, qui, sauf l'ébranlement de quelques maisons, n'amène aucun accident notable.

— 15 juin. Le cardinal Claude de La Baume, archevêque de Besançon décède dans son prieuré de St.-Just, au moment où il allait se mettre en possession de sa vice-royauté de Naples. Il est inhumé dans le chœur de l'église à côté de son père, le baron de Saint-Sorlin, et de son oncle, le cardinal Pierre de La Baume. En mémoire de ces deux prélats, deux chapeaux rouges, insignes de leur dignité, sont suspendus à la voûte du chœur, où ils restent jusqu'en 1791.

Le doyen du chapitre de Notre-Dame, Antoine Perrenot, cardinal de Grandvelle, succède à Claude de La Baume sur le siége archiépiscopal de Besançon, et Ferdinand de Rye est nommé prieur de Saint-Just.

— 23 juillet. Lettres de Philippe II, données à St.-Laurent-le-Royal, portant confirmation de tous priviléges, franchises et exemptions accordées par ses prédécesseurs aux habitants d'Arbois, et notamment le droit d'usage dans la forêt Mouchard, l'élection des mayeur, eschevins et conseillers, et la vente en franchise des vins du territoire.

1585, 9 juillet. Assemblée au collége de Saint-Jérôme, à Dole, des députés aux états du bailliage d'Aval des villes de Salins, Arbois, Poligny, Pontarlier, Orgelet, Château-Chalon et Montmorot, sous la présidence de Claude Bocquet, lieutenant général du bailli d'Aval au siége de Montmorot. Ayant été ouis les sieurs Jehan Bontemps, mayeur d'Arbois, et Pierre Doroz, eschevin de Poligny, touchant les traictés ci-devant faicts, et les ayant faict retirer en appart, avons dict et déclairé que en conformité de l'ordre porté ès susd. traictés, lesd. d'Arbois auront choix et élection dud. commis aux récompenses, et ce pour ceste fois, et sans préjudice des droits prétendus par l'une et l'autre des parties, et ce sans le tirer à conséquence, ce à quoy n'a consentu led. Doroz, protestant de la nullité de telle élection (toujours la préséance).

1586, 21 septembre. Mort du cardinal de Grandvelle. Le chapitre de Notre-Dame lui donne pour successeur, cette fois librement élu, messire de Château-Rouillaud, dixième doyen du chapitre depuis sa fondation. La dignité d'archevêque de Besançon est conférée au prieur de Saint-Just, Ferdinand de Rye.

— Visite des reliques de l'église de St.-Just. Y sont mentionnés, 1° un fragment de la vraie croix, enchâssé dans une croix d'argent doré à laquelle sont suspendus deux petits oiseaux d'argent, donné par Claude Barberot, secrétaire du roi; 2° un bras de Saint-Just, enchâssé dans un bras d'argent, orné de 34 pierres, moitié blanches, moitié rouges; 3° une boite d'argent contenant des reliques du saint sépulcre, des saints Jacques, Simon, Barthélemy, Laurent, Sébastien, Nicolas et Thiébauld, des ossements des saints Antoine et André, apôtre, des saintes Marie-Magdelaine, Catherine et Cécile et de la tunique de saint Germain, évêque et confesseur.

— 12 novembre. A raison de la peste qui règne à Dole, le Parlement vient s'établir à Arbois, et y tient ses audiences jusqu'au commencement du carême de l'année suivante.

1587. Jusqu'à présent, tous les documents que nous sommes parvenus à réunir, étaient dispersés dans une foule de pièces et de titres détachés. Désormais nous joindrons à ces pièces, toujours attentivement consultées, un extrait de tout ce que contiennent de plus important les registres des délibérations du conseil, dont, sauf quelques lacunes, la tenue régulière commence à cette année.

— 4 janvier. Précautions prises contre la peste, par ordre du Parlement. Les portes de Faramand et Picardet resteront fermées jusqu'à nouvel ordre. Défense aux habitants, sous peine d'amende, d'aller ès lieux suspects de contagion, de prendre et emporter des vignes du vignoble aucun échalas ou sarment, sous peine de confiscation au profit de l'hôpital, et de six sols d'amende au profit de la ville; il est donné avis aux boulangers, qu'en cas de vente de pain à faux poids, ledit pain sera confisqué, et amende de 20 sols au profit des pauvres leur sera appliquée.

— La décision prise aux états le 9 juillet 1585, n'ayant pas paru suffisante, le mayeur sollicite une décision définitive sur la question de préséance entre Arbois et Poligny. Les états se prononcent en faveur d'Arbois.

— 22 février. Sur lettre du Parlement, relative à la subsistance des pauvres, très-nombreux dans le pays, le conseil décide qu'il sera dressé une liste de tous les indigents, privés des moyens de gagner leur vie, et une seconde liste de tous les habitants en état de donner des secours; les prêtres, religieux et confréries seront convoqués, afin d'assurer ces secours pendant dix mois au moins, et sera réorganisée la confrérie du Saint-Esprit, principalement destinée au soulagement des malheureux.

— 18 octobre. Emprunt contracté pour subvenir à la nourriture d'un corps nombreux de troupes espagnoles, dont le passage est annoncé.

— A raison de l'extrême stérilité de l'année, les fermiers du prieuré, sont, sur leur demande, exemptés de la dosne, mais pour l'année seulement, et sans tirer à conséquence.

— Novembre. Chaque année vers la Saint-Martin, le conseil assemblé fixait, d'après l'abondance ou la pénurie de la récolte, le prix des diverses denrées. En 1587, le vin est fixé à 60 francs le muids.

— 16 décembre. Requête présentée au conseil par Jehan Daguet, écuyer, à l'effet que permission lui soit octroyée d'ouvrir en la tour Gloriette, par lui récemment acquise de François Mignot, cohéritier de feu Thiébaud Guyot-Jeannin, une fenêtre avec treillis de fer et fortement baronnée, du côté de la rivière. La demande est accueillie, sous la condition que la tour sera hors de danger et de surprise, et que même, en cas de nécessité, ladite fenêtre pourra être murée à la première réquisition.

— 26 décembre. Le mayeur ayant exposé que le nombre des membres du conseil qui, y compris le mayeur et les échevins, doit être de 25, n'est pas rempli, huit nouveaux

conseillers, entre autres Jehan Laurenceot, Claude Gillab[ert]
et Désiré Pécauld, sont nommés pour le compléter.

1588, janvier. Distribution de drap à 65 pauvres,
d'une paire de souliers à chacun de 30 autres, du prod[uit]
annuel des fondations réunies de la comtesse Mahaut,
Claude d'Espenoy, seigneur du Vernois, de dame An[ne]
Glanne, veuve de Henri Monnot, écuyer, et des sieur [et]
dame Antoine Bergeret et Catherine Glanne.

— 20 décembre. Arrivée de Jérôme d'Achey, conseill[er]
du roi aux Pays-Bas, à l'abbaye de Rosières. Le corps [de]
magistrat s'y transporte pour le congratuler, et lui recom[]
mander les intérêts de la ville. Deux poussons de vin bla[nc]
lui sont offerts. — Jérôme d'Achey était fils de Jean, do[nt]
nous avons parlé sous la date de 1569. En 1590, il épou[sa]
Rose de Bauffremont.

23 décembre. Acquisition faite par Pierre Perrey, [de]
Salins, marchand orfévre, des granges, terres et bois d[its]
de Gillet, Nozeroy et Vaugrenans, aliénés par Thom[as]
de Pontailler. Le 27 octobre 1607, Pierre Perrey obtie[nt]
de tenir cette propriété en fief, et d'acquérir la justic[e].
La propriété prend dès lors le nom de son acquéreur.

1589, 6 janvier. Jean Bontemps, eschevin, est envo[yé]
à Dole à l'effet d'obtenir du Parlement le rembourseme[nt]
des avances faites par la ville au dernier passage des troup[es]
italiennes et espagnoles, en marche pour les Pays-Bas.

— 25 mars. Des bruits de guerre se répandent,
des incursions de soldats étrangers dans le comté fo[nt]
craindre une surprise. Le conseil s'assemble; il est réso[lu]
que le capitaine de la ville, Désiré Pécauld, formera l[es]
dixaines dans la ville et les villages; il sera fait des rond[es]
de nuit, les portes de la ville seront gardées, deux homm[es]

feront le guet sur les galeries du clocher de St.-Just et sous
le dôme, sonneront les heures, et donneront l'alarme en
cas de besoin. Ordre est donné aux villages du ressort de
faire guet et garde, pendant la nuit, au clocher de leurs
églises, afin d'avertir la ville au moindre bruit qui leur
paraîtrait suspect. Il est défendu à tous habitants de la ville
et des faubourgs de recevoir ni loger aucun étranger, sans
savoir, au préalable, ses nom, surnoms, d'où il vient, et en
avoir donné aussitôt avis au mayeur ou aux échevins, ou
au capitaine, à peine de 60 sols d'amende au profit de la
ville. Le 14 mai suivant, est décidé le rétablissement du
pont levis à la porte Picardet.

— 12 août. Orage terrible. La foudre tombe sur le beffroi
de Notre-Dame, et l'ébranle ; on se hâte de le démolir.

1590, janvier. Continuation des précautions contre toute
surprise. Ordre est donné de n'ouvrir les portes de la ville
qu'à 6 heures du matin, et de les fermer à 7 heures du soir.
Il est alloué aux *janitors (portiers)*, 30 gros par mois.

— 4 mars. Défense de porter dans la ville, les faubourgs
et au-dehors, le dimanche des Bordes (Brandons) des failles
allumées et autres matières combustibles, ainsi que d'aller
ledit jour ramasser des *boquillons* (fragments d'échalas) dans
les vignes, et d'y faire des feux, à peine de 5 sols d'amende.

— Avril. Exemption est accordée au prieur de distribuer,
cette année, la dosne du Jeudi-Saint, moyennant 100 fr.,
qu'il remettra aux mains du magistrat.

— 15 mai. Sur l'avis reçu de la cour de Parlement, qu'il
y a contre le pays des menaces de guerre et de surprises
de villes, à l'effet de s'y établir et de s'y fortifier, est prise
la délibération suivante :

1°. Seront commandés les réfugiaires et retrahants pour nettoyer
les fossés et réparer les murailles, chaque village en son quartier.

2°. Sera pris, en la forêt Mouchard, tout le bois nécessaire pour fabriquer râteaux, pelles et autres choses propres aux fortifications.

3°. Seront murées les portes de Notre-Dame et de l'Hôpital, et sera rompu le pont de cette dernière porte.

4°. Seront commandés pour la garde de jour et de nuit, aux portes de la ville, tous habitants quelconques, et même les gens d'église, à peine de 40 sols d'amende, et seront, jusqu'à nouvel ordre, chargées du service, deux dixaines, l'une de la ville, l'autre des faubourgs.

5°. Seront faites barre et palissade en bois sur les ponts de la boucherie et de l'église, afin que par ces endroits rien ne puisse passer et entrer en ville.

6°. Seront murées les fenestres et pertuis estant en la muraille de la ville, à l'endroit de la maison Coupion, et n'y seront laissées que des calonnières ; sera faict commandement aux ayants charge de lad. maison, de nettoyer promptement la tour qui est en icelle, vulgairement appelée tour Chopin. Jussion sera faicte à Girard Planois de murer les fenestres de sa maison, regardant sur la rivière.

7°. Seront les portes de la ville ouvertes le matin et fermées le soir au son du tambour, et les clefs d'icelles portes mises ès mains du capitaine de la ville, comme aussi sera mis, aux frais de lad. ville, guet au clocher de St.-Just, pour découvrir les venants, hommes et chevaux, donner advertissement et sonner heures de nuit.

8°. Sera adverti le doyen de Poligny, d'avoir à mettre guet en sa maison, dicte tour Daguet, où faut-il d'autant plus faire guet et garde, afin d'éviter surprise, que lad. maison est reconnue préjudiciable à la sûreté de la ville.

9°. Sera défendue l'entrée de la ville à tous estrangers, mesmes pour foire chaude, prochainement venant, et seront fermées les ruelles et avenues conduisant aux faubourgs de la ville.

10°. Auront lieu, dimanche prochain, heure de midi, aux halles dud. Arbois, monstre des hommes, tant de la ville que des faubourgs, à peine de 7 francs d'amende contre tout défaillant.

11°. Sera mis un guet au curtil (jardin) et vergier du prieuré, attendu que la muraille y est fort basse, et seront débouchées les calonnières tant de la muraille regardant contre le pourtour de la première porte de Faramand, comme aussi celles qui sont en la tour Ronde, afin de s'en servir en cas de nécessité.

12°. Seront bouchés les conduits estants en la maison de feu messire de Cise, l'un desquels aboutit à la rivière et l'autre sert à nettoyer les privés de ladite maison.

13°. Finablement sera ce jourd'huy, publiée à son de trompe, ordonnance à tous ayants maltras (fumiers), près les portes de lad. ville, de les enlever et nettoyer la place avant quatre jours, à peine de soixante sols estevenants d'amende.

— 24 juin. Sur ce qu'il a esté remonstré par le sieur mayeur que jeudi passé, jour de la Feste-Dieu, avoit esté mandé pour annoncer au peuple le Sainct Evangile, messire Marchand, docteur en théologie, lequel avoit faict son debvoir au contentement et édification d'un chacun, que led. docteur avoit faict entendre que si la ville le vouloit recongnoistre de quelque honneste somme pour son aliment, il demeureroit volontiers à Arbois pour y prescher; il a esté conclu que les sieurs mayeur et eschevins se transporteront aussitost vers led. docteur, et lui offriront, s'il vouloit demeurer et prescher en lad. ville les dimanches et festes solennelles et pendant les saints temps de l'Avent et du Carême, il lui seroit donné 200 francs chacune année, avec une maison et meubles pour sa commodité. La proposition n'est pas agréée.

1591, 5 février. Sur l'advis donné par le mayeur que monseigneur François de Vergy, gouverneur du comté, est en ce moment à Vaudrey, le conseil décide, qu'il sera envoyé un député chargé de le congratuler et de lui offrir au nom de la ville un pousson de vin blanc clairet, en le priant de vouloir bien s'intéresser à lad. ville, à l'égard du passage des troupes italiennes et espagnoles, qui doivent bientôt traverser le pays.

— 20 février. Transaction entre Philippe Huot, escuyer, de Salins, propriétaire de la Grange-Canoz, par lui acquise le 25 septembre 1575 de Jean de Montrond et de Guillemette de Canoz, sa femme, et le magistrat d'Arbois. Il est convenu que lad. Grange-Canoz et ses dépendances, sont et demeurent à perpétuité franches, quittes et exemptes de tous jets, impôts, subsides et collectes pour frais d'entretenement, cloison, murailles, fortifications et assurances de la ville, moyennant l'abandon fait par led. messire Huot, de la somme de 100 francs à lui déhue par lad. ville en deux constitutions de rente.

Une ordonnance de l'intendant de Franche-Comté, du 13 juillet 1676, prononça l'abolition de cette exemption.

— 13 mai. Visite de la Maladière faite par le procureur général du Parlement, Luc de Sainct-Mauris. Sur son rapport qui constate que l'enceinte de la chapelle est profanée, qu'il n'y existe aucun autel pour célébrer l'office divin, et que les bâtiments sont inhabitables et tombent en ruines, le conseil demande que lad. Maladière soit réunie à l'hôpital ou à la familiarité. En attendant le résultat de cette demande, comme il a été reçu avis que Pierre de Gemilly, abbé de Sainte-Marie au royaume de Naples, et recteur de lad. Maladière, est depuis décédé, le conseil nomme à sa place Just Barraudot, prêtre familier de Saint-Just et chapelain de l'hôpital.

— 14 juillet. Défense à tout mendiant étranger d'entrer dans la ville, liste est dressée de tous les étrangers qui depuis peu sont venus s'y fixer, et un jet sous le nom de capitation est mis sur eux. Dans cette liste se trouve inscrit le sieur Antoine Petitjean, qui s'empresse d'adresser au conseil une requête où il expose que de toute ancienneté les habitants de la Chatelaine, jusqu'à ces derniers temps résidence de sa famille, ont été réputés paroissiens de St.-Just, où lui-même a été baptisé. Sur cet exposé, ledit sieur Petitjean est rayé de lad. capitation.

10 novembre. Émeute au prieuré, à l'occasion de la dosne du vin. Le peuple s'y étant rendu comme de coutume, trouve les portes fermées, et l'approche de la maison défendue par une barrière. Aussitôt la barrière est brisée, et la cuve contenant le vin entourée. Le vin est goûté et jugé de mauvaise qualité, la cuve renversée, jetée à la rivière, et la multitude furieuse brise à coups de hache et de pioche la porte du prieuré. L'archevêque de Besançon, alors prieur, porte sa plainte au Parlement qui la renvoie au magistrat, avec ordre d'y répondre dans deux jours. Le mayeur et un conseiller se transportent à Dole, et croyant sans doute dangereux d'aigrir les esprits déjà très-échauffés, en poursuivant l'affaire, ils obtiennent qu'il n'y sera donné aucune suite.

1592, 19 janvier. Célébration de trois messes, avec vespres et vigiles des trépassés, faite aux frais de la ville pour le repos de l'âme du comte de Champlitte, François de Vergy, depuis peu décédé. Un présent de vin blanc et de vin clairet est envoyé au fils du défunt, Claude de Vergy, qui lui succède dans le gouvernement du comté.

— Menaces de guerre; le gouverneur général ordonne que tous les retrahants fassent guet et garde, et autorise un jet sur tous les habitants du ressort. Plusieurs particuliers et les villages de Montigny, Vadans, Mesnay, Villette, Grozon, Pupillin et les Planches refusent d'y satisfaire. Ils sont traduits en justice et condamnés à payer leur quote-part de l'impôt, à travailler aux fortifications, et à faire guet et garde, comme biens tenants, propriétaires forains et réfugiaires retrahants.

— 6 juin. Des prières publiques sont ordonnées et une procession solennelle au tombeau de saint Anatoile, à Salins, est résolue pour obtenir le beau temps. Cette procession est précédée de celle de Poligny, qui, à son retour trouve à la halle des tables dressées par ordre du magistrat, auxquelles elle est invitée à s'asseoir et on lui présente des gâteaux, du pain blanc, etc., et le meilleur vin qu'on ait pu trouver. Le jeudi suivant, 11 juin, jour de saint Barnabé, la procession d'Arbois se met en marche; on y remarque tous les chefs de famille, les jeunes filles vêtues de blanc, portant à la main une *vergette* (baguette) blanche. Recommandation bien expresse avait été faite d'assister à la cérémonie avec la plus grande dévotion que faire se pourrait.

— 31 octobre. Pour éviter les désordres de l'année précédente, le prieur est autorisé à substituer à la distribution du vin la somme de six-vingts francs, payée comptant.

1593, 3 janvier. Arrivée à Arbois de Frédéric Perrenot, seigneur de Champagney, baron de Renay, chevalier d'honneur au Parlement. Il lui est offert des confitures fines, des dragées, des vins blanc et clairet. Il en témoigne sa satisfaction en faisant obtenir à la ville une augmentation de sel à prendre aux saulneries de Salins. En reconnaissance, deux pièces de vin blanc lui sont envoyées en présent.

— 14 mars. Pour se libérer de la dosne du Jeudi-Saint, le prieur offre six-vingts francs, qui sont acceptés et remis au chapelain de l'hôpital, pour en acheter du linge, dont la maison a grand besoin.

— 8 avril. Grand conseil, où sont appelés les députés

du bailliage, du prieuré, du chapitre, de la familiarité, de la commanderie de Malte, de la grande confrérie, etc., pour aviser aux moyens de remédier à la misère qui règne dans la ville. Il est résolu que, jusqu'à la fin du mois, il sera donné par jour trois blancs à chaque pauvre, ce qui fera une dépense de sept-vingts et dix francs (150 francs), et qu'à cet effet, aura lieu une cotisation de tout habitant en état d'y contribuer, ceux qui s'y refuseraient devant y être contraints par toute voie de droit.

— 16 mai. Défense de fabriquer des brioches, à raison de la cherté du beurre, des œufs et du fromage, à peine de 60 sols estevenants d'amende, applicables aux pauvres de la ville.

— Le conseil, sur l'avis que le sieur Pautrard, recteur des écoles, remplit mal son devoir, établit à sa place Antoine Bourguignon, de Chamblay, auquel est alloué le gage de cent francs par an, avec jouissance de la maison de l'école, et s'il lui est nécessaire d'entretenir un régent, il lui sera donné vingt francs de plus.

— Précautions contre la peste, venue d'Allemagne à Besançon. Les portes de la ville sont gardées, et sont enlevées les immondices au dedans et au dehors des murs. Dans le cours de ce siècle, et jusque vers 1650, la peste désola plusieurs fois la province; Arbois ne dut pas être exempt du fléau, mais les archives de la ville étant muettes à cet égard, nous n'en pouvons donner aucun détail.

— 18 décembre. Menaces d'une invasion française, il est ordonné par le comte de Champlitte de se tenir sur ses gardes. Des dixaines sont commandées pour veiller aux portes de Faramand, de Notre-Dame et de l'Hôpital. Tout manquant à l'appel paiera 20 sols d'amende au profit des comparants.

1594, 7 janvier. Refonte de la grosse cloche de St.-Just, depuis peu cassée. Il est alloué au fondeur, venu de Besançon, cinq blancs par livre, à charge par lui de fournir tous ustensiles nécessaires. Le poids de la nouvelle cloche devra être de quatre-vingts cents (8,000) livres. On répare en même temps l'horloge de la ville, pour le prix de douze vingts (240) francs.

— 13 mars. Ordre du conseil de réparer sans délai, le rempart en face de l'église de St.-Just, d'acheter un vase d'argent pour mettre et porter les saintes huiles aux malades, et de payer six vingts fr. au prédicateur de l'Avent et du Carême.

— 11 avril. Nouvel ordre du comte de Champlitte, de se bien garder de jour et de nuit, crainte de surprise. La porte Picardet est fermée, et les autres recommandées à la surveillance des dizeniers; toutes les dixaines sont réorganisées et complétées, et les armes préparées, afin de faire monstre devant le mayeur. Les autres dispositions sont laissées à la discrétion du capitaine Pécauld, qui, s'étant plaint quelques jours après que certains inscripts manquent à l'appel, il est publié à son de trompe que les absents seront mulctés de 60 sols d'amende au profit de ceux qui remplissent leur debvoir.

1595. Cette année étant l'une des plus remarquables des annales d'Arbois, nous avons cru ne devoir négliger aucun détail, et n'omettre aucun nom de ceux qui ont figuré, à quelque titre que ce soit, dans ce terrible drame. Parmi les citoyens que nous nommerons, il en est plusieurs dont les familles se sont perpétuées jusqu'à ce jour, combien ne sera-t-il pas intéressant pour elles de voir la conduite tenue par leurs ancêtres dans cette circonstance? ils y verront avec une juste fierté, que nul d'entre eux n'a faibli devant des dangers, faits pour ébranler les plus fermes courages.

Mayeur, Antoine de Montrond, seigneur de Mont-s.-Vaudrey.

Eschevins, Nobles Alexandre Glanne, Mathieu Gillaboz, Gaspard Grilliard et Claude Gillaboz.

Conseillers, Nobles Claude de Jaillon, Jean Bontemps, advocat fiscal, Estienne de Montrond, Jean Laurenceot, Jean Vuillemin docteur en médecine, Jean Proby, Jean Bontemps, escuy., Estienne Bergeret; honorables Guillaume Barbier, Quentin Gallevalot, Pierre Darlay, Loys Pouquet, Guillaume François, Claude Vuillin, Thiébaud Boudrans et Pierre Bresillet.

Notables. Bourg. Hugues Maire, Joseph Champuis, Alexandre Simon, Guillaume Ratelot, Sébastien Morisot, Pierre Dubois.

Faramand. Charles et Sébastien de St.-Mauris, Just Chauvanne, François Guyot, Jean Patrognet, Jacques Pyanet.

Courcelles, Verreux, Gillois. Jean Rousseau, Pierre Prin, Philibert Melecot, Prosper Brenans.

— 11 février. Prépararifs de défense ; il est résolu par le conseil et par les notables réunis :

1°. Seront murées les portes de l'hôpital et de Courcelles, et sera abattue la muraille en dehors de la première, attendu que loin d'être utile, elle nuit aux fortifications.

2°. Seront appelées trois dixaines des faubourgs pour faire, pendant la nuit, guet et garde en lad. ville, à raison de sa nécessité plus grande.

3°. Seront commis à la garde des portes, tous les gens d'église en estat de porter les armes.

4°. Seront imposés tous les habitants un peu aisés, selon leurs moyens, pour fournir chandelles et bois nécessaires au chauffage et éclairage des corps de garde.

5°. Sera enjoint à tous estrangers estant dans la ville, d'en sortir sous les 24 heures, et à tous habitants, absents d'icelle, d'y rentrer sous 8 jours, à peine d'estre exclus et bannis de lad. ville.

6°. Sera donné ordre à tous habitants du ressort de venir nettoyer les fossés.

7°. Est ordonné au capitaine Pécauld, lequel sera accompagné des eschevins, de visiter les faubourgs, afin de bien s'assurer quels chemins il convient de barricader et fossoyer.

8°. Sera entretenu, de nuit et de jour, un guet au clocher de St.-Just, sur les remparts, depuis la tour Gloriette à la tour Chaffin, et sur la muraille, au joignant du prieuré.

9°. Seront employés tous moyens possibles pour correspondre sans interruption avec ceux de Changin.

10°. Scront visités tous lieux habités autour de la ville, pour y faire telles dispositions que le capitaine jugera convenables.

11°. Défense de porter failles allumées en la ville et faubourgs, à peine de 10 livres d'amende.

12°. Défense aux janitors de laisser entrer en la ville aucuns estrangers, paysans ou nobles, moines ou autres.

13°. Seront fermées les portes de la ville à six heures du soir, et ouvertes à six heures du matin, et seront faites rondes fréquentes.

14°. Sont autorisés les sieurs mayeur et capitaine, à faire abattre toutes clôtures de jardins, et combler tous fossés autour de la ville, qu'ils jugeroient nuisibles à la défense.

— 16 février. Par décision du conseil, seront démolies toutes maisons nuisibles à la défense, et il sera escript au sieur doyen, de Poligny, d'avoir à garder sa maison et la tour Daguet, le prévenant que s'il n'obtempère, lesdites maison et tour estant hors des murailles et trop près de la ville, seront abattues.

— 1er mars et jours suivants. Réorganisation des dixaines, et mesures prises pour grand approvisionnement de poudre, munitions de guerre, arquebuses, froment et autres graines, pour la défense et nourriture des habitants, en cas de siége. Recherches sont faites de toutes les cordes et échelles, qui sont apportées à l'hôtel-de-ville.

A peine ces apprêts étaient commencés, que Louis de Beauvau-Tremblecourt, à la tête de cinq à six mille aventuriers français et lorrains, entre en Franche-Comté, mettant tout à feu et à sang sur son passage. Dans la nuit du 3 au 4 mars, il s'approche du couvent des capucins de Salins, et somme la ville de se rendre au roi de France. Pour toute réponse, les Salinois sortent de leurs murs et l'attaquent avec une telle impétuosité, qu'après 2 heures de combat, le partisan lorrain est forcé de fuir en toute hâte, laissant étendus sur le champ de bataille un grand nombre des siens, dont un capitaine et deux lieutenants.

Ainsi repoussé devant Salins, le *voleur* Tremblecourt, comme l'appelaient les contemporains, envoie reconnaître Arbois. Quelques-uns de ses éclaireurs se glissent dans les faubourgs ; mais ils sont découverts et faits prisonniers. Découragé par ce nouvel échec, Tremblecourt se retira, disant, d'après la tradition : « Qu'il ne voulait assaillir des hommes qui sont du naturel de leur vin, qui frappe partout. »

— 3 mars. Ordre de murer la porte de Faramand, comme estant de peu de défense, et de creuser en avant un large et profond fossé. Il est enjoint aux habitants des faubourgs et villages réfugiaires et retrahants, de transporter dans la ville, sous 24 heures, leurs meubles, effets, bestiaux, etc., pour qu'il ne soient pris par les maraudeurs ennemis.

— 11 mars. Jet mis sur la ville et son ressort pour nourrir l'armée chargée de garantir le pays de l'invasion des Lorrains et Français. La ville et le ressort sont imposés par le comte de Champlitte à 500 mesures de froment et autant d'avoine, 120 bœufs, pesant 300 livres chacun, 100 moutons et 150 queues de vin, mesure de Dole.

— 28 mars. Don Bernardino de Vélasco arrive à la tête de 18 compagnies d'infanterie, fortes de 2,500 hommes, et de 4 compagnies de cavalerie, au nombre de 200 chevaux, qui sont logés dans les villages. La ville loge pour sa part la suite de Don Bernardino, celle du grand-prieur de Hongrie et d'autres seigneurs, formant 400 chevaux, auxquels elle doit distribuer pain, vin, bœufs, moutons et avoine jusqu'au 13 avril suivant, jour où lesd. troupes se mettent en marche pour la Bresse, à l'exception de la cavalerie dont le départ à lieu trois jours après. Le 27 mai, toutes ces troupes, de retour de la Bresse, rentrent à Arbois, et ne s'éloignent de la ville que le 31 du mois.

Dans cet intervalle, le connétable de Castille, Don Juan de Vélasco, s'était mis, avec le reste de son armée, à la poursuite de Tremblecourt, et l'avait défait à Gy et à Marnay. Les débris des vaincus, réfugiés au château de Vesoul, avaient été contraints de capituler le 24 mai. Tremblecourt s'était échappé, et s'était dirigé sur Remiremont, où il avait obtenu un asile de l'abbesse qui était sa parente. Mais peu de jours après, informé que Vélasco connaissait le lieu de sa retraite, et avait donné l'ordre de l'y saisir, il sortit de Remiremont pendant la nuit, et se noya dans la Moselle.

Le séjour des troupes de Don Bernardino avait nécessité de grandes dépenses, auxquelles on n'avait pu subvenir qu'au moyen d'un jet sur les non résidants et de plusieurs emprunts, et l'exportation du blé renfermé au prieuré avait été défendue. Parmi ces emprunts, nous en avons remarqué un, au capital de mille francs, produisant une rente annuelle de 80 fr., constitué au sieur Pierre Bancenel, sieur du Larderet, le 6 juin 1595, et remboursé le 12 mars 1596.

— 7 juin. En quittant Arbois, Don Bernardino y avait laissé plus de 60 malades. Une contagion était à craindre;

le mayeur les fit transporter dans les confréries de Changin et de Mesnay, et chargea une infirmière, connue sous le nom de Maîtresse de l'Hôpital, que durent seconder quelques personnes, de leur donner les soins qu'exigeait leur position.

— 15 juin. Sur l'avis de l'entrée de l'armée de Henri IV en Franche-Comté, après le combat de Fontaine-Française, le mayeur, voyant la ville sans garnison, écrit au comte de Champlitte, et lui demande l'envoi de la compagnie des élus du ressort, qui, sous la conduite de Pierre Lallemand, seigneur de Montigny, venaient de coopérer à la reprise de Vesoul. Soit que cet envoi ne dépendît pas de lui, soit mauvaise volonté, comme il en fut vivement soupçonné, le comte refusa de faire droit à la demande, qui fut inutilement réitérée.

— 15 juillet. Pour suppléer à la garnison qu'il ne peut obtenir, le mayeur réorganise les dixaines, leur donne une enseigne aux armes et aux couleurs d'Arbois, jaune et noir, et le sieur procureur Désiré Pécauld, capitaine de la ville, en prend le commandement sous ses ordres supérieurs. Le sieur Claude Gillaboz reçoit le titre d'enseigne.

Si l'on en croit l'auteur du Discours sommaire, ces dixaines ne présentaient pas plus de 40 hommes, ce qui nous paraît d'autant moins vraisemblable, qu'en 1551, nous avons vu paraître à la monstre d'armes ordonnée par le comte de Champlitte, 616 hommes de la ville et des faubourgs. Etait-ce aux yeux de Jean-Bontemps, un moyen de relever le mérite de la belle et glorieuse défense de ses concitoyens?

— 28 juillet. Le comte de Champlitte se décide enfin à répondre à la deuxième lettre du mayeur, et cette réponse est apportée par un enfant d'Arbois, Joseph Morel, dit le Prince, capitaine dans un des terces (régiments) francs-comtois au service d'Espagne. Il est suivi de sa compagnie, forte, d'après Bontemps, de 40 hommes à peine, dont la plupart étaient sans armes et pratique d'icelles. Outre cette compagnie, le comte en accorde deux autres, de Suisses, en garnison à Salins, commandées par le colonel Coin. Le mayeur s'empresse de transmettre l'ordre à cet officier, qui refuse d'y obtempérer. Il en résulte qu'Arbois se trouve définitivement réduit à n'avoir d'autres défenseurs que ses bourgeois et les soldats du capitaine Morel, soutenus de deux petites pièces d'artillerie.

— 29 juillet—3 août. On apprend que les Français sont à St.-Wit; le 30, qu'ils ont paru sous les murs de Besançon, qui n'a évité d'être assiégé que sous l'engagement de payer trente mille écus, pour la sûreté desquels cette ville a livré des ôtages; le 31, que le maréchal de Biron, qui commande l'avant-garde de l'armée, composée de huit mille combattants, a incendié Quingey après l'avoir livré au pillage; le 1er août, que le Biarnois en personne est à Liesle, où il fait reposer son armée dans la journée du 2; le 3, que les villages de Buffard, de Chcy et de Rennes sont remplis de troupes, que l'artillerie passant sur le pont du Port-Lesney, se dirige sur Salins, et que des carabins (cavalerie légère) se montrent à Mouchard.

Ces nouvelles n'ont point effrayé les Arboisiens, qui n'ont point perdu l'espoir d'être promptement secourus par le connétable de Castille, et ils se préparent à une vigoureuse résistance. La tradition rapporte que dans leur naïf et courageux aveuglement, ils se répétaient les uns aux autres : « Je m'en moque comme d'Henri iv! » Mot qui, devenu proverbe, est resté longtemps dans la bouche de leurs descendants.

— Vendredi 4 août. Vers neuf heures du matin, tandis que le conseil délibère sur une saisie de sel qu'on introduisait en contrebande à la porte Picardet, et dont les porteurs ont été arrêtés par les soldats du capitaine Prince, le tocsin résonne dans tous les clochers de la ville, au cri d'alarme poussé du haut du clocher de Saint-Just; les hauteurs environnantes se couvrent de coureurs et de carabins, et l'avant-garde française se déploie entre Villette et Montigny. Au bruit des cloches qui rappellent les cultivateurs dispersés dans la campagne, où plusieurs d'entre eux tombent au pouvoir de l'ennemi, se joint celui des tambours battant la générale; le conseil abandonne sa délibération pour courir aux remparts. Pendant ce temps, les cultivateurs prisonniers sont conduits au maréchal de Biron qui, après avoir, par menaces ou mauvais traitements, tiré quelques renseignements qu'il lui importait de se procurer, envoie un parlementaire pour sommer la ville de se rendre. L'officier chargé de cette mission ne reçoit que cette réponse passablement grossière, mais qui peint l'esprit du temps et celui des habitants : « Allez dire au Biarnois qu'on se f... « de lui à pied et à cheval. » On se doute que ce ne fut pas le mayeur, auquel l'officier ne put obtenir d'être présenté, qui répondit ainsi. Aussi irrité que surpris, le maréchal fait avancer quelques compagnies pour tenter une attaque, elles sont accueillies à coups d'arquebuses, qui blessent ou tuent plusieurs soldats et même des officiers de distinction. Les Français emploient le reste de la journée à cerner la ville, et occupent toutes les hauteurs environnantes et les villages.

— Samedi 5 août. Les Arboisiens ne s'étaient point livrés au sommeil ; avant le point du jour, un détachement sort de la ville par la porte Picardet, se jette sur un quartier ennemi entre Verreux et Larnay, le disperse et lui tue plusieurs hommes. Des chevaux et des bœufs sont pris e amenés dans la ville. Ce succès encourage ceux qui n'on point pris part à l'expédition, ils veulent sortir à leur tour mais la prudence du mayeur et du capitaine Morel contien cette fougue inconsidérée. A midi, afin de prévenir de nouvelles saillies, le maréchal de Biron ordonne qu'il soit élevé des barricades sur toutes les avenues de la ville et dans les faubourgs, mais les travailleurs sont, par un feu terrible, contraints de se mettre à l'abri, et nul d'entre eux n'ose paraître dans les rues.

A trois heures arrive un second parlementaire ; cette fois il est admis en présence de toutes les autorités, qui, par la voix du mayeur, répondent qu'elles ne veulent point changer de prince, qu'elles ne peuvent rendre la ville, qu ne leur appartient pas, ains à S. M. très-catholique, pour le service de laquelle elles exposeront biens et vies.

A sept heures, le maréchal, exaspéré de cette réponse fait occuper le faubourg de Faramand, et ses soldats s'emparent des maisons situées sur le bord de la rivière, qu depuis la tour Gloriette à la porte du Bourg, servait de fossé à la ville. Mais du haut du rempart, d'où aucun coup ne pouvait être perdu, une tempête d'arquebusades est dirigée sur ces maisons que l'ennemi est forcé d'abandonner pour se retirer dans celles qui, plus voisines de la porte de Faramand, les mettaient à l'abri. Mais cet abri ne fut pour eux que momentané, peu d'instants après, ces maisons dont la démolition avait été ordonnée, ce qu'on n'avait pas eu le temps d'exécuter, sont livrées aux flammes par les assiégés. En vain les Français s'efforcent d'éteindre le feu, et montent à cet effet sur les toits, une pluie de balles les en fait descendre, comme *couvreurs*, et plusieurs y périssent. Outrés de leurs pertes, ils se répandent dans le faubourg, où, suivant Bontemps, ils incendient 120 maisons, et selon le conseil, dans sa délibération du 20 août, 60, sous les yeux des malheureux vignerons, qui, pourtant, chose digne de commisération et d'admiration, jaçoit qu'ils voyoient consommer leur ruine, ne perdoient point courage. Bien loin de là, ce spectacle les remplissant de douleur et de désir de vengeance, ils passèrent la nuit entière à escarmoucher contre l'ennemi, qui, visant toujours à surprendre la ville, en éprouvoit de notables pertes. L'escalade, la sape, les pétards et tous les autres moyens qu'il employa furent inutiles devant la résolution et la vigilance des assiégés.

— Dimanche 6 août. Un troisième parlementaire est reçu par le capitaine Morel, auquel il déclare, de la part du maréchal : que le roi de France est arrivé à Montigny, avec vingt-cinq mille hommes, que les Arboisiens ont tout à espérer de sa bonté, s'ils se rendent, mais tout à craindre, s'ils s'obstinent dans une résistance dont l'issue n'est pas douteuse. D'après la tradition, Morel répondit : « Allez
» dire à votre maréchal que nous savons ce que valent les
» promesses des François, et que nous n'y croyons pas,
» que nous méprisons ses menaces et ne les redoutons pas,
» que nous combattons nos ennemis et ne les comptons pas,
» que nous mourrons s'il le faut, mais ne nous rendrons
» pas. » A cette fière et courageuse réponse, faite au corps de garde de la porte Picardet, la seule qui ne fût pas murée,

s'élève un cri énergique de *vive le roi d'Espagne!* Ce cri
se répète de rue en rue et sur toute l'étendue des remparts
on voit la confiance et la joie peintes sur toutes les figures
Ce qui a décidé cette explosion, avec les paroles du capi
taine, c'est la fausse nouvelle que l'armée du connétable
arrive au secours de la ville, dont elle est peu éloignée.

Dès que Henri IV est instruit de cet incident, il donne
l'ordre à l'artillerie, en marche sur Salins, de se diriger
en toute hâte sur Arbois. Dans l'après-midi, le bruit de
chariots avertit les assiégés de son approche. Les deux pe
tites pièces de fer qu'ils possédaient étaient placées à la
tour de Vautravers; l'une d'elles est pointée du côté où le
bruit se faisait entendre, le coup part, tue un lieutenant
près de Saint-Roch, et renverse un des chevaux d'un atte
lage qu'il met hors de service. Cependant l'ennemi, pro
tégé par les barricades qu'il était parvenu à construire dans
le faubourg de Courcelles, faisait un feu continuel afin de
détourner l'attention des assiégés; quoique ce feu ne pro
duisît aucun effet, à raison de l'intervalle qui séparait le
rempart des premières maisons du faubourg, une des pièces
de Vautravers est dirigée sur ce point, et cinq soldats sont
renversés par le boulet. La nuit arrive, quelques assié
geants se hasardent à venir reconnaître le fossé, mais ils
sont aperçus et tombent mortellement atteints. Là, dit
Bontemps, se monstrèrent bons arquebousiers le sieur
chanoine Pécauld, l'enseigne de la ville, Claude Gillaboz
le jeune Grilliard et plusieurs autres.

— Lundi, 7 août. Au lever du soleil de ce jour fatal
les assiégés aperçoivent dans un verger, près de la tour
Daguet, dont l'ennemi s'était rendu maître, à l'endroit où
s'étend aujourd'hui la cour du château de Montfort, dis-

posés en batterie, six doubles canons, de trente-six livres de balles. Le capitaine Morel, prévoyant que le rempart ne pourra supporter longtemps un si formidable choc, ordonne de creuser dans le jardin du sieur de Jaillon une tranchée profonde de six pieds et d'égale largeur. En arrière s'élève un rempart aussi solide que le permettront le peu d'instants donnés pour le construire et les matériaux bruts qui pourront y être employés. La population tout entière, femmes, enfants, vieillards, s'empresse d'accourir pour exécuter cet ordre.

Alors se présente un quatrième parlementaire ; afin d'intimider les assiégés, le maréchal de Biron l'a fait accompagner d'un nommé Lambert, de Besançon, chargé de leur annoncer la reddition de Pesmes, que défendaient une forte garnison et un château bien muni d'artillerie, la prise de Rochefort, la composition de Besançon, et l'éloignement du connétable, hors d'état de les secourir. Tout est inutile, la résolution des Arboisiens n'a point faibli, le parlementaire est renvoyé comme les précédents, et ils se préparent à endurer telle fortune qu'il plaira à Dieu de leur envoyer.

Ce refus est à peine connu du maréchal, que les canonniers courent à leurs pièces, une détonation terrible éclate, aucun coup n'est perdu, les braves qui garnissent le rempart l'ont senti s'ébranler sous leurs pieds. Les décharges se succèdent sans interruption, la muraille est bientôt entamée et des pans entiers s'écroulent. Les deux pièces de Vautravers répondent à celles de l'ennemi ; celui-ci s'en aperçoit, deux des siennes sont momentanément dirigées contre la tour, et les canons des assiégés mis hors de service. Toute la population se presse sur le théâtre du danger, les femmes elles-mêmes ne le cèdent pas aux hommes ;

on les voit, au milieu du feu, porter aux combattants des rafraîchissements et des munitions. Une d'elles, qui porte de la terre du fossé que l'on creuse encore, est atteinte d'un boulet qui lui enlève un bras : l'héroïque Arboisienne, dont on doit reprocher à Bontemps, qui nous a transmis le fait, de n'avoir pas conservé le nom, reprend son panier du bras qui lui reste, et le porte au lieu qui lui a été désigné. Le docteur Vuillemin est blessé légèrement au bras et couvert de poussière, le capitaine Bonnevaux reçoit un éclat de pierre au visage. 72 coups ont été tirés, la brèche est ouverte, elle n'a pas moins de 36 pieds d'étendue.

Mais les défenseurs de la ville n'ont rien perdu de leur courage; inébranlables dans leur poste, Morel à leur tête, ils sont prêts à soutenir l'assaut. Le maréchal s'est aperçu qu'un autre mur, séparé sans doute par un fossé profond de celui qu'il vient de renverser, lui ferme l'entrée de la place; il ordonne de changer la disposition de sa batterie, afin de prendre en flanc les hommes qui se disposent à défendre la brèche.

A ce mouvement, les Arboisiens comprennent l'inutilité d'une plus longue résistance; pour eux la perte d'une vingtaine d'hommes était irréparable et funeste, nul espoir de salut ni de secours, la ville allait être livrée à toutes les horreurs inséparables d'un assaut victorieux. Mais ils ne cherchent point, en implorant la générosité du vainqueur, à conjurer l'orage, il faut, pour qu'ils consentent à avouer leur défaite, que Biron leur envoie une cinquième sommation. Le parlementaire ne se fait pas longtemps attendre, alors, cédant noblement à la force, ils se résignent, à condition que la vie des soldats et des habitants sera respectée et l'honneur des femmes garanti. A ces premières promesses, que Biron s'engage à faire ratifier par le roi, se joint un traité écrit, conclu dans l'église de Notre-Dame, par lequel la ville, pour se racheter du pillage et de l'incendie, se soumet à payer dix mille écus, et six mille pour la rançon des personnes. Les prisonniers faits depuis le 4 août, bourgeois ou soldats seront mis en liberté sains et saufs, tout pillage sera interdit dans la ville et les faubourgs. Les seuls Arboisiens qui y apposent leur signature sont Jean Bontemps, écuyer, et Jean Laurenceot, docteur ès droits, ce qu'il ne faut pas oublier pour l'intelligence de quelques particularités postérieures.

A peine cette convention est-elle signée, que quelques compagnies françaises viennent occuper les portes; les premiers cultivateurs qui sont rencontrés sont mis en réquisition pour démurer celles qui ont été fermées; ordre est donné à tous les habitants de se renfermer dans leurs maisons ou dans l'église de St.-Just, avec promesse qu'il ne leur sera fait aucun mal. La garnison et les compagnies bourgeoises déposent leurs armes et sont conduites devant le maréchal, qui les attendait près de l'emplacement occupé par son artillerie.

A la vue de ces braves, dont les deux tiers n'avaient jamais porté les armes, le maréchal, fixant des regards courroucés sur le capitaine Morel, lui demande si ce sont là tous les défenseurs de la ville. Le capitaine répond affirmativement. « C'est une violation des lois de la guerre, » s'écrie Biron, d'avoir osé, avec une telle poignée d'hom- » mes, arrêter dans sa marche une armée royale, vous » méritez tous la corde, votre ville devrait être réduite en » cendres, mais votre chef paiera pour tous! » Et il ordonne qu'à l'instant le capitaine soit pendu à un arbre voisin, un tilleul, suivant la tradition la plus constante, et, selon un petit nombre, un prunier, qui, le lendemain de l'exécution, se serait trouvé couvert de fleurs, circonstance trop extraordinaire pour être acceptée sans examen.

Le supplice ou plutôt le martyre de Morel était une violation de la foi promise; les autres articles du traité ne furent pas plus fidèlement exécutés. A peine les vainqueurs eurent-ils pris possession de la ville qu'ils se saisirent du pain cuit et de toutes les viandes nécessaires à la nourriture des habitants, le cours des fontaines fut arrêté, les fours et moulins occupés; de sorte que la disette devint telle que 6 livres de pain se vendaient 50 sols. Les caves furent enfoncées et mises au pillage, les meubles et ustensiles de ménage emportés, les cuviers et tonneaux vides servirent à allumer des feux, tels que l'on put craindre que la ville entière ne disparût dans les flammes, les bourgeois, retirés dans leurs maisons, se virent en butte à toutes les violences d'une soldatesque effrénée, qui répondait à leurs plaintes en leur disant que tout appartenait aux vainqueurs, qu'il n'y avait de réservé que la vie des hommes et l'honneur des femmes, et que si la valeur des maisons ne leur était payée, elles seraient arses et mises en cendres.

— Mardi 8 août. Depuis la veille, les principaux habitants s'étaient hâtés de quitter la ville et de se réfugier dans des retraites écartées et inconnues. Le pillage continue, dans les caves principalement. Des commis établis au nom du roi, sous la direction d'un nommé Thiébauld Magnin, domestique de la dame de Carnavalet, vendent les vins au profit de Henri IV. Où, dans une pareille confusion, trouvaient-ils des acheteurs? c'est ce que la tradition ne nous dit pas. Dans la seule journée du 8, il en est vendu pour

14,000 écus, et les jours suivants, jusqu'au 11, cette vente n'est point interrompue.

Au mépris de la foi jurée, les églises elles-mêmes sont envahies, dépouillées et profanées. Bontemps nous rapporte qu'un officier, ivre sans doute, étant entré en blasphémant dans celle de St.-Just, y fut subitement frappé de mort. Le maréchal de Biron, informé du fait, et voulant s'assurer que cette mort n'était point le résultat de quelque blessure, vient lui-même examiner le cadavre, et le fait visiter par les chirurgiens de l'armée. Tous s'accordent à affirmer que cette mort est accidentelle, on lui raconte alors les actes du défunt qui l'ont précédée. « Il l'a mérité ! » s'écrie-t-il, et à l'instant, l'épée à la main, il chasse de l'église les soldats qui la remplissaient et y commettaient des sacriléges, et tue de sa propre main l'un d'entre eux, qui osa lui résister, devant l'autel de sainte Radegonde.

La consternation était à son comble, lorsque quelques-uns des principaux habitants, restés dans la ville, se rassemblent dans l'église collégiale et délibèrent sur les moyens de mettre un terme à une aussi cruelle situation. Il est résolu qu'il sera nommé des délégués, chargés de traiter au nom de la ville avec le roi, *au mieulx et à la moindre foule que possible*. Le résultat de la délibération est communiqué *au facteur du Biarnois*, Jean de Croissey, avec prière d'obtenir le passeport nécessaire pour aller trouver led. Biarnois au château de Montigny. Quelques heures après, Croissey leur fait répondre que tels cas et tels moyens d'hostilité ne cesseront que moyennant la somme de dix mille écus d'or sol (30,000 francs), et que si les délégués n'étaient pas autorisés à accepter cette condition, il ne convenait point qu'ils se transportassent à Montigny. La somme est accordée, et il en est passé obligation à l'échéance du 1ᵉʳ décembre suivant. Pour sûreté de paiement sont désignés quatre ôtages, qui seront mis à la disposition du roi; ce sont noble Gaspard Grilliard, Claude Pacoutet, François Bosne et Guillaume Ratelot.

Vers le soir arrivèrent dans la ville le duc de Guise et le sieur de Tournon, tous deux blessés et malades, et avec eux plusieurs officiers généraux de l'armée, spécialement chargés de faire observer la plus exacte discipline.

— 9 août. Le Béarnais fait son entrée dans la ville, accompagné du connétable de Montmorency, du duc de la Trémoille, du maréchal de Montluc et d'une foule de seigneurs. Comme les magistrats avaient fui, ou se tenaient cachés, dans la crainte d'être forcés de prêter le serment de fidélité, une tradition qui n'a jamais été démentie rapporte qu'un boucher de la ville, homme déterminé et à bons mots, se chargea d'adresser au roi le compliment d'usage. Suivi d'artisans et de vignerons, il descend à l'entrée du village de Changin, où il rencontre le roi qui était à cheval. « Sire, lui dit-il, vous croyez peut-être que si je ne suis » pas le mayeur, je suis au moins un des échevins ou des » conseillers ; détrompez-vous, je ne suis qu'un pauvre » boucher, et voici un troupeau de brebis que je vous » amène, tondues, meurtries et écorchées par Biron, votre » maréchal ; elles vous crient merci pour elles, et ven- » geance contre.... » A ces mots, le maréchal de Biron l'interrompt brusquement, en lui disant: « Combien les » ânes se vendent-ils dans ton pays? — Quand ils sont de » votre poil et de votre taille, lui répond audacieusement » l'orateur, il valent dix écus. — Bravo ! bravo ! s'écrie » Henri IV, en riant aux éclats, à bon chat, bon rat, bien

» attaqué, bien défendu! » Puis, de ce ton de bonté qu'il savait prendre quand il le croyait utile à ses desseins, il s'informa et du nombre des habitants de la ville, et de celui des bourgeois et soldats qui l'avaient défendue; et *comme la vertu*, dit Bontemps, *a cela de propre qu'elle est admirable, mesme aux ennemis,* il loua leur constance, disant haut et clair qu'il souhaiterait que ses sujets lui fussent tous aussi fidèles que ce bon peuple était envers son roi. Et l'ordre fut renouvelé d'interdire aux soldats toutes cruautés, outrages et vexations, et les magistrats qui s'étaient exilés de la ville, plusieurs à prix d'or pour obtenir passage, furent invités à y rentrer, avec assurance qu'aucun mal ne leur serait fait, et aucun serment demandé.

Alors lui furent offerts les vins d'honneur qu'il accepta, et il but à la santé des habitants. L'usage voulait qu'on lui rendît raison en buvant à la sienne; le boucher et plusieurs de ceux qui le suivaient s'y conformèrent, à l'exception d'un vieillard, vigneron de son état, qui répondit brusquement qu'il n'avait pas soif.

Le cortége poursuivit sa marche et arriva à la porte de Courcelles. Là se trouvèrent les demoiselles de Jallerey, Glanne et Gillaboz, qui présentèrent au roi les clés de la ville, dans un plat d'argent, orné de fleurs. Mademoiselle Gillaboz avait été désignée pour prononcer le compliment; elle était spirituelle et s'en tira bien, elle obtint que les cloches de la ville ne seraient point livrées au grand-maître de l'artillerie, et demanda une sauve-garde pour l'honneur des femmes. Comme cette demoiselle était loin de pouvoir être comptée parmi les beautés du pays, Henri IV sourit à cette demande et lui répondit, sinon galamment, du moins avec malice : « Ma foi, mademoiselle, si toutes celles de

» la ville vous ressemblent, leur sauvegarde est sur leur
» visage. Toutefois, rassurez-les, et dites-leur qu'elles
» n'ont rien à craindre. » Cette anecdote traditionnelle a
été confirmée par un de ses descendants, l'abbé Gillaboz,
mort en 1784, qui a laissé quelques notes historiques sur
la ville et sur sa famille.

— Jeudi 10 août. Confiants dans la parole de Henri IV, les magistrats et principaux habitants fugitifs s'étaient empressés de rentrer dans la ville, afin de travailler à ses intérêts. Il furent admis en présence du roi et le supplièrent de modifier la capitulation du 7 août, en ce qui concernait la rançon des habitants. Henri le promit, et accepta un dîner qui lui fut offert, ainsi qu'à ses principaux officiers. A ce dîner furent prodigués les meilleurs vins, qui, soigneusement cachés, avaient échappé à la rapacité des soldats. Le roi, qui en était friand, demanda d'où ils venaient. « D'où ils viennent! répliqua vivement un des convives,
» d'Arbois, d'Arbois même, et d'où donc pourraient-ils ve-
» nir? — Mais.... de France. — De France! pas fichu en
» France d'en avoir du pareil! » A ces mots, qui peignent cette fierté locale, caractère distinctif de l'habitant d'Arbois, et qui annonçaient que les têtes commençaient à s'échauffer, le célèbre duc de Sully se hâta de dire : « Oui, sans doute,
» votre vin est très-bon, et c'est de lui qu'Horace a voulu
» parler quand il a dit : (Liv. III, ode 21) *Vinum addit*
» *cornua pauperi* (1). — A merveille, s'écria le roi, voilà
» la meilleure preuve de l'excellence du vin d'Arbois, il fait
» parler latin à Sully qui n'en sait pas un mot. *Bonum*
» *vinum acuit ingenium* (2). — Oh! sire, dit sans ré-

(1) Le vin donne au pauvre l'audace et la force.
(2) Le bon vin aiguise l'esprit.

» flexion un des convives Arboisiens, nous en avons ce-
» pendant encore du meilleur. — Dans ce cas, répliqua
» Henri, vous le gardez sans doute pour une meilleure
» occasion. — Hélas! sire, dit alors le docteur Vuillemin,
» l'un des hommes les plus respectés de ses concitoyens,
» et ancien médecin du roi Philippe II, que pourrions-nous
» ordonner de plus salutaire à ceux qui sont dans le cha-
» grin et l'amertume du cœur? » Et, là-dessus, il exposa
au roi les calamités qui accablaient la ville, les maisons
incendiées ou dévastées, les nombreuses familles sans asile,
sans vêtements et sans pain, l'inflexible dureté des chefs,
la rudesse des soldats, l'impossibilité enfin où était la ville
de payer la rançon de ses habitants et de nourrir plus longtemps l'armée française. Henri l'écouta avec attention et
bonté, et après un moment de silence, il lui dit : « Je ré-
» duis à dix mille écus la rançon des biens et des personnes;
» quant à l'armée, encore quelques heures de patience;
» demain elle partira, sauf une arrière-garde peu nom-
» breuse, qui sera commandée par un homme de bien, le
» sieur de la Morillière. »

— Vendredi 11 août. Départ de l'armée, en présence
des habitants qui voient avec une joie mal contenue, dé-
filer cette nombreuse infanterie, cette cavalerie et ces canons qu'ils se flattaient de ne revoir jamais. C'était leur
délivrance, mais elle était incomplète, il leur restait une
garnison et l'armée devait s'arrêter devant Poligny.

— 11 août. Traité conclu entre noble Antoine de Montrond, sieur à Mont-soubs-Vauldrey, mayeur de la ville
d'Arbois, Jehan Bontemps, escuyer et Jehan Laurenceot,
docteur ès droits, conseillers de lad. ville, messires Hugues
Rahon et Estienne Vuillin, chanoines en l'église collégiale

Nostre-Dame dud. Arbois; Just Baraudot, Claude Mayre et Antoine Vuillet, prebstres familiers en l'église St.-Just dud. Arbois, honorables Jacques Mathey, Gérard Planois, Jehan Boiteux, Jehan Patrognet, Just Chameaul, Joseph Loupvet, François Bobayne, Denys Perrot, Pierre Fourneret, Pierre Dubois, Anathoile Rougebief, Christophe Patrognet, Simon Nicolas, Jehan Aulbry, le vieil, Denys Vaulcheret, Pierre Cousturier, maistre Christophe Regnauld, Gérard Dombre, Pierre Lornet, Pierre Monenffant, Jacques Faule et Jehan Aulbry, le jeune, bourgeois et habitants représentant la mayeure part des habitants de lad. ville, d'une part, et, d'aultre part, noble Jehan de Grassy, par lequel, au nom de lad. communauté, lesdits promettent et s'obligent de déans le premier jour de septembre prochainement venant, rendre et payer au roy de France la somme de trente mille francs, monnoye de France, pour la rédemption, quittance et libération de lad. ville, biens, moyens et chevances desd. habitants, relaxations de leurs personnes emprisonnées, oultre leurs vies saulves. Faict à Arbois, en la maison dud. sieur de Montrond, heure de dix du unziesme jour du mois d'aost 1595. Présents, Jehan Cavaroz, de Villersfarlay, et Loys Brigand, de Villette, tesmoings ad ce requis.

— 12 août. Départ de Henri IV, escorté par le corps du sieur de la Morillière, qui est immédiatement remplacé par le régiment suisse du colonel Galatty, au service de France. Avec le roi partent les quatre ôtages, qui garantissent le paiement de la rançon, définitivement réduite à sept mille écus. Le roi, en partant, promet de donner à la ville de nouvelles lettres de neutralité.

— Même jour. Reconnaissance de 800 écus, souscrite

au nom de la ville à Jehan de Grassy, en déduction de la rançon de ladite ville, payable à Lyon dans un mois, en monnaie de France.

— Dimanche 13 août. Restait le régiment suisse, dont la présence était d'autant plus impatiemment supportée, que les soldats, constamment attablés, ne cessaient de se gorger de viande et de vin. Employer la violence pour s'en délivrer eût été imprudent ; on résolut de leur faire peur. Vers midi, les places et les rues se remplissent ; on se parle à l'oreille, on se dit à voix basse que l'armée du connétable de Castille s'approche de la ville, qu'on en a vu l'avant-garde, que les Suisses vont être pris. Tous ces mouvements inquiétaient les soldats, lorsque tout-à-coup les cris de : Vive le connétable ! vive le roi d'Espagne ! les voici ! les voici ! hors d'ici les Suisses ! éclatent de toutes parts. Effrayés de cette explosion, sans s'assurer si la nouvelle est vraie, les Suisses quittent leurs tables, saisissent leurs armes, et s'élancent hors de la ville, sans ordre, en tumulte et sans regarder derrière eux. Il n'en resta pas un. « Et ce fut ainsi, dit Bontemps, qu'Arbois rentra dans sa » première liberté, et que les habitants reconquirent leur » ancienne indépendance. »

— Lundi 14 août. Lettre de Henri IV.

A tous nos lieutenants généraux, gouverneurs de nos provinces, baillis, seneschaulx, prevosts, etc., Sçavoir faisons que, désirant comme cy-devant a faict nostre prédécesseur, entretenir la neutralité de la ville d'Arbois, territoire, ressort et bailliage d'icelle, avec nos duché de Bourgongne, viscomté d'Auxonne, Bassigny, etc., et faire jouir les bourgeois, manants et habitants d'iceux de la mesme liberté pour le labourage et le commerce que par le passé, en vertu de la neutralité qui leur avait esté accordée par le feu roy, nostre seigneur et frère. Pour ces causes, avons accordé et ontroyé à iceulx habitants de la ville, ressort et territoire d'Arbois ; qu'il soit loisible auxdits habitants de labourer, négocier et faire leur mesnage tout comme ainsi qu'ils ont accoustumé, trafiquer et transporter marchandises en toutes provinces anciennement comprinses en lad. neutralité. Comme aussi nos subjects jouiront de leurs biens situés et assis dans ladite ville, bailliage et ressort d'Arbois, sans qu'on puisse leur faire la guerre entreprendre ou exercer aucun acte d'hostilité au préjudice de ladite neutralité, d'autant que nous prenons et mettons de grâce spéciale, pleine puissance et aucthorité royale lesdits habitants, de quelque qualité qu'ils soient, leurs familles et biens en nostre protection et saulve-garde, à la charge qu'ils obtiendront deans six mois pareille neutralité du roy d'Espagne. Car tel est nostre plaisir.

Donné au camp de Poligny, le 14e jour du mois d'aost de l'an de grâce 1595, et de nostre règne le septième.

HENRI. Par le roy, Ruzé.

— Août. Immédiatement après le départ des Français, on songea à célébrer solennellement les obsèques du capitaine Morel, dont le corps avait été jeté dans une fosse creusée près du lieu de son supplice. La chapelle de St.-Roch fut désignée pour renfermer les restes de cette victime de l'amour de la patrie ; mais nous n'avons trouvé nulle part les détails de cette douloureuse cérémonie. Sur la tombe du brave et malheureux capitaine furent gravées les épitaphes suivantes, dont le docteur Vuillemin fut l'auteur :

Jos. Morelli, cognomine principis, in obsidione Arbosii, patriæ suæ, peditum ducis epitaphium.
Dum patriam fortis Princeps Morelle tueris,
Solus pro patriâ victima sacra cadis.
Civis sic patriæ es cœlestis factus, et hostis,
Dum tulit, æternum nomen habere dedit (1).
Obiit die 7 Augusti 1595.

(1) Tandis que, courageux Prince, tu défends ta patrie, seul, victime sacrée, tu meurs pour ta patrie ; ainsi tu es devenu citoyen de la patrie céleste, et autant qu'il l'a pu, l'ennemi t'a donné une immortelle renommée.

Ne vous travaillez point de me faire un tombeau,
Mes chers concitoyens, de porphyre ou de marbre ;
Assez m'honorera où je fus pendu l'arbre,
Pas vous ne m'en pourriez ériger un plus beau.

— 24 août. Assemblée du conseil. Il y est exposé qu'il a été reçu des ôtages de la ville, emmenés à la suite du Byarnois, une lettre datée de Conliège, 19 août, par laquelle le conseil est prié d'adviser au plustôt aux moyens de leur faire rendre la liberté, sur quoy il est délibéré que, pour trouver les deniers nécessaires, il est besoin de commettre des personnages de la ville qui se rendront par devers le comte de Champlitte et le connestable, pour leur faire entendre le faict qui s'est passé de la prinse de la ville, les pauvretés qui s'en sont ensuivies, les mauvais traitements essuyés de la part de l'ennemy françois, lequel a bruslé en Faramand plus de 60 maisons, deux en la rue Dessous, et autres calamités, pour, par après, mettre le tout soubs les yeux de S. M., afin qu'elle daigne donner ordres nécessaires pour le remboursement des grandes sommes dépensées par la ville d'Arbois dans les mois d'avril et may précédents, lors du passage et séjour des troupes espagnoles. Sont désignés pour ladite mission les sieurs Claude Gillaboz et Estienne Pécauld.

— 2 septembre. Retour des députés, qui ont été parfaitement accueillis. Le gouverneur et le connestable les ont congratulés sur la belle défense de la ville et le courage des habitants ; le connestable leur a donné une lettre adressée aux mayeur, eschevins et conseil, dont la teneur suit :

Messieurs, un gentilhomme m'a apporté vos lettres du 24ᵉ d'aost, et informé de vos travaux, lesquels me donnent autant de peine que je suis bien asseuré comme vous vous estes bonnement défendus, et avez honorablement procédé contre l'armée de l'ennemy, de quoy l'on ne debvoit espérer mieux de vostre valeur et fidélité, que de vivre et mourir au service de vostre roy et seigneur, à qui j'ay desjà donné compte de l'estat auquel vous vous treuvez, et suis en espoir que de sa royale et libérale main vous serez rémunérés et aydés comme il est raison, et comme vous le méritez. Pour cest effect, je vous offre de nouveau les intercessions que vous désirez de moy. Maintenant, il convient qu'entre vous tous, vous vous aydiez à vous refaire de vos ruines passées, le remède desquelles j'eusse procuré, si, à temps, m'en eussiez requis. J'escris à M. de Clerveaux qu'il ayt à vous soulager et descharger de toutes sortes de logements de gens de guerre, et autres charges semblables. Je feray de mesme quand j'iray de par là avec l'armée, avec la volonté de procurer toujours vostre proufit et bénéfice. Quant aux munitions qu'avez fournies pour les troupes de S. M. pendant le temps qu'elles ont esté vers vous, il sera bon que vous joigniez vos comptes, afin que je commande qu'ils soyent veus, et qu'il y soit pourveu et satisfaict comme je le désire et le veulx.

Dieu vous ayt en sa garde. A Pesmes, le 31 aost 1595.

Signé Juan DE VÉLASCO, connestable.

— 23 septembre. Traité de neutralité conclu à Lyon entre le roi de France et les députés de Franche-Comté, par lequel sont stipulées les conditions suivantes :

Sera entretenu et observé le traité conclu à Neufchâtel avec les treize cantons Suisses, en mars 1580. Ne pourront être envoyés dans le comté aucuns gens de guerre par les rois de France et d'Espagne. Seront retirés tous gens de guerre occupant les deux Bourgongnes, le Bassigny et la viscomté d'Auxonne, et seront rendues, dans quatre semaines, toutes les places, sans que rien puisse en être emporté. Liberté sera rendue au commerce, et seront mis en liberté tous prisonniers faits de part et d'autre; enfin, seront députés par le roy de France, deux personnages qui déclareront si les sieurs de Montrond, mayeur d'Arbois, et de Marigny, mayeur de Lons-le-Saulnier, ont été ou non faits prisonniers en violation des traités.

— 25 septembre. Convention faite à Lyon, en présence de Mathieu de St.-Mauris et Nicolas Coutre de Vercey, témoins requis, par laquelle s'engagent Béat-Jacob de Bonstelten, du grand conseil de Berne, Nicolas de Watteville, baron de Versoix et seigneur de Chastelvilain ; Anathoile Galyot et Guillaume du Molin, conseillers au parlement de Dole, et Estienne Faulche de Domprel, capitaine de Joux, pour S. M. catholique, à payer, le 1er janvier 1596, aux seigneurs Gaspard Galatty, de Glaris, et Balthasar de Crissach, de Soleure, colonels de deux régiments Suisses, pour le service de S. M. très-chrestienne de France et de Navarre, la somme de 22,000 escus d'or sol, trois francs pour chascun escu, et ce, pour celle de 7,000 écus, dont est par traicté redebvable à sad. majesté la ville d'Arbois, et de 15,000 escus promis et accordés à lad. majesté par la ville de Lons-le-Saulnier, au défaut de quoy les susd. obligent leurs biens, meubles et immeubles, présents et à venir.

— Octobre. Ordre est donné par le conseil de dresser inventaire de tous blés et vins estrangers déposés en la ville avant le siége, les barrer et mettre sous garde, par la raison que si la ville est contrainte à payer les sept mille escus exigés pour rançon des ôtages, meubles et biens, lesd. blés et vins lui doivent appartenir. Madame Suzanne d'Achey, épouse du baron de Poitiers, seigneur de Vadans, réclame contre cette prétention ; elle n'est point écoutée, et il est enjoint aux gardiens de ne se dessaisir, sous aucun prétexte, des vins et blés mis à leur charge.

— Acceptation de la proposition faite par le prieur, de se rédimer de la dosne de la saint Martin, au prix de huit vingts (160) francs.

— 10 novembre. Sur plaintes du sieur Gillaboz des pertes éprouvées par lui allant à Lons-le-Saunier pour les intérêts de la ville, voyage dans lequel il a été dépouillé de son cheval et de presque tous ses vêtements par des

soldats occupant encore Mirebel et lieux circonvoisins
pertes dont il sera indemnisé, il est ordonné à tous le
bourgeois de monter la garde aux portes qui seront ouverte
le matin et fermées le soir, et les clés déposées chez
mayeur, à peine de 60 sols d'amende pour tout défaillan
à la première fois, de 10 livres estevenantes à la seconde
et à la troisième, d'expulsion de la ville, autant de temp
qu'il sera advisé par le conseil.

— 23 novembre. Le parlement de Dole écrit au conse
pour lui signifier que la rançon de la ville, définitivemen
fixée à sept mille écus, doit être acquittée le 1er janvie
Le conseil fait répondre par le mayeur que la ville, étonné
de ce qu'on a traité sans sa participation, proteste contr
cet accord, fait à son détriment et sans qu'elle ait été cor
sultée. Le 2 décembre, le procureur général du Parlemen
réplique que requête a été par lui présentée à l'effet d
faire condamner la ville au paiement de la rançon convenu
le 7 août et confirmée le 11 du même mois. Le conse
décide que le procès sera soutenu, et en conséquence
envoie procuration au procureur Girardot, avec prière
l'avocat Grivel de plaider la cause.

— 11 décembre. Appel de la cause. Le défenseur ex
pose que jamais la ville n'a traité avec l'ennemi, que l'act
présenté comme une capitulation, signé seulement par le
sieurs Bontemps et Laurenceot, n'est nullement obligatoir
pour elle, lesdits signataires n'ayant reçu aucun pouvoi
à cet effet, que cet acte n'a jamais été ratifié par le ma
gistrat, et que d'ailleurs cette capitulation, si elle mérit
ce nom, a été indignement violée, soit par l'assassinat d
capitaine Prince, soit par le pillage des biens, la vente de
vins, la dévastation des maisons et la nourriture de l'armé

ennemie, toutes choses qui ont coûté à la ville plus de soixante mille francs.

A ces arguties le procureur général répond que le traité attaqué a été ratifié le 14 août, l'ennemi s'étant retiré, par les habitants, au nombre de 50, assemblés en l'église de St.-Just, lesquels ont approuvé led. traité, et passé procuration, en obligeant la communauté, pour emprunter la somme exigée; qu'il n'est nullement raisonnable que led. accord, qui a profité à tous les habitants, devienne ruineux pour ceux-là seuls qui l'ont signé, et qui ont ainsi, chose bien assurée, épargné à la ville le pillage, qui aurait eu bien plus grande valeur que la somme accordée au prince de Béarn, sans y comprendre les grands périls qu'elle aurait courus; que ce premier accord, conclu, la brèche étant faite, n'avait réservé aux habitants que la vie sauve, et aux femmes leur intégrité et honneur, et qu'il était nécessaire de traiter pour les biens meubles, qui autrement fussent demeurés en la puissance et discrétion de l'ennemi; qu'il ne convient point aux contrariants de se plaindre de l'énormité de la somme accordée à l'ennemi, puisque, au moyen d'icelle, on a évité l'entier saccagement de la ville, et que les meubles restés en icelle sont de beaucoup plus grande valeur que la somme accordée; que les commissaires députés par la cour de Parlement ont fait réduire la somme de trois mille écus dont par ce ils ont gratifié lesd. habitants, qu'enfin led. traité signé des sieurs de Montrond, mayeur, Grilliard, eschevin, Bontemps, escuyer et Laurenceot, a été approuvé de tous autres qui étaient présents, et qu'il n'a pas été fait contre l'opinion des contrariants, mais bien en leur absence, parce qu'ils ne s'étaient point trouvés à l'assemblée susmentionnée, mais étaient la plupart échappés et évadés de la ville par plusieurs trous et endroits d'icelle.

En conséquence, les choses susdites étant vraies, notoires et manifestes, qu'il soit dit et déclaré par le bon et souverain jugement de la Cour que la somme de vingt et un mille francs due à raison dud. accord, sera répartie sur toute la ville, et portion d'icelle payée par ceux qui y ont retiré grains et vins, selon la cotisation qui sera faite.

Adoptant ces conclusions, la cour prononce que les habitants d'Arbois sont condamnés au paiement de trente mille francs qu'ils ont promis, les neuf mille applicables aux urgentes nécessités du pays et les vingt et un mille autres devant être portés à Berne avant le 1er janvier.

Le conseil présente requête à l'archiduc Albert, ou cardinal Infant, par laquelle il le supplie de surseoir à l'exécution de l'arrêt, et d'évoquer la connaissance de la cause au conseil privé du roi, pour juger et décider en dernier ressort; mais la requête est rejetée et l'arrêt exécuté.

— 18 décembre. Autre procès, aussi mal fondé que le premier, et qui n'a pas un meilleur succès. Des quatre otages emmenés par les Français, deux étaient morts à Lyon, Gaspard Grilliard, le 5 septembre, et Claude Pacoutet, le 19 du même mois. Les deux autres, François Bosne et Guillaume Ratelot, avaient été mis en liberté le 20 octobre, et étaient rentrés dans leurs foyers après une captivité de 68 jours. Ce voyage forcé leur avait occasionné de grandes dépenses, et leur commerce (ils étaient marchands) avait souffert de leur absence. Ils demandèrent au conseil l'indemnité qui leur était due, et en présentèrent le compte, soigneusement détaillé, et s'élevant à 796 fr. 8 gros. Le conseil rejette la demande; le 24 novembre, le réclamants présentent requête au Parlement qui la renvoie au conseil avec injonction d'y répondre. Celui-ci répond par un long mémoire divisé en 56 articles indépendamment des préliminaires. Selon lui, la demande est subreptive, la captivité des réclamants ne peut être attribuée ni au conseil ni aux habitants d'Arbois qui ne leur ont donné aucune mission; cette captivité, loin de leur être nuisible, leur a été profitable, parce qu'ils n'ont payé aucune rançon, et que leurs maisons n'ont été ni pillées ni saccagées; les ôtages des autres villes n'ont rien osé demander; etc., etc. En conséquence, la réclamation n'est pas recevable (Voy. 1er juin, 7 août et 23 août 1596).

— 29 décembre. Lettre du roi Philippe II, par laquelle il félicite la ville d'Arbois pour sa belle défense, et lui promet de venir à son secours, et de faire payer les frais occasionnés par ses troupes. Le même jour il écrit au cardinal-archiduc Albert la lettre suivante, datée de Madrid :

Mon bon frère, nepveur et cousin, la lettre cy-enclose, présentée de la part des mayeur et eschevins de ma ville d'Arbois, en mon comté de Bourgoingne, vous informera de ce qu'ils représentent du dommaige qu'elle a souffert à cause du rançonnement que leur a esté imposé par le prince de Béarn, et que pour redresser la muraille de lad. ville, ils me supplient les vouloir ayder du revenu de la seigneurie de Nozeroy aud. pays, pour le temps qu'en seroit mon plaisir, comme contient lad. requeste, laquelle ay treuvé bon de vous remectre, afin que ouys ceulx que treuverez convenir, m'en réserviez vostre advis, par rescription particulière, à ce qu'en estant informé, je y puisse après prendre la résolution que treuveray convenir.

1596, 7 janvier. Par délibération du conseil, seront retirés du château St.-Agne, où ils ont été déposés avant le siége, les reliques et sanctuaires de l'église de St.-Just, ainsi que les titres et papiers de la ville.

— Du même jour. Il est alloué, à titre de droit de présence, à chaque membre du conseil, quatre blancs par séance, et deux blancs à chacun des sergents de ville en station à la porte pour exécuter les ordres de Messieurs.

— 28 janvier. Défense aux habitants du faubourg de Faramand de rebâtir les maisons incendiées pendant le siége, élevées en face des remparts depuis la tour Gloriette jusqu'au pont des Boucheries, afin de ne point affaiblir les moyens de défense de la ville. Telle est l'origine de la place de Faramand. Les maisons qui bordent actuellement la rivière ne furent construites qu'après le démantèlement.

— 2 février. Assemblée générale, à laquelle assistent plus de 400 habitants. Le mayeur, Frédéric Vigoreux, seigneur de They, expose que la cour souveraine ayant condamné la ville d'Arbois à payer à l'ennemi françois sept mille escus de rançon, et pressant l'exécution dud. arrêt, le terme dud. paiement étant expiré depuis le 1er janvier, un plus long retard entraînerait la ville dans des frais énormes; que la présente assemblée a été convoquée pour adviser aux moyens de trouver lad. somme. Sur quoi il est délibéré à pluralité des voix :

1°. Sera fait un jet sur tous habitants et estrangers y possédant biens et revenus.

2°. Sera au plustôt empruntée lad. somme de 7,000 escus, au nom de la ville, hypothéquée sur les biens d'icelle.

3°. Sera, pendant quatre ans, payé le sel de l'ordinaire dix blancs deux deniers le salignon, et sera chascun, soubs peine d'y estre contrainct, obligé de le prendre.

4°. Seront vendus au profit de la ville tous froment et vin estrangers y estant au moment de la prinse de lad. ville.

5°. Rendront leurs comptes, d'ici à trois semaines, tous ceux ayant manié l'argent de la ville, à quelque titre que ce soit.

6°. Seront envoyés à Milan, comme députés, auprès du connestable de Castille, à Madrid, auprès du roy, et en Flandre, où desjà se treuve le sieur de Jaillon, à l'effect d'obtenir les secours promis à la ville pour sa conduite pendant le siége, et le payement des fournitures faictes aux soldats italiens et allemands séjournant à Arbois, aux mois d'avril et may derniers passés.

En exécution de cette délibération, sont empruntés à diverses personnes 17,550 francs, au feurg de huit pour cent d'intérêt annuel.

— 10 février. Sur requête du conseil, le comte de Champlitte, Claude de Vergy, par ordonnance faite à Dole, permet de réédifier les maisons incendiées ou démolies dans la ville et les faubourgs à l'occasion du siége, aux lieux et place qu'elles occupaient, à condition qu'elles pourront être démolies, en cas de nécessité.

— 3 mars. Il est alloué à Claude Vuillin, député à Milan pour recevoir l'indemnité due par le roi pour ses troupes, laquelle est évaluée à trois mille écus, quatre francs et demi par jour pour dépenses de son voyage.

— 26 mars. Par acte, passé à Berne, les sieurs Hanns Rudolff et Ulrich de Bonstetten, ayant charge en ce faict des héritiers de feu noble et puissant Béat-Jacob de Bonstetten, leur frère, confessent avoir reçu des habitants de la ville d'Arbois par les mains des sieurs Jehan Bontemps, Désiré Pécauld, Claude Gillaboz, Pierre Bresillet et Michiel Lardon, la somme de sept mille escus à trois francs la pièce, pour le paiement de telle somme, laquelle lesd. d'Arbois estoient tenus payer aux seigneurs colonels Galatty et de Crissach, au 1er jour de janvier dernier passé, et en sus cent quarante escus sols pour les arréraiges de trois mois six jours, au feurg de huit pour cent, de plus quarante escus sols pour les dépens du feu seigneur Béat-Jacob de Bonstetten, leur frère, faicts à la poursuite tant desd.

sept mille escus dehus par lesd. d'Arbois que des quinze mille escus dehus par la ville de Lyon-le-Saulnier.

— Requeste de messire Pierre Lallemand, chevalier, seigneur de Montigny, Grozon, etc., à l'effect d'obtenir payement de la somme à luy dehue pour avoir, dans la guerre de l'année précédente, conduit, comme capitaine, les esleus du ressort d'Arbois. Sur ceste requeste, les mayeur, eschevins et conseil exposent que dans les nécessités du pays, tous compatriotes, selon leurs moyens, qualités, pouvoir et capacités, se doibvent emplier libéralement à la défense de leur pays, sans espoir d'aulcun payement de gaiges, que les nobles et gentilhommes doibvent conduire les roturiers et leur servir de capitaines, que pour ce respect ils ont toujours prétendu exemption des jets qui se font pour le don gratuit, ce qui leur a esté tolléré pour ce que, à leurs frais et sans espoir de gaiges, ils doibvent servir leur prince et leur pays en leurs nécessités par certain espace de temps; que jusqu'à présent ne s'est jamais veu capitaine en ce pays, originel d'iceluy, qui, pour avoir secouru son pays en ayt demandé gaiges qui ne luy sont dehus pour y estre obligé tant par droict de nature que pour les raisons susdictes.

— 18 avril. Est député à M. de Champagney, avec deux pièces de vin blanc qu'il doit lui offrir, l'avocat fiscal Jean Bontemps, chargé en outre de demander à ce seigneur son avis sur le voyage projeté à Madrid. Le projet est approuvé de M. de Champagney, lequel promet des lettres pour la cour et pour S. M., où, après avoir fait valoir la conduite des habitants et les graves dommages qui leur en sont advenus, il exposera que les revenus annuels du domaine royal dans la ville n'excédant pas 1,500 fr., il serait juste d'en abandonner, pendant quelques années au moins, la jouissance aux habitants, en dédommagement des pertes qu'ils ont essuyées.

Par délibération du même jour, il est résolu que le mardi suivant, sera faite une procession générale à Nostre-Dame-de-Chasteau-sur-Salins à laquelle sont requis d'assister les sieurs Vicaire perpétuel et Familiers, et que tous les chefs de famille seront advertis à son de trompe, à l'effect d'y comparoître, avec la meilleure dévotion qui leur sera possible.

— 28 avril. En considération de ce que, à l'ayde de Dieu, les habitants d'Arbois ont esté délivrés de la captivité, les sieurs Vicaire perpétuel et Familiers ayant fait vœu d'aller en procession à St.-Claude, le conseil arrête qu'il sera loisible à tout habitant de se joindre à lad. procession, mais que la ville ne pouvant faire aucun frais pécuniaire, il sera offert, au moyen d'une queste, un gros cierge de cire blanche et un restaurant, et qu'il sera donné ordre au marguillier de fournir audit Vicaire perpétuel une chappe et un reliquaire qu'il portera, et lui sera défendu de rien donner de plus.

— 8 mai. Supplique du père Polycarpe, religieux, à l'effet d'obtenir qu'il lui soit permis d'élever, à ses frais, un bâtiment attenant à la chapelle de St.-Roch, pour en faire sa demeure; il s'offre en même temps à faire le voyage des Pays-Bas pour solliciter de S. A. le cardinal Infant des secours pour la ville. Il lui est répondu que toutes démarches nécessaires seront faites pour obtenir de l'Archevesque et et du gouverneur de la province l'autorisation de construire le bâtiment; quant au voyage des Pays-Bas, led. religieux recevra cinquante escus, moyennant quoy il présentera à

Son Altesse une requeste, par laquelle la ville demande qu'il lui soit fait, à titre d'indemnité, abandon des revenus de la seigneurie de Nozeroy.

— 20 mai. Le seigneur de Montigny, Pierre Lallemand, n'avait point renoncé à sa demande rejetée par le conseil, et avait à ce sujet présenté requête au comte de Champlitte. Le comte ne partagea point les opinions du conseil, et décida que les gages du capitaine devaient être fixés à 30 écus par mois, ceux de son lieutenant et enseigne à 15, des sergents à 10, des caporaux à 8, des mousquetaires à 14 fr. et des arquebusiers à 10.

— 31. Lettre du connétable de Castille au roi, traduite sur l'original espagnol, datée de Milan :

Seigneur, les habitants de la ville d'Arbois dans le comté de Bourgogne, m'ayant supplié de représenter à V. M. leur fidélité et la manière avec laquelle ils ont défendu leur liberté et le service de V. M., ce qui a fait qu'ils se sont perdus, quand le prince de Béarn les a assaillis, lequel, s'étant emparé du pays, a saccagé et ruiné tout ce qu'ils possédoient. Je n'ai pu me refuser à ce qu'ils me sollicitoient de supplier V. M. d'accéder à leurs justes prétentions et de leur accorder la grâce dont ils se sont rendus dignes, comme ils espèrent l'obtenir du cœur de V. M., dont Dieu garde la catholique personne.

— 1er juin. Arrêt du Parlement qui condamne les mayeur, eschevins et conseil de la ville d'Arbois à payer aux sieurs Guillaume Ratelot et François Bosne tous les frais par eux soutenus dans leur captivité à Lyon, où ils avaient été emmenés comme ôtages, tels qu'ils seront taxés par commis de la cour.

— 14 juillet. A raison des dangers de peste régnant en quelques lieux assez voisins, et du grand nombre d'étrangers traversant la ville, sans qu'on sache qui ils sont, ni d'où ils viennent, il est résolu : Que l'on doublera les gages des portiers, à condition qu'ils feront garde continuelle, ne laisseront entrer dans la ville aucun étranger, non muni de certificat, attestant qu'il vient de lieu non entaché de soupçon de peste, et avertiront sur le champ le magistrat, au défaut de quoi, pour la première fois, lesdits portiers perdront huit jours de leurs gages, et la seconde fois, seront emprisonnés pour autant de temps qu'il sera avisé par le conseil.

Le même jour, il est délibéré que comme il est constant que pendant le siége il a été volé des grains, du vin et de l'argent appartenant à la ville, il sera demandé à Besançon un monitoire pour découvrir les coupables.

— 27 juillet. Considérant avec admiration que dans tous les combats soutenus pendant le siége et l'occupation de la ville, personne n'a péri, sauf le pauvre capitaine Prince (Dieu ait son âme), et que cela n'avoit pu se faire que par faveur spéciale du ciel, et intercession des saints tutélaires mons. saint Just et mons. saint Claude, il est résolu : Que le 7 août, jour anniversaire de la prinse de la ville, sera chantée une grand'messe, où seront tenus d'assister tous les habitants, avec toute dévotion ; qu'il y aura prédication, si peut se treuver personnaige apte pour la faire, puis vespres et procession solennelle ; et que pendant le temps desdits offices, cesseront travail manuel, vente de denrées sur la place, et tous jeux de quilles, dés et cartes, à peine de soixante sols d'amende.

— 7 août. Arrêt du Parlement, qui désigne le sieur conseiller Farod pour reconnaître et fixer la somme due aux ôtages de la ville, lui donnant tout pouvoir à ce nécessaire.

— 16 août. Sur l'avis reçu que la peste est à Dijon et

à Beaune, il est résolu que, dès le lendemain, la porte Picardet sera fermée, et les autres gardées par les dixeniers, chacun à son tour, sans exception de privilégiés. Il est défendu aux habitants de fréquenter les foires ou marchés ès lieux suspects de contagion, d'admettre en leurs maisons, dans la ville et faubourgs, aucun étranger sans passeport prouvant qu'il vient de lieu non suspect; en cas de désobéissance, seront incontinent brûlés les meubles de la susdite maison. Sont tenus les habitants des faubourgs de faire garde sur les chemins et dans les rues, de ne laisser séjourner nul étranger, pauvre ou riche, sur le territoire, de nettoyer toute ordure autour de leurs maisons, enlever et enterrer toute immondice pouvant infecter l'air, le tout à peine de sept sols d'amende.

— 18 août. Testament de Clauda Monnier, mère du capitaine Morel.

Je Clauda Monnier, vefve de Jehan Morel, d'Arbois, considérant que nonobstant toutes traverses et calamités mondaines, Dieu, mon souverain créateur, m'a laissé vivre jusqu'à l'âge de 80 ans, quoique comme pécheresse, je l'aye beaucolp offensé, ayant aussy pleu à sa divine bonté permettre que j'aye, comme pauvre femme, survescu led. Jehan Morel, mon bien aimé mary, et sept de ses enfants procréés en léal mariage, dont le dernier fut Joseph Morel, mon bien aimé fils, lequel estant cy-devant honoré par mons. le comte de Champlitte, lieutenant et gouverneur général pour S. M. C. Philippe, roy des Espaignes, nostre souverain prince, d'une compagnie de gens de pied, fust entré avec d'aulcuns de ses soldats, à la réquisition du magistrat de la ville d'Arbois, pour la défense d'icelle, qui le quart jour du mois d'aost de l'an 1595 dernier passé, par l'armée de Henry de Bourbon, soy-disant roy de France et de Navarre, fut investie et assiégée, et le lundy immédiatement suivant furieusement baptue de 72 cops de six doubles canons, au moyen de quoy les murailles de ladite ville furent à quelques endroits renversées, et iceluy mond. fils pris sur la brèche, défendant icelle, et aussitost mené hors la ville, devers la tour Daguet, où avait le mareschal de Biron, général de lad. armée, posé son canon pour la baterie susdite, le faict inhumainement pendre et escrauler à un arbre illec, estant quoy, il a réservé la vie saulve et l'honneur à tous habitants, femmes et filles de ladite ville.

Privée par ce du baston de vieillesse sur lequel, après Dieu, j'avois mon espoir, de quoy Dieu m'a donné patience, pour souvenance et mémoire de ce que dessus, j'ay faict et fais les fondations cy-après à l'église parochiale mons. St. Just, d'une messe basse, que se dira et célébrera chascun jour de lundy à chascune semaine, par les sieurs vénérables Familiers de lad. esglise, à l'autel Nostre-Dame, laquelle se piquera sept cops avec cloche; item, ès quatre temps de l'année, une messe à diacre et soubs-diacre, en la chapelle et oratoire érigée hors d'icelle ville, en l'honneur de Dieu, la benoiste et sacrée vierge sa mère, et mons. St.-Roch et mons. saint Sébastien, et dont je ay supplié et requis lesd. sieurs Familiers de St.-Just faire dire et célébrer par eulx et leurs successeurs, perpétuellement *in divinis* lesd. dessertes, avec la collecte *de profundis* sur la sépulture dud. Joseph Morel, mond. fils, lequel est inhumé en lad. chapelle. Item, je cède et transporte pour moy, mes hoirs et ayant cause, auxd. Familiers, une mienne pièce de terre arable, séant au territoire dud. Arbois, lieu dict en Divousart, contenant environ deux journaulx, francs et quictes de toutes charges, servitudes et empeschements quelconques. Item, la somme de cinq francs, réalment baillée, et une grande nappe pour mettre sur l'autel de lad. chapelle de St.-Roch, où commenceront dès lundy prochainement venant lesd. dessertes *in divinis*.

— 23 août. Arrêt du Parlement, rendu sur le rapport du conseiller Farod, par lequel il est enjoint aux mayeur, eschevins et conseillers de la ville d'Arbois, d'avoir à faire payer aux sieurs François Bosne et Guillaume Ratelot, ôtages de la ville, la somme de 796 francs huit gros.

— 25 août. Le conseil décide que d'oires en advant, comme l'on souloit faire du passé, chascun dimanche sera porté le baston de la fabrique dans l'église parrochiale, à la grand'messe, par un chef d'hostel, chascun à son tour, sans y faire faute, à peine par le défaillant de payer à lad. fabrique une channe d'huile de noix, et commencera le sieur mayeur dimanche prochainement venant, et suivront les habitants selon la situation de leur domicile.

— 29 août. Jet de 10,000 escus d'or sol mis sur tous les habitants et estrangers possédant biens, à l'effet d'acquitter les emprunts faicts pour payer la rançon exigée par le roy françois, pour le réachapt de la ville, biens et chevances y situés ès environs et rière le territoire, lesd. 10,000 écus payables en trois termes, le premier, au jour de nativité N.-S., 1596; le second, au jour de nativité saint Jehan-Baptiste, 1597; et le troisième, jour de nativité N.-S. dud. an 1597.

Soixante-seize chefs de famille, dont un de la rue Dessous, et le reste de Faramand, sont exempts d'y contribuer comme ayant eu leurs maisons incendiées. Le prieur fut taxé à 300 écus, le seigneur de They, Frédéric Vigoreux, à 250; demoiselle Maginet, le lieutenant général Jobert, le doct. Vuillemin, Jacq. Grilliard, à 200; Jehan Dubois, Guillaume Ratelot, Sébastien Coiteux, Pierre Bizot et la veuve de Jehan Richard, à 150; Claude Gillaboz, le doct. Glanne et Jehan Bontemps, escuyer, à 120; Cathelin Guillot, Claude Lozeron, le procureur Pécauld, la veuve Regnauld, Guillaume Fiancie, Thiébauld Boudrans, Loys Piffond et le notaire Petitjean à 100. Au-dessous on remarque Clauda Monnier, mère du capitaine Morel, taxée à 80 escus.

Le même jour, le conseil, considérant que plusieurs refusaient d'offrir le pain bénit, le dimanche, à leur tour, alléguant leur pauvreté, quoique plusieurs eussent moyens suffisants, arrête que nul, tenant feu et mesnage, n'en sera exempt, et les malheureux seront pour ce aydés des deniers de la ville.

— 14 septembre. Publication faite au prône de la messe paroissiale d'un monitoire donné par l'archevêque contre les *rattes* (souris et mulots) qui infestent le territoire, et cette publication est suivie d'une procession générale.

— 3 novembre. Récolte presque nulle, le prix du muids de vin est fixé à 60 francs, et le prieur étant hors d'état de distribuer la dosne est autorisé à s'en libérer moyennant huit vingts francs.

— 11 novembre. Traité conclu pour 6 ans entre le magistrat et Guillaume Bournans pour la direction du collége. Led. Bournans recevra 150 fr. de gages, avec jouissance des bâtiments du collége et d'un jardin, situé dans le fossé, proche la porte Oudin, du côté de vent, à condition qu'il recevra pour domestiques (pensionnaires) en lad. maison, et sous sa charge, les enfants qui lui seront présentés par les habitants, à 6 fr. par an pour chacun, et quant aux autres qui y seront envoyés journalièrement de la ville et des faubourgs, en aura deux gros par mois, et tiendra un régent à ses frais, continuellement, pour l'aider à enseigner ses écoliers, à quoi tous deux vaqueront sans entreprendre autre chose.

1597, 2 janvier. Il est réglé que tout membre du conseil, qui, averti d'assister à ses assemblées, s'en sera absenté trois fois de suite, sera exclu dud. conseil et remplacé par un autre plus zélé pour le bien de la ville.

— 4 janvier. Publication nouvelle des ordonnances rendues à propos de la peste; il est défendu d'introduire plumes et chanvre venant de lieux suspects, de jeter pommes buchines au bief en dedans du bourg, d'en exposer sur les places ou d'en jeter dans les fossés à peine de cent sols estevenants d'amende, et, sous même peine, de mettre des maltrats (fumiers) ès lieux susdicts, non plus que dans les rues, au coin des maisons, et notamment vers la porte Picardet.

— 9 janvier. Compte rendu par le sieur Claude Vuillin, envoyé à Milan (Voy. 3 mars 1596) pour recevoir les sommes dues à la ville pour fournitures faites à l'armée espagnole, et fixées par le connétable à 10,558 fr. 11 gros 1 blanc. Déduction faite des dépenses, frais et cadeaux supportés par led. sieur Vuillin, la ville reçoit 2,953 fr. 7 gros 9 deniers.

— 16 février. Permission aux pauvres de la ville seulement de mendier aux portes comme du passé, attendu qu'il est plus facile de les nourrir ainsi qu'autrement; tous mendiants étrangers seront renvoyés au lieu de leur domicile, et défense de rester dans la ville leur sera signifiée.

— 25 avril. Précautions nouvelles contre la peste, les portes de la ville sont gardées du matin au soir; défense d'acheter des meubles venus du dehors, à peine de les voir brûler, de payer 60 sols d'amende et d'être expulsé de la ville pour six semaines. Même amende sera prononcée contre tout individu qui ne dénoncerait pas au magistrat la présence de tout étranger, pauvre ou riche, clerc ou séculier, qui s'introduirait dans la ville ou dans les faubourgs. Interdiction à tout résidant d'aller en lieu suspect de contagion, sans l'autorisation formelle du magistrat, et sans rapporter attestation du lieu où il sera allé, sous même peine d'expulsion. Sont défendues toutes danses ou assemblées publiques; enfin, ordre à tout chef d'hostel et aux filles vêtues de blanc d'assister en toute dévotion, à la procession solennelle qui se fera, le jeudi prochainement venant, à Nostre-Dame-de-Chasteau-sur-Salins.

— 15 mai. La peste étant près d'envahir les villages du val d'Arbois, il est arrêté que les portes Oudin et de Courcelles seront fermées jusqu'à nouvel ordre, qu'il sera fait garde continuelle aux portes Picardet et de Faramand restées ouvertes, et qu'il ne sera vendu et délivré aucun pain aux habitants de Vadans et autres lieux suspects de contagion, sous les peines ci-devant édictées.

— 1er juin. Avis reçu du Parlement d'avoir à se garder contre la peste et contre les ennemis qui menacent toujours d'envahir le pays, et de pourvoir à la subsistance des pauvres. Les dixaines sont organisées, et comme le nombre des indigents excède 500, et que les maisons en état de faire l'aumône ne s'élèvent pas à 60, la mendicité est permise comme par le passé.

— Poursuites dirigées contre le sacristain de St.-Just, pour s'être refusé à délivrer chaque dimanche au portier du collége une des michottes offertes à la messe paroissiale.

— 29 juin. A raison de la peste qui sévit dans les villages circonvoisins, il est défendu à tous habitants d'Arbois de se rendre à la fête de Saint-Thiébauld, de vendre des cerises en lieux suspects de contagion, ou d'aller aux moissons sans autorisation du magistrat, et sans rapporter un certificat constatant que les lieux qu'ils ont traversés et où ils ont moissonné, sont exempts de contagion, à peine de 60 sols d'amende et d'exclusion de la ville.

— 6 juillet. Soupçons de l'invasion de la peste. Quelques maisons sont barrées, et sous peine d'amende arbitraire, il est défendu à ceux qui les habitent d'en sortir jusqu'à nouvel ordre.

— 20 juillet. Sur la nouvelle que la peste est à Dole, il est donné avis aux étudiants d'Arbois à l'université qu'il leur est interdit de rentrer chez leurs parents sans présenter un certificat du magistrat de Dole, attestant leur non suspicion de contagion; après leur retour, ils garderont quelque temps les arrêts. Ordre est donné à tous habitants de la ville et faubourgs, tenant feu et mesnage, d'entretenir devant leur porte une cuve pleine d'eau, et derrière ladite porte un seau également rempli jusqu'à ce qu'advienne la pluie.

— 24 juillet. Avis donné par le docteur Glanne qu'ayant appris dans la nuit la mort subite de la servante du sieur Pierre Darlay, notable, il a fait barrer la maison, et y a fait placer des gardiens en attendant que les personnes suspectes de contagion fussent conduites aux Loges. Il ajoute qu'il importe de pourvoir sans délai à leur nourriture et trouver personnes idoines pour porter des vivres aux suspects exclus de la ville et relégués dans les champs. Il est résolu que la ville fournira la nourriture aux pauvres à titre gratuit, et aux riches moyennant remboursement; sont désignées les personnes qui porteront cette nourriture, en observant scrupuleusement toutes précautions usitées en pareil cas. Les personnes barrées dans leurs maisons ou séquestrées aux Loges y seront retenues jusqu'au renouvellement de la lune.

— 31 juillet. En commémoration de la prinse de la ville, sera faite, le dimanche après le 7 août une procession générale.

— 9 septembre. L'archevêque de Besançon, prieur de St.-Just, se croyant lésé dans la perception de la dîme, avait présenté requête au Parlement, à l'effet d'obliger les habitants d'Arbois et banlieue à déclarer sous serment la quantité de vendange récoltée par eux, afin qu'au moment des *amboussaisons* (entonnaisons), les dîmeurs ne puissent plus être fraudés dans leur perception. Le conseil répond : que le serment demandé est une innovation injurieuse pour les habitants, que la déclaration exacte des quantités récoltées est impossible, et que si le seigneur prieur intente procès, la ville le soutiendra.

— 4 octobre. Sur communication faite d'une bulle du pape Innocent IX, annonçant un jubilé ou pardon général, il est décidé que ledit jubilé sera immédiatement publié à son de trompe, et commencera le dimanche suivant par une procession générale.

1598, 11 janvier. Proposition ayant été faite au sieur Frédéric Vigoreux, acquéreur des biens du sieur Jehan Daguet, escuyer, de céder à la ville la tour Gloriette, cession de cette tour est conclue pour la somme de 600 francs.

— 11 février. Édit prohibant pour le dimanche des Brandons toute danse publique au son du hautbois, du tambour et autres instruments ; défense de porter dans la ville *vollanchots* et braise ardente, tirée des fours, et à tout boulanger d'en distribuer, à peine d'emprisonnement arbitraire et de 60 sols d'amende.

— 12 avril. A des incursions de partis français se joignent des vols commis par des mendiants étrangers ; il est arrêté qu'il sera mis chaque jour une dixaine de garde aux portes et fait guet au clocher.

— 6 mai. Du consentement de Philippe son fils, le roi Philippe II confère la souveraineté du comté de Bourgogne, du Charolais et des Pays-Bas, à sa fille Clara-Eugénia, épouse de l'archiduc Albert, 6e fils de l'empereur Maximilien II, jusqu'alors archevêque de Tolède et connu sous le nom de Cardinal Infant.

— 12 mai. Les sieurs Frédéric Vigoreux et Désiré Pécauld rendent compte au conseil de leur conduite à l'assemblée des États généraux, où ils ont assisté comme députés d'Arbois.

— Sur la plainte des Familiers de St.-Just que le marguillier, nommé par le magistrat, ne peut servir aux messes hautes, vu qu'il n'a pas reçu les ordres sacrés, le père dudit marguillier, Jean de Cise, sera invité à prévenir son fils d'avoir à prendre le sous-diaconat au plus bref délai. Il sera intimé aux Familiers de ne rien entreprendre sur les droitures et priviléges de la ville, de ne se servir des belles chappes et ornements précieux de la sacristie, que pour les fêtes solennelles, et de les tenir renfermés avec soin, de peur qu'ils ne soient dérobés ou gâtés.

— 19 juin. Par acte reçu de M° Queminet, notaire, Antoine Petitjean et Georgia Lorgeot, sa femme, voulant rendre grâce à Dieu de ce que, ayant été faits prisonniers par l'ennemy françois, ils n'ont pas éprouvé des pertes aussi grandes qu'ils l'auroient pu craindre, déclarent être dans l'intention de faire construire, de leurs deniers, une chapelle au village des Planches-lès-Arbois, dont leur famille est originaire.

— 19 juillet. Ordre au procureur syndic de faire payer par le sieur Loys Gallier, prêtre familier, le prix de la chappe, due à la ville, à leur réception, par tous les prêtres admis dans la familiarité.

— 1er août. Ordre de démolir tous les fours que divers particuliers, au grand détriment des revenus de la ville, se sont permis de construire dans leurs maisons; il est enjoint à tout pâtissier de fabriquer des pâtés d'un ou deux blancs, de qualité bonne et suffisante, de manière à pouvoir en fournir à tous acheteurs, à peine de 60 sols d'amende.

— Même jour. Pour remédier à l'incommodité du chemin tirant à Rosières, seront construits deux petits ponts de pierre, l'un au Pré-Nicod (pont Levron), l'autre au bas de Rosières.

— 13 septembre. Mort de Philippe II, roi d'Espagne. Par ordre du magistrat, il est dressé, au devant du grand autel, une chapelle ardente, tendue de noir et éclairée par de nombreux cierges; au milieu est le cénotaphe, revêtu de velours noir, avec les écussons du roi. Pendant trois jours, toutes les cloches sonnent à la volée, le matin, à midi et le soir, et sont célébrées les vigiles et la messe des trépassés, auxquelles sont tenus d'assister tous les chefs d'hostel, avec grande componction et contrition; est interdite toute œuvre manuelle pendant lesdits services funèbres, le tout à peine de 60 sols d'amende, et sont distribuées des aumônes à tous les pauvres habitants.

— 22 septembre. Par acte passé par-devant Michel Lardon, tabellion, procuration est donnée à Hiérosme Albrico, de Salins, à l'effet de recouvrer et percevoir, si faire le peut, le don gratuit qu'il a pleu au seigneur don Bernardino de Vélasco, de bonne mémoire, donner aux habitants d'Arbois, des frais, despens et domaiges qu'il fit avec son train et ses troupes de gendarmerie par l'espace de 19 jours, ès mois de mars, apvril et may 1595, lesquels frais excèdent 20,000 francs. Et comme led. Albrico a promis et juré sur saints évangiles de Dieu d'en tenir bon compte auxd. sieurs du conseil, et leur en faire tradition aud. lieu d'Arbois, au plustôt que faire se pourra, à ses propres frais.

mises et despens; lui sera délivrée la moitié de ce qu'il en aura et percevra, dont il fera mectre et rédiger authentiquement par escript par les sieurs commis à la distribution, avec apposition des scels, si bien que foy de vérité puisse y estre adjoustée. Et pour seureté et asseurance dud. négoce, led. Albrico a consigné et déposé ès mains du sieur Bresillet, coeschevin et recepveur de lad. ville, la somme de 200 écus marchands, au feurg de 3 francs l'écu, monnoye ayant cours en ce pays de Bourgougne, et est déclairé que s'il ne reçoipt rien, seront tenus lesd. mayeur, eschevins et conseil lui rendre lesd. 600 francs entièrement.

— 28 octobre. Par décision du conseil, à l'avenir, tous vendeurs de vins en gros, au muids ou quaril, en rabattront par quaril une pinte, suivant l'ancienne coutume. Quant aux vins blancs, pour éviter toute fraude ou abus, seront ouverts les poinçons et les vins goustés par commis du conseil, ayant presté serment sur saints évangiles, lesquels, après s'estre asseurés que lesdits vins sont bons, naturels et hors de soupçon de gamés et autres sauvages plants, marqueront les poinçons et les cachèteront de la marque à feu de la ville, et, pour leur peine, recepvront deux blancs par poinçon.

— Même jour. Est enjoint à tout tonnelier, fabricant futailles à vins blancs, de les faire d'un quaril ou demi-muids, de la longueur, hauteur, contenance et échantillon conforme à une bande de fer apposée en l'une des colonnes des halles dud. Arbois, et de mettre leur marque sur chaque tonneau, à peine de 60 sols d'amende. Est ordonné, en outre, qu'à dater du 1er janvier 1599, sous la même peine, tout vendeur en gros, de vin blanc, n'en pourra délivrer qu'en tonneau ou feuillette, de la contenance ou mesure ci-dessus désignée. Le 27 novembre, ces dispositions sont confirmées par arrêt du Parlement.

— 28 décembre. Retour de Jérôme Albrico. Il fait remise au conseil de la somme qu'il a touchée des exécuteurs testamentaires de don Bernardino de Vélasco, montant à 2,396 livres 17 sols, monnaie impériale.

1599, 8 avril. Vu que la peste règne en lieux circonvoisins, il sera fait garde aux portes, et interdit à tout habitant de recevoir ni loger aucun étranger non porteur de bons certificats, lesquels seront communiqués au mayeur ou aux échevins, pour adviser ce qui conviendra.

— 3 mai. Il est défendu à tout habitant d'acheter vêtements, linge, fil, chanvre, filasse, plumes, venant de lieux suspects de contagion, ni d'en exposer en vente, à peine de 60 sols d'amende.

— Même jour. Seront faites, le plus tôt possible, à la tour Gloriette, les réparations nécessaires pour les séances du conseil, attendu que l'hostel où elles se tiennent est très-caduc, et met en danger ceux qui le fréquentent.

— 1er juillet. Arrêt du Parlement, qui condamne le commandeur du Temple-lez-Dole, à payer 60 escus d'or sol, auxquels, en raison des biens de la commanderie situés à Arbois, il avait été imposé pour le paiement de la rançon de 7,000 écus.

— 22 juillet. Le comte de Champlitte ayant demandé aux Etats un à-compte de 1,000 écus sur le don gratuit de 40,000 francs voté pour 1599, afin de subvenir aux frais de réception de l'infante Clara Eugénia, et de son époux, dont l'arrivée est prochaine, la quote-part de la ville d'Arbois est fixée à 100 écus.

— 10 août. Il est délibéré qu'au passage des deux princes, suivant les bonnes et louables coutumes du lieu, les sieurs mayeur, eschevins et conseilliers Vigoreux, Vuillin, Pacoutet et Grilliard, les congratuleront et leur offriront en don, au nom de la ville, un bassin d'argent valant 200 fr.

— Le même jour, ordre est donné d'attacher au collier de tous les chiens un bâton long de deux pieds, afin qu'ils ne puissent entrer dans les vignes et y gâter ou manger les raisins.

— 19 octobre. Le sieur Philippe Marchant, escuyer, de Salins, ayant demandé à être reçu habitant d'Arbois, moyennant 60 escus d'or sol, tant pour sa réception que pour sa cotisation en raison des biens par lui possédés dans le ressort de la ville, sa demande est agréée, à condition qu'il paiera sans délai.

— 19 décembre. Le seigneur prieur de St.-Just ayant contesté à la ville le droit qu'elle possède de toute ancienneté de nommer un marguillier, natif du lieu, il lui est envoyé un député chargé de lui faire connaître les pièces et titres constatant ce droit. Le prélat répond que se disposant à venir passer à Arbois les fêtes de Noël, il réglera cette affaire à la plus grande satisfaction des habitants.

1600. 2 janvier. Défense à tout habitant d'aller de nuit dans les rues de la ville, sans lumière, et ordre aux jeunes gens de se retirer chez leurs parents, au son de la cloche, à 8 heures du soir.

— 23 janvier. Considérant que l'invétérée coutume, en la ville d'Arbois, de porter failles allumées dans les rues, le dimanche des Brandons, est aussi pernicieuse que de mauvaise conséquence, il est délibéré que requeste sera présentée au Parlement, pour que led. usage soit défendu par édict souverain, lequel produira plus d'effect qu'édicts de police faicts jusqu'à présent par le magistrat du lieu.

— 23 avril. Sera publié à son de trompe que la procession annuelle à Nostre-Dame-de-Chasteau-sur-Salins aura lieu le 1ᵉʳ may prochainement venant.

— Même jour. Nouvelles craintes de peste. Est décidé que double gage sera donné aux portiers de la ville, moyennant qu'ils veilleront tout le jour et ne laisseront passer aucun estranger sans informations d'usage. En cas de première négligence, lesd. portiers perdront leur gage, à la seconde, ils seront, en outre, mis en prison. Il est défendu aux habitants de recevoir ou loger aucun estranger sans en avertir le magistrat; ordonné de nettoyer le bief Javel, et sera prononcée amende de 60 sols contre tout individu qui ira recueillir boquillons dans les vignes, ce dont sont déclarés responsables les pères et mères pour leurs enfants, et les maîtres et maîtresses pour leurs domestiques.

— Même jour. Seront envoyés 4 poinçons du meilleur vin blanc qu'on pourra trouver, aux pères Jésuites de Dole, lesquels, ceste année et les précédentes, ont délégué à Arbois plusieurs distingués personnages de leur ordre pour y annoncer la parole de Dieu, pendant le saint temps du caresme, sans en tirer aucun salaire.

— 8 mai. Sur la plainte de Frédéric de Chauvircy, seigneur de Vauxelles, que les amodiateurs de la gabelle de vins estrangers prétendent lui faire payer le droit pour les vins provenant de ses vignes de Vauxelles, amenés dans la ville, tandis que de toute ancienneté il a joui du droit de ce faire sans rien payer, ce qui est reconnu vrai, il est délibéré que lesd. vins sont et demeurent exempts de la gabelle.

— 30 mai. Par avis du comte de Champlitte, le magistrat est prévenu d'avoir à se bien garder contre les surprises des

Français qui, marchant contre la Savoie, côtoient les frontières du comté. En conséquence, est fermée la porte Picardet, et sont gardées les autres portes par une ou deux dixaines, et un guet est établi au clocher. Tout défaillant paiera 20 sols d'amende, et sera remplacé à ses frais.

— 1er juin. En exécution d'un arrêt du Parlement, qui prescrit une taxe pour les journées d'ouvriers, le conseil fixe à huit gros la journée d'un vigneron, et sous peine d'amende arbitraire, d'emprisonnement et de bannissement, il est interdit à tout ouvrier d'exiger davantage, et prescrit à ceux qui l'emploient de se conformer à cette taxe.

— Même jour. Afin de réparer la maison de l'arquebuse, située dans le fossé près la porte de Faramand, 50 francs sont accordés à la compagnie, à la charge de laquelle reste le surplus de la dépense.

— 16 juillet. Sont reçus habitants de la ville, moyennant 20 francs qu'ils ont offerts pour leur bienvenue, les sieurs André et Maurice Jarre, frères, marchands, natifs de la Chapelle-en-Tarantaise.

— 24 août. Sur la nouvelle de la prise de Bourg-en-Bresse par le maréchal de Biron, et de Montmélian par le duc de Créquy, il est fait guet et garde de jour et de nuit, et l'on répare une grande brèche de la muraille entre le pont de St.-Just et le château Bontemps.

XVIIe SIÈCLE.

1601, 16 janvier. Revue et monstre de tous manants et habitants d'Arbois en état de porter les armes, par-devant les sieurs mayeur et eschevins, lesquels sont chargés de se pourvoir de poudre à canon.

— 11 mars. Sous peine de prison et amende arbitraire,

il est interdit de porter par la ville, le lendemain, dimanche, vollanchots allumés, dagues, poignards ou bastons.

— 3 juillet. Il est décidé qu'à l'avenir le receveur des biens et revenus de la ville, jusqu'alors nommé chaque année, conservera sa charge tant qu'il plaira au conseil de l'y maintenir, et recevra annuellement 60 fr. de gages.

— 5 août. Nomination des gardes fruits pour l'année, faite, d'après l'usage, par le procureur syndic. Il était défendu de se refuser à remplir ces fonctions, sauf excuses légitimes, agréées par le conseil.

— 11 décembre. Sur l'avis que l'édit de 1598 sur la teneur des tonneaux de vin blanc n'est point exécuté généralement, il est publié qu'outre les peines déjà portées, le vin contenu dans les tonneaux qui ne seront point à la mesure voulue, sera confisqué, le tiers au profit du dénonciateur, et le reste employé en œuvres pieuses.

— Même jour. Défense est faite à tous autres qu'aux bouchers jurés de la ville de vendre chair fraîche au détail, et auxdits bouchers d'en vendre autre part qu'en la boucherie et rue d'icelle, et de tuer grosses bestes avant qu'au préalable elles aient esté visitées et reconnues saines, le tout à peine de confiscation et de 60 sols d'amende.

— 25 décembre. Sur nouvel avis du gouverneur de danger de surprise, il est arrêté que les portes, gardées par deux dixaines, seront ouvertes le matin et fermées le soir au son du tambour, et est nommé capitaine de la ville le sieur Vigoreux, en remplacement du sieur Désiré Pécauld, lequel a remontré que, veu son grand âge, il ne peut plus exercer cette charge.

1602, 13 janvier. Est chargé le sieur mayeur de faire confectionner, aux moindres frais que faire se pourra, une enseigne aux armes et couleurs de la ville (jaune et noir), en remplacement de celle prise par l'ennemy françois en l'an 1595.

— 12 avril. Le P. Favier, religieux dominicain du couvent de Poligny, appelé par le conseil pour prêcher le carême, moyennant 60 fr. et sa nourriture, demande accroissement de *mercède*. Il lui est répondu qu'ayant été reçu sur la recommandation de l'évêque de Lausanne et prévenu de ce qu'il devait recevoir, il fallait qu'il s'en contentât.

— 1er mai. Sur les instances de l'archevêque et du clergé de Besançon, la comtesse Clara-Eugénia avait rétabli le droit de censure et d'excommunication. Le Tiers-État et toutes les villes du comté protestent contre ce rétablissement, à raison des graves inconvénients d'une telle juridiction, notamment que, sous prétexte d'excommunication, plusieurs pourraient impunément se retirer en pays hérétiques, ce que l'on doit empêcher par tous moyens raisonnables que l'on pourra excogiter. — Le même jour est résolue une procession générale à Notre-Dame-de-Chasteau.

— 17 mai. Nouvelle reçue du décès de Claude de Vergy, comte de Champlitte. Son fils Clériadus lui succède dans le gouvernement du comté.

— Même jour. Sur l'avis du passage prochain d'un corps nombreux de troupes italiennes et espagnoles qui traversent le comté pour se rendre dans les Pays-Bas, il est délibéré qu'on rétablira le pont de bois construit en 1557 entre la tour Gloriette et le faubourg de Faramand.

— 28 mai. Le mayeur prévient le conseil de l'arrivée de ces troupes à Champagnole; leur première étape est fixée aux villages de Pupillin, Grozon et les Abergements, d'où elles se dirigeront sur Arbois en passant par le champ Berthod. Il ajoute qu'il est urgent de faire quelques réparations aux chemins par où elles doivent passer, et que comme dans leur marche il pourrait survenir des désordres ou autres inconvénients, il convient d'ordonner que tous les habitants prendront les armes, et qu'il soit fait défense à quiconque d'entre eux de s'établir aux portes de la ville, pour négocier avec ledites troupes par vente, achat ou échange de denrées ou marchandises, à peine de 60 sols d'amende. Ces propositions sont adoptées.

— 23 juin. Vu les troubles régnant au pays de France (conspiration du maréchal de Biron), il est défendu à tout habitant d'Arbois, des deux sexes, de voyager à l'étranger, sans permission spéciale du magistrat, à peine de 60 sols d'amende et d'exclusion de la ville pour six semaines.

— 23 juillet. Est envoyée une députation au château de Noscroy, devers monseigneur le prince d'Orange, nouvellement arrivé, pour lui congratuler sa bienvenue, et lui offrir tout ce qui est et dépend de la ville.

— 25 juillet. Corvées pour réparer le mont de Pupillin, et le chemin de Chatelbœuf (l'Hermitage) conduisant à la forêt des Chaumois.

— 28 juillet. Réparation des fortifications de Dole, à laquelle contribue tout le bailliage d'Aval; la ville d'Arbois est imposée à 500 francs. — Défense à tous autres qu'aux pâtissiers jurés de fabriquer brioches, pâtés et gâteaux à peine de 60 sols d'amende. — Proscription des oies et canards; après huit jours passés, il sera permis à tous ceux qui en rencontreront dans les rues, de les prendre, occire, et en faire ce qui leur plaira.

— 31 juillet. Exécution à la Bastille, à Paris, du maréchal de Biron, convaincu de haute trahison.

— 8 septembre. Requête adressée au conseil par les membres de la Confrérie de la Croix, dans laquelle ils exposent : « Qu'estant dans l'intention d'ériger une chapelle » en la maison dite de Bourgogne, selon la permission qu'ils » ont obtenue de LL. AA. SS., ils prient Messieurs de » vouloir bien prendre sous leur protection lad. chapelle, » ainsi que la Confrérie; que si Messieurs vouloient les » aider de leurs conseils et de quelques deniers pour four- » nir aux frais, lesd. confrères feroient apposer en lad. » chapelle les armoiries de la ville. » Sur ce, le conseil considérant les grandes aumônes, bonnes œuvres et biens faits à la ville par lesd. confrères, déclare accepter la charge de défenseur et protecteur de lad. confrérie, et vouloir contribuer aux frais de la construction, autant que le permettront les moyens de la ville. Sont chargés les mayeur et eschevins d'assister les confrères de leurs conseils et avis.

— Sur remontrance du mayeur que se sont élevées beaucoup de plaintes à raison des dégâts faits par les guêpes et autres moucherons dans le vignoble, où sont mangés, rongés et sucés les fruits et raisins, il est délibéré que requeste sera présentée à l'archevêque, à l'effet d'obtenir mandement d'excommunication contre tels animaux et autres faisant ces dégâts.

— 25 décembre. Distribution de l'aumône fondée par la comtesse Mahaut, laquelle aumône, en raison de la stérilité de l'année, est augmentée des offrandes des sieurs Gillaboz, Patrognet, Pianet, Melecot, Mévillot, Bergeret et autres notables particuliers de la ville.

1603, 19 janvier. Plainte adressée au conseil contre le sacristain de St.-Just et les familiers. Il est reproché au sacristain de négliger l'entretien des cordes nécessaires pour la sonnerie des cloches, ainsi que la fourniture du luminaire pour éclairer l'église, ce dont il est chargé de toute ancienneté, de s'approprier les cierges allumés sur les bières des trépassés, pendant les chantées faites pour eux, et de refuser de les remettre le lendemain sur le catafalque, à la célébration de la messe ou des vigiles, à moins d'une rétribution qu'il fixe à son gré ; aux Familiers, de s'opposer, contrairement aux anciens usages, à ce qu'on ouvre la terre au-dedans de l'église, avant convention préalable de leur payer une certaine somme. Le conseil, considérant que tels abus sont intolérables, charge le sieur Mayeur de représenter au sacristain et aux familiers les droits et usages de la ville, en leur déclarant qu'on ne souffrira point qu'il leur soit porté la moindre atteinte.

— 3 mars. Requête présentée au conseil par le nommé Pierre Denys, natif de Frontenay, ancien soldat, où il expose qu'ayant rapporté du village de Montaigu, près de Sichem en Brabant, une image ou statue miraculeuse de la Sainte-Vierge, il supplie le magistrat de lui octroyer permission de bâtir une chapelle et petite chambre contiguë, sur l'emplacement de la cellule ci-devant occupée par le frère Polycarpe, hermite, et sise au canton de Chatelbœuf. La demande est accueillie, et autorisation au même effet obtenue de l'archevêque de Besançon et du comte de Champlitte.

— 17 mars. Signification faite au magistrat d'Arbois, par lettres du Parlement et du comte de Champlitte que la ville et son ressort doivent payer 2,000 fr. pour nourriture et entretien pendant un mois, des gens de guerre levés dans le pays pour le service de LL. AA., et sont tenus en outre de recevoir et loger pendant même espace de temps, nourrir et entretenir 200 piétons, conformément aux réglements. Le conseil délibère : 1° Qu'il sera représenté au comte de Champlitte que la ville n'est pas encore relevée de ses ruines; 2° Que sera adressé mémoire à LL. AA. tendant à leur montrer que tels cotisation et mouvements de troupes sont contraires aux libertés et franchises de la province; 3° Que sera concerté avec les villes voisines ce qu'il convient de faire en telles circonstances.

— 28 mai. Envoi du mémoire délibéré le 17 mars, et dressé au nom de tous les députés du Tiers-Etat. Ils exposent que l'impôt, frappé sur la province, contraire à ses franchises et libertés, ne pouvait être décrété que par les États généraux du pays; que lorsque le souverain levait des troupes, soit pour le service du comté, soit pour les employer au dehors, des commissaires envoyés étaient chargés de pourvoir à leur entretien; que ledit impôt, montant à 50,000 fr. par mois, est exorbitant et d'autant plus préjudiciable au pauvre peuple, qu'il est jeté seulement sur le Tiers-État, tandis que le clergé et la noblesse en sont exempts; qu'en conséquence le Parlement et le gouverneur sont suppliés d'en suspendre la levée, attendu qu'il en a été appelé à la sagesse et à la bonté de LL. AA., lesquelles ont été suppliées de faire sortir le plus tôt possible du pays des troupes qui y sont inutiles, de les aider à conserver leurs libertés et franchises, et enfin de réduire à néant l'édit rendu à propos de l'impôt susdit.

— 6 juillet. D'après l'ordre du gouverneur, est chargé le sieur Pacoutet de conduire à Champagnole quatre queues de vin destinées aux troupes italiennes et espagnoles qui vont traverser le pays. Il tâchera de savoir quel chemin suivront lesd. troupes, et d'heure en heure, avisera le magistrat de leurs mouvements. Ordre est donné de tenir fermées les portes Oudin et de Courcelles, et aux habitants de prendre les armes, et faire la garde.

— 12 août. Sur l'exposé que le sieur curé de St.-Just néglige de célébrer chaque jour et à l'heure accoutumée, la messe au grand autel de lad. église, ce dont il pourrait résulter qu'à l'avenir led. curé et ses successeurs se croiraient en droit de célébrer ou non, à leur volonté, lad. messe paroissiale, les mayeur et échevins sont chargés de rappeler led. sieur curé à son devoir, et en cas de refus, de l'y contraindre par toute voie de droit.

— 26 octobre. Ordre à tous les habitants d'éclairer le devant de leurs maisons aussitôt qu'ils entendront, pendant la nuit, la cloche annoncer un incendie, à peine de 10 sols d'amende. Défense de porter dans les rues des failles allumées; tout contrevenant paiera 60 sols. A 8 heures du soir seront fermées les portes de la ville, au son de la cloche, auquel son sera tenu chacun de se retirer en son logis, et sous peine de 60 sols, il est défendu de porter dans les souliers (greniers) ou étables, lampes ou chandelles allumées, sinon enfermées en une lanterne.

— 9 novembre. La peste à Arbois; le Parlement ordonne aux mayeur, eschevins et conseil, afin d'empescher que le mal ne croisse, de prendre soigneux regard de mettre des nettoyeurs où il conviendra et faire observer les édicts ci-devant publiés en pareil cas.

1604, 21 mars. Sur l'avis que le comte de Champlitte a donné commission de lui acheter deux pièces de vin blanc d'Arbois, et de les lui faire tenir en son château de Vaudrey où il est présentement, le conseil décide qu'il lui en sera envoyé six pièces, du meilleur qui se pourra trouver et que les sieurs avocat Bontemps et Frédéric Vigoreux se rendront à Vaudrey pour le congratuler, et lui offrir lesd. pièces au nom de la ville.

Le 28 mars, M. de Champlitte en remerciant le magistrat, lui promet de s'employer de tout son pouvoir et en toute occurrence en faveur de la ville qu'il se propose de visiter bientôt. Sur quoi le conseil délibère qu'il sera reçu aux frais de la ville, le plus solennellement que faire se pourra, et sera prié le sieur de Jaillon de le loger en sa maison.

— 15 mai. Sur l'exposé du mayeur que les archives de la ville sont en tel désordre qu'il est presque impossible de retrouver les pièces dont on a besoin, au grand détriment des intérêts de lad. ville, il est résolu que lesd. archives seront mises dans le meilleur ordre possible, et qu'il en sera dressé inventaire. Cet inventaire, sous la date de 1605, a été conservé.

— 23 mai. Considérant que depuis longtemps sont entretenues dans l'intérieur de la ville de grandes *virées* de moutons et brebis, lesquelles répandent telle puanteur que, par corruption de l'air, peuvent résulter maladies contagieuses, il est déclaré qu'il est interdit à chacun de tenir lesd. virées dans la ville, à peine de dix livres d'amende.

— 29 octobre. Édit portant défense, sous peine de 60 sols d'amende, de laisser entrer des bestiaux dans les vignes, d'aller en armes dans la ville, de nuit et sans lumière, notamment les jours de fêtes et dimanches et de faire danses publiques.

1605, 22 janvier. Sont élus cinq membres du magistrat, les sieurs Jean-François Legrand, seigneur de Charchilla, Nicolas Mathey, docteur ès droits, Claude Glanne,

Guillaume Ratelot et Alexandre Pacoutet, en remplacement de pareil nombre qui ont succombé à l'épidémie, et parmi lesquels est compté le docteur Jehan Vuillemin.

— 7 février. Levée de deux mille hommes de pied, aux frais du pays, pour aller aux Pays-Bas. Le conseil y forme opposition, comme étant chose contraire aux libertés et franchises de la province.

— 25 mars. A raison des mauvais desseins de quelques malintentionnés contre plusieurs des places du pays, le comte de Champlitte et le Parlement ordonnent au magistrat d'avoir à se bien garder de jour et de nuit, de mettre sur pied les dixaines, dont deux seront commandées chaque jour, l'une pour la garde des portes, l'autre pour faire guet et garde sur les chemins et avenues des faubourgs, d'enjoindre à tout estranger de quitter la ville sous 24 heures, à tout aubergiste de prendre les noms, prénoms, lieu de naissance, motif et but de voyage de tout passant, ce dont sera fait incontinent rapport au magistrat, et d'employer la plus grande vigilance contre tout inconnu portant habit ecclésiastique ou religieux.

— 24 mai. Sur l'avis d'un prochain passage de troupes arrivées à Champagnole et allant aux Pays-Bas, il est résolu, que comme il est à craindre que lesd. troupes ne prétendent se loger et coucher dans la ville, que sera rétabli le pont de bois de la tour Gloriette, que si lesd. troupes s'arrêtent à Buvilly et Grozon, il leur sera fait un chemin le plus éloigné possible de la ville et des faubourgs, et que pendant tout le temps du passage, les portes seront fermées et les dixaines sous les armes.

— 29 juin. Sous peine de 60 sols, tout ouvrier à la journée, pour les travaux de la terre, devra se placer devant les halles où sont tenus de les engager ceux qui voudront les employer.

— 5 octobre. A peine de dix livres d'amende, il est défendu à tous possédant vignes de permettre aux ouvriers faisant la récolte d'emporter aucune courgée de raisins.

— 28 novembre. Acceptation de la démission de la charge de capitaine de la ville, donnée par le sieur Frédéric Vigoreux, à raison de la commission qu'il a reçue de lever quelques compagnies de gens de guerre, pour le service de LL. AA.

— Même jour. Sur l'avis du Parlement, à l'effet de mettre la ville en état de défense, le conseil décide : « Seront fermées les portes Oudin et de Courcelles, et en chacune des autres, sera mise une dixaine pour la garde ; seront placées à toutes avenues des faubourgs, des sentinelles veillant jour et nuit, et tous autres chemins seront barricadés et fossoyés ; seront appelés tous les retrahants à faire guet et garde ; sera montée la garde à tour de rôle par tout habitant, ecclésiastique ou séculier ; sera achetée de la poudre d'arquebuse, et seront appelés tous les jurés du ressort pour aviser en commun au paiement des frais de remparement des fortifications. »

1606, 16 avril. Un charpentier, envoyé par le magistrat pour couper à la forêt Mouchard le bois nécessaire aux fortifications de la ville, est surpris par les forestiers, et le bois coupé retenu sur place. Réclamations sont faites et accueillies au vu des titres qui constatent le droit de la ville, et il est arrêté avec le gruyer, qu'en faveur de la renonciation de la ville au droit de couper du marain (échalas) dans la forêt de Moidon, est abandonnée à lad. ville la propriété du bois de Bony, contigu à la côte de Nossendain.

— 17 avril. Par délibération du conseil, il est reconnu : 1° Que la ville appartient au roi, en haute, moyenne et basse justice, à l'exception de la mairie et de la prévosté, concédées à lad. ville par les anciens souverains ; 2° Qu'à une redevance envers le roi sont soumis les moulins du Bourg, de Courcelles et des Terreaux ; 3° Qu'à la ville appartient le droit de pêche dans la rivière, depuis l'entrée d'icelle sur le territoire de lad. ville jusqu'à son embouchure, le reste jusqu'à la source des Planches appartenant au roi ; 4° Qu'audit roi appartiennent, 1° la justice de la Gruerie ; 2° les vignes des Corvées ; 3° la forêt Mouchard, sauf le droit de la ville d'y prendre bois pour réparer ses fortifications ; 4° les droits sur les blés, vins et autres denrées vendues en lad. ville, sauf pendant les foires, lesquelles sont franches.

— Assemblée générale du clergé de la province, convoqué et présidé par l'archevêque de Besançon.

— 6 juin. Acte passé par-devant maître Pâris, notaire à Arbois, contenant :

Que frère Pierre Denys, poussé par dévotion, s'est retiré au lieu d'Arbois pour y vivre hermite ; que depuis environ trois ans il a basti, avec permission du magistrat d'icelle ville, une chapelle et petite chambre, lieu dit Chastelbœuf, laquelle chapelle remparée a été vouée et dédiée en l'honneur de Dieu et de Nostre-Dame de Montserrat. Qu'aydé de la bonté divine et des aumosnes des gens de bien, led. frère Pierre Denys a mis en espargne la somme de 50 livres, dont il prétend doter lad. chapelle et y faire fondation d'une messe basse, laquelle y sera célébrée six fois par an, sçavoir : aux jours de feste Annonciation, Visitation, Assomption, de saint Pierre, et 29 décembre, jour où a esté terminée la réparation de lad. chapelle. Laquelle somme de 50 livres a esté laissée à Pierre Guyot, vigneron, et hypothéquée sur un jardin sis à la rue Dessous, pour les interests en estre payés chascun an, au jour de feste St.-Claude, au chapelain nommé pour desservir lad. chapelle. A laquelle desserte led. frère Pierre Denys a nommé et nomme pour chapelain messire Loys Bresillet, prestre d'Arbois, à charge par ce dernier de se faire recongnoistre, admettre et instituer par révérendissime père en Dieu l'archevesque de Besançon. En cas de décès dud. frère Pierre Denys, sont transférés à messieurs du magistrat de la ville d'Arbois tous ses droits de patronage, présentation et collation, tels que lui-mesme en jouit comme fondateur, bien entendu que lesdits sieurs ne pourront présenter qu'un prestre idoine.

— 5 novembre. Au temps du dernier jubilé, quantité de vin ayant été fournie à l'église paroissiale pour les communiants, ce à quoi était tenu le seigneur prieur, sera réclamé le prix dudit vin au receveur du prieuré.

N. B. D'après cette réclamation, il parait que la communion s'était faite sous les deux espèces.

Même jour. Aux Etats tenus cette année à Dole, siégent comme députés d'Arbois le mayeur Claude de Jaillon et l'avocat Bontemps.

1607, 25 avril. Sur plaintes portées contre le principal du collége, à raison de l'éducation et instruction de la jeunesse, est mandé ledit principal au conseil, où il lui est signifié : 1° Que son gage est réduit à 100 francs par an; 2° qu'il devra entretenir un régent; 3° que les classes seront ouvertes tous les jours non fériés, de sept heures à neuf du matin, et de trois à cinq le soir; 4° qu'il exercera lui-même les devoirs de sa charge, et que ses gages seront augmentés s'il remplit sesd. devoirs à la satisfaction du magistrat. — Les corps religieux tenant des clercs qu'ils doivent faire étudier, les enverront au collége, où ils payeront pour eux la rétribution accoutumée.

— 11 juillet. Défense à tous boulangers et autres d'exposer en vente, devant les halles, du pain, avant l'issue de la grand'messe, les jours de fêtes, ainsi qu'à tous marchands, tenir lesdits jours leurs boutiques ouvertes pendant la messe et les vêpres, à peine de 60 sols d'amende.

— 10 août. Est choisi avocat de la ville, pour les procès qu'elle peut avoir à soutenir devant le Parlement, maître Jean Boyvin, auteur de la *Relation du siége de Dole*, en 1636, et de celle de l'*Hostie miraculeuse de Faverney*. Jean Boyvin fut élevé plus tard à la dignité de président du Parlement.

Les délibérations du conseil de 1608 à 1636 étant perdues, nous y suppléons par des documents extraits de pièces détachées.

1610, 18 avril. Consécration de la chapelle de la Croix (V. 8 septembre 1602) faite par Jean de Watteville, évêque de Lausanne, et Pierre Saulnier, évêque d'Autun.

— 19 août. Approbation donnée par l'archevêque de Besançon, à la fondation de l'Hermitage par le frère Pierre Denys, avec toutes les formalités requises pour la rendre valable à perpétuité. Est accordée en même temps l'institution de chapelain demandée par Loys Bresillet, qui, le 7 septembre suivant, prend possession de la chapellenie.

— 1611, 13 janvier. Sur la supplique présentée par le frère Pierre Denys, à l'effet d'obtenir qu'il lui soit permis de consacrer à l'édification d'une petite chapelle, sous l'invocation de Nostre-Dame, quelques sommes d'argent reçues par lui de plusieurs personnages, intervient l'ordonnance suivante de l'archevêque de Besançon : « Vue ladite sup» plique, il est permis au suppliant d'édifier un oratoire où » le peuple pourra se rassembler et répandre ses prières. »

Cette permission est datée d'Arbois, où le prélat s'était rendu pour présider à l'assemblée du clergé qu'il y avait convoquée, et qui s'y réunit encore en 1614 et en 1621.

1613, 22 novembre. Sur l'avis que la contagion s'est répandue en la ville et faubourgs d'Arbois, et qu'ensuite d'assemblée tenue au logis d'un particulier, mort de peste deux jours après, ont esté barrées plusieurs maisons, le Parlement ordonne qu'il ne sera tenu à l'avenir aucune assemblée, et aucun estranger admis sous prétexte de trafic de grains, que s'offrent à fournir en suffisance les villes de Salins, Poligny et Dole.

— 27 novembre. Sur la requeste du conseil, tendant à estre autorisé en dernier ressort pour le chastoy de ceux qui n'obéiroient point aux commandements faits par le mayeur, le Parlement arreste que seront publiés à son de trompe ou de tambour tous les anciens édicts faits à ce sujet, que seront dressés deux gibets, l'un au milieu de la ville, l'autre à la vue de ceux qui sont ès champs, et, pour prester mainforte, si le cas échéoit, seront rescriptions faites aux villes de Dole, Salins et Poligny.

— 1614, 10 septembre. Assemblée des Etats à Dole. En considération des malheurs de l'année, ils n'accordent en don gratuit que 100,000 francs comtois. La rigueur de l'hiver avait été telle, que les grains, perdus dans les montagnes, avaient été très-endommagés dans la plaine ; une gelée de bourgeons avait détruit la récolte des vignes, la grêle avait ravagé plusieurs localités, de nombreux incendies avaient éclaté, et à ces fléaux s'étaient jointes des maladies épidémiques.

1616, 7 décembre. Requête au magistrat, présentée par damoiselles Estiennette Glanne, Alixan Camu et honnestes filles Colette Laurent et Justa de Cise, tendant à ce qu'il leur soit permis de se consacrer au service de Dieu, suivant l'institut et règle des sœurs de la compagnie de Ste.

Ursule, fondée à Dole, et approuvée par S. S., et conformément à icelle, s'employer gratuitement à l'instruction des jeunes filles de la ville, tant en la piété et principes de la doctrine chrétienne que bonnes mœurs. ∞ Sur ladite requête, le conseil et les notables réunis délibèrent que seront admises les suppliantes et autres qui se voudront congréger avec elles, au nombre de douze seulement, pour exercer leurs fonctions et vacations, et reçues en protection, à charge qu'elles ne pourront tenir un revenu annuel plus haut de 2,000 livres, qu'elles obtiendront permission et licence de l'archevesque de Besançon, et ne recevront, pour remplir les places vacantes parmi elles, que les filles natives de la ville qui, se trouvant capables, seront préférables à toutes autres.

Au commencement de l'année suivante 1617, la fondatrice de l'ordre, Anne de Xaintonge, vint en personne présider à l'établissement de cette communauté. Afin d'affermir les néophytes de la ville qu'elle avait acceptées dans les règles de son institut, elle leur laissa quelques-unes des religieuses qu'elle avait amenées de Dole. Ce fut le premier couvent de femmes, si toutefois l'on peut lui donner ce nom, car elles n'étaient point cloîtrées et ne portaient point l'habit monastique, qui ait été établi à Arbois.

1618. Sur la présentation du mayeur, Frédéric Vigoreux, le sieur Loys-Guillaume Proby est nommé curé ou vicaire perpétuel de Saint-Just.

1621, 11 juin. A la requeste des RR. PP. de l'ordre de St.-François-de-Paule, dits Minimes, tendante à ce qu'il plaise à Messieurs du conseil les admettre en la ville d'Arbois en tel nombre de religieux qu'ils y pourront entretenir de leur revenu, sans pour ce faire aucune queste ni en général ni en particulier, et sous les offres d'y entretenir des prédicateurs, qui s'emploieroient aux prédications, confessions, visites de malades, et à enseigner soit la philosophie, soit la théologie à ceux qui auroient dessein d'y estudier;.... Les mayeur, eschevins, conseil et notables réunis, prenant esgard au contenu de la requeste, ont résolu de recevoir et admettre lesd. Pères Minimes, sous le bon vouloir et plaisir de l'illustrissime et révérendissime archevesque de Besançon. Et le 5 juillet suivant a esté résolu par led. conseil que lesd. Pères Minimes ne pourront au couvent qu'ils prétendent dresser de leur ordre, estre plus de douze religieux, et n'auront et ne tiendront en revenu que jusqu'à 2,000 livres au plus, et ce, outre les charges et conditions portées en la requeste.

— 7 juillet. Réception de nouvel habitant.

Nous, mayeur, eschevins et conseil de la ville d'Arbois, au comté de Bourgougne, sçavoir faisons à tous que sur la réquisition à nous faite par Claude Perrel, de Besançon, mareschal, et nous estant informés de ses qualités et prudhommie, dont rapport très-bon nous en a esté fait, et qu'il estoit issu de gens de bien et d'honneur et hors de reproches, et qu'il avoit ainsy vescu luy-mesme par tout le cours de sa vie sans avoir donné subject à cui que ce soit de se plaindre ou douloir de luy et de ses comportements; à ces considérations et autres, à ce nous inclinants l'avons reçeu et par les présentes recepvons pour habitant de cested. ville, à ce que cy-après il jouisse et luy soit loisible et à sa postérité de jouir des droits, privilèges, franchises de lad. ville, à tel que les autres habitants d'icelle, moyennant toutefois un mosquet (mousquet) que de sa libre volonté il a délivré, et qui a esté mis avec les armes de cedit lieu, et la somme de dix francs qu'il payera pour sad. réception, et qu'il observera, effectuera et accomplira les esdicts, statuts, coustumes et ordonnances de ladite ville, et obéira au magistrat d'icelle et sans se rendre aulcunement réfractaire, ainsi qu'il l'a promis.

1622, 23 juillet. Le chanoine de Lisola résigne sa prébende de Notre-Dame en faveur de Pierre Rhody. Ce chanoine était de Salins, et fut probablement l'oncle du célèbre négociateur et publiciste Lisola, qui naquit à Salins en 1613, et à qui ses services méritèrent le titre de baron de l'empire.

1623, 5 décembre. Conduite scandaleuse du chanoine Claude-Louis Marchant. L'éclat qu'elle produit dans la ville oblige le doyen Ponce Richard à le traduire devant le chapitre, qui lui délègue tous les pouvoirs nécessaires pour le chastoy dud. chanoine, lequel est condamné à estre mis hors des règles et privé de sa prébende pendant six mois, et s'il se montre réfractaire à la sentence, il sera frappé d'excommunication, et il lui sera infligé peine corporelle. Le chanoine appelle de cette sentence au chapitre assemblé, qui refuse d'en prendre connaissance, attendu que la juridiction appartient tout entière au doyen, et se contente de supplier led. doyen de médiocrer et adoucir la sentence, suadant led. chanoine Marchant d'obéir et honorer ledit sieur doyen comme son supérieur. La sentence fut révoquée, et l'on voit le 2 janvier suivant, le chanoine participer à une délibération du chapitre.

— 28 décembre. En arrivant à Arbois, les Minimes avaient emprunté au chapitre de Notre-Dame une cloche, que celui-ci leur réclama; ils concluent un marché avec un fondeur de Lons-le-Saunier, nommé Claude Barban, qui leur en fournit une pour le prix de 21 fr. 6 gros.

1625, 27 novembre. La frontière de la province étant menacée par des troupes étrangères, les Etats, assemblés à Dole, y décrètent la levée d'un nouveau régiment franc-comtois, et un emprunt de 300,000 francs, au nom de la noblesse, du clergé et des commis au gouvernement, mais sous la caution des quatorze villes de la province représentant le Tiers-Etat, et ainsi classées : Dole, Salins, Gray, Vesoul, Arbois, Poligny, Pontarlier, Baume-les-Nonnes, Ornans, Orgelet, Quingey, Lons-le-Saunier, Bletterans et Faucogney.

— Mort de Clériadus de Vergy, comte de Champlitte et gouverneur du comté de Bourgogne. En lui s'éteint cette puissante maison de Vergy, dont le nom, depuis l'an 924, où vivait le comte de Bourgogne Manassès, son premier auteur, est répété presque à chaque page de l'histoire du pays. Le gouvernement du comté est partagé par l'infante Clara Eugénia, entre le Parlement de Dole et l'archevêque de Besançon.

1626. Année de pluies continuelles. Le 22 juillet, une procession est faite à l'Hermitage par le chapitre pour implorer la protection de la Vierge.

— Procès intenté à Claude Coiteux, accusé d'avoir frauduleusement abattu l'oiseau au moyen d'une forte charge de son arquebuse. La cause est portée devant le Parlement qui, ne jugeant pas qu'une charge plus ou moins forte pût décider le succès, met les parties hors de cour. C'était au sommet de la tour Gloriette qu'était attaché l'oiseau fourni par le magistrat, qui, en outre, donnait deux pistoles pour la paste (repas), qu'on célébrait lorsque l'exercice était terminé.

— 1er décembre. Émeute contre les chanoines ; les portes de leurs maisons sont enfoncées pendant la nuit, et leurs fenêtres brisées ; un placard diffamatoire est affiché aux portes de St.-Just, de Notre-Dame, du Prieuré et sur une colonne dressée sur la place de l'Hôtel-de-Ville. Des informations sont ordonnées à l'effet de poursuivre les coupables, mais elles restent sans résultat.

— La seigneurie d'Arbois, c'est-à-dire, les droits fiscaux du souverain, sont amodiés pour six ans (1626 à 1632), au prix annuel de 2,400 francs.

1627, 10 janvier. Rapport fait au chapitre de Notre-Dame, par le doyen, du scandale advenu le jour des Rois pendant la sainte messe, par la rébellion et désobéissance du surchantre Claude Menestrier, lequel n'auroit voulu, malgré les prières et jussions faites par le doyen, obéir, à l'effet de représenter, conjointement avec le sieur Pâris, maître des enfants de chœur, et le sieur Jean Mareschal, l'histoire évangélique. A esté résould que led. Menestrier tiendroit trois jours et trois nuits prison au pain et à l'eau, et seroit entendu ès responses, pour par après lui estre formé appoinctement selon droit et raison. Le lendemain le surchantre, amené devant le chapitre, confesse sa faute et en demande humblement pardon en promettant pour l'avenir entière obéissance, sur quoi, à la supplication de messieurs du chapitre, la peine lui est remise par le sieur doyen.

— 11 septembre. Les villes de Salins, Dole, Gray, Vesoul, Baume et Pontarlier ayant adressé à S. M. catholique supplique à l'effet d'obtenir que les vins d'Arbois ne fussent plus exempts de péage, ce qui, ont-elles exposé, leur est très préjudiciable, et le magistrat d'Arbois ayant présenté requête contradictoire, accompagnée des copies certifiées des titres accordés par les souverains qui en établissent le privilége, les pièces des deux parties sont renvoyées par ordre de S. M. à la cour de Parlement, afin d'avoir son avis, avant de donner décision royale. Le Parlement reconnaît que le privilége peut être nuisible à l'intérêt des réclamants, et après avoir rappelé les circonstances qui ont déterminé les prédécesseurs de S. M. à la concession attaquée, déclare s'en remettre, pour la décision, au bon vouloir et prudence accoutumée de S. M.

— 27 octobre. Par enqueste du sieur Denis Derriey, juge en la seigneurie de Vaudrey, dans laquelle ont esté entendus seize tesmoins, natifs de Souvans, Mont-sous-Vaudrey, Chamblay, Vadans, Changin et Mesnay, il est estably et constaté que la pesche de la rivière de Cuisance appartient aux habitants d'Arbois depuis sa source au village des Planches jusqu'à son embouchure dans la Loue.

— Mauvaise récolte, surtout en vin, lequel est de mauvaise qualité, à raison de l'absence des chaleurs; le prix du muids est fixé à 44 fr. et la mesure de blé à 2 fr.

1628. Année moins productive encore que la précédente. Les vins sont en si petite quantité et de qualité telle qu'ils ne trouvent point d'acheteurs, tandis que le prix du blé est surhaussé de moitié. Misère générale.

1629, janvier. Violents tremblements de terre et tonnerres souterrains qui s'étendent du sud au nord, depuis Château-Chalon, et répandent l'effroi dans les populations. La misère s'accroît, et les vignerons pressés par la faim, abandonnent les vignes et cherchent des travaux à la journée pour gagner leur nourriture.

— 15 mai. Assemblée générale convoquée par le mayeur, Claude Glanne, pour aviser aux moyens de pourvoir à la subsistance des pauvres; un jet est mis sur tous les habitants, à proportion de leur fortune. Le chapitre offre trois patagons, valant chacun 2 fr. 8 gros (1 fr. 76 c.), et prie le magistrat de s'en contenter, vu les anciens traités d'après lesquels, moyennant le paiement annuel de 3 livres, il est exempt de tout impôt. Le magistrat répond en obtenant du Parlement un arrêt qui condamne led. chapitre, nonobstant tout privilége et exemption, à payer la somme à laquelle il a été taxé.

— Juillet. A raison des effrayants ravages de la peste à Salins, toute communication entre les deux villes est interdite, les portes sont fermées et gardées. Ces mesures paraissent avoir eu le succès qu'on en attendait, et Arbois n'eut à souffrir que de la misère portée à son comble; la culture des vignes y est presque entièrement abandonnée.

— Vœu fait par le mayeur, au nom du conseil et des habitants, d'une procession à Notre-Dame-de-Gray, le plus tôt que commodément faire se pourra, et d'y présenter au devant de la sainte image, un calice en valeur de 40 escus, et de mettre tous les habitants dud. Arbois sous la tutelle et protection de la glorieuse Vierge Marie, mère de Dieu, comme en un asyle très asseuré.

— Novembre. Grandes difficultés, touchant la préséance, élevées entre le chapitre et la familiarité. Le chapitre invité par le mayeur à assister à une procession générale, ordonnée en réjouissance de la nativité d'un infant royal d'Espagne, répond qu'il y assistera, à condition que les religieux du prieuré demeureront dans leur cloître.

1631. Première construction d'une fontaine sur la place de l'Hôtel-de-Ville; il est conclu entre le mayeur et un entrepreneur un traité pour y amener de l'eau de source. A cette époque, quoique l'on compte dans le territoire près de 80 sources, la ville ne possédait que des puits, il en existait dans toutes les rues, et presque dans chaque maison un peu considérable.

— 28 juillet. Décès de Loys Bresillet, premier chapelain de l'Hermitage. Le frère Pierre Denys le remplace par Pierre Queminet, prêtre, qu'il fait instituer par l'archeque. Mais le magistrat, se fondant sur son droit de patronage, nomme le sieur Lardon, frère du secrétaire du conseil. Le frère Denys en appelle au Parlement, qui consacre les droits dont il doit jouir, en vertu de l'acte de fondation jusqu'à son décès, par un mandement de garde, portant ordre à tout huissier ou sergent requis, de maintenir et garder de par S. M. le suppliant en possession de ses droits de collation et desserte, et interdit au magistrat d'Arbois d'y mettre aucun trouble ou empêchement,

— 29 juin. Chapelle en l'honneur de saint Denis, fondée dans l'église de St.-Just, à la nomination du prieur qui devait en disposer dans le délai de douze jours après le décès du titulaire, en faveur du plus ancien familier en exercice, ou au défaut du prieur, par l'archevêque.

— La neutralité de la Franche-Comté avait été de nouveau reconnue en 1611, et fidèlement observée depuis cette époque. Un évènement imprévu fut l'occasion ou le prétexte de sa rupture. Le roi de France Louis XIII, cédant aux instances du cardinal de Richelieu, avait exilé sa mère, Marie de Médicis, et son frère Gaston, duc d'Orléans, lequel, accompagné de six ou sept cents chevaux, se dirigea vers la Bourgogne. Les troupes du roi l'y poursuivirent, et pour leur échapper, le prince demanda à l'archevêque et au Parlement l'entrée du comté. Le passage lui en fut accordé, pour lui et sa suite, mais non pour ses cavaliers, ce qui réduisait son admission au simple droit d'asile, et ne contrevenait en rien à la neutralité (mars 1631).

Ces conditions acceptées, Gaston fut reçu à Besançon avec tous les honneurs dus à son rang; mais il ne pensait qu'à rentrer en France les armes à la main, et sous l'espoir du butin qu'il promettait à ses défenseurs, il s'occupa de lever des troupes. Le gouvernement du pays s'y opposa, et sur son invitation, le duc se retira en Lorraine. Mais la guerre désolait l'Allemagne, où le roi de Suède Gustave-Adolphe était venu défendre le protestantisme. Un de ses généraux franchit le Rhin, et s'empara de Schélestadt, de Colmar et de Belfort. La prise de cette dernière ville (6 janvier 1632) parut, à cause de sa proximité des frontières du comté, l'annonce d'un danger imminent pour la province, où l'on se hâta de prendre des mesures de défense. Le bailli d'Aval, M. de Bauffremont, reçut l'ordre de reconnaître l'état des fortifications des principales villes, de les faire réparer, et de mettre sur pied tous les hommes en état de porter les armes. Arbois s'empressa de réorganiser ses dixaines, au nombre de 30, de 10 à 12 hommes chacune. Le tableau nous en ayant été conservé, avec le nom des chefs qui les commandaient, et les postes désignés à chacune d'elles, nous le reproduisons ici.

1. Claude Jacotin, Porte Oudin.
2. Jacques Chaillet, Tour de Rosières.
3. N*** Bergier, Tour Gloriette.
4. François Herbillon, Porte Picardet.
5. Anatoile Perroux, Tour des Raisins.
6. Nicolas Brahier, Tour de Vautravers.
7. Claude Hénard, Porte de Faramand.
8. Nicolas Jacquemet, Tour de Faramand.
9. Claude Perrin, Mur du jardin du Prieuré.
10. Etienne Barthelet, Mur du cimetière de Saint-Just.
11. Louis Saillard, Pont de Saint-Just.
12. N*** Baillaud, Mur du jardin Bontemps.
13. Jean Laurenceot, Porte du Bourg.
14. Marcellin Jacquet, Croix de la Boucherie.
15. Jacques Papillard, Porte de Courcelles.
16. Denis Vuillin, Chapelle de la Croix.

17. Anatole Melecot,   Croix de la Boucherie.
18. Georges Sapin,   Ibid.
19. Albert Papillard,   Ibid.
20. Claude Fourneret,   Four de la ville (Hôtel du Cerf).
21. Gaspard Patrognet, Ibid.
22. Just Martin,   Ibid.
23. Claude Ramboz,   Hôtel-de-Ville.
24. Etenne Pierre,   Ibid.
25. Pierre Rousseau,   Ibid.
26. Jean Freschard,   Ibid.
27. Claude Aubry,   Hôtel Nancray.
28. Philibert Mévillot, Hôpital.
29. François Robert,   Tour des Oies.
30. César Baudrand,   Chaine de la porte Picardet.

1632, décembre. Assemblée des États à Dole. Ordre à la ville d'Arbois d'y envoyer ses députés.

— Les revenus de la seigneurie d'Arbois, appartenant au roi, s'élèvent à 2,626 francs comtois ou 1,750 livres tournois.

1633, 8 février. Retour du chanoine Jean Courtot, de l'assemblée des États où il avait représenté le chapitre. Le don gratuit s'élève à la somme de 448,000 fr. payables en quatre années.

— La peste reparaît à Poligny, d'où les principaux habitants s'éloignent. La plus profonde misère règne toujours à Arbois, où le muids de vin se vend 24 francs et la mesure de blé 5 francs 4 gros.

— 1er décembre. Mort de Clara-Eugénia, à l'âge de 68 ans. La souveraineté du comté passe au roi d'Espagne Philippe IV, neveu de cette princesse.

1634, 8 avril. Chapelle en l'honneur de St.-André, fondée dans la chapelle de Ste-Anne, église de St.-Just, au-dessus de la petite nef du côté de l'évangile, à la nomination de noble Adrien de Montrond.

1635. Première infraction au traité de neutralité. Le sieur Laurenceot, officier dans une des compagnies comtoises de la garde du roi d'Espagne, et retournant à son poste, est arrêté à Lyon, par l'ordre du sieur d'Alincourt, et sa mise en liberté refusée sous prétexte qu'il n'a point été arrêté comme Bourguignon, mais comme militaire espagnol. Enfin, sur l'objection que la guerre n'est point déclarée, il est renvoyé sans armes, après avoir été dépouillé de ses bagages et de 300 pistoles destinées à acquitter ses frais de voyage.

— Mai. Invasion du bailliage d'Amont par le maréchal de la Force. Aussitôt des levées sont ordonnées dans la province, des garnisons placées dans les villes de Dole, Salins et Gray, et le marquis de Conflans prend le commandement des troupes réglées. Arbois, livré à ses propres ressources, réorganise sa garde bourgeoise, mais les dixaines restent incomplètes, beaucoup de jeunes gens s'étant enrôlés dans les compagnies actives. On ferme les portes, on monte la garde, des postes sont établis dans les faubourgs, des sentinelles veillent jour et nuit, soit au clocher, soit sur les hauteurs voisines, on achète de la poudre, les armes sont visitées, les fortifications réparées, et les retrahants appelés pour nettoyer les fossés et travailler aux remparements. Dans la prévision d'un siége, il est fait amas de vivres et de blé pour nourrir les habitants et villages du ressort qui ont droit d'asile et de refuge.

— 4 août. Edit du magistrat qui fixe à neuf blancs le prix de l'ordinaire du sel, antérieurement de cinq blancs. Cette surtaxe durera quatre ans. Le chapitre réclame, et sur le refus du magistrat de faire droit à ses réclamations, en appelle au Parlement, qui, par provision, ordonne que le sel sera délivré au chapitre au prix de cinq blancs.

1636, 5 mai. Est décrété par les États, pour garantir la province contre l'invasion prochaine des Français, un emprunt de 300,000 fr. sous la garantie des villes du comté.

— 25 mai. Afin de munir la ville des armes nécessaires à sa défense, le magistrat décide que les mortiers, mousquetons, bâtons à croc, fauconneaux et canons renfermés au château de Montigny, appartenant au sieur de Crécy, en seront extraits et transportés dans la ville. Cet arrêté s'exécute malgré l'opposition et le mécontentement des habitants du village qui trouvaient dans le château asile et refuge. Il n'y est laissé que trois mortiers et environ cinq à six bâtons à croc, et le reste amené à la ville sur un chariot.

Le château de Montigny était considéré alors comme beaucoup plus susceptible de défense que la ville d'Arbois elle-même. Ses quatre tours, très bien fortifiées, renfermaient une nombreuse artillerie ; un fossé à fond de cuve, de 30 pieds de large, plein d'eau à la profondeur de 6 pieds, qu'on ne pouvait traverser que sur un pont levis, l'entourait de toutes parts.

— 27 mai. Le siége est mis devant Dole par le prince de Condé, et le même jour la peste s'introduit à Arbois, où elle tarde point à sévir avec fureur. A ce terrible fléau se joint la famine, les approvisionnements de l'année précédente s'étaient épuisés et la récolte avait été presque nulle. Les greniers étaient vides, et les riches, obligés de nourrir les pauvres et les pestiférés, eurent bientôt épuisé leurs ressources. Le 22 juin, la ville achète du sieur Renaudot, au prix de 50 gros (2 fr. 77 c.), seize vingts (320) mesures de froment, qui sont exclusivement distribuées aux pestiférés; les pauvres valides sont abandonnés à la garde de Dieu. La ville, hors d'état de payer ce blé, en constitue rente au vendeur, au taux de huit pour cent.

— 15 août. Levée du siége de Dole. Malgré leur détresse, les habitants d'Arbois, restés dans la ville, accueillent la nouvelle de cet événement par le bruit du canon, le son des cloches, et des feux de joie allumés dans les rues et sur les hauteurs. Leur position n'en était pas moins affreuse; si la crainte de la contagion avait tenu l'ennemi éloigné, le fléau avait été plus destructeur que la guerre la plus active. On ne voyait que morts et mourants; la plupart des maisons étaient inhabitées, des chariots chargés de cadavres se succédaient sans interruption vers la chapelle de St.-Roch, cimetière des pestiférés. Les églises étaient fermées, le prieuré abandonné; les chanoines avaient tous pris la fuite, à l'exception d'un seul, Pierre Rhody, abandonné malade dans son lit et qui cependant ne mourut pas. Le mayeur lui-même, M. de Nancray, s'était réfugié avec toute sa famille dans une grotte, aujourd'hui presque comblée, à laquelle le peuple donna le nom de *cave Nanclia*. Toutes les cavernes des montagnes, les moindres balmes renfermaient des ménages qui ne subsistaient que d'herbes, de racines, ou d'animaux sauvages, souvent dégoûtants.

— 2 août. Mort de Ferdinand de Rye, archevêque de Besançon et prieur de St.-Just, à l'âge de 80 ans. Une fièvre continue, produite par les fatigues qu'il avait éprouvées pendant le siége de Dole, où il s'était renfermé, précipite sa fin. Le Parlement reste chargé du gouvernement, de concert avec le marquis de Saint-Martin gouverneur de la province.

— Fin d'août. Ordre à tous les habitants restés dans la ville, de se retirer, à la moindre atteinte de contagion, aux loges élevées dans la campagne. Quelques malades obtiennent de rester dans leurs maisons, avec défense d'en sortir, sous peine d'amende arbitraire. Au moindre symptôme de maladie, les échevins doivent être prévenus et la maison barrée; dans le cas de convalescence, le malade sera conduit, de gré ou de force, à la tour des Oies, où il restera jusqu'à parfaite guérison.

— 22 septembre. Est nommé prieur de St.-Just, en remplacement de Ferdinand de Rye, Joachim de Poitiers, fils du baron de ce nom, seigneur de Vadans, La Ferté, etc. Il ne reçoit ses bulles d'institutions qu'en 1645.

— 30 décembre. La peste s'apaise; il est ordonné aux habitants de purifier leurs maisons; celles des absents le seront par les soins du magistrat, aux frais des propriétaires ou de leurs héritiers. M. de Nancray reprend ses fonctions de mayeur, mais une accusation de lâcheté ayant été portée contre lui devant le Parlement par les échevins, il se justifie publiquement devant le conseil en disant : « Qu'il a été contraint de quitter la ville, à raison que par » diverses fois, sa maison avoit esté infestée de contagion, » que pendant son absence, lui-mesme avoit esté malade, » ce qui l'avoit empesché de venir plus tôt remplir les de- » voirs de sa charge, etc. » Ce que le conseil écoutant favorablement, a décidé que les excuses dudit mayeur étoient recevables, et que lui seroient donnés les appoinctements qu'on souloit donner au mayeur.

— 31 décembre. Élection du magistrat faite en plein air, au devant des halles, à haute voix, afin d'éviter tout soupçon de peste.

1637, 14 janvier. Plusieurs nouveaux cas de peste étant survenus, le conseil arrête que récompense sera délivrée aux mayeur et eschevins, pour stimuler leur zèle, et que tout habitant de la ville qui n'y sera pas rentré sous trois jours, sera exclu de la distribution du sel, lequel sera vendu, en gros ou en détail, pour le prix en être employé aux nécessités de la ville.

— 9 février. Ordre de couvrir de chaux le cimetière des pestiférés, pour éviter la corruption ; il est enjoint à la veuve du sieur Claude Glanne, dès longtemps barrée, et dont la servante est morte de contagion, de se retirer à la tour des Oies, d'où elle ne sortira, après quelque temps, qu'après avoir changé d'habits, et quand sa maison aura été purifiée. Le sieur Estienne Vuillin étant décédé dans la maison de Saint-Jean qu'il avait amodiée, il est accordé à sa veuve d'en retirer quelques meubles, à charge de les faire nettoyer et purifier, ainsi que lad. maison et chapelle de Saint-Jean. Quoique la contagion ait presque entièrement cessé, le conseil, considérant que les assemblées pourraient encore être dangereuses, décide qu'il ne sera point désigné, cette année, de prédicateur pour le carême.

— 5 mars. Réouverture de l'église de St.-Just, avec exposition du Saint-Sacrement et *Te Deum* chanté en actions de grâces pour la cessation de la peste.

Le mayeur ayant exposé que l'entrée de Salins est interdite aux habitants d'Arbois, quoique elle leur soit accordée dans les autres villes avec attestation suffisante, il est délibéré que réciproquement les portes d'Arbois seront fermées à ceux de Salins, et que toutes relations cesseront entre les deux villes. Quelques jours après, cette décision est révoquée sur les observations du procureur général du

Parlement, auquel le magistrat de Salins s'est adressé pour en obtenir l'annulation.

— 10 mars. Par délibération prise, sur plaintes portées au mayeur : 1° seront condamnés tous ceux qui couperont ou abattront des arbres fruitiers, à 20 francs d'amende par chaque pied d'arbre coupé ou mutilé, indépendamment des dommages payés au propriétaire ; 2° sera puni tout vol d'échalas, de même peine, et le quart de l'amende délivré au délateur ; 3° sera également frappé d'amende dont la moitié écherra au délateur, tout dégât commis dans les communaux par les habitants de la Chatelaine.

— Même jour. Sur l'avis que les Pères Minimes, nonobstant la défense qui leur en est faite par traité conclu avec eux, font queste d'huile et chandelle dans la ville et les faubourgs, ordre est donné au P. Humbert du Deschaux, leur supérieur, d'avoir à faire immédiatement cesser lad. queste.

— 30 mars. Est député à Dole devers les États le sieur Domet, à l'effet de leur représenter qu'à raison des frais immenses occasionnés par la guerre et la peste, la ville d'Arbois est dans l'impossibilité de payer la somme de 1,900 francs et de fournir les 350 quartes de froment et autant d'avoine auxquelles elle a été imposée. En cas de non succès de la requête en déchargement, le paiement sera différé autant que possible, et si contrainte intervient, le magistrat est autorisé à faire comme il paraîtra convenir.

— Même jour. A raison de la rareté et cherté des grains, le prieur sera quitte de la dosne du Jeudi-Saint, moyennant 200 fr. qu'il paiera au receveur de la ville.

— Même jour. Rapport des députés envoyés à Dole devers le marquis de St.-Martin, venu dans cette ville pour y prêter serment devant la cour de Parlement en qualité de gouverneur de la province. Ledit marquis a promis de faire pour la ville, à raison de la mémoire des seigneurs de La Baume, ses ancêtres, inhumés dans l'église de St.-Just, tout ce qui sera en son pouvoir : sur ce, il est délibéré qu'il lui sera offert, par l'intermédiaire du mayeur, 4 poinçons (anciennement poussons) de vin blanc.

— Même jour. Sera solennisé à l'avenir, comme fête commandée par la sainte Église, la fête de saint François-de-Paule, sous la protection duquel la ville a été mise pendant la peste de 1636.

— 1er avril. Invasion du bailliage d'Aval par le général français, duc de Longueville, qui met le siége devant Saint-Amour. Dans la nuit du 3 au 4, le marquis de St.-Martin, accompagné de Girardot de Noscroy, seigneur de Beauchemin, intendant de l'armée comtoise, arrive à Arbois et fait assembler le conseil. Il y est décidé que les portes Oudin et de Courcelles seront murées et les dixaines réorganisées, au nombre de 12 seulement, de 12 hommes chacune, non compris le chef. Et d'autant que la ville est grandement despeuplée, les femmes monteront la garde, les veuves d'abord, les autres ensuite ; seront appelés les retrahants pour faire le service ; seront, sous peine de dix livres d'amende, obligés les habitants de porter épées, et défense sous même peine, de tirer, de nuit, arquebuse ou autre arme à feu ; seront placés au clocher deux guets, l'un dans le dôme, lequel observera toute chose au-dedans et au-dehors de la ville, et en donnera advertissement, l'autre répétera les heures, et à chaque demi-heure, fera le tour des margelles, sonnant une clochette. Seront toujours de garde deux dixaines, et seront les autres toujours prestes à prendre les armes; enfin, sera fait emprunt de 3,000 fr., pour payer intérêts des dettes anciennes et fournir aux dépenses courantes,

Le 4, arrive le régiment d'élus du sieur de Champagne, pour tenir garnison, aux frais des habitants. La ville n'ayant pu payer comptant au colonel, pour la solde, 624 fr., il lui en est fait reconnaissance. Le paiement de cette somme ne fut effectué qu'en 1645.

(Nouvelle interruption du registre des Délibérations du Conseil jusqu'au 1er janvier 1639).

— 6 avril. Sur leur demande, les Pères Minimes sont institués, à perpétuité, chapelains de l'Hermitage, à charge de faire le service *in divinis*, sous le bon vouloir et plaisir de l'archevesque, aux fruicts et revenus en dépendants.

— 4 juin. Emprunt de 1,000 fr. portant intérêt annuel de 70 fr., pour subvenir aux dépenses du régiment de Saint-Balmont, en garnison.

Cependant le duc de Longueville, maître de St.-Amour, et des châteaux de l'Aubespin et de Chevroz, s'était porté sur Lons-le-Saunier, qu'il n'avait pas jugé à propos d'attaquer, et s'était dirigé sur St.-Claude. Dans sa marche, il avait surpris et brûlé Moyrans. L'armée comtoise ayant pris position à Champagnole, il marcha rapidement sur Lons-le-Saunier, dans l'espoir de l'emporter avant qu'elle pût être secourue. Mais le marquis de Saint-Martin s'étant empressé d'occuper Château-Chalon, le général français se retire sur la Saône. Bientôt, sur l'avis que le duc de Weymar est entré dans le bailliage d'Amont, il revient sur ses pas, et le 25 juin, force M. de Raincourt, qui commandait à Lons-le-Saunier, à capituler, à condition qu'il lui sera livré passage pour retourner en Espagne. Le voisinage de l'armée comtoise, qui occupait tout l'intervalle compris entre Château-Chalon et Toulouse, rend ce succès inutile, et Longueville va reprendre sa position sur la Saône.

— 2 novembre. Ordre au receveur de la ville d'Arbois de payer au colonel de Champagne la somme de 684 fr., pour la solde et entretien de son régiment pendant 38 jours.

1638, 9 mars. Le prieur de St.-Just est imposé par le gouverneur et le parlement à 1,000 francs comtois, pour aider à sustenter les soldats d'infanterie et cavaliers tenant garnison à Arbois.

— Juin. Le duc de Longueville rentre dans le bailliage d'Aval par Bletterans, dont il était maître depuis le 31 août de l'année précédente, et marche sur Salins. Le duc de Lorraine et le marquis de St.-Martin s'avancent à sa rencontre, et le 19 juin le combat s'engage à Barretaine. Malgré leur supériorité numérique, les Français sont contraints de se retirer avec une perte de près de 1,200 morts et de 1,800 blessés, mais ils ne sont point poursuivis par les vainqueurs, qui, de peur que la retraite précipitée de l'ennemi ne cachât une ruse de guerre, se retirent sur Salins, et se retranchent entre la Châtelaine et Ivory. Longueville s'arrête à Château-Chalon.

Le mouvement rétrograde du vainqueur étonna ce général. Reprenant courage, il descend des hauteurs et se dirige par la plaine sur Poligny. Arrivé devant cette ville le 26 juin, il la somme de se rendre, et, sur son refus, l'assiége aussitôt. Le 29, la brèche étant devenue praticable, il commande l'assaut, et la ville est emportée, pillée et brûlée presque tout entière. Le lendemain 30, la forteresse de Grimont capitule.

Les religieuses de Ste.-Claire avaient obtenu du général

français la permission de quitter la ville, et une multitude de femmes et de filles s'étaient jointes à elles pour trouver un refuge où l'on consentit à les recevoir ; mais le duc les avait averties de ne point s'arrêter à Arbois, qu'il se proposait d'attaquer le lendemain.

En effet, le 1ᵉʳ juillet, le territoire est envahi, et vers le milieu du jour la ville sommée d'ouvrir ses portes. Elle était sans garnison, et la catastrophe de Poligny annonçait assez au petit nombre de bourgeois qui la défendaient, le sort qui leur était réservé en cas de prise de vive force. Néanmoins, espérant que le duc de Lorraine, dont il est difficile d'expliquer la conduite, ne les abandonnerait pas, ils répondent audacieusement au parlementaire : « Allez » dire à votre duc que, s'il veut avoir la ville d'Arbois, il » vienne la prendre. » Dans la crainte que l'armée comtoise ne vint lui tomber sur les bras s'il entreprenait un siége en règle, Longueville résolut de brusquer l'attaque. En conséquence, le 2 juillet, à l'aube du jour, il dirige une de ses colonnes sur Faramand ; elle est reçue avec intrépidité, repoussée et poursuivie jusqu'à Champ-Berthod. Mais en même temps, un détachement plus nombreux s'était porté sur Courcelles, et avait envahi le faubourg, auquel il met le feu au moyen des matières incendiaires dont il était muni. La flamme éclate sur plusieurs points à la fois avec d'autant plus de rapidité qu'elle est alimentée par les matières combustibles entassées dans les maisons ; elle s'élève bientôt à une prodigieuse hauteur, et forme au-dessous de la ville un sinistre rideau. A cet aspect, les combattants reviennent en courant sur leurs pas, poursuivis à leur tour par les Français, qui s'arrêtent bientôt, voyant dans ce vaste incendie un puissant auxiliaire. En effet, le vent s'élève, attiré par les flammes, et, malgré la distance qui séparait alors le faubourg de la ville, il porte des charbons ardents sur les toits, dont la plupart étaient couverts en bois. De proche en proche, le feu s'étend à l'hôtel-de-ville, et se communique aux maisons environnantes; l'église de St.-Just elle-même est atteinte. Le désordre est général, l'ennemi en profite, il traverse la rivière au-dessous du moulin des Terreaux, escalade le rempart qui avoisine la tour des Oies, et se répand comme un torrent dans la ville. Les rues sont inondées de sang, les maisons que l'incendie n'a pas atteintes mises au pillage, les soldats pénètrent dans les caves, enfoncent les tonneaux, s'enivrent, et leur ivresse les livre sans défense aux habitants, qui en tuent impunément un grand nombre. Ce n'est ni le feu, ni le fer qu'ils emploient, et pour que les cris des victimes ne leur attirent pas les secours de leurs camarades, ils leur lient la tête avec des cordes, que serre un bâton jusqu'à ce que la cervelle ait sauté; cette épouvantable opération s'appelait *tôchener*, puis ils enterraient secrètement les cadavres, sans les dépouiller de leurs armes ni de leurs habits, dans les jardins, dans les cours, et le plus souvent dans les caves même. Sur plusieurs points de la ville et dans les faubourgs, spécialement à Faramand, ont été dans la suite découverts des squelettes qui portaient la trace évidente de cette affreuse mutilation.

La ville était à moitié consumée, lorsqu'enfin, pour arrêter une lutte devenue sans objet, autant que pour épargner le sang de ses soldats, dont la disparition subite l'étonnait, sans qu'il en pénétrât la cause, le duc de Longueville arrêta le cours de ces excès, et proposa une capitulation qui ne pouvait être librement débattue. Il laissa aux habitants la liberté civile et politique, celle de commercer avec leurs voisins, et de veiller à leur sûreté comme ils jugeraient convenir. Mais il exigea une rançon qui, quoique modifiée ensuite, ne put être immédiatement acquittée ; elle dépassait, dit-on, la valeur de la ville et de son territoire. Pour en garantir le payement, deux notables, les sieurs Jarre et Domet, furent conduits en ôtages à Dijon.

D'incalculables pertes furent le résultat de cet événement. Le tiers des maisons de la ville et les deux tiers des faubourgs furent réduits en cendres, et la population fut décimée par une cruelle famine, dont un historien contemporain, Girardot de Beauchemin, nous a laissé le tableau.

A la prise d'Arbois, le général français joignit celle des châteaux de Vadans et de Montigny. Le premier ne se rendit qu'après la brèche faite (14 juillet) ; il fut livré aux flammes, et il n'en resta d'intact que les parties où le feu n'avait eu aucune prise, la tour et le puits taillé dans le roc.

Quant au château de Montigny, dont, comme nous l'avons vu, le magistrat avait fait enlever les armes en 1636, il n'avait pour garnison que six soldats commandés par un caporal nommé Nicolas Lambert. En se joignant aux habitants du village, ils pouvaient opposer une vigoureuse résistance. Mais la faible quantité d'armes dont il pouvait disposer, la ruine d'Arbois dont il venait d'être témoin, et le nombre des assaillants épouvantèrent le caporal. Il se hâta de capituler, à condition que ses soldats et lui ne seraient point dépouillés de leurs armes, et pourraient se retirer à Salins. Mais à peine fut-il arrivé dans cette ville, que le gouverneur le condamna à être pendu, arrêt qui fut aussitôt exécuté sur la place de la porte Oudin (Porte-Haute).

La prise de Poligny et d'Arbois semblait faciliter au duc de Longueville les approches de Salins, mais sachant que le marquis s'y était renfermé avec une garnison nombreuse, il ne voulut point tenter la fortune, et se retira de nouveau sur la Saône, laissant au château de Grimont une forte garnison commandée par le sieur de Verguières, et une autre dans celui de Vadans, quoiqu'il fût brûlé. Ces deux détachements étaient chargés de serrer Arbois et de faire des courses jusqu'aux portes de Dole et de Salins.

— Novembre. Assemblée des États à Dole. Les députés d'Arbois représentent que malgré la dépopulation de leur ville, causée par la peste, l'incendie survenu en juillet contraint les survivants à s'entasser dans des maisons étroites, ce qui est un grand danger de contagion, et qu'il est urgent de leur procurer des habitations plus vastes et plus commodes. En conséquence, ils demandent que le prieuré, presque toujours inoccupé, et qui peut servir à loger grand nombre d'incendiés, soit concédé à la ville comme indemnité des pertes qu'elle a éprouvées par le fait de la guerre. Ils ajoutent que les produits en seront employés à rebâtir les maisons détruites. Sur l'opposition du clergé et de la noblesse, cette demande est rejetée, ce qui fait éclater dans le peuple une grande irritation, qui se borne toutefois à des récriminations et à des menaces, grâces à une décision du Parlement, qui concède à la ville, pour 29 ans, la jouissance des droits d'héminage, afin de lui donner les moyens de relever ses halles.

1639. L'Hôtel-de-Ville étant inhabitable à raison de l'incendie, le conseil se tient dans la maison du mayeur.

— 22 janvier. Afin d'éviter les maux dont la ville est menacée, soit par la garnison espagnole de Salins, soit par celle des Français à Grimont, il est résolu que par l'entremise du sieur Montjoie Vigoreux, curé de Pesmes, lequel a offert ses bons offices, il sera fait traité avec le sieur de Castellier, commandant de Grimont. Il est convenu avec cet officier, que moyennant 25 pistoles (525 fr.) par mois, ses soldats s'abstiendront de tous dégâts sur le territoire de la ville.

— 14 février. Deux régiments comtois, commandés par les sieurs Vernier et de Savoyeux, demandent à entrer dans la ville, mais cette demande est rejetée à raison des désordres commis par les soldats dès leur arrivée dans les faubourgs. Il est décidé que tout commerce avec Salins sera interrompu. Le Parlement, informé, n'approuve ni ne blâme, mais en raison des circonstances, invite le magistrat à ne point interrompre lesdites relations.

— 1er mai. Lettre du comte de Guébriant, général français, datée de Nozeroy, dans laquelle il se dit étonné de ce que les habitants d'Arbois ne sont venus faire accord avec lui, ou lui faire apparoistre de celui qu'ils prétendent avoir fait avec le duc de Longueville. Il lui est adressé copie authentique du susdit traité, ainsi que de celui récemment fait avec le commandant de Grimont.

— 17 mai. Excès commis dans les faubourgs et villages voisins, surtout à Mesnay, par un nombreux parti français. Un traité est conclu avec les officiers, et 14 poinçons de vin leur sont envoyés. Pour ne rien laisser dans les faubourgs qui puisse faciliter une surprise, sont transportées dans la ville toutes les échelles qui s'y trouvent.

— 28 mai. Jet consenti par tous les habitants assemblés sur la grande place. A l'avenir, avant le premier jour de chaque mois, les répartiteurs, nommés dans chaque quar-

er, remettront au mayeur 476 francs 8 gros, lesquels
eront employés au paiement du commandant de Grimont
t aux dépenses intérieures de la ville.

— Juin. Le général français marquis de Villeroy, se
roposait d'attaquer Salins. Dans ce dessein, il amène sa
oupe dans le val d'Arbois, qu'il ravage, et les faubourgs
e la ville ne sont point épargnés. A Verreux surtout, il
isse des traces cruelles de son passage. Le château de ce
om, dont subsiste encore la partie inférieure d'une tour,
onnue sous le nom de *Château de la Motte*, est détruit.
nfin, le 5 juin, il se dirige sur Salins, la nuit, en passant
ar Pretin. Arrivé à mille pas de Bracon, les sentinelles
spagnoles découvrent sa marche et la signalent, la confu-
on se met dans sa colonne, dont une partie est chargée
ar l'autre ; au bruit de ce combat se mêlent les détona-
ons du canon du fort Saint-André. Les soldats de Villeroy
e mettent à fuir en jetant leurs armes, et le général, en-
aîné par eux, regagne en toute hâte les environs d'Arbois,
où, au point du jour, il prend le chemin de Vaudrey.
rrivé à Villette, une nouvelle panique se répand parmi
s siens, qui s'enfuient à vau de route, et ne se rallient
u'en approchant de Vaudrey.

— 2 juillet. Assemblée générale, où est prise, à l'una-
imité : la résolution suivante :

En mémoire de l'incendie et prise de la ville, arrivés à pareil jour
e l'année dernière, par l'ennemy françois, il sera fait, à perpé-
ité, chaque année, le deuxième de juillet, feste de la Visitation
ostre-Dame, procession générale et solemnelle, avec octave et bé-
édiction du très Saint-Sacrement. Sera remerciée la Sainte Vierge
es consolations par elle obtenues pendant tout le cours des maux
ıssés, et priée d'esloigner promptement et pour toujours les fléaux
e peste, famine et guerre, de rendre à la ville d'Arbois sa prospé-
té ancienne, et donner confusion aux ennemis du pays.

Et immédiatement, après avoir fermé les portes de la ville, muni les remparts, mis gardes sur les tours et sentinelles au clocher et en tous postes avancés, crainte de surprise, femmes et enfants, manants et citoyens, nobles et clergé, se sont rendus processionnellement à l'Hermitage, où, la sainte messe entendue, le magistrat, humblement prosterné aux pieds de la mère de Dieu, a fait, au nom de la ville, vœu et promesse de venir chaque année, à pareil jour, la remercier de ses bontés et implorer sa protection.

— 18 juillet. Grand événement où les habitants d'Arbois voient un effet immédiat de la protection de la Sainte Vierge. Après avoir dévasté tout l'espace compris entre Salins et les frontières de la Suisse, incendié Pontarlier et tous les villages, châteaux, maisons isolées, massacré les femmes, enfants et vieillards, et laissé des garnisons au château de Joux et à Nozeroy, le général en chef des Suédois, duc Bernard de Weymar, s'était porté sur le Rhin. Arrivé à Neubourg, près de Haguenau, il y est atteint de la peste, qui, après 4 jours de maladie, l'emporte à l'âge de 39 ans. Près de 4,000 hommes de ses troupes périssent en 2 jours.

— Août et septembre. Des bandes de soldats de la garnison de Salins, sous prétexte de venir combattre les Français de Grimont, se répandent sur le territoire d'Arbois. Plusieurs villageois qui apportent des provisions à la ville sont dépouillés et même assassinés. Les mayeurs de Salins et d'Arbois publient aussitôt un édit en vertu duquel il est ordonné aux bourgeois de surveiller ces hommes indisciplinés, et de les arquebuser quand il sera nécessaire. A dater de ce moment, les habitants d'Arbois recouvrent de ce côté la sécurité qu'ils avaient perdue, et peuvent se livrer à leurs travaux sans avoir à redouter d'autres ennemis que les soldats de Grimont.

La contribution de 25 pistoles par mois payée à leur commandant n'avait point arrêté leurs brigandages accoutumés. Ils venaient pendant la nuit jusque dans les faubourgs d'Arbois enlever des vaches, des moutons, du blé, du vin et tout ce qui était à leur convenance. La garnison de Vadans désolait les campagnes. Les sieurs Barberot, échevin et Vuillin, curé de Pupillin, sont envoyés à Grimont pour se plaindre de ces violations du traité. L'insatiable commandant s'emporte et leur déclare que le traité est rompu. Les conséquences de cette rupture n'étaient rien moins que la cessation de tout travail dans les campagnes, et pour la ville, la privation de tout commerce et de tous approvisionnements, situation dont il fallait sortir à tout prix. Sur la proposition du P. Humbert du Deschaux, supérieur des Minimes, les sieurs Petitjean, Bruet et Jarre, sont envoyés à Arlay, quartier général du marquis de Villeroy, et moyennant 2,000 francs donnés à ce général, de la main à la main, en obtiennent la sauvegarde suivante :

Le marquis de Villeroy, gouverneur de Lyonnois, Forest et Beaujolois, commandant pour Sa Majesté les troupes de Bourgongne et Bresse. Sur ce que nous a esté représenté par les députés de la ville d'Arbois, fondés en procuration de tous les bourgeois et habitants de lad. ville, qu'ils désirent se mettre en la protection du roy, et nous prient de leur faire avoir sauvegarde de Sa Majesté, et en attendant leur accorder la nostre, afin qu'ils puissent aller et venir librement aux lieux qui dépendent de Sad. Majesté ; Nous, après avoir receu leur submission et assurances qu'ils vivront comme ils doivent, et n'entreprendront aucune chose contre le service de Sad. Majesté, ni ne recevront aucunes troupes du party contraire, nous leur avons accordé notre sauvegarde, tant pour la ville, faubourgs et ressort d'icelle, avec deffense à tous gouverneurs des places du comté, conducteurs de gens de guerre et autres, sur lesquels nostre pouvoir s'étend, de les inquiéter en leurs personnes et biens, à condition néantmoins qu'ils contribueront pour chaque mois la somme de 50 livres au gouverneur du chasteau de Grimont, promettant de faire ratifier le tout par le roy, dans un mois prochain.

Fait à Arlay, le 17ᵉ septembre 1639.   VILLEROY.

Et plus bas: Nous, Mestre des camps et armées du Roy, servant soubs les commandements de monsieur le marquis de Villeroy, certifions que mond. seigneur a confirmé aux députés d'Arbois le traité ci-dessus. Au camp d'Arlay, le 1ᵉʳ juin 1640.   CROYSON.

Assemblée générale pour aviser au paiement de cette contribution qui, frais compris, s'élève à près de 3,000 fr. Un jet est mis sur tous les habitants et étrangers possédant biens. Ces derniers, au nombre de 33, sont imposés à 1,292 fr., la ville à 1,600, Mesnay à 500 et Changin à 117. L'excédent de la somme exigée par l'ennemi est employé à des réparations urgentes, et à l'achat de munitions de guerre.

Les résultats de ce traité furent de ramener dans la ville le commerce et une apparence de sécurité. Les étrangers y affluèrent, et une hausse se manifesta dans le prix des denrées, ce qui donna lieu à l'édit suivant du 27 octobre.

ART. 1. Il est défendu à quiconque d'acheter des grains de quelque espèce que ce soit, en dehors du marché public, à peine de 40 sols d'amende dont le tiers sera donné au délateur.

ART. 2. Seront arrestés sur le champ, et condamnés à l'amende susdite, à la prison et au bannissement tous ceux qui, sur les routes et dans les faubourgs, arresteroient des grains venant au marché de la ville.

ART. 3. Tout blé qui, acheté au marché, sera conduit hors de la ville, paiera 2 gros par mesure, et pour chaque mesure d'autres graines, il sera payé 4 gros.

— Fin d'octobre. Première assemblée du chapitre, au nombre de cinq chanoines, tous les autres étant morts de la peste; il était dispersé depuis 1636. Le fléau faisait encore quelques victimes, et toute infraction aux réglements continuait à être punie de fortes amendes. La peste et la misère avoient profondément démoralisé la population, le vol était commun dans les champs et dans les vignes. Des gardes fruits sont nommés, et il est statué que tous mésusants seront punis d'une amende de 12 livres, moitié au profit des gardes, et que les insolvables seront fouettés et battus de verges.

1640, 20 janvier. Le Parlement prévient le magistrat d'Arbois que l'ennemi a dessein d'attaquer la ville, et l'invite à se mettre en état de défense. Le sieur de Grandmont, commandant de Salins, donnera 200 hommes de pied, sous un bon officier, si son assistance est réclamée. Le sieur d'Arnans a reçu l'ordre d'aider la ville au dehors autant qu'il le pourra.

— 9 février. Lettre reçue de Salins du sieur de Saint-Mauris, qui prévient le magistrat que sur avertissement à lui donné, les soldats de Grimont méditent une attaque contre Arbois, et il offre son assistance en demandant si les gens qu'il enverra seront bien reçus. Il lui est répondu qu'on recevra 200 hommes, en cas de besoin.

— 9 mars. Arrivée d'une compagnie du régiment d'Arnans; afin d'en payer la solde, fixée pour chaque homme à 8 gros par semaine, la ville emprunte 900 francs. Le capitaine Pernot, commandant cette compagnie, demande à être reçu habitant, ce qui lui est accordé gratuitement.

— 6 avril. Défense à tout habitant de la ville et des faubourgs, sous peine de confiscation et d'amende de 50 livres, d'acheter quelque objet que ce soit des soldats de la garnison, qui se livrent au vol et au pillage.

— 22 mai. Le commandant de Grimont est prévenu que

toute attaque nouvelle de ses soldats ne restera point impunie. Peu de jours après, le 28, plusieurs d'entre eux surpris par la garde bourgeoise, sont tués ou faits prisonniers. Pour les nourrir, il est fait un jet de 100 pistoles, sur l'avis du procureur général du Parlement.

— Ordre du cardinal de Richelieu à M. de Villeroy de faire faucher tous les blés en fleur. Le territoire d'Arbois est respecté, protégé par le traité du 17 septembre, mais d'énormes dommages sont causés aux environs de Salins, Dole et Gray. En représailles, le marquis de Saint-Martin se jette sur la Bresse, où il incendie des villages, des bourgs et des villes même. Le cardinal, frappé de ces ravages, dont il pénètre aisément le motif, fait expédier à M. de Villeroy des lettres de rappel. Après le départ de ce général, le prix du blé diminue d'un tiers en peu de jours.

— 14 juin. Sur la nouvelle que le marquis de Saint-Martin, de retour de son expédition en Bresse, est rentré en Franche-Comté, les sieurs Vigoreux, seigneur de Ruhan, Fauche de Nancray et Domet sont envoyés pour le congratuler.

— 3 juillet. Reproches adressés au conseil par le sieur de Castellier, commandant de Grimont. Il retire toutes les paroles de sûreté et de protection qu'il avait accordées, et déclare qu'à l'avenir les plus forts seront les maîtres.

— 6 juillet. Dans leur visite au marquis de Saint-Martin, les députés d'Arbois avaient fait entendre des plaintes contre M. de St.-Mauris, commandant à Salins, ce qui avait attiré à celui-ci une sévère réprimande. Pour s'en venger, il écrit au magistrat une lettre d'injures, où il traite les habitants de lâches et de traîtres, et leur réclame des munitions qu'il leur a laissées, avec menace d'interrompre toutes ses communications avec Arbois. La réponse ne se fait point attendre, elle est conçue en ces termes :

> Monsieur, l'on dit quelquefois tel père, tel fils, et l'on dit aussi tels officiers, tels soldats. Or, vos soldats estant des traistres, qui ont comploté d'introduire dans Arbois les soldats de Grimont, au moyen de trous faits par eux à la muraille de nostre ville, vous, qui les commandez, quel nom méritez-vous? Quand le fort de Grimont fut dernièrement assiégé par le colonel d'Arnans, nous y étions au nombre de six vingts, et vous n'y estiez pas. Ignorez-vous quel nom l'on donne à tout soldat qui fuit l'occasion de combattre? Quant aux munitions de guerre que vous réclamez, vous voulez sans doute les conserver comme des reliques; mais nous, monsieur, nous les voulons employer pour attaquer ou repousser les ennemis du pays. Si vous en demandez le paiement, vous l'attendrez jusqu'à ce que nous ayons reçu à ce sujet un ordre précis de monseigneur le gouverneur.

M. de St.-Mauris ne répliqua pas, mais sur ses instances, le Parlement donna l'ordre à deux compagnies, infanterie et cavalerie, des régiments de Longwy et d'Arnans, de se rendre à Arbois pour y tenir garnison. Mais cet ordre fut aussitôt révoqué par l'intervention de M. de St.-Martin, à la demande des dames de Maillot et de Thoraise, et de MM. de Scey et d'Achey, archevêque de Besançon.

— Septembre. Préoccupé des dangers qui menaçaient Arbois, M. de St.-Martin propose au magistrat de lui envoyer une compagnie du régiment de cavalerie du baron de Savoyeux, afin de défendre la ville pendant les vendanges. Le conseil décide d'abord que le gouverneur sera remercié de sa bonne volonté, mais quelques jours après, moins confiant dans ses propres forces, il demande l'envoi de cette troupe, dont l'arrivée lui est annoncée, le 14 octobre, par une lettre de M. de Savoyeux.

— 20 octobre. Le marquis de St.-Martin écrit au magistrat pour lui témoigner sa satisfaction de ce que les vendangcs n'ont point été troublées, grâces aux mesures prises par M. de Savoyeux.

— 28 octobre. Exigence du prieur au sujet des dîmes. Il lui est répondu que ses prétentions sont d'autant plus étonnantes, qu'il se montre peu zélé pour le service divin, auquel, ce jour même, n'a assisté aucun de ses religieux.

— Novembre. Renouvellement du traité avec le commandant de Grimont, moyennant 30 pistoles et un chariot de vin par mois. Seront achetés 22 poinçons de vin blanc, lesquels seront offerts en présent aux personnages qui protégent la ville. Pour subvenir à ces dépenses, est mis un jet de 100 pistoles.

— Sans date. Lettre d'un nommé Aubry, donnant l'avis qu'un parti de trois à quatre cents chevaux de l'armée française, attend près de Frontenay le vicomte de Courval, et qu'il est urgent de prévenir M. de St.-Mauris de quitter ce poste; des troupes ont été vues aussi du côté du château de Pierre.

1641, 9 février. Le roy de France ayant reçu sous sa protection les habitants de la ville et faubourgs d'Arbois, le vicomte de Courval, capitaine, mareschal-général des carabins de France et gouverneur du chasteau de Grimont-sur-Poligny, prie tous ceux qui sont à prier défendre à tous autres de faire course dans la ville d'Arbois et faubourgs d'icelle, ni d'enlever aucun prisonnier, bestail, grains ni autre chose.

— 23 mars. Ordre à tous les habitants de prendre les armes, dès qu'ils entendront sonner le tocsin, de jour ou de nuit; se rassembleront à la porte Picardet tous ceux qui habitent les maisons de droite de la Grande-Rue, depuis la porte Oudin, et ceux des maisons de gauche à la porte de Faramand, sous peine de 30 sols d'amende contre tout défaillant.

— 6 mai. Demande d'un monitoire à l'archevêque Claude d'Achey par le frère Pierre Denys, lequel expose que pendant les années 1636, 37 et 38, ont esté faits à l'hermitage plusieurs legs pieux par personnes décédées de peste ou autres maladies, sans que les héritiers en aient fait paiement, que ce temps pendant, la cloche dudit hermitage, les ornements de l'autel, et le peu de meubles servant à l'usage du suppliant, ont esté emportés; que pour ce, il est occasionné de demander monitoire contre tous ceux ou celles qui destiennent lesd. legs pieux, et aussi contre ceux qui savent où sont destenus les cloche, ornements et meubles, afin que led. suppliant puisse en faire poursuite par voie judiciaire, ce qu'il ne peut faire sans licence de la censure ecclésiastique.

Le monitoire fut accordé, et le dimanche suivant, publié au prône. Le 4 août, cinq témoins déclarèrent que la cloche cachée dans une cave du faubourg de Faramand, y avait été cassée et la matière emportée par des soldats de la garnison de Salins. Quant aux ornements et aux meubles, il ne fut fait aucune déclaration.

— 27 juillet. Malgré les contributions payées au commandant de Grimont, les courses de ses soldats avaient continué; le magistrat d'Arbois résolut d'opposer la force à la force, et des *parties* furent organisées contre cette garnison; le magistrat de Salins en félicite celui d'Arbois, et lui promet que sous deux jours, cet exemple sera suivi par les bourgeois de Salins, ce qui pourra forcer l'ennemi à dénicher.

— 12 août. Il est signifié par le mayeur au curé: que par cy-après, il s'abstienne de rien percevoir des inhumations ou mortuaires; qu'il ne peut donner aucune place d'inhumation dans l'église sans la permission du magistrat; qu'il ne doit changer l'heure des offices que pour causes urgentes, dont led. magistrat est seul juge; qu'enfin il ait à ne rien exiger au-delà de ses droits curiaux. A défaut de ce que dessus, il sera par justice procédé contre lui.

— 24 novembre. Le vicomte de Courval prévient les habitants d'Arbois qu'étant informé que plusieurs d'entre eux, sans doute à l'insu du magistrat, font transporter leurs vins et graines dans la ville de Salins, et vendent leurs denrées aux ennemis de S. M. le roy de France, il a résolu qu'à l'avenir, aucune denrée ne pourra sortir d'Arbois, sans un billet signé de lui ou de l'officier establi pour commander à sa place.

— 2 décembre. Sur requête du frère Pierre Denys, il lui est accordé 6 francs pour l'aider à subsister, en attendant qu'il puisse recueillir les legs pour lesquels a été fait monitoire par l'archevêque Claude d'Achey. En même temps, l'hermitage reçoit du prélat un *Ex voto*, où figurent une vingtaine de personnages, tous en costume du temps, qui implorent la mère de Dieu. Dans ce tableau, actuellement existant et placé entre les deux fenêtres de la tribune de la chapelle, et désigné sous le nom d'image miraculeuse, le portrait de la Vierge, en médaillon, est attaché au tronc d'un arbre, au pied duquel des captifs, chargés de chaînes, tendent leurs mains au ciel. D'un côté du tableau est représenté l'archevêque, revêtu de ses ornements épiscopaux, et de l'autre, sa sœur ou sa nièce, comtesse d'Achey, comme l'indique la couronne placée sur sa tête.

— 21 décembre. Mort du marquis de St.-Martin, de la douleur que lui cause celle de l'infant d'Espagne Ferdinand, dont il avait commandé les gardes. Il est vivement regretté des habitants d'Arbois, qui le considéraient comme leur protecteur et leur concitoyen.

1642, 8 janvier. Le vicomte de Courval écrit d'Auxonne au magistrat d'avoir à faire délivrer au sieur de Vidart, nouveau commandant de Grimont, les 30 pistoles promises pour le roy. Il le prévient qu'il a fait faire, par monseigneur le prince de Condé, défense à toutes les garnisons voisines de courre sur ceux de la ville d'Arbois, et de faire aucun prisonnier.

— 11 janvier. Malgré cette défense des soldats de Grimont viennent enlever, à une portée de mousquet de la ville, des chevaux attelés à des voitures appartenant aux sieurs Jarre et de Ruhan. Le magistrat en porte au sieur de Vidart des plaintes qui sont mal accueillies. En conséquence, est adressé au duc de Longueville le tableau des violences exercées contre les habitants, au mépris de la sauvegarde.

— 31 janvier. Incendie des villages de Cernans et de Crouzet par les soldats de Grimont; ceux d'entre eux qui sont rencontrés sur le territoire d'Arbois, sont mis à mort sans miséricorde.

— 1er mars. Arrivée du baron de Scey, nouveau gouverneur du comté. Sur ce qu'il lui est représenté que le Parlement menace la ville de l'envoi d'une garnison, il répond que cet envoi est inutile dans une ville dont les habitants sont bons soldats; il ajoute que si elle était en danger d'être attaquée, il accourrait à son secours, et finit en promettant d'y revenir bientôt.

— 18 avril. Le baron de Scey écrit que, sur l'avis d'une attaque projetée par l'ennemi contre Arbois, il s'est avancé jusqu'à Salins dans l'intention de l'assister du mieux qu'il lui sera possible ; il demande qu'il lui soit envoyé un membre du magistrat, ou une lettre qui l'informe de la position de l'ennemi.

— 9 mai. Un parti de soldats de Grimont, conduits par un nommé Laroche, de Poligny, arrêtent, dépouillent et conduisent à Valempoulières plusieurs femmes et filles d'Arbois qui revenaient de Salins. Le lendemain, le conseil décide qu'il sera rassemblé à l'instant un nombre d'hommes suffisant, lesquels iront investir Valempoulières, et attaquer lesdits soldats, auxquels ne sera fait aucun quartier.

— 23 mai. Ordre est donné par le baron de Scey, aux capitaines Duchamp et de Pelouse, de se rendre à Arbois, et d'y faire levée de 60 hommes pour renforcer les compagnies d'infanterie en quartier dans le pays. Leur service durera trois semaines, à compter du jour de l'enrôlement, et seront à la charge de la ville leur entretien et nourriture.

— Juin. Attaque du fort de Grimont par le baron de Scey, qui, trouvant la garnison ravitaillée et prête à le recevoir, est contraint de se retirer.

— 27 juin. Sur l'avis que les sauvegardes sont annulées, et que l'ennemi vient d'enlever deux vignerons, Nicolas Brahier et Pierre Patrognet, travaillant à Chaudeau, ainsi que la demoiselle Petitjean, le conseil s'assemble et décide :

Seront faites parties contre ceux de Grimont, à l'effet d'en faire prisonniers le plus qu'on pourra, pour les échanger contre les habitants enlevés. Sera permis, jusqu'à nouvel ordre, aux habitants de Poligny, d'entrer à Arbois, mais sans qu'ils puissent en distraire pain, vin, viande ou autres denrées, pour les porter aux ennemis, ce qui sera vérifié à leur sortie. Seront arrestés et retenus prisonniers par les bourgeois allant en partie, tous individus rencontrés portant à Grimont vivres ou munitions, tout ce que lesd. bourgeois auront saisi demeurant à leur profit.

— 6 juillet. Considérant que les bourgeois, allant en partie, sacrifient leur profit personnel et leur vie même à la sûreté publique, il leur sera à chaque fois donné gratification. Sera commise à leur surveillance la garde des blés et autres récoltes sur pied.

— 1ᵉʳ septembre. Ordre du Parlement au magistrat de mettre tous soins à empêcher la subsistance de la garnison de Grimont, et de faire notifier et afficher à l'église des dominicains de Poligny, l'extrait d'un arrêt enjoignant à de mauvaises personnes résidant dans les masures de lad. ville d'en sortir, sous peine de châtiment exemplaire. Malgré les dangers de l'exécution, ce dernier ordre est exécuté le lendemain.

— 12 octobre. Dans une proclamation de ce jour, le mayeur fait l'éloge du courage montré par les habitants dans l'attaque et la défense; mais, dit-il, ce courage doit être réglé par la discipline; en conséquence, il est défendu d'aller en partie sans ordre; tout abandon de poste sera puni de mort, les portes de Faramand et Picardet, gardées par deux dixaines, seront ouvertes le matin et fermées le soir (les deux autres étaient murées). Seront donnés par l'hôpital et la grande confrérie secours aux malades et blessés, auxquels secours sera prié le seigneur baron de Scey de joindre quelque chose du trésor de S. M. Pour l'assurance des vendanges, seront placées des sentinelles sur les hauteurs et aux avenues des chemins; sera seule ouverte la porte Picardet pendant la récolte des vignes du côté droit de la rivière, et celle de Faramand pendant celle des vignes du côté gauche.

— 24 octobre. Defense expresse du Parlement d'entretenir aucune relation quelconque avec les garnisons de

Grimont et de Vadans, nonobstant toute menace, et promesse de donner tout secours possible en cas d'hostilités. Le conseil répond que bien résolu de s'opposer à l'ennemi, il n'a nullement la pensée de traiter avec lui.

— 2 novembre. Défense aux habitants de céder aux prétentions du prieur qui exige la dîme dans les vergers, jardins et chenevières, ce qui ne s'est jamais fait. Un mandement de garde est obtenu du Parlement par le prieur, mais le mayeur y forme opposition, et somme le prieur, 1° de compléter le personnel du prieuré qui doit comprendre au moins un sacristain, deux religieux et un novice; 2° de faire célébrer la messe paroissiale chaque jour qu'elle est commandée par notre mère sainte Eglise; 3° de payer au marguillier ce qui lui est dû, en vertu des anciens titres; 4° d'avoir à réparer les murailles de son jardin du côté de la rivière et du côté où elle sert de clôture à la ville; 5° d'avoir à payer les dosnes du Jeudi-Saint et de la Saint-Martin, ce qu'il n'a fait depuis nombre d'années; 6° de satisfaire à l'instant aux impositions des années 1641 et 1642, celles de cette dernière étant de 50 francs pour sa part.

1643, 5 janvier. Est interdit à tous de tirer passeport de ceux de Grimont, de communiquer avec eux et de leur fournir aucune chose, à peine de châtiment exemplaire, et de confiscation de tout ce qui serait saisi, dont la moitié au profit de ceux qui les surprendront.

— 23 janvier. En représailles, le vicomte de Courval ordonne à ses soldats de ravager le territoire d'Arbois, et d'y couper les arbres fruitiers et les ceps de vigne. Tous les habitants et les retrahants sont mis à l'instant sur pied, et tenus de monter la garde, de parcourir le territoire en tous sens, d'y dresser des embuscades, et de faire des rondes de jour et de nuit.

— 6 février. Avis donné par le baron de Scey de la réunion de plusieurs garnisons françaises à Grimont, dans l'intention probable d'attaquer Arbois, où doivent être préparées les mesures nécessaires contre toute surprise.

— 15 février. Remercîments du baron de Scey pour les avis qu'il a reçus du magistrat d'Arbois; il demande qu'on lui fasse connaître tout ce qui sera entré ou entrera dans Grimont, et recommande de se tenir sur ses gardes. Le lendemain, il annonce qu'il a appris, mais sans savoir la force de l'escorte, l'entrée d'un convoi dans ce fort; il désire des détails exacts. Le 17, il remercie le magistrat de l'avoir informé que la troupe arrivée à Grimont ne comprenait que 400 fantassins ou cavaliers, et insiste sur la nécessité de ne négliger aucune précaution.

— 3 mai. Arrêté pris en assemblée générale: 1° Sera muni de ses armes tout cultivateur allant aux champs, et seront forcés de rentrer tous ceux qui ne les porteraient pas; 2° sera le territoire partagé en quatre bans, et le jour désigné par le mayeur, tous les habitants travailleront au même ban; 3° seront punis de 60 sols d'amende tous ceux qui rompraient le ban, ou travailleraient sans leurs armes; 4° seront, de jour et de nuit, faites fortes et fréquentes parties, déterminées par le mayeur; 5° en cas de refus des villages de monter la garde, faire guet à leurs clochers et employer tous moyens propres à éloigner l'ennemi, sera rigoureusement exécuté l'ordre donné par le gouverneur, le 16 février dernier, de brûler tous fourrages étant dans lesdits villages.

— 19 mai. Nouvel arrêté: 1° sera fait un jet sur tous

les habitants et manants pour payer ceux qui journellement sont en partie contre l'ennemi ; 2° seront admis tous ceux qui demanderont à aller en partie ; 3° sera chaque partie forte d'au moins 100 hommes, conduite par un chef particulier, et seront deux parties réunies, commandées par le sieur de Nancray ; 4° sont alloués à chaque homme, allant en partie, 18 gros par jour, et quiconque refusera de marcher sans légitime cause, paiera 60 sols au profit de ceux qui seront allés ; 5° seront données 3 pistoles par chaque prisonnier fait sur l'ennemi.

— 14 juin. Sur avis donné par Pierre Jouvenot qu'il vient de voir dans les bois qui sont entre Salins et Arbois, une bonne partie de la garnison de Grimont en embuscade, en sont aussitôt informés ceux de Salins, lesquels, commandés par le sieur de Gouhélans, viennent d'une part attaquer l'ennemi que chargent de l'autre part 300 hommes d'Arbois. La meilleure partie des soldats de Grimont est tuée sur la place, et le reste, sans qu'il s'en échappe un seul, fait prisonnier.

Peu de jours après, le mayeur fait distribuer 12 pistoles à tous ceux qui ont participé à l'expédition, et il est accordé à Pierre Jouvenot, de Mesnay, une pistole et demie et des lettres d'habitant, à titre gratuit, avec les priviléges attachés à cette qualité, pour lui et les siens, comme ayant bien mérité de la ville. Il est délibéré qu'il sera proposé au commandant de Grimont de lui rendre les prisonniers, moyennant rançon.

— 7 juillet. Ordre du baron de Scey de brûler tous les fourrages dont l'ennemi pourrait faire provision, de saisir et châtier tout paysan qui lui en faciliterait l'amas, de ne laisser audit ennemi aucun repos, de le harceler de jour et de nuit, d'intercepter ses vivres, etc. En conséquence, le conseil arrête que pendant les moissons prochaines, il sera construit une redoute en Montesserain, où chaque jour seront établis 30 hommes de garde, qui recevront chacun 16 gros et leur chef le double.

Par suite de ces mesures, la garnison de Grimont que les populations soulevées pressaient de toutes parts, ne tarda point à se voir réduite à l'extrémité, et le commandant obtint de son gouvernement permission de traiter de la reddition de cette place. L'abandon immédiat fut conclu au prix de 5,000 pistoles que lui firent compter les Etats, qui décrétèrent en même temps la démolition du fort.

— 16 septembre. Testament du frère Pierre Denys, hermite, reçu du notaire Chevalier.

Redoutant les accidents qui me pourroient arriver, à raison du haut âge auquel je suis parvenu, auparavant que d'avoir récompensé de quelque chose vénérable et discrète personne messire Alexandre de Souvans, prestre et familier en l'église parochiale de Saint-Just d'Arbois, mon confesseur, des peines et fatigues qu'il a prises à me visiter presque journellement aud. hermitage, et des faveurs et assistance par moi de lui reçues, cependant que je suis en bon sens et jugement, j'ai donné et donne, par la meilleure forme et manière que telle donation peut et doit mieux valoir, aud. messire, les meubles qui se trouveront aud. hermitage après mon décès, lesquels je le prie de recevoir de bonne part, et de prier Dieu pour le salut de mon âme, n'estant chose suffisante ni équipollente aux peines et travaux qu'il a pris et souffertts pour mon sujet, car telle est ma volonté.

— 29 septembre. Ordre du baron de Scey d'envoyer incontinent 50 bons ouvriers des plus capables de la ville, avec pioches et autres outils, pour travailler à la démolition de Grimont. L'ordre est réitéré le 6 octobre.

— 10 octobre. En vertu d'un traité conclu avec la supérieure des Carmélites de Salins, douze religieuses de cet ordre sont reçues à Arbois sous les conditions suivantes: Ne pourront lesd. religieuses excéder le nombre de 21 servantes comprises, bastir leur couvent qu'en l'emplacement désigné par le magistrat, quester dans la ville, posséder autres fonds que 60 ouvrées de vignes et 20 journaux de terre au val d'Arbois, non compris leurs maison et jardin. Supporteront lesd. religieuses les charges locales et obéiront au magistrat et à la police en tout ce qui ne répugne à leur institut et profession. Quand leur couvent se trouvera riche de 4,000 livres de revenu annuel, y seront reçues les filles de la ville capables d'y entrer, moyennant 500 fr. de dot, laquelle dot sera de 3,000 fr. pour les étrangères.

— 14 novembre. Est imposée la ville d'Arbois à 50 francs pour entretien et logement de la cavalerie du pays.

— 26 novembre. Ordonnance du Parlement à l'effet de solenniser la fête de l'Immaculée Conception, établie par l'archevêque Claude d'Achey, et de faire le même jour des prières pour la conservation de la province.

— 28 novembre. Lettre adressée au conseil par le sieur de Grun, commandant du château de Joux.

Messieurs, comme l'année précédente, il vous auroit pleu de courtoisie me faire avoir une recognoissance de vin pour l'asseurance que j'avois donnée pour vos gens allants et venants rière le comté de Bourgongne, et comme ainsi soit que l'Eternel vous auroit donné en ceste année fort bonne et riche vendange, je veux croire et espèrer que continuerez vostre courtoisie, et me ferez avoir quelques pièces de bon vin blanc, pour m'obliger à vous continuer la mesme asseurance ; c'est de quoy je vous ay voulu requérir par ceste lettre, et vous prier de m'acertener combien de chariots je vous dois envoyer à cest effect, ce qu'attendant, je me dis et demeure comme je suis autant qu'il est permis, Messieurs, vostre très-affectionné serviteur.

1644, 11 janvier. Amodiation de la maison de l'hôpital pour la somme annuelle de 90 fr. (Il paraît qu'on avait cessé d'y recevoir des malades).

— 10 mars. Sur la requête présentée par le P. Claude Huguenet, religieux, à l'effet d'être nommé gardien de l'Hermitage, en remplacement du frère Pierre Denys, décédé le mois précédent, attendu la connaissance de ses bonnes vie et doctrine, est nommé led. P. Claude, à condition qu'il se fera dispenser de son ordre, fournira caution pour les habits et ornements d'église qui lui seront confiés pour la desserte, et s'engagera à conserver la maison et à la décemment entretenir.

—24 mars. Recommandation faite au magistrat par le sieur Chevalier de Cléron, d'avoir, nonobstant la cessation d'armes, à se tenir sur ses gardes, la compagnie de la Roche étant sortie de Mirebeau pour aller devers la Bresse; il importe d'avertir les capitaines Lacuson et de Bréry de prendre garde à eux.

— 4 avril. Par délibération du conseil sera achetée la quantité de 100 livres de poudre, sera montée exactement la garde et une sentinelle mise à chaque poste, reconstruit le pont de la porte de Faramand, et faite une procession à laquelle assisteront les habitants et corps religieux, où sera portée la bannière de Nostre-Dame-Libératrice, laquelle sera suppliée de détourner du pays le fléau de la guerre.

— 20 avril. Ordre du baron de Scey aux habitants d'Arbois de retirer à Salins, vu les dangers de la guerre, les grains et autres denrées se trouvant dans la ville. Tous ceux desdits habitants qui, ayant leurs armes, se retireront aud. Salins, y seront assistés de vivres et de tout ce qui leur sera nécessaire. Il est répondu à cet ordre que les habitants d'Arbois ne quitteront point leur ville et sauront bien défendre ce que Dieu leur a envoyé.

— 24 avril. Seront chaque jour commandés 6 hommes, lesquels s'établiront et coucheront au clocher, se tenant toujours prêts à sonner lorsqu'ils en seront avertis par le guet; en cas de négligence, sera contre eux prononcée la peine de 9 sols d'amende.

— 8 août. Sera présentée requête à S. M. à l'effet d'obtenir abandon des revenus du domaine royal, lesquels serviront à payer les dettes contractées pour son service et les frais de guerre et de garnison des années précédentes.

— Autre requête au Parlement, où il est exposé que le 8 décembre 1643, à l'effet de satisfaire au paiement de différentes sommes, notamment de 4,000 fr. donnés au marquis de Villeroy pour empêcher le sac de la ville, de 1,800 francs payés au duc de Weymar pour détourner le siége dont il menaçait, et de 5,000 fr. employés aux réparations des brèches faites aux murailles par l'ennemi, il a été fait un jet, délibéré en assemblée générale, tenue en l'église de St.-Just, comme il a été pratiqué de toute ancienneté; que dans ce jet ont été compris les ecclésiastiques et le seigneur Prieur, comme possédant des maisons et la plus grande partie des biens du territoire, de quoi led. seigneur prieur a porté plainte à la cour, et cité devant l'officialité les mayeur, eschevins, et conseil, pour avoir tenu l'assemblée en l'église parochiale, sans la permission de l'archevesque, et avoir compris dans le jet lesd. sieurs ecclésiastiques; ce dont ils supplient la cour, prenant égard aux raisons susdites, déclarer nulle et de nul effet la plainte dud. seigneur prieur ainsi que la cause intentée à l'officialité

Le Parlement répond à cette requête, le 22 août, par un mandement de rescription, c'est-à-dire, qu'il retient la cause pour être jugée.

— 24 août. La ville est taxée à 90 francs par mois pour l'entretien et solde des troupes du pays.

— Notification faite au sieur Masson, lieutenant du bailli d'Aval au siége d'Arbois, et résidant à Salins, d'avoir à fixer sa demeure aud. Arbois et y rendre la justice tous les huit jours.

— 8 septemb. En raison du refus du P. Claude Huguenet et d'Alexandre de Souvans d'accepter les conditions du magistrat, la garde et la desserte de l'Hermitage sont données, la première, au frère Pierre Millot, de Salins, et la seconde à Sébastien Barberot, prêtre.

— 27 septembre. Sur la demande du sieur Barberot, le conseil déclare l'Hermitage exempt de tout impôt.

— Novembre. La démolition du château de Grimont, commencée depuis un an, n'était pas achevée. Pour en hâter la fin, d'après l'ordre du baron de Scey, 25 hommes d'Arbois sont commandés tous les trois jours, et se rendent au travail, précédés de deux cornets.

— Décembre. Requête adressée par le conseil à l'archevêque de Besançon, dans laquelle il est exposé que par suite de la guerre qui désole le pays depuis 9 ans, la ville a été contrainte d'emprunter de grandes sommes dont les intérêts menaçaient d'excéder le capital; afin d'en opérer le remboursement, le conseil et les notables, convoqués sous le jubé de l'église de St.-Just, à une heure où le service divin ne se célébrait pas, ont décidé qu'il serait mis un jet de 7,000 fr. sur tous les habitants possédant biens, y compris les ecclésiastiques; qu'à raison de l'impôt frappé sur lesd. ecclésiastiques et du lieu où s'est tenue l'assemblée, le procureur général les a cités, au nombre de 50, devant l'officialité, citation qu'il demande être déclarée nulle. Le 16 décembre, l'archevêque Claude d'Achey répond que la voie ordinaire doit être suivie.

1645, 18 janvier. Perte d'un procès soutenu par la ville devant le Parlement, dont les dépens, montant à 500 fr., doivent être acquittés sans retard. Il fallait un jet, mais les notables s'y opposent, à raison de la pauvreté générale, causée par une gelée qui, l'année précédente, avait ravagé le territoire.

— 6 février. Réclamation faite aux PP. Minimes d'un calice et autres meubles, ainsi que de l'image miraculeuse de la Vierge qu'ils ont apportés dans leur couvent, et qui doivent être replacés à l'Hermitage. Ce ne fut que le 15 juillet suivant, que le provincial des Minimes, le P. Delagoutte, donna avis au magistrat que l'image de la Vierge allait être rétablie dans la chapelle de l'Hermitage.

— 10 juillet. Réunion du village de Changin à la ville d'Arbois, par acte reçu du notaire Herbillon.

Entre les sieurs Jean Fauche, sieur de Nancray, mayeur, Just Pacoutet et Pierre Barberot, eschevins, et Jean Jacquemet, conseiller, commis par le conseil de la ville, d'une part; d'autre part, Etienne Perroux, Pierre Vercel, Just Anciaux, Jean Saron, Antoine Sage, Gaspard Giroulet, Claude Baron et Jean Thiébauld, il a esté stipulé: Que selon le bon vouloir de la cour souveraine du parlement de Dole, accordé sur la requeste des habitants de Changin, le 4 juillet 1644, lesd. habitants de Changin sont et demeurent pour eux, leurs hoirs et successeurs nés et à naistre habitants d'Arbois, afin de jouir des mêmes droits, franchises et priviléges que de tout temps les habitants d'Arbois ont jouy, jouissent et jouiront, à charge et condition qu'ils obéiront, comme les autres habitants, au magistrat, et supporteront les charges chacun en droit soy, selon leurs facultés et moyens.

Moyennant quoy leurs biens communaux sont et demeurent pour toujours joincts à ceux de lad. ville, bien entendu que lesd. de Changin et leurs successeurs pourront prendre en leurs communaux les moins dommageables, de la terre pour porter en leurs vignes, sans toutefois dégrader les bois et chemins qu'ils seront tenus de faire bons aux lieux où ils auront levé lad. terre, sans recourir au magistrat, comme de mesme pourront faire les autres habitants dud. Arbois, à la même condition. Et comme lesd. de Changin ont représenté qu'ils devoient des rentes jusqu'à la concurrence de 1,200 francs en principal, et les arrérages d'une année, avec la rate du temps, sauf à l'esgard de la rente de 150 fr. en principal, due aux héritiers de Pierre Duley, de laquelle ils doivent plusieurs années, lesdits sieurs mayeur et eschevins, pour et au nom de lad. ville, ont promis de déans un an prochain, acquitter lesd. principaux de rentes et arrérages escheus et à escheoir, en telle sorte que lesd. de Changin n'en soient molestés ou inquiétés en façon quelconque, en considération que lad. ville jouira de tous les fruicts et revenus que souloient appartenir auxd. de Changin, au faict de leurs communaux, comme aussy supporter les autres charges et prestations annuelles, desquelles est affectée lad. communauté de Changin. Ayant esté convenu qu'au cas où lad. ville d'Arbois n'acquitteroit lesd. rentes dans led. terme, lesd. rentes retomberont à la charge desd. de Changin, pourront ces derniers se retirer de lad. ville, et demeurer aux mesmes droits qu'ils possédoient avant d'en estre reçeus habitants.

— 30 août. Par arrêt rendu en la cause pendante devant le Parlement à Dole entre le prieur de St.-Just et le magistrat d'Arbois, est reconnu à ce dernier le droit de nommer le marguillier de l'église paroissiale.

— 2 octobre. Le conseil arrête que si le frère Papillard, jacobin, nonobstant la défense à lui faite, continue à faire quête de vendange, lad. quête sera saisie et portée à l'hôpital pour les pauvres.

— 29 octobre. Le conseil arrête qu'il sera fait un jet de 4,000 francs.

1646, 2 janvier. La ville d'Arbois est taxée à 500 fr. dans la répartition faite de 5,000 pistoles données pour l'évacuation du château de Grimont.

— 8 janvier. Afin de payer les hommes qui montent la garde, chaque ménage est imposé à 7 doubles par mois.

— 5 mars. Seront tenus tous les habitants reconnus pour avoir introduit dans la ville des vins étrangers sans payer la gabelle, de déclarer par serment devant le mayeur les quantités introduites et d'en payer la gabelle.

— 4 juin. Nouvelle assemblée sous le jubé de l'église pour délibérer sur des réparations à faire à lad. église et autres objets. Il s'en suit une assignation devant l'official qui condamne à 10 francs d'amende chacun de ceux qui y ont assisté. Le conseil en appelle au Pape, et le Parlement déclare qu'il ne prononcera arrêt qu'après arrivée du rescript pontifical.

— 12 juin. Arrêt du Parlement fixant le prix des journées d'ouvriers. Les hommes recevront en janvier 8 gros, en février 9 et 20 sols en mars, avril, mai et juin; les femmes, souper non compris, auront en janvier et février 2 gros et 3 les 4 autres mois. La journée de charrue se paiera 4 fr. en hiver et 6 fr. en été. Seront punis les payants ou recevants qui excéderaient lad. taxe, de 10 fr. d'amende par chaque contravention, le tiers applicable au délateur et les deux autres tiers à la ville.

— 20 juin. Sur le rapport fait par le sieur Glanne qu'il a été porté plainte à la cour touchant la liberté laissée par le magistrat de faire danses et autres débauches publiques le jour de fête St.-Jean, il sera intimé par le syndic à tous habitants d'avoir à se départir de telles assemblées, à peine d'être châtiés, et à tous menestriers de sortir de la ville sous 24 heures.

— 25 novembre. Impôt extraordinaire jeté, avec permission du Parlement, sur tous boulangers, bouchers, hôteliers, cabaretiers, marchands tenant boutiques ouvertes, revendeuses, tisserands et manants. Ces derniers sont tenus de faire leur déclaration devant le premier eschevin, sous dix jours, à peine de 10 livres d'amende et d'être exclus de la ville.

1647, 15 février. Sur plainte des fermiers de la gabelle, il est interdit à tous hôteliers et cabaretiers d'encaver du vin sans avertir lesd. fermiers, et leur avoir payé cent sols par muids, de loger personnes, chevaux et voitures, sans participation desd. fermiers; à tous boulangers de porter grains au moulin sans avoir pris un billet constatant la quantité qu'ils veulent moudre, le tout à peine de 50 liv., dont moitié au profit de la ville, et moitié au profit des fermiers.

— 27 mars. Sera ouverte une porte à la cave de l'hôtel-de-ville, où doivent être renfermés les malfaiteurs.

— 27 avril. Sera signifié au sieur curé de Saint-Just, d'avoir à célébrer chaque jour, comme il le doit, la messe paroissiale.

— 9 mai. Les religieuses Carmélites prennent possession de leur couvent, attenant à l'hôtel-de-ville.

— 21 mai. En exécution du vœu fait pendant la peste de 1637, d'une procession à St.-Claude, il est résolu : 1° Sera faite une imposition proportionnée à ce qu'on pourra dépenser, tant pour frais de lad. procession que pour le présent à offrir à l'église de St.-Claude ; 2° se transporteront les sieurs Jarre et Pécauld à St.-Agne, pour en retirer les reliquaires et ornements déposés pendant les guerres, et marchanderont les susdits un cierge de cire blanche, pesant dix livres, auquel seront attachées les armes de la ville, en fond d'azur et le pélican d'or, qui sera offert à l'église de Saint-Claude.

Les chanoines et familiers, invités à assister à cette procession, y consentent, mais à condition que les religieux du prieuré et le sacristain n'y paraîtront pas. En conséquence, le mayeur écrit au prieur, au grand prieur de St.-Claude et à l'archevêque, pour les prier d'ordonner au sacristain et aux religieux de ne point sortir du prieuré pendant la procession.

A cette première difficulté, aisément surmontée, en succède une seconde. Chacun des deux corps, familiers et chanoines, prétendait à la préséance; les familiers, comme plus anciens, les chanoines, comme ayant été établis par les souverains. Il est décidé que le curé de St.-Just conduira la procession, portera le reliquaire, et célébrera la messe à St.-Claude; que les chanoines, revêtus de leurs chapes, porteront les bâtons, et que cet arrangement ne préjudiciera en rien au droit des familiers. Mais ceux-ci réclament, et l'on ne parvient à les apaiser qu'en leur promettant quelques fonctions dans la cérémonie. Tous les débats ainsi terminés, le magistrat décide que 40 hommes armés maintiendront l'ordre dans la procession, pendant laquelle la garde de la ville sera confiée au sieur Pacoutet, conseiller, qui en tiendra les portes fermées, celle de Faramand exceptée.

— 26 mai. Par convention faite entre le prieur et le magistrat, est fixé à quatre le nombre des religieux du prieuré

— 10 juin. Procession à Saint-Claude, décrite par le chanoine Vermet, dans les registres du Chapitre:

Le 10 juin, seconde feste de Pentecoste, environ les 5 heures du matin, messieurs, habillés en chapes, avec les bastons des choristes et la musique, sont allés à St.-Just pour commencer lad. procession, où estant arrivés, les sieurs Familiers de St.-Just ayant entonné l'antienne *Veni sancte spiritus* avant l'arrivée de messieurs, ont tout promptement commencé l'hymne *Veni creator spiritus*, et s'estant levés, ont poursuy leur procession sans attendre le motet préparé à l'honneur du glorieux saint Just, comme il avait esté délibéré : ce que veu par messieurs procédant tout doulcement, les sieurs choristes, sur le portal de l'église, ont donné leur commencement par le psalme *Domine, ne in furore*, auquel a suivy la musique, laquelle entonnoit ce verset : *Transivimus per ignem et aquam*. Après quoy le troisiesme chœur chantoit : *Sub umbrá alarum tuarum, beate Claudi, protege nos à facie impiorum qui nos afflixerunt*. Et a suivy lad. procession en ceste façon jusque proche le Vernoy, auquel lieu a cessé l'ordre de lad. procession, jusqu'à la veue de la ville de St.-Claude, où commença la première disposition de la procession ; et, proche du pont conduisant à St.-Claude, les sieurs de l'église St.-Romain de lad. ville, habillés en chapes, reçeurent et saluèrent messieurs les ecclésiastiques, et passèrent en lad. procession les premiers, procédant selon la première disposition jusques aux portes de lad. ville, où estant arrivés, fut chanté en musique : *Ecce sacerdos magnus qui in diebus suis placuit Deo, et in tempore iracundiæ facta est reconciliatio*. Et depuis, arrivés en l'église du glorieux St. Claude, après divers motets et actions de grâces, se passa le premier jour de la procession. Le jour suivant, environ les sept heures, fut la messe solemnelle célébrée, avec la prédication, et à une heure après midy, tous assemblés en l'église du glorieux saint Claude, commença le retour, sçavoir : la musique, par le motet *Virum vidimus incorruptum mente et corpore, ejus nos, Christe, precibus fac tibi purá mente servire*, et poursuivirent les autres chœurs comme auparavant. Tous, accompagnés de messieurs les ecclésiastiques avec leurs chapes, et de messieurs de la ville, lesquels à l'abord et venue de nostre procession avoient fait largesse de leurs biens, par la collation à tous indifféremment, continuèrent encore, par leurs biens et présence, leur bienveillance à la sortie.

Tous arrivés heureusement le quatriesme jour de lad. procession, environ les six à sept heures du soir, au-dessus du faubourg de Faramand, la musique et autres chœurs donnèrent fin à lad. procession par leurs chants alternatifs jusques au commencement du pont de St.-Just, où s'arrêtèrent messieurs du Chapitre pour saluer messieurs de la ville; et pour crainte que comme au commencement de ladite procession, les sieurs Familiers de St.-Just n'eussent pour agréable que l'on chantât un motet à l'honneur de leur patron, et déniassent encore de luy rendre les grâces en musique, comme il avoit esté conclu, messieurs, rendant leurs actions de grâces en leur église par un motet en l'honneur de la Vierge, donnèrent fin à lad. procession.

— 21 juin. A l'effet de payer les frais de la procession, sera mis sur les habitants un jet de 300 fr., payables sous huit jours, à peine de poursuite, et sera écrite à messieurs de St.-Claude, au nom de la ville, une lettre de remerciment pour leur bonne réception.

— 5 août. La ville et les faubourgs étant encore encombrés des ruines causées par l'incendie de 1638, il est enjoint à tous les habitants de nettoyer le devant de leurs maisons, à peine d'y faire procéder à leurs frais, et de confisquer les matériaux. Sera nettoyé le puits de la ville, et la fontaine rétablie.

1648, 24 mai. Le sieur Louvet ayant exposé que le sieur comte de St.-Vallier, parent du seigneur prieur, lui a fait reproche de ce que, étant en charge, le mot d'Arbois ajouté au titre de prieur, a été rayé par son ordre, le conseil approuve sa conduite, par la raison que de tout temps le prieur l'a été de St.-Just, et non d'Arbois, où il n'a aucune juridiction. Il sera enjoint au prieur d'avoir à ne jamais prendre à l'avenir le titre de prieur d'Arbois.

— 23 juin. Procession à l'église des capucins de Gray, en accomplissement du vœu fait par la ville, au mois d'août 1637. Les difficultés sur la préséance se renouvellent, le chapitre s'oppose à ce que le sacristain et les religieux du prieuré y paraissent, et demande que le curé et les familiers, après lui avoir cédé la droite, abandonnent au doyen la conduite de la procession et la célébration de la grand' messe. Ces conditions sont rejetées, mais le chapitre s'obstine, il demande aux chapitres de St.-Anatoile et de St.-Maurice de Salins leur avis par écrit, et prend l'archevêque pour arbitre. Les uns et les autres déclarent ces prétentions fondées, mais les familiers n'en refusent pas moins de les admettre. Le magistrat ne voulant point intervenir dans ces démêlés, les invite tous à assister à la procession, et leur déclare qu'à leur défaut on se pourvoira d'ecclésiastiques étrangers. Des chantres et enfants de chœur sont appelés de Salins, où l'on fait peindre un tableau représentant la ville d'Arbois, pour l'offrir à Notre-Dame de Gray (1). Le procureur syndic Herbillon est envoyé en avant pour reconnaître les chemins et préparer les bateaux nécessaires pour le passage de la Loue et du Doubs. Le conseil interdit à tout habitant resté dans la ville de s'occuper de travaux manuels depuis le départ de la procession jusqu'à son retour.

Enfin elle se met en marche le 23 juin, sous la conduite du curé, assisté des familiers, des religieux du prieuré et des minimes, et composée de tout le corps du magistrat et d'un grand nombre d'habitants. Le chapitre, rassemblé dans son église, était prêt à partir, mais dans la crainte de quelque scandale, deux membres du magistrat, envoyés par le mayeur, allèrent le prier de ne point y assister.

(1) Il est à regretter que ce tableau se soit perdu. Il n'en a pas été de même de celui que la ville de Salins offrit en 1631 à la même église, lequel est conservé à l'hôtel-de-ville. M. Mazeran, peintre, l'a restauré, et l'a reproduit en lithographie.

Arrivée à Gray le lundi 24 juin, vers midi, la procession fut reçue à l'entrée de la ville par le magistrat, qui lui offrit les vins d'honneur, et pendant ce jour et le lendemain, traita somptueusement le conseil d'Arbois.

Le mardi 25 juin, la messe fut célébrée en musique exécutée par dix-huit musiciens, la prédication faite par un père minime, puis furent offerts le cierge et le tableau lequel fut placé près de celui de la ville de Salins. Le baron de Savoyeux, gouverneur de Gray, après avoir traité les sieurs du magistrat, les accompagna à leur départ, qui eut lieu le même jour, et le lendemain la procession rentra à Arbois.

— 29 juin. Dans la pensée que rien ne pouvait le dispenser d'accomplir le vœu auquel il avait pris part, le chapitre voulut aussi faire sa procession, et partit le 29 juin. Sur toute sa route, à Dole, à Pesmes, où le sieur Montjoi Vigoreux, curé, le traita splendidement, et à Gray, les magistrats et le clergé lui firent le plus honorable accueil ce qui est constaté par le long récit du séchal. Cette deuxième procession ne fut de retour que le 2 juillet, à neuf heures du soir.

— 3 août. Traité conclu entre le magistrat et les religieuses Tiercelines de Salins, pour l'établissement dans la ville d'une maison de leur ordre. Leur nombre dans le couvent de Salins était hors de proportion avec leurs revenus et l'étendue de leur maison. Les conditions de leur admission sont les mêmes que celles qui ont été consenties par les religieuses Carmélites (voy. 10 octobre 1643).

— 4 août. Sur l'avis reçu des chanoines de l'église collégiale de Notre-Dame de Dole, que les Etats ont dessein d'imposer les ecclésiastiques, ce qui serait une grave atteinte aux immunités de l'église, le chapitre assemblé décide qu'il ne sera rien négligé pour empêcher l'effet de tels desseins.

1649, 7 janvier. Le mayeur ayant exposé que le sieur Proby, curé de St.-Just, nonobstant les remontrances à lui souvent faites, ne célébrait pas tous les jours la messe paroissiale, et négligeait même de faire le catéchisme des enfants, il est résolu qu'il en sera écrit au prieur, et si cela ne suffisait pas, plainte sera portée au Parlement. Les clés des reliquaires seront gardées par les sieurs eschevins Bruet et Louvet. Le 7 juin suivant, il est signifié au sieur curé de ne s'ingérer de faire prêcher qui que ce soit dans l'église sans avoir prévenu le magistrat.

— 2 août. Est agréée l'acquisition de la maison du St.-Esprit, faite par les religieuses Tiercelines, à l'effet d'y établir leur couvent, sous la réserve que la façade en sera alignée avec celle de la maison voisine, et que sera abattue l'avancée existante sur la rue.

— 6 septembre. Requête à la Chambre des comptes, réclamant l'exécution de la promesse faite au mois de novembre 1638, d'accorder à la ville, en place du prieuré refusé par les États, la jouissance du droit d'héminage pendant 29 ans. Ladite jouissance est accordée.

— 15 décembre. Traité conclu pour la reconstruction de l'hôtel-de-ville, lequel devra renfermer un auditoire pour l'audience des causes du siége, et une conciergerie.

— 18 décembre. Acquisition faite par les religieuses Carmélites, pour y établir leur couvent, d'un meix et chasal autrefois en maison, de damoiselle veuve d'Antoine Pouquet, avec jardin derrière, le tout sis au bourg d'Arbois, regardant la place publique, pour le prix de 1,200 fr.

— 27 décembre. Reconnaissance faite par-devant messire Jean-Baptiste Pétrey, baron, seigneur de Longwy, Champvans, Esclans et Chemin, premier en la chambre du roy, à Dole, et Anatoile Charreton, sieur de Romette, escuyer, auditeur en lad. chambre, et par elle commis sur requeste des habitants d'Arbois, pour dresser devis des besongnes et ouvrages nécessaires pour la réparation des hasles dudit Arbois.

A esté rapporté que la place à prendre du bout de la rue jusqu'à la maison des révérendes mères Carmélites, contient environ douze toises en longueur et largeur.

Pour l'embellissement de lad. maison de ville, et commodité de l'entrée desd. hasles, seront construites six arcades voustées et soustenues par piliers de pierres de taille.

A esté estimée par ouvriers, chacun suivant son estat, la maçonnerie à 3,690 fr., la couverture en tuiles à 3,000 fr., la charpenterie à 4,000 fr., la gypserie à 400 francs; pour le total, 11,010 francs.

Et le lendemain, 28 décembre, estimation ayant esté faite de l'héminage et droits de seigneurie appartenant au roy, tesmoins entendus, il a été constaté que le revenu ne s'en élève pas au-dessus de 200 francs.

Le 13 octobre de cette année est fondée à l'Hermitage une chapelle à l'honneur de Nostre-Dame, à la nomination des sieurs du magistrat.

1650, 7 janvier. Amodiation des revenus de la ville, faite, pour cette année, au sieur Jean Laurenceot, au prix de 4,065 francs 12 gros et 4 deniers.

— 14 février. Il est résolu qu'à l'avenir le poinçon de vin blanc sera de 40 channes, et le demi-poinçon de 20, portant la marque du tonnelier, à peine de 5 fr. d'amende, payables, moitié par le tonnelier, moitié par le vendeur du vin.

— 15 mars. Traité conclu entre le magistrat, d'une part, et de l'autre, les sieurs Vincent Glanne et Jacques Louvet, pour la construction de l'hôtel-de-ville, lequel doit être rendu fait et parfait deans six ans, à commencer dois le jour de feste saint Michiel, archange, prochainement venant. Le roy sera supplié d'accorder une somme de 7 à 8,000 fr., moyennant quoy il tirera le profit des hasles.

— 8 octobre. Sommation des familiers au magistrat, d'avoir à leur payer tous les arrérages échus d'une rente de 48 fr., qui leur est due annuellement, et dont le payement est suspendu depuis 1637. Le magistrat offre 500 fr., avec délai pour l'acquittement de cette somme, et communication des comptes des familiers. Ceux-ci refusent et citent la ville devant l'officialité. Le magistrat adresse requête au Parlement, à l'effet d'obtenir l'envoi d'un commissaire chargé de reconnaître les biens et revenus de la familiarité, et de dresser un règlement sur les droits curiaux. La requête est accueillie, et quoique le curé et les familiers prétendent n'avoir d'autre juge que l'archevêque, l'avocat fiscal Bonvalot, commissaire du Parlement, vient procéder à l'examen des comptes des familiers et des droits du curé. Il s'ensuit un arrangement consenti par les deux parties ; la ville payera les 500 fr. offerts, lesquels seront employés à réparer les maisons et remettre en culture les vignes appartenant à la familiarité, en ruines depuis les guerres, et les familiers communiqueront au conseil l'état de leurs capitaux de rentes, des sommes reçues et de leur emploi, afin que les revenus de ladite familiarité passent à leurs successeurs intégralement.

1651, 23 avril. Incendie du clocher de St.-Just, causé par l'imprudence du nommé Nicolas Jourdain, domestique du prieur, qui s'amusait à lancer des fusées. Le sommet du bâtiment s'embrase, l'horloge est détruite, les quatre cloches fondues, les planchers et la charpente consumés, de sorte que de cet édifice, haut de 225 pieds, il ne reste que les quatre murs jusqu'à la première des deux galeries, toutes deux ornées de colonnes. Le dôme, revêtu de cuivre doré, qui servait au guet en temps de guerre, disparaît, et la hauteur est abaissée de près de 11 mètres (32 pieds). La perte est évaluée à 30,000 francs.

— 25 avril. Le lendemain de l'accident, le feu n'étant pas encore éteint, le conseil s'était assemblé, et considérant que le dommage avait été causé indirectement par le prieur, avait décidé que l'abbé de Poitiers serait tenu de le réparer. Le mayeur, chargé de le lui signifier, va le trouver; le prieur proteste qu'il y est étranger, mais promet de contribuer pour quelque chose. Cette réponse aigrit les esprits, et il est délibéré qu'on lui demandera la jouissance des bâtiments du prieuré pendant 20 ans; et que pendant 12 ans il ne lui serait laissé, chaque année, que 2,000 fr. sur les revenus du bénéfice. L'exagération de ces conditions les rendait inacceptables.

La rigueur avec laquelle le prieur avait soutenu ses droits de décimateur, et les nombreux procès qu'il avait suscités à la ville, l'avaient rendu odieux à la population; la ruine d'un édifice dont ils étaient fiers, et qu'ils vantaient comme le plus beau de la province, avait exalté les habitants au point que tout était à craindre de leur part. Les réunions du conseil excitaient au plus haut point leur curiosité, et de nombreux rassemblements s'étaient formés. Le mayeur dut les traverser pour aller signifier au prieur la décision prise à son égard. Dans le trajet, il s'efforce de rétablir le calme, et y parvient en promettant à la multitude que justice sera faite. A peine entré dans la cour du prieuré, il en fait fermer les portes, et s'adressant aux conseillers et aux notables qui l'ont accompagné, il leur représente que la moindre indiscrétion peut causer d'irréparables malheurs, et en obtient une promesse générale et individuelle que rien de ce qui va se passer dans la conférence avec le prieur ne sera révélé au-dehors.

La gravité de la position où l'avait jeté un accident que personne ne pouvait prévoir, n'avait point échappé à l'abbé de Poitiers; aussi, à la signification de la décision du conseil, il se borna à répondre que la proposition étant pour sa famille et pour lui-même de la plus haute importance, il lui fallait le temps d'y réfléchir et de la consulter. On était au mardi, le terme du délai accordé pour donner la réponse est fixé au dimanche suivant.

Jusqu'à ce moment il fallait assurer la tranquillité publique; trois dixaines sont commandées, l'une pour veiller sur le prieuré, la seconde pour garder le métal des cloches, et la troisième pour faire décombrer, par corvées, les débris de l'incendie; l'approche de ces divers lieux est interdite à tout étranger.

De retour à l'hôtel du mayeur, où, depuis l'incendie de l'hôtel-de-ville se tenaient ses assemblées, le conseil complète sa délibération en décidant que le clocher sera immédiatement couvert d'un toit en plate-forme, avec de fortes pièces de chêne tirées de la forêt Mouchard, où, suivant les anciens titres, la ville a droit de prendre tous les bois nécessaires à l'entretien des fortifications, dont le clocher fait partie.

— 30 avril. Le dimanche arrive ; le baron de Poitiers, père du prieur, et le seigneur d'Espernay, son frère, se sont transportés à Arbois. Ils demandent que l'affaire soit soumise à des arbitres ; la proposition est rejetée, des objections s'élèvent, le mayeur alors court à la fenêtre, et montrant à messieurs de Poitiers la foule rassemblée : « Venez, messieurs, s'écrie-t-il, voir ce peuple exaspéré qui attend votre réponse ; que je dise un mot, un seul mot, et c'en est fait de vous! » Messieurs de Poitiers offrent alors une somme de 2,000 francs. L'offre est trouvée insuffisante, et il est décidé qu'il sera fait appel au Parlement.

Le 2 mai, cet appel est interjeté. Le mayeur se rend à Dole, et présente requête ; le Parlement l'appointe, et ordonne au prieur de fournir ses réponses dans la quinzaine, et dans la crainte que le peuple ne se porte à quelque violence, arrête qu'il sera envoyé dans la ville une garnison de cinquante hommes.

— 8 mai. En exécution de l'ordre du Parlement, le prieur présente sa défense. L'auteur de l'incendie, Nicolas Jourdain, n'a jamais été son domestique, ni à ses gages, et par conséquent le prieur n'est point responsable de ses actions : s'il s'est arrêté quelques jours au lieu d'Arbois, c'est parce qu'écrivant en beaux caractères de lettres fort lisibles, il s'est présenté audit seigneur pour lui doubler ou copier quelques titres de lettrages anciens. Dans la prévision de l'accident qui pouvoit arriver, il avoit esté expressément défendu audit Jourdain de jeter lesd. fusées aux environs du prieuré, et lui auroit esté commandé d'aller sur les fossés de la ville ou à la grande place. Quand mesme led. Jourdain auroit esté domestique dud. seigneur prieur, toutefois ne doit point estre l'accident imputable à ce dernier, puisqu'il n'est point advenu par son dol ou sa fraude. Le dommage causé, auquel main a esté mise pour les réparations, sans qu'il lui en ait esté rien communiqué, n'est point si grand qu'on a voulu le figurer en le portant à l'exorbitante somme de 60,000 fr., car on s'assure que pour moins de 6,000 fr. il sera pourvu à toutes les réparations. Ensuite de cette défense, le 18 mai, le conseiller Brun procède à une descente de lieux prescrite par le Parlement.

— 5 juin. Il est délibéré que les cloches seront refondues sans retard, au nombre de quatre, qu'au métal retrouvé dans les ruines il en sera joint une certaine quantité achetée à Besançon et à Poligny, et sera fait appel aux charpentiers d'Arbois, Poligny et Salins, pour la construction de la charpente qui doit soutenir lesdites cloches.

— 29 août. Baptême des cloches, dont la première fonte, faite le 1er juillet, n'avait pas réussi. La grosse cloche a pour parrain et marraine le seigneur marquis de Conflans et la dame de Thoraise; la seconde, le sieur capitaine Pécauld et damoiselle femme du docteur Pacoutet; la troisième, le sieur Domet et la dame Bontemps; la quatrième, honorable Antoine Paraudier, apothicaire, et damoiselle Louise, femme d'honorable Pierre Barberot.

— Septembre. Procès intenté au receveur de la ville, pour lésion dans ses comptes, par la confrérie de St.-Vernier. Cette confrérie, exclusivement composée de vignerons, dont saint Vernier est le patron, déjà régulièrement organisée à cette époque, avait pour objet d'assurer à ses membres les avantages spirituels et de défendre leurs intérêts temporels.

1652, 2 janvier. Réclamation faite au sieur curé Proby,

des nappes données par les marraines des cloches ; il lui est en même temps signifié qu'il va être donné suite à l'action contre lui intentée à l'effet de l'obliger à célébrer tous les jours, comme il se faisait du passé, la messe paroissiale.

— En considération des charges de la ville et de sa pauvreté, est réduit à 6 gros, de 8 qu'il était, le droit d'assistance payé à chaque séance du conseil à chacun des conseillers.

— 27 février. Sur le refus des habitants de Mesnay de payer leur cotisation pour l'entretien des troupes et les droits d'héminage, il leur avait été intenté un procès qu'ils viennent demander à terminer par un arrangement. Les confrères de St.-Vernier se présentent à la porte du conseil, dont ils essaient même de forcer la consigne pour empêcher qu'ils ne soient écoutés. Aussitôt plainte est présentée au Parlement, tendant à faire réprimer l'insolence et l'insubordination de la confrérie. Celle-ci, de son côté, présente requête, où, suivant l'invariable coutume des moteurs d'agitation populaire, elle accuse le magistrat de favoriser les riches aux dépens des pauvres, dans la taxation des journées d'ouvriers. Le procureur général Froissard de Broissia est aussitôt envoyé par la Cour, et du 18 au 21 mars, il procède à une information dont il résulte que les taxations sont suspendues jusqu'à arrangement amiable. Les frais de déplacement du procureur général sont fixés à 52 francs.

Le 18 mai suivant, nouvelle agitation au sujet des journées de fossurage, taxées pour les ouvriers de la ville à 16 gros, et à 14 pour les étrangers, mais avec interdiction aux vignerons de la ville d'employer aucun étranger dans leurs propres vignes ou dans celles tenues par eux en façon. L'édit est déféré par eux au Parlement comme attentatoire

1652

à leurs franchises et libertés. Mais un arrêt du 19 juin ordonne qu'il sortira son plein effet, en réduisant l'amende à cent sols.

— Mars. Des missionnaires, secrètement appelés par le prieur, écrivent au magistrat, et lui témoignent le désir d'être appelés par la ville pour y prêcher; des chevaux leur sont envoyés à Poligny pour les amener. Quoique le peuple attribuât leur arrivée inattendue au prieur, et qu'il se méfiât d'eux, il se presse autour de leur chaire. Mais, dès le premier jour, ne les entendant parler que du payement obligatoire de la dîme, il les accuse hautement d'être vendus au prieur, et ne les écoute qu'avec mépris. Aussitôt le conseil décide qu'ils seront renvoyés en recevant 10 pistoles pour leur peine, et publie un édit dans lequel le peuple est averti de ne payer que la dîme justement due en vertu de l'usage et des traités.

— 20 juillet. Le mayeur ayant exposé que lors de l'incendie du clocher il a été fait vœu d'une procession à St.-Claude, il est arrêté que lad. procession sera faite le 15 août suivant, mais que, vu les difficultés élevées entre le chapitre et les religieux du prieuré au sujet de la préséance, lesd. religieux seront invités à ne point y assister, et sur ce que le grand prieur de St.-Claude a déclaré que la présence des religieux dont il est le supérieur est un droit dont il ne veut point les empêcher de jouir, il sera écrit à ce sujet au vicaire général du diocèse. Le vicaire général répond par une défense aux religieux de paraître à la cérémonie qui leur est étrangère, comme étant un vœu de la ville.

— 15 août. Départ de la procession, qui rentre à Arbois le 18, à la nuit tombante. Compte ayant été rendu au conseil de la bonne réception qui lui a été faite, le mayeur est chargé d'en remercier le magistrat de St.-Claude, et de l'assurer que toutes fois qu'il passera par Arbois, il lui sera fait visite et présenté les vins d'honneur.

— 27 août. Visite pastorale de l'archevêque Claude d'Achey; il est reçu chez la dame de Thoraise, à la demande de la ville. Est interdit pendant ce jour, aux habitants, tout travail manuel, à peine de cent sols d'amende. Le magistrat signale au prélat plusieurs urgentes réparations dans l'église, lesquelles doivent être supportées par les prêtres jouissant des revenus des chapelles, et qui négligent de les entretenir. De son côté, le curé Proby présente requête à l'effet d'obtenir que le magistrat lui paye une indemnité pour ses frais de logement et autres objets, ainsi que l'entretien d'un valet, ce à quoi il ne peut subvenir, à raison de sa pauvreté. A cette requête qui lui est remise par l'archevêque, avec invitation d'y faire droit, le magistrat répond que le curé doit s'adresser au prieur, dont il est le vicaire, et que sa pauvreté, dont la ville n'a point à s'occuper, le prieur étant riche, elle ne peut être que simulée, vu son avidité à exiger ses droits curiaux et son exactitude beaucoup plus grande dans la perception de ses revenus que dans l'acquittement de ses devoirs.

— 17 septembre. Irrité de cette réponse, et trouvant l'archevêque peu favorable à ses prétentions, le prieur se plaint au Parlement qu'on lui refuse sa dîme et qu'on la fraude sans scrupule. Comme dans ce corps les décimateurs étaient nombreux, l'abbé de Poitiers les gagna facilement à sa cause, et en obtint un arrêt par lequel le conseiller Terrier était chargé d'informer sur sa plainte.

— 20 octobre. Assemblée générale convoquée au sujet de l'arrêt du Parlement, et de l'arrivée du commissaire, attendu le jour suivant. Il est délibéré à l'unanimité :

1° Qu'il est interdit à tout habitant de laisser pénétrer dans sa cave tout autre que les commis taxeurs, lesquels, en se retirant, seront tenus de déclarer, d'après la quantité taxée, ce qui doit être payé au prieur ; 2° que tout habitant auquel sera demandé d'attester par serment la quantité de vin qu'il possède, s'y refusera, la ville devant prendre la cause en main, si procès lui est intenté ; 3° que toutes les opérations du commissaire seront surveillées par le mayeur et l'un des échevins qui l'accompagneront, assistés d'un avocat et d'un procureur.

— 21 octobre. Arrivée du conseiller Terrier. Après avoir refusé d'écouter les explications du magistrat et de prendre connaissance des anciens traités, il s'ingère de nommer un commis taxeur. Cette nomination, contraire aux traités conclus entre le prieur et la ville, est déclaré nulle par le conseil, qui fait en outre signifier au conseiller que ses actes sont de nulle valeur, comme entachés de suspicion.

— 29 octobre. Sur l'ordre du prieur, les commis taxeurs commencent leurs opérations dans les villages pour finir par la ville, où les vins blancs seront alors récoltés. Il est enjoint au sieur Barberot, commis taxeur nommé par la ville, de refuser son ministère, en raison de ce que les anciennes coutumes sont altérées par cette manière de procéder.

1653, janvier. Malgré la non-coopération du sieur Barberot, les taxeurs du prieur s'étaient mis à l'œuvre. Plusieurs particuliers refusent non-seulement de prêter le serment qu'ils demandent, mais leur interdisent l'entrée de leurs caves. De là, onze procès, pour lesquels la ville prend fait et cause. Le prieur obtient un monitoire qui déclare excommuniés tous ceux qui non-seulement n'attesteront pas la quantité de vin renfermée dans leurs caves, mais ne feront pas connaître la récolte de leurs voisins. A cet indigne abus des armes spirituelles, le magistrat forme opposition, et défend au curé de publier le monitoire. L'officialité déclare l'opposition nulle; le conseil appelle de la sentence *ad apostolos*, et reprenant l'affaire de l'incendie du clocher, pour laquelle le prieur avait fini par offrir d'abandonner les revenus du prieuré pendant dix ans, moyennant 5,000 fr. qui lui seraient donnés chaque année, ou l'abandon à la ville de 1,000 fr., pendant chacune desd. années, obtient un autre monitoire, dans l'intention de constater que le prieur en a imposé, en attestant que l'accident ne peut en rien lui être imputé.

Ce dernier monitoire est mis aussitôt à exécution. Quarante-sept témoins, parmi lesquels on distingue dame Louise-Christine de Nassau, marquise de Conflans, sa fille, Charlotte, comtesse de Watteville, les sieurs docteurs Lebrun, Estienne Bruet, etc., déposent devant le curé Proby que c'est par l'ordre du prieur que Nicolas Jourdain, lequel est réellement son serviteur, a jeté les fusées, pour la fabrication desquelles il avait reçu de son maître la poudre nécessaire.

Arrivée à ce point, la lutte ne pouvait plus s'arrêter. Le prieur obtient du Parlement qu'il sera fait, par le procureur général et un conseiller, inventaire des biens meubles et immeubles du prieuré, dans lequel il prétend faire comprendre l'église de St.-Just. Cette dernière prétention admise, il acquérait le droit de dépouiller la ville de ses plus précieux ornements, et se trouvait dispensé de contribuer en rien au rétablissement du clocher. Mais, le 6 août, le magistrat enjoint aux commissaires du Parlement d'avoir à rectifier sur-le-champ ledit inventaire, à défaut de quoi il en sera appelé à la cour et au roi lui-même, si la chose est nécessaire. Déconcerté et convaincu de l'inutilité de ses efforts, le prieur renonce à toutes ses prétentions, quitte la ville, et se retire à Besançon au chapitre archiépiscopal, dont il devient haut doyen l'année suivante, en remplacement de Charles de Gorrevod, élevé à la dignité d'archevêque, et qui lui succède en 1658, époque de la mort de Joachim de Poitiers, au prieuré de Saint-Just.

— Avril. Bruits de guerre. Il est délibéré qu'il sera immédiatement pourvu aux réparations des portes et murailles; que chaque habitant et manant sera tenu de se procurer une livre de poudre et deux livres de plomb; que les dixaines seront mises sur pied; que deux, pendant le jour, et quatre, pendant la nuit, monteront la garde, et qu'il sera fait guet au clocher. Considérant, en outre, que la ville ne peut faire face à ses dépenses ordinaires, il est décidé qu'il sera mis sur les manants et habitants un jet de 4,000 francs.

Cette dernière disposition soulève une opposition très-vive, dont la confrérie de St.-Vernier donne l'exemple. Avant de consentir à l'impôt, elle exige qu'il lui soit donné compte de tous les revenus de la ville, et des dépenses faites et à faire. La demande est accueillie et les comptes rendus, mais elle refuse de les approuver, et malgré les invitations réitérées qui lui sont faites, elle s'obstine à ne point envoyer ses délégués au conseil.

Informé de ce mauvais vouloir, le Parlement arrête que tout refus d'obtempérer aux convocations, sera puni de 50 fr. d'amende. Les comptes sont approuvés à la majorité d'une seule voix, celle du mayeur, qui est comptée double, et l'impôt consenti; mais nul opposant ne veut accepter les fonctions de répartiteur.

1654, 8 janvier. Protestation faite par la confrérie de St.-Vernier contre l'élection du magistrat. Cette protestation est rejetée, la confrérie adresse requête au Parlement, à l'effet d'obliger le mayeur à faire déposer dans la chambre du conseil, pour être communiqués à tous ceux qui le requerront, le livre des délibérations et les procès-verbaux des comptes de l'année courante. Il est fait droit à cette demande malgré la réclamation du mayeur.

— 13 février. Convocation à l'assemblée des États qui doivent s'ouvrir à Dole le 22 avril, sous la présidence de Charles de Gorrevod, récemment élu archevêque de Besançon, en remplacement de Claude d'Achey, décédé. Les sieurs de Nancray, mayeur, et Léonel Bontemps, seigneur d'Authume, y sont députés par la ville d'Arbois, et se joignent aux députés du chapitre qui ont reçu l'invitation d'y assister.

— 11 avril. Ordonnance rendue par l'official de Besançon, Bernard Alviset, sur l'ordre de l'archevêque, à l'effet de régler l'ordre de préséance à observer dans les cérémonies publiques, entre le chapitre et les familiers. Les débats entre les deux corps n'en continuent pas moins ; tous deux, mais surtout les chanoines, persistent à se disputer les honneurs du pas, et la querelle ne prend fin qu'à la suppression de l'un et de l'autre.

— 25 mai. Le magistrat de Poligny expose à celui d'Arbois, qu'il résulte de la répartition en trois parts égales du don gratuit voté par les États, un dommage de 300,000 francs pour le bailliage d'Aval. Il est répondu que pour prévenir cette injustice, Arbois joindra ses démarches à celles de toutes les villes du bailliage.

— 3 juin. Interdiction de tous jeux publics de hasard, dés, cartes, etc., à peine de 50 livres d'amende.

— 10 novembre. Requête du sieur de Crécy, acquéreur du château de Montigny, à l'effet d'obtenir de l'hôpital d'Arbois le prêt d'une somme de 600 francs, destinés à compléter le payement dudit château. Ladite somme sera prêtée sous la caution de la dame de Crécy.

— 4 décembre. Requête adressée au roi, à l'effet d'obtenir reconnaissance de la validité des anciens titres de la confrérie du Saint-Esprit, afin de faire payer les cens et revenus dus à lad. confrérie, dont plusieurs refusent le payement, objectant la prescription ou exigeant la représentation des titres dont grand nombre ont été égarés pendant les guerres. La requête est renvoyée au Parlement, qui rend un arrêt portant mandement de contrainte de payement.

1655, 7 juin. Sur l'exposé que la négligence des conseillers à répondre aux convocations a rendu souvent toute délibération impossible, ce qui porte à la ville un grand dommage, il est résolu qu'à l'avenir toute absence sans cause légitime sera, pour la première fois, punie de 20 sols d'amende, de 40 sols pour la seconde, et pour la troisième, d'exclusion, suivie de remplacement.

— 9 août. Sera fait l'achat d'un drap de mort pour les inhumations, et d'un conféron pour l'église paroissiale. Sera ledit conféron fait de damas rouge cramoisi, avec franges en soie de même couleur ; il sera orné d'une image convenable, encadrée de galons d'or et d'argent, dont l'exécution sera confiée au sieur Richard, peintre, lequel pour ce recevra 35 francs.

— Même jour. Considérant que le noble jeu de l'arquebuse, très-ancien dans la ville, est très-utile à la jeunesse, en ce qu'il lui apprend à manier les armes, le conseil transporte ledit jeu à la tour Gloriette, à laquelle seront faites toutes réparations convenables, et arrête qu'il sera, trois fois par an, distribué des prix aux vainqueurs.

— 30 août. Procession générale pour l'ouverture du jubilé. Il est donné avis au curé que le magistrat est dans l'intention que l'ordre observé du passé pour la célébration des offices soit ponctuellement observé.

— 29 décembre. Est autorisé le sieur mayeur à faire, sans la participation du conseil, tel mandement qu'il jugera convenable pour traiter et soigner les pauvres malades, sur avis des médecins, chirurgiens et apothicaires, auxquels seront payées leurs visites et fournitures, à vue du mandement dudit sieur mayeur.

1656, 2 juillet. Pose et bénédiction de la première pierre du couvent des Tiercelines, qui, depuis leur arrivée ont habité une maison particulière. Le 18 octobre suivant, est rendue la bulle du pape Alexandre VII, qui approuve et confirme leur établissement dans la ville.

1657, lundi 10 septembre. Vers une heure après minuit, la rivière grossit de telle sorte, qu'elle emporte en quelques heures dix maisons, les ponts de St.-Just et des Boucheries ; les écluses des moulins de la ville et des Terreaux sont rompues, et le rempart, entre ces deux moulins, s'écroule. Personne ne périt, mais la pluie ne cessant pas, pour conjurer de nouveaux désastres, le chapitre fait vœu d'une procession à Notre-Dame de Château, à laquelle les Minimes seront priés d'assister. De leur côté, le mayeur et les échevins arrêtent qu'à l'avenir il y aura abstinence de chair la veille de la Nativité de la Vierge, et exposition du Saint-Sacrement pendant l'octave de cette fête.

La rupture des ponts ayant interrompu la communication entre la ville et l'église de St.-Just, le chapitre métropolitain donne, sur requête, l'autorisation de célébrer les offices paroissiaux dans la chapelle de la Croix.

— 15 septembre. Requête au Parlement, où il est exposé que le 10 du présent mois a eu lieu un tel débordement des eaux, qu'elles ont rompu les digues, escluses, ponts, murailles ; emporté des maisons, renversé et destruit tout ce qui s'opposoit à leur fureur ; que, par la rupture des ponts, le faubourg de Faramand a cessé de pouvoir communiquer avec la ville ; que le bastiment de la boucherie a esté entraisné ; que pendant toute la nuit le peuple fut aux alarmes et ne travailla pas moins à maintenir ce qui restait d'entier qu'à sauver quelques restes de ce naufrage public, en sapant des maisons et des rues mesme. La Cour se hâte d'ordonner à tous les villages et communautés du ressort d'Arbois, de promptement et sitôt qu'ils seront advertis, fournir chariots et chevaux, pour la conduite et transmarchement des bois nécessaires aux réparations urgentes des bords de la rivière, et au redressement des ponts.

1657, 17 septembre. Procession du Chapitre et des Minimes à Notre-Dame de Château. Il est célébré une messe solennelle, et chacun des chanoines et minimes y offre un cierge de cire blanche.

1658. Le réglement arrêté par le Parlement le 18 décembre 1657, relatif aux élections du conseil, avait donné droit d'y assister au lieutenant, à l'avocat et au procureur fiscal du bailliage, qui devaient s'assurer si les prescriptions de ce réglement étaient exécutées. Leur présence ayant été jugée par le conseil incompatible avec la liberté, fut l'objet d'une protestation dressée, séance tenante, en forme authentique, par deux notaires, pour servir et valoir ce que de raison.

— 2 janvier. Par un autre article du même réglemen[t] les conseillers étaient divisés en deux classes, nobles [et] bourgeois, devant siéger chacun suivant leur rang et leu[r] nomination. A la première séance, le capitaine Pécauld, comme plus ancien, prétendit à la préséance sur le sieu[r] de Cussemenet, seigneur de Dournon et de Montrichie[r;] celui-ci s'y opposa, ainsi que le sieur docteur Gillaboz, par la raison que la famille Pécauld n'avait jamais eu qualité de noble. Mêmes difficultés dans la classe des bou[r]geois, le sieur Vuillin prétendit passer avant les sieu[rs] Bruet et Noirot. Le conseil décida qu'il serait mis ord[re] à tous ces débats dans une prochaine séance.

— 5 février. Réjouissances ordonnées par le Parlemen[t] à l'occasion de la naissance d'un infant d'Espagne. So[nt] formées deux compagnies de cent hommes chacune, com[m]andées par les sieurs Voiturier et Pécauld; à chaqu[e] homme est distribué un quarteron de poudre, des feu[x] sont allumés sur les montagnes, et est faite une proce[s]sion solennelle.

— 19 février. Glas des trépassés. Sous peine de 10 livr[es] d'amende, il est défendu de sonner plus de trois coups pou[r] les bourgeois, et de deux pour les vignerons, artisans [et] ouvriers.

— 26 février. Achèvement de la reconstruction du po[nt] de St.-Just ; celle des murailles et du pont des Boucheri[es] est poursuivie avec activité. Mais tout-à-coup les éclus[es] des moulins se rompent de nouveau, et la muraille tou[chant au château Bontemps s'écroule tout entière sur un[e] grande étendue. Le pont de Courcelles se détériore, enf[in] la muraille du cimetière bordant la rivière se fend, su[r]plombe, ce qui fait présumer imminente sa chute qui me[

trait l'église en danger. Ordre est donné de ne s'y arrêter que peu de temps, et aux prédicateurs de ne prêcher que dans la chapelle de la Croix, où, jusqu'à nouvel ordre, auront lieu tous les offices. Les gens de l'art consultés, il est résolu d'enlever sans délai les terres qui pèsent sur le mur menacé, travail que les dixeniers sont chargés d'exécuter, et de déblayer tous les débris dont la voûte de l'église est encombrée.

On doit à ce travail, qui fut promptement terminé, l'abaissement du terrain qui borde la rivière et qui la sépare de l'église. Peu de temps après, on y éleva les maisons où l'on descend par un escalier de pierre, et l'on construisit le portail où une grille de fer enclôt le cimetière, qui jusqu'alors s'étendait jusque près du chevet de l'église.

— 3 avril. Jet de 5,000 fr. mis sur tous les manants, habitants et étrangers possédant biens, pour subvenir aux dépenses obligatoires de la ville, dont tous ces travaux, d'une urgence incontestable, avaient épuisé la caisse.

— 14 mai. Condamnation prononcée par le lieutenant du bailli d'Aval contre les habitants de St.-Cyr, de Villeneuve et de Villersfarlay, pour s'être refusés, suivant l'ordre du Parlement, à mettre leurs chariots et attelages à la disposition de la ville d'Arbois, ou de payer, en place de cette corvée, 2 francs par jour.

— 27 mai. Nouvelle agitation excitée par la confrérie de St.-Vernier, qui, sous prétexte du grand désordre où suivant elle sont les finances de la ville, adresse requête au Parlement, par laquelle elle demande que les comptes soient rendus en présence d'un commis de la cour, chargé de les vérifier. La requête est renvoyée au conseil, avec invitation d'y répondre.

— 25 juin. Examen de la requête de la confrérie de St.-Vernier, dont il résulte qu'elle a été signée par trois cents individus parlant sans mission au nom du peuple et qu'elle ne mérite aucune attention. Le conseil demande qu'après informations faites par le procureur général, chacun des signataires soit exemplairement châtié comme coupable d'avoir provoqué des assemblées séditieuses, ou d'y avoir assisté, et d'avoir commis contre l'autorité des actes de révolte. Le 5 juillet suivant, la requête de la confrérie est rejetée ; elle est condamnée aux dépens, et il lui est interdit de s'assembler à l'avenir.

— 27 juillet. Sont déclarés exemptes du jet mis le avril de l'année courante, la dame de Thoraise et la damoiselle Pouquet, en considération des grands services rendus à la ville par les sieurs baron de Thoraise et feu avocat Pouquet.

— 22 octobre. Sera logé dans la maison de l'hôpital le sieur principal du collége, auquel sont alloués 100 fr. par an et 6 gros par mois, à recevoir de chaque écolier, à charge par lui de se faire assister d'un régent. Il est interdit à tous autres qu'audit principal d'enseigner la jeunesse, à peine de cent sols d'amende.

— 18 décembre. Est fixée à 5 fr. par muids la gabelle des vins étrangers, et est interdit tout trafic, direct ou indirect, à l'amodiateur de la vinetèrie, à peine de 50 liv d'amende, dont moitié applicable au délateur.

1659, 18 mars. Grâce à l'intervention du baron de Thoraise, la quote-part de la ville d'Arbois sur le don gratuit de 100,000 fr. voté par les États, est fixée à 600 fr.

— 16 avril. Sur l'avis que le seigneur baron de Thoraise va épouser et amener à Arbois une dame de condition, il est résolu que pour lui faire plus solennelle réception, seront assemblés une troupe d'hommes à cheval commandés par le sieur capitaine Pécauld, et une troupe à pied, conduite par le sieur Jarre, auxquels sera délivrée, par trois hommes, une livre de poudre, et sera mandé le trompette de Salins. Seront tenus lesdits hommes de se présenter en habit décent, à peine de cent sols d'amende, et, sous la même peine, il est enjoint à tous possédant chevaux, de les louer à ceux qui les demanderont. Seront offertes à lad. dame des confitures, et audit seigneur de Thoraise, deux poinçons de vin blanc. Le vin, les confitures et le trompette coûtèrent 100 francs.

— Même jour. Demande faite à l'archevêque d'un monitoire portant excommunication des *canquouèles* (hannetons) et autres bestes qui dégastent les fruits de la terre. Ce monitoire, arrivé le 29 avril suivant, est payé 3 fr.

— 6 mai. Vu que les religieux du prieuré n'ont voulu se soumettre au réglement de l'official du 19 décembre 1654, touchant la préséance, le Chapitre déclare qu'à l'avenir il s'abstiendra d'assister à aucune cérémonie où se trouveront lesdits religieux. Le mayeur, prié de prendre la cause en main, se transporte à Besançon plusieurs fois.

— 21 mai. Sur l'avis des sieurs Daniel, maître maçon à Montroland, et Leroy, ingénieur à Salins, appelés à cet effet, il est résolu que pour consolider l'église de St.-Just, où se sont manifestées des crevasses dans la voûte, et des lézardes dans les murs latéraux, il sera élevé dans le creux fait l'année dernière, un mur pour soutenir le terrain, et que pour prévenir l'écartement des murs de ladite église, il sera placé près de la voûte de la grande nef, de fortes barres de fer, de distance en distance. Commission est donnée au sieur Jarre, d'aller commander lesd. barres à Fraisans, et lui sont remis à cet effet 451 fr., dont il rendra compte. Le 19 août suivant est conclu un marché pour la pose des barres.

18 août. En remplacement de monseigneur Charles de Gorrevod, qui l'année précédente avait succédé à Joachim de Poitiers comme prieur de St.-Just, est nommé Eléonor Nicolas de Chamilly. On présume que cet abbé, d'origine française, s'était fait connaître à la cour de Madrid dans les négociations qui précédèrent le traité des Pyrénées et le mariage de Louis XIV avec l'infante Marie-Thérèse. Le Parlement expédie aussitôt le procureur général et le sieur Moréal, conseiller, à l'effet de dresser l'inventaire des biens meubles et immeubles du prieuré.

— 4 septembre. La veille de la nativité de la Vierge tombant cette année le dimanche, les théologiens de Salins sont consultés au sujet du vœu d'abstention fait en 1657 par le magistrat. Contrairement à l'opinion du sieur curé de St.-Just, ces théologiens décident que l'abstention doit avoir lieu le samedi et non le dimanche.

— 22 octobre. Sera retirée au sieur principal du collége la salle de la maison de l'hôpital où se tiennent les assemblées du conseil, et sera payée au sieur recteur de l'hôpital, à titre de location, la somme annuelle de 100 fr.

— Même jour. Ordre au procureur syndic de se transporter à Changin, d'où avis a été reçu que noble Philibert Voiturier, en sa qualité de seigneur dudit lieu, vient d'établir des officiers pour rendre la justice en son nom; ce qui ne doit être souffert, ledit Changin étant annexé à la ville.

— 22 novembre. Considérant que grands inconvénients résultent du mode d'élection à haute voix, prescrit par la cour de Parlement en 1647, d'où adviennent des haines et votes dictés non par conscience, mais par respect humain, au grand préjudice du public, sera adressée requête à ladite cour, à l'effet de rétablir l'ancien usage, d'après lequel étaient données les voix le plus secrètement possible.

1660, 13 janvier. Sera fait au sieur Estienne Bruet, apothicaire, mandement de 14 francs 6 gros, pour fourniture d'hypocras faite pour l'élection du magistrat de la présente année.

Dans le repas d'usage qui suivait toujours les élections et auquel assistaient les membres du magistrat et les notables, on voit constamment figurer l'hypocras, composition dont la base était du vin mélangé d'eau-de-vie, où l'on faisait infuser du sucre, de la canelle, des amandes douces et un peu d'ambre et de musc.

— 13 avril. En remplacement du sieur de Montrichier, premier eschevin, décédé, est élu noble Claude-Denis Bontemps : « Sa personne considérée, à laquelle la ville est obligée pour feu son père estre mort pour le service d'icelle, et qu'il a mesme esté dit qu'une partie des privilèges accordés à ceste ville par feu, d'heureuse mémoire, l'empereur Maximilien, l'avaient esté par l'entremise d'aucuns ses autheurs. »

— 15 avril. En réjouissance de la paix entre les rois de France et d'Espagne, et du mariage de l'infante Marie-Thérèse avec Louis XIV, seront faits des feux de joie sur la grande place et ès lieux élevés, et mis sur pied 100 hommes, commandés par le sieur Jarre, lesquels recevront chacun un quarteron de poudre ; seront les sieurs officiers du bailliage, priés d'ordonner aux communautés du ressort de correspondre par feux allumés ; sera faite prédication, puis, procession générale, à laquelle seront messieurs de St.-Just et du chapitre, avec les musiciens, priés d'assister ; seront enfin, lors de la publication, tirés du haut de l'hermitage neuf coups d'artillerie.

— 6 mai. Etablissement de gardes de tous les fruits des vignes, champs, prés et vergers, au nombre de douze, auxquels seront pour leurs gages, après vendanges faites, payés par les propriétaires deux gros par journal de vignes, et cinq sols par journal de terre.

— 19 mai. Marché conclu avec des maçons, pour le prix de 1,000 fr. et matériaux fournis, pour la reconstruction en pierre du pont de St.-Just, rétabli provisoirement en bois en 1658, à l'usage des piétons. Sur la requête du conseil, le Parlement arrête que les bénédictins du collége de St.-Jérôme de Dole, administrateurs des revenus temporels du prieuré de St.-Just, et possesseurs de grands biens (1) au voisinage, contribueront aux frais du rétablissement de ce pont. On ne dit pas à quelle somme les bénédictins furent imposés.

— 28 juillet. Enquête sur l'enlèvement des armes du château de Montigny, en 1636, faite à la requête de noble Claude-Emmanuel de Crécy, seigneur de Chaumergy, Chavannes et autres lieux. Sont entendus par le sieur Anatoile d'Aresche, clerc juré du Parlement, huit témoins, habitants du village de Montigny.

15 septembre. Défense d'introduire dans la ville aucune vendange étrangère, sans licence expresse du magistrat ;

(1) Du collége de St.-Jérôme dépendait le monastère de Château-sur-Salins, dont nous avons vu plusieurs fois des processions faire l'objet de leur pèlerinage. A ce monastère appartenaient les dîmes de la *grande paroisse*, composée des villages de Marnoz, St.-Michel Aiglepierre, Pretin, Pagnoz, Mouchard, des hameaux de Cautaine Grange-Feuillet et de la maison Sachet, ou grange de Salgret.

ne pourra être amenée que de la bonne vendange, pour chaque quaril de laquelle sera payé six gros à l'entrée, sous peine de confiscation et de 50 liv. d'amende; est prohibée toute vendange contenant du gamé et autres plants défendus.

— 5 octobre. Service funèbre à l'occasion du décès du seigneur baron de Scey, gouverneur de la province. Le sieur Gillaboz est député pour aller, au nom de la ville, condoloir à la dame sa veuve.

— 20 octobre. Des poursuites, à l'occasion des oblations et offrandes pour les mortuaires en l'église de Saint-Just, ayant été faites contre plusieurs habitants par le religieux du prieuré, dom Gaillard, amodiateur desd. oblations, il est délibéré que les droits de la ville y étant intéressés, le mayeur soutiendra ledit procès.

— 6 décembre. Fondation faite en l'église de St.-Just, d'une chapelle en l'honneur de saint Pierre, à la nomination du prieur.

1661, 19 janvier. Sur l'avis reçu qu'un prêtre de Salins vient d'être pourvu d'un canonicat vacant au chapitre, il sera formé opposition à la réception de cet étranger, dont la nomination est contraire au privilége conféré par les souverains du pays aux enfants d'Arbois, d'être admis préférablement à tous étrangers. Seront données 20 pistoles à celui qui obtiendra du roi ratification et confirmation dudit privilége.

— 29 mars. Amodiation faite au sieur Pécauld, au rendage annuel de 3,000 fr., des droits d'héminage concédés par la Cour des comptes, pour aider la ville à rebâtir les halles, dont la première pierre est posée le 1er mai suivant. A la suite de la cérémonie, il est donné 30 sols au curé, et 9 francs aux maçons.

— 6 septembre. Demande d'un mandement d'excommunication contre les chenilles, rattes (mulots et souris) et autres bêtes endommageant les fruits de la terre.

— 22 novembre. Arrêt du Parlement qui condamne la ville à restituer au sieur de Crécy les mousquetons, bâtons à croc et fauconneaux enlevés du château de Montigny en 1636, le tout en même état de bonté qu'il était au temps dudit enlèvement, ou, à défaut, payer ce qu'ils valaient alors, ainsi que tous intérêts, selon ce qu'il sera reconnu et taxé par commis députés à cet effet par le Parlement.

— 1er décembre. Attendu l'horrible et damnable sacrilége commis cette nuit, par le moyen qu'on a enlevé en l'église de St.-Just, dans le tabernacle, le Saint-Ciboire, avec cinquante ou soixante communions sacrées, il sera fait prières et procession générale pour obtenir de la providence divine quelques renseignements, et d'autant que les sieurs du magistrat ont envoyé prendre langue en divers endroits, les personnes qui s'en sont chargées seront à la discrétion des sieurs eschevins récompensées de leurs peines. Quant à la demande faite par le sieur curé, que la ville procure à ses frais un nouveau ciboire, a esté unanimement déclaré que cette dépense doit retomber sur ledit sieur curé, attendu que la nuit où a esté commis le vol, il avait laissé la clé à la porte du tabernacle.

— 13 décembre. Attendu que dimanche dernier, le sieur curé, conformément à un statut archiépiscopal, s'étant mis en devoir de chanter les litanies pour le roi, ont refusé les religieux d'y respondre, sous divers prétextes, et led. sieur curé ayant refusé, après l'ordre du magistrat, de faire connoistre ce scandale à l'archevesque, il est résolu que le magistrat en informera le prélat, et lui signalera lesd. religieux comme ennemis de S. M., et traîtres à la patrie.

1662, 30 janvier. En exécution de l'arrêt du Parlement, du 22 novembre 1661, par traité conclu avec le seigneur de Crécy, les mayeur, eschevins et conseil de la ville s'engagent à payer aud. seigneur la somme de 825 francs, monnoye de Bourgogne, moyennant quoi ils seront francs et quittés envers lui.

— 21 mars. Ecorces de citron, valant 6 fr., envoyées au prédicateur de l'avent et du carême. Devra led. prédicateur faire un sermon trois fois par semaine, les dimanche, mardi et jeudi, et autres jours accoustumés. Et en outre du prix de 3 fr. pour chaque prédication, lui sera faite, si l'on est content de lui, reconnaissance particulière.

— 30 avril. Réglement du jeu de l'arquebuse. Seront donnés 36 fr. à celui qui abattra l'*oiseau,* à charge par lui de faire un prix franc, jusqu'à 15 fr. Sera déclaré *roi,* et comme tel exempt de guet, garde et corvées pendant un an, celui qui aura une fois abattu led. oiseau ; sera déclaré *empereur,* et comme tel jouira des susd. priviléges pendant toute sa vie, celui qui aura abattu led. oiseau trois fois de suite ; mais ne pourront les susdits, sous aucun prétexte, prétendre à autre exemption.

— 20 mai. Est nommé principal du collége le sieur Guillaume Perroux, d'Arbois, au gage annuel de 120 francs, et de 6 gros par mois payés par chaque écolier, plus l'émolument de l'eau bénite. En vertu de l'ancien édit, il est interdit à tous d'envoyer leurs enfants étudier près de tout autre, à peine de payer aux deux lieux.

— 14 juillet. Seront offerts en présent, suivant l'usage, au nom de la ville, au seigneur Philippe de la Baume St.-Amour, marquis d'Yenne, nommé gouverneur de la province en remplacement du seigneur baron de Scey, quatre chandeliers d'argent, pesant sept marcs, de la valeur de 376 francs, lesquels seront gravés à ses armes.

1663, 9 janvier. A peine de 50 livres d'amende par chaque contravention, il est interdit d'acheter aux halles, dans la ville et faubourgs, aucunes graines, froment ou autres, pour les revendre au marché. Le blé amené par étrangers ne pourra être vendu et livré que sur le marché public.

— 16 avril. Bulle du pape Alexandre VII, donnée à Ste.-Marie-Majeure, par laquelle, sur l'exposé que les habitants d'Arbois attribuent à quelque excommunication encourue sans qu'ils le sachent par leurs ancêtres ou par eux-mêmes, la stérilité dont leur territoire est frappé depuis plusieurs années, ledit souverain pontife accorde sa bénédiction à leurs champs, possessions et biens de quelque espèce que ce soit; de plus, à leurs personnes, de l'un et l'autre sexe, indulgence plénière, sous la condition de jeûne, confession, contrition et réception du St.-Sacrement de l'Eucharistie.

— 24 avril. Par suite des nombreux procès intentés ou soutenus par elle, et de la perte de l'un d'eux, relatif aux Chaumois, où elle avait été condamnée à payer 925 fr. à la communauté de Mesnay, la ville se trouvait chargée d'une dette, presque toute exigible, de 6,000 fr., et ses revenus s'élevaient à peine à 4,000. Il est résolu, en assemblée générale, que pour pourvoir aux dépenses courantes il sera fait un emprunt de 1,500 fr., et mis un jet de 1,200 sur tous les habitants.

— Juin. Le magistrat avait fait tant de vœux pendant les temps de peste, de guerre et de famine, qu'il était devenu très-difficile de les accomplir. Il est résolu de consulter l'ordinaire sur leur validité, notamment sur la solennisation, avec interdiction de travail, des fêtes de saint François de Paule, de saint Roch, de saint Sébastien, de saint Donat, de saint Antide, de l'abstention de viande la veille de la nativité de la Vierge et de la procession de Notre-Dame-Libératrice. La réponse de l'ordinaire n'est point connue, mais il est à croire qu'il modifia ces vœux dont l'accomplissement entraînait la ville dans des sacrifices considérables de temps et d'argent.

— 4 septembre. Sur la présentation du mayeur, le sieur Jean-Baptiste Perrin est nommé curé d'Arbois, en remplacement du sieur Guillaume Proby. décédé.

1664, 12 février. Seront faites prières publiques, par le ministère des sieurs de St.-Just et des religions, pour le succès des armes de l'empereur contre les Turcs, et, à cet effet, seront envoyés aux sieurs de St.-Just six flambeaux blancs.

— Mai. Ouverture du chemin vicinal tirant du pont de Villette à la route de Dole. Sous prétexte que par traité conclu entre la ville et le sieur de Charchilla, il est constaté que jamais chemin n'a existé en cet endroit, le mayeur y forme opposition, mais sa requête au Parlement est rejetée.

— 22 juillet. Traité entre le magistrat et le sieur Vuillame, statuaire, originaire d'Arbois, et fixé à Bruxelles depuis les guerres, pour faire les statues de saint Just et de Notre-Dame-Libératrice, de grandeur naturelle, convenablement dorées et coloriées, pour le prix de 400 francs, lesquelles seront placées aux deux côtés du grand autel.

Ces deux statues furent brisées en 1794, et leurs débris jetés dans la rivière.

— 31 août. Arrivée du marquis d'Yenne, gouverneur de la province; il loge au prieuré. Pour sa réception, il en

coûte à la ville plus de 200 fr., non compris 138 fr., pri[x]
de quatre poinçons de vin blanc qui lui sont offerts.

— 12 décembre. Ordonnance sur la gabelle, fixant l[es]
droits à payer à la ville par les revendeurs, hôteliers, cab[a]
retiers et boulangers. Le droit de débit est de 4 blancs pa[r]
channe d'huile et de vin, de 5 sols par mesure de blé, d[e]
10 sols par cuir de bœuf ou vache non tanné. Sont établ[is]
un monopole sur la chandelle et sur le tabac, lesquels n[e]
pourront être vendus, la première, que par le sieur Lau[-]
renceot, lequel payera annuellement 50 fr. à la ville, [et]
le second, que par le sieur Coillon; la gabelle du vin, o[u]
vineterie, est amodiée 1,700 liv. Sera punie toute contra[-]
vention d'une amende de 50 liv., dont un tiers au déla[-]
teur, un tiers aux amodiateurs, et le reste à la ville.

1665, 25 février. Le conseil, informé que les commi[s]
aux États s'occupent du remboursement des sommes due[s]
par le roi aux différentes villes, députe, avec recomman[-]
dations des seigneurs de Thoraise, d'Achey et d'Andelot[,]
les sieurs Bontemps et Vuillin, lesquels reçoivent, l'u[n]
4,004 et l'autre 4,023 francs.

— 1er avril. Pour remédier aux accidents de feu, est en[-]
joint à tous couvreurs, maçons et charpentiers, de se rendr[e]
promptement, au son de la cloche d'alarme, au lieu d[e]
l'incendie, à peine, par chaque fois et contre un chacu[n]
des contrevenants, de cent sols d'amende, bien entendu qu[e]
ceux qui s'y rencontreront seront convenablement payé[s]
par ceux chez lesquels se sera allumé le feu, et à raiso[n]
du temps employé pour l'éteindre. Outre quoi, ceux che[z]
lesquels aura pris le feu, si c'est pendant le jour, paieron[t]
cent sols, et dix livres, s'il a pris pendant la nuit, et ser[a]
imposée double amende à ceux qui le céleront.

— 8 avril. Sonnerie des cloches pour les trépassés ; par chaque glas, pour un riche, sera payé 20 sols ; pour un pauvre, 9 gros ; pour celui-ci, n'en sera sonné qu'un ou deux, trois pour un riche, chacun durant un quart-d'heure. Défense de sonner la grosse sans permission du magistrat, le tout à peine de cent sols d'amende.

— 9 septembre. Comme il s'est trouvé, cette année, que pour faire le *Biou*, ou *Chapeau de saint Just*, les gardes ont cueilli beaucoup plus de raisins qu'il n'en fallait, seront tenus lesdits gardes, à l'avenir, de présenter au magistrat les raisins cueillis par eux, avant de les remettre ès mains du marguillier.

— Octobre. Service solennel célébré pour le repos de l'âme du roi d'Espagne, Philippe IV, décédé le 17 septembre. Un religieux Minime prononce l'oraison funèbre. Les frais s'élèvent à 66 francs.

1666, 27 janvier. Bruits de guerre. Ordre est donné de réparer les fortifications trouvées en mauvais état ; les travaux commencent incontinent. Des bois sont tirés de la forêt Mouchard, et il est enjoint aux retrahants de nettoyer et creuser les fossés. Pour subvenir aux frais de ces travaux, sera mis un jet sur tous les manants et habitants, y compris les ecclésiastiques, au sujet desquels sera présentée requête à l'archevêque, à l'effet d'obtenir autorisation de les imposer.

— 9 mars. A raison de la mort de S. M. Philippe IV, sont interdits tous jeux publics, feux de joie et mascarades le jour des brandons.

— Mai. Requête adressée par la ville au roi en son conseil, tendant à obtenir l'union de la prévosté à la mairie, afin de remédier à la négligence des suppôts de la police. Cette requête est renvoyée le 7 juillet suivant à la chambre des comptes, ainsi que celle envoyée le 19 janvier 1664, pour la confirmation des priviléges du chapitre, avec invitation à la chambre de donner son avis.

— 26 mai. Visite épiscopale d'Antoine-Pierre de Grammont, 1er du nom, 93e archevêque de Besançon. Il lui est fait une réception solennelle qui attire un si grand nombre d'étrangers, que le magistrat se croit obligé de taxer les denrées. Le prélat descend au prieuré, où, le 27, lui sont présentés les vins d'honneur par le corps du magistrat, accompagné du chapitre, des familiers et des officiers du bailliage.

Le 28, remontrances lui sont faites sur divers objets; la négligence du curé de dire chaque jour la messe paroissiale, celle des titulaires des chapelles de l'église à les entretenir, ce qui les jette dans un délabrement complet; les débats entre les chanoines et les religieux du prieuré, d'où résulte un grand scandale. Il est prié de remédier à ces diverses choses, et d'autoriser le jet mis sur les ecclésiastiques, pour le remparement des fortifications. Ces remontrances sont favorablement accueillies.

Le 29, il se rend au chapitre, où il signe, à son entrée, l'acte par lequel il est reconnu qu'il fait cette visite comme délégué du Saint-Siége, et n'entend préjudicier en rien aux priviléges et immunités du corps.

Après avoir, le 30, célébré pontificalement la messe dans l'église de St.-Just, et consacré, le 31, la chapelle du St.-Esprit, le prélat part le 2 juin pour Dole, escorté jusqu'aux limites du territoire. Son séjour ayant occasionné des dépenses considérables, elles sont réparties sur tous les manants et habitants; le chapitre paye 96 francs, et le prieur ayant refusé de contribuer, il est traduit devant l'officialité, et ses revenus barrés par provision.

— 3 juillet. Compte rendu par les sieurs Vuillin, mayeur, et Voiturier, de leur mission aux Etats. A été prêté par eux serment de fidélité au roi Charles II, lequel, par son commissaire aux Etats, a fait serment de maintenir inviolablement les priviléges de la province. Ledit commissaire ayant proposé d'entretenir, aux frais du pays, garnison aux forts de Salins et au château de Joux, il a été répondu que la chose était contraire aux priviléges, et qu'il était loisible au roi de mettre lesd. garnisons à ses frais. Sur la demande faite d'un don gratuit de 100,000 patagons (350,000 liv.), il a été résolu d'offrir les munitions existant dans la province, de la valeur de 150,000 fr., à condition qu'elles n'en seront point distraites, et, de plus, 200,000 francs payables en trois années, et applicables aux fortifications des places.

— 6 juillet. Sur la proposition faite par les sieurs familiers, d'une procession à Lorette, à l'effet de rendre grâces à Dieu de l'apparente abondance des fruits de la terre, et de le prier pour la conservation d'iceux, seront achetés 4 flambeaux, et sera donnée une pistole pour les frais de lad. procession. Comme elle doit partir le lendemain, et qu'est annoncé un prochain passage de 300 Suisses, il sera mis des gardes aux portes de la ville, et guet au clocher.

— 13 juillet. Assemblée générale du conseil, des notables et des députés des villages retrahants, où il est exposé que la tour des Oies, 200 toises de murs et les portes de la ville étant ruinées, il est urgent de les réparer ; sur ce, sera mis un jet de 7,000 fr. sur tous les manants, habitants, retrahants et possédant biens, les ecclésiastiques compris, les deux tiers à la charge de la ville et des faubourgs, et le reste à celle des retrahants. Sont nommés des commissaires pour vaquer au répartement.

— 11 août. Les campagnes étant infestées de voleurs, ordre au marguillier de coucher dans la sacristie, aux portiers de la ville de tenir les portes fermées, et à 20 hommes d'être toujours prêts à poursuivre lesdits voleurs.

1667, 3 janv. La garde de l'Hermitage avait été confiée aux frères hermites Hilarion Lespaly et Joseph Gallois, qui s'y étaient installés, le premier, en 1651, le second, en 1655. Tous deux menaient une vie plus joyeuse qu'édifiante. Hilarion était passionné pour la chasse et la pêche, où il déployait beaucoup de vigueur et d'adresse. Dans une de ses courses fréquentes dans les bois, où existe encore un sentier qui a conservé son nom, il se trouva inopinément en face d'un ours, et le tua. Quant à Joseph, il quêtait dans les villages, et en consommait le produit avec son confrère. Plus d'une fois, ils furent menacés d'expulsion; enfin Gallois résolut de se retirer à Poligny, et avec l'aide de son frère, qui était avocat, rendit compte des objets commis à sa garde; puis il partit, cédant sa place à un prêtre familier de l'église de St.-Hippolyte de Poligny, qui s'engagea à prendre l'habit d'hermite, à entretenir l'hermitage en bon état, et à se comporter en honnête religieux.

— 22 février. Le prix des journées de vignerons est fixé à 8 gros pour tailler, et à 10 pour fossoyer et porter la terre. Les ouvriers, mécontents, refusent de travailler; ils sont sommés de reprendre leurs travaux, sous peine d'interdiction d'ouvrage dans le territoire, et de 50 liv. d'amende.

— 25 mars. A la demande du magistrat, est envoyé un conseiller du Parlement chargé de faire arracher toutes les vignes nouvelles plantées jusque dans les jardins, et d'extirper tous les mauvais plants.

— 18 avril. Achèvement et rendue de l'hôtel-de-ville.

— 26 avril. Reconstruction du château de Vadans par la comtesse de St.-Vallier ; il est permis à cette dame de faire tirer des pierres dans les carrières de Montesserain, sous la réserve qu'elle indemnisera les possesseurs d'héritages auxquels serait causé quelque dommage.

— 27 avril. Compte du receveur Louis Robert ; les revenus de la ville s'élèvent, cette année, à 5,988 fr.

— 12 mai. Ordonnance publiée à raison des bruits de guerre. Sera mis au clocher un guet qui y veillera jour et nuit ; est prescrit à chaque habitant de se pourvoir d'armes, suivant ses moyens, d'une livre de poudre et de deux livres de plomb ; seront achetées 300 livres de poudre aux frais de la ville ; seront, le plus promptement possible, réparées les murailles et portes, et lesdites portes fermées à la nuit tombante, et ouvertes au soleil levant ; sera payée incontinent et employée aux remparements la moitié du jet mis en 1666, et permission donnée aux retrahants de faire entrer dans la ville leurs meubles et denrées, sous réserve qu'il sera payé six francs par queue de vin.

— 24 mai. Retour de l'abbé de Chamilly, depuis longtemps absent. Son origine et le rang occupé par son frère dans l'armée française le rendant très-suspect, il est sommé de murer la porte du prieuré communiquant avec Faramand, et, sur son refus, ordre est donné au procureur syndic de l'y contraindre.

— 17 juin. Ordre à la ville d'envoyer à Salins sept élus à cheval, montés et équipés à ses frais, avec la somme de 62 fr. et demi par homme, pour la solde de six semaines.

— 7 décembre. Démission du sieur de Nancray, à raison de son grand âge et de ses infirmités qui ne lui permettent plus de s'employer activement au service de la ville. Il est remplacé au conseil, à l'unanimité, par son fils Hugues-René Fauche de Jaillon.

— 29 décembre. Réunion de l'église de Changin à celle de St.-Just, et sa réduction en simple chapelle dont le curé dud. Changin reste titulaire pendant sa vie, et dont il percevra les revenus, à charge de l'entretenir. Les successeurs dud. chapelain seront nommés par le prieur de St.-Just.

1668, 21 janvier. Prières publiques pour détourner le fléau de la guerre, auxquelles sont conviés les ecclésiastiques.

— 29 janvier. Vu qu'il n'y a apparence que la neutralité du comté soit respectée, seront transportés au château Ste.-Agne, dont sera prié le gouverneur de les recevoir, les titres, papiers et reliquaires appartenant à la ville. Seront mises sur pied les dixaines, et sera fait guet au clocher.

— 31 janvier. A peine de 50 livres d'amende contre chaque contrevenant, il est ordonné à tout habitant capable de porter les armes, de se munir de poudre, monter la garde, obéir aux capitaines et dixainiers, et se trouver à son poste au premier coup de tocsin.

— 1er février. Nouvelle de l'approche de l'ennemi. Il est délibéré que seize dixaines occuperont les tours et la grande place; que le sieur Jarre dénombrera les dixaines, et comme il pourra convenir d'assembler le conseil à toute heure, y seront appelés pour donner avis ou suffrages tous les hommes de la ville se trouvant en rue.

— 3 février. Le chapitre envoie à Château-Villain ses reliques et ornements pour les faire passer en Suisse.

— 4 février. Edit du magistrat, délibéré en assemblée

générale, à laquelle assistent le prieur et les notables.

L'éminent péril de guerre ayant été déclaré, mesme Bletterans pris par les François, depuis deux jours, leur armée se grossissant de moment à autre, et étant tous au voisinage du pays avec leur roy, menaçant d'y entrer en bref; l'apparence étant aussi telle qu'au sujet de ladite guerre quelques-uns ont quitté cette ville pour se retirer ailleurs, au préjudice de la patrie et intérêt de S. M. C., notre souverain, et désirant d'y remédier et de conserver lad. ville sous sa douce domination, il sera ordonné par édict, comme en effet nous ordonnons : 1° A tous ceux qui sont sortis depuis les bruits de guerre, capables de porter les armes, ayant âge de 14 à 60 ans, de retourner et se rendre en la ville, dans quatre jours après la publication du présent édict, à peine de 1,000 livres d'amende contre un chacun contrevenant. 2° Interdisons aussi, à la même peine, à tous, tant en général qu'en particulier, capables de porter les armes, et d'âge que dessus, de quitter lad. ville, ni d'en sortir, à quelque prétexte que ce soit, sans le congé et exprès consentement des sieurs du magistrat et conseil de lad. ville. 3° Déclarons que pour le payement desd. amendes, seront les condamnés incessamment poursuivis par toutes voyes de rigueur et de police que la justice permet, voire par la vente des meubles, vins et denrées qui se trouveront en leurs maisons, mesme des matériaux dont lesd. maisons sont construites. 4° Déclarons pareillement que tous manants et habitants des faubourgs de lad. ville quitteront de nuit lesd. faubourgs, et viendront coucher dans l'enclos de lad. ville, pour estre prêts et disposés à la défendre aux occasions; et commenceront lesd. nuits le 5 du courant, leur ordonnant d'ainsi le faire, à peine de 50 liv. d'amende contre un chacun contrevenant, et par chaque fois; pour le recouvrement desquelles amendes seront observées les mêmes voyes que dessus. 5° Est enjoint à chacun se trouvant âgé comme ci-devant est dit, de n'aller ni venir aucunement sans armes sur sa personne, à peine de 10 liv. d'amende pour chaque contravention, dont on se fera payer par les voies susd. 6° Aux carrefours de la ville et des faubourgs et à son de trompe, sera cejourd'huy publié le présent édict, lequel sera également notifié aux domiciles des fuyards déjà connus, et de tous autres qu'on saura qui ont fait de mesme.

En outre, a été résolu de faire, toutes les nuits et hors de la ville, une patrouille de huit hommes et de leur commandant ; seront invités ceux que le magistrat trouvera convenir, ne souffrir personne en leurs maisons lors des alarmes, afin que chacun accoure où il conviendra ; seront les habits et reliquaires de St.-Just portés en la maison du prieuré, pour ce révoquant la délibération ci-devant prise le 29 janvier dernier.

— 5 et 6 février. Envoi d'éclaireurs sur les montagnes environnantes, et principalement sur celles entre Salins et Arbois, afin de connaître la marche des ennemis et le nombre de leurs soldats.

— 7 février. Avant midi, on apprend que Salins a capitulé ; le conseil s'assemble : vers trois heures, le mayeur vient annoncer que deux cavaliers français se sont présentés au faubourg de Courcelles, et ont demandé à s'avancer jusqu'à la porte Picardet, où, après permission à eux donnée en bonne forme et selon que l'art militaire permet, ils lui ont remis ès mains certain écrit du seigneur duc de Luxembourg, dont il demande si lecture doit être faite. Sur quoi il est résolu que lad. lecture sera faite, ce que a fait le secrétaire hautement et intelligiblement, dont la teneur suit :

Le duc de Luxembourg et de Piney, pair de France, lieutenant général des armées du roy,

A messieurs les mayeur, eschevins et conseil de la ville d'Arbois.

Ayant ordre de S. M. de mettre soubs sa protection toutes les villes, bourgs et villages de ce pays qui y auront recours, et voulant par la considération que nous avons pour monsieur le comte de Chamilly, traitter les habitants de la ville d'Arbois plus favorablement que pas uns autres, à cause de l'intérest que monsieur son frère y a (1), Nous leur faisons sçavoir par la présente que s'ils se veulent

(1) Le comte de Chamilly, frère du prieur, servait dans l'armée française en qualité de maréchal de camp, et il était alors devant Dole, où il commandait le régiment de Lyonnais.

mettre en estat de mériter les grâces de **S. M.**, comme a fait la ville de Salins, en se conduisant de la manière qui leur sera expliquée de nostre part par le sieur de Varanges, que nous les recepvrons soubs la protection de Sad. M., et que nous leur donnerons sauvegarde pour les mettre à couvert de tous les risques qu'ils pourroient courre dans cette guerre. Fait à Salins, ce 7 febvrier 1668.

Montmorency-Luxembourg.

Après laquelle lecture l'on a député le seigneur abbé de Chamilly et les sieurs Vigoreux d'Escrilles, eschevin, et Voiturier, conseiller, lesquels se rendront à Salins pour savoir la vérité du fait; pour laquelle négociation il sera demandé deux fois 24 heures, afin de respondre aud. seigneur duc de Luxembourg, et lesd. commissaires feront en tout cas leur possible pour obtenir sauvegarde.

— 8 février. Les députés, de retour de Salins, rapportent que cette ville s'est rendue sans résistance, et a obtenu la sauvegarde dont la teneur suit:

Le duc de Luxembourg, etc. - Nous, en considération des asseurances que nous avons reçues par monsieur l'abbé de Chamilly, de la fidélité des habitants d'Arbois pour le service du roy, avons pris soubs la protection de S. M. la ville d'Arbois et ses dépendances, particulièrement les villages de Mesnay, Pupillin, les Planches, la Chastelaine, la Grange-Fontaine, Montigny, la terre de Vadans (1), St.-Cyr, Valempoulières, Rosières, Escleux, Villeneuve-d'Aval, les Abergements et Prestin, avec défense à tous gens de guerre, tant de cavalerie que d'infanterie, de rien prendre, enlever, ni faire aucun tort ou dommage aux habitants desd. lieux, soit en leurs personnes, familles et domestiques, soit en leurs bestiaux et toutes autres choses à eux appartenantes, soubs peine de désobéissance.

Fait à Salins, le 8 febvrier 1668.

Cela écrit de la main du sieur d'Orges, secrétaire dudit

(1) La terre de Vadans appartenait alors au comte de St.-Vallier, qui servait dans l'armée française, et commandait devant Dole les régiments de Saint-Vallier et de La Ferté.

seigneur duc, et ce qui suit de la propre main d'icelui seigneur :

Et nous, outre que les habitants d'Arbois ont mérité la protection du roy, en se soumettant à son obéissance, nous le faisons par l'ordre particulier de S. M., de considérer monsieur l'abbé de Chamilly et tout ce qui lui appartient, plus particulièrement que le reste de la province. Montmorency-Luxembourg.

— Le même jour et à la même heure, ont fait les députés susdits la promesse suivante :

Nous, abbé de Chamilly, prieur d'Arbois, Vigoreux, seigneur d'Escrilles, et Voiturier, escuyer, députés de la ville d'Arbois, asseurons et promettons à monseigneur le duc de Luxembourg de prester le serment de fidélité pour le roy, quand l'aura fait la ville de Salins. Et cependant nous lui donnons parole de ne rien faire directement ni indirectement contre le service de S. M. T. C., ni d'envoyer et fournir aucune milice dans les places qui tiennent pour S. M. catholique, à condition que nous serons conservés dans nos priviléges particuliers, ainsi que monseigneur de Luxembourg nous l'a promis de la part du roy.

Fait à Salins, en vertu des pouvoirs que nous en avons des habitants et communauté d'Arbois, ce 8 febvrier 1668.

Signés : Chamilly, Vigoreux d'Escrilles et Voiturier.

Laquelle susd. négociation desdits sieurs députés l'on approuve et agréé, et a esté bien particulièrement ledit sieur abbé de Chamilly remercié par le conseil.

— 9 février. Tout avantageux que fût ce traité, qui mettait la ville et son ressort à l'abri des maux inséparables de la guerre, l'irritation du peuple, plus docile aux inspirations passionnées qu'à la voix de la nécessité et de la raison, se manifesta hautement ; les députés et le conseil furent l'objet des plus violentes déclamations, et dans la crainte d'un soulèvement, dont la ruine de la ville aurait été l'inévitable résultat, le magistrat s'empressa de faire afficher et publier à son de trompe, la proclamation suivante :

Pour bonne considération par nous advisée et mûrement délibérée, il sera interdit et deffendu, comme en effet nous interdisons et deffendons à tous manants et habitants, de quelque qualité ou condition qu'ils soient, de faire aucune insulte ni mauvais traitement à aucun soldat français, directement ni indirectement, comme aussi de porter, quant à soi, aucune arme à feu hors de l'enclos de lad. ville, sans permission du magistrat, ni de demeurer, sans pareille licence, hors de la ville, à quelque prétexte que ce soit, plus de 24 heures, à peine d'estre arquebusé publiquement, et si avant que mort s'en suive.

La garde des portes est continuée par deux dixaines dans le jour, et cinq dans la nuit; elles sont commandées par les capitaines Roy, Jarre et Perroux, auxquels sont payés neuf gros par jour.

— 9 février. Arrivée du sieur de Varanges, envoyé par le duc de Luxembourg; à raison de ses bonnes dispositions en faveur des habitants, il est remercié par le magistrat, et il est ordonné au receveur de lui compter quatre pistoles (66 fr.) et de payer toutes ses dépenses pendant son séjour.

— Même jour. Louis de Bourbon, prince de Condé, accorde aux Pères Minimes une sauvegarde pour les maisons, couvents et métairies que possèdent ces religieux à Ornans, Arbois, Arlay, Morteau, Voray et Beurre.

— 10 février. Entrée du duc de Luxembourg et de son état-major. Le magistrat se porte à sa rencontre, lui présente les vins d'honneur, et le conduit au prieuré, où des appartements lui ont été préparés. Les officiers de sa suite sont logés dans les auberges du Soleil et du Lion-d'Or. La population ne l'accueille que par un profond silence.

— 11 février. Une pièce de vin blanc, payée 35 fr., est offerte aux officiers de la suite du duc, qui lui-même reçoit deux pièces du prix de 50 francs. Il est donné 18 fr. à son secrétaire le sieur d'Orges, pour une expédition de la sauvegarde. Les dépenses des officiers, dans les deux auberges, s'élèvent à 45 fr., qui sont payés par la ville.

— 12 février. Il est enjoint aux capitaines Roy et Perroux de mieux remplir leur devoir que par le passé ; la garde est réduite à 50 hommes, qui seront surveillés par un membre du conseil et un notable.

Le refus des dixainiers de présenter les armes au général français à son entrée et à son départ, et de lui former une garde d'honneur, était la cause de l'injonction faite à leurs chefs. Depuis la reddition de la ville, le mayeur, les échevins et un petit nombre de conseillers et de notables assistent seuls au conseil.

— 14 février. Convocation des notables pour le surlendemain, à l'effet de prendre leur sentiment sur la désobéissance des fuyards et poltrons qui ont abandonné la ville au premier bruit de la guerre, et au temps qu'il était le plus besoin de gens pour la conservation d'icelle et des biens des particuliers, notamment de ceux desd. fuyards et désobéissants, lesquels biens ont été conservés par la vigilance et les bons devoirs de ceux qui sont demeurés.

— 16 février. L'assemblée se réunit au nombre de six conseillers et de huit notables. Le mayeur fait dresser la liste des fuyards, qui s'élève à 25. Ils sont condamnés à une amende totale de 6,000 francs.

Le seigneur prieur ayant annoncé que Dole s'est rendue sans résistance, et qu'il est averti que l'intention du roi est de mettre garnison à Arbois, ce qui peut être détourné par le crédit de ses deux frères, le comte et le chevalier de Chamilly, alors à Gray, il est résolu que les sieurs d'Escrilles et Voiturier se transporteront audit Gray, et les supplieront de s'employer pour la ville, en les assurant qu'elle se montrera fidèle au roi de France.

— 19 février. Ordre du roi Louis xiv, d'envoyer des députés à Dole, pour y entendre de la bouche du seigneur comte de Gadagne ce qui leur sera dit de sa part. Sont commis à cet effet les sieurs Pécauld, mayeur, Gillaboz et d'Escrilles, eschevins, et Regnauld, secrétaire du conseil.

— 23 février. Prestation du serment de fidélité fait par les députés de la ville, entre les mains du comte de Gadagne. Sur leur demande de confirmation des priviléges de la ville, il répond que ses pouvoirs ne s'étendent pas jusque là.

— 2 mars. Sont commis les sieurs mayeur et Vuillin, conseiller, à l'effet d'aller congratuler à Salins le seigneur marquis de Noisy, nommé gouverneur du bailliage d'Aval.

— 6 mars. Remontrances faites au comte de Gadagne sur l'envoi en garnison de deux compagnies de cavalerie à Arbois, tandis qu'il n'y en a qu'une à Poligny. Il est répondu que tel est l'ordre exprès du roi, et qu'il faut s'y soumettre. La présence de cette garnison fait cesser le service des dixainiers.

— 13 mars. Arrivée de l'intendant civil, auquel sont offerts les vins d'honneur. Le magistrat lui ayant demandé la confirmation des franchises et priviléges de la ville, et la conservation de son collége, où l'on enseigne jusqu'à la rhétorique et la philosophie, il répond qu'il ne lui a été donné aucuns pouvoirs à ce sujet.

— 18 mars. Par édit de l'autorité française, il est ordonné à toute personne, de quelque qualité et condition qu'elle soit, de déposer dans les 24 heures, à l'hôtel-de-ville, les mousquets, hallebardes et autres armes étant en son pouvoir, à peine d'en être responsable et emprisonnée.

Comme cet édit, dans sa généralité, privait la noblesse du droit attaché à sa dignité, de porter l'épée, des députés sont envoyés à Dole, munis d'une lettre de l'abbé de Chamilly au comte de Gadagne et à l'intendant ; mais tous deux leur répondent que c'est un ordre du roi auquel il faut se soumettre. Cependant, quelques jours après, le marquis de Noisy restreint le désarmement aux armes à feu, qu'il prescrit d'envoyer à Salins. En reconnaissance de ce nouvel ordre, une pièce d'excellent vin blanc est offerte au marquis, qui se hâta de déclarer qu'il suffisait d'envoyer, après en avoir fait l'inventaire, les armes de ceux qui n'avaient pas le droit d'en porter, mais quant aux membres du magistrat et aux notables, il leur serait permis d'être armés, allant à cheval et en campagne. Il ne fut envoyé à Salins que quelques vieilles armes à peu près hors de service.

— 17 avril. Assassinat d'un cavalier français, entre Buvilly et Pupillin. Divers propos tendant à faire présumer que l'assassin est d'Arbois, déterminent le magistrat à ordonner au syndic de prendre des informations dont il dressera procès-verbal.

— 26 avril. Ordre d'envoyer deux travailleurs, assortis de pioches et autres instruments, et payés de leurs journées, à l'effet de travailler à la démolition des murs de la ville de Dole. Deux manants sont désignés, lesquels recevront vingt sols par jour.

— 3 juin. Publication du traité d'Aix-la-Chapelle, par lequel la Franche-Comté est rendue à l'Espagne. Le syndic Thiébaud Panier est envoyé à Salins pour en ramener les armes qui y ont été déposées, et les rendre à leurs propriétaires. Celles d'entre elles qui appartiennent à la ville sont renfermées à l'arsenal.

Ainsi la Franche-Comté, que l'incurie et peut-être la trahison de la haute noblesse, du Parlement et de quelques magistrats des villes avait livrée à Louis XIV, ne resta que quatre mois sous la domination française. Cette facile conquête attira à ce prince les louanges les plus exagérées, au nombre desquelles on cite ce distique latin que nous rappelons à cause de la réplique à laquelle il donna lieu :

*Sola dies cepit **D**uacum , **B**urgundos hebdomas una ,*
Una capit Batavos luna , quid annus erit ? (1)

Il y fut répondu par cet autre distique, dont fut l'auteur un Franc-Comtois, dont le nom est resté inconnu :

Plurima compressit spargendo largiter aurum ,
Armis nulla, dolo plurima, jure nihil. (2)

— 9 juin. L'accueil fait par le peuple à l'armée conquérante faisait aisément prévoir qu'après l'évacuation du pays tous ceux qui, à tort ou à raison, en étaient regardés comme les partisans, devaient courir de grands dangers. Le prieur, abbé de Chamilly, avait rendu d'incontestables services à la ville, en faveur de laquelle il avait exercé toute l'influence que lui donnaient sa famille et son nom. Mais il était d'origine française, et par conséquent *Armagnac*. On sait combien une qualification dont la signification n'est pas même déterminée, est puissante sur l'esprit de la multitude. La garnison française de Salins et la compagnie de cavalerie stationnée à Arbois, s'étaient à peine mises en marche pour rentrer en France, que le cri : *Sus aux Armagnacs !* retentit de toutes parts, et se joignit à Arbois à celui de : *Mort au prieur ! mort au Judas !* Justement épouvanté, l'abbé de Chamilly s'enferme dans son prieuré ; mais l'émeute gronde, éclate, le prieuré est cerné et les

(1) Un seul jour a pris Douay, une semaine la Franche-Comté, une lune la Hollande ; que sera l'année ?

(2) Il a conquis beaucoup en répandant largement l'or ; rien par les armes, beaucoup par la ruse, rien par le droit.

portes enfoncées. L'hôtel prieural correspondait à l'église par un cloître intérieur ; le prieur s'enfuit par là, et va trouver un réfuge sur la voûte de l'église, où il attendra la nuit pour sortir de la ville. Les émeutiers s'en étaient doutés, ils veillaient, et malgré l'obscurité de la nuit ils l'aperçoivent au moment où il traverse le cimetière. Ils s'y précipitent en foule, et sont près de l'atteindre ; alors, préférant une mort incertaine à celle que lui prépare la fureur de ses ennemis, il franchit la muraille du cimetière et va tomber près du moulin des Terreaux. Il aurait dû être brisé dans sa chute, mais il se relève, se jette dans la rivière, dont les eaux étaient très-basses, et remontant plus bas dans les vignes du canton de Curolois, va rejoindre la route de Dole, entre Villette et Vadans. De là, il se rend à Dijon, où déjà s'étaient réfugiés deux hommes poursuivis comme lui avec acharnement, le marquis d'Yenne et le fameux abbé de Watteville. Vers la fin d'août, pensant que l'ordre était rétabli et l'exaspération calmée, il obtint du prince de Condé une lettre adressée au premier président du Parlement, auquel il était spécialement recommandé, et rentra dans son prieuré. Mais la lettre lui fut inutile, le Parlement était dissous et son président retiré à la campagne. Néanmoins, grâce à la vigilance du magistrat, il ne fut point inquiété, quoique son éloignement fût vivement réclamé.

La ville d'Arbois ne fut pas la seule de la province où des désordres éclatèrent ; à Dole, dans la nuit du 11 au 12 juin, plusieurs maisons où résidaient des membres du Parlement sont pillées et dévastées ; Salins est le théâtre d'une insurrection plus terrible encore, et le conseil d'Arbois délibère s'il n'y enverra pas des secours ; mais, sur l'observation que les hommes envoyés pourraient bien se ranger du côté des insurgés, il est résolu qu'on attendra l'événement.

— 7 août. Nouvelle de l'arrivée, à Besançon, du prince d'Arenberg, nommé gouverneur de la Franche-Comté en remplacement du marquis d'Yenne. Cette dignité, pour la première fois conférée à un homme étranger à la province, où se trouvaient des seigneurs de haut rang, franchement dévoués à l'Espagne, indispose la noblesse jusqu'alors exclusivement investie du gouvernement du pays. Le peuple s'en montre d'abord peu satisfait, mais la douceur et l'affabilité du prince dissipent en partie ces préventions. Néanmoins, la facilité de la conquête l'ayant fait considérer comme l'œuvre de la trahison, le cri public demandait que ses auteurs fussent sévèrement poursuivis; la suppression du Parlement parut insuffisante, et la conduite douce et modérée du nouveau gouverneur ne fut pour les esprits les plus ardents qu'une preuve de faiblesse. Il en résulta une déconsidération qui se manifesta par le surnom de *Grand-Flandrin* (le prince était né en Flandre), épithète par laquelle il est d'usage de désigner ces personnages de haute taille, faibles de caractère, qui voient le mal sans oser y apporter aucun remède, et qui manquent d'énergie pour frapper les coupables. Arbois ne lui pardonna point de n'avoir pas sévi contre l'abbé de Chamilly.

Cependant le magistrat, pour se conformer à l'usage, lui envoie des députés pour le congratuler. Ils sont bien accueillis, et le prince leur témoigne beaucoup d'affection pour la ville, où néanmoins, le 21 août, il envoie une garnison de 25 cavaliers à la charge des habitants. Deux auberges sont affectées à leur logement, et le receveur de la ville est chargé de leur payer à chacun 20 sols par jour. En même temps, le baron de Thoraise est prié d'exposer au gouverneur la pauvreté de la ville, et l'inutilité d'une garnison au milieu d'une population toute dévouée au roi d'Espagne.

— 6 septembre. Nouveau serment de fidélité exigé des habitants et bourgeois des villes, et ordre à tous les corps du magistrat de cesser leurs fonctions. Cette double exigence, émanée sans doute de la cour d'Espagne, produit un vif mécontentement, qui se révèle, à Arbois, par la réélection, à l'unanimité, de tous les membres du magistrat destitués ; il est résolu même que leur charge leur sera continuée l'année suivante. Mais afin de montrer que cet acte n'est point personnellement hostile au roi, il est acheté, au prix de 23 livres, un portrait de S. M., qui est placé dans la chambre du conseil.

— 13 septembre. Arrivée de dix-sept cavaliers, commandés par le colonel de Granges, lequel exige cent florins par mois et un logement vaste et commode. Le conseil envoie aussitôt à Besançon des députés pour en porter des plaintes. Le baron de Thoraise, le marquis de St.-Martin et l'archevêque appuient vivement ces réclamations ; mais le gouverneur les apaise en leur promettant d'envoyer un ordre sévère au colonel, qui n'a été placé à Arbois que pour surveiller certain personnage du voisinage qu'il ne veut pas leur nommer. Ce personnage était le marquis de Listenois, de la maison de Bauffremont, qui, peu de temps après, se déclara ouvertement pour le roi de France.

— 29 novembre. Attendu les nécessités de la ville, chargée de tant de logements, entretien de troupes et dépenses extraordinaires, un jet de 3,472 fr. est mis sur tous les habitants.

— 9 décembre. Le colonel de Granges exige que ses soldats soient logés dans des maisons désignées par lui ; et, s'irritant des représentations qui lui sont faites à ce sujet, accuse le magistrat de faire des vœux secrets pour le roi de France, et menace de loger ses soldats militairement. Le conseil décide qu'il en sera porté plainte au prince d'Arenberg et aux officiers du bailliage ; mais, le lendemain, le procureur fiscal se déclare pour le colonel, et enjoint au mayeur de garder les arrêts. De son côté, le colonel menace de faire monter ses soldats à cheval. Aussitôt les échevins protestent, et décrètent qu'il sera mis un guet au clocher pour sonner le tocsin en cas de besoin, que les dixaines prendront les armes et garderont les portes, qu'une d'elles stationnera devant la maison du mayeur, et veillera à sa sûreté, et que les clés de la ville seront mises ès mains du sieur Gillaboz, premier échevin.

Une rixe paraissait imminente, lorsque le prince d'Arenberg averti, mande au colonel et au mayeur, dont il lève les arrêts, que le jugement de l'affaire est remis au colonel de Bérieux, qui, à cet effet, se rendra bientôt à Arbois.

1669, 1ᵉʳ janvier. Le corps du magistrat prête serment de fidélité à S. M. catholique.

— 2 janvier. A raison des nouveaux bruits de guerre, les chanoines et familiers sont invités à célébrer des prières publiques, avec exposition du St.-Sacrement, pour apaiser l'ire de Dieu et obtenir la paix. Le mayeur fait réparer les guérites et portes de la ville, et acheter 25 livres de plomb et 50 demi-piques.

— 10 janvier. Sont enrôlés dans la milice 14 jeunes gens de la ville, qui doit les équiper, les solder et leur fournir des mousquets. Il leur est délivré à chacun quatre livres de plomb en balles.

— Ensuite d'insultes adressées au magistrat par le chanoine Aubry, il est résolu que la délibération du 16 février 1668, relative aux fuyards et poltrons, sera exécutée, et il est interdit de tirer nuitamment aucun coup d'armes à feu, à peine de 10 livres d'amende contre les contrevenants et contre leurs voisins qui, les ayant entendus, ne les dénonceraient pas. La délibération est approuvée par le gouverneur, sauf pour ce qui concerne les fuyards.

— 23 février. Sur l'ordre du gouverneur, toute la milice du bailliage d'Aval se rassemble à Salins. Le magistrat d'Arbois prescrit guet et garde, et mise sur pied de cinq dixaines, jour et nuit, jusqu'à autre avis.

— Le sieur Gillaboz ayant fait observer que le sieur mayeur Pécauld, en sa qualité de sergent-major (1) du régiment de la milice d'Aval, a reçu l'ordre de prendre le commandement de l'arrière-ban, ce qui nécessite son départ, tandis que ses fonctions de mayeur exigent sa présence dans la ville, ledit sieur Pécauld devrait opter; celui-ci répond qu'il en référera au gouverneur. Le surlendemain 25, il reçoit une lettre du prince, par laquelle il lui est ordonné de rester dans la ville jusqu'à ce qu'il soit appelé ailleurs.

— 31 mars. Le colonel d'Herbey, à la tête de 76 cavaliers, vient remplacer le colonel de Granges. Le magistrat se hâte de représenter au gouverneur que par suite de deux gelées, l'une de ceps et l'autre de bourgeons, toute espérance de récolte étant détruite, il le prie de retirer une partie de la garnison. Quelques jours après, 30 cavaliers sont détachés à Mesnay, Villette et Montigny. En recon-

(1) Ce grade correspondait alors au grade actuel de major ou de lieutenant-colonel.

naissance de cette décharge, deux poinçons de vin blanc sont offerts au colonel d'Herbey.

— Décembre. Réclamation des sieurs de Glanne et de Patornay, relative au logement militaire. Le premier, obligé, en sa qualité de noble et de seigneur de Villersfarlay, d'équiper et de fournir un homme à ses frais, et le second, en vertu de conventions faites avec la ville en 1591, au sujet de la grange Canoz dont il est propriétaire, prétendent être exempts desd. logements. Il leur est répondu que les logements sont réglés par le gouverneur et non par la ville.

1670, janvier. Licenciement du régiment des milices d'Aval, fort de 2,200 élus. Il est ordonné au syndic de faire rendre compte à ceux d'Arbois, rentrés dans leurs foyers, des armes, munitions et effets qui leur ont été fournis.

— Mars. De la déchéance du sieur Perrin et de son remplacement par le sieur Laurent, étaient résultées des querelles souvent scandaleuses. Pour y mettre fin, le magistrat propose aux familiers d'unir la cure à la familiarité, avec l'agrément de l'archevêque. Le prélat y consent, mais le prieur s'y oppose et provoque une enquête faite par le lieutenant général du bailli d'Aval, par laquelle il est établi : 1° Qu'au prieur, comme curé primitif, appartient le droit de nommer un vicaire chargé d'administrer les sacrements ; 2° Qu'aux religieux du prieuré est confiée la célébration des offices de la paroisse, lesquels doivent être réglés par le sacristain chargé de la discipline du chœur. Le magistrat ne jugea pas, pour le moment, à propos d'insister, et l'affaire en resta là jusqu'en 1676.

— 30 avril. Nouvelle tentative de la noblesse pour se faire exempter du logement militaire. Le magistrat résiste et présente requête au gouverneur, qui le renvoie à la chambre de justice qui remplace le Parlement, et qui, le 3 mai, rend un arrêt par lequel, dans toute la province, les nobles doivent, comme tous les autres habitants, supporter le logement des soldats, et contribuer à leur entretien et à leur subsistance.

— 2 septembre. Les soldats de la garnison se livrent à des violences contre plusieurs habitants accusés d'être *Armagnacs*. Le capitaine Pécauld se présente à eux et les fait rentrer dans le devoir.

1670, 10 octobre. Sur l'ordre du prince d'Arenberg, le magistrat désigne sept hommes qui doivent être employés aux travaux des fortifications de Gray; il leur est donné 30 sols à chacun pour frais de voyage.

— Décembre. Sont nommés les sieurs Pécauld, capitaine, et Bontemps, lieutenant de la compagnie des élus du ressort. Leur autorité s'étendant sur les mayeurs eux-mêmes, ceux d'Arbois et de Poligny représentent au gouverneur que les mayeurs étant capitaines des villes, dont les clés doivent être mises entre leurs mains, les attributions des officiers de la milice sont contraires à leurs droits et privilèges. Le gouverneur répond que son intention n'est nullement d'affaiblir l'autorité des mayeurs, et que la commission donnée aux commandants militaires ne concerne que les soldats.

1671, 3 janvier. Bruits de guerre. Le capitaine Pécauld reçoit l'ordre de conduire à Salins, le 10 du courant, sa compagnie armée et équipée. Les armes sont distribuées, et la solde assurée au moyen de 300 francs.

— 5 janvier. Revue des dixaines fixée au dimanche suivant; ordre à tout habitant, ayant moyen de le faire, de s'armer et munitionner de deux livres de plomb en balles, et de deux livres de poudre ; les autres recevront des piques ; seront les portes de la ville fermées à 7 heures du soir, et ouvertes à 6 heures du matin : visite sera faite des portes, murailles et fortifications, et pourvu aux réparations nécessaires.

— 6 janvier. Achat d'armes neuves, de poudre et de plomb, qui sont mis en réserve ; un armurier est chargé de mettre toutes les vieilles armes en état de service.

— 19 janvier. Départ du magistrat pour congratuler, à Salins, le prince d'Arenberg, et lui demander aide et secours en cas de guerre. Le prince leur promet de les seconder de tout son pouvoir.

— 25 février. Licenciement des élus du régiment d'Aval; ceux d'Arbois remplissent la ville de désordres nocturnes. Deux jeunes gens ayant été gravement blessés sur le cimetière, et laissés pour morts, le cimetière est de nouveau béni par l'officialité. Pour rétablir la tranquillité, il est interdit, à peine d'amende arbitraire et d'emprisonnement, à tout manant et habitant de tirer des coups d'armes à feu pendant la nuit, et aux gardes des portes de les ouvrir sans en avoir expressément reçu l'ordre.

— 20 mai. Depuis le 1er juin 1670, les bâtiments de l'hôpital avaient été convertis en caserne, et le collège transféré dans ceux des Ursules. Les craintes de guerre ayant cessé, des réparations sont ordonnées pour le rétablir dans son ancien local, et le sieur Morel, de St.-Claude, après examen constatant sa capacité, en est nommé principal. Il ne reçoit d'autre traitement que dix sols par mois, payés par chaque écolier.

— 23 juin. Don Hieronymo de Quignonez est nommé gouverneur de la province en remplacement du prince d'Arenberg. Le mayeur et le sieur Voiturier s'étant rendus à

Dole pour le congratuler, en reçoivent un bon accueil et l'assurance que S. M. veut maintenir la province dans tous ses droits et priviléges. Les États règleront ce qui concerne les intérêts des villes, le logement et la subsistance des troupes dans leur prochaine assemblée.

— 7 juillet. Orage affreux, le toit du clocher de Saint-Just est emporté, celui de l'Hermitage grandement endommagé, et le territoire ravagé par la grêle.

— 20 août. Sur l'avis donné par les dames Tiercelines, qu'elles attendent, en bref de Rome, le corps du glorieux martyr saint Claude (1), et quelques parties de celui de saint Marcellin, qui leur ont été accordés par le Saint-Père, il est résolu que tout travail manuel sera interrompu le jour où arriveront lesd. saintes reliques, et que, pour révérence d'icelles, sera convoqué le clergé pour se porter à leur rencontre.

— Nouveaux désordres : pour répression desquels est rendu l'édit suivant :

1°. A peine de dix livres d'amende, il est interdit de cy-après se trouver en rue dans la ville et faubourgs, passé le son de la cloche signifiant la retraite, sous quelque prétexte que ce soit, sans permission expresse du mayeur ou de l'un des eschevins.

2°. En cas de bruit ou querelle dans les rues, sera tenu chaque habitant ou manant de sortir en armes, afin de s'emparer des querelleurs et batteurs de pavé, faisant bruit ou désordre.

3°. Si lesd. tapageurs ou batteurs de pavé opposent résistance à ceux qui se seront mis en devoir de les arrêter, sera aussitost sonné le tocsin, afin que chacun puisse accourir, et que force reste à la loi.

Peu de jours après est publié un nouvel édit, par lequel il est défendu de sortir de nuit sans lumière, à peine de 50 livres d'amende et d'emprisonnement arbitraire.

(1) Martyrisé à Rome le 23 août 283, sous l'empire de Dioclétien. (V. Actes de D. Ruinart, tom. 1, pag. 378 et suiv.)

— 7 septembre. Sur l'avis donné par les députés de la ville aux États assemblés à Besançon, que par l'ordre du seigneur comte de Monterey, il est demandé à la province, en outre des 1,600 fr. par jour accordés précédemment, un emprunt de 30,000 écus, sous l'obligation des villes réunies, il est délibéré :

Que la ville d'Arbois ne consentira point à cet emprunt, et qu'elle préfère l'établissement d'un impôt dont elle paiera sa part, à condition que les corps ecclésiastiques, prieurés, chapitres et maisons religieuses seront imposés suivant leurs revenus, qui sont très-considérables, tandis que les séculiers sont accablés de charges et réduits à la misère. D'ailleurs, ajoute le conseil, les troupes pour l'entretien desquelles la somme est demandée, ne protégent-elles pas les ecclésiastiques aussi bien que les séculiers? En cas de guerre, qui en souffrirait le plus, des abbayes, chapitres et monastères, ou des habitants laïques qui n'ont presque plus rien à perdre? Si l'on accorde un don gratuit, ils ne peuvent se dispenser d'y contribuer; qu'ils fassent de même dans cette circonstance où les besoins sont d'autant plus pressants que le pays est menacé d'une guerre prochaine.

Ces remontrances ne furent pas inutiles, le clergé fut taxé, et le chapitre paya 18 fr. 7 gros dans la répartition faite des 30,000 écus.

— 12 décembre. Envoi fait par la ville au gouverneur, de six poinçons de vin blanc. Un septième est mis en bouteilles, qui seront offertes, en détail, aux personnes de distinction qui recevront, à leur passage, la visite du magistrat. Ce poinçon, du prix de 27 fr. six gros, remplit 36 bouteilles. C'est la première fois qu'il est parlé de vin en bouteilles.

1672, 20 mars. Revue des élus, dont l'armement, ordonné par le gouverneur, a coûté 350 fr. à la ville. Plusieurs d'entre eux s'étant enrôlés dans les régiments en garnison dans le pays, il est pourvu à leur remplacement.

Ordre leur est donné de se tenir prêts à entrer en campagne.

— 6 avril. Le magistrat se refuse à exécuter l'ordre du bailli d'Aval, d'envoyer un certain nombre d'hommes pour travailler aux fortifications de Salins, se fondant sur ce qu'Arbois et son ressort ne sont en rien contribuables de Salins.

— 25 avril. En l'absence des États, une commission permanente de 18 de leurs membres était chargée de les suppléer lorsque les éventualités le rendaient nécessaire. Sur l'ordre du comte de Monterey, gouverneur des Pays-Bas, auquel la Comté était soumise, don Quignonez requiert les dix-huit de continuer à S. M. le subside de 3,000 fr. par jour pour le payement des troupes, faute de quoi leur subsistance sera mise à la charge de la province. Les commissaires consultent les villes, et les prient d'envoyer à Besançon leurs députés, afin de conférer avec eux. Les sieurs de Glanne et Gillaboz partent aussitôt, avec instruction de ne consentir qu'à 2,000 fr. au lieu de trois, sous la réserve expresse qu'ils ne serviront qu'à la subsistance des troupes. Mais ce n'était pas le compte de l'hidalgo espagnol, il refuse d'ouvrir la conférence demandée, sous prétexte que les troupes lorraines se préparent à quitter la province. La conférence aura lieu plus tard à Salins, où il se transportera lui-même.

— 31 mai. Le 15 mai précédent, le gouverneur avait envoyé à Arbois cinq compagnies commandées par le comte de Grammont. Le magistrat mécontent dresse un mémoire qu'il communique aux villes de Poligny et de Salins. Le gouverneur, irrité, met aussitôt en subsistance, à Arbois, une nouvelle troupe de 55 cavaliers, auxquels la ville devra payer 23 francs 7 gros chaque jour. Cet acte étant contraire aux droits de la ville et aux ordonnances, le magistrat refuse formellement de les recevoir.

— 26 juin. Arrivée des reliques de saint Claude et de saint Marcellin, obtenues du S. P. par le sieur chanoine Louvet. A leur réception assistent tous les corps ecclésiastiques, le magistrat, les dixaines armées, et la population entière en habits de fête. Toutes les maisons des rues que doit parcourir le cortége sont pavoisées de fleurs et de feuillage, tout travail manuel a été interdit dans le territoire. Les reliques sont déposées dans la chapelle des Tiercelines.

A cette cérémonie se rattache un fait attesté par la tradition et par un tableau contemporain, représentant au premier plan l'image de saint Claude, dans laquelle on a cru trouver le portrait de Louis xiv dans sa jeunesse, et, sur le devant, deux soldats qui s'efforcent de débarrasser un troisième d'une planche collée à son derrière, et voici ce que l'on raconte à ce sujet. Au moment de l'entrée des restes sacrés, un soldat de la garnison traitant la cérémonie de momerie, ne voulut pas, lorsqu'ils passèrent devant lui, se lever du banc où il s'était assis. La procession finie, il voulut quitter sa place, mais, malgré tous ses efforts, il ne put se débarrasser de la planche qui lui avait servi de siége, elle s'était attachée à lui et le suivait partout, si bien que pour lui rendre la liberté de ses mouvements, on fut obligé de la scier des deux côtés. Là, s'arrête le récit de ce fait aussi plaisant qu'extraordinaire ; on ne dit pas si la partie de la planche qui touchait immédiatement le postérieur de notre homme y resta définitivement adhérente.

— 4 juillet. Deux compagnies de dragons remplacent les soldats du comte de Grammont. Ces logements qui accablent la ville depuis le commencement de l'année, malgré toutes les réclamations faites, décident le magistrat à refuser tout payement d'impôt non consenti par les députés des villes. Le gouverneur menace d'employer les voies de contrainte ; il lui est répondu que la ville ne se soumettra que lorsque, ainsi qu'il l'a promis, il aura assemblé à Salins les députés du bailliage d'Aval, à l'effet d'aviser aux moyens de faire subsister les troupes, et de régulariser la levée des impôts.

— 22 juillet. Protestation signée des mayeurs de toutes les villes du bailliage d'Aval, contre les prétentions du gouverneur, de lever les impôts sans le consentement des États, et contre celles de la noblesse et du clergé, d'être exempts d'en payer leur part. Il est déclaré que si ces impôts ne sont pas régulièrement votés et également répartis entre les trois ordres, il ne sera fait aucun payement.

— 12 août. Le gouverneur, effrayé, convoque les députés à Besançon. On propose à l'assemblée le surhaussement du prix du sel ; la majorité, dont Arbois fait partie, le refuse, et les députés de la ville reçoivent l'ordre de maintenir avec fermeté les libertés et franchises de la province, qui n'est imposable que par elle-même.

— 7 décembre. Supplique de la ville de Dole au roi, à l'effet d'obtenir le rétablissement du Parlement dissous en 1669. Le magistrat d'Arbois refuse de s'associer à cette demande.

1673, 29 janvier. Arrivée des PP. Capucins à Arbois, où une maison particulière est mise provisoirement à leur disposition. Une mission inaugure leur entrée.

— 8 février. Rapport fait au conseil par les députés de retour de l'assemblée tenue à Besançon. Il est résolu qu'on agira de concert avec les autres villes, et qu'on persistera dans les remontrances présentées.

— 16 février. Lettre du marquis de Listenois, où il expose les griefs de la province. D'après les propos tenus, dit-il, par le gouverneur, il est décidé qu'à l'avenir toutes charges et bénéfices seront refusés aux Francs-Comtois, et ne seront donnés qu'à des Espagnols ou à des Italiens ; que le Parlement restera supprimé ; que le clergé et la noblesse seront assujettis aux impôts, et qu'il sera intenté procès, par commissaires envoyés à cet effet, à tous ceux du pays constitués en autorité. Il invite les habitants d'Arbois à se joindre à lui pour obtenir le redressement de ces griefs.

Tout cela était vrai, mais le marquis, suspect d'attachement à la France, n'inspirait aucune confiance à ses compatriotes. Il ne lui est fait aucune réponse, et la nouvelle étant arrivée qu'il s'était mis en révolte ouverte à la tête de quelques centaines d'hommes levés dans ses terres, on craignit de sa part un coup de main sur la ville. Les portes en furent fermées et gardées par les dixaines ; il fut écrit au gouverneur que dans le cas d'une attaque, il suffisait des habitants pour la défendre ; que tous étaient dévoués à S. M., et obéiraient à tous les ordres qui leur seraient donnés pour son service. Le gouverneur les remercie de leur bonne volonté, et les assure qu'il compte sur leur courage et sur leur dévouement.

Cependant le marquis de Listenois s'était mis en mouvement ; le colonel Massiette, qui occupait Grozon, marche contre lui et le rencontre près de St.-Lauthein. Le combat s'engage, une cinquantaine de révoltés sont tués, 160 faits prisonniers, et le reste se disperse. Le marquis se retire en France, où il prend du service. Sa terre de Clervaux-les-Vaux-d'Ain est ravagée, et le bourg brûlé.

— 4 mars. Le colonel Massiette entre à Arbois avec ses prisonniers. Il est reçu affectueusement ainsi que sa troupe, et ses prisonniers, presque tous Bressans, sont généreusement traités.

— 7 mars. Bruits de guerre causés par de nombreux rassemblements de troupes françaises en Bourgogne. Les portes Oudin et de Courcelles sont fermées et les gardes doublées.

— 10 mars. Le régiment d'Aval se rassemble à Salins. Les élus d'Arbois s'y rendent bien armés et bien équipés. Ordre à tous les bourgeois de se munir d'armes, de poudre et de plomb, et au premier coup de cloche, de se réunir sur la grande place, avec armes, pour être prêts à exécuter ce que leur commandera le magistrat. Sous peine de 50 liv. d'amende, il est interdit à tous de s'absenter de la ville sans permission, ainsi que de prendre sauvegarde d'aucun prince étranger à l'Espagne.

— 11 mars. Réponse au magistrat de Salins :

Messieurs, nous avons receu vostre lettre du neuviesme de ce mois, et eu beaucoup de joie d'apprendre vos fortes résolutions de plustôt périr que de voir chez vous un ennemy vainqueur. Nous vous asseurons que tous nos habitants ont le mesme sentiment, et qu'ils verront couler avec plaisir jusqu'à la dernière goutte de leur sang, pourveu qu'il soit répandu pour le service de S. M. et pour le bien de la province. Desjà nous avons fait partir nos esleus de milice que vous treuverez gens de grand cœur. Nous avons aussy ordonné à nos maçons et charpentiers de se rendre incessamment chez vous pour vous ayder à réparer vos fortifications. Et comme plusieurs de nos jeunes hommes, et des plus braves, se sont donnés de bonne volonté aux *cantonniers* (1), pour preuve aussy de leur affection au service de S. M., il ne nous reste de monde que ce qui nous est nécessaire pour la deffense de nos murailles et de ce qui y est enclos. Soyez, s'il vous plaist, persuadés qu'en toutes occasions où il y aura de vos intérests, nous n'y oublierons rien, et que nous sommes affectueusement, messieurs, vos très-humbles et très-affectionnés serviteurs.

(1) Compagnies de partisans, au nombre de deux, commandées par les capitaines Lacuson et Pécauld.

Cette lettre écrite, sur l'avis que les troupes ennemies se grossissent vers les frontières, est formée une commission composée du mayeur, des sieurs Bontemps, Pécauld, Jarre, Jacquemet et Roy, laquelle est spécialement chargée de tout ce qui concerne la défense de la ville ; ordre est donné aux échevins des villages retrahants de venir à certains jours recevoir leurs instructions ; et le 16 mars, il est résolu de former opposition à l'injonction faite aux villages du ressort par le comte de Starenberg, de retirer à Salins, en cas de guerre, leurs personnes et biens, ce qui est contraire aux droits et priviléges de la ville.

— 30 avril. Don Francisco Gonzalès d'Alvelda (1), général de bataille dans les armées de S. M. C., est nommé gouverneur de Bourgogne. Ce gentilhomme dont, malgré son titre, les services n'avaient jamais offert rien de recommandable, ne parut occupé, pendant la courte durée de son gouvernement, que des moyens d'augmenter sa fortune. Aussi disait-on de lui que tout son talent se bornait à ramasser l'argent de la Comté pour aller bâtir des *châteaux en Espagne,* quoiqu'il se vantât, ainsi que presque tous ses compatriotes venus à sa suite, d'en posséder un grand nombre. A ce mécontentement des particuliers se joignait celui des villes, causé par le refus de ces gouverneurs étrangers de convoquer les États, et leur prétention de lever des impôts sans le consentement de leurs députés. Le mayeur et le sieur Voiturier, envoyés pour le congratuler, furent chargés de lui remontrer ce que, depuis cinq ans, la ville avait souffert au regard du logement et du payement des troupes. Alvelda répondit froidement qu'il aurait égard à ces remontrances. Le ton de cette réponse

(1) Et non *Alvéda*. Les archives de la ville renferment beaucoup de pièces revêtues de sa signature autographe : ALVELDA.

mécontenta les députés, qui s'empressèrent de signer, au nom de la ville, trois manifestes, où les villes réunies développaient les griefs de la province. Ces pièces, imprimées et répandues, ne favorisèrent pas médiocrement les desseins de Louis xiv.

— 28 juin. Arrivée en garnison du mestre de camp comte Fabio Visconti, avec plusieurs compagnies de son régiment. Il lui est assuré 100 francs par chaque mois.

— Juillet. Passages continuels de troupes. Vu l'embarras des logements, les officiers prétendent les désigner eux-mêmes. Le magistrat s'y oppose comme contraire au droit de la ville.

— 13 août. Sur les instances et remontrances des mayeur, eschevins et conseil de la ville d'Arbois, contenant que depuis longtemps ils ont désiré avoir un couvent de pères Capucins, spécialement pour quatre faubourgs fort peuplés, où il ne se trouve aucun prêtre ni église pour administrer de nuit les saints sacrements à ceux qui y demeurent, lorsque sont fermées les portes de la ville :

Veu le consentement de l'archevêque de Besançon et l'advis du Conseil d'État aux affaires du Pays-Bas et Bourgogne, S. M. a octroyé et permis, octroye et permet de pouvoir fonder ledit couvent en l'un des faubourgs de la ville d'Arbois, sur telle place capable et commode qui sera assignée par le magistrat. Fait à Madrid, sous le nom de la reine régente, le 13 aoust 1673. *Signé* Castel Rodrigo.

— Septembre. Nouvelle garnison, dont les officiers veulent commander dans la ville, en ouvrir et fermer les portes, et y mettre des gardes. Le mayeur résiste à ces exigences ; le 14 du mois, le gouverneur ordonne qu'une double clé soit faite pour chacune des portes, et remise au commandant militaire.

— 16 septembre. Sur plaintes que les soldats se répandent dans les vignes pour marauder, et y causent de grands dommages, défense leur est faite par le gouverneur d'y entrer avant les vendanges, sous peine de la corde.

— 25 septembre. Ordre aux élus de se rendre à Salins avec armes, munitions et équipement.

— 29 septembre. Seront murées les portes Oudin et de Courcelles, et sera montée la garde par quatre dixaines.

— 12 octobre. Départ de trois compagnies de la garnison, que suivra bientôt la quatrième, qui est la colonelle.

— 20 octobre. Déclaration de guerre de la France à l'Espagne. Le chapitre délibère qu'il sera fait dans son église des prières publiques pour la prospérité des armes de S. M. C.

— 22 octobre. Dans la crainte des courses des ennemis, sera fermée jour et nuit la porte Picardet, et sera celle de Faramand ouverte au jour levant, en présence de deux échevins ou notables, après patrouille faite au-dehors, et dont sera attendu le rapport.

— 6 novembre. Sera tenu le guet mis au clocher de faire, pendant tout le temps où seront fermées les portes, le tour des margelles, en sonnant une clochette; s'il entend des coups d'armes à feu, il sonnera trois coups, et indiquera à haute voix où l'on aura tiré; s'il aperçoit des cavaliers dans la campagne, il sonnera autant de coups qu'il aura vu de chevaux, et trois ou quatre seulement si ce sont des hommes de pied, et avertira à haute voix de l'endroit où seront lesd. troupes. Défense de tirer de nuit aucun coup d'arme à feu, sans nécessité, à peine de dix liv. d'amende. Se tiendront prêts les habitants des faubourgs à transporter dans la ville leurs meubles et provisions, et à venir s'y renfermer eux-mêmes. Se tiendront, de jour et de nuit, quatre dixaines sous les armes ; seront les bourgeois et habitants armés en tout temps, et sera faite par le mayeur revue des armes et munitions.

— 24 novembre. Sur l'avis que sont faites par les ennemis courses de toutes parts, seront commandées 6 dixaines de jour et de nuit, deux desquelles sur la grande place fourniront patrouilles et rondes, les autres aux portes.

— 27 novembre. Sera faite visite des portes, murs, tours et autres fortifications, afin de pourvoir en bref à toute réparation jugée nécessaire. Seront, le jour de la foire prochaine, commandés 200 hommes, dont se tiendra moitié sur la grande place, et seront placés 50 à chacune des portes Faramand et Picardet. Sera ordonné à tous ceux des faubourgs de retirer leurs meubles en l'enclos de la ville, à peine de 50 liv. d'amende contre chaque contrevenant, et interdit à tous, en général et en particulier, de quitter la ville, sous quelque prétexte que ce soit, à peine de mille livres d'amende.

— 4 décembre. Le gouverneur Alvelda arrive et descend au prieuré. Six pièces de vin blanc lui sont offertes.

— 28 décembre. Levée et envoi à Salins, par ordre du gouverneur, de quatorze nouveaux élus, armés, équipés et soldés par la ville.

— 29 décembre. Sur les faux avis du siége mis devant Lons-le-Saunier, ordre à tous ceux des faubourgs de retirer immédiatement dans la ville leurs personnes, provisions, meubles, échelles, fourrages, sarments de vigne, à peine arbitraire et d'être laissés au pillage ; le 31 au plus tard, ne leur sera plus permise l'entrée de la ville. Sera fait sans délai l'inventaire des sanctuaires, reliques et titres de la ville, pour être envoyés au château Saint-Agne.

1674, 3 janvier. Sont invités les sieurs ecclésiastiques à monter la garde.

— 12 janvier. Sera élevée une barrière en avant de la porte Picardet, et mis des ouvriers pour réparer les endroits les plus faibles des murailles, et abattre tous les arbres nuisibles à la défense.

— 22 janvier. Le gouverneur ayant ordonné d'allumer, en cas d'invasion de l'ennemi, des feux sur tous les lieux éminents, est chargé de ce soin le frère Hilarion Lespaly, et lui sont donnés des hommes de corvée pour couper le bois et le transporter aux lieux où ledit frère trouvera convenir; et en est donné avis aux villages du ressort, pour qu'ils fassent de même. Ne sera jusqu'à nouvel ordre, vu l'instante saison de travailler aux vignes, commandé que deux dixaines de garde pendant le jour, et cinq pendant la nuit. Seront contraints, par toute voies de rigueur et justice, les habitants de Valempoulières et la Châtelaine, à fournir les guets et gardes qu'ils doivent comme étant retrahants.

— 25 janvier. Avis que l'ennemi ouvre, de Louhans à Nilly, près de Courlaoux, un chemin large de 20 pieds, et que les pionniers chargés de ce travail sont soutenus et protégés par 200 cavaliers.

— 26 janvier. Départ pour St.-Agne des titres, reliques et sanctuaires, sous la conduite du syndic et d'une dixaine. Le chapitre y joint les reliques et papiers de son église, qu'il fait accompagner par son séchal, le chanoine Mathon, lequel est chargé de présenter au gouverneur du château, le sieur Balland, 6 pains de sucre, de 2 liv. pesant chacun.

12 février. Dix mille Français, sous les ordres du duc de Navailles, ayant parmi ses lieutenants le marquis de Listenois, entrent en Franche-Comté. La ville de Gray capitule le 28 du même mois.

— 1ᵉʳ mars. Lettre au magistrat d'Arbois :

Messieurs les vicomte-mayeur, eschevins et conseil, j'ay receu avec toute la joie et l'estime dont je suis capable les marques que vous continués à me donner de vostre zèle et attachement particulier au royal service par l'offre que vous me faites de 50 hommes, et de leur fournir l'entretien pour dix jours. J'accepte ledit offre, et vous prie d'envoyer icy incessamment lesd. 50 hommes, le mieux armés et munitionnés qu'il se pourra ; ils pourront gister, dans leur route, sur les communautés où la nécessité le demandera. Je ne manqueray pas de reservir S. M. de ce tesmoignage de fidélité, pour qu'aux occasions de l'advantage et du bien du général et du particulier de vostre ville, l'un et l'autre en reçoivent les récompenses que vous en devez attendre. Je suis, messieurs, vostre affectionné serviteur,

ALVELDA.

— 5 mars. Dans la prévision que les forces ennemies allaient être dirigées sur Salins, le gouverneur renforce la garnison de cette ville, consistant en deux régiments de troupes réglées, et en plusieurs compagnies d'élus, avec de l'artillerie. Il y envoie le colonel Chappuis avec une compagnie franche de 70 hommes, 50 volontaires d'Arbois, et quatre compagnies de cantonniers, tirées de la Franche-Montagne, et conduite, selon l'ancien usage, par quatre curés. Les compagnies franches de Lacuson et Pécauld prennent position à Vaudrey, où elles seront à portée de Salins et de Dole.

— 10 mars. Lons-le-Saunier, attaqué par un corps venu de la Bresse, ouvre ses portes. Le lendemain, 11 mars, le duc de Navailles s'empare de Vesoul.

— 13 mars. Le mayeur de Poligny donne avis que les Français se grossissent à Lons-le-Saunier, dans l'intention de marcher sur Salins dès qu'ils seront assez nombreux pour tenter cette entreprise, et que tous les villages s'empressent de demander des sauvegardes.

— 14 mars. Arrêté du gouverneur Alvelda :

Considérant que le service de S. M. et la seureté de la ville d'Arbois requièrent qu'il soit envoyé une personne de zèle et d'expérience pour y commander et la deffendre contre les desseins des ennemis, Nous avons fait choix à cet effet du sieur Philippe de Merceret, seigneur de Méronna, lieutenant-colonel du régiment de milice du bailliage d'Aval. Ordonnons aux mayeur, eschevins, conseil et bourgeois d'icelle, de le recognoistre pour leur commandant, et luy obéir en tout ce qu'il leur ordonnera pour le mesme service et conservation de lad. ville, lui donnant à ce sujet tout pouvoir pertinent.

Fait à Besançon, etc.

— 19 mars. Le conseil s'étant plaint que les pouvoirs conférés au sieur de Méronna portaient une grave atteinte à l'autorité du mayeur, don Francisco d'Alvelda prend un nouvel arrêté par lequel il déclare que le sieur de Méronna, nommé gouverneur d'Arbois, commandera seulement à la soldatesque lorsqu'il y en aura, laissant au mayeur le commandement des bourgeois ; que dans le cas où aucuns gens de guerre ne seraient dans la ville, le commandement doit néanmoins rester audit sieur de Méronna, mais à la participation du mayeur, avec lequel les choses seront faites de concert, le tout sans pouvoir être tiré à conséquence, ni préjudicier aux droits et priviléges des suppliants.

— 23 mars, vendredi-saint. Le mestre de camp, vicomte d'Aspremont, dont la prise de plusieurs places en Guyenne et en Flandre avait rendu le nom célèbre, se présente devant Poligny, qu'il somme d'ouvrir ses portes. La ville capitule, et le vainqueur y entre à huit heures du soir.

— 24 mars, samedi. Après avoir établi à Poligny une garnison peu nombreuse, le commandant français en sort à onze heures du matin, et marche sur Arbois. Arrivé près de la ville, il envoie un trompette pour la sommer de se rendre. Un vigneron, occupé à dépaver la rue près de la porte de Faramand, transporté de fureur à sa vue, et oubliant ou ignorant le caractère sacré d'un parlementaire, se précipite sur lui et le tue d'un coup de pioche. La population tout entière, sans distinction d'âge ni de sexe, court aux armes. Les femmes montent la garde, dépavent les rues, et en portent les matériaux dans les maisons pour en écraser l'ennemi s'il pénètre dans la ville.

Ne recevant aucune réponse, le commandant d'Aspremont se dispose à l'attaque ; mais partout ses colonnes éprouvent une énergique résistance. Les tours, les remparts sont couverts de combattants, c'est un échange continuel de coups de fusils ; on ne dit pas si la ville possédait de l'artillerie. Le clergé lui-même n'est pas moins animé que le reste des habitants ; l'église de St.-Just est transformée en arsenal, son clocher en forteresse ; aussi, quand deux ans après on voulut y faire des réparations, on y découvrit des fusils, de la poudre et des balles cachés dans l'épaisseur des murs. Environ 130 ans plus tard, lorsque le chœur de l'église fut mis dans l'état où on le voit aujourd'hui, d'anciennes armes espagnoles furent trouvées derrière les stalles.

Un fait, dont la tradition nous a transmis le récit, fera mieux connaître que toutes les paroles, quels étaient à cette époque et l'esprit national, et l'acharnement des combattants et leur attachement au gouvernement espagnol. Parmi les prêtres qui se distinguèrent dans ces jours de crise, et qui déposaient les insignes du sacerdoce pour courir aux armes, était un aumônier des religieuses carmélites, nommé Baudrand. Il entre dans l'église venant des remparts : « Sœurs ! sœurs ! s'écrie-t-il tout essoufflé. — Que désirez-

» vous, messire? — Donnez-moi vos plus beaux ornements,
» je veux dire une messe d'actions de grâces, je viens de
» tuer deux ennemis françois. »

Mais celui de tous qui se signala le plus fut le frère Hilarion. C'était un homme de haute taille, fortement constitué, et qui, malgré ses goûts fort peu ascétiques, était l'oracle des femmes qui le consultaient dans leurs maladies et dans celles de leurs enfants. Il avait des recettes pour tous les maux, et, soit hasard, soit confiance, il les guérissait assez souvent. Connaissant les vertus des plantes, il les recueillait dans les forêts, les distribuait gratuitement à tous ceux qui les lui demandaient, et ne vivait que d'aumônes, de chasse et de pêche. Son arme favorite était une carabine de longue portée, et dont il se servait habilement. Le siége commence; le gros des troupes ennemies occupait le canton de Champ-Berthod. Dans les broussailles et halliers qui couvraient alors le penchant de l'hermitage, Hilarion s'était ménagé des réduits où l'on ne pouvait l'apercevoir. De là, il se met à tirer sur les Français. et il en avait atteint plusieurs, lorsqu'il est découvert et poursuivi. La connaissance des lieux favorise sa fuite; il gagne la ville par des chemins détournés, monte au clocher, et bravant les canons dirigés contre lui, recommence son feu. Ses regards se tournent du côté de l'hermitage, il le voit plein de soldats. Le commandant français s'y était établi, et occupait sa propre cellule. Il était midi, et cet officier était à table. La fidèle carabine est aussitôt fortement chargée, le coup part, et la balle, après avoir frappé un des montants de la fenêtre, va rebondir sur la table, que M. d'Aspremont quitte aussitôt, ne jugeant pas à propos d'habiter plus longtemps un endroit aussi périlleux. Alors il envoie un nouveau parlementaire ; Hilarion le voit descendre, le suit des yeux dans sa marche, et quand il le voit près d'entrer dans le faubourg : « Allons, chère amie, dit-il à sa carabine, ne laisse pas entrer ici cet ennemi, » et la balle va frapper à la tête le malheureux parlementaire et l'étend raide mort. Comme on représentait au frère qu'en agissant ainsi il violait les lois de la guerre : « Quand les Armagnacs, répondait-il, sont entrés dans la province, ont-ils respecté sa liberté et ses droits ! » Ainsi raisonnait le frère et tout le peuple avec lui.

— 27 mars. Le siége durait depuis trois jours, et rien n'en faisait prévoir l'issue, lorsque, pour en finir, de nouvelles troupes, 300 cavaliers, 500 fantassins et des artilleurs, arrivent. De nouvelles batteries sont dressées, formées de canons portant 12 livres de balles. Aussi peu ébranlé par ces redoutables machines que par les menaces des assiégeants, le peuple réparait les brèches aussitôt qu'elles étaient faites. Alors l'ennemi eut recours à la mine, et attaqua un retour de muraille qui lui parut être faible; mais le mineur en fut chassé, et plusieurs des soldats qui le soutenaient brûlés avec le bois de leur galerie.

Cependant les attaques multipliées des Français et l'énergique résistance qui leur était opposée avaient épuisé les munitions de guerre des assiégés. Le plomb manqua, et il ne leur resta que peu de poudre. Pour suppléer au plomb, on fondit les ustensiles domestiques, on brisa les fenêtres, et l'on enleva la couverture d'une tour faite de ce métal. Mais ces ressources ne pouvaient être que momentanées, ce qui décida le commandant de Méronna à écrire à Salins, dont il était originaire, un billet conçu en ces termes : « Les habitants se battent très-bien, mais ils manquent de munitions; ils sont décidés à se faire tuer plutôt que de se rendre; les laisserez-vous périr sans secours et sans vengeance? »

A la réception de ce billet, 200 jeunes Salinois demandent à marcher, 50 sont choisis, un pareil nombre de soldats de la garnison se joint à eux, et le lendemain, 28 mars, ils se mettent en marche; les 150 autres bourgeois qui s'étaient offerts se sont réunis à eux, et tous, malgré l'ennemi, parviennent à s'introduire dans la ville, où ils sont reçus avec enthousiasme.

A peine arrivés, ils courent au prieuré, en enfoncent les portes, s'y établissent, et répondent aux remontrances qui leur sont faites, qu'ils exécutent ce qui leur a été ordonné. Les caves sont enfoncées, les greniers ouverts, et le blé et le vin qu'ils contenaient distribués à la population et aux combattants. Le prieur, tremblant, s'était réfugié dans un souterrain connu de lui seul, et qui avait une issue sur la campagne. Il s'évade par là, et, plus mort que vif, arrive au camp ennemi. Découverte aussitôt après son départ, cette issue est remplie de décombres et rendue impraticable.

— 30 mars. La position critique d'Arbois était connue à Besançon. Le 29, le prince de Vaudemont accouru au secours de la province, convient avec le gouverneur Alvelda de tenter tous les moyens de délivrer des bourgeois si fidèles et si généreux. La noblesse est rassemblée, part de Besançon sous les ordres du prince, rallie 200 chevaux dans sa marche, et arrive à Salins à cinq heures du soir.

— 31 mars. Dès l'aube du jour, une volée de canon, tirée de St.-André pour prévenir les Arboisiens, annonce le départ de cette troupe, renforcée d'un grand nombre de bourgeois et d'une partie de la garnison. Informés de son approche, les assiégeants ne jugent pas à propos de l'attendre et se retirent à Poligny. Quelques hommes envoyés à leur poursuite ramènent un petit nombre de prisonniers et de blessés.

On peut juger avec quelle joie furent accueillis le prince et ses troupes. Après avoir visité les fortifications et adressé au magistrat et au commandant les compliments les plus flatteurs, M. de Vaudemont témoigna le désir de voir de près ces intrépides bourgeois, « et comme tous les habitants, hommes et femmes, se sont monstrés braves soldats, tous assisteront à la monstre qui se fera dans une heure. »

Les dixaines se rassemblent aussitôt. Les chefs, ou dixainiers, étaient distingués par le sarreau vert; les soldats portaient le sarreau blanc, espèce d'habit à longues basques et à larges poches. Des culottes et des guêtres blanches descendant sur de gros souliers ferrés, une veste, dont les poches pendantes sur les cuisses, servaient de giberne, la chemise débraillée, le cou nu, une ceinture rouge autour des reins, et un chapeau triangulaire sur la tête, tel était le costume national du temps. A leur suite paraissaient les femmes et les filles, toutes en rang, armées de piques, et, dit le témoin oculaire qui nous a transmis ces détails, « sans perdre pourtant la modestie et la bienséance qui doivent leur être naturelles. »

Le prince parcourut tous les rangs et les combla d'éloges, « puis la jeunesse fut régalée d'une somme considérable, pour être employée en réjouissance ; elle l'accepta avec le respect dû à un si grand prince, mais le supplia de permettre qu'elle fût consacrée au rétablissement des brèches faites aux murailles par le canon des ennemis. »

Le 1er avril, le prince de Vaudemont, rentré à Salins la veille au soir, était de retour à Besançon.

La belle conduite des habitants d'Arbois leur fit le plus grand honneur dans la province, et leur mérita de nombreuses lettres de félicitations écrites par le gouverneur, l'archevêque, la chambre de justice, les magistrats et commandants des villes et forteresses. Le capitaine général des Pays-Bas, comte de Monterey, adressa au magistrat une lettre datée de Bruxelles, le 21 avril, par laquelle il leur promit de rendre compte à S. M. de leur grand zèle pour son service, afin qu'elle leur en sût le bon gré que méritaient leur fidélité et valeur exemplaires. A cette occasion fut composée l'inscription numérale suivante :

ArbosIanI DIe nonagesIMo GaLLos eXpVLerVnt.
CLaVDIo martyrI Vrbs ArbosIana VoVit.

Le 90e jour de l'année 1674, les Arboisiens ont chassé les Français. La ville a voué ce monument au martyr saint Claude.

— 15 avril. Le siége d'Arbois levé, M. d'Aspremont, retiré à Poligny, y avait établi ses magasins. Le prince de Vaudemont résolut de l'en chasser. Le 15 avril, il arrive à Arbois avec des troupes réglées et quelques compagnies bourgeoises de Salins, auxquelles se joignent les dixaines d'Arbois. Deux assauts vigoureux sont livrés à Poligny; mais ils furent repoussés, soit, comme l'assure l'historien de cette ville, Chevalier, parce que les échelles se trouvèrent trop courtes, soit, comme le prétendirent les assaillants, parce que les habitants de Poligny joints aux Français, combattirent leurs compatriotes, dont 20 furent tués et 40 blessés.

Cependant comme il s'en était peu fallu que la tentative ne réussît, les Français, dans la crainte d'une nouvelle, évacuèrent la ville, laissant leurs magasins sous la garde des habitants. Instruits de cette retraite, les Arboisiens accourent pour s'emparer de ces magasins, mais les habitants de Poligny les repoussent les armes à la main ; on prétend même qu'ils leur tendirent un guet-apens où plusieurs de ceux-ci perdirent la vie. De là s'est élevée entre les deux villes une antipathie que le temps a apaisée sans l'éteindre.

Cette conduite coupable des habitants de Poligny avait évidemment pour cause la crainte du retour de l'ennemi, qui sans doute aurait fait payer cher à leur ville, à moitié détruite par un récent incendie, la perte des magasins ; en effet, l'absence des Français ne fut que momentanée. Louis XIV en personne était venu prendre le commandement de son armée ; Besançon lui ouvrit ses portes le 15 mai, et Dole le 6 juin. La soumission de ces deux villes, les plus importantes de la province, permit aux forces françaises de se porter tout entières sur Salins et sur Arbois.

Quoique elles eussent peu d'espoir de pouvoir résister à un tel orage, les deux villes n'en continuèrent pas moins leurs préparatifs de défense. Le 27 avril, le commandant Méronna fait expédier un huissier, accompagné de six soldats, pour contraindre les habitants des Planches, de la Châtelaine et de Valempoulières, à amener dans le magasin des foins pour lesquels ils ont été requis pour l'intérêt du roi, et le 3 mai, vingt vignerons d'Arbois sont appelés à Salins avec leurs outils, pour y travailler sans relâche aux fortifications. Il leur est alloué 9 gros par jour, payables chaque soir.

— 7 juin. La réduction d'Arbois avait été commise au duc de la Feuillade. Ce général, persuadé que dans l'état des choses, une simple sommation suffirait, ne parut devant la ville qu'avec une partie de ses troupes. Son parlementaire lui ayant rapporté un refus énergique, il ordonna à tout son corps d'armée et à son artillerie de presser leur marche. Le 9 au matin, toutes ces troupes étaient arrivées, et occupèrent cette partie des hauteurs et de la plaine limitées par la Chenaillotte, le canton d'Arce, Villette et Changin. Les batteries furent établies à Champ-Berthod.

Les succès obtenus au mois de mars avaient tellement exalté la confiance des assiégés, que ce formidable appareil n'ébranla point leur résolution. Un seul d'entre eux pressentit, ce qui n'était pas difficile, l'inévitable issue du siége, et voulut dissuader ses concitoyens d'une défense inutile; c'était un gentilhomme nommé Laurenceot. Sorti de la ville, il venait d'y rentrer, et avait vu les préparatifs de l'ennemi. A l'instant toute la fureur populaire se déchaine contre lui, il est accablé d'injures, traité de lâche, de traître, de *couillon*, expression locale qui réunit en les aggravant ces qualifications outrageantes, et enfin déchiré et mis en pièces. Sa mort même ne satisfit point le ressentiment dont il avait péri victime, sa famille en devint l'objet, et l'épithète qui lui avait été appliquée le fut aussi à ses descendants, tant il est vrai que la colère d'un grand nombre d'hommes étouffe en eux jusqu'au sentiment de la justice.

Le malheureux Laurenceot n'avait pas tort, et quelques heures après sa mort, le conseil qu'il avait donné devint une nécessité. Dans la nuit suivante, du 9 au 10 juin, six pièces de 24, venues de Dole, ouvrent sur la ville un feu terrible et continu; à l'écroulement des remparts et des maisons se joint l'incendie, qui menace de réduire en cendres la ville entière. La garnison en avait été retirée, et toute sortie était impossible. Le 10 au matin, le magistrat, convaincu qu'il n'y a de salut à espérer que d'une prompte soumission, demande à capituler. Ses députés sont conduits au camp de Vaudrey, et obtiennent sans difficulté, du duc de la Feuillade, la capitulation suivante :

Art. 1. Que la religion catholique, apostolique et romaine y règnera comme du passé, sans y admettre la liberté de conscience. *Accordé.*

Art. 2. Que la vie des hommes et l'honneur des femmes et filles seront garantis, tant dans la ville que dans les faubourgs. *Accordé.*

Art. 3. Que les biens de tous les habitants et manants, de quelques qualités et conditions qu'ils soient, laïcs ou séculiers, religieux ou religieuses, leur seront conservés, et qu'ils en jouiront comme du passé, en quel pays que lesdits biens soient situés, ainsi que ceux des ecclésiastiques. *Accordé.*

Art. 4. Qu'ils jouiront de leurs priviléges, ensuite des patentes qu'ils ont reçues de leurs souverains, ainsi que de ceux dont ils sont en possession. *Accordé.*

Art. 5. Que les portes, ponts levis et murailles de lad. ville seront et resteront en leur ancien estat, et que tous les bourgeois de ladite ville et faubourgs, de quelque qualité et condition qu'ils soient, ne pourront estre désarmés. *Les armes seront déposées à l'hôtel-de-ville et gardées tant qu'il plaira au roy. Le surplus accordé, autant que le service du roy le requiert.*

Art. 6. Que les héritages du district de la ville ne seront en aucune façon endommagés par les troupes de S. M. *Le moins qu'il se pourra.*

Art. 7. Que l'on ne pourra exiger des habitants et manants de la ville aucune contribution de guerre pour le siége mis devant lad. ville, par les troupes de S. M., ni mesme pour les cloches et autres métaux se rencontrant en lad. ville et faubourgs, dépendants du public et des particuliers. *Accordé, pour ce qui regarde les troupes que M. d'Aspremont a menées cet hyver, mais non pour les cloches présentement et à l'avenir.*

Art. 8. Qu'ils pourront, sans aucun danger, retirer en leur ville leurs biens, titres, sanctuaires, ornements d'église, qui ont esté transportés ailleurs, et en quelle part qu'ils puissent être. *Accordé.*

Art. 9. Que la justice sera observée comme du passé, par les mesmes supposts et ès mesmes lieux de leur jurisdiction. *Accordé, pour le corps de la ville seulement.*

Art. 10. Que le magistrat et conseil de la ville jouiront de leurs revenus, tant ordinaires qu'extraordinaires, comme du passé, et qu'il n'y aura aucun gouverneur ni garnison. *Accordé pour la jouissance des revenus, le reste, selon que le requerra le service du roy.*

Art. 11. Que si S. M. est forcée d'y envoyer quelques troupes, elles y seront soldoyées aux frais du roy, eu esgard à la pauvreté et au peu d'étendue d'icelle ville. *Accordé pour le payement des troupes, hormis le logement et l'ustensile.*

Art. 12. Qu'aucun habitant et manant ne sera fait prisonnier de guerre. *Accordé.*

Art. 13. Qu'on n'obligera aucun manant ni habitant d'aller travailler ni servir dans aucun siége de la province, ni ailleurs. *Accordé, hors le paysan.*

Art. 14. Que s'il y a quelques articles de capitulations déjà faites par les autres villes de la province qui ne soient pas compris dans la présente, ils vaudront de mesme que s'ils y estoient spécifiés, pourvu qu'ils soient à l'advantage de la ville, et non contraires aux présentes. *Accordé, quant aux droits dont ils ont joui jusqu'à présent.*

Art. 15. Que les articles cy-dessus auront leur effet au regard du ressort de lad. ville, en ce qui peut la concerner. *Accordé.*

Fait au camp de Vaudrey, le 10 juin 1674.

Signé Le duc DE LA FEUILLADE.

— 12 juin. Députation du chapitre à S. M., alors à la Loye, pour lui représenter les intérêts dudit chapitre, et le 20 juin suivant, au duc de Duras, pour le prier d'avoir soin des titres, papiers et sanctuaires, lesquels sont au château Saint-Agne.

— 22 juin. Capitulation de la ville de Salins, qui complète la conquête.

— 17 juillet. Délibération (secrète) du conseil, par laquelle il est promis au prieur que la ville l'indemnisera des pertes éprouvées par lui au mois de mars.

— 18 août. Encombrement de troupes, dont une partie est logée chez les ecclésiastiques, et les commandants au prieuré. Sur la plainte portée par le prieur au duc de Duras, défense est faite par celui-ci de comprendre aucun ecclésiastique dans le logement des gens de guerre.

— 26 août. Ordre du duc de Duras, gouverneur de la province, au mayeur, de se faire incessamment remettre toutes les armes à feu, à l'exception des pistolets, dont l'usage est permis à ceux allant en campagne, pour leur sûreté et sans en abuser, et de lui en envoyer l'état au vrai dans huit jours au plus tard.

— 24 septembre. Sur l'avis que le prieur se propose d'aller visiter le gouverneur et l'intendant, et de se rendre à Paris, le conseil le prie de remonstrer la grande pauvreté où se trouve la ville, à raison du siége, de la dévastation du territoire par le campement des troupes, d'où est advenue la perte des récoltes, ainsi que les logements continuels de soldats depuis la capitulation. Le 1er octobre, le prieur répond qu'à sa sollicitation la quote-part de la ville, dans le répartement de l'impôt de 3,000 fr. par jour levé sur la province, est fixée par jour à quatre fr. et demi.

4 octobre. Ordonnance du roi, prescrivant la démolition de toutes les places et lieux fortifiés de la province, à l'exception de Besançon, de Salins, du château de Joux, etc. Il est décidé que les défenses avancées des portes Oudin et de Courcelles, et les deux tours joignant lesdites portes, seront rasées.

— 7 octobre. Extrême irritation du peuple contre les soldats français de la garnison, et ceux qu'il regarde comme leurs partisans. Personne ne veut leur parler, toutes les portes leur sont fermées ; les aubergistes abattent leurs enseignes pour n'être point obligés de les recevoir, mais un édit leur ordonne de les rétablir, sous peine de 50 liv. d'amende. Le lendemain, 8 octobre, un nouvel édit sur le désarmement est envoyé par le duc de Duras.

— 22 octobre. Des corvées sont commandées pour la démolition des fortifications de la ville ; refus général d'obéir. Le grand prévost, arrivé avec quelques cavaliers de maréchaussée, se sentant trop faible pour faire exécuter l'ordre, obtient l'envoi du régiment de Bouillon, qui campe près de la porte Oudin. Les hommes de corvée, appelés de nouveau, se soumettent.

— 5 novembre. Système d'attaque, suivant l'usage espagnol, organisé contre les Français ; tout soldat isolé, rencontré dans quelque endroit écarté, disparaît sans qu'on puisse savoir ce qu'il est devenu. Un nouvel édit du duc de Duras interdit, sous peine de mort, la possession de toute arme quelconque, offensive ou défensive. Une visite sévère est faite à cet effet dans toutes les maisons par les procureurs syndic et fiscal, auxquels il est enjoint de démontrer aux habitants la nécessité d'obéir au nouveau gouvernement, et d'éviter par leur soumission les malheurs dont la ville et eux-mêmes pourraient devenir victimes.

— 12 novembre. Emeute dans la nuit du 11 au 12. Une troupe de jeunes gens se répand dans les rues en proférant mille imprécations contre le roi de France, le prieur, la noblesse et tout ce qui est réputé Armagnac ou partisan des Français. Au défaut des magistrats, qui n'osent se montrer, quelques prêtres familiers s'efforcent de calmer l'émeute et parviennent à la dissiper. Le matin, le conseil s'assemble ; il décide que recherche sera faite des auteurs du désordre, et que *lesdits fripons et débauchés seront mis ès prisons de la ville.* Afin de prévenir le tocsin, le battant de la grosse cloche, pesant 168 liv., est enlevé sous prétexte de raccommodage.

— 16 novembre. Arrivée du grand prévost avec une compagnie de maréchaussée. Il enjoint au magistrat de remettre en ses mains les individus rebelles à l'autorité du roi ; il lui est répondu que toutes les recherches faites pour connaître et saisir les auteurs du désordre ont été inutiles. Le prévost menace de faire venir 200 cavaliers, qui seront mis à discrétion chez les habitants, jusqu'à ce que les coupables lui soient livrés.

Heureusement pour les Arboisiens, cette menace ne fut point mise à exécution, grâces à l'abbé de Chamilly, auquel pourtant on ne savait aucun gré de son intervention plusieurs fois répétée en faveur des habitants. Comme sa vie était continuellement en danger, à cause de la haine aveugle et implacable qui le poursuivait, il se retira à Besançon.

— 28 novemb. Aux grands applaudissements du peuple, le frère Hilarion se met à déclamer publiquement contre le roi de France, le gouverneur, l'intendant et les Armagnacs. Le magistrat ordonne qu'il sera juridiquement procédé contre lui, et demande à l'intendant des instructions à ce sujet. Le 3 décembre, il lui est répondu qu'il faut s'en tenir là, et avertir le frère de ne pas recommencer.

— 28 décembre. Ordre aux familiers de St.-Just de célébrer des prières publiques pour le roi de France. Ils s'y résignent, mais ils contenteront, disent-ils, les Armagnacs à leur manière. Le jour de la cérémonie arrivé, l'église se remplit, et, le corps du magistrat présent, les chantres, d'une voix retentissante, entonnent le psaume CVIII, dont plusieurs versets, dans leur pensée, s'appliquaient à Louis XIV :

Verset 5. *Constitue, Domine, super eum peccatorem, et diabolus stet à dextris ejus.* V. 6. *Cum judicabitur, exeat condemnatus, et oratio ejus fiat in peccatum.* V. 7. *Fiant dies ejus pauci, et episcopatum ejus accipiat alter.* V. 8. *Fiant filii ejus orphani, et uxor ejus vidua.* V. 9. *Nutantes transferantur filii ejus, et ejiciantur de habitationibus suis.*

En entendant ce psaume, presque tout entier rempli de malédictions semblables, on peut se figurer quel fut l'embarras des magistrats, dont heureusement aucun n'était Français. Sévir contre les prêtres, tous enfants de la ville et appartenant à des familles plus ou moins influentes et considérées, eût été un remède pire que le mal. Il ne fut donné aucune suite à cette affaire, qui se trouva ainsi assoupie.

Cette haine contre les Français, si vive à l'époque de la conquête, ne s'affaiblit que par degrés, et jusques vers la fin du xviii° siècle, on vit des vieillards regretter la domination espagnole. On en cite un, entre autres, mort peu d'années avant 1800, à l'âge de 90 ans, qui ne tarissait pas sur ce sujet : « Alors, disait-il, il n'y avait point de commerce, mais des mulets arrivaient souvent d'Espagne, chargés d'or et d'argent ; les pauvres étaient soulagés, on ne payait point d'impôts, et on était libre. Je mourrai Espagnol. » A ses derniers moments, son confesseur l'exhortait à pardonner aux Français pour aller au ciel. « Au ciel ! dit le vieillard, y a-t-il des Français ? — Mais sans doute. — Hé bien, j'aime mieux aller en enfer avec des Espagnols. » Afin de n'avoir rien de commun dans sa sépulture avec ces conquérants détestés, il exigea que son corps fût inhumé la face contre terre.

Il faut l'avouer, la population, dans son ardente hostilité, n'avait pas tous les torts. Une domination nouvelle froisse toujours bien des intérêts, et les conquérants ne s'inquiétaient guères de la pacification des esprits. Les officiers français se conduisaient comme en pays conquis; les soldats commettaient impunément des vols et des violences, et les populations, livrées sans défense aux mauvais traitements, confondaient dans leur ressentiment les Français, le clergé et la noblesse, qui, selon elles, avaient trahi le pays.

1675, 26 janvier. L'émeute de novembre, la cérémonie du 28 décembre, mais bien plus encore les meurtres fréquents des soldats isolés, avaient irrité les agents du nouveau gouvernement. On apprend que douze compagnies du régiment de Lyonnais vont être envoyées, et seront entretenues par la ville. Sur les instances du conseil, elles sont réduites à six, qui arrivent le 1er février. Leur commandant, nommé Duperrel, homme intraitable et dur, déclare en arrivant que ses soldats ne seront logés que dans la ville, qu'il lui sera immédiatement payé 450 livres pour les ustensiles, une pistole par jour pour sa solde personnelle, deux sols par chaque soldat présent, et 400 places, dites mortes, taxées chacune, par jour, à dix sols.

Le magistrat réclame, mais Duperrel répond qu'il ne s'en départira pas, et que si dans une demi-heure il n'est pas fait droit à ses demandes, il fera monter sa troupe à cheval et se pourvoiera comme bon lui semblera. Le magistrat cède, mais il en appelle au duc de Duras et à l'intendant. Un commissaire des guerres, résidant à Salins, est chargé d'examiner l'affaire; il fixe à 373 le nombre des places mortes, et la taxe de chacune à cinq sols. Duperrel résiste, il a, dit-il, des ordres particuliers de la cour, auxquels personne n'a rien à voir. La ville est contrainte à payer 5,176 francs pour le mois de février.

Le mayeur se transporte à Besançon, et supplie le duc de Duras de réduire au moins la force de la garnison. « Prenez garde, dit-il au duc ; si cela continue les habitants, réduits au désespoir, se jetteront dans les bois, et alors.... — Je vous comprends, répond le duc, mais quand on veut la paix, il ne faut pas faire la guerre. Cependant je désire vous soulager ; vous pourrez répartir les dépenses sur les villages du ressort, imposer les étrangers possédant biens, et ne payer que cinq sols les places mortes. »

Duperrel résiste encore, il n'a rien à faire, dit-il, aux villages du ressort, et veut être payé par la ville seule au taux du premier mois. Le 24 mars, sa troupe prend les armes, et pendant trois jours le mayeur est tenu aux arrêts par un sergent et douze soldats. Il faut lui céder, la dépense du mois de mars est la même que celle du mois de février.

— 23 avril. Enfin la ville ayant été jugée suffisamment punie, Duperrel reçoit l'ordre de la quitter. La joie de son départ est si vive, qu'elle éclate dans la nuit suivante en scènes tumultueuses. Le lendemain, le magistrat informe, mais personne n'a rien vu, et les auteurs des cris poussés sont inconnus. Néanmoins on parvient à découvrir quel a été le principal acteur, et ordre est donné de l'arrêter. Mais on ne le trouve point chez lui, et comme on assure qu'il s'est dirigé dans sa fuite du côté de la Suisse, on le poursuit inutilement jusqu'à Pontarlier.

— 18 mai. Plaintes portées à l'intendant, à raison de désordres commis par des soldats de la garnison de Salins. L'intendant répond qu'il faut que la ville se rende digne de la protection qu'elle sollicite, ne pas souffrir qu'on y fasse des levées pour aller combattre les Français en Italie, ne pas se montrer toujours prête à la révolte, et laisser ceux de ses habitants soumis au gouvernement du roi, en buttes aux violences et aux insultes journalières du parti, plus nombreux, qui lui est hostile. Le magistrat réplique à l'intendant que, dans les rapports qui lui sont faits, sa confiance est indignement trompée ; mais celui-ci, trop bien instruit pour être persuadé, envoie une garnison de 25 dragons pour assurer la tranquillité publique.

— 12 août. Grande misère ; un emprunt est contracté pour la subsistance des pauvres.

— 19 août. Refus des villages de payer leur quote-part des frais occasionnés par le séjour des compagnies du régiment de Lyonnais. En conséquence de la décision de l'intendant, qu'il faut les y contraindre par voie de justice, les récoltes et revenus des villages sont barrés ; Pupillin paye 1,254 francs, et Valempoulières 1,054.

— 3 novembre. Bénédiction de l'église du couvent des Capucins, depuis peu achevée. Le parrain de la cloche est le capitaine Pécauld, et la dame de Thoraise la marraine. Du pain, du poisson et du vin, ayant coûté 33 fr., sont distribués aux religieux, le curé et les maçons reçoivent chacun un écu blanc.

— 25 novembre. Le duc de Duras, à son retour de l'armée, met ses troupes en quartier d'hiver dans la province ; il envoie à Arbois deux compagnies de cavalerie commandées par le sieur de Morfontaine. L'indiscipline de cette troupe occasionne entre elle et les habitants des rixes et des querelles.

1676, 25 janvier. A la suite de rixes entre les jeunes gens de la ville et les soldats, le commandant fait emprisonner plusieurs cavaliers et bourgeois, et ces derniers sont condamnés par lui à l'amende d'un écu chacun, pour subvenir aux frais du traitement de blessures faites à un brigadier. Le magistrat fait signifier au commandant qu'il ne lui appartient pas de prononcer une peine quelconque contre les bourgeois, sur lesquels il n'est investi d'aucune juridiction ; néanmoins, par voie d'accommodement, il autorise le paiement de l'amende.

— 1er février. Construction du pont de Glénon, près de Vauxy, et rétablissement de celui de Changin, alors en bois, et portant le nom de *Planches de Changin*. Les rues de la ville sont repavées, le tiers à ses frais, et le reste à ceux des propriétaires, pour la partie touchant leurs maisons.

— 26 avril. Est député à Dole le sieur Bontemps, à l'effet de prier messieurs du Parlement de refuser toute autorisation aux pères Carmes, qui prétendent, bon gré malgré, s'établir à Arbois. Il est répondu que le Parlement ne permettra dans la province aucun nouveau couvent de cet ordre.

— 15 juin. Etablissement, aux frais de la ville, d'un four à chaux, pour servir à la reconstruction des maisons incendiées pendant le siége, et aux réparations de l'église de St.-Just, dont la toiture et les vitraux sont restaurés, ainsi que les murs du clocher endommagés par les boulets ennemis.

— 6 juillet. Remise faite au sieur Marmet, orfévre à Salins, de 246 fr., dont 100 argent monnayé, à l'effet de fabriquer une croix où sera enchâssé un fragment de la Sainte-Épine, conservé à Saint-Just.

— 26 juillet. Démolition des fortifications de Dole, 20 hommes d'Arbois sont requis pour y travailler.

— 27 septembre. Sont découverts dans l'église de St.-Just, un baril de poudre, plusieurs mousquets et autres armes, et trois fauconneaux, qui, sur l'ordre du duc de Duras, sont transportés au fort Saint-André.

— 23 novemb. Répartition des troupes mises en quartiers d'hiver dans la province. Par l'intervention de l'abbé de Chamilly, Arbois ne reçoit qu'une compagnie de cavalerie, commandée par le mestre de camp marquis de Biran, lequel est reçu au prieuré avec toute sa suite.

— 14 décembre. Envoi de 26 poinçons de vin blanc, de 30 channes chacun, et du prix de 33 fr. la pièce, dont 6 au duc de Duras, 4 au sieur de Montauban, 4 à l'intendant, 6 à l'abbé de Chamilly, et le reste aux secrétaires de l'intendant et du gouverneur.

— 16 décembre. En exécution d'un arrêt du Parlement, qui reconnaît au prieur le droit de nommer son vicaire perpétuel, Just-Ignace Laurent est contraint d'abandonner la cure de St.-Just, où il est remplacé par J.-B. Perrin.

1677, 4 janvier. Sur le rapport du marquis de Biran, des jeunes gens en débauche ont bu hautement à la santé du roi d'Espagne, et l'un d'eux s'est vanté d'avoir brûlé le portrait du roi de France, sur lequel il avait craché. Après informations prises, le mayeur répond que nul témoin n'a attesté la vérité du fait.

— 5 avril. Un cavalier de la garnison, battu par un bourgeois, est forcé de s'enfuir. Le mayeur déclare au commandant d'avoir à contenir ses soldats, les bourgeois étant tout disposés à se faire justice eux-mêmes.

— 30 avril. Réjouissances ordonnées et illumination au sujet de la prise de Cambray et de Saint-Omer.

— 16 mai. Passage de la maréchale de Duras avec une suite nombreuse et une escorte de dragons. Elle est reçue à l'entrée de la ville par le magistrat, qui lui offre vingt-quatre livres de confitures.

— 9 juillet. Bataille entre des jeunes gens de Courcelles et de Faramand, près de la porte de Courcelles ; l'un d'eux a la tête fendue, un autre un bras cassé. Les combattants sont emprisonnés et poursuivis en justice. Jusqu'à une époque assez récente, la jeunesse des deux faubourgs est en guerre continuelle.

— Reconstruction du pont de Verreux, sur le ruisseau Javel.

— Décembre. Nouvelle garnison. Sur quelques désordres commis par les soldats, le commandant est prévenu que s'ils recommencent ils seront sévèrement réprimés, et procès-verbal contre eux sera envoyé à l'intendant.

1678. Fréquents désordres dans le cours de cette année ; de sévères mesures sont prises pour les arrêter. Le mayeur en personne commande des rondes de nuit ; une fois il est insulté, mais le coupable est saisi, emprisonné et condamné à 50 livres d'amende.

— 5 juillet. Par décision du conseil, la grosse cloche ne pourra à l'avenir être sonnée qu'avec autorisation du corps du magistrat, aux fêtes solennelles et pour les trépassés de distinction ayant mérité cet honneur.

— 20 août. Sera adressé à l'archevêque, attendu dans la ville, un mémoire exposant : 1° Que de tout temps, depuis la saint Georges à l'Ascension, a été faite chaque jour, par les Familiers, une procession pour les biens de la terre, ce qui est, malgré les remontrances du magistrat, négligé depuis plusieurs années ; 2° que dans l'octave de la Fête-Dieu, le sacristain s'abstient de fournir le luminaire du St.-Sacrement, et, immédiatement après les enterrements, s'empare des cierges offerts qu'il fait payer pour les chantées des jours suivants ; 3° que les chanoines laissent tomber en ruines, faute d'entretien, les chapelles de Tournay, dont ils touchent les revenus ; 4° qu'entre lesd. chanoines et les familiers est élevé depuis longtemps un différend au sujet des processions générales, d'où résultent des scandales auxquels il est urgent de remédier.

— 22 août. Consécration faite par l'archevêque de l'église des Capucins. La ville envoie à ces religieux 14 channes de vin, des truites et la moitié d'un veau.

— 17 septembre. Réunion définitive de la Franche-Comté à la France, par le traité de Nimègue.

— 8 octobre. Pose de la première pierre de l'église des Tiercelines.

— 11 octobre. Continuation des désordres nocturnes. Sur l'avis du président du Parlement, Ferdinand Jobelot, natif de Gray, qui, chaque année, venait passer ses vacances à Arbois, où il possédait de grandes propriétés, est présentée requête au Parlement, à l'effet de déclarer responsables tous les habitants de la rue où les désordres auraient été commis, et qui n'auraient point averti le magistrat, ni dénoncé les coupables, et de les condamner à l'amende. A raison de l'ordonnance que la cour rendit à sa rentrée, le magistrat est accablé d'injures ; mais, le 25 novembre, de sévères poursuites sont faites par le syndic, et des emprisonnements accompagnés de fortes amendes rétablissent la tranquillité.

1679, 15 janvier. Sur l'ordre du duc de Duras, sont célébrées des réjouissances, avec *Te Deum* et feux de joie allumés sur la grande place et les hauteurs, pour la réunion de la province à la France. Distribution est faite au peuple de 104 petits pains et d'un tonneau de vin.

— 19 janvier. Le mayeur, les échevins et quatre conseillers, députés par le conseil, se transportent à Besançon, et prêtent, au nom de la ville, serment de fidélité au roi de France, entre les mains du duc de Duras.

— 13 février. Plainte adressée par le magistrat à l'archevêque contre le frère Hilarion, qui ne cesse, par ses déclamations, d'exciter la haine du peuple contre la France. Le prélat ordonne qu'il soit procédé à une enquête, dont lui sera adressé le procès-verbal. L'instruction, successivement confiée aux sieurs Brahier et Roberty, reste sans résultat, aucune déposition contre le frère n'ayant pu être obtenue.

— 17 avril. Revue de six régiments de cavalerie passée par les sieurs de Chauvelin, intendant, marquis de Montauban, lieutenant général, et autres officiers généraux, accompagnés d'une suite nombreuse, ce qui occasionne de grandes dépenses à la ville.

— 8 novemb. Une violente querelle ayant eu lieu entre les sieurs Jacquemet, échevin, et Laurencecot, conseiller, il est ordonné à ce dernier, par le premier échevin Claude Gillaboz, d'avoir à garder les arrêts chez lui jusqu'à amiable arrangement avec le sieur Jacquemet, et pardon demandé au conseil qu'il a insulté.

1680, 18 janvier. Arrêt du Parlement, qui déboute les habitants de Villette de leurs prétentions au parcours sur le territoire d'Arbois. Les dépens, montant à 200 écus, sont compensés, et un cadeau de sucre et de vin blanc est offert aux membres de la cour.

— 28 février. Sont commis les sieurs de Glanne et Gillaboz pour exiger réparation des paroles injurieuses contre le magistrat, prononcées en chaire par le sieur curé Perrin, faute de quoi il sera judiciairement procédé contre lui.

— 7 mars. La ville d'Arbois est répartie, par l'intendant, pour l'impôt royal jeté sur la province, à 1,800 francs.

— 8 octobre. Sur la requête des mayeur, échevins, conseil et notables de la ville d'Arbois, a l'effet du vœu de processions à Notre-Dame-Libératrice de Salins, et à St.-Claude, l'archevêque décide que, vu les inconvénients résultant de ces sortes de processions, les suppliants, par manière de commutation, satisferont à leur vœu en envoyant à St.-Claude et à Salins un membre du clergé, un du magistrat et un notable, et en distribuant aux pauvres la somme de 150 francs.

— 5 novembre. Sur l'avis donné par le premier président du Parlement, Ferdinand Jobelot, qu'il serait très-avantageux aux pauvres et aux malades de réunir les revenus de la confrérie du St.-Esprit à ceux de l'hôpital; de bâtir un nouvel hôpital à Faramand, au lieu occupé par la chapelle de ladite confrérie, et de vendre les bâtiments de l'hôpital actuel, pour le produit en être employé aux nouvelles constructions, avec réserve qu'il ne sera rien changé au gouvernement et à la direction dudit hôpital. Ces propositions sont acceptées à l'unanimité, et il est résolu qu'on s'en occupera incessamment,

1681, 26 janvier. Décret de l'archevêque, ordonnant la translation de l'hôpital au faubourg de Faramand, avec autorisation d'y construire les bâtiments estimés convenables.

— 25 mars. Le sieur Arguel, architecte, est chargé de dresser les plan et devis de l'hôpital à construire. D'après ce plan, sont achetées par la ville, le 1er juin suivant, plusieurs propriétés particulières, pour agrandir l'emplacement où les bâtiments doivent être élevés.

— 6 juin. Rétrocession faite par le sieur Jean Perroux,

des bâtiments du vieil hôpital à la ville, qui se propose d'y établir son collége pour le prix d'acquisition montant à 5,400 fr., sous la réserve que la ville payera les lods et retenues dus à S. M., lesquels s'élèvent à 16 pistoles.

— 28 août. Demande d'un monitoire contre les *guêpes*, lesquelles incommodent et dégastent le territoire. Cette année est signalée par d'excessives chaleurs et une sécheresse continue.

— 1er septembre. Pose de la première pierre des bâtiments du nouvel hôpital, par Ferdinand Bontemps, en remplacement de Ferdinand Jobelot. Le maître maçon est gratifié de deux écus blancs.

— 14 octobre. Résolution prise de convertir en promenade un vaste terrain vague, touchant au couvent des Capucins, planté de noyers, et appartenant à divers propriétaires. Cette promenade, nommée d'abord *Foule des Capucins,* a reçu en 1831 le nom de *Champ-de-Mars*. Le 25 novembre suivant, un capucin, nommé le P. Jouiste, est prié d'en dresser le plan ; un chemin conduisant à la rivière, et de là à la place de Faramand, laissant la promenade à gauche, commencera entre les deux arcades de la porte Oudin, et suivra les fossés. Les noyers seront remplacés par des tilleuls, et un mur recouvert de larges et épaisses pierres taillées la séparera du chemin.

1682, 2 mars. Abandon du plan dressé pour l'hôpital, par l'architecte Arguel, et adoption d'un nouveau plan présenté par un autre architecte nommé Maguin. Les constuctions déjà faites sont démolies, et d'autres fondements creusés. Le bois de charpente est acheté sous la clause qu'il *sera coupé en bonne lune.*

— 23 mai. Nomination d'un *chasse-coquin* à gages, à

l'effet d'interdire l'entrée ou le séjour de la ville à beaucoup de mendiants étrangers, atteints de maladies réelles ou simulées, qui parcourent le pays sur des chariots.

— Octobre. Est commencée la construction du couvent et de l'église des religieuses Carmélites.

— 9 novembre. Fixation de l'impôt royal annuel de la ville à 1,800 fr. comtois, ou 1,200 livres de France.

— 15 décembre. Assemblée du conseil, relative à un joueur de marionnettes, lequel s'avise de donner des représentations le dimanche pendant les offices. Il est exposé qu'un sergent de ville, envoyé par le mayeur pour interdire ce spectacle, a été insulté par le comte d'Achey, qui s'est répandu en propos injurieux contre le mayeur. Il est résolu que, sous 24 heures, ledit joueur de marionnettes sera contraint de quitter la ville, que le cabaretier chez lequel il est logé le fera sortir de sa maison, sous peine de 50 liv. d'amende, et qu'il sera porté plainte au seigneur baron de Thoraise, à raison des procédés du comte d'Achey, pour après aviser ce qui conviendra.

1683. Augmentation de l'impôt royal de l'année ; il est fixé à 1,350 livres, monnaie de France.

— 22 janvier. Assassinat d'Aimé Ancillon et de Guérin Senoy, d'Arbois, sur la route de Salins, près du bois Perrey. Leurs corps sont relevés le lendemain et amenés à Arbois. Les assassins restent inconnus.

— 1er mars. Edit du Parlement renouvelant la défense de tenir les boutiques ouvertes les dimanches et fêtes, de vendre aucunes marchandises, de charroyer du bois et de fréquenter les cabarets, à peine de 10 livres d'amende, auxquelles se joindra l'emprisonnement pour ceux qui auront ouvert des danses.

— 26 mai. Vol du St.-Sacrement et du St.-Ciboire dans l'église du village d'Ivory ; la sainte hostie a été foulée aux pieds, et douze petites hosties consacrées ont été trouvées dispersées sur le cimetière. Le sieur Perrin, curé de St.-Just, invite le magistrat à assister à la procession que le clergé a résolu de faire à Ivory, en réparation de la profanation commise. Il est répondu que le clergé aurait dû, avant de prendre telle résolution, en conférer avec le magistrat ; mais la proposition est acceptée, et pour donner à la cérémonie toute la solennité possible, il sera prescrit à tous les habitants d'y assister, et, pendant sa durée, de suspendre tout travail. Pendant huit jours est exposée dans l'église de Saint-Just, à l'adoration du peuple, une des petites hosties apportées d'Ivory.

— 6 septembre. Chantée célébrée par les Familiers, à l'occasion du trépassement de Marie-Thérèse d'Autriche, reine de France, décédée le 30 juillet précédent. L'oraison funèbre de cette princesse est prononcée par le P. Regnauld, jésuite, lequel reçoit deux louis d'or en récompense.

— 25 novemb. Nouvelle augmentation de l'impôt royal pour l'année 1684. Il est fixé à 1,590 livres, monnaie de France, dont 230 livres pour le quartier d'hiver.

1684. Les magistrats de cette année ne sont point élus suivant l'usage, mais nommés directement par le commissaire provincial des guerres, Charpentier, résidant à Salins. Le sieur Vincent de Glanne proteste contre cette violation des franchises de la ville et des anciennes ordonnances, mais le commissaire n'en tient compte, et déclare qu'il agit en vertu d'ordres supérieurs. Les membres qu'il désigne sont invités à se transporter dans l'église de St.-Just, où, prosternés à genoux devant le St.-Sacrement, ils prêteront à haute et intelligible voix, entre les mains du curé, le serment *De bien garder et maintenir les droits et prééminences de notre souverain prince et seigneur, et de se conduire en bons et loyaux sujets de S. M. très-chrétienne.*

— 13 janvier. Arrivée de madame de Lafond, intendante. Elle est congratulée par le magistrat, qui lui offre, en place de confitures, quatre poinçons de vin blanc.

— 12 juin. Réception faite à la marquise de Chamilly, belle-sœur du prieur. Le magistrat lui présente les vins d'honneur, et des confitures en telle quantité, que le prix s'en élève à 78 fr. 9 gros. Le peuple mécontent accuse le magistrat de *plumer le Pélican.*

— 7 novembre. Dons faits par les sieurs président Jobelot et Perrey; le premier de 1,500 fr., et le second de 100 écus blancs, pour la reprise des travaux de construction de l'hôpital, interrompus faute de fonds.

— 13 novembre. L'impôt royal pour 1685 est fixé à 1,452 liv. Il est emprunté 900 fr. pour y satisfaire.

1685, 11 mai. La construction de l'église des Tiercelines étant terminée, le corps de saint Claude y est transféré en vertu d'une permission donnée par l'archev. de Besançon.

— 15 septembre. Le magistrat ayant refusé aux Minimes de les autoriser à quêter pour les vendanges, ces religieux s'adressent au prieur; mais il leur est signifié que le prieur n'a rien à voir dans cette affaire. Alors ils présentent à l'intendant une requête, où, après avoir représenté les membres du conseil comme des hommes sans foi, persécuteurs des gens d'église, ils le prient de leur octroyer la permission demandée, nonobstant toute opposition, ce qui leur est accordé. Les sieurs mayeur et Domet se rendent aussitôt à Besançon, exposent la vérité des faits, déclarent qu'il en sera, s'il est nécessaire, appelé à S. M. elle-même, et obtiennent la révocation de la permission surprise par les Minimes.

— 22 octobre. Rendue des murs, planchers et toits du nouvel hôpital. Pour le mettre en état d'être habité, 1,300 francs sont estimés indispensables. Le président Jobelot autorise la ville à prélever 300 fr. sur les amendes de police.

— 5 novembre. Edit par lequel il est défendu, sous peine de 50 liv. d'amende, à tous médecins, chirurgiens et apothicaires, d'exercer aucune autre partie que celle sur laquelle ils ont été examinés.

— 24 novembre. L'impôt royal, pour 1686, est fixé au même chiffre que l'année précédente.

— 24 décembre. Don de 100 fr. fait par la ville aux PP. Capucins, pour former leur bibliothèque.

1686, 20 mai. Cl. Perrin, des Planches, est chargé de peindre un crucifix destiné à être placé dans la chambre du conseil. Ce peintre, qui résida plusieurs années à Arbois, où l'on voit, en 1696, son nom figurer parmi ceux des notables, s'acquit une réputation que le temps n'a point affaiblie à Rome et dans les principales villes d'Italie, où il mourut, nous ignorons en quelle année, honoré du titre de peintre du roi de Pologne.

Il existe de ce peintre, dans l'église de St.-Just, au bas du clocher, un Christ, dit *à la Janséniste*, parce que les bras sont élevés presque verticalement. On ne sait si c'est le Christ dont il est question dans la délibération de ce jour.

— 21 septembre. Réjouissances célébrées par ordre de l'intendant, pour la naissance du duc de Berry, 3e fils du grand dauphin, mort le 4 mai 1714. Il est chanté un *Te Deum* et dressé trois bûchers, l'un sur la place, et les autres dans les faubourgs, auxquels le président Jobelot, le mayeur et le premier échevin mettent solennellement le feu avec trois flambeaux de cire blanche, du poids de neuf livres, et ayant coûté 18 liv. Ordre est donné aux habitants d'illuminer leurs fenêtres avec des *chandelles ardentes*. Des affiches, où sont imprimés les mots : *Vive le Roi* et les armes de S. M., sont placardées sur les murs.

— 28 octobre. Nouvelle interruption des travaux de l'hôpital. Le président Jobelot autorise le magistrat à prélever 300 fr. sur les amendes, et promet pareille somme de la part de M. Perrey. Les deux salles des malades sont gypsées, ainsi que la voûte de la chapelle. Par acte testamentaire, Marguerite Girardot lègue 300 liv., qui sont employées à ces travaux.

— 2 décembre. L'impôt royal est fixé à 1,462 liv., et plusieurs compagnies de cavalerie sont envoyées en quartiers d'hiver.

1687, 29 avril. Union de la confrérie du St.-Esprit érigée dans la chapelle de Changin, à l'hôpital d'Arbois et à la confrérie de la ville, avec tous les fruits, profits et revenus qui en dépendent, prononcée par l'archevêque de Besançon, sous la condition que les directeurs de l'hôpital payeront annuellement au sieur Just-Ignace Laurent, titulaire de ladite chapelle, et sa vie durant, la somme de 30 fr., ancienne monnaie du pays, à charge par ledit Laurent de satisfaire par lui ou tel autre prêtre qu'il trouvera à propos, à tous les services de lad. chapelle, ordinaires et accoutumés.

— 25 novembre. En exécution de sentence prononcée à l'instance des syndics, deux larrons condamnés au fouet et au bannissement sont conduits à Besançon, d'où, la sentence étant confirmée, ils sont ramenés à Arbois pour y subir leur peine. Il est payé 26 fr. à l'exécuteur.

— 8 décembre. Sur l'avis de l'arrivée prochaine du marquis de Renty, lieutenant général, de l'intendant de Lafond et autres, avec une suite nombreuse, il est délibéré que 20 hommes de corvée seront occupés sans délai à réparer les chemins ; que lesd. seigneurs seront logés en maisons capables et propres ; qu'il leur sera présenté divers mets recherchés, achetés en lieux éloignés, où seront envoyés des exprès. Il en coûte à la ville 570 francs 5 gros et 4 doubles.

1688, 5 avril. Les Minimes obtiennent du roi 30 toises de terrain dans les fossés situés près de la porte Picardet, et y élèvent un nouveau bâtiment, qu'ils joignent à leur couvent par une arcade et une galerie. C'est le bâtiment du nord, perpendiculaire à la rue et parallèle à l'église.

— 10 avril. Gelée des vignes ; le prix du vin augmente d'un tiers.

— 20 avril. Est ouvert, en vertu d'un traité avec le prieur, un chemin large de neuf pieds, traversant le pré dit de *la Platière*. C'est le chemin tracé en droite ligne qui longe le mur du cimetière.

— 16 mai. Les familiers font construire la maison qui s'élève entre l'église et la rivière, et qui touche à la grille de l'ancien cimetière. Alors existait un chemin conduisant directement du pont de St.-Just au moulin des Terreaux. Malgré la recommandation qui leur en était faite, ils le suppriment, et le magistrat réclame inutilement.

— 1er juin. Ordre de démolir tous les alambics servant à fabriquer le brandevin, qui ne sont point établis en lieux séparés des bâtiments habités.

— 31 août. Sur l'avis donné par le chapitre de l'arrivée du corps de saint Marcellin, destiné à l'église de Notre-Dame, il est délibéré que le magistrat ira le recevoir processionnellement, et que les familiers et les confréries seront invités à assister à la cérémonie. Il sera honorablement pourvu par la ville au luminaire.

— 15 novembre. Réjouissance et *Te Deum* pour la prise de Philisbourg et autres places ; il est élevé deux bûchers qui coûtent neuf francs. Un cri de : *Vive le roi d'Espagne!* ayant été poussé, on se contente de chasser le coupable de la ville, en considération de son âge.

— 19 novembre. Remplacement de l'ancienne horloge du clocher de St.-Just, devenue hors de service, par une nouvelle, achetée des sieurs Mayet, fabricants à Morbier, au prix de 900 francs.

— 27 novembre. L'impôt royal est fixé à 1,730 livres, dont 290 pour le quartier d'hiver.

1689, 4 janvier. Par ordonnance de l'intendant, la ville d'Arbois est imposée à 14 livres, pour la construction de l'hôpital Saint-Jacques, à Besançon.

— 21 février. Nouvel impôt de 20 liv., devant servir au payement de l'indemnité accordée à des propriétaires de terrains enclavés dans les fortifications de Salins et de Besançon. Le 23, est reçu l'ordre d'envoyer avant le 10 mars, dans cette dernière ville, 50 mesures d'avoine pour le service du roi.

— 27 avril. Ordre d'établir des magasins d'avoine et de fourrage pour quatre compagnies de cavalerie, envoyées en garnison.

— 21 mai. Continuation de la démolition des murs de Dole ; il est requis quatorze ouvriers qui doivent y être employés pendant un mois ; la ville alloue à chacun d'eux quatre gros et demi par jour.

— 12 juillet. Ordre de prendre à la forêt Mouchard 36

pièces de chêne, pour le rétablissement du beffroi de St.-Just; la réparation coûte 470 francs.

3 octobre. Les familiers ayant refusé d'admettre dans leur corps le sieur Mervent, nommé par le magistrat, sous prétexte qu'il ne sait pas le plain-chant, il est délibéré qu'on se pourvoiera en justice, à l'effet de maintenir le droit du magistrat de nommer aux places vacantes de la familiarité, nonobstant toute opposition.

— 14 octobre. Par délibération de ce jour, il sera appelé de Dole deux religieuses hospitalières, et le sieur avocat Barberot, député à Dole à cet effet, traite avec les membres du magistrat de cette ville. Le 21, les deux religieuses arrivent à Arbois; le lendemain, le nouvel hôpital est béni, et le 25 du même mois il est remis aux religieuses 40 liv., dont elles rendront compte, et qui seront employées à leur entretien et nourriture. La femme qui, sous le nom de *maîtresse de l'hôpital*, a pris soin de la maison, est payée de ses gages et congédiée; le 31, le sieur chanoine Huguenet, directeur, y transporte les ornements servant à la célébration de l'office divin.

— Novembre. Malgré la nullité de la récolte et la requête adressée à l'intendant par le magistrat, qui a représenté que les habitants pouvaient à peine pourvoir à leur subsistance, l'impôt royal est fixé à 1,454 liv. et 350 mesures d'avoine pour les chevaux de la garnison.

1690, févr. et mars. Vexations exercées par la garnison, malgré les représentations du magistrat aux officiers, et les plaintes portées à l'intendant. Dans leurs logements, les soldats exigent qu'au prix de deux sols par jour les habitants les nourrissent de pain blanc, de viande et de vin.

— 1er août. Donation entre vifs fait à l'hôpital d'Arbois, par le sieur Gallois, de Dole, prêtre, de tous ses biens meubles et immeubles, situés à Mont-sous-Vaudrey, Bans, Souvans et Vadans, moyennant que pendant sa vie durant il sera reçu audit hôpital, nourri, blanchi et logé en une chambre à feu, et qu'après son décès, ayant été inhumé aux frais dudit hôpital, il y sera célébré annuellement et à perpétuité une messe pour le repos de son âme.

15 septemb. En vertu du testament d'Oyant Bolifraud et d'Antonia Boissot, sa femme, le frère Hilarion Lespaly acquiert, au nom de la chapelle de l'Hermitage, douze ouvrées de vigne à la Combe-Leubet.

— Décembre. En exécution des ordres de l'intendant, huit jeunes gens, parmi lesquels le colonel du régiment de milice de la province en doit choisir deux, pour être incorporés dans ledit régiment, sont désignés par le conseil et conduits à la prison, pour y rester jusqu'à leur départ pour Salins. Mais, dès la nuit suivante, ils brisent les portes et s'évadent. Deux sont atteints dans leur fuite par les archers et conduits à Salins. C'étaient les sieurs Aubry et Pointelin.

1691, 5 juin. Procession solennelle, de l'église de St.-Just à l'hôpital, d'où est rapportée une côte de saint Antide, 13e évêque de Besançon, obtenue par le chapitre de Notre-Dame du grand prieur et des chanoines de St.-Paul de Besançon. Ladite côte, dont les secours ont été expérimentés contre l'intempérie des saisons, enfermée dans un buste doré, étant apportée à l'église, une messe solennelle est célébrée, à la suite de laquelle la sainte relique est exposée au milieu du chœur, où elle demeure le reste du jour.

— 27 juin. Est remplacée comme directrice de l'hôpital, par la sœur Beauvais, la sœur Suzanne Roy, laquelle, comme originaire de la ville, avait été demandée pour organiser le service des malades. Ladite sœur Roy est appelée à Salins pour en régir l'hôpital.

— 25 septembre. Au sieur Pierre Maigrot, prêtre de Poligny, qui avait remplacé le frère Joseph Gallois (v. 3 j. 1667), avait succédé à l'hermitage le sieur Clément, prêtre, que le magistrat avait obligé le frère Hilarion à recevoir ; mais celui-ci ne voyant dans le nouveau venu qu'un espion imposé par ses ennemis, avait refusé de vivre avec lui et de lui faire part des aumônes qui lui étaient faites. Clément, pour se venger, l'accusa de les dissiper ; le fait fut reconnu faux, mais l'accusateur continua ses plaintes et réussit à prévenir contre Hilarion le magistrat, qui décida qu'il rendrait ses comptes, et serait renvoyé. Cette décision ne fut point exécutée ; bien plus, on voit tout-à-coup disparaître Clément, dont il n'est plus question.

— 26 novembre. Malgré la mauvaise récolte et la misère qui en résulte, il est envoyé 18 poinçons de vin blanc aux premières autorités de la province. Loin d'en éprouver aucun soulagement, la ville est taxée pour l'impôt royal à 2,100 livres, dont 400 pour les quartiers d'hiver.

1692, 17 janv. Afin que la jeunesse de la ville reçoive une meilleure éducation, en prenant de bons principes pendant son avancement aux belles-lettres, il est délibéré que le collége sera exclusivement confié à des ecclésiastiques. En conséquence, sont nommés, aux gages annuels de 500 fr. à partager entre eux, le sieur Fourneret, diacre, principal, et les sieurs Mervent et Bugnet, régents.

— 5 avril. Ordre de l'intendant d'envoyer à Salins, pour le 13 du mois, deux recrues pour le régiment de milice, sous peine, pour la ville, de 1,000 liv. d'amende, et d'un surcroît de logements de cavalerie. Les deux soldats désignés sont secrètement saisis, mis en prison et conduits à Salins, aux frais de la ville, par le procureur syndic et deux de ses sergents.

— 10 mai. Froid extraordinaire. Des prières publiques sont ordonnées pendant trois jours, avec procession générale, suivie d'une messe solennelle célébrée dans l'église de Notre-Dame.

— 15 juillet. Le mauvais temps continuant toujours et la campagne offrant l'image de la désolation, il est fait à l'hermitage une procession suivie d'une messe solennelle.

— 11 octobre. A raison des neiges abondantes qui sont prématurément survenues, des prières publiques sont ordonnées. Il s'ensuit un renchérissement extraordinaire dans toutes les récoltes, le vin de l'année, de très-mauvaise qualité, se vend 90 fr. le muids, et la taxe du pain ayant été rejetée par les boulangers, ils sont déclarés, en cas de résistance, passibles d'amende arbitraire et d'emprisonnement.

1693. Point d'élections. Le 23 mars, l'intendant annonce au conseil que le prix de la conservation des droits et priviléges de la ville est fixé à 11,000 liv., payables, la moitié à la saint Martin, et le reste au 1er janvier 1694. Sur la réclamation du conseil, ces deux termes sont prorogés, le premier à la fin de l'année courante, le second à Pâques 1695. Mais la ville ne pouvant disposer que de 3,000 liv., il est délibéré que plusieurs des charges du magistrat seront mises en vente et aux enchères. Le 30 novembre, il est procédé à cette vente, qui donne les résultats suivants :

Lieutenant de maire, Charles-François Regnauld,	405 liv.
Greffier du tribunal de la mairie, Franç. Girardot,	350
Premier et second syndics, les proc. Comte et Martin,	1,400
Secrétaire de la mairie, Etienne Brigand,	1,500

Lesquelles sommes produisent un total de 3,655 liv., monnaie de France, payables comptant.

— 9 mars. Le sieur curé Perrin ayant annoncé au prône qu'il ne serait fait aucune procession autour de l'église collégiale le jour de fête de Notre-Dame-Libératrice, il lui est signifié par le magistrat d'avoir à faire ladite procession, ou qu'elle serait faite par d'autres prêtres.

— 26 avril. Donation de 1,650 fr. comtois, en capitaux de rente, faite à l'hôpital par le chanoine Huguenet, pour y établir une apothicairerie.

— 30 mai. D'après déclaration faite, les revenus de l'église collégiale s'élèvent, charges déduites, pour les vignes, champs, prés, rentes et cens. à 3,800 fr. comtois, le reste consiste dans le produit de 2,000 messes basses, de 153 anniversaires, de 42 messes hautes après matines, et de bénédictions du St.-Sacrement les dimanches, jeudis et fêtes de Notre-Dame.

— 13 juin. Authentique d'un fragment d'os de sainte Rosalie, patronne de Palerme, en Sicile, donné à l'église d'Arbois, attesté par Ferdinand de Bazan, archevêque de Palerme, et Asdrubal Termini, vicaire général et curé de Saint-Jean de la même ville.

— 17 sept. Le chapitre s'étant transporté dans l'hôtel de Jaillon pour y lever le corps d'une personne décédée, et devant être inhumée dans son église, apprend en arrivant que le sieur Perrin, afin de ne pas perdre ses droits curiaux, est venu l'enlever sans l'assistance d'aucun familier. Quelques jours après, les chanoines usent à son égard du même procédé, et, de là, leur est intenté un procès par le prieur. Le 5 juillet de l'année suivante, un arrêt du Parlement le déboute de ses prétentions, et maintient le chapitre dans le droit d'inhumer dans son église. En reconnaissance, le chapitre adresse au président Jobelot du sucre valant 6 écus, mais ce cadeau n'est point accepté.

— 7 décembre. Sur arrêt du Parlement, concernant la subsistance des pauvres, il est enjoint à tous les mendiants étrangers de sortir de la ville, et aux habitants indigents de se faire inscrire au rôle tenu par le magistrat.

Dans cette année, aussi désastreuse que la précédente, la misère s'accroît, et toutes les denrées sont d'un prix excessif. Le muids de vin est taxé à 100 fr., et la mesure de blé à 5, monnaie comtoise.

1694, 3 janvier. Notification faite par l'intendant, d'un arrêt du conseil du roi, rendu à l'effet de soulager les pauvres, qui déclare exempts de tous droits le riz, les pois, fèves et autres légumes et grains introduits dans le royaume ou transportés d'une province dans une autre.

— 2 juillet. En vertu d'un arrêt du conseil, le lieutenant criminel du bailliage obtient la préséance sur le maire de la ville, considéré comme juge subalterne.

1694, 19 juin. Traité entre le magistrat et les supérieurs des Minimes de la province, par lequel ces derniers s'obligent à fournir gratuitement au collége un professeur de philosophie.

1695, 14 mars. Le magistrat ayant contesté aux chanoines le droit de construire des fours pour leur usage, et ayant prétendu les contraindre à cuire leur pain aux fours bannaux, est condamné par arrêt du Parlement.

— 24 août. Refonte de la grosse cloche de l'église de Saint-Just, pesant 7,551 livres.

1696, 2 janvier. Le receveur général somme le magistrat d'avoir à payer 3,620 liv., dont 1,565 pour les impôts de l'année précédente, 1,800 pour la capitation, 115 pour les fontaines et rivières, et 140, dont moitié pour les maisons, et moitié pour la mairie.

— 30 janvier. Désertion de deux soldats de milice ; l'un d'eux s'étant enfui à l'aide d'une femme, le mari est emprisonné, et il lui est signifié que faute de faire revenir le déserteur, il sera contraint de le remplacer ; quant à l'autre, celui qui se présentera pour prendre sa place recevra une somme d'argent, et les biens du déserteur seront confisqués à son profit.

— 20 février. Il est enjoint aux religieux du prieuré de se conformer à l'avenir à l'usage ancien de célébrer, chaque jour de carême, une grande messe à dix heures du matin ; faute par eux d'y obtempérer, il en sera donné avis au grand prieur de Saint-Claude.

— 24 février. Réunion à l'hôpital d'Arbois de la maladrerie de lad. ville, et des chapelles de St.-Eloi, de Grozon et de Bolandoz. Ledit hôpital sera soumis à la direction de quinze membres, lesquels seront le maire, le lieutenant général du bailliage, le curé, le procureur du roi de l'hôtel de ville, un échevin, le médecin, le père spirituel, le trésorier et le secrétaire, qui s'adjoindront six autres membres de leur choix. Les religieuses hospitalières éliront pour trois ans leur supérieure, laquelle dirigera la maison et nommera l'une d'elles, qui prendra soin de l'apothicairerie.

— Mars. Sur plusieurs plaintes de ce que le curé exige pour les enterrements et baptêmes beaucoup plus que par le passé, il sera signifié audit curé que, s'il continue, action lui sera intentée devant le Parlement.

— 30 juillet. Nouvelle organisation du collège ; l'enseignement est exclusivement confié à quatre religieux Minimes, qui recevront 500 francs chaque année.

— 3 septemb. Emprisonnement de trois jeunes gens, prévenus d'avoir fait partie d'un rassemblement nocturne qui a insulté le prieur, brisé les arbres de son verger, et assailli le prieuré à coups de pierres. Ils ne seront relâchés, s'il y a lieu, qu'après le jugement à intervenir.

1697. Le registre des délibérations de cette année est perdu, et aucune pièce séparée qui la concerne ne s'est trouvée dans nos recherches. Elle fut aussi calamiteuse que les précédentes.

1698, 2 janvier. Imposition de six gros par chaque personne usant de fours particuliers.

— 3 janv. Ordre de l'intendant d'emprisonner le maire et les deux premiers échevins, jusqu'au payement de la somme de 3,404 livres, due par la ville pour les impositions de 1697.

— 13 janvier. Edit royal, par lequel Arbois est imposé à 200 liv., avec les deux sols pour livre, à raison des foires et marchés qui s'y tiennent. Le 16, il est signifié par huissier au magistrat d'avoir à payer 800 liv. et les deux sols par livre, pour la finance de la charge de conseiller du roi, garde-scel des sentences, jugements et autres actes de la justice et mairie. Enfin, le 20, arrive un ordre de payer de suite les trois premiers mois de la capitation de l'année.

On ignore d'où pouvaient naître ces rigueurs dans le recouvrement des impôts. En 1696, la paix avait été signée à Ryswick avec la Savoie, et en 1697, avec l'Espagne, l'Angleterre, la Hollande et l'Empire.

— 28 mars. Est condamnée à l'amende une femme convaincue d'avoir acheté un sac de blé au faubourg de Courcelles, et non à la halle, pendant la tenue du marché.

— 16 mai. La disette augmente; il est ordonné aux boulangers d'être toujours pourvus de pain, et de se conformer à la taxe. Visite est faite dans toutes les maisons de la ville et des faubourgs, à l'effet d'enlever tous les grains au delà du nécessaire des habitants desd. maisons, et de les faire distribuer à ceux qui en manquent au prix courant du marché.

— 7 juin. Ordre de l'intendant, au maire de Salins, de faire distribuer aux habitants de cette ville et à ceux d'Arbois et de Poligny, porteurs d'un certificat de pauvreté délivré par leurs magistrats respectifs, 329 quintaux de blé renfermés dans le magasin de Salins.

— 28 novembre. Défense à tout habitant d'acheter aux halles plus de quatre mesures de blé par semaine, à peine de confiscation du surplus au profit de l'hôpital.

— Décembre. Noble Guillaume-Gabriel Pécauld ayant acheté la charge, nouvellement créée, de gouverneur de la ville, le prieur et le magistrat considérant l'inutilité et les inconvénients de cette autorité, réunissent, mais inutilement, leurs efforts pour faire supprimer cette innovation.

1699, 13 janvier. Disette; le prix du pain est si élevé, que beaucoup d'habitants ne peuvent s'en procurer. Ordre est donné aux pauvres de se faire inscrire à la chapelle de la Croix, afin d'en faire le dénombrement.

— 11 avril. Remontrances à l'intendant, à l'effet d'obtenir la révocation de la défense faite aux villages du ressort de la ville de Dole, d'amener à Arbois des grains pour les vendre, ou du moins de limiter cette défense aux villages situés au delà du Doubs, attendu que c'est l'unique secours restant à la ville, dont le ressort est hors d'état de l'alimenter pendant un mois.

— 11 mai. Confiscation au détriment d'un cultivateur d'Ecleux, de 60 mesures de blé qui sont données à l'hôpital; 70 mesures, découvertes chez le sieur Jacquemet, sont saisies, conduites à la halle, et vendues au prix courant, et le bruit s'étant répandu que beaucoup de grains étaient cachés sur la voûte de l'église des PP. Capucins, visite est faite, mais il n'y est rien trouvé.

— 1er juillet. Le magistrat ayant produit les titres qui assurent à la ville la propriété et l'usage de ses bois, contestés par les officiers du Domaine, l'interdiction est levée.

— 25 juillet. Afin de subvenir aux dépenses extraordinaires nécessitées par la disette, il est délibéré qu'à partir du 1er août, chaque manant, comme jouissant des avantages de la ville, et devant par ce motif en supporter les charges, sera imposé par mois, selon ses facultés, sans que sa cote puisse excéder dix sols.

— 3 août. Fin de la disette et grande réduction du prix des grains, les moissons ayant été abondantes.

— 20 octobre. Sur la présentation du maire, le sieur Claude-François Cocagne, prêtre familier de St.-Just, est nommé curé d'Arbois en remplacement du sieur Jean-Baptiste Perrin, décédé.

— 18 décembre. Nomination de quatre gardes forestiers, dont deux pour le bois de Changin, et deux pour les Chaumois. Le gage des premiers est fixé à 14 liv., celui des seconds à 21 liv., et tous sont, en outre, exemptés de corvées et du logement des gens de guerre.

1700. Le curé Cocagne ayant manifesté des prétentions qui, déférées à l'archevêque, sont condamnées et censurées, s'emporte contre le magistrat et l'invective en pleine chaire. Information est faite, et plainte envoyée au vicaire général, pour qu'il en soit fait justice.

— 1er avril. Condamnation prononcée par la Cour des Aides, à Dole, contre les habitants de Mesnay, pour défrichements faits aux Soulcrots et dans les Chaumois.

— 30 novembre. Par édit du conseil du roi, le magistrat est maintenu, moyennant 10,000 liv. et deux sols par liv., dans la connaissance de la police, et l'union au corps des officiers de la ville, des lieutenant de police, procureur du roi, greffier et huissier, pour en être les fonctions faites ainsi que le corps du magistrat le jugera convenable.

— 20 décembre. Il est signifié à la ville, par arrêt de la Cour des Aides, d'avoir à mettre en état de route, avant le 1er avril, sur une largeur de 32 pieds, sans y comprendre les fossés, la partie de la route conduisant à Dole, jusqu'à la grange Canoz.

XVIIIe SIÈCLE.

1701, 19 février. Les chemins entre Arbois et Vadans étant si étroits et en si mauvais état que les voituriers sont obligés de passer sur les champs riverains, ce qui les expose à de fortes amendes, et empêche le transport des grains, la Cour des Aides est priée d'ordonner aux habitants de Vadans la réparation desdits chemins, et de garantir, en attendant, la sûreté du passage sans amende ni dépens.

— 5 mars. Edit par lequel il est prescrit à tous les hommes non mariés, âgés de 22 à 40 ans, de se faire inscrire dans les 24 heures sur les contrôles de la milice, à peine de 10 liv. d'amende contre chaque contrevenant. Le 18 mars, le tirage a lieu par-devant le subdélégué, et il est assigné à chacun des deux miliciens atteints par le sort, 120 liv., payables par ceux qui ont concouru au tirage, et, dès ce moment, lesd. miliciens reçoivent des billets de logement.

— 11 mars. En vertu de l'ordonnance rendue par les commissaires généraux du conseil, députés sur le fait des *armoiries,* celles de la ville d'Arbois sont reçues et enregistrées à l'Armorial général, dans le registre côté *département de Besançon,* en conséquence du payement du droit réglé par le tarif et arrêté du conseil du 20 novembre 1696, en foi de quoi le présent certificat a été délivré par nous Charles d'Hozier, conseiller du roi et garde de l'armorial de France. *Signé* d'Hozier.

— 29 avril. Comme il est urgent d'achever la nouvelle route conduisant à Dole, d'après le plan et devis adoptés par la Cour des Aides, il sera commandé chaque jour 20 hommes de corvée, jusqu'au parachèvement.

— 25 mai. La capitation de la ville est fixée à 3,500 liv.

— 2 juin. Le sieur Guill.-Gabriel Pécauld, gouverneur, ayant demandé qu'il soit fait défense aux chevaliers de l'arquebuse de s'assembler en armes et faire battre la caisse sans sa permission, qu'il leur soit enjoint de déposer leur drapeau dans sa maison, et prescrit aux sergents de ville d'obéir audit gouverneur agissant dans les droits de sa charge, il sera sursis à statuer sur cette requête, jusqu'à production des lettres patentes constatant la qualité de gouverneur accordée audit sieur Pécauld.

— 11 juillet. Requête des chevaliers de l'arquebuse à l'effet d'obtenir que leurs statuts soient agréés et approuvés par le magistrat. Il est fait droit à cette demande.

— 31 octobre. Sous peine de 20 sols d'amende, il est ordonné à tout habitant de la ville et des faubourgs possédant bourriques, d'amener à l'hôtel-de-ville *une ânée* de bois, pour le chauffage dudit hôtel.

1702, 9 janvier. L'impôt royal est fixée à 1,267 liv., et la capitation à 4,000 livres.

— 19 avril. Réparation et agrandissement de la sacristie de l'église de St.-Just; la voûte est remplacée par un plafond, et le sol exhaussé à la hauteur de celui du chœur, d'où l'on y descendait par plusieurs degrés; le maître-autel, alors en bois, est transporté au fond du chœur et appliqué contre le mur, et deux niches sont pratiquées à droite et à gauche du sanctuaire, pour recevoir les statues de la Vierge et de saint Just.

1703, 17 janvier. Sur la nouvelle de la promotion du marquis de Chamilly, frère du prieur, à la dignité de maréchal de France, il est délibéré que ledit seigneur prieur sera félicité, et qu'il sera célébré des réjouissances. En conséquence, est allumé sur la grande place un feu, lequel, pour le bois, la poix résine, le soufre et les flambeaux servant à l'allumer, a coûté 15 liv. Il est acheté 26 liv. de poudre, et trois canons sont empruntés au sieur de Crécy, à Montigny. Ces canons ayant éclaté à la première décharge, le sieur de Crécy demande trois louis d'or (64 f.) de dédommagement; la ville ne veut accorder que 12 liv.

— 25 mai. Procès entre le magistrat et le sieur curé Cocagne, lequel prétend que la ville lui doit une maison curiale. Le magistrat répond que c'est au prieur, dont il est le vicaire, à le loger.

— La capitation de l'année est fixée à 4,015 livres.

1704, 6 janvier. Pour mettre fin à tout procès entre le magistrat et le curé, il est convenu que la demande faite à l'archevêque par le dernier, à l'effet d'être investi du temporel de la chapelle de Changin, dont le spirituel est déjà dans ses attributions, sera appuyée par le conseil.

— 10 janvier. Sur l'exposé présenté par le maire aux conseillers et notables réunis, que les dettes de la ville s'élèvent à 40,000 liv., dont les intérêts absorbent presque tous les revenus, ce à quoi il est urgent de remédier, il est résolu de demander à l'intendant l'autorisation d'établir un octroi. Le 18, l'intendant approuve ce projet, et, sur sa demande, lui sont envoyés des députés chargés d'examiner avec lui les objets qui pourront être soumis à l'octroi, et d'en fixer le tarif. Le 1er février ce tarif est établi, et, sur les produits, il est spécifié qu'il sera prélevé 2,300 francs au profit du roi.

— Avril à juin. Accumulation d'impôts, ils s'élèvent, pour la capitation, à 4,000 liv., et pour le subside extraordinaire demandé à la province, à 8,800 liv. Pour en faciliter la perception, S. M. *a bien voulu prescrire l'augmentation d'un sol par pain de sel*, à dater du 1er mai.

— 16 novembre. Réjouissance et *Te Deum*, à l'occasion de l'élévation du comte de Chamilly, neveu du Prieur, au grade de lieutenant général des armées du roi.

1705. Elections. Le 26 décembre précédent, l'intendant de la province, M. de Bernage, avait écrit aux conseillers et notables :

Tout le bien que l'on m'a dit, messieurs, du sieur Louvet, premier échevin de votre ville, m'engage à vous demander que vous le fassiez maire l'année prochaine, et je vous prie de n'y pas manquer.

On n'y manqua pas, mais le maire, si ouvertement imposé, fut pendant toute l'année l'objet d'insultes continuelles.

— 10 janvier. Ensuite d'un procès-verbal dressé contre le comte d'Achey, dont un domestique a été rencontré dans les Chaumois, conduisant un chariot chargé de pieds d'arbres destinés à être greffés, il est décidé que représentations seront faites au seigneur comte d'Achey, pour que telle dégradation ne soit pas renouvelée, et cependant qu'il ne sera pas poursuivi.

— Arrivée de garnisaires pour contraindre la ville au

payement immédiat de 3,400 liv., dus pour la finance des offices municipaux. L'impôt royal est fixé à 1,955 l. 10 s.

— 19 févr. Parmi les hommes les plus hostiles au maire imposé par l'intendant, se faisait distinguer le conseiller Gillaboz. Il publia contre lui un libelle diffamatoire, qu'il dut désavouer pour continuer à siéger au conseil, refusa ensuite de signer le rôle de la capitation, porta plainte au Parlement, et enfin, le 27 avril, déclara qu'il n'offrirait pas le pain béni à son tour ; mais sur la menace d'en payer le prix au moyen de la retenue de ses droits d'assistance au conseil, il se vit forcé d'y satisfaire.

— Mars. Augmentation des droits d'octroi au profit de la ville. L'édit soulève une vive opposition où se fait remarquer encore le sieur Gillaboz, qui ne craint pas de le violer ouvertement en achetant de la viande à Mesnay. Assigné et condamné pour ce fait, il insulte le maire en pleine rue, et son exemple est imité.

— 21 août. Rétablissement et élargissement à 18 pieds dans œuvre du pont de Saint-Just.

— 29 septemb. J.-B. Grillon ayant abattu l'oiseau trois ans de suite au jeu d'arquebuse, est proclamé *empereur;* il lui est décerné une médaille d'or, frappée aux armes de la ville, de la valeur de 14 liv., façon comprise, et il est déclaré, pendant toute sa vie, exempt de guet, garde, corvées et logement de gens de guerre, à charge de fournir un fallot de fer blanc qui sera porté devant le St.-Sacrement.

1706. Décès de l'abbé de Chamilly, prieur, après 47 ans de possession du bénéfice. La haine dont il avait été l'objet, due d'abord aux dîmes, dont la perception était nécessairement vexatoire, était encore occasionnée par le dévouement à la France, dont sans doute, à juste titre, on le croyait animé. Aucun désordre néanmoins ne troubla ses funérailles. L'abbé de Chamilly n'avait jamais été engagé dans les ordres. Quelques jours après sa mort, un commissaire du Parlement vient procéder à l'inventaire des meubles et des archives du prieuré, et des ornements de l'église ; il en est dressé procès-verbal.

Louis-Alophe Rohaut de Gamache est nommé prieur de Saint-Just le 1er novembre suivant.

1707, 29 août. Requête à l'intendant, à l'effet d'interdire au sieur Just Pécauld, capitaine d'infanterie, de prendre à l'avenir la qualité de seigneur de Changin, devenu faubourg d'Arbois, dont le roi seul est seigneur. Le mayeur, comme prévost de S. M., a toujours rendu la justice en ce village, où le sieur Pécauld, ni ses devanciers, n'ont jamais joui d'aucun droit. Conformément à ces conclusions, un arrêt prononce l'interdiction demandée le 9 septembre suivant, à peine de 500 livres d'amende.

— 2 octobre. Sur l'exposé du sieur Ch.-Hyacinthe Regnauld, premier échevin, il est délibéré qu'il sera fait présentation de messire Jacques Girod, prêtre, doyen du chapitre de St.-Antoine de Nozeroy, à l'effet de le faire instituer, sur sa demande, en la chapelle presbytérale et résidentielle de l'Hermitage, avec honneurs, fruits et profits en résultant, à la charge de la desservir *in divinis*.

— 10 novembre. Le chanoine Vercel, d'Arbois, ayant donné par son testament la somme de 1,000 francs, pour agrandir et réparer les bâtiments de l'Hermitage, le maire procède à la pose de la première pierre du nouveau bâtiment élevé du côté de vent, entre le jardin et la chapelle.

— 7 déc. Envoi de 14 pièces de vin blanc à l'intendant, au lieutenant gén., à leurs secrétaires et au présid. Gilbert.

1708, janvier. Amodiation de la vineterie au prix de 900 liv., et de la boucherie pour 1,000 liv. L'impôt royal est fixé 1,800 livres, et la capitation à 3,400.

— 27 février. Plusieurs particuliers ayant démoli les murs de la ville touchant à leurs héritages, il leur est signifié par huissier d'avoir à les rétablir, sous peine d'être traités comme réfractaires.

— 23 avril. Ordre au syndic de poursuivre, conformément à l'ordonnance obtenue de l'intendant, aucuns bouchers de Mesnay vendant grande quantité de viande aux habitants d'Arbois, au grand préjudice des amodiateurs de la boucherie et des revenus de la ville.

— 25 juin. Un arrêt du Parlement ayant défendu aux magistrats des villes d'intituler *édits* leurs réglements et ordonnances, le maire présente, à Besançon, au procureur général les lettres-patentes des souverains qui en assurent le droit à la ville d'Arbois. Sur ce, lad. ville est autorisée à en user comme du passé, mais la défense est maintenue pour les villes qui ne peuvent produire titres pareils.

— 16 août. Sur requête des habitants de Faramand, sera établi un bassin à leur fontaine, dans l'emplacement que désignera le magistrat.

— 6 septembre. Ensuite d'une délibération du conseil, statuant que le bassin de la fontaine de la grande place sera orné d'un Pélican en bronze, le métal nécessaire est acheté à Besançon, et marché conclu avec un nommé F. Rochet, de Poligny, se prétendant sculpteur, pour le confectionner. Mais comme il ne peut en venir à bout, le marché est rompu.

— 19 novembre. Lettre à l'intendant, au sujet de l'extrême rareté des grains, qui sont accaparés.

1709, 6 janvier. Les vignes, les arbres, et principalement les cerisiers, sont gravement atteints par la gelée, qui ravage tellement le territoire, qu'il semble que le feu ait passé partout.

— 6 février. Etablissement de deux commissaires portant les couleurs de la ville, spécialement chargés d'en expulser tous les mendiants étrangers. Il est distribué à chaque pauvre de la ville une médaille frappée aux armes de ladite ville, et il ne pourra mendier qu'en la produisant.

— 11 mars. Visite des travaux du Pélican de la fontaine, lequel est trouvé mal fait, sans grâce et déshonorant pour la ville. Le sieur Rochet reçoit l'ordre de cesser ses travaux. La dépense faite est réglée à 526 liv.; le bronze pèse 220 l.

— Même jour. Les octrois perçus au profit du roi sont remplacés par un abonnement fixé à 1,864 livres.

— Du 30 mars au 26 août. Disette; aucune graine n'arrive à la halle; le magistrat de Salins refuse aux charretiers la liberté d'amener à Arbois l'ordinaire du sel, à moins qu'ils n'introduisent des grains à Salins. Des visites sont faites dans toutes les maisons soupçonnées d'être approvisionnées au-delà du nécessaire, ainsi que dans tous les villages du ressort, par des commissaires escortés de dragons; 192 mesures de blé sont saisies à Villette; les vols dans la campagne se multiplient à tel point, que les messiers eux-mêmes s'en rendent coupables et sont emprisonnés; de nombreuses patrouilles parcourent le territoire. Enfin, le 26 août, les moissons étant terminées, la disette s'apaise, et le prix du pain diminue.

— 30 décembre. Edit qui permet aux propriétaires de fours particuliers d'y cuire le pain pour leur usage, moyennant 15 sols par chaque membre de la famille, à compter de l'âge de trois ans.

1710. Interruption du commerce des vins causée par la défense d'en exporter en Suisse.

— 3 février. Il est fait à la fille unique du peintre Claude Perrin, depuis peu décédé, mandement du prix de la peinture, sur fer blanc, des armoiries de la ville.

— 28 mars. Visite faite au clocher et à l'église de St.-Just. Il est reconnu que les réparations les plus indispensables coûteront au moins 6,000 liv. La sacristie est dépourvue de linge ; il est décidé que les serviettes provenant des offrandes faites aux obsèques des pères de famille décédés, lesquelles sont déposées à l'hôtel-de-ville, seront partagées entre l'église et l'hôpital.

— Mai. Incendie de 150 journaux de forêt dans le canton des Molvaux. En 1708, cent journaux avaient été réduits en cendres à la Côte-du-Puits.

— 11 août. Représentation d'une tragédie chrétienne, jouée avec succès à la chapelle de la Croix, par les écoliers du collége ; ils reçoivent du magistrat 20 livres, pour les indemniser des frais de la construction du théâtre, et le sieur Semeth, principal, est gratifié de 50 liv., en récompense de ses soins pour l'instruction des acteurs.

— 9 septembre. Ordonnance du roi, par laquelle la présidence du conseil d'administration de l'hôpital est conférée, à l'exclusion du maire, au lieutenant général du bailliage, et, à son défaut, au curé et au procureur du roi. Le magistrat se pourvoit en appel au conseil de S. M.

1711. Cette année est signalée par trois grandes inondations ; la première emporte la muraille du jardin Bontemps, depuis l'écluse du moulin des Terreaux jusque près de la Bourre ; la seconde fait écrouler celui des Capucins, et la troisième est le débordement du ruisseau de Vauxelles, qui renverse en partie les murs du jardin du sieur Perrey, lequel est devenu, cent ans après, la propriété du général baron Delort.

— 18 mars. Arrêt du Parlement, qui déclare la grange Perrey partie intégrante du bailliage de Salins. Le conseil appelle de cette sentence, et 100 liv. de récompense sont offertes à celui qui pourra communiquer quelque acte relatif à cette affaire, qui appuie les prétentions de la ville.

— 20 avril. Vingt-huit manants d'Arbois ayant présenté requête à l'intendant, à l'effet d'être affranchis de l'impôt annuel du manantage, montant à 4, 5 ou 6 fr., selon les facultés de chacun, le magistrat répond que la perception de ce droit, vieille de plusieurs siècles, à Arbois comme dans les autres villes de la province, est justifiée par des rôles plus que centenaires. Sur cette réponse, l'intendant rejette la requête. Ce droit n'a été aboli qu'en 1790, où la qualification de manant a cessé d'être en usage.

— 8 juin. Sur sa demande, il est écrit à l'intendant que les gages des officiers municipaux sont réglés par séance ; il est donné au maire 4 sols 5 deniers, et 2 sols 2 deniers aux conseillers. Le trompette de la ville reçoit 3 l. par an. En 1713, ce gage est porté à 8 livres.

— 7 décembre. Impositions de la ville fixées par l'intendant. Impôt royal, 1,250 liv.; capitation, 3,740 liv.; 10e denier, nouvel impôt sur le revenu, 1,928 liv.; ustensiles des quartiers d'hiver, 625 liv.; subsides, 1,900 l. 18 sols; abonnement de l'octroi, 1,900 liv. En tout, 11,343 l. 18 s.

1712, 12 févr. Réparations à St.-Just. Le maître-autel et le tabernacle sont refaits à neuf, transportés à l'entrée du chœur, et surmontés d'un baldaquin, sur les quatre colonnes duquel sont placées les statues des évangélistes.

Ces changements, dont le prix s'élève à 900 liv. payées par les habitants au moyen de quêtes de vendange et autres denrées, ne sont achevées que deux ans après.

— 1er mai. Envoi d'un courrier au lieutenant général comte de Grammont, pour l'informer que plusieurs jeunes gens de la ville ont été maltraités et blessés par des cavaliers de la garnison, d'où il résulte une grande irritation. Une information est ordonnée, et la garnison reçoit l'ordre de quitter la ville sans délai.

— 3 juillet. Grêle énorme qui ravage une grande partie du territoire, et qui est suivie de pluies torrentielles qui ne cessent qu'au 15 septembre. Sur le rapport fait à l'intendant, l'impôt est allégé de 700 liv. Le clocher de St.-Just est tellement dégradé par les eaux, que le 12 septemb., le roi est supplié de permettre l'augmentation de l'octroi au profit de la ville pendant dix ans, afin de réparer et d'entretenir ce monument.

— 28 août. Lettre du chancelier de France, comte de Pontchartrain, par laquelle noble Cl. Pécauld est mis en possession de l'office de gouverneur de la ville d'Arbois.

1713, 16 janvier. Est reçu gratuitement bourgeois de la ville, et admis à jouir des prérogatives et franchises attachées à ce titre, noble Jacques de Sarret, originaire d'Ollioules en Provence, né en 1654, chevalier de St.-Louis, major dans le régiment de cavalerie de Villiers (depuis Condé), pour lui et sa postérité née et à naître. Le sieur de Sarret, établi dans la ville depuis plusieurs années, avait épousé la demoiselle Bruet en 1706, et son fils, Just Denis, y était né en 1707.

— 31 mai. Vu l'état de pénurie où se trouvent grand nombre d'habitants, il est résolu que tous les mendiants étrangers seront expulsés, et les notables convoqués à l'effet de délibérer sur les moyens de subvenir aux besoins des indigents.

— Arrêt du Parlement, par lequel il est assuré aux religieux bénédictins du prieuré de St.-Just, en forme de prébende, un revenu annuel de 200 livres.

1714. Les impositions de la ville d'Arbois, impôt royal, capitation, dixième, subside, ponts et chaussées, chapitre, hôpital, fourrages du commissaire, ustensiles et excédant de fourrage, sont fixés à 11,285 livres.

— 29 février. Payement de 200 livres au sieur Claude Galzot, sculpteur à Salins, pour le tabernacle du maître-autel de l'église de Saint-Just.

— 23 mai. Sur la demande du commandant de la garnison, est établi sur la place un cheval de bois, destiné à la punition des soldats coupables de désordres dans la ville.

1714, 9 août. Délimitation du territoire de la Châtelaine, prononcée par arrêt de la Cour des Comptes de Dole. Les frais de la cause s'élèvent à 1,851 liv., que doivent payer les communautés de Mesnay, Pupillin et Arbois, qui sont condamnées. A ce procès commence la lutte soutenue pendant plusieurs années contre la ville d'Arbois, par le sieur de Vers-Vaudrey, seigneur de la Châtelaine.

— 29 décembre. Le magistrat est prévenu par l'intendant que si, dans le délai d'un mois, les urgentes réparations du clocher de St.-Just ne sont pas effectuées, il fera prélever sur les comparutions au conseil et autres objets de peu d'utilité, ainsi que sur une avance faite par eux-mêmes et dont ils seront remboursés plus tard, les fonds nécessaires pour ces réparations.

1715, 24 janv. Sur l'ordre de l'intendant, est affectée

aux réparations du clocher une somme de 1,936 livres, redue, après reddition de comptes, par le sieur Petitjean, receveur des deniers royaux. Cette somme avait été destinée à dédommager les particuliers des pertes éprouvées par suite de la grêle et de la contagion.

— 27 février. Adoption du plan de la restauration du clocher, dressé par le sieur Aliet, architecte, qui reçoit 50 livres pour ses honoraires. La couverture doit être en fer battu, du prix de quatre sous la livre.

— 11 mars. Visite faite des bâtiments de l'Hermitage, lesquels sont reconnus en très-mauvais état et exigeant d'urgentes réparations.

— 1er avril. Diminution de 785 liv. sur les impôts, accordée par l'intendant; la somme doit être distribuée à ceux dont les bestiaux ont péri, en proportion de leurs pertes.

— 23 avril. Sur l'avis donné par le sieur Lambert, premier échevin, que plusieurs meubles et tableaux encadrés ont été enlevés de l'Hermitage, il est délibéré que le lieutenant criminel du bailliage, le procureur du roi et le greffier, en dresseront procès-verbal et inventaire, et feront toutes poursuites.

De ce procès-verbal il résulte qu'il a été enlevé dans l'église six tableaux, représentant les miracles de saint Philippe de Néri, un tableau de la Vierge, un de l'ange Gabriel et un de N.-D.-Libératrice; un cadre octogone, renfermant un cœur, deux yeux, une croix simple et une croix double, un petit reliquaire et une chaîne; un autre cadre semblable, renfermant un reliquaire et quatre cœurs d'argent, une couronne et un petit cœur du même métal; un calice d'argent avec sa patène; dans la chapelle de Montaigu, un soleil d'argent, un grand cadre ovale doré, renfermant un crucifix, et plusieurs ornements donnés par la demois. de Dournon.

— Août. Nouveau procès avec la communauté de la Châtelaine, pour avoir fait paître dans un canton de la forêt un nombreux troupeau de chèvres et de porcs.

— 1er octobre. Ordonnance du roi Louis xv, datée de Vincennes, et contre-signée par Philippe d'Orléans, régent de France, par laquelle il est prescrit au garde du trésor royal de payer comptant au doyen de l'église collégiale de Notre-Dame d'Arbois, la somme de 2,000 liv., ordonné par le feu roi Louis xiv, pour être employée au rétablissement du clocher de lad. église. (Voy. plus loin, année 1733).

— 14 octobre. Le P. Regnauld, jésuite, prononce dans la Chapelle de la Croix l'oraison funèbre de Louis xiv, décédé à Versailles le 1er septembre, à l'âge de 77 ans.

— 16 octobre. Procès-verbal dressé par le lieutenant criminel Cuynet, constatant un second enlèvement nocturne du mobilier de l'Hermitage. Le chariot chargé de ces objets, qui consistaient en bois sculpté du devant de l'autel et autres effets, est découvert par des vignerons qui obligent le conducteur à l'amener à la ville. Au nombre des meubles enlevés, on remarque un crucifix avec son cadre doré, une image de N.-S. et de la Madelaine, et un tableau de sainte Catherine. On procède à un nouvel inventaire, et l'on retrouve les objets détaillés dans celui du 23 avril, mais l'ornement de vermeil renfermant la N.-D. miraculeuse est absent, et on lui a substitué une figure en terre.

Le lendemain 17, sur le rapport du chanoine Deleschaux, plainte est portée à l'official contre le sieur doyen Girod, accusé desd. soustractions. Le 30, afin de garantir la sûreté de l'Hermitage, le sieur Léonard Girardot, familier de St.-Just, en est nommé gardien, avec invitation d'y résider.

1716, 6 mars. Arrêt de la chambre des Eaux et Forêts,

qui, annulant une sentence de la Cour des Comptes de Dole, condamne les habitants de la Châtelaine dans un des procès intentés ou soutenus par eux contre la ville d'Arbois. Le sieur de Vers-Vaudrey ayant fait dire au magistrat qu'il lui conseille de ne point faire exécuter l'arrêt, parce qu'il sait que les forêts dont Arbois se prétend propriétaire sont réellement du domaine de l'État, et que la ville n'y a tout au plus qu'un droit d'usage, il lui est répondu que l'arrêt va être mis immédiatement à exécution, et la poursuite des procès encore pendants pressée activement.

— 7 mai. Sur l'avis de la prochaine arrivée de Fr.-Joseph de Grammont, 94e archevêque de Besançon, il est ordonné de réparer et niveler le pavé de l'église; à cet effet, sont commandés tous les maçons de la ville et des hommes de corvée. Les fonts baptismaux sont transportés au bas de la nef des femmes.

— 1er juin. Toutes les réparations et changements faits ou projetés dans l'église ayant été approuvés par l'archevêque, il est présenté au conseil un dessin pour la balustrade de la table de communion, conforme à celle de l'église des Jésuites de Dole, et la proposition du sieur Chappuis, de la poser, moyennant 400 liv., avant le 1er septembre, est acceptée.

— 26 et 27 juillet. Transaction entre le sieur doyen Jacq. Girod et le magistrat. Il est convenu que les tableaux de saint Philippe lui sont abandonnés, à condition qu'il payera 14 écus pour prix des étoffes données à l'Hermitage par la dame Laurenceot; qu'il remettra en leur premier état les ornements, linges, meubles et effets, et restituera l'institution de gardien qu'il a obtenue. Les objets à lui appartenants et restés audit hermitage, lui seront rendus, et de ces conventions sera passé acte par-devant notaire. Toutes ces conditions sont remplies le 11 août suivant.

— 9 novemb. Il est délibéré que la chaire à prêcher de l'église de St.-Just sera remplacée par une nouvelle. Les frères Lambertoz, l'un menuisier et l'autre sculpteur, sont chargés de la confectionner moyennant 260 liv. et le fer nécessaire pour la mettre en place; l'ouvrage fut achevé et payé le 31 mars 1717. L'ancienne chaire, fort petite, simple et sans sculpture, est donnée à l'Hermitage, où elle est restée jusqu'en 1812.

— 19 novemb. Par traité conclu entre le magistrat et les familiers, il est convenu qu'à sa réception chaque familier payera, au profit de la Familiarité, 50 liv., si sa famille est ancienne dans la ville, et 100 liv., si elle est nouvelle. Cette différence est motivée sur les fondations dues aux anciennes familles. Ce traité, approuvé par le vicaire général, est homologué par le Parlement le 27 nov. suivant.

— 31 mars. En punition de quelques délits, deux jeunes gens avaient été condamnés à la prison et à l'amende; ils seront mis en liberté à condition qu'avant de sortir *ils seront confessés* et payeront les frais du procès et ceux de leur nourriture pendant leur emprisonnement.

— 7 juin. Défense à tout débitant de brandevin d'en donner à boire aux jeunes gens âgés de 15 ans et au-dessous, et à tous hôtes et cabaretiers de servir de la viande les jours défendus aux personnes de la religion prétendue réformée qui viendront loger chez eux, à peine de 100 l. d'amende.

— Juin. Un ferblantier de la ville, J.-B. Pralon, occupé de travaux de son état au clocher de St.-Just, perd l'équilibre et tombe. Dans sa chute, qui devait être mortelle, l'aiguille de l'horloge s'engage dans la boucle d'un de ses souliers, et le retient suspendu jusqu'à ce qu'on vienne à son secours. En reconnaissance de ce salut miraculeux, il fait peindre un *ex voto* qui est placé dans l'église des PP. Minimes, où on le voyait encore en 1813.

— 23 août. Assemblée du conseil et des notables, où il est décidé qu'il sera présenté requête au Parlement, à l'effet d'obtenir un arrêt ordonnant d'extirper et de déraciner toutes les vignes plantées depuis l'an 1636, en lieux où il n'y en avait point auparavant, et composées de mauvais plants, ainsi que de mettre en vente tous vins blancs de garde récoltés dans des vignes qui ne contiennent que le melon, dont la qualité, nécessairement inférieure, tend à déprécier lesdits vins blancs et à en altérer la renommée. La requête est présentée par le maire, qui en fait rapport au conseil le 4 avril suivant.

— 20 novemb. Il est statué par ordonnance des commissaires généraux du conseil, que la rente fondée le 20 déc. 1320 par la comtesse Mahaut d'Artois, évaluée en monnaie de France, au cours du jour, à 20 liv. 14 s. 9 den., continuera de recevoir la destination fixée par la fondatrice. Cette ordonnance est renouvelée le 17 juillet 1765.

1718, 25 mars. Nouvelle assemblée du conseil et des notables, relative aux vignes. Sur l'exposé du maire, qu'il existe quantité de nouvelles vignes peuplées de mauvais plants, dont les vins sont vendus dans les montagnes, où ils tournent facilement, ce qui doit engager les acheteurs à faire leurs emplettes autre part; que, d'un autre côté, plusieurs de ces nouvelles vignes, situées en plaine, produisent des vins blancs récoltés après les gelées, et dont le produit est présenté comme vin de garde, ce qui en détruit la réputation, il est décidé qu'il sera, à la diligence du maire, adressé requête au Parlement, pour en obtenir le renouvellement des anciens édits sur le fait des emplantements, ordre d'arracher et extirper toutes les vignes plantées depuis 1636, et défense de garder les raisins blancs jusqu'à la gelée, dans les vignes en plaine, destinées aux vins communs.

— 13 mai. Requête signée de cinq cents vignerons, présentée par Louis Barbier à la Chambre des Comptes, à l'effet d'obtenir l'arpentement général du territoire, ainsi que la publication des rôles d'impositions et du répartement qui en est fait par le magistrat.

Cette requête, qui semblait mettre en doute l'équité des répartiteurs, irrite le conseil, qui se hâte de signaler à l'intendant Louis Barbier et les signataires comme des brouillons et des calomniateurs. Le 25 juin, M. de la Neuville, récemment nommé intendant, charge un de ses subdélégués, le sieur Gilbert, d'examiner la requête, d'entendre les vignerons et le magistrat, et de dresser procès-verbal de leurs réponses. Il est fait défense aux vignerons de poursuivre l'affaire devant la Chambre des Comptes, à peine de 500 livres d'amende.

Le 14 juillet, le subdélégué arrive et fait assembler le conseil et les notables ; les vignerons ne sont point convoqués. Le conseil répond que la requête est l'ouvrage de quelques séditieux, la plupart gens sans aveu et simples journaliers, dont les signatures ont été mendiées ; qu'elle est contraire au respect dû aux autorités, ainsi qu'au bien public et particulier ; que l'arpentement est inutile, dispendieux, et ne produirait que des contestations ; que la publication des rôles et du répartement est une injure faite au magistrat, qui, par là, se voit accusé de favoriser les uns aux dépens des autres, et de demander plus que l'état n'exige; qu'en conséquence, la requête doit être considérée comme nulle et non avenue.

Le 22 juillet, cette réponse est connue des vignerons, qui, justement blessés de n'avoir point été entendus, accusent le commissaire de s'être laissé corrompre par quelques pièces de vin de garde. Leur irritation s'étend sur le conseil, mais surtout sur le premier échevin, Fr. Grosez, dont les portes et les fenêtres sont brisées pendant la nuit. Les plus furieux enfoncent les portes du clocher pour sonner le tocsin; mais quelques personnes prudentes parviennent à les détourner, et leur persuadent d'attendre la décision de l'intendant.

Le lendemain, le sieur Grosez part pour Besançon, d'où il rapporte l'ordre d'arrestation, qui doit être exécuté par la maréchaussée, de Louis Barbier et de Pierre Gibey. Les cavaliers arrivent, Gibey et un nommé Brigand sont saisis et conduits dans les prisons de Besançon; Barbier s'évade.

Ces arrestations ne satisfirent point le magistrat, il en demanda trois autres, notamment celle de Claude Tissot, qui lui furent refusées. Louis Barbier obtint même de rentrer dans ses foyers, et reparut le 1er octobre, annonçant qu'il était allé à Paris, où il avait fait connaître la conduite du magistrat, qui aurait lieu de s'en repentir. Aussitôt une nouvelle plainte est envoyée contre lui, mais l'intendant répond que l'affaire est retenue par la cour, qui s'en est réservé la décision.

1719, 20 fév. Nouvelle requête des vignerons, présentée par Louis Barbier, Cl. Tissot et autres, à l'effet d'obtenir copie du rôle de répartement de l'impôt royal pour l'année courante. Malgré une vive opposition, le chapitre et la familiarité font décider que le rôle sera publié le dimanche suivant à la messe paroissiale, par le curé, et qu'il en sera donné copie aux pétitionnaires, à leurs frais. Il est résolu en même temps que copie de la requête de Barbier et consorts sera envoyée à l'intendant, avec avis qu'elle a pour auteurs les mêmes hommes qui, l'année dernière, ont suscité tant de troubles dans la ville.

— 27 mars. Le rôle de répartition, dont copie avait été promise le 23 février, n'était point encore publié ; les pétitionnaires s'impatientent, et malgré la présence d'un bataillon de milice, commandé par le comte de Lezay-Marnésia, ils font signifier au magistrat d'avoir à leur donner copie du répartement. Le magistrat répond que cette copie leur sera délivrée aussitôt l'opération terminée.

— 15 juin. La ville avait alors à soutenir plusieurs procès à l'occasion de ses forêts. Le plus ardent de ses adversaires était le sieur de Vers-Vaudrey, qui, plusieurs fois condamné, la harcelait sans relâche. Accusé d'un incendie qui dévora 50 journaux de jeune bois, personne n'avait osé déposer contre lui. Les gardes l'ayant surpris faisant essarter dans une plaine, s'étaient bornés à en faire leur rapport, et comme on leur reprochait de ne l'avoir point arrêté, ils répondirent qu'ils l'auraient fait s'ils avaient eu des armes. Permission est demandée de leur distribuer des mousquets, mais l'intendant s'y refuse, sous prétexte que le peuple d'Arbois est trop en ébullition pour qu'on lui confie des armes dont il pourrait abuser. Néanmoins, peu de jours après, les gardes sont autorisés à porter des pistolets pour se défendre contre les loups.

— 24 décembre. On a vu plus haut qu'un bataillon de milice était en garnison dans la ville. Le calme s'étant rétabli, le magistrat en demande l'éloignement, ce qui motiva la réponse suivante de l'intendant :

> Je voudrais qu'il fût possible d'adoucir la peine que vous éprouvez, mais vous savez que vos habitants ne se sont pas appliqués à mériter beaucoup de considération, et qu'ils doivent apprendre à se gouverner mieux qu'ils n'ont fait depuis deux années. Vous devez vous souvenir des assemblées tumultueuses de vos vignerons, de leurs menaces, de l'obligation où j'ai été de faire emprisonner les plus mutins, et, en un mot, de plusieurs autres occasions où l'on a eu besoin de toute l'autorité supérieure pour les contenir. Dans ces occasions mêmes, plusieurs n'ont pas eu pour cette autorité tout le respect qu'ils lui devaient. Nous parlerons plus amplement de toutes ces choses quand je serai de retour. DE LA NEUVILLE.

1720. Querelles et batailles entre les soldats de la garnison et les habitants, qui donnent lieu à des informations et à des procès-verbaux. La garnison est changée et remplacée par deux compagnies du régiment de cavalerie de Turenne, et il est prescrit au magistrat de ne point surcharger les vignerons de logements ; aux habitants, de ne point donner à boire aux soldats après 7 heures du soir, et aux officiers, de faire observer la plus exacte discipline.

— 1er juin. Le sieur Claude-Hyac. Martin ayant, trois ans de suite, abattu l'oiseau au jeu de l'arquebuse, est proclamé *empereur*, et déclaré en jouissance des priviléges attachés à cette qualité.

— 30 août. Sur l'avis que la peste s'est répandue dans la Provence, il est délibéré qu'il sera fait dans toutes les églises des prières publiques analogues à la circonstance. Il sera fait en outre, le 10 septembre, une procession générale à la chapelle de St.-Roch, laquelle sera immédiatement réparée.

Le retable de l'autel de la chapelle tombait en ruines,

il fut rétabli, et l'on y grava cette inscription numérale, qui rappelle le motif et l'année de sa construction :

A peste tVere nos, DoMine
SanCtis RoCho et SebastIano benIgne
FaVentIbVs.

Le tableau du retable représentait N.-Dame-Libératrice ayant saint Roch à sa gauche et saint Just à sa droite. Deux statues en bois, représentant saint Sébastien et Ste. Anne, s'élevaient aux deux côtés du tableau. Au milieu de l'autel était la statue en bois de saint Roch, ayant sur son socle des armoiries consistant en une grille de sable sur fond de gueules; c'étaient celles de la famille Grilliard, avec la date de 1566. Au-dessous de l'autel on lisait cette autre inscription numérale, dont la date est 1573 :

AVspICe beatá MarIá LIberatrICe
ArbosIenses pIè VoVére
SanCtIs RoCho aC SebastIano.

1720, 12 septembre. Ordonnance du Parlement au sujet de la peste ; il est prescrit d'élever des barrières aux portes de la ville et d'en murer deux, celles de la rue de Bourgogne et de Courcelles. Des passeports sont imprimés.

— 23 septembre. Etablissement de corps-de-garde permanents, composés de 40 hommes, relevés toutes les 24 heures, et placés aux portes de la ville et autres lieux désignés. Le 2 octobre, à raison des vendanges, le nombre en est fixé à trois, et il est fait des rondes pour l'examen des passeports.

— 16 décembre. La contagion continuant, les notables sont convoqués pour assurer les subsistances, et l'entrée de la ville refusée à tout étranger suspect. Seront prises, en outre, toutes les mesures exigées par les circonstances.

1721, 21 avril. Le sieur Prost, receveur des deniers publics à Poligny, assigne la ville en payement de 15,133 l. 10 sous, redus sur les impôts de 1715 à 1719. Requête est présentée à l'intendant, à l'effet de faire débouter le sieur Prost de ses prétentions ; mais l'intendant la rejette, enjoint à la ville d'effectuer le payement réclamé par le receveur, et lui ordonne d'acquitter sans délai le restant des impositions de 1720, montant à 3,738 livres sous menace de contrainte par les voies ordinaires.

— 22 juillet. Représentation d'une tragédie jouée à la chapelle de la Croix, par les écoliers du collége. Gratification est donnée aux dragons de la garnison qui ont fait l'office de figurants, et le sieur Semeth, principal, reçoit une pièce d'argenterie valant 200 livres, « en récompense des peines qu'il prend de faire des jeux d'académie et des représentations d'histoires et tragédies chrétiennes, qui inspirent la piété, les mœurs et les vertus.

— 3 octob. Certificat accordé au sieur Cl.-Fr. Cocagne, vicaire perpétuel, constatant que depuis près de 22 ans qu'il remplit les fonctions curiales, il n'a jamais été remarqué ni ouï dire qu'il ait enseigné autre chose qu'une doctrine très-orthodoxe, et qu'il peut se servir dud. certificat, revêtu du sceau de la ville, selon qu'il trouvera convenir. On ignore pour quel motif le curé Cocagne résigna ses fonctions. Le sieur Michel Lalot est nommé pour le remplacer.

1722, 26 février. Assassinat d'un garde forestier de la ville par un habitant de la Châtelaine, qui ne peut être saisi. A l'avenir, sous l'agrément du duc de Lévis, il sera distribué des mousquetons aux gardes qui ont représenté ne pouvoir, sans être armés, remplir leur devoir.

— 27 avril. Le sieur de l'Egouthail, ingénieur en chef

des ponts et chaussées, écrit au magistrat qu'il vient d'allouer 600 livres pour la reconstruction du pont de Courcelles, le surplus restant à la charge de la ville.

— 11 août. Arrêt du conseil du roi, par lequel il est enjoint à la ville de remettre dans le délai d'un mois, entre les mains du contrôleur général des finances, les titres en vertu desquels elle prétend posséder en toute propriété la forêt des Chaumois, à défaut de quoi ladite forêt demeurera réunie à la couronne.

Ce procès, suscité par le sieur de Vers-Vaudrey, occasionna des frais considérables, qui forcèrent la ville à contracter des emprunts onéreux, et à augmenter de deux sols six deniers chaque pain de sel.

— 19 août. Requête des Familiers, où ils exposent qu'à raison du grand nombre des membres de leur corps, la prébende de chacun se réduit à la somme annuelle de 117 fr. comtois, évidemment insuffisante pour assurer leur subsistance. En conséquence ils proposent, d'après l'avis du vicaire général qu'ils ont consulté, de réduire de 25 à 12 le nombre des Familiers. Il est décidé que les notables seront convoqués pour délibérer sur cette proposition. Il n'est resté aucune trace de cette délibération, et ce n'est que longtemps après que nous voyons leur nombre fixé à dix-huit.

1723, 4 janvier. Mission faite aux frais du sieur d'Orchamps, doyen du chapitre. En commémoration de cette mission, il est élevé une croix sur la place de la rue Dessous, laquelle a été abattue en 1794.

— 28 juin. Mémoire adressé au conseil, contenant l'état des fondations et capitaux de rente dus par la ville à la familiarité. Le total de ces rentes s'élève à 317 liv. un sol.

— 26 juillet. Le maire expose que la veille, les nommés

Tissot et Gibey se sont présentés dans plusieurs maisons où ils ont demandé les quittances des payements faits ensuite du répartement des quartiers d'hiver, qu'ils prétendaient faire casser, le magistrat n'ayant pas eu, selon eux, droit de le faire, pour laquelle cause ils ont demandé et reçu des ignorants des sommes considérables. Il est décidé qu'il en sera écrit à l'intendant qui a autorisé le répartement, pour arrêter ces menées et en punir sévèrement les auteurs.

— 17 sept. En raison de quelque fermentation remarquée chez les vignerons, il sera fait chaque nuit des patrouilles composées des deux syndics, des valets de ville, de bourgeois non suspects, et de cavaliers de la garnison désignés par leurs officiers, lesquels recevront une rétribution.

1724, 14 janv. Ordonnance de l'intendant, par laquelle il est enjoint à toute personne, de quelque qualité et condition qu'elle soit, de faire porter au marché public, pour y être mesurés et les droits en être payés, tous les grains qu'elle aura à vendre; le conseil arrête qu'il sera fait opposition à cette ordonnance, comme étant contraire aux droits et priviléges de la ville.

— 25 mai. Il est porté plainte au magistrat de ce que, la veille, un orage accompagné de grêle ayant éclaté, les cloches n'ont point été sonnées. Il est délibéré qu'à l'avenir le sonneur de semaine ne pourra quitter le clocher ni jour ni nuit, à peine d'emprisonnement et de privation de son gage; que dès qu'il apercevra quelque nuage à craindre, il commencera à sonner, et ne cessera que lorsque l'orage sera passé, faute de quoi il sera remplacé à ses frais, et payera 10 liv. d'amende. Le sonneur de garde pendant la nuit, qui manquera de répéter l'heure une seule fois, sera emprisonné.

— 5 juin. Dans le répartement de la capitation fixée par l'intendant à 3,850 liv., cette somme se trouve excédée de 370 l. Il est décidé que les manouvriers, taxés à 30 sols, les domestiques mâles à une liv., les servantes à 15 sols, seront allégés de 5 sols, et les non-résidants de 2 s. par liv.

— 1er juillet. Donation entre-vifs, avec réserve d'usufruit pendant sa vie, faite à l'hôpital d'Arbois par le doyen du chapitre, Ant. d'Orchamps, de tous les immeubles à lui appartenants, dans les territoires d'Ounans, Chamblay, Montbarrey et autres lieux dans le bailliage de Dole, d'un revenu annuel de 100 livres.

— 14 novembre. Arrêt du conseil du roi, qui maintient et confirme la ville dans l'entière propriété et jouissance de la forêt de Chaumois. Le 9 décembre suivant, M. de Vers-Vaudrey attaque cet arrêt comme surpris à la justice, dans un mémoire qu'il publie, et une ordonnance de l'intendant condamne les habitants des Planches à payer, pendant 20 ans, la somme annuelle de 207 liv., à valoir sur celle de 5,177 livres, montant des différentes condamnations prononcées contre eux.

1725, 2 janv. En reconnaissance de l'arrêt du conseil, une grand'-messe d'actions de grâces est célébrée par tous les corps ecclésiastiques réunis.

— 15 mars. L'arrêt du conseil avait d'autant plus exaspéré M. de Vers-Vaudrey, qu'il s'était porté répondant pour les amendes prononcées contre les délinquants des Planches et de la Châtelaine. Un particulier de ce dernier village, nommé Tonnaire, fut surpris en flagrant délit forestier, et condamné à 500 livres de dommages et autant d'amende. La fureur de M. de Vers ne connut plus de bornes, et il ne craignit pas de s'opposer à main armée à l'exécution de la sentence. Aussitôt le procureur général le frappe d'ajournement personnel, le Parlement le déboute de toute opposition, et le magistrat d'Arbois, afin de garantir les frais du procès et les amendes prononcées, fait saisir ses revenus jusqu'à concurrence de 6,000 liv. Le 22 décembre suivant, le conseil du roi confirme son arrêt du 14 novembre de l'année précédente.

1726, 25 avril. La ville est taxée à 1,361 liv. 14 s., pour le don de joyeux avénement de Louis xv, somme assez élevée pour une localité qui, d'après une statistique du temps, possédait 134 faulx de prés, produisant, année commune, 874 quintaux de foin; 1,366 journaux, ou 10,928 ouvrées de vignes, rapportant 800 muids de vin, qui, à 12 liv. le muids, prix courant de l'époque, valaient 9,600 liv., et 4,594 arpents de bois. Huit jours après, le 3 mai, est établi un nouvel impôt, dit du 50e, sur les usines, propriétés bâties, champs, prés et vignes. Ces dernières seules produisent 333 livres 6 sols 8 deniers.

— 8 août. Fin des travaux du rétablissement du pont de Courcelles.

— 29 août. L'arpentement des forêts de la ville est terminée; il est payé 300 liv. à l'ingénieur Dausse.

1727, 27 janvier. Le prix de réception d'habitant de la ville est fixé à 100 livres.

— 24 février. Les impositions de l'année, impôt royal et capitation, sont fixées à 5,912 livres.

— 27 juin. Le chanoine Laurent Bontemps est élu doyen du chapitre, en remplacement d'Ant. d'Orchamps, décédé.

— 19 août. Arrêt du conseil du roi, par lequel la ville d'Arbois est maintenue dans la possession des fours, moulins, manantage, exercice de la haute, moyenne et basse justice, sur son finage et territoire, et dans tous les autres droits accordés par les anciens souverains.

— 10 novembre. Mise à l'enchère de la seigneurie des villages de la Châtelaine et des Planches, dont M. de Vers-Vaudrey est engagiste. La ville en est déclarée adjudicatrice, moyennant qu'elle remboursera l'engagiste et payera annuellement 100 livres au profit du roi.

1728, 2 mars. Nouveau tracé depuis le pont de Courcelles jusqu'au pied du mont Poussot. L'ancienne route longeait la rivière depuis le pont, qu'elle laissait à gauche en sortant du faubourg, jusqu'à la source de Changin. Le plan de la route nouvelle et du pont qui doit y être construit est présenté par l'ingénieur de l'Egouthail. De vives réclamations se font entendre, mais elles ne sont point écoutées, et la construction du pont, dit de Changin, entreprise par le sieur Goujet, de Salins, est en pleine exécution en 1729.

— 27 juin. Désordres commis par suite de la mésintelligence entre les bourgeois et les cavaliers de la garnison. L'intendant de la Neuville reproche au magistrat de négliger la police, et dans les rapports qui lui sont adressés, de se plaindre, sans avoir pris soin de vérifier les faits, de la conduite des soldats, sans parler de celle des bourgeois.

— 12 septembre. Considérant qu'en raison des grandes chaleurs de l'année, les raisins sont en parfaite maturité, le conseil fixe au surlendemain 14, l'ouverture des vendanges.

— Etablissement des carillons au clocher de l'église de St.-Just. L'ancienne cloche, pesant 12,000 liv., ayant été cassée le jour de la fête de saint Vernier, par les vignerons, il est délibéré qu'il en sera, dans sa refonte, extrait trois milliers, et que le gros timbre de l'horloge, qui était du même poids et qu'on entendait à plus d'un quart de lieue, y sera réuni pour en former les carillons. La décision est exécutée de point en point, et le poids de la grosse cloche réduit à 9,000 livres.

1729, 25 et 29 septemb. Réjouissances, les premières, à l'occasion de la naissance du dauphin, fils aîné de Louis xv, né à Versailles le 4 septembre ; les secondes, pour célébrer l'arrivée du R. P. général de l'ordre des Capucins. Les vins d'honneur lui sont présentés, et il est envoyé au couvent, au nom de la ville, vingt carpes et dix-huit brochets, pesant ensemble 51 livres, coûtant 18 livres.

1730, 19 septemb. Arrêt du conseil du roi, par lequel les communautés de Mesnay et de Pupillin sont déboutées de leur opposition à l'exécution des arrêts des 5 décembre 1724, 19 août 1727 et 9 novembre 1728.

1731, janv. et fév. Extrême abondance de neige. Malgré l'ordre donné aux habitants de déblayer le devant de leurs maisons, les rues deviennent impraticables. Il en est de même des routes, que l'intendant ordonne de faire déblayer par corvées, dans une largeur suffisante pour que deux charrettes puissent y passer de front.

— 3 fév. Ordre du Parlement d'arracher toutes les vignes plantées depuis l'an 1702, et d'extirper dans les vieilles vignes tous les plants dénommés : *grapenoux, foirard noir et blanc, maldoux, gamé noir et blanc, valet noir, enfariné, mesy, plant qui tache, bregin, pinot ou plant des haies, et barclan blanc*. Il est aussitôt procédé à l'exécution de l'arrêt ; près du tiers du vignoble est arraché et rendu à la culture des céréales ; l'opération n'est achevée qu'au mois de septembre de l'année suivante.

1732, 14 janvier. Fixation des impôts de l'année ; capitation 3,850 liv. ; excédant des fourrages 1,174 liv.

— 15 fév. Le sieur Jean-Cl. Patrognet donne ses biens à l'hôpital, en s'en réservant l'usufruit jusqu'à son décès.

1733, 6 janvier. Arrêt du conseil du roi, par lequel est mise à néant la requête des communautés de Mesnay et Pupillin, tendant à faire réunir la forêt des Chaumois au domaine du roi.

— Le nombre des gardes des forêts de la ville est fixé à cinq, chacun aux gages de 40 liv. annuels, avec promesse de reconnaissance à ceux qui feront le mieux leur devoir.

— 10 août. A raison de ses infirmités, le sieur Semeth se démet de ses fonctions de principal, lesquelles sont confiées aux sieurs Brahier et Baget, dont le gage est fixé à 500 liv., non compris le logement et la somme mensuelle payée par les écoliers.

— 21 novembre. Incendie considérable qui, pendant la nuit du 20 au 21, éclate dans la rue Mercière. Toutes les maisons de cette rue et le moulin de la ville sont consumés. Le 24, est célébrée une messe d'actions de grâces de ce que le feu, qui pouvait embraser toute la ville, n'a pas fait de plus grands ravages.

— 27 décemb. En considération des pertes essuyées par la ville, à raison de la grêle qui a ravagé le territoire le 25 juillet, et de l'incendie du 21 novembre, l'intendant fait remise de 800 livres, dus pour droit de confirmation des foires et marchés.

1734, 25 janv. Louis-Fr. de Mornay, ancien évêque de Québec, est nommé prieur de St.-Just, en remplacement de l'abbé de Gamache, décédé l'année précédente.

— 6 juillet. Inondation qui met en danger plusieurs maisons, et renverse l'écluse et une partie du moulin des Terreaux. Exposition du St.-Sacrement; d'heure en heure, quatre membres du magistrat, ayant chacun à la main un cierge orné de l'écusson de la ville, vont l'adorer.

— 29 août. Départ pour Besançon des sieurs Baud et Bruet, envoyés pour complimenter le nouvel intendant, M. de Vanolles, qui leur recommande de lui adresser un mémoire constatant les dommages causés aux moulins de la ville et des Terreaux, par l'incendie et l'inondation. L'estimation de ces pertes s'élève à 10,000 liv. Le 7 novembre suivant, l'intendant se transporte à Arbois.

— 18 septembre. A l'effet de se procurer les moyens de réparer tous ces dommages, ainsi que le clocher, le collége, et de rétablir les pavés, le magistrat supplie l'intendant de réduire à 1,400 liv. l'imposition qui, en 1682, était fixée à 1,200 liv., et qui depuis quelques années a été portée à 1,700 livres.

— 7 octobre. En réponse à une lettre de M. de Vanolles, par laquelle il prescrit un alignement pour la reconstruction des maisons incendiées dans la rue Mercière, le conseil représente qu'il n'est point constant qu'aucun des propriétaires ait anticipé sur la rue, et expose que la ville est dans l'impossibilité de contribuer à aucune indemnité que ces propriétaires pourraient exiger.

— 31 décemb. Edit royal qui défend aux villes de procéder à aucune élection municipale, et qui ordonne à tout membre du magistrat de continuer ses fonctions. Cet édit n'ayant point été partout exécuté, le 8 janvier suivant l'intendant prescrit à tous les habitants des villes de ne reconnaître pour officiers municipaux que ceux de l'année précédente, nonobstant tous usages contraires.

1735, 18 février. Ecroulement de la voûte des halles qui soutenaient les salles de l'hôtel-de-ville ; personne heureusement n'est atteint dans cette chute. En attendant que cette voûte soit rétablie, les Familiers sont priés de prêter leur chambre capitulaire pour y tenir les assemblées du conseil.

— Construction du chemin d'Arbois à Mesnay, passant par la rue Dessous.

— 8 juin. Ordre de l'intendant, de laisser à la rue Mercière une largeur de 24 pieds en reconstruisant les maisons incendiées ; le terrain abandonné sera estimé, et l'indemnité réglée.

— 17 décembre. Le conseil reprend ses séances à l'hôtel-de-ville, dont la voûte est rétablie.

— 21 octobre. Arrêt du conseil du roi, qui déclare les soldats invalides exempts de toutes tailles, taillons, logements de gens de guerre, subsides, impositions, gabelles et autres charges publiques quelconques.

1736, 3 janvier. Envoi, selon l'usage, de quatre louis d'or, en présent du nouvel an, au secrét. de l'intendant.

— 26 mars. Installation faite par M. Regnauld d'Épercy, subdélégué, des sieurs Ferd. Macaire et Ferd. Clerc, institués par lettres de commission du grand sceau, le premier, maire, le second, premier échevin, sous toute réserve des droits de la ville. Dans le cours de la même année, les sieurs Crestin et Grignet sont nommés de la même manière membres du conseil.

— 14 avril. Ouverture des travaux de la nouvelle route conduisant à Dole.

— 16 juin. Pose de la première pierre du portail et du clocher de l'église de Notre-Dame. Les fondations en sont établies à 17 pieds le comte de profondeur.

— 12 déc. Par ordonnance de l'intendant, le nombre des conseillers au magistrat est fixé à douze, ayant voix délibérative. Sept d'entre eux, comme anciens suppôts, sont exclus des fonctions de maire, de lieutenant de maire et d'échevins, et ne pourront remplir ces charges que dans le cas où les officiers de nouvelle création se trouveraient absents.

— 22 déc. Arrêt du conseil du roi, ordonnant qu'il sera sursis à la vente des offices municipaux non vendus, toutes commissions du grand sceau expédiées pour lesdits offices sont révoquées, et il est permis aux villes de procéder, suivant les anciens réglements, à l'élection des officiers municipaux dont les charges n'ont point été levées et auxquelles il n'a pas été pourvu. En conséquence, il est procédé à l'élection du maire, de trois échevins et de quatre conseillers.

1738, 10 mars. Certificat accordé au sieur Ét. Domet, seigneur de Mont, constatant que ledit sieur, avocat général à la Chambre des Comptes de Dole, est issu d'une des plus anciennes familles de la ville; que ses père, ayeul et bisayeul y ont exercé avec honneur et distinction les premières charges municipales; qu'ils ont toujours vécu noblement; que la qualité de nobles ne leur a jamais été contestée, et qu'ils se sont alliés aux comtes d'Achey, aux seigneurs de Vaugrenand et autres familles dont la noblesse est connue.

— 24 mars. Baptême de la grosse cloche, depuis peu refondue. Le parrain est le seigneur Ch.-Louis, comte d'Achey et de Scey, vice-amiral des armées navales, et la marraine dame Gabr.-Victoire Mairot, épouse d'Et. Vigoreux, chevalier, seigneur d'Escrilles. - Deux cents liv. de métal étant restées sans emploi, il en est fait une cloche destinée au collége.

— 10 novembre. Il est expédié au sieur Ch.-Hyacinthe

Regnauld d'Epercy, avocat en parlement, un certificat constatant que depuis quatorze ans il exerce l'office de subdélégué de l'intendance, occupé avant lui par son père depuis le 28 juin 1705; que l'un et l'autre ont rempli avec distinction la charge de vicomte-mayeur de la ville, et ont contracté des alliances dont la noblesse est connue. Il est rappelé que semblable certificat a été accordé à leur père et ayeul, le 15 juillet 1659.

Le même jour, le sieur Cl.-Pierre Gravier, familier, est nommé gardien de l'Hermitage, en remplacement du sieur Girardot, démissionnaire.

1739, 9 janvier. Le sieur Cl.-Louis Canoz est nommé curé de St.-Just, en remplacement du sieur Lalot, décédé le 10 janvier 1738. L'abbé de Mandeville, nommé pour lui succéder, avait donné sa démission.

— 27 avril. Dépense de 1,010 livres en réparations à l'église de Saint-Just.

11 décemb. Envoi de seize pièces de vin blanc aux autorités supérieures de la province, à Besançon.

1740, 18 mars. Etablissement de quatre lanternes sous les arcades, afin de les éclairer pendant la nuit; il est demandé à l'intendant de permettre qu'il en soit placé seize autres dans les rues et carrefours.

— Projet et tracé d'un nouveau chemin de grande communication d'Arbois à Salins, passant par les Arsures. Le conseil représente que ce nouveau chemin, qui alongera d'une heure entière la distance qui sépare les deux villes, augmentera les frais de transport, et nuira au commerce des vins en éloignant les habitants de la montagne qui en achètent la plus grande partie; qu'il serait bien préférable de rétablir le chemin déjà existant, qui, traversant des pelouses et des terrains de peu de valeur, serait bien moins dispendieux. L'intendant est supplié de renoncer à ce projet, qui affecterait grandement l'intérêt d'Arbois.

— 7 juin. En considération des services rendus par le sieur Bouvenot, docteur en médecine, aux habitants de la ville, et notamment à l'hôpital, où il ne reçoit aucune rétribution, il lui est accordé, sous le bon vouloir de l'intendant, une pension annuelle de 200 liv., à condition qu'il renoncera à son projet d'aller s'établir à Dole, s'engagera, sous sa parole d'honneur, à ne point quitter la ville, et se soumettra à ne pas s'en absenter plus de deux jours sans en avoir donné l'avis, et dans le cas où il n'y aurait point de malades.

— 14 déc. Arrêt du conseil du roi, qui, sur la considération qu'à S. M. seule il appartient de permettre ou de faire cesser toutes perceptions de deniers faites en vertu de droits municipaux, casse et annule deux arrêts rendus les 31 mai 1739 et 4 mai 1740, par la Chambre des Comptes de Dole, lesquels défendaient au magistrat d'Arbois de percevoir aucun droit de manantage.

1741. Approbation de l'élection du magistrat par l'intendant, qui, en même temps, invite le conseil et les notables à ne point continuer plus de deux ans de suite le maire et les échevins dans leurs fonctions.

— 16 mai. Arrêt du conseil du roi, permettant au magistrat d'Arbois, sur sa demande faite le 6 mai 1740, à dater du 1er septembre suivant, de lever et percevoir, pendant 20 années consécutives, au profit de la ville, 6 liv. par chaque muids de vin, et 20 sols par chaque quartaut de vendange provenant de territoires étrangers, qui seront introduits et encavés dans ladite ville ; veut S. M. que lesdits droits soient payés comptant à l'entrée desd. vins et vendanges, à peine de confiscation et de 20 liv. d'amende par chaque contravention, et que le produit dudit octroi soit employé, avec les revenus patrimoniaux de ladite ville, à l'acquit de ses charges ordinaires et extraordinaires.

1742. Ouverture dite de la route du mont Poussot. Jusqu'à cette époque, la route d'Arbois à Besançon passait près de la grange Fontaine, d'où elle se dirigeait sur Mouchard, en côtoyant la forêt. Malgré les représentations du conseil, le projet de la nouvelle route de Salins avait été mis à exécution, et celle de Poussot en faisait partie. La direction en a été changée en 1842, afin d'éviter l'escarpement.

Cette même année 1742 vit construire la route du mont des Planches, qui, beaucoup plus que l'autre, nécessitait une rectification exécutée en 1844 et années suivantes.

— 14 janv. Bulle du pape Benoît XIV, qui sécularise l'abbaye de Saint-Claude et tous les bénéfices qui en dépendent. Le conseil arrête qu'il sera formé opposition à la réunion des prébendes et places monacales des quatre religieux du prieuré à la Familiarité de Saint-Just.

— Mars. Arrêt du conseil du roi, portant défense de procéder à l'avenir à l'élection du magistrat.

— 26 octob. Nouvelle organisation du collége; au principal et au 2ᵉ régent en est adjoint un 3ᵉ, l'abbé Maire. Le gage du principal est fixé à 233 liv. 6 s. 8 d., et celui de chacun des deux régents à 150 liv., non compris ce que les écoliers doivent payer chaque mois.

1743, 6 mai. Nouvelle organisation du conseil; le nombre des conseillers est fixé à quatre, de six qu'il se composait auparavant, et le maire prend le titre de mi-triennal, c'est-à-dire que le titulaire de la charge doit être changé ou renouvelé tous les dix-huit mois.

— 29 mai. Il est procédé par le vicaire général et l'official du diocèse, à l'union des places monacales à la familiarité. Le 6 août suivant, il est décidé en assemblée générale, les notables appelés, que le nombre des familiers sera réduit à vingt, et que le prieur, allibéré de toute portion congrue et de logement, n'aura à payer que le marguillier.

1744, 6 août. Ordre à M. de Marival, d'organiser les compagnies bourgeoises que les villes de Dole, Salins, Arbois, Ornans et Quingey offrent de lever et de mettre à la disposition du roi pour la guerre. Arbois offre deux compagnies de 50 hommes chacune; il n'y sera admis que des volontaires en état de porter les armes. Ces compagnies, auxquelles des fusils seront fournis par l'Etat, seront employées à défendre leurs villes contre les partis ennemis qui pourraient les menacer. Ces partis, dont on redoutait l'invasion, étaient les Pandours autrichiens du baron de Trenck, fameux par leurs cruautés et leur audace, mais qui furent bientôt forcés de repasser le Rhin qu'ils avaient franchi l'année précédente. Le 17 octobre, le garde d'artillerie de Salins, le sieur Dinocourt, prévient le magistrat qu'il a ordre de lui livrer 50 fusils.

— 13 août. Aux questions faites par l'intendant sur l'état présent de la ville d'Arbois, il est répondu :

La seigneurie appartient au roi, dont les droits consistent dans l'héminage des grains vendus aux halles les jours de marché, et dans la propriété d'environ 200 ouvrées de vignes, nommées *ban du roi*, le tout affermé annuellement au prix de 1,800 liv.; en amendes excédant 12 liv., pour délits commis dans les bois; en cens seigneuriaux, produisant 40 liv.; en un moulin à grains, avec martinet et huilerie, amodiées 700 liv., toutes sommes non comprises dans l'impôt royal. Vingt-deux propriétaires, les plus riches, contribuent à l'impôt ordinaire pour la somme de 254 liv. 18 s. Parmi les prés, champs et vignes dont se compose le territoire, un huitième est bon, et s'amodie 20 l. le journal ; un huitième est médiocre, et est laissé à 10 liv.; le reste est mauvais, et 3 l. sont tout ce qu'on en peut tirer. Les biens particuliers de la ville consistent en bois, moulins, maisons, droits de fours, manantage et vinclerie, produisant, année commune, 6,000 l.; mais les charges en absorbent plus des deux tiers. Le seul commerce existant est celui des vins. L'exercice de la haute, moyenne et basse justice appartient à la ville. La population comprend 962 hommes mariés, 52 veufs, 452 garçons et 620 filles au dessus de 12 ans. La dîme perçue par le prieur est très onéreuse ; elle s'élève au treizième de toutes les récoltes en grains et en vin. Le bailliage, vu son peu d'étendue, n'est pour la ville d'aucun avantage.

— 29 août. Prières d'actions de grâces et illumination, en réjouissance de la guérison inespérée du roi.

— 15 octob. Ensuite de l'invitation faite à la ville par le lieutenant général duc de Randan, d'envoyer vers le 22, à Vesoul, pour assister au passage du roi, les deux compagnies bourgeoises, lesquelles, dans leur marche et dans leur séjour, recevront l'étape ; commission est donnée au sieur conseiller Bouvenot, d'acheter à Salins du drap jaune et du drap noir, pour parements, afin d'habiller les tambours, de faire peindre le drapeau aux armes du roi et de la ville, et de se procurer des rubans jaunes et noirs pour cocardes.

— Etablissement d'une fabrique dans l'église de St.-Just, décrété par l'archevêque Antoine-Pierre II de Grammont. Par ce décret, les quatre places ou prébendes monacales et l'office de sacristain sont supprimés ; les prébendes, d'un revenu annuel de 600 l., sont affectées à la fabrique, ainsi que les maisons claustrales occupées par les prébendes ; la maison du sacristain servira au logement du curé ; les Familiers sont réduits à 18, non compris le curé, qui, à l'avenir, en cas de vacance, sera choisi parmi eux et nommé par l'archevêque, sur la présentation du prieur, qui désignera au prélat trois candidats.

— 7 déc. Ordre du duc de Randan, de réduire, avant le 20 du mois, les deux compagnies bourgeoises en une seule, composée de 25 hommes, non compris les officiers. Les officiers de la compagnie supprimée y prendront, en second ordre, le titre et le rang de leur grade.

1745. Arpentement général des vignes, prés, champs, etc., dont se compose le territoire. Il en résulte que les terres privilégiées et exemptes d'impôts comprennent 1227 journaux, dont 190 et un quart de laïques, et 1,036 trois quarts d'ecclésiastiques.

— 15 janv. Ordre du conseil, de faire payer au docteur Bouvenot la pension de 200 liv. qui lui a été accordée en 1740, dont le payement avait été refusé par le maire, Ferdinand Clerc, qui lui-même était docteur en médecine. Il est délibéré en même temps qu'il sera adressé des remontrances à l'intendant, à l'effet d'obtenir la suppression de cette pension; mais ces remontrances sont rejetées, et la pension maintenue.

— 19 décemb. Lettre de l'archevêque, à l'effet d'inviter le magistrat à veiller à ce que les traiteurs et aubergistes n'apprêtent point à manger gras les jours défendus aux officiers des troupes en garnison, ni à aucune personne qui n'en aurait pas obtenu la permission de lui ou de ses vicaires généraux. Dans la capitale, ajoute-t-il, cet abus est défendu par les magistrats, sous des peines rigoureuses.

1746, 15 juin. Par ordonnance de M. de Serilly, intendant, tout officier municipal qui, sans cause légitime, se sera dispensé d'assister aux assemblées du magistrat régulièrement convoquées, sera, sur l'attestation du maire, condamné à dix livres d'amende.

— 17 juillet. Autre ordonnance du même, par laquelle

les procureurs, notaires, huissiers et marchands, sont assujettis à la corvée pour l'entretien et la réparation des routes.

— 24 juillet. Autre ordonnance du même, qui déclare exempts de la capitation les chanoines de la collégiale, les nobles et les officiers du bailliage, et en annulle le rôle en ce qui les concerne.

1747, 23 oct. Statuts du collége, en latin et en 14 articles. On remarque parmi les obligations imposées aux écoliers, la confession mensuelle, l'assistance quotidienne à la messe, la défense de proférer aucun jurement, ni parole obscène, de fréquenter aucune personne de l'autre sexe, surtout celles de mauvaise renommée, de parcourir pendant la nuit les rues et les places ; l'ordre de s'abstenir de tous jeux publics et particuliers, de rendre à tous les ecclésiastiques et personnes considérées l'honneur qui leur est dû, d'éviter entre eux toute lutte, querelle et parole injurieuse, d'étudier avec soin leurs leçons, de se rendre ponctuellement en classe aux heures fixées, et de ne s'en absenter qu'avec la permission du professeur qu'ils doivent écouter attentivement ; enfin, la recommandation de ne déformer ni briser aucuns bancs, siéges, tables, fenêtres, et d'obéir humblement au professeur. En cas de violation d'un seul de ces articles, l'écolier sera expulsé, sans espoir d'être admis de nouveau.

1748, 30 avril. Sur la requête des chanoines de N.-D., tendant à ce qu'il leur soit permis de convertir en esplanade au-devant de leur église, deux carrés de jardin appartenant, l'un auxdits sieurs chanoines, l'autre, aux frères Canoz, ces derniers censables envers la ville ; il est délibéré que ledit cens sera éteint, et que la ville contribuera par corvées aux travaux nécessaires, à condition que, dans toute son étendue, ladite esplanade sera libre et publique.

— 15 mai. Il avait été interdit aux religieuses Tiercelines de recevoir des novices ; cette interdiction est révoquée par une ordonnance signée Louis xv et Voyer d'Argenson.

— 16 septembre. Le sieur Goyot, principal du collége depuis 1745, ayant éprouvé quelque désagrément de la part du magistrat, renouvelle pour la troisième fois, depuis le 9 juillet, sa démission. Elle est acceptée, et Cl.- Etienne Maire est nommé pour le remplacer.

1749, 15 janv. En exécution de l'arrêt du conseil du roi, du 1er octobre 1748, il est pourvu d'autorité, par le sieur Malus, subdélégué général, aux offices non levés et aux places vacantes dans le magistrat.

— 28 juin. Disette des grains. Il est délibéré qu'il sera fait emprunt de 4,000 liv. pour en acheter. Le 5 juillet, sur 300 mesures venues d'Auxonne, 200 sont distribuées aux plus nécessiteux au prix de 3 liv. 10 s. la mesure, et le reste converti en pain, pour ceux qui sont hors d'état d'acheter le grain. Par ordre de la cour, 40 mille quintaux de blé, arrivés d'Angleterre, remontent la Saône, et sont répartis dans les provinces.

1750, 28 avril. Arrêt du conseil du roi, qui déclare revenu patrimonial l'octroi sur les vins et vendanges de provenance étrangère, concédé par l'arrêt du 16 mai 1741.

— 4 juin. Certificat délivré aux religieuses Carmélites :

Nous, vicomte mayeur, etc., certifions qu'en l'année 1639, les magistrats et notables de la ville d'Arbois voyant leur patrie réduite au point d'une ruine entière par tous les malheurs dont la peste, la famine et la guerre peuvent désoler une ville, se dévouèrent à la très-sainte mère de Dieu, s'engagèrent à lui faire ériger une église sous le titre de Marie-Libératrice, et établirent une fête perpétuelle à son honneur. Leur vœu fut récompensé, mais pendant quatre années ils furent encore trop pauvres pour entreprendre la bâtisse de lad. église.

Sur ces entrefaites, les dames Carmélites de Salins les supplièrent de leur accorder la permission d'établir audit Arbois un monastère de leur ordre ; comme elles étaient autorisées, et même très-fortement recommandées par le seigneur Cl. de Bauffremont, gouverneur du Comté, et que les magistrats trouvaient dans cet établissement l'occasion de se procurer l'église qu'ils avaient vouée à la Ste. Vierge, ils en proposèrent l'érection auxd. religieuses, avec d'autres conditions très-avantageuses pour la patrie ; les dames Carmélites s'y soumirent dans le traité de leur réception, passé le 12 oct. 1643, et confirmé par monseig. l'archev. Claude d'Achey, le 22 nov. 1646. En conséquence, et sans qu'il en ait rien coûté aux deniers publics, elles ont bâti, sous le titulaire de Marie-Libératrice, leur couvent et leur église, laquelle aurait été et serait encore sans elles à la charge de lad. ville, soit pour la bâtisse, soit pour l'entretien et la décoration, ce qui ferait l'objet d'une dépense considérable. Conformément à leur traité de réception et aux constitutions de leur ordre, elles n'ont pas excédé le nombre de 21 religieuses, y compris les sœurs converses ; elles vivent de leurs rentes, dont le revenu cependant ne passe point les bornes d'une honnête médiocrité, et elles trouvent dans leur frugalité les moyens de faire journellement des aumônes, surtout aux pauvres malades. Ainsi, elles sont à l'avantage et non à la charge du public, et la réputation de leur piété est si bien établie, que les habitants leur portent une singulière affection, comme à leurs protectrices auprès de Marie, et regardent leur église comme un asile dans les calamités publiques. Aussi, chaque année, au jour de fête de Ste. Marie-Libératrice, il y est fait une procession générale de tous les corps ecclésiastiques et séculiers de lad. ville, comme pour ratification de l'ancien vœu des magistrats et bourgeois ; tel est le témoignage que nous donnons avec d'autant plus de satisfaction que nous sommes intéressés et obligés de le donner à la vérité.

— 1er juillet. Délibération des Familiers de St.-Just, à l'effet de former une bibliothèque à leur usage commun ; afin de pourvoir à son entretien et augmentation, il sera prélevé annuellement 66 l. 13 s. 4 d. sur les revenus du corps. Le 3 août suivant, la délibération est approuvée par le conseil.

1751, 6 mai. Considérant que l'oratoire, connu sous le nom de *Dieu de pitié*, situé au faubourg de Magerone ou Montfort, à peu de distance des portes de Courcelles et Picardet, sur une place élevée où aboutissent cinq chemins, tombe en vétusté ; que cet oratoire fut construit aux frais du magistrat, en l'année 1597, deux ans après le siége, en mémoire du sieur Joseph Morel, surnommé *le Prince,* capitaine d'infanterie au service du roi catholique, lequel fut pendu à un arbre sur ladite place, par l'ordre du maréchal de Biron ; qu'il convient de rétablir incessamment ledit oratoire, qui sera grillé, et d'y placer la même statue du *Dieu de pitié*, laquelle a toujours été en grande vénération, non-seulement de la part du peuple, mais encore de celle des gens les plus distingués ; il est délibéré d'une voix unanime, à l'exception d'une seule, qu'il sera écrit à monseigneur l'archevêque, pour supplier Sa Grandeur d'agréer ce rétablissement.

— 15 mai. Par jugement rendu au présidial de Salins, sur le rapport de M. Bousson de Romain (1), conseiller, la communauté de Mesnay, qui avait intenté un procès à la ville, est déboutée et condamnée aux dépens. Il est délibéré qu'il sera écrit à M. Bousson, au nom du conseil, une lettre de remercîment, accompagnée de douze bouteilles de vin blanc. La réponse de M. le conseiller à cette lettre et à cet envoi est lue à la séance du conseil du 21 mai suivant.

— 29 mai. Règlement du collége, dressé par l'abbé Maire,

(1) Ayeul de l'auteur. La seigneurie de Romain, près de Baume-les-Dames, qu'il tenait de sa femme, ayant été aliénée quelque temps après, il cessa d'en porter le nom, et ajouta au sien celui de son beau-père, messire Jacques de Mairet, mort sans postérité mâle en 1740, premier substitut du procureur général du Parlement de Besançon, et petit-neveu de l'auteur de la tragédie de *Sophonisbe*.

principal, et approuvé par le conseil. Sous peine du fouet, il est défendu à tout écolier, non accompagné de ses parents ou envoyé par eux en commission, de paraître en public les jours de classe, ainsi que de jouer à aucun jeu de cartes ou de dés, avec qui que ce soit, les jours de congé.

— 4 juin. Permission de l'archevêque de rétablir l'oratoire du *Dieu de pitié :*

Vu la présente requête et le plan ci-joint, prenant égard à l'ancienneté de l'oratoire y mentionné, à la dévotion des peuples envers icelui, et à la promesse des suppliants de veiller exactement à ce que les abus dont on s'est plaint ci-devant n'y arrivent plus dans la suite, nous leur permettons de faire reconstruire ledit oratoire en son premier emplacement, conformément audit plan que nous approuvons par ces présentes, et d'y exposer l'ancienne statue du *Dieu de pitié*, avec la décence convenue, à la charge néanmoins que la clé du grillage en fer, servant de clôture ou de porte audit oratoire, sera confiée à une personne de probité, qui ne l'ouvrira que rarement de jour et jamais de nuit; que l'on n'y placera aucun tronc au-dedans ou au-dehors, sans permission expresse de notre part; que l'on n'y publiera aucun miracle qui ne soit dûment avéré; que l'on n'y exposera aucun enfant mort-né, et qu'enfin lesd. suppliants veilleront par tous les moyens en leur pouvoir, à empêcher toutes les superstitions, abus et scandales qui pourraient naître à l'occasion dud. oratoire.

La reconstruction fut achevée à la fin de novembre, et le 3 décembre la statue, déposée à l'église de Saint-Just, y fut solennellement transportée.

— 19 septemb. Admission dans la Familiarité de M. Ign.-François-Xavier Bruet, docteur en théologie, décédé curé d'Arbois en février 1821.

— 20 septemb. Visite de M. Moreau de Beaumont, intendant; il ordonne la démolition de la porte Oudin.

1752. Recensement de l'année: Maisons, 509; population, 5,061; feux, 1,200; vignes, 2,292 journaux;

terres labourables, 764 journaux; prés, 382 faulx; bois, 4,042 arpens. -- Récoltes, année moyenne en vins, 1,600 muids; en froment, 1,800 mesures; en foins, 80 milliers; en menues graines, 2,000 mesures. -- Dîmes au profit du prieur, 2,800 l.; dépenses communales, 6,884 l. 4 s.

— 17 janv. A vue des titres produits par le sieur Gabriel-Aimé Gillaboz, l'intendant ordonne qu'il prenne au conseil place parmi les nobles. Déjà, en 1700, le sieur Just-Ign. Gillaboz, son père, avait produit ces mêmes titres, mais il avait négligé de faire rendre jugement en conséquence.

— 12 juillet. Ordonnance de l'intendant, en 26 articles, établissant une *compagnie bourgeoise, dite du feu*, composée de 22 hommes, officiers compris. Il est enjoint à la ville d'acheter trois pompes, dont une grande, montée sur quatre roues, et deux moyennes, portatives, lesquelles seront placées sur des chariots à roulettes. Le 6 décembre, la compagnie est organisée; seize soldats, deux caporaux, deux sergents, un lieutenant, le sieur Grosez, et un capitaine, le sieur Brahier. Dans le cas d'incendie, elle sera secondée par une deuxième compagnie, forte de 46 hommes, et commandée par les sieurs Morivaux et Giroulet.

1753, 25 fév. M. de Courbouson, secrétaire perpétuel de l'académie de Besançon, fondée au mois de juin 1752, prévient le conseil que cette compagnie se propose de réunir tous les documents relatifs à l'histoire naturelle, ecclésiastique et civile de la province, et lui demande communication de toutes les pièces que la ville peut posséder concernant ces divers objets. Il est délibéré qu'il en sera fait recherche.

— 6 juin. Réception d'une pompe à incendie, de moyenne grandeur, fabriquée à Paris, et coûtant 585 livres.

1754, 20 déc. Il paraît que les demandes faites au nom

de l'académie de Besançon, par M. de Courbouson, n'avaient pas eu tout le résultat qu'elle en espérait. L'intendant invite le magistrat à envoyer à la compagnie l'extrait des anciennes chartes de la ville, et un mémoire sur ses antiquités.

1755, 1er décemb. Sur l'avis reçu que des commissaires nommés par le roi, pour la direction des hôpitaux de la Franche-Comté, s'occupent à en dresser les règlements, il est résolu qu'il sera exposé auxd. commissaires que l'hôpital d'Arbois a toujours été administré par le magistrat; que les fonds en ont été fournis par les habitants, et que la confrérie du Saint-Esprit lui a été jointe; qu'en conséquence, il sera demandé que le maire, et à son défaut le premier échevin, auxquels seront adjoints des membres du magistrat et le curé de la paroisse, soient maintenus dans le droit d'administration.

1756, 28 mai. Traité entre le maire et les échevins, d'une part, et le sieur J.-B. Charlier, tailleur, d'autre part, à l'effet de fournir, au compte de la ville, six habits, vestes et culottes en drap jaune de Lodève, avec parements noirs, manteaux, chapeaux bordés avec leurs cocardes, et six paires de bas, destinés à l'habillement des sergents et gardes de police, lesquelles fournitures et façon montent à la somme de 807 livres 11 sols.

— 29 décembre. Devis, signé Nodier, à Besançon, de la reconstruction de la porte Oudin et du bâtiment du collège. La dépense est évaluée à 16,555 livres.

1757, 11 janvier. Sur la nouvelle reçue de l'assassinat du roi Louis xv, par Damiens, il est délibéré que tous les gens suspects et sans aveu, passant dans la ville, seront arrêtés et soumis à un interrogatoire, et qu'il sera célébré des prières publiques d'actions de grâces.

— 28 janv. L'office de procureur du roi de police à l'hôtel-de-ville est supprimé. Le titulaire est invité à présenter son titre, à l'effet d'en recevoir le remboursement.

1758, 6 mai. De nombreuses plaintes s'étant élevées contre les insectes qui ravagent le territoire, il est délibéré que le sieur curé sera prié de demander à l'archevêque un monitoire, et « permission de maudire lesd. insectes suivant les prières, exorcismes et cérémonies prescrites par le rituel, et de les réitérer au besoin pendant le cours de l'année. » Cette demande est renouvelée l'année suivante.

1759, 12 mai. Arrêt du conseil du roi, qui fixe à huit le nombre des imprimeries de Franche-Comté, savoir : quatre à Besançon, et une dans chacune des villes de Dole, Salins, Vesoul et Lons-le-Saunier ; il est défendu d'en établir aucune autre, sous peine de 500 l. d'amende et de la confiscation des presses, caractères et autres ustensiles.

— 31 déc. Sur l'invitation de l'intendant, M. J.-Bapt. Domet de Mont, lieutenant général du bailliage, est élu maire. Il expose que ses occupations ne lui permettent pas de remplir ces fonctions aussi exactement qu'il le désirerait, il conviendrait de lui nommer un lieutenant, et quoique le choix lui en appartienne, il prie le conseil d'en nommer un. M. J.-D. Rousseau, avocat, est proposé et accepté.

1760. 18 mars. En vertu d'un arrêt de la Chambre des Comptes de Dole, le procureur Larquand est chargé de régler la dosne de la comtesse Mahault, et d'en opérer le recouvrement, lequel s'élève, pour les années 1755, 1756 et 1757, à 57 liv. 15 s., déduction faite des frais.

— 1er avril. Certificat délivré, sur sa demande, à M. Ét.-Éléonor Domet de Mont, doyen du chapitre, constatant qu'il est issu d'une famille noble des plus anciennes de la ville, distinguée par les charges qu'elle a remplies et par ses services militaires; que quatre des frères dud. Domet, dont trois servent encore, ont été officiers dans les troupes du roi, et ont fait les guerres de Bohême et de Bavière, et qu'enfin lui-même remplit avec édification les devoirs de son état.

1761, 3 mai. Sur plaintes portées de ce que depuis quelque temps la messe matinale est fixée à six heures en hiver, et cinq en été, ce qui est très-préjudiciable au public, en ce que la journée est déjà avancée avant que les ouvriers aient pu se rendre sur les lieux, et que ceux mêmes qui n'assistent pas à lad. messe n'en sont pas plus matineux, ce qui commence à dégénérer en habitude de n'aller que fort tard au travail, il est délibéré qu'il sera pris arrangement avec les sieurs curé et familiers, de façon à obvier audit inconvénient.

1762, 13 nov. D'après un ordre du roi, de n'envoyer à l'avenir de la cavalerie en quartier que dans les villes possédant des casernes et des écuries, l'intendant écrit qu'il se propose de faire construire à Arbois un corps de casernes et des écuries pour un escadron. Il est résolu que ledit seigneur sera supplié de faire excepter la ville du nombre de celles où des casernes seront établies.

1763, 8 février. Sur la demande de l'intendant, le sieur curé Brahier est chargé de dresser l'état des baptêmes et décès pendant les dix dernières années. Il se trouve qu'il y a eu dans cet intervalle 380 mariages, 2,018 baptêmes, 1,056 de garçons et 962 de filles; 2,001 décès, 1,017 d'hommes et garçons, et 984 de femmes et filles.

— 24 juin. Publication du traité conclu à Paris, entre la France et l'Angleterre, le 10 février précédent, connu sous le nom de *paix honteuse,* et qui termine la *guerre de sept ans.*

— 12 août. Déclaration des religieuses Tiercelines, envoyée au cardinal de Choiseul, archevêque de Besançon, constatant que la communauté est composée de 28 religieuses de chœur, de 6 converses, d'un directeur, religieux de leur ordre, et de 2 domestiques; que leur revenu s'élève à 2,568 l. 16 s., tant en amodiations de terres labourables qu'en vignes et intérêts de capitaux.

— 21 décembre. Distribution de la dosne de la comtesse Mahault, montant à 20 livres 14 sols.

1764, 8 juin. Délibération du conseil, relative à la construction du couvent et de l'église des religieuses Ursulines, et à l'élargissement de la rue tirant de la place à l'église paroissiale, ainsi que de celle du Vieux-Château. Il est décidé qu'une maison, appartenant à la famille Vermot, sera achetée pour y élever en place l'église du couvent. Le 24 août suivant, cette délibération est homologuée par l'intendant, M. de Lacoré.

— 31 août. Sur la demande du procureur général du Parlement, qu'il lui soit donné connaissance des usages et formalités observées dans les élections annuelles des officiers municipaux, il est répondu :

Le 31 décembre de chaque année, les officiers du magistrat étant assemblés, le maire présente trois boîtes renfermant les noms des notables; la première, ceux des ecclésiastiques; la seconde, ceux des notables et bourgeois vivant de leurs rentes, et la troisième, ceux des artisans et vignerons. De ces boîtes sont extraits, au sort, en part égale pour chacune, par le premier échevin, autant de noms qu'il y a de suppôts du magistrat, avec lesquels ceux que le sort a désignés procèdent à l'élection.

Lecture est faite ensuite de la lettre où monseig. l'intendant propose les personnes sur lesquelles il désire que les choix soient fixés.

L'élection faite, le maire, les échevins et assesseurs se transportent à l'église paroissiale, où, par-devant le curé, tenant en main le St.-Sacrement, le maire prête le serment accoutumé, dont acte est dressé par le lieutenant général du bailliage.

Le corps du magistrat est composé du maire, qui, de temps immémorial a toujours été un notable ou un gradué, d'un lieutenant de maire, de quatre échevins et de six conseillers assesseurs, de deux secrétaires alternatifs, greffiers des juridictions de l'hôtel-de-ville, de 3 syndics, d'un receveur des revenus de la ville, et d'un contrôleur.

— 10 sept. Lettre du duc de Choiseul à l'intendant, par laquelle il déclare que S. M., sans être moins disposée à faire jouir les habitants d'Arbois du privilége qu'ils réclament, n'a pas jugé à propos de donner un réglement particulier qui assure exclusivement aux ecclésiastiques originaires ou natifs de la ville, les canonicats vacants à la collégiale.

1765, 11 fév. Sur la demande de l'intendant, lui est envoyé l'état des honoraires accordés aux officiers municipaux.

Aux échevins et conseillers, au nombre de 12, 1 l. 6 s. 8 d., à partager entre tous les membres présents à chaque assemblée, ordinaire ou extraordinaire. La portion du maire est double, suivant l'état dressé par le secrétaire, il est procédé à la répartition à la fin de chaque année.

Aux échevins, la somme de 6 l. 13 s. 4 d., à partager entre eux.

Au premier échevin et aux deux notables chargés de la rendue des comptes des impositions royales et deniers patrimoniaux, 20 l. pour chacun.

Indemnités de voyages pour les affaires de la ville ; à Dole ou Besançon, 6 liv. 13 s. 4 den. par jour; à Salins ou Poligny, 4 liv.

A chacun des trois syndics, 22 l. 10 s. chaque année, indépendamment des journées fixées pour la ville et les environs, à 15 sols, et à 50 pour les extrémités des forêts et de la banlieue.

Au secrétaire de l'hôtel-de-ville, 110 liv. par an, et 2 s. 3 d. par chaque délibération où il assiste pour l'écrire; 20 l. pour la reddition des comptes ; 5 liv. pour chaque expédition de rôles d'imposition, capitation, etc., et un sol 6 d. payé par chaque habitant auquel il délivre un billet de sel d'ordinaire.

Au commis, pour le logement des gens de guerre, proportionnellement au nombre des troupes de passage, année commune, 40 liv.

Au receveur des deniers royaux et patrimoniaux un gage fixe de 595 l., et au receveur des amendes, 5 sols 9 deniers par livre.

— 28 févr. Nouvelles élections en exécution des lettres-patentes du roi, du 1er février, par lesquelles il est ordonné que le corps du magistrat se composera à l'avenir du maire, de trois échevins et de six conseillers. Mais cette organisation n'est maintenue que jusqu'au mois de mai suivant, où, en vertu d'un édit royal, le corps du magistrat doit comprendre le maire, quatre échevins, six conseillers, un receveur-syndic et un secrétaire-greffier, tous élus, à l'exception du maire, qui sera nommé par le roi, pour trois ans, sur la présentation de trois candidats. Les candidats présentés sont MM. de Belon, Pécauld d'Ivrey et Pécauld de Changin. Le choix du roi, notifié le 1er mars 1766, est fixé sur M. de Belon, chevalier de St.-Louis.

— 8 oct. et jours suiv. Reconnaissance du chemin dit Vinetier, dirigé d'Arbois sur Mesnay, Pont-d'Héri et le bois Chaillet, faite par M. Normand, ingénieur des ponts et chaussées ; il en résulte la preuve que ce chemin était d'une grande ancienneté, et connu dans la montagne sous le nom de Chemin-Royal.

— 21 oct. Démission du sieur Blondeau, principal du collège, pour cause de santé. Afin de pourvoir à son remplacement, un concours est ouvert par-devant MM. Domet de Mont, doyen du Chapitre, Brahier, curé, et Blondeau. M. l'abbé Hugues l'ayant emporté sur ses concurrents, est nommé principal.

— Maladie épidémique, consistant en fièvres qui enlèvent jusqu'à neuf personnes par jour ; le mal diminue les deux années suivantes, dont les hivers furent rigoureux ; mais il se réveille en 1768 et 1769, où, après de nouveau ravages, il finit par disparaître. Dans ces deux dernières années il ne périt pas moins de 500 personnes.

1766, 2 janv. Lecture d'un arrêt du Parlement de Besançon, du 19 décembre précédent, par lequel il est ordonné que tous ceux qui, à l'avenir, seront élus maires, échevins et conseillers de ville, seront tenus, avant leur installation, de produire *un certificat de catholicité*, signé du curé ou du vicaire de leur paroisse, à peine d'être déclarés incapables de remplir à jamais aucune charge publique.

— 26 janv. Il est délibéré que chacun des sergents de ville recevra annuellement 40 l., et que chaque année, le 2 septembre, il leur sera délivré un chapeau, une paire de bas, une culotte de peau ou de droguet, un manteau et un surtout de droguet gris, à collet noir et garni d'étoffe jaune sur la manche, une cocarde et un col noir. Les manteaux et surtouts ne seront portés qu'aux cérémonies. Distribution semblable, manteau excepté, sera faite aux gardes de police, lesquels recevront chacun 66 l. de gages. Le surlendemain 28, sont élus et installés trois sergents de ville et deux gardes de police.

— Arrêt du conseil du roi, qui autorise la ville à rétablir le chemin Vinetier, et met à néant l'opposition formée par la ville de Salins. Ce chemin, ainsi nommé parce qu'il servait à transporter en Suisse et dans les montagnes du Jura les vins d'Arbois et de Bourgogne, était devenu impraticable, ce qui obligeait les acheteurs à passer par Salins, dont les gabelles se trouvaient ainsi, au détriment d'Arbois, alimentées par les vins étrangers à son territoire. Aussi, le magistrat de Salins s'opposa-t-il avec la plus grande vivacité au rétablissement du chemin.

Ce chemin, d'une haute antiquité, commençait à la porte Oudin, suivait les rues Dessous, de Gillois, Champerroux, traversait Mesnay, d'où il tournait à gauche et gravissait la montagne par un ravin profond, alors nommé *la Rainure*. Arrivé au sommet, il se divisait en deux branches, dont l'une, à gauche, conduisait à Salins, l'autre, à droite, à Andelot. Au-delà de ce village il rejoignait la route de Salins à Jougne. Les réparations obtenues comprenaient un espace de 5,490 toises, environ onze kilomètres.

— Excellente récolte en vins. La qualité en est tellement supérieure que, dès l'année suivante, le prix du muids s'élève jusqu'à 80 écus, ou 240 livres.

1767, mai. Note sur la juridiction du magistrat d'Arbois, adressée, sur sa demande, à M. Langlois, intendant des finances, à Paris.

En vertu des lettres-patentes données par l'empereur Maximilien, en 1493, et par l'archiduchesse Marguerite, en 1528, confirmées par l'arrêt du conseil du roi, du 19 août 1727, le droit est acquis au magistrat d'apposer les scellés, faire inventaires, décerner tutelles et curatelles en absence de testament, dresser actes d'émancipation, connaître toutes contestations entre particuliers, décider les causes de police, celles de mésus dans les héritages, recevoir les serments des gardes de police, messiers, gardes fruits et forestiers, même de ceux établis par les communautés usagères, percevoir les amendes pour délits forestiers, au-dessous de 12 liv. L'exercice du ministère public est dévolu à un procureur du roi de la ville, faisant partie du magistrat, anciennement appelé syndic, et différent du procureur du roi du bailliage.

— 27 mai. Ravages de l'épidémie, qui sévit depuis les premiers jours de décembre précédent. Afin de les arrêter, il est délibéré que les fosses seront creusées à cinq pieds de profondeur, et qu'il sera jeté sur chaque cadavre trois ou quatre sceaux de chaux vive ; que l'église sera soigneusement nettoyée, ainsi que les rues, dont les boues seront enlevées sans délai, et qu'il ne sera sonné que deux fois pour chaque mort, la première, au moment du décès, la seconde, à celui de l'inhumation. Le 19 juillet suivant, il est résolu que le cimetière sera agrandi.

— 6 juillet. Le sieur Riondet, prêtre familier, est, sur sa demande, nommé gardien de l'Hermitage, en remplacement du chanoine Lambertoz, décédé, à condition qu'il y résidera, et s'abstiendra de faire aucune quête de vendange dans la ville ni dans son territoire.

1768, fév. Achèv. de la construct. de l'égl. des Ursulines.

— 15 mars. Établissement des maisons de poste aux chevaux de Lyon à Besançon, passant par Arbois. Le magistrat s'engage à payer annuellement 200 liv. aux maîtres de poste établis dans la ville et à la Maison-Neuve.

1769, 11 fév. Le sieur Ant.-Alexis Regnauld d'Épercy est nommé chapelain de l'Hermitage, en remplacement du sieur familier Riondet, décédé.

— 15 mars. Travaux préparatoires du nouveau chemin Vinetier, entre Arbois et Mesnay, sur les plans du sieur Friquet, ingénieur. Vives réclamations des habitants de la rue Dessous, que traversait l'ancien chemin ; ils offrent 1,000 liv. pour indemniser les propriétaires qui devront céder quelques parcelles de terrain pour l'élargissement de la route, et de coopérer aux travaux. Dix signatures sont apposées à la fin de cette requête, qui est aussitôt combattue par une autre signée de trente-un propriétaires des faubourgs de Verreux et de Larnay, auxquels le chemin nouveau paraît favorable pour le débit de leurs vins, tandis que le passage par la rue Dessous les laisse à l'écart et leur est très-nuisible. Cette dernière supplique l'emporte, et ordre est donné de commencer les travaux le lendemain.

1770, 27 mars. Il est délibéré que, chaque mois, sera faite par des membres du magistrat, à chaque fois renouvelés, une visite des classes du collége, pour examiner si les écoliers sont bien enseignés.

— 18 mai. Disette. La ville emprunte 9,649 liv. pour acheter du blé, qui est distribué aux habitants aux prix de 4 l. 10 s. la mesure. Il est employé à cet achat 8,400 liv.

— 9 juillet. Pluies continuelles. Pour en obtenir la cessation, est célébrée une messe solennelle, suivie d'une procession où sont portées les reliques de saint Claude. A une seconde procession faite par le Chapitre, sont portées celles de saint Antide.

1771, 17 mars. Le sieur Vuillet, vicaire et familier de St.-Just, est nommé principal du collége en remplacement du sieur Hugues, démissionnaire, qui venait d'obtenir un canonicat à Notre-Dame.

— 31 mars. Emprunt de 24,000 l., destinées à des achats de blé et autres grains, pour la subsistance des habitants. Le conseil accepte avec reconnaissance l'offre généreuse de M. l'abbé de Courbouson, prieur, de prêter à la ville, sans intérêts pendant un an, la somme de 2,400 livres.

1772. Le P. Laire (Franç.-Xav.), correcteur des Minimes et bibliographe célèbre, enseigne la philosophie au collége d'Arbois. En 1774 il quitte le couvent pour se rendre en Italie.

— 30 janv. Requête du sieur Jacq.-Jean-Bapt. Crestin, seigneur d'Oussières, à l'effet de cesser d'être compris dans aucun rôle de la capitation, en raison de sa qualité de noble par lui acquise en vertu de la déclaration du roi du 6 fév. 1770, qui confère la noblesse aux officiers supprimés de son Parlement de Metz, dont ledit Crestin faisait partie comme conseiller à la chambre des requêtes. Le conseil arrête que le requérant sera invité à produire ses lettres de provision et son envoi en possession d'une des charges dud. Parlement. La production de ces lettres, datées du 4 juillet 1757, ayant été faite le 12 février, il est déclaré que le requérant cessera d'être compris aux rôles dont les nobles sont exempts (1).

(1) La famille Crestin d'Oussières est originaire de St.-Claude. En 1680, Richard Crestin vint se fixer à Arbois, et y décéda en 1724. Son fils, Jean-Baptiste, né en 1687, seigneur d'Oussières, mort le 7 juin 1757, épousa, en 1722, Louise-Franç. Longchamps de Septfontaines, dont il eut un fils, Jacq.-Jean-Bapt., né le 30 juin 1733, qui fut pourvu, par lettres-patentes du roi, en date du 4 juillet 1757, d'une charge de conseiller au Parlement de Metz. Il mourut le 25 septembre 1807, laissant de son mariage avec madem. Pécauld du Larderet, deux fils. L'ainé, Ant.-Jean-Bapt., conseiller du roi au grand conseil, en 1784, épousa, en 1791, madem. Droz de Villards, fille d'un conseiller au Parlement de Besançon, et secrétaire perpétuel de l'académie de cette ville. De ce mariage naquirent plusieurs enfants, dont cinq filles et trois garçons vivent aujourd'hui. M. Ant.-Jean-Baptiste a fait partie de l'ordre de la noblesse lors de la convocation des États généraux, et est décédé le 20 nov. 1816. Son fils ainé, Hippolyte-Xavier, né le 12 avril 1792, nommé, en 1826, conseiller à la cour de Besançon, fut, ensuite de refus de serment, déclaré démissionnaire en 1830, ainsi que son frère cadet, Camille Charles, alors aussi magistrat. Son frère puiné, Eugène-François, né le 5 septembre 1793, est commandant de la légion d'honneur et général de brigade du génie dans le cadre de réserve. Trois de ses sœurs ont embrassé la vie religieuse.

Le second fils de M. le conseiller au Parlement de Metz, M. Guill.-Louis, né le 11 avril 1774, décédé en 1848, ancien officier supérieur

1773, 27 mai. Arrêt du conseil du roi, qui accorde à la ville, sur sa demande, la réunion des offices municipaux créés et établis par l'édit de novembre 1771, lesquels consistent en un maire, quatre échevins, quatre conseillers, un secrétaire greffier garde des archives, deux trésoriers receveurs, deux contrôleurs et un procureur du roi, pour la somme de 24,000 liv., dont la totalité doit être payée au 1er janvier suivant.

1774, 10 juin. Nouvel arrêt du conseil, révoquant plusieurs des dispositions de celui du 27 mai 1773, qui avait imposé à la ville un sacrifice de 24,000 liv. pour les offices municipaux. Le 7 août, le conseil et les notables assemblés, décident qu'il sera adressé à S. M. un mémoire où seront signalés tous les inconvénients résultant du nouvel arrêt, dont la révocation sera demandée. Le 7 novembre, l'intendant, M. de Lacoré, vient faire procéder en sa présence à l'exécution de l'arrêt. Lorsqu'il s'est retiré, le conseil, à l'unanimité, déclare que cette exécution ne peut en rien préjudicier aux droits de la ville, et il est résolu qu'il en sera écrit au contrôleur général.

1775, 24 janv. Recensement de la population. Le nombre des habitants, non compris les enfants au-dessous de sept ans, s'élève à 4,537, divisés en 1269 feux.

— 1er mars. Sur le bruit répandu de la suppression projetée du bailliage, le conseil charge M. Bouvenot fils de prendre à ce sujet des informations dans les bureaux de l'intendance, et arrête qu'il sera dressé un mémoire, accompagné du plan du bailliage, qui sera envoyé au garde des sceaux, au contrôleur général et à l'intendant.

de cavalerie, n'a laissé de son mariage avec mad. Pécauld de Rigny, qu'une fille, qui a épousé M. le comte de Froissard-Broissia.

1776, 9 fév. Nouvel arrêt du conseil du roi, qui, faisant droit aux réclamations du magistrat, réduit à 6,000 liv. la finance des offices municipaux. Il est délibéré qu'il sera écrit à l'intendant une lettre de remerciement.

1777, 8 avril. Envoi de 580 bouteilles de vin blanc à l'archevêque, à l'intendant, à l'ingénieur en chef, au grand maître des eaux et forêts, etc.

— **19 juillet.** Mémoire adressé à l'intendant, et rédigé par l'abbé Gillaboz, où après avoir exposé les inconvénients de la multiplicité des couvents, de ceux de femmes surtout, qui, dans les petites villes, et notamment à Arbois, occupent des emplacements précieux, il en vient au couvent des Carmélites, lequel, dit-il, tombe en ruines sans pouvoir être réparé, les ressources de ces religieuses, actuellement au nombre de 14, ne le leur permettant pas; que celui des Tiercelines, vaste et nouvellement construit, ne renferme que 23 religieuses au lieu de 50 dont se composait autrefois cette communauté; que la distribution intérieure de leur maison permettrait d'y recevoir les Carmélites, qui, en suivant leur règle particulière, pourraient y vivre séparément; que l'abandon des bâtiments de ces dernières à la ville lui donnerait la facilité d'agrandir et de relever son hôtel, qui sert au bailliage, aux prisons et aux halles, et qui est tellement délabré que la fréquentation en est dangereuse; que dans cet abandon la ville trouverait les moyens de pourvoir au rétablissement de son collége et à la construction du pont de la grande route de Strasbourg à Lyon, dont les abords doivent être facilités par l'achat et la démolition de quelques maisons.

— **28 déc.** Sur l'avis que la peste a éclaté dans un village de la Souabe, et que les précautions usitées en pareil cas ont été prises à Zurich, Berne et Genève, il est délibéré qu'il sera fait des prières publiques et établi des gardes aux avenues de la ville, lesquels arrêteront tous les étrangers non munis de certificats de santé.

1778, 30 janvier. Réception de la quittance, signée de M. Bertin, de la somme de 6,000 livres, payée pour la finance des offices municipaux.

— 14 août. Grand orage qui éclate à 8 heures du matin. Le tonnerre tombe sur le clocher de St.-Just, où, suivant l'usage, des jeunes gens croyant écarter les nuées orageuses, sonnaient à pleine volée. L'un d'eux a la moitié de ses habits, culotte, bas et un soulier compris, entièrement brûlés, son pied même est traversé par le fluide. La foudre pénètre dans l'église où l'on célébrait une messe basse, la parcourt d'un bout à l'autre, renversant toutes les personnes qu'elle trouve sur son passage, s'arrête un instant au-dessus du maître-autel, et sort par la chapelle de sainte Anne. Personne ne périt, excepté un enfant tué dans le ventre de sa mère d'où il est tiré, les chairs noires et brûlées. Le surlendemain, le conseil s'assemble et défend, sous peine de prison et de 50 liv. d'amende, à quiconque de s'introduire dans le clocher pour y sonner, et, sous les mêmes peines, aux gardiens d'en permettre l'entrée ; en temps d'orage, ceux-ci ne sonneront aucune autre cloche que celle dite *du Curé,* et cesseront aussitôt que la nuée s'approchera de la ville. Le préjugé populaire était si fortement enraciné, qu'une interdiction absolue parut impossible.

— Les revenus de la ville s'élèvent cette année à 7,619 liv., et ses dépenses obligatoires à 11,697. Excédant, 4,078 liv.; les dettes exigibles à 9,717 liv. Les réparations urgentes, telles que la reconstruction de l'hôtel-de-ville, la toiture de l'église de St.-Just, le recrépissement du clocher, les murs du cimetière et l'alimentation des fontaines sont évalués à 60,000 livres.

1779, 16 mars. Envoi de 146 bouteilles de vin blanc à l'intendant, à ses secrétaires, au lieutenant général commandant la province, et aux juges de la réformation.

— Novemb. Le sieur Jean-Bapt. Courvoisier, père du garde des sceaux du roi Charles x, né à Arbois en 1745, est nommé, après un brillant concours, professeur en droit à l'université de Besançon.

1780, 13 mai. Bulle du pape Pie vi, prononçant la suppression du prieuré conventuel de l'ordre de St.-Benoît, établi à Arbois, et sa réunion à l'abbaye de Château-Châlon. Le 16 juin suivant, le roi Louis xvi donne son consentement à cette suppression, les droits du prieur réservés jusqu'à son décès.

— 18 juillet. Lettre écrite à l'intendant, à l'effet de le prévenir que le ministre du roi a donné l'ordre d'établir à Arbois, en résidence fixe, deux cavaliers de maréchaussée, chargés de veiller à la garde des prisons et d'assurer la tranquillité publique. Cette demande était faite depuis 1778.

1781, 22 janv. Assemblée du conseil et des notables. Il y est décidé qu'il serait contraire aux intérêts du roi et à ceux de la ville d'acquérir l'hôtel du prieuré, dont les bâtiments, d'un accès difficile, au fond d'un cul-de-sac, trop peu étendus pour réunir les officiers du magistrat, le greffe, les archives, etc., exigeraient des réparations équivalentes à la construction d'un bâtiment neuf, et des frais d'entretien immenses, inconvénients qui disparaîtraient en reconstruisant l'hôtel-de-ville qui, situé au centre, serait un embellissement. Les frais de construction, évalués à 50,000 livres, peuvent être en partie couverts par la vente de l'hôtel du prieuré.

— 28 août. Émeute nocturne, causée par le préjugé populaire de la sonnerie des cloches pendant les orages. Plusieurs jeunes gens insultent la police et s'introduisent violemment au clocher pour sonner. Le conseil décide que quatre d'entr'eux seront arrêtés et emprisonnés, et ordonne au syndic et à la maréchaussée de procéder à leur arrestation. Les prévenus sont saisis et emmenés, mais 200 jeunes gens tombent en armes sur l'escorte, les mettent en liberté, les promènent triomphalement dans les rues, en poussant des huées, des cris et des injures, et finissent par se porter au clocher, où ils sonnent à toute volée. Le désordre, commencé à huit heures du soir, ne s'apaise qu'à minuit. Le 30 août, procès-verbal des faits est dressé par le syndic et envoyé au président de la chambre de la Tournelle.

— 28 et 29 nov. Vingt-huit cavaliers de la maréchaussée, commandés par un maréchal-des-logis, arrivent entre neuf et dix heures du soir. Cinq jeunes gens sont saisis dans leurs lits et traînés en prison, nus pieds et en chemise ; un sixième, qui s'est échappé la main blessée d'un coup de bayonnette, est arrêté à Besançon, et tous les six sont jetés dans les prisons de Poligny. Cet acte de rigueur et l'incertitude du sort réservé aux prévenus, répandent la consternation dans la ville. Le conseil et les notables réunis adressent, le 13 décembre, une supplique au Parlement en faveur des prisonniers, lesquels, disent-ils, ne se sont rendus coupables que par irréflexion et trop imbus d'un préjugé universellement partagé. Nous n'avons pu découvrir l'arrêt qui probablement fut rendu dans le cours de l'année.

1782. Recettes et dépenses de la ville. Revenus, 7,076

liv. 10 sols 8 den. Dépenses, 13,452 liv. 2 sols 9 den. Excédant, 6,375 liv. 12 sols 1 denier.

1783, 25 oct. Refonte de la grosse cloche, cassée dans l'émeute du 28 août 1781. Le poids en est porté à 8,163 livres. Il est payé 1,500 livres au fondeur.

1784, 19 mars. Imposition jetée sur les propriétés foncières et sur le bois délivré au chantier, pour compléter les frais de reconstruction de l'hôtel-de-ville, dont 34,000 livres sont assurées.

— 21 mars. Adjudication, au prix de 51,500 l. tournois, de la reconstruction de l'hôtel-de-ville. Le sieur Léger, adjudicataire, s'engage à terminer les travaux dans l'espace de trois ans.

— 29 septemb. Concours ouvert pour la principalité du collège, vacante par le décès du sieur abbé Vuillet. Le sieur abbé Malfroy est nommé principal.

1785, 28 juin. Réception de Mgr. Raymond de Durfort, 100e archevêque de Besançon, venant de Poligny. Le magistrat, escorté de trente cavaliers commandés par le chevalier Domet de Mont, et suivi de 122 hommes à pied, en uniformes gris, à revers bleus et plumets blancs au chapeau, ayant en tête les tambours et la musique, se portent à la rencontre du prélat jusqu'à moitié chemin de Poligny. A l'arrivée de l'archevêque, l'infanterie forme la haie à droite et à gauche de la route, et le cortége, où l'on remarque plusieurs députés des villes voisines, revient sur Arbois suivi de la cavalerie. A Pupillin, le prélat est salué d'une décharge de boîtes, qui est répétée au bas de la descente du village. Le 30 juin, à son départ, la cavalerie l'escorte jusqu'à Quingey.

1786, janvier. Envoi de 330 bouteilles de vin blanc à l'intendant, au lieutenant général et autres.

— 17 août. Bail de la vineterie, affermée pour la somme annuelle de 943 livres.

— 5 octobre. En remplacement de l'abbé Malfroy, démissionnaire pour raison de santé, le sieur abbé Perrin est nommé principal du collége; il lui est alloué annuellement 600 livres et deux cordes de bois.

— 3 déc. Demande de l'intendant qu'il soit levé un plan géométrique de la ville, sur l'échelle de deux lignes par toise, qui lui facilitera le moyen de décider en connaissance de cause toutes les questions relatives aux localités.

1787, 25 mai. Il est donné procuration au sieur Brégand, inspecteur de la régie à Paris, à l'effet de faire comprendre la ville dans l'état du roi pour la dosne de la comtesse Mahault, pour les années arriérées et pour l'avenir, et de toucher tous les termes échus jusqu'à ce jour.

— 29 mai. Le sieur P.-Cl. Saillard, prêtre familier, est nommé gardien de l'Hermitage, en remplacement du sieur Riondet, décédé.

1788, 20 mai. Rapport de M. Morivaux, envoyé à Besançon au sujet du bruit répandu du projet de suppression du bailliage. L'intendant a répondu que loin d'être supprimé, le bailliage sera érigé en présidial, en vertu d'un édit prêt à être publié, concernant l'administ. de la justice.

— 20 juillet. Envoi à M. de Lamoignon-Malesherbes, garde des sceaux, d'un mémoire concernant le bailliage, rédigé par MM. Morivaux et Bouvenot. Il y est exposé que la ville d'Arbois redoute la réunion de son bailliage à ceux des villes de Salins et de Poligny, qui l'ont demandé, ce qui, contrairement à l'édit, éloignerait les justiciables de leurs tribunaux; qu'Arbois, qui occupait le cinquième rang aux États, est devenue, par sa population de 7,000 âmes, comprenant beaucoup de personnes distinguées, la troisième de la province; que deux marchés considérables y sont tenus chaque semaine; qu'elle renferme de nombreux établissements civils et ecclésiastiques, etc.

— 2 septemb. En remplacement de M. le chanoine Papillard, décédé, est nommé au canonicat vacant M. J.-B.-Etienne Petitjean, depuis maire de la ville.

— 5 septemb. Lettre à M. Necker, pour le féliciter de sa nomination de ministre directeur des finances.

— 26 sept. En remplacement de l'abbé Perrin, démissionnaire, le sieur Gresset, d'Arbois, prêtre de l'Oratoire, est, après concours ouvert, nommé principal du collége.

— 17 oct. Sur l'avis que le Parlement de Franche-Comté sera rendu à ses fonctions le 20 du courant; que les États provinciaux vont être rétablis, la magistrature et les finances dirigées par deux ministres qui, en faisant cesser les anxiétés de la nation, ramèneront l'ordre et la confiance, il est arrêté que pour donner un témoignage public des sentiments qui ont toujours animé la ville, il sera chanté, dimanche 19, à l'issue des vêpres, un *Te Deum,* auquel assisteront tous les corps, et que le même jour, à sept heures du soir, commencera une illumination générale. Sont députés à Besançon MM. Clerc, maire, et Morivaux, pour féliciter messieurs du Parlement.

— 6 nov. Les États de Franche-Comté devant être rétablis, le conseil et les notables s'assemblent, et il est résolu à l'unanimité, qu'il sera adressé au roi une très-humble et très-respectueuse supplique à l'effet d'obtenir :

Qu'il soit accordé au tiers-état un nombre de voix égal à celui des ordres du clergé et de la noblesse réunis, non-seulement en matière d'impôts, mais encore dans toutes délibérations, commissions et opérations quelconques; que les priviléges et immunités du clergé et de la noblesse soient supprimés dans ce qui concerne les charges et corvées publiques, et qu'il y ait égalité parfaite dans la répartition des subsides; qu'il soit défendu à la noblesse d'assister en totalité aux assemblées des États, comme elle le prétend, mais seulement par des représentants ou députés; qu'il soit sursis à la convocation desd. États, pour que le tiers puisse s'assembler préliminairement, afin d'établir ses droits et fixer la forme nouvelle qu'il désire être accordée à sa régénération; qu'enfin S. M. daigne fixer les séances des États à Dole, comme étant la ville la plus propre à cet établissement dont elle est en possession. *Suivent 86 signatures.*

— 16 nov. Assemblée du conseil et des notables pour l'élection des deux députés qui, avec le maire, doivent assister aux États convoqués à Besançon pour le 26 nov. Sont élus MM. Morivaux, échevin, avocat en parlement, et Bouvenot, lieutenant criminel au bailliage.

— 20 nov. Nouvelle assemblée pour les instructions à donner aux députés. Quoique l'élection ait été l'ouvrage de deux ou trois nobles, désavoués du reste de leur ordre, n'ayant d'autre intention que de diviser le tiers-état, afin de l'empêcher de défendre ses droits, quoiqu'il soit public et notoire que le plus grand nombre des signatures apposées à cet acte a été surpris et extorqué, non dans la classe des bourgeois, mais dans la lie du peuple, parmi des individus qui ne sont pas même habitants, des fils de famille et des hommes repris par la police, ladite élection est néanmoins approuvée dans l'espérance que les élus ne se borneront pas à faire valoir les droits et priviléges généraux du tiers-état, mais qu'ils défendront les droits de la ville contre les prétentions de la Ferme générale et des salines de Salins, relatives aux bois appartenant à la commune; qu'ils s'efforceront d'obtenir l'augmentation du sel d'ordinaire, devenu insuffisant, et enfin ne négligeront rien de ce qui leur paraîtra avantageux à leurs commettants.

— 15 décemb. Jugement de la réformation de Salins, qui condamne à 500 liv. d'amende la ville d'Arbois pour mauvaise exploitation du bois de Changin, et autorise la régie de Salins à le faire exploiter, avec défense au corps municipal d'Arbois de continuer cette opération, à peine de 3,000 liv. d'amende, dépens, dommages et intérêts.

1789, 2 janv. A raison de l'excessive rigueur du froid, qui a gelé la rivière au point d'arrêter les moulins, il sera fait des prières publiques pour implorer la bonté divine.

— 13 janv. Deux cents cordes de bois, à prendre dans la forêt de Changin, sont accordées aux pauvres d'Arbois, par M. de Longeville, commiss. gén. de la réformation.

— 20 janv. Assemblée générale des corporations de la ville, convoquées pour entendre le compte-rendu des députés aux États. Après lecture faite d'un arrêt du conseil du roi, en date du 27 décembre, qui accorde au tiers-état l'égalité numérique des suffrages, et fait présager la faculté d'opiner individuellement, il est arrêté qu'il sera adressé au roi une lettre exprimant l'amour et la reconnaissance de la ville, et à LL. EE. les ministres Necker et de Puységur des lettres de remercîment.

Puis, connaissance ayant été donnée de deux actes des 5 et 6 janvier, par lesquels neuf membres du clergé et vingt-deux gentilshommes protestent contre les délibérations de leurs ordres prises en opposition à l'arrêt du conseil du 26 décembre, protestation à laquelle se sont joints onze gentilshommes d'Arbois, MM. Caffod de la Ferrière, de Gillaboz, Domet de Mont, de Belon, Perroux, Crestin d'Oussières, père et fils, de Belon de Coges, Pécauld-Vurry de St.-Germain, et Martin de Barjon, par acte du 16 du courant, et en outre d'un arrêt du Parlement qui supprime les imprimés desdites délibérations, et le dépôt qui en a été fait chez un notaire de Besançon, il est résolu à l'unanimité :

1° Qu'on se rendrait appelant au roi, aux prochains États-Généraux, et à la nation, de tout ce qui a été et de tout ce qui pourrait être fait de contraire aux dispositions de l'arrêt du conseil du 27 déc.

2° Qu'un témoignage solennel de gratitude était dû à ceux de messieurs du clergé et de la noblesse qui avaient donné un éclatant exemple de désintéressement, de dévouement au bien de l'État, et de zèle pour l'intérêt du peuple.

3° Qu'à cette considération, il sera offert des lettres de bourgeoisie comme l'hommage le plus analogue au patriotisme qu'ils ont manifesté, à MM. le prince de St.-Mauris, le vicomte de Toulongeon, d'Arçon, le baron de Raclet, de Mercey, de Montciel, de Lezay-Marnésia, le comte de Portier, de Reculot, le baron de Fraguier, le marquis de Châteaurenaud, le chevalier d'Authume, le marquis de Froissard-Bersaillin, le comte de Raincourt, le vicomte de Sagey, le marquis de Vaulchier du Deschaux, le baron de Montjustin, le chevalier de Trestondans, de Chaillot, le vicomte de Romanet, le marquis de Toulongeon, le comte de Grammont et le prince de Montbarrey, qui tous ont adhéré auxdites réclamations.

4° Qu'attendu l'inutilité de lettres de bourgeoisie pour M. le baron de Glanne, l'un des 22 réclamants, issu d'une famille illustre, que depuis plusieurs siècles cette ville s'honore de compter parmi ses habitants, il lui soit remis copie de la présente délibération, en ce qui le concerne, par une députation composée de magistrats et de notables, qui lui offriront en même temps le tribut de la reconnaissance publique.

5° Que la même députation sera chargée de remerciments pour M. le doyen du Chapitre, Domet de Mont, l'un des neuf protestants du clergé contre la délibération du 5 janvier; pour MM. du Chapitre de la collégiale, les curé et familiers de l'église paroissiale, qui, par la seule impulsion de leur cœur et par un zèle purement patriotique, ont signalé leur adhésion à l'arrêt du conseil par lettres adressées au roi et à MM. de Puységur et Necker; enfin, pour MM. les députés de la ville, pour l'assiduité au travail et les sentiments dignes des meilleurs citoyens, qu'ils ont montrés pendant la session des États.

— 11 mars. Par arrêté du conseil, sont convoqués pour les 16 et 17 du courant, tous les habitants et manants composant le tiers-état de la ville d'Arbois, sans distinction, exerçant art, métier ou profession dans lad. ville et banlieue d'icelle, ayant atteint l'âge de 25 ans et compris dans les rôles des impositions, pour, en exécution de l'art. 27 du réglement de S. M, élire deux députés par 100 individus et au-dessous, présents à lad. assemblée; quatre au-dessus de 100; six au-dessus de 200, et toujours en augmentant dans la même proportion; lesquels députés ainsi choisis, formeront au jour désigné ci-après, l'assemblée du tiers-état, où ils rédigeront le cahier des plaintes ou doléances de lad. ville, et nommeront les six députés qui lui sont accordés par le réglement du 19 février.

Le 19, à 8 heures du matin, s'assembleront tous les députés nommés par le tiers-état et les corporations, à l'effet de rédiger les plaintes et doléances de la ville, et élire les six députés qui devront comparaître pour et aux fins des lettres de convocation et réglement. Toutes ces assemblées se tiendront à l'hôtel-de-ville, et seront annoncées au son de la cloche pendant un quart-d'heure avant l'heure indiquée.

Il est enjoint à chacun des habitants et manants dudit Arbois, formant le tiers-état, de se rendre exactement aux assemblées qui les concernent, pour répondre aux vues bienfaisantes de S. M., travailler à leur intérêt personnel, à ceux de ladite ville, et concourir à la plus grande gloire de l'Etat.

Les 16 et 17 sont élus 18 députés par les quatre sections de la ville et des faubourgs, et le 19, se joignent à eux les huit députés des corporations. Il est procédé à l'élection de six députés, chargés de rédiger les plaintes et doléances qui seront présentées aux États-Généraux du royaume, convoqués à Versailles le 27 avril. Le choix de l'assemblée tombe sur MM. Morivaux, Regnauld d'Epercy, Bouvenot, lieutenant criminel, Benoist, notaire, Cl.-Fr. David et Jacques-Henri Laurenceot, avocat en Parlement. Le cahier des plaintes et doléances est rédigé par eux en ces termes :

Tout Français ou habitant du royaume arrêté ou emprisonné par quelque ordre que ce soit, sera, dans les 24 heures, remis à ses juges naturels et ordinaires, pour être par eux statué sur les causes de sa détention ; dans le cas où il serait jugé innocent, il lui sera accordé des dommages et intérêts proportionnés au préjudice qu'il aura ressenti ou pourra ressentir de sa détention ; S. M. étant suppliée de renoncer à toutes lettres de cachet.

Aucun Français ne pourra être jugé, soit au civil, soit au criminel, par autres tribunaux que ceux des juges naturels ou ordinaires ; S. M. étant suppliée de renoncer à l'usage de toutes commissions.

Des peines prononcées contre les accusés, il ne résultera aucune tache ou infamie contre leur famille ; en conséquence, les membres de ces familles, quel qu'ait été leur degré de parenté avec le condamné, ne pourront, sous ce prétexte, être exclus d'aucun emploi civil, ecclésiastique ou militaire, et il n'y aura aucune différence dans tous les genres de supplice entre les nobles et les roturiers.

La presse sera libre à tous les sujets du roi, sauf l'animadversion de la loi contre les écrits qui attaquent directement les dogmes de la religion révélée, la constitution des états et l'honneur des citoyens.

Les États-Généraux du royaume seront assemblés tous les cinq ans au moins, ès lieux et jours qu'ils auront indiqués lors de leur dernière séance ; aucun impôt ne pourra être continué qu'il n'ait été renouvelé à chaque tenue des États-Généraux, et à défaut de convocation desd. États, suivant le vœu qu'ils en auront émis à leur dernière séance, tous impôts cesseront de plein droit jusqu'à ladite convocation effectuée.

Demeureront abolis tous priviléges et exemptions quelle qu'en soit la cause, en fait d'impôts et de charges publiques, de manière que la contribution soit toujours en raison des propriétés et facultés respectives, et tous les impôts seront perçus en vertu d'un seul et même rôle.

L'ordonnance qui exclut le tiers-état des emplois militaires sera tenue pour nulle et non-avenue.

Il y aura dans toute l'étendue du royaume uniformité de poids et mesures.

Les ministres de S. M. seront responsables de leur conduite à la nation assemblée en États-Généraux.

Seront abrogées toutes annates, bulles et provisions de la cour de Rome, en matière bénéficiale.

Sera abolie la vénalité de tous offices de judicature, auxquels il sera nommé par concours établis à cet effet.

Il sera incessamment procédé à la réformation des codes civil et criminel, et des coutumes.

Seront abolis dans tout le royaume le tirage à la milice et le retrait lignager.

La loterie de l'école royale militaire, et toutes autres loteries publiques, seront supprimées, ainsi que la perception de dix sols par livre dont sont affectés directement ou indirectement les objets de première nécessité.

Tous les domaines du roi, sauf et exceptés ceux consacrés à son habitation et à ses plaisirs, seront vendus au plus offrant et dernier enchérisseur, pour le prix en provenant être employé à l'amortissement de la dette nationale, et se feront les ventes par l'autorité des États de chaque province.

DEMANDES PARTICULIÈRES A LA VILLE D'ARBOIS.

La commune ayant réuni au corps de ville les offices municipaux, il est juste qu'elle nomme elle-même ceux qui doivent la représenter, attendu que par ce sacrifice elle n'a jamais eu l'intention de voir quelques particuliers pourvus à vie, sans son consentement et sans qu'on l'ait consultée, des charges municipales. En conséquence, elle demande la révocation du réglement du conseil, en vertu duquel ses officiers municipaux sont actuellement en exercice, ce vœu étant partagé par eux-mêmes.

Sera aboli la dîme du treizième, qui se perçoit dans la ville et son territoire.

Sera réparé le pont de Faramand, lequel est étayé depuis plusieurs années, et élargie la rue Mercière, seul passage des voitures publiques, de la poste et des messageries. Les fonds de ces réparations seront pris sur le domaine; néanmoins, la ville consent à s'en charger si la dîme est supprimée.

Seront supprimées les salines de Franche-Comté et les justices de la réformation; l'administration et la police des bois appartenant à la ville seront rendues aux officiers municipaux, avec les amendes au-dessus de 12 livres, suivant la concession qui leur en a été faite par les anciens souverains.

La quantité de 1,332 pains de sel que la ville recevait du directeur des salines de Salins, avant 1775, ayant été réduite à 1,000 pains, de deux livres et demie chacun, ce qui est évidemment insuffisant pour une population de 1,625 feux, le nombre sera élevé à 1,800, de première qualité, sans mélange de matières étrangères.

Sera construit, aux frais des États, un canal partant de la ville et communiquant à celui de Dole.

La liberté entière du commerce des grains sera accordée à la ville.

— 10 avril. Enchérissement des blés. Il est convenu avec M. de Boutechoux que celui-ci livrera à la ville 909 mesures de blé, à 4 liv. 15 s. la mesure, lesquelles seront distribuées à raison de trois mesures par famille.

— 27 avril. Ouverture des États-Généraux, où la ville est représentée par MM. Bruet, curé, et Regnauld d'Épercy, avec lesquels le conseil entretient une correspondance relative aux prétentions élevées par la saline de Salins sur le bois de Changin.

— 7 juill. Sur l'avis qu'il s'est réfugié dans la ville beaucoup d'inconnus et de mendiants étrangers qui se comportent avec insolence et nuisent aux indigents du lieu, il est ordonné à tous les habitants, de quelque qualité et condition qu'ils soient, de déposer, dans trois jours, au greffe de la police, à peine de 20 liv. d'amende, une déclaration des noms, prénoms, âge et profession des personnes domiciliées ou réfugiées qu'ils auront reçues dans leurs maisons depuis deux ans.

— 20 juillet. Considérant que dans plusieurs villes de la province vient d'être établie une garde bourgeoise pour le maintien du bon ordre et de la sûreté publique, le conseil arrête qu'il en sera organisé une à Arbois, et qu'il en sera donné avis à M. de Langeron, command. de la province.

— 23 juillet. Arrivée d'un exprès envoyé de Poligny, pour prévenir les habitants d'Arbois d'avoir à se tenir sur leurs gardes, que le bruit s'est répandu à Poligny qu'une bande d'environ cinq cents vagabonds menacent d'incendie Sellières et ses environs, et que des secours s'y sont portés. Le conseil arrête que M. Bouvenot ira prendre des informations, et que le tocsin sera sonné pour appeler les cultivateurs dispersés dans la campagne.

Quelques heures après, M. Bouvenot est de retour; M. Grand, capitaine de la garde nationale de Poligny, lui a répondu qu'il avait fait partir cent hommes pour Sellières, et a accepté avec reconnaissance l'offre faite par messieurs d'Arbois, de donner à messieurs de Poligny tous les secours possibles en cas d'événement.

A huit heures et demie du soir, le maire reçoit une lettre de M. le comte de Mantry, écrite à trois heures de l'après-midi, par laquelle il lui donne avis que cette alarme a eu pour cause quelques coups de fusil tirés par des chasseurs de Lons-le-Saunier dans les bois de Vincent, ce que viennent de lui rapporter trois hommes envoyés à la découverte, et que les secours demandés devenaient inutiles. Cet avis est transmis à Salins.

A dix heures du soir arrivent 30 fusiliers du régiment de

Piémont, commandés par un officier, et 148 bourgeois de Salins, envoyés par M. de Court, gouverneur de la ville, pour renforcer la bourgeoisie d'Arbois en cas d'événement. La lettre de M. de Mantry est communiquée aux commandants de cette troupe, qui est logée et défrayée par la ville.

A la même heure, un courrier de M. de Langeron entre dans la ville, porteur d'une lettre de ce général, où il recommande la formation immédiate des compagnies bourgeoises, et annonce que de graves excès ont été commis dans plusieurs châteaux du bailliage de Vesoul. A cette lettre est joint un exemplaire imprimé de l'arrêté suivant:

De par le roi, Ch.-Cl. Andrault, marquis de Langeron, lieutenant général des armées du roi, chevalier de ses ordres, gouverneur des ville et fort de Briançon, commandant en chef de la province de Franche-Comté.

Sur les premiers avis que nous avons eus qu'une bande de voleurs, sortis des Vosges, était entrée dans la province, nous avons invité toutes les principales villes à former une certaine quantité de compagnies de milice nationale, pour veiller à leur sûreté et à celle des campagnes qui les environnent.

Malgré ces précautions, ces voleurs se sont livrés aux excès les plus horribles dans différents châteaux de la province, et ont menacé les campagnes de couper les blés ou d'y mettre le feu.

Pour réprimer, dès le commencement, des excès aussi punissables, nous invitons tous les bourgs et villages à prendre les précautions qu'ils croiront les plus propres à assurer leur tranquillité; nous invitons pareillement toutes les villes à donner aux campagnes tous les secours qui pourront dépendre d'elles.

Nous ordonnons à toutes les troupes du roi qui sont dans cette province, de se joindre aux milices nationales, et à la maréchaussée, à la première réquisition soit des villes, soit des campagnes.

Et attendu que des scélérats qui, dans un temps aussi précieux que celui de la récolte, viennent en détourner les travaux utiles, par leurs forfaits, ne méritent aucun ménagement, nous déclarons que les troupes du roi, la milice nationale et la maréchaussée ne doivent faire aucun quartier à aucun de ceux qui troubleront le repos public; nous déclarons de plus, que ceux qui seront pris, en tel nombre qu'ils soient, seront livrés à la prévôté générale, pour y être punis avec la dernière rigueur, et ordonnons que cette présente déclaration sera imprimée, publiée et affichée dans toutes les villes, bourgs et villages de la province.

Fait à Besançon, le 23 juillet 1789.   Le marquis DE LANGERON.

— 24 juillet. Sur l'avis que dans les villes étrangères la milice nationale arrête les voyageurs, il est arrêté qu'il sera imprimé une rame de passeports qui seront distribués aux habitants de la ville allant en voyage.

— 25 juillet. Est dressé l'état de tous les hommes propres à porter les armes, et qui doivent faire partie de la milice nationale, au nombre de 1,200, sans y comprendre plusieurs jeunes gens de famille, qui feront le service si l'on veut les admettre. Il est arrêté qu'il en sera formé douze compagnies de cent hommes chacune, commandées par un capitaine, un lieutenant, un sous-lieutenant, quatre sergents et six caporaux, élus par leurs compagnies. L'état-major sera composé d'un commandant en chef, d'un adjudant-major et de trois porte-drapeaux, lesquels seront élus par la troupe entière.

— 26 juillet. Election de la garde nationale. M. le baron de Glanne est élu commandant en chef. Il est écrit à M. le marquis de Langeron pour lui demander des fusils.

— 1er août. Election d'un comité de seize membres, chargé de traiter des affaires urgentes de la commune, et d'y maintenir la paix et le bon ordre.

— 7 août. Adresse envoyée à l'assemblée nationale, rédigée par M. Morivaux. Elle y est félicitée d'avoir fait tomber l'impénétrable barrière qui s'élevait entre le trône et la vérité ; d'avoir rendus imprescriptibles les droits du peuple, détruit le despotisme et l'aristocratie, éloigné toute crainte de guerre intestine, consolidé la dette de la nation, écarté l'idée honteuse d'une infâme banqueroute, réuni les trois ordres dans un intérêt commun, fait tomber un conseil pervers, et rendu, pour la troisième fois, aux vœux de la nation, un ministre éclairé et vertueux. La ville s'engage solennellement, au nom de sa milice nationale, forte de 1,200 hommes, qui peuvent être portés à 2,000, de marcher partout où il serait nécessaire, pour affermir la couronne sur la tête du roi, et assurer l'inviolabilité de la personne sacrée des membres de l'assemblée.

Le baron de Glanne dépose à l'hôtel-de-ville 370 mousquetons, envoyés par M. de Langeron.

— 11 août. Arrivée du comte de Narbonne, inspecteur général de la milice nationale. Après un discours qu'il adresse sur la place à la milice rassemblée, il est conduit au prieuré, où est préparé un grand dîner, auquel assistent deux chanoines, deux familiers, deux capucins, deux avocats, deux procureurs, tous élus par leurs collègues ; le lieutenant général du bailliage, les capitaines, lieutenants sous-lieutenants ; l'aumônier, le chirurgien et l'état-major de la milice nationale ; quatre nobles, MM. de Gillaboz, de Coges, de Brevans et de Laborde, et autant de vignerons choisis au sort, Joseph Plumey, Charles Aubry, Charles-Louis Martin et Barthélemi Nicolas.

— 12 août. Revue de la milice nationale passée sur la place par le comte de Narbonne. La revue terminée, il reçoit la couronne civique qui lui est décernée, et on le conduit en triomphe dans tous les quartiers de la ville, précédé de la musique militaire, et accompagné des officiers municipaux, de toute la milice, et d'une grande affluence de peuple, aux cris répétés de *Vive le Roi! Vive le comte de Narbonne!* Le lendemain, il quitte la ville.

— 5 septemb. Assemblée du conseil et des notables. Le maire et les officiers municipaux offrent leur démission sous le prétexte que dans ces temps de trouble et de crise, réduits au nombre de cinq, il leur est devenu impossible de maintenir l'ordre, et qu'ils ne peuvent espérer de satisfaire le public. La démission est refusée, et ils sont priés de continuer leurs fonctions jusqu'à la réception du règlement attendu de l'assemblée nationale concernant les municipalités, et en cas d'abandon de leurs fonctions, ils sont déclarés responsables des événements. Ils se soumettent, à condition qu'il leur sera donné des adjoints, dont l'élection est fixée au 10 du courant.

— 26 septemb. Nouvelle élection des adjoints aux officiers municipaux, celle du 10 septembre étant annulée pour vice de formes. Les adjoints élus sont au nombre de vingt, six de Faramand, quatre de la rue Dessous, six de la ville et quatre de Courcelles.

— 25 oct. Sur l'avis reçu de différents lieux, qu'on ne saurait trop se précautionner contre les ennemis du roi et de la nation, et contre les perturbateurs du repos public, il est délibéré que M. de Langeron sera supplié d'accorder à la ville 600 fusils et bayonnettes, de la poudre et des balles en proportion.

— 7 nov. Compte rendu par les sieurs Hyac. Clerc et J.-D. Milleret, députés de la ville, d'une assemblée tenue le 5 à Besançon, où a été conclu entre les quatorze villes bailliagères de Franche-Comté, un traité fédératif, relatif aux subsistances, à l'exécution des décrets de l'assemblée nationale, et à tout ce qui peut concourir au maintien du bon ordre et de la tranquillité publique.

— 20 nov. Publication de la loi martiale faite par le maire et les officiers municipaux sur les places et dans les carrefours. Les autorités sont accompagnées des sergents de ville, de la maréchaussée et de cent hommes de la troupe nationale, le drapeau rouge déployé.

— 25 nov. Troisième assemblée générale pour l'élection des adjoints aux officiers municipaux, celle du 26 septemb. étant déclarée illégale. Le comte de Narbonne y assiste.

— 1er déc. Sur l'avis que des désordres ont eu lieu à Arbois et dans les villages environnants, le marquis de Langeron écrit qu'il a donné ordre à la milice nationale de La Ferté, et à 200 chevaux du régiment Royal-Etranger, de marcher sur Arbois. Si ces forces ne suffisent pas, il se mettra lui-même en mouvement avec quatre compagnies de grenadiers ou de chasseurs, et le régiment Dauphin, cavalerie, enfin qu'il fera exécuter la loi martiale.

— 21 décembre. Il est délibéré que la porte Picardet, dont le cintre menace ruine, sera démolie.

1790, 22 janvier. En exécution du décret de l'assemblée nationale, concernant la formation des municipalités, sont appelés tous les citoyens actifs payant en contributions directes la valeur de trois journées de travail, à concourir à l'élection des membres de la municipalité. Sont éligibles tous les citoyens payant la valeur de dix journées.

— 5 février. Est élu maire M. Cl.-Louis Laurenceot, avocat en parlement, par 455 voix sur 581 votants.

— 12 fév. Lettre du député Morivaux, qui annonce que l'assemblée nationale n'accorde à Arbois qu'un tribunal de justice, mais n'en fait point un chef-lieu de district.

— 17 fév. Adresse envoyée à l'assemblée nationale, à l'effet d'obtenir un tribunal de juridiction, et la conservation du Chapitre et de la Familiarité.

— 2 mars. Décision du comité de constitution de l'assemblée nationale, qui déclare citoyens actifs les membres du Chapitre et de la Familiarité, par la raison que si la somme totale des impositions des deux corps, payée en bloc, était divisée et répartie par chaque membre, la portion de chacun excéderait la somme fixée par le décret qui institue les citoyens actifs.

— 8 mars. État des fonds du territoire d'Arbois, bons, médiocres et mauvais, et revenu qu'ils produisent.

1re classe, 1,195 journaux, à 18 liv. l'un, produisent 21,510 liv.
2e classe, 1,888 journ., à 12 liv. l'un, id. 22,556
3e classe, 2,940 journ., à 6 liv. id. 17,640

Sur ces 6,023 journaux, 5,000 sont de roture, 695 de biens d'église d'ancienne dotation, 295 de dotation nouvelle, et 33 de fiefs. Les propriétés bâties peuvent produire 34,004 livres.

Total des revenus, 95,710 liv. imposés en 1789, à 21,581 livres 12 s. 8 d.; sur laquelle somme le commerce et l'industrie ont eu à payer 6,691 livres 18 sols.

A laquelle somme doit être ajoutée la contribution patriotique décrétée par l'assemblée nationale, et qui s'est élevée pour Arbois, jusqu'au présent jour 8 mars, à 36,000 livres 16 sols.

— Mémoire adressé au comité ecclésiastique de l'assemblée nationale, à l'effet d'obtenir l'établissement à Arbois de l'évêché de St.-Claude. A l'appui de cette demande, il est exposé que la ville de St.-Claude, située à l'extrémité du département, est, pendant l'hiver, d'un accès presque impossible; qu'Arbois, située au centre, traversée par six grandes routes qui conduisent à tous les chefs-lieux de district, est, en vertu d'un décret, le lieu où s'assemblent les électeurs; que le prieuré offrirait à l'évêque une habitation commode et décente, touchant à l'église paroissiale et y communiquant par un cloître qui pourrait être converti en séminaire diocésain ; que nulle part enfin, le service divin ne pourrait être plus solennellement célébré, le clergé de la ville étant composé de 32 prêtres. Il est en outre demandé que l'église collégiale de Notre-Dame soit érigée en deuxième paroisse de la ville.

— 21 mars. Il est délibéré que M. Crestin d'Oussières, fils, qui s'est toujours distingué par son talent, ses lumières et son patriotisme, sera envoyé à Paris, à l'effet d'obtenir, de concert avec M. Morivaux, pour la ville, un tribunal de juridiction et les autres établissements qu'elle est en droit de réclamer à raison de son ancienneté, de sa population, de sa situation et des impôts qu'elle paie.

— 25 mars. Premier sang répandu pour opinion politique. A la suite d'un baptême de sa famille, M. Pécauld de Changin avait invité à souper plusieurs particuliers du faubourg de la rue Dessous qui l'avaient accompagné en armes à la cérémonie. Le piquet de garde nationale, de garde ce jour là, s'irrita de cette réunion chez un ci-devant, et résolut d'accueillir à coups de fusil les convives à leur sortie de la maison, Grande-Rue. L'embuscade est dressée sous le transport de la maison en face, et à onze heures du soir, au moment où les invités sortent, un coup de fusil part et blesse mortellement au ventre J.-B. Barbier, ancien soldat du régiment d'Enghien, qui, au moment même où il se sent atteint, nomme et interpelle son assassin. Mais déjà les lois étaient sans force, le misérable en fut quitte pour s'éloigner pendant quelque temps, néanmoins il n'échappa point pourtant au châtiment qu'il méritait, quelques années après il mourut subitement. Quant au malheureux Barbier, il survécut un mois à sa blessure.

— 28 mars. Lettre des officiers municipaux de la ville de Seurre, par laquelle ceux d'Arbois sont priés de rechercher l'auteur d'une brochure intitulée : *Don patriotique, ou Nouvelle adresse aux militaires et à tous les citoyens français*, laquelle leur est parvenue timbrée d'Arbois, et qu'ils ont condamnée au feu. Le conseil, saisi d'horreur et d'indignation, arrête que ladite lettre sera remise au procureur de la commune, avec invitation de faire les recherches les plus actives, et sans délai, auxquelles chaque membre du conseil joindra les siennes ; qu'il sera écrit en même temps à l'assemblée nationale et au conseil de Seurre, où il sera dit que s'il existe dans la ville quelques ennemis du bien public, il n'ose pas croire qu'il en soit un assez scélérat pour avoir composé ou expédié cette brochure ; que le coupable peut être un monstre, habitant un lieu éloigné, qui, pour écarter les soupçons, aura choisi le bureau de la ville.

— 1er avr. Le conseil nomme M. Laurenceot cadet commissaire, à l'effet de statuer sur les pétitions présentées par les religieuses des monastères, tendant à obtenir la permission d'en sortir, en vertu du décret de l'assemblée nationale.

— 24 avril. En exécution du décret de l'assemblée, sur l'organisation de la garde nationale, est publié le réglement provisoire suivant :

La garde se composera de citoyens volontairement enrôlés, âgés de 17 ans accomplis ; les officiers élus ayant au moins l'âge de 25 ans. Le numéro des compagnies sera réglé par le sort. La distribution des armes et la proclamation des officiers seront faites par le maire, le bataillon en carré, et les bas officiers seront proclamés par les capitaines des compagnies. La cérémonie se terminera par la prestation du serment prescrit par le décret de l'assemblée, du 7 janvier 1790, laquelle sera faite par tous les officiers, bas officiers et soldats.

— 2 mai. Formation de la garde nationale en 9 compagnies. Commandant général, le comte de Narbonne; command. en second, le baron de Glanne; major, M. Bouvenot.

— 12 mai. Estimation faite par les sieurs Bouchet et Légé, experts, du prieuré, 22,000 livres, et du couvent des Minimes, 24,000 livres.

— Personnel des deux couvents d'hommes. Minimes, neuf profès; supérieur, le P. Jean-Adrien Petithuguenin. Capucins, treize religieux; supérieur, Nicolas Abbé, de Cramans; en religion, père Charles.

— 6 juin. Recensement de la population. Hommes, 1,542; femmes, 1,639; garçons, 1,749; filles, 1,991; total, 6,921, dont 945 électeurs et 433 éligibles.

— 10 juin. Sur la proposition de M. Bruet, curé d'Arbois, est établi un bureau d'aumône générale, composé de 24 membres, chargés de faire les recherches nécessaires pour connaître toutes les familles nécessiteuses, et de recueillir les sommes que les personnes vivant dans l'aisance voudront consacrer à cette œuvre de charité.

— 24 juin. Seront choisis six hommes sur cent, officiers ou soldats, lesquels se rendront, le 27 du courant, sur la place d'armes à Salins, à l'effet de nommer les députés qui devront assister, à Paris, à la fête du 14 juillet.

— 14 juillet. Fête civique. A dix heures et demie du matin, le maire, les officiers municipaux et les notables, escortés par un détachement de la garde nationale, se rendent à l'église St.-Just, que remplit déjà le reste de la garde et une foule nombreuse; à leur arrivée commence une messe solennelle, célébrée par le curé qui y prononce un discours analogue à la circonstance. La messe terminée, à onze heures trois quarts, le cortége quitte l'église et se rend sur la place, autour de laquelle se forment en carré toutes les compagnies de la garde nationale. Sur une estrade environnant l'autel qui y est élevé, se placent les officiers municipaux et les notables, et pour annoncer le commencement de la cérémonie, se 'ont entendre les détonations des boîtes et le son de toutes les cloches. Le maire prononce un discours et monte à l'autel, où il fait, à haute voix, le serment civique Tous les assistants, levant la main en signe d'adhésion, répondent : *Je le jure !* et aussitôt, au bruit de la musique, des boîtes et des tambours, retentissent de toutes parts les cris unanimes et réitérés : *Vive la nation ! Vive la loi ! Vive le roi ! Vive la liberté !*

Le cortége retourne ensuite à l'église, où est chanté un *Te Deum* en actions de grâces de l'heureuse alliance qui vient d'unir pour jamais tous les Français, et la journée, pendant laquelle tout travail a été interrompu, est terminée par une illumination générale, des danses et des cris annonçant la joie qui règne dans tous les cœurs.

— 23 août. Sur l'avis reçu de MM. d'Épercy et Morivaux que, par son décret du 19 courant, l'assemblée nationale a fixé à Arbois le tribunal du district, il est arrêté qu'il sera adressé des remerciments à ces deux députés, ainsi qu'à MM. de Crécy, de Toulongeon, l'abbé de Montesquiou, Desmeuniers, Bourquency et autres, lesquels ont contribué à faire accorder cet établissement à la ville.

— 7 septemb. En remplacement du sieur Gresset, J.-P. Plumey, familier de St.-Just, est, après concours, nommé principal du collége.

— 24 septemb. Revenus, dettes et charges de la ville. Revenus, 7,234 liv., sans y comprendre le produit annuel des coupes de bois, qui peuvent être évalués de 4,000 à

5,000 liv. Les intérêts de la dette, 520 livres. Dépenses, 1,2000 liv., non comprises celles de la garde nationale, montant à près de 2,000 livres.

— 26 oct. Première convocation d'assemblée primaire, pour l'élection d'un juge de paix. Est élu M. Ch.-François Petitjean, décédé en 1848, juge au tribunal, en retraite.

— 13 nov. Déclaration faite par les corps ecclésiastiques de leurs biens, revenus, capitaux et intérêts, en vertu d'un décret de l'assemblée nationale. *Ursulines,* capitaux, 91,790 l., intérêts, 4,281 l.; *Carmélites,* capit. 40,060 l., intérêt, 1,811 l.; *Tiercelines,* capitaux, 44,799 l., intér., 2,293 l.; *Minimes,* cap., 65,802 l., intérêts, 2,972 l.; *Familiarité,* cap., 57,792 l., int., 2,692 l.; *Chapitre,* revenu, 10,622 l. 5 s. 4 d.

Le revenu du doyen s'élevait à 1,222 livres, et celui de chaque chanoine à 671 livres.

— 9 déc. Mémoire dressé par le sieur Barbier, à l'effet d'obtenir l'érection d'une deuxième cure dans l'église de Notre-Dame. Il y est exposé que l'église de St-Just peut contenir à peine le quart des habitants, inconvénient peu sensible au temps où les habitants pouvaient assister aux offices religieux célébrés dans la collégiale.

1791, 2 janv. Vente de biens nationaux, vignes et terres labourables, sur la mise à prix de 15,668 livres.

— 8 janv. En vertu du décret de l'assemblée nationale, qui prescrit aux religieux et religieuses de déclarer s'ils veulent ou non continuer à vivre en communauté, MM. Cl.-Louis Laurenceot, maire, et Ch.-Fr. Petitjean, juge de paix, se sont transportés dans les maisons religieuses de la ville pour recevoir ces déclarations.

Ursulines. Des 22 religieuses réunies dans cette maison,

toutes, une seule exceptée, sœur Charlotte-Gabrielle Linglois, ont déclaré vouloir continuer la vie commune.

Carmélites. Les 19 religieuses, sans exception, déclarent vouloir rester dans leur maison.

Tiercelines. Sur 24 religieuses, une seule, Jeanne-Gab. Châlon, déclare vouloir profiter du bénéfice du décret, qui lui laisse la liberté de choisir son domicile.

— 14 janv. Délibération à l'effet d'amener, par la route de Mesnay, les eaux de la source de la Doye, reconnues les meilleures et les plus abondantes, jusqu'à un réservoir établi pour alimenter les fontaines de la ville.

— 17 janv. Division du territoire en dix sections.

— 23 janv. Prestation du serment des ecclésiastiques à la constitution civile du clergé, décrétée par l'assemblée nationale le 26 décembre 1790. La cérémonie a lieu le dimanche à l'issue de la messe de paroisse, en présence des officiers municipaux, des notables, d'un détachement de la garde nationale en armes, et d'un grand nombre de citoyens.

Ont comparu MM. Ign.-Franç.-Xav. Bruet, docteur en théologie, curé ; J.-B. Noirot, Ch.-Louis Bonnedouce, Ant.-Philippe Saron et Remi-Séb. Vermot, vicaires ; Cl.-Pierre Gravier, Jacq.-Hug. Malfroy et Jean-Pierre Plumey, le dernier principal du collége, prêtres, lesquels ont individuellement prêté le serment : *De veiller avec soin sur les fidèles de la paroisse qui leur est confiée, d'être fidèles à la nation, à la loi et au roi, et de maintenir de tout leur pouvoir la constitution décrétée par l'assemblée nationale et acceptée par le roi.*

Deux discours sont prononcés par MM. Bruet et Plumey, et unanimement applaudis à cause des sentiments patriotiques qui y sont exprimés. Il est délibéré, séance tenante, qu'ils seront textuellement inscrits à la suite du procès-verbal. Suivent ces discours dans le registre.

— 4 fév. Sur leur demande, il est accordé aux dames Ursulines un certificat constatant que n'étant point cloîtrées et libres de se retirer dans leurs familles à leur volonté, n'ayant fait que des vœux simples, elles ont toujours été considérées comme formant une congrégation séculière, uniquement occupées de l'éducation des jeunes filles, à laquelle elles se sont toujours appliquées avec autant de zèle que de succès.

— 19 fév. Requête à l'administration départementale, à l'effet d'être autorisé à acquérir divers bâtiments publics ci-après spécifiés, que le conseil désire conserver comme objets d'utilité générale.

1°. Le couvent des Minimes, destiné à servir pour y établir le collége, dont la maison actuelle, très-ancienne, ne peut être habitée sans danger, et qui exige un reconstruction totale.

2°. Le couvent des Capucins, à l'effet d'y transférer l'hôpital, qui, peu sain et peu spacieux, très-éloigné de la ville et de plusieurs de ses faubourgs, rend difficile le transport des malades dans la mauvaise saison.

3°. Le Prieuré, qui peut servir soit aux séances du conseil municipal jusqu'à la reconstruction, déjà ordonnée et adjugée de l'hôtel-de-ville, soit à des établissements de charité, tels que filature, etc., pour occuper les pauvres. Le jardin, contigu à la place de Faramand, serait propre à la tenue des foires et marchés.

Seraient affectés au paiement, 1° l'emplacement très-vaste du collége actuel ; 2° celui des fours bannaux ; 3° les sommes dues par l'État sur les offices municipaux ; 4° les bénéfices probables sur la revente d'une partie des domaines nationaux, pour lesquels la ville a fait des soumissions.

— 24 mars. Communication au conseil d'un décret de l'assemblée, du 16 février dernier, qui déclare acquis par la commune d'Arbois : 1° le domaine du Saron, provenant des Minimes, affermé 2,000 l.; 2° les granges de Vauxy et Grilliard, provenant des Bernardins de Balerne, du produit annuel de 2,025 l. et cent mesures de blé ; 3° la maison et biens dépendants du Prieuré d'Arbois, rapportant annuellement 9,000 l., sept muids de vin et cent douze mesures de blé, pour le prix de 416,069 l. 10 s. 11 d., payables de la manière déterminée par le décret.

— 3 avril. Demande au département d'ouvrir dans la côte de Ferrières une route qui sera très-avantageuse pour la facilité du commerce et la traite des bois.

— 24 av. Envoi à M. d'Epercy d'une adresse à l'assemblée, à l'effet de confirmer l'arrêté du directoire du département, du 26 mars précédent, qui autorise la commune à acquérir au prix de l'estimation des experts, les bâtiments du ci-dev. couvent des Minimes, pour y établir son collége.

— 25 av. Service de la garde nationale. A l'avenir, il sera restreint à un officier, un sergent, un caporal et six fusiliers, à l'exception du dimanche et des jours où le commandant jugera à propos d'ordonner une garde plus nombreuse. A moins d'ordre contraire, et si le maintien du bon ordre et de la sûreté publique le permet, la garde sera montée depuis six heures du soir jusqu'au lever du soleil.

— 27 av. et 8 mai. Délibérations relatives à l'érection d'une seconde cure, avec cimetière commun aux deux paroisses, établi dans le pré de la Platière.

D'après le rapport du sieur Dez, architecte à Salins,

commis à cet effet, l'église de St.-Just ne peut contenir que 2,200 personnes, et n'est point susceptible d'agrandissement. Celle de Notre-Dame en contiendrait 1,385, et au moyen d'une faible dépense, ce nombre peut être porté à 1,700. Une maison à proximité, dépendante du ci-devant Chapitre, est très-propre à servir de presbytère.

Toute la partie supérieure de la ville, depuis la grande place, les faubourgs de Faramand, rue Dessous, Gillois, Larnay, Champerroux, formeraient la paroisse de St.-Just; celle de Notre-Dame comprendrait toute la partie inférieure, depuis la place et la rue Tripet, les faubourgs de Courcelles, Changin, Verreux et Montfort, ce qui donnerait 4,150 paroissiens à St.-Just, et 2,771 à Notre-Dame. Sept vicaires seraient attachés à la première paroisse, et cinq à la seconde, dont la desserte serait suffisamment pourvue par les vases sacrés, linges et ornements du ci-devant Chapître, des Minimes, Capucins et autres couvents.

— 8 mai. Sur la considération que quelques individus de cette commune, accusés de violences contre des gardes nationaux préposés au maintien de l'ordre, sont depuis 18 mois, deux dans les fers, les autres errants et fugitifs, et que peut-être ils ne sont pas réellement coupables des délits qui les ont jetés dans une si cruelle position, le conseil arrête qu'il sera adressé à l'assemblée une requête à l'effet de faire cesser les poursuites dirigées contre eux par le tribunal du district, séant à Salins.

— 12 juin. Publication de la liste des citoyens de la commune d'Arbois, au nombre de 107, éligibles à l'assemblée nationale. Le 15, il est procédé à l'élection des députés à l'assemblée, de leurs suppléants, de la moitié des membres de l'administration du département, et de deux jurés de la haute cour nationale.

— 14 juillet. Célébration de la fête civique et prestation du serment fédératif.

— 16 juill. Adresse à l'assemblée, pour obtenir la translation de l'hôpital dans la maison des Capucins.

— 3 août. Arrivée de M. Moyse, évêque constitutionnel du Jura. Afin de témoigner à ce pasteur les sentiments que méritent son patriotisme et ses vertus, les citoyens sont invités à illuminer leurs fenêtres.

— 16 août. Il est délibéré qu'à l'avenir les écoliers du collége seront conduits chaque jour, à dix heures du matin, à la chapelle de la Croix, pour y entendre la messe que célébrera M. Plumey, principal, lequel, à titre d'aumônier, recevra annuellement 72 livres.

— 22 août. Sur la requête des officiers municipaux et l'avis du district, l'administration départementale autorise la commune à acquérir le ci-devant couvent des Capucins, à l'effet d'y établir l'hôpital.

— 4 sept. Deux membres du conseil sont envoyés pour féliciter en son nom MM. Anat.-Franç. Morivaux et Pierre Bouvenot, de leur élection de députés à l'assemb. législative.

— 8 sept. Réclamation adressée à l'évêque du Jura, au sujet de la nomination de l'abbé Plumey au poste de vicaire général du diocèse :

Nous ne pouvons, dit le conseil, vous laisser ignorer tous les avantages dont vous allez priver notre ville, en nous enlevant un homme qui, par ses rares qualités et l'austérité de ses mœurs, offre à notre jeunesse un parfait exemple de toutes les vertus religieuses et civiles qu'il s'efforce de lui inspirer. Il vous sera sans doute facile de trouver dans le nombreux clergé de votre diocèse, un sujet propre à remplir la place que vous destinez à M. Plumey, tandis que, dans les circonstances actuelles, nous regardons comme impossible de parvenir à le remplacer.

— 2 octobre. Convocation du conseil à deux heures de l'après-midi, à l'effet d'assister à la proclamation faite par le maire dans la ville et les faubourgs, de la constitution décrétée par l'assemblée nationale le 3 septembre précédent. A l'issue des vêpres est chanté un *Te Deum*. Il est ordonné aux habitants d'illuminer, à peine de 3 livres d'amende contre chaque contrevenant.

— 13 octob. Il est prêté serment à la constitution civile du clergé par M. Pierre-Charles-Nicolas Coulon.

— 2 et 4 nov. Premiers certificats de civisme accordés 1° à Louis-Henri Rozay, procureur du roi de police, démissionnaire de cet emploi après huit ans d'exercice, pour entrer dans les volontaires, où il est devenu capitaine des grenadiers du 4ᵉ bataillon, et qui a été le premier dans la ville qui se soit décoré de la cocarde de la liberté ; à 2° Louis-Fr.-Joseph Huguenin, fils de l'un des juges de paix du canton ; 3° à Gaspard-Marie de Glanne, commandant de la garde nationale, qui, dès les premiers instants de la révolution, s'est dévoué à la cause de la liberté, a, le premier, pris les armes le 23 juillet 1789, et à la tête de 300 jeunes gens animés par son exemple, a couru au secours de la ville de Poligny, pour repousser une incursion supposée de brigands, et a enfin tellement mérité l'estime et la confiance de ses concitoyens, qu'ils l'ont, à l'unanimité, nommé commandant en chef de leur garde nationale, forte de 1,200 hommes. A ces titres, il faut ajouter qu'il a été le premier à s'enrôler pour marcher aux frontières et partout où l'exigeait le besoin de l'État.

— 18 déc. Sur les refus successifs de MM. L.-J.-B. Crestin et Hugues Barberot d'accepter l'office de maire, auquel ils ont été élus les 14 et 16 novembre, à la suite d'une 3ᵐᵉ élection, est proclamé maire M. J.-D. Milleret, qui accepte.

1792, 15 janv. Le conseil autorise le maire à exécuter l'échange de la maison de l'hôpital contre celle des capucins, acquise par la ville, lequel donnera à la municipalité le moyen d'acquitter les 17,000 l., prix convenu de l'ancien couvent, cédé par décret de l'assemblée nationale, du 26 mars 1791.

Dans la même journée, il est demandé au département l'autorisation d'aliéner la chapelle de St.-Roch et terrains adjacents, le jardin de Gillois, le champ des Bruyères et les prés de Rozières, pour le prix en provenant être employé au payement des biens nationaux adjugés à la commune.

— 11 fév. Nouvelle organisation de la garde nationale, en deux bataillons, d'En-Haut et d'En-Bas, de six compagnies chacun, dont une de grenadiers, en exécution de la loi du 14 octobre 1791. Chaque compagnie est commandée par un capitaine, un lieutenant, deux sous-lieutenants, deux sergents et quatre caporaux, élus par leur compagnie. Les deux commandants et l'adjudant sont nommés par les officiers et sergents, présidés par le plus ancien capitaine.

— 29 avril. Publication de la déclaration de guerre à l'Autriche, en présence des deux bataillons de la garde nationale, dont les chefs sont proclamés par le maire, qui, dans une allocution, recommande aux citoyens l'union et l'obéissance aux lois et aux autorités constituées.

— 7 mai. Relevé des revenus possédés par l'hôpital; ils s'élèvent à la somme de 6,191 liv. 16 s. Les capitaux de rentes appartenant à la chapelle de la Croix, à la table du bouillon, depuis bureau de bienfaisance, et à la congrégation des hommes, offrent un total de 37,966 l. 13 s. 4 d.; les revenus de la Confrérie de la Croix, 899 l. 10 s. 5 d.;

l'aumône du bouillon, 1,661 l. 15 s. 6 d., dont 200 liv. de quêtes et autant de legs pieux.

— 27 mai. La proposition faite le 6 mai précédent, de transférer solennellement dans l'église de St.-Just les restes du capitaine d'infanterie Joseph Morel, inhumé dans la chapelle de St.-Roch après la prise de la ville au mois d'août 1595, et de renouveler la pierre tumulaire, en y gravant la même inscription existant sur l'ancienne qui est brisée, ayant été acceptée, et le sieur Gavignet ayant fourni ladite pierre gravée, et posé dans l'église 28 pieds de cadettes, pour le prix de 102 l. 14 s., il est délibéré que cette pierre sera placée contre le mur de l'église, à l'endroit le plus convenable, et que le dimanche 3 juin prochain, à l'issue des vêpres, messieurs les administrateurs du district, les juges de paix, les deux bataillons de la garde nationale en armes, messieurs du clergé et les officiers municipaux, seront invités à assister à ladite cérémonie de la translation des restes du capitaine Joseph Morel.

— 3 juin. Cérémonie de la translation, à laquelle la population tout entière assiste avec empressement.

— 18 juillet. Publication de l'acte de l'assemblée, qui déclare *la patrie en danger!* Il est résolu qu'à dater de ce jour deux membres du conseil resteront en surveillance permanente à l'hôtel-de-ville, le jour et la nuit, et que le conseil entier se tiendra à toute heure prêt à se rassembler.

— Dix volontaires d'Arbois, faisant partie des 3e et 4e bataillons du Jura, partent pour le camp de Soissons.

— 14 août. Départ des volontaires formant deux compagnies, l'une commandée par M. Laurenceot cadet, forte de 95 hommes, l'autre, aux ordres de M. Rahon, qui en compte 51. Il est fait remise à ces deux capitaines du produit des dons faits à leurs compagnies, montant à la somme de 3,338 livres 9 sols.

— 15 août. Proclamation de l'acte de l'assemblée, en date du 10 août, prononçant la suspension du roi, faite sur la place publique par le maire, assisté des officiers municipaux, des notables, des membres du district, des juges de paix, de la gendarmerie, des officiers et soldats vétérans, et des deux compagnies de grenadiers de la garde nationale.

— 26 août. Election des députés à la convention nationale. Sont appelés à voter, en assemblée primaire, tous les citoyens âgés de 21 ans, domiciliés depuis un an dans la ville, vivant de leur travail ou de leur revenu, et n'étant point en état de domesticité.

— 4 septemb. Visite domiciliaire, à l'effet de rechercher les individus suspects, et de dresser l'état des armes et munitions existant chez les habitants.

— 7 septemb. Déclaration faite à la municipalité par les citoyens Jean-Anat. Tabey, homme de loi ; Girard Gresset, Jean-Adrien Marle, Jean-Et. Gouillaud et Fr. Planet, du dessein qu'ils ont de s'assembler sans armes dans l'église du ci-devant Chapitre, pour faire une pétition au département, tendant à être autorisés à former *un club,* ou *société des frères et amis de la constitution.*

— 11 septemb. Démission des fonctions de maire, présentée par M. Milleret ; elle est refusée le surlendemain par le conseil, et n'est acceptée que le 25 septembre par le district.

— Même jour. Sont nommés les citoyens Martin et Malfroy, commissaires, à l'effet de désigner, conjointement avec ceux du district, la maison propre à renfermer les prêtres, les ci-devant nobles, les parents d'émigrés et autres, prévenus de conspiration contre la constitution, en exécution de l'arrêté pris la veille, 10 septembre, par l'administration départementale. A dater du présent jour, il est défendu à tout prêtre, tout fonctionnaire insermenté, ou qui n'aurait point obtenu de certificat de civisme, à tout père, mère, sœur, enfant ou épouse d'émigré, reconnu tel, et à tout individu âgé de 16 ans, de la classe des ci-devant nobles, de quitter leur domicile, à peine d'être mis en arrestation dans la maison destinée à placer les prévenus de ladite conspiration.

— 13 septemb. Mise à exécution de la loi des ôtages. Par ordre du procureur général du département, sont consignés dans leur domicile, ou incarcérés comme ôtages, dix-sept habitants de la commune.

— 16 septemb. Arrêté du département, par lequel sortiront de la maison des ôtages ceux dont le citoyen Saron, officier de santé, aura constaté les infirmités.

Le même jour, est décidée l'acquisition du ci-devant couvent des Ursulines, pour y établir la maison commune. Les jardins seront convertis en cour, pour servir de marché aux grains. La maison commune actuelle sera démolie pour agrandir la place publique et faciliter la grande voirie.

— 18 sept. Prestation de serment du conseil et de tous les fonctionnaires et pensionnés de l'État: *Je jure d'être fidèle à la nation, et de maintenir de tout mon pouvoir la liberté et l'égalité, ou de mourir à mon poste!* Le même jour, l'ancien couvent des Carmélites est choisi pour la réclusion des ôtages et des suspects.

— 23 sept. Les reliques de saint Claude sont transférés solennellement de l'église des Tiercelines à celle de Saint-Just, où, après avoir été exposées pendant huit jours, il est célébré un service d'actions de grâces.

— 27 sept. Publication du décret de la convention nationale, établissant la *République*. Après la proclamation faite avec grande pompe sur toutes les places publiques, les musiciens sont conviés, par ordre du conseil, à un dîner à *trente sols* par tête, auquel assistent les sergents de ville et les gardes de police. Le 30, tous les membres du conseil prêtent le serment d'être fidèles à la république, de maintenir la liberté, l'égalité, la sûreté des personnes et des propriétés, etc. Le même jour, ce serment est prêté par toute la garde nationale, qui, aussitôt après, demande et obtient de brûler ses anciens drapeaux, ainsi que les mesures qui servaient à percevoir la dîme. Le bataillon d'En-Haut (Faramand, rue Dessous) demande en outre que les titres des dîmes de Vauxy soient brûlés. En vain la municipalité représente qu'en les brûlant on pourrait faire disparaître des pièces essentielles pour les intérêts de la nation et des acquéreurs. Le bataillon se porte en masse chez le receveur de l'enregistrement, nommé Chapoteau, et les titres, saisis de vive force, sont portés sur la place et réduits en cendres.

— 9 oct. Sont commis les citoyens Malfroy et David, pour vérifier à la poste, les jours d'arrivée des courriers, le contenu des lettres adressées aux personnes suspectes. Deux fois par jour les citoyens Martin et Bonnedouce se rendront aux Carmélites, à l'effet de délivrer des permissions de visiter les détenus.

— 27 oct. Le maréchal ferrant Pierre Ravier est condamné à huit jours de prison pour avoir chanté dans sa boutique une chanson aristocrate, dont la copie manuscrite lui a été arrachée par un grenadier du 7e bataillon des volontaires de la Drôme, en garnison dans la commune.

— 6 nov. Les commissaires de la convention, passant à Arbois, suspendent de ses fonctions le citoyen Ch.-Emm. Papillard, commandant en second du 4e bataillon de la 2e légion de la garde nationale du district. Le 10, le conseil arrête qu'il sera procédé à son remplacement.

— 30 nov. Sur sa réquisition, la citoyenne Fr. Pécauld est admise à prêter, en présence de la municipalité, le serment de maintenir de tout son pouvoir la liberté et l'égalité, ou de mourir en les défendant.

— 3 déc. Est élu maire de la commune le citoyen Anat.-François Morivaux.

— 9 déc. Prestation du serment des officiers municipaux et des adjoints. Il est décidé que le conseil continuera sa surveillance permanente, et que chaque membre veillera à son tour, suivant l'ordre du tableau.

— 13 déc. Pétition du conseil aux administrateurs du département, à l'effet d'être autorisé à remplacer par six maîtresses d'écoles les religieuses Ursulines précédemment chargés de l'éducation des jeunes filles, à les pourvoir de logements convenables, et à leur régler un gage proportionné à leurs peines, jusqu'à ce que la convention nationale ait définitivement organisé l'instruction publique.

— 24 déc. Pétition au département, tendant à ce qu'il soit déclaré que l'église du ci-devant Chapitre sera ouverte à la dévotion des fidèles, et qu'il y sera sonné et célébré la messe par les prêtres que désignera le conseil.

— 26 déc. En vertu de l'arrêté du département, du 9 décembre, il sera ouvert un atelier de charité au payement duquel, en outre des 15,000 l. votées par le département pour les ateliers établis dans les diverses communes, sera affectée une somme de 1,200 l., qui, à défaut de deniers libres, sera répartie sur tous les contribuables, et dont moitié sera employée aux réparations des chemins des forêts.

— 30 déc. A dater du 4 janvier, il est enjoint aux boulangers de ne fabriquer qu'une seule espèce de pain, sans mélange d'aucune farine étrangère, et défendu d'exposer aucune pâtisserie. Un délai de six jours leur est accordé pour consommer les différentes espèces de farine dont ils sont pourvus.

1793, 4 janv. Réglement, en 26 articles, pour les écoles de filles. Ces écoles seront gratuites, dirigées par cinq maîtresses égales les unes aux autres, qui enseigneront à leurs élèves la religion, le catéchisme, la prière, la lecture, l'écriture, le calcul et les travaux de leur sexe. Les enfants seront élevés dans les principes de la révolution, etc. Le surlendemain, 6 janvier, les maîtresses élues par le conseil, après un examen qui a constaté leur capacité, prêtent le serment ordinaire, auquel est ajouté celui de remplir avec exactitude les fonctions qui leur sont confiées.

— 13 janv. Pétition présentée à la municipalité, à l'effet de retenir sur l'argenterie des églises qui doit être envoyée à la monnaie, deux calices, pour le service du culte dans l'église du ci-devant Chapitre.

— Est dressé l'état des créances et rentes dues à la chapelle de la Croix, à l'aumône du Bouillon et à la confrérie des hommes, par des émigrés ou des communautés religieuses supprimées, et qui retombent à la charge de la république. Le total s'élève, en capital, à 24,193 l. 14 s.

— 10 fév. Publication solennelle du décret de la convention, portant déclaration de guerre contre le roi d'Angleterre et le stathouder des Provinces-Unies.

— Recensement de la population; elle s'élève à 6,638 habitants. Diminution depuis 1790, 283.

— 3 mars. Fête civique en l'honneur de Michel Lepelletier, mort victime de son patriotisme.

— 14 mars. Ouverture de l'atelier de charité. La journée commence à huit heures du matin et finit à la nuit. Tout travailleur arrivant après l'heure, n'est point admis; tout querelleur ou ne travaillant pas assidûment, est expulsé. Il est accordé, à midi, deux heures de repos. Les hommes reçoivent 25 s., les femmes 20 s., et les enfants de 12 à 15 ans, 15 sous, payables chaque jour au retour du travail.

— 9 avril. En exécution de l'arrêté des citoyens commissaires de la convention, daté de Dole, 6 du courant, qui prescrit l'arrestation des ci-devant nobles et seigneurs possesseurs de fiefs, de leurs domestiques mâles, des prêtres insermentés, et de toute personne suspecte, et leur désarmement, les citoyens administrateurs du district se transportent au domicile de vingt-un citoyens dont la liste a été dressée par la société populaire, et les requièrent, ainsi que leurs domestiques mâles, au nom de la loi et de la tranquillité publique, de se rendre à la maison des ci-devant Ursulines, pour y être renfermés et surveillés.

Il est, en outre, procédé au désarmement de 63 citoyens, fait recherche et pris lecture des lettres et papiers qui paraissent suspects, et s'ils se trouvent contenir des projets criminels, ceux auxquels ils appartiennent sont arrêtés.

— Vingt-cinq gardes nationaux sont rassemblés sur chacune des quatre places publiques de la ville, à l'effet de maintenir la tranquillité et la sûreté des personnes et des propriétés. Il est signifié aux femmes, filles et enfants au-dessous de quatorze ans, des personnes incarcérées, d'avoir à rester dans leurs domiciles, à charge par eux de n'y recevoir personne, sous peine d'incarcération.

Il est arrêté que les détenus seront gardés par un poste de six hommes, qui ne permettront aucune communication des reclus avec l'extérieur ; ces reclus ne pourront descendre au jardin sans une permission par écrit qui sera présentée au chef du poste. L'entrée de la maison est défendue à tout individu non muni d'une permission signée par le maire ou par un officier municipal. Seront arrêtés tous voyageurs à cheval ou en voiture, paraissant suspects, pour faire représenter les passeports, et ils seront conduits à la maison commune par le caporal ou le sergent.

— 12 avril. Ordre à tout propriétaire ou principal locataire, de faire afficher à l'extérieur de sa maison, les noms, prénoms, âge et profession de tous les individus qu'l'habitent. Ordre d'arrêter et de conduire à la municipalité, pour y être interrogée toute personne civile ou militaire, qui sera trouvée dans les rues et lieux publics, ne portant pas la cocarde tricolore. -- Ordre de garder à vue, comme ôtages, les pères, mères, femmes et enfants des officiers de l'armée de Dumouriez.

— 13 avril. Sur l'exposé du citoyen Morivaux, maire, que les dangers de la patrie s'augmentant par les trahisons du dehors et les troubles de l'intérieur, il convenait qu'il fût prêté solennellement le serment de défendre la liberté et l'égalité jusqu'à la mort, de dénoncer et de poursuivre juridiquement, administrativement et militairement tous les ennemis de la liberté, et de ne jamais reconnaître, avouer ou souffrir d'autre gouvernement que celui de la république démocratique, une et indivisible, sans roi, dictateur, triumvirs, protecteur, suprématie municipale, ou tout autre chef étranger à la souveraineté ou à la représentation nationale. Tous les membres du conseil se sont levés spontanément, et la main haute, ont prononcé individuellement : *Je le jure !*

— 13 avril. Sont commis les citoyens Couquet et Bonnedouce, pour se transporter tous les jours d'arrivée du courrier au bureau de la poste, et y ouvrir les lettres adressées aux personnes détenues, désarmées ou consignées dans leurs domiciles. Ces lettres, ouvertes en présence des destinataires, leur seront remises si elles ne contiennent rien contre la république ; dans le cas contraire, elles seront apportées au conseil, qui statuera ce qui sera trouvé convenir.

— 14 avril. Sont invités les citoyens âgés de 18 à 50 ans, de s'inscrire à la municipalité, jusqu'au nombre de 416 hommes, lesquels, réunis à un nombre égal fourni par la ville de Salins, formeront le bataillon du district. Leur service se fera dans la commune, et, pendant sa durée, leur solde sera de 20 sols par jour.

— 18 avril. En vertu de l'ordre des commissaires de la convention, sont élargis, à charge de rester consignés dans leurs domiciles, quatorze des citoyens mis en arrestation le 9 avril.

— 20 av. Demande du conseil aux représentants Léonard Bourdon et Prost, à l'effet d'être autorisé à tenir provisoirement ses séances dans la maison des ci-devant Ursulines.

— 2 juin. Sur la demande adressée aux administrateurs du département, par J.-D. Milleret, tendant à être admis à prouver par-devant tel commissaire nommé à cet effet, les faits justificatifs exprimés et guillemetés dans ladite demande, le conseil, considérant que cette demande est un libelle, que ledit Milleret s'est déclaré publiquement aristocrate, et qu'il s'en fait honneur, qu'il n'a cessé d'alimenter le parti qu'il s'est formé par des avis aussi fourbes que pernicieux, d'allumer la torche de la discorde et d'aiguiser le poignard du fanatisme, que dans son scandaleux écrit, il n'a pas craint de joindre l'insulte au mensonge, et la plus étonnante audace au plus coupable mépris pour les autorités constituées, exprime le vœu qu'il soit défendu à Milleret de continuer ses actes inciviques, qu'il lui soit enjoint d'avoir à l'avenir une conduite patriotique, et qu'en réparation de son écrit injurieux, il soit rétabli dans la maison d'arrêt pendant deux mois, à l'expiration desquels il devra se présenter devant le conseil pour être réprimandé suivant l'exigence du cas.

— 5 juin. En vertu de l'arrêté du département, sur la formation d'un conseil général de salut public, dont un membre de la municipalité d'Arbois doit faire partie, est élu le citoyen Jean-Charles Papillard.

— 22 juin. Appel du conseil général de salut public aux volontaires de chaque district, avec invitation de se rendre à Lons-le-Saunier, à l'effet de protéger la sûreté des personnes et des propriétés, de maintenir l'ordre et la tranquillité publique. Le lendemain 23, les volontaires d'Arbois se mettent en marche et entrent au chef-lieu en faisant entendre les cris de : *A bas les clubs!*

— 30 juin. Retour des volontaires d'Arbois avec le citoyen Papillard, qui cesse de faire partie du conseil général de salut public. A l'exemple de leurs camarades des autres districts, qui, le 25 juin, ont brisé et détruit tout le mobilier de la société populaire de Lons-le-Saunier, au moment même de leur arrivée, ils se portent aux Tiercelines, où se rassemblait la société populaire d'Arbois, composée des plus fougueux démagogues de la commune. Le mobilier en est mis en pièces ; les citoyens Barberot, officier municipal, et Champy, procureur de la commune, ayant tenté de s'y opposer, sont insultés; le dernier présente sa démission et quitte la ville.

— 7 juillet. Réunion à la municipalité des officiers de la garde nationale, auxquels le citoyen maire, après avoir donné lecture de la lettre du procureur syndic, adresse une allocution où il exprime la crainte de voir se renouveler les scènes scandaleuses qu'a excitées la perfidie des aristocrates; au nom de la loi et du conseil, il les invite à employer toute leur autorité pour maintenir le bon ordre et la paix, et finit par déclarer que le conseil, fidèle au serment qu'il a prêté, ne cessera de combattre de toutes ses forces les aristocrates, les anarchistes et les factieux, et qu'il versera jusqu'à la dernière goutte de son sang plutôt que de souffrir qu'il soit fait la moindre violation à la loi, ni porté aucune atteinte au respect dû aux personnes et aux propriétés.

— 11 juillet. Publication de la déclaration des droits de l'homme et de la constitution.

— 22 juillet. Sur l'avis reçu du procureur syndic du département, à l'effet de faire arrêter et conduire au comité général de salut public de prétendus commissaires du pouvoir exécutif (les représentants Bassal et Garnier), dont la mission ne peut être regardée que comme suspecte, attendu que leurs pouvoirs n'ont point été notifiés au département, il est délibéré qu'il sera fait défense au maître de poste de la commune de fournir des chevaux pour aucun voyageur, sans avoir prévenu la municipalité.

— 27 juillet. En exécution de l'arrêté du conseil de salut public du département, en date du 24, sur la formation immédiate d'une force armée, destinée à résister à l'oppression, laquelle comprendra la garde nationale de Lons-le-Saunier, le bataillon de ce district, et 200 hommes de chacun des districts de Poligny, Arbois, Orgelet et Saint-Claude ; le contingent d'Arbois est fixé à 100 hommes, qui, au défaut de volontaires, seront choisis parmi les citoyens les plus aisés.

— 28 juillet. Organisation de la compagnie d'artillerie de la garde nationale, pour le service des deux pièces de canon accordées par l'État.

— 29 juillet. Il est sursis à la levée de 100 hommes, et délibéré que le 31 du courant, tous les citoyens célibataires ou veufs, sans enfants, de l'âge de 16 à 40 ans, s'assembleront à six heures du matin dans l'église du ci-devant Chapitre, à l'effet de choisir entre eux 32 hommes requis par le décret de la convention, du 14 juillet, pour faire partie des 1,200 hommes que le département du Jura doit fournir à l'armée des Alpes.

— 3 août. Election des officiers de la garde nationale. Les citoyens Rosay et Gresset sont nommés commandants, et Parcaux adjudant du 1er bataillon ; le 2e a pour commandants les citoyens Barochin et Coulon, et Broye, adjudant. La prestation du serment a lieu le 5 août.

— 6 août. Décret de la convention, qui ordonne à tous les anciens officiers décorés de la croix de St.-Louis ou autres ordres royalistes, de déposer à la municipalité leurs croix et leurs brevets, avant le 10 août, sous peine d'être traités comme suspects. Cet ordre est exécuté par les citoyens Ét. Belon, Penet, Caffod, Boisson, Ch.-Fr. Domet, Maître, Pécauld, Barbe, J.-B. Maître, J.-B. Domet, Nicolas-Fr. Domet et plusieurs autres.

— 9 août. Des renseignements ayant été demandés par le conseil de la commune de Besançon, sur le civisme de

Jean-Louis Billot (l'auteur des Noëls au patois d'Arbois), il est répondu que la conduite dudit Billot l'a obligé de quitter la commune ; que réfugié à Quingey, son incivisme lui a valu une condamnation à quelques mois de prison qu'il a subis, et que dès lors on l'a perdu de vue.

— 10 août. Prestation du serment fédératif. Après la messe célébrée par le citoyen Bruet, curé, à l'autel élevé sur la promenade de Notre-Dame, le citoyen maire prononce, du haut d'une estrade qu'il occupe avec les officiers municipaux, un discours ; puis, montant à l'autel, il y prête le serment prescrit, auquel s'associent tous les assistants, en levant la main et disant : *Je le jure!* Aussitôt retentissent les cris de : *Vive la nation! Vive la république, une et indivisible!* mêlés au bruit du canon, des tambours et de la musique militaire. Immédiatement après, quatre grenadiers de la garde nationale ont apporté des liasses de titres constatant différents droits féodaux, extraits des archives du district, lesquels ont été livrés aux flammes au pied de l'estrade qui environne l'autel.

— 14 août. Considérant que dans une république naissante il est impossible de laisser subsister aucune trace capable de rappeler le souvenir de l'ancien régime, qui ne devait son existence qu'à l'usurpation ou à l'abus ; que les actes les plus indifférents en apparence, les cérémonies religieuses même, peuvent, en de telles circonstances, avoir les conséquences les plus dangereuses ; que dans ce nombre on doit compter la procession générale qui a eu lieu jusqu'à présent, le jour de l'Assomption, comme fondée par Louis XIII ; que l'exécution du vœu d'un monarque ne saurait se perpétuer dans un état républicain sans porter au moins le caractère de l'inconséquence ; qu'il y aurait cependant ingratitude et impiété à ne pas rester sous la protection de la Vierge, que les citoyens de cette commune n'ont jamais réclamée en vain dans les plus imminents périls; ont délibéré les maire et officiers municipaux de la ville d'Arbois, le procureur de la commune ouï :

Que la procession générale du jour de l'Assomption ne sera plus regardée désormais comme l'effet de la volonté du roi qui l'a ordonnée, mais comme l'expression libre des sentiments de piété et de reconnaissance dont les citoyens de cette commune ne cesseront d'être animés dans tous les temps pour le culte de la Vierge, principalement en ce jour où l'on célèbre le plus glorieux de ses mystères.

Déclarent qu'ils assisteront en corps à cette cérémonie, à laquelle ils invitent tous les citoyens qui devront y adresser leurs vœux au ciel pour la prospérité des armes de la république une et indivisible.

Ordonnent que la présente délibération sera lue au prône de la messe paroissiale, publiée et affichée ès lieux accoutumés de la commune.

Ont assisté à ladite délibération les citoyens Morivaux, maire, Barberot, Saron, Papillard, Giroulet et Frossard, officiers municipaux, Champy, procureur de la commune, et Joliton, sec.-greffier.

— 25 août. Rétablissement de la société populaire. Il est enjoint à tous les détenteurs des meubles et effets de la société, d'avoir à les rétablir pour le 29 août, sous peine d'être poursuivis.

— 31 août. Arrêté des représentants Bassal et Bernard, daté de Besançon, par lequel il est permis à la municipalité de répartir sur toutes les communes du district les 200 hommes de réquisition demandés aux communes d'Arbois et de Salins, qui fourniront chacune une pièce de canon.

— La translation de l'ancien hôpital d'Arbois, demandée par la commune et par le district, ayant été approuvée par le ministre de l'intérieur, l'administration de l'hôpital se chargera de l'opérer aux conditions suivantes, sous la surveillance de la municipalité :

Art. 1. Il sera payé présentement une somme de 6,000 l., à-compte de celle qui sera nécessaire pour rendre la maison des ci-devant Capucins susceptible d'être transformée en hôpital. Le devis des travaux à exécuter sera envoyé sur-le-champ, avant l'emploi de la somme qui sera ensuite justifié.

Art. 2. Il sera donné, comme avance, 20,000 livres, pour achats de meubles, effets et ustensiles d'usage.

Art. 3. L'administration de l'hôpital supportera la retenue de ces 20,000 liv. sur les feuilles de chaque trimestre, à raison de 15 sols par chaque journée de soldat; à dater du premier septembre prochain, le prix de la journée sera porté à deux livres.

Art. 4. Il sera payé audit hôpital une somme de 5,000 liv., pour indemnité des pertes qu'il a éprouvées les années dernières, à raison de l'augmentation du prix des denrées, et de la dépréciation des assignats.

Art. 5. L'officier de santé chargé du soin de l'hôpital recevra une rétribution annuelle de 1,200 livres, et les chirurgiens, chacun 200 livres pour l'année.

Art. 6. Sont nommés officier de santé le citoyen Saron; chirurgiens, les citoyens Coulon et Pernot, déjà en fonctions.

— 13 septemb. Demande de 700 mesures de blé faite à la municipalité de Dole, dont le prix sera prélevé sur les 20,000 livres que la commune doit recevoir du payeur des dépenses de la guerre, à Lons-le-Saunier.

— 15 septembre. Première réquisition faite en vertu de la loi du 23 août, et dite de 18 à 25 ans; 117 jeunes gens d'Arbois y sont compris.

— 21 sept. Arrêté des représentants Bassal et Bernard, qui met à la disposition de la société populaire d'Arbois, 1,200 l., payables par le receveur du District, pour frais d'établissement et impression d'adresses et opinions.

— 23 sept. Ordre à tous les citoyens possédant des chevaux de luxe, de selle ou de trait, non employés à l'agriculture, d'en faire, sous trois jours, la déclaration à la municipalité, et de les amener le 23 du courant, à sept heures du matin, sur la place de la Porte-Haute, à l'effet d'être estimés et marqués en conformité du décret.

— 25 sept. Est converti en maison d'arrêt le bâtiment neuf situé au couchant du ci-devant couvent des Ursulines; au-devant sera établie une cour pour l'usage des détenus, séparée de la rue du Vieux-Château par un mur construit sur l'alignement tracé par le citoyen Delbergue.

Le même jour, en vertu d'une réquisition des représentants Bassal et Bernard, les citoyens devront fournir 54 matelas, autant de paillasses et de traversins, 108 couvertures de laine et 216 draps de lit. La répartition en sera faite par les citoyens Benoist, Delort et Couquet.

— 26 sept. Destitution du citoyen Joliton, secrétaire de la municipalité, et arrestation du citoyen Morivaux, maire, ordonnées par les représentants. Le conseil arrête qu'il sera représenté que cette destitution blesse le conseil dans son droit de choisir son secrétaire, et déclare que l'ordre d'arrestation du maire l'a d'autant plus surpris, qu'il le connait incapable de prévarication; que dans son administration il a toujours montré le patriotisme le plus pur, la plus grande sagesse, et qu'il n'a agi qu'en conformité des lois de la convention et dans le vrai sens de la révolution; en conséquence, les représentants et la commission départementale sont priés de rendre à ses fonctions le citoyen Morivaux. Le citoyen Saron, officier municipal, chargé de leur porter cette délibération, revient avec l'ordre de relâcher le maire, qui, le 30, reprend ses fonctions.

— 14 oct. Délibération du conseil, tendant à justifier la commune d'avoir en rien coopéré à la dissolution de la société populaire de Lons-le-Saunier; qu'en envoyant ses volontaires au chef-lieu du département, elle n'a fait qu'obéir aux autorités supérieures, et que le maire a fait rapporter l'arrêté tendant à ne pas reconnaître les pouvoirs des représentants Bassal et Garnier. Sera envoyée à la Convention l'adresse suivante :

Citoyens représentants, si l'erreur a égaré un moment le département du Jura, la commune d'Arbois n'y a eu d'autre part que celle qui lui a été commandée par l'autorité. Fidèle à ses serments, elle est demeurée constamment attachée à la Convention nationale comme le point central et de réunion de tous les bons citoyens. Dans l'enthousiasme même de la séduction générale, elle a su se défendre d'acquiescer à tout arrêté qui ne tendait pas à l'établissement et à la perpétuité de la république une et indivisible.

Pénétrés de sensibilité pour vos immenses travaux, nous venons, citoyens représentants, vous offrir l'hommage de notre reconnaissance, proclamer hautement notre adhésion formelle aux décrets des 31 mai, 1ᵉʳ et 2 juin derniers, et vous prier, pour le bonheur de la France, de rester au poste où vous a placés la confiance publique, tant que durera le danger de la patrie.

Dans la séance du soir, le citoyen Champy, procureur de la commune, est chargé de faire dans toutes les maisons une perquisition, à l'effet d'enlever toutes les armoiries et signes de royauté ou de féodalité ; un marbrier sera appelé pour faire disparaître les armoiries placées sur le devant de la cheminée de la salle des séances du conseil, à la commune.

— 13 oct. Taxe des denrées et marchandises de première nécessité, établie en vertu de la loi des 11 et 29 septembre, décrétée par la convention, sous le titre de *maximum*.

Le muids de vin, 90 liv. ; d'eau-de-vie, 240 ; de vinaigre, 90 ; de bierre, 54.

La mesure de blé, 4 l. 13 s. 4 d. ; d'orge, 2 l. 17 s. 4 d. ; d'avoine, 1 l. 17 s. 4 d.; de turquie ou maïs, 2 l. 10 s. 8 d.; de seigle, 3 l. 6 s. 8 d.; de méteil, 3 l. 15 s. 4 d.; de navette, 6 l.; de fèves, 3 l. 5 s. ; de farine de blé, 6 l. 10 s. 10 d. ; de bois à brûler, 12 livres ; de charbon de bois, 16 livres.

La livre de viande fraîche, 8 s.; de lard frais, 12 s.; de lard salé, 16 s.; de beurre, 15 s.; de fromage, 10 s.; d'huile d'olives, 27 s.; de poisson salé, 12 s.; de suif, 13 s.; de chandelles, 17 s., de tabac en carottes; 20 s.; à fumer, 10 s.; de savon, 25 s.; de chanvre brut, 11 s.; de lin, 25 sols.

La channe d'huile à brûler, 3 l.; de miel, 6 liv. 10 sols.

Le quintal de paille, 2 liv.; de foin, 6 l.; de foin artificiel, 5 l.

La paire de souliers, 6 liv.; de sabots, 13 sols.

Bœufs de harnais, la paire, 480 liv.; moutons, id., 20 l.; cheval de trait, la pièce, 400 l.; vache, id., 80 l.; veau d'un an, id., 48 l.

Journées d'ouvriers. Vignerons, menuisiers, tailleurs de pierres, maçons, charpentiers, charrons, tonneliers et couvreurs, 3 l., sans nourriture, du 15 avril au 1er août, 2 l. le reste de l'année; faucheurs, 3 liv.; porteurs et égreneurs de vendange, 2 l.; moissonneurs, vendangeurs et femmes, toute l'année, 20 sols.

Frais de labourage et de semailles, 10 l. le journal; voiture à un cheval, voiturier compris, 6 l.; à 2 chevaux, 9 liv. par journée.

— 27 oct. A dater de ce jour, indiqué dans le registre sous la date du 6 brumaire an II, il n'est plus fait usage que du calendrier républicain.

— Même jour (27 octobre). Certificats de civisme accordés aux sœurs hospitalières Jarre, Girardot, Pernot, Finot et André; aux citoyens Cl.-Marie Valette et Courbet, l'un architecte, l'autre administrateur du district; à Pierre-Gabriel Bancenel, auquel en avait été refusé un comme n'ayant fait aucun acte de civisme, mais qui depuis ayant été nommé aumônier de la garde nationale de Langres, et ayant produit un certificat de la commune de Buffard, à la date du 11 août 1792, attestant qu'il s'y est comporté en bon citoyen, n'a rien fait d'incivique depuis son arrivée à Arbois.

— 13 nov. (23 brumaire). Il est enjoint à tous ci-devant seigneurs, feudistes, commissaires à terrier, notaires et autres dépositaires de titres constitutifs et récognitifs de droits supprimés par la loi du 17 juillet dernier, même de ceux réservés par le décret du 25 août 1792, de les déposer dans les trois jours à la maison commune, pour être brûlés publiquement, à peine de cinq ans de fers contre tout contrevenant.

— 16 nov. (26 brumaire). Requête de la société populaire aux officiers municipaux, pour la stricte exécution de la loi de la taxe des denrées, de cette loi si sage, sans laquelle la république serait en proie au feu dévorant des commotions intestines, et peut-être d'un soulèvement universel. La société prétend qu'elle est éludée par la malveillance, la cupidité et l'égoïsme, et demande une taxe nouvelle, avec la plus grande surveillance.

— 17 nov. (27 brum. an II). Lettre du procureur syndic de la commission administrative du Jura, séant à Dole, relative à l'arrestation des suspects. Il ne faut frapper que les chefs et les mal-intentionnés ; s'il fallait arrêter tous ceux qui n'ont pas donné de grandes preuves de patriotisme, ou qui se sont montrés un peu froids, il faudrait arrêter la moitié ou les trois quarts d'un grand nombre de communes. Il faut donc que ceux qui ne sont point assez coupables ou suspects pour mériter la détention, demeurent libres sous la surveillance.

— 22 nov. (2 frimaire). Mise en réquisition de tous les grains existant dans la ville. Seront laissés à ceux qui en possèdent ce qu'il faut pour leur subsistance, le surplus leur sera pris à titre de prêt, et distribué à ceux qui en sont dépourvus, et qui le payeront au prix courant. Les commissaires de quartier dresseront la liste des citoyens qui devront prendre part à la distribution.

— 25 nov. (5 frim.). Arrivée des commissaires Lauchet

et Badouais, envoyés par la commission de Dole, pour se faire livrer l'argenterie des églises, qui sera convertie en numéraire pour acquitter le prix du blé acheté en Suède et en Danemarck, lequel ne peut être payé qu'en numéraire.

— 27 nov. (7 frim.). Le citoyen Joliton, ci-devant secrétaire greffier, destitué le 26 septembre, est nommé adjoint au secrétariat, avec traitement annuel de 450 liv.

— 5 déc. (15 frimaire). Seront descendues et conduites dans la cour du district, pour en faire don à la patrie, qui les emploiera à tel usage qu'elle trouvera convenir, deux des cloches de l'église de St.-Just, trois de Notre-Dame, et celle de la chapelle de la Croix; seront enlevées toutes les armoiries gravées ou sculptées sur lesdits clochers et les cloches conservées.

— 12 décemb. (22 frim.). Nouvelle taxe, au maximum, des vins et denrées. La seule différence avec celle du 15 octobre, est que le vin et le vinaigre sont fixés à 112 liv. le muids, et l'eau-de-vie à 300 livres.

— 17 déc. (27 frim.). A l'époque de la nomination du citoyen Plumey, au poste de vicaire général à St.-Claude, le citoyen Jean-Et. Couquet, ex-carme, l'avait remplacé comme principal du collége. La réunion en une seule des deux places de régent supprimait la sienne. A la notification qui lui en est faite, il répond en ces termes :

Je ne puis qu'applaudir aux sages dispositions de cet arrêté, qui me convainc toujours de plus en plus que les officiers municipaux agissent en bons pères de famille, par leur économie indispensable dans les moments actuels.

Il paraît que le bon religieux savait manier l'ironie.

— 26 déc. (6 nivôse). Réjouissance pour la prise de Toulon. La fête sera annoncée au son de la cloche; après vêpres il sera chanté un *Te Deum*, annoncé au bruit du canon. L'hôtel-de-ville sera illuminé, et les citoyens invités à illuminer leurs fenêtres.

— 30 déc. (10 niv). Sera placardé au-devant de chaque boutique le tableau des marchandises qu'elle contient, et de leur qualité. Ordre aux cabaretiers de rétablir leurs enseignes, et de donner à boire et manger à tous passants.

1794, 3 janv. (14 niv. an II). Les officiers municipaux au citoyen Pichegru, général en chef de l'armée du Rhin.

Cher compatriote, ta nomination à la place de général en chef de l'armée du Rhin était due à tes talents, à ton courage et à ton patriotisme; aussi la nouvelle de cette promotion a-t-elle répandu parmi tes concitoyens une joie inexprimable. A ce sentiment nous mêlons aujourd'hui celui de l'admiration et de la reconnaissance que tes exploits et tes conquêtes font partager à toute la république. Il nous fallait un général républicain, nous l'avons enfin trouvé, et Arbois se glorifie de l'avoir produit. Si tu honores ta patrie, ne doute pas, cher compatriote, de sa sensibilité profonde. Puisses-tu être immortel comme les vœux qu'elle forme pour toi, et ne te reposer qu'après avoir exterminé nos ennemis, et donné à la France une paix glorieuse.

Bientôt tu remporteras de nouvelles victoires; hâte toi d'en informer tes compatriotes, tes amis, et sois sûr que leurs cœurs qui t'accompagnent partout, prendront toujours le plus vif intérêt aux événements que ta sagesse et ta valeur auront conduits.

Salut et fraternité.

Le général se hâta de répondre par la lettre suivante, datée de Strasbourg, 21 nivôse (10 janvier).

Je reçois avec bien de la reconnaissance, citoyens et chers compatriotes, les témoignages de satisfaction que vous voulez bien me donner sur ma nomination au commandement de l'armée du Rhin, et sur les succès que cette armée vient d'obtenir. Ils sont le fruit du courage et de la bravoure de nos braves républicains, mes frères d'armes, et peut-être un peu de la confiance qu'ils ont bien voulu avoir en moi. Voilà la seule part que je puisse m'en attribuer; trop heureux d'y avoir coopéré comme eux! Mon unique désir est de me rendre digne de mes concitoyens, et de mériter l'estime de tous les braves républicains.

Lorsque j'aurai quelques nouvelles intéressantes à vous donner des armées qui agissent en ce moment sur cette partie, j'y mettrai autant d'empressement que d'intérêt. Elles sont à présent à Murthal, Worms et en avant.

Salut et fraternité. Signé Pichegru.

— 4 fév. (16 pluviôse). Il est délibéré qu'il ne sera plus accordé de certificats de civisme sans avoir pris l'avis des comités de surveillance des sections de la commune, lesquels étant plus rapprochés de ceux qui composent les sections, sont plus que tous autres en état de juger des raisons qui peuvent déterminer à accorder ou à refuser le titre d'honneur qui n'est dû qu'aux vrais républicains.

— 12 fév. (24 pluv.). Il est délibéré qu'il est permis aux ministres du culte de porter publiquement et avec les cérémonies ordinaires, les sacrements et le viatique aux malades, jusqu'à ce qu'il y ait une loi relative à cet objet.

— 14 fév. (26 pluv.). Ne sera fait à l'avenir l'appel à l'office divin qu'au son de la petite cloche, la grosse étant réservée pour servir de timbre à l'horloge et annoncer les fêtes civiques. Le pain bénit est supprimé. Considérant que la liberté du culte ne s'étend pas au-dehors des églises et des temples, et que des décrets en ont restreint l'exercice dans l'intérieur, et supprimé tout signe extérieur, il est arrêté que les ministres du culte de cette commune seront invités, et au besoin requis, de s'abstenir de tout exercice extérieur de leur culte.

— 23 fév. (5 ventôse). Sont invités tous les citoyens, en vertu d'un ordre du comité de salut public, d'échanger toutes les matières d'or et d'argent en leur possession, contre la monnaie de la république.

— 28 fév. (10 ventôse). Sont mis en réquisition, par le citoyen Champy, agent national, les ouvriers nécessaires pour enlever sans délai tous les signes extérieurs de religion. Le lendemain, 1er mars, cette réquisition est renouvelée au directoire du district par le citoyen Clayeux, receveur des domaines nationaux. Le citoyen Rosay, agent national, se charge de veiller à cet enlèvement.

— 21 mars (1er germinal). Arrivée du représentant Lejeune. Le conseil se porte à sa rencontre, accompagné des autorités constituées, des vétérans nationaux, de la garde nationale, de la compagnie de canonniers, conduisant une pièce de canon, de la gendarmerie et des citoyens des sections. Il est complimenté par le citoyen maire, chez qui il prend son logement.

Le 22 mars (2 germinal), après midi, la garde nationale, la gendarmerie, les vétérans, l'artillerie et les officiers municipaux sont rassemblés ; au centre du cortége soixante jeunes citoyennes, vêtues de blanc, avec des ceintures tricolores, environnent les bustes de Brutus, Lepelletier, Marat et Chalier, portés par des grenadiers. Immédiatement après marchent le représentant, le maire, le district, les officiers municipaux et autorités constituées ; on parcourt ainsi toutes les rues ; revenu sur la place, au milieu de laquelle était élevé un échafaudage revêtu de tapisserie, on y dépose les bustes, et le représentant y monte pour haranguer l'assemblée. Tout-à-coup, dans le feu du débit, il met le pied sur une ouverture que la tapisserie dérobait, et disparaît dans des épines qui la soutenaient(1). On s'empresse de l'en tirer et de calmer la colère que cet incident avait

(1) On se doute bien que cette mésaventure de Lejeune n'a pas été consignée dans les registres ; nous la tenons de témoins oculaires.

excitée en lui, et l'on termine la cérémonie par l'inauguration des bustes à la société populaire.

Le 23 mars (3 germinal), dès le matin, le représentant se transporte dans le même appareil à l'église de St.-Just, qu'il déclare, par arrêté, cessant d'appartenir au culte catholique, et qui sera destinée aux réunions décadaires, et prendra le nom de *Temple de la Raison*. Après un discours prononcé par le maire, Lejeune monte en chaire, et ayant procédé à l'épurement des autorités constituées, reçu la prestation de leur serment dans un appel nominal, il prend la parole et prononce un discours propre à enflammer de plus en plus l'esprit public de l'amour de la liberté; il le termine par une invitation pressante d'exterminer le fanatisme pour ériger sur ses débris un autel à *la Raison*. Une prière à l'Être-Suprême termine la séance.

D'après des témoins oculaires, il fut presqu'impossible d'entendre un mot du discours de ce républicain exalté. Une troupe nombreuse de petits garçons s'étaient donné le mot pour traverser sans cesse l'église d'une porte latérale à l'autre, en courant, criant, se poussant, et soit mauvaise volonté, soit impuissance, on ne put parvenir à interrompre leur vacarme.

Aussitôt après le départ du représentant pour Salins, qui eut lieu l'après-midi, toujours avec appareil, on s'empressa, en exécution de ses ordres, d'enlever les autels de l'église, les tableaux qui la décoraient, et la chasse contenant les reliques de saint Claude. Le maître-autel seul est laissé en place, et l'on conserve le tableau de la présentation de Jésus au temple, parce que dans sa partie supérieure figure un Père-Éternel. Les statues de la Ste. Vierge et de saint Just sont brisées, et les débris jetés dans la rivière.

— 23 mars (3 germinal). Déclaration des citoyens Bruel, curé, Vermot, Bonnedouce, Saron et Plumey, vicaires. portant que pour obéir aux vœux de la commune, et dans la crainte de compromettre la tranquillité publique, ils cessent leurs fonctions à dater de ce jour, se flattant toutefois de n'avoir jamais démérité de personne, et n'ayant eu d'autres vues que d'entretenir la paix, l'union et la charité parmi les paroissiens, et de les porter à la soumission aux lois et aux décrets, d'entretenir et d'augmenter les bonnes mœurs. Le conseil arrête que ladite déclaration sera enregistrée sur le livre des délibérations, sans entendre néanmoins avouer les expressions *pour obéir aux vœux de la commune*.

— 1er avril (12 germin.). Assemblée de la société populaire dans le temple de la Raison. Plusieurs voix s'élèvent pour que soient mises à l'ordre du jour l'ouverture des églises et la réintégration des prêtres dans leurs fonctions. Il s'en suit un tumulte où le président de l'assemblée est insulté et menacé. Demande d'informations est faite par le citoyen Champy, et accueillie par le citoyen Javel, qui les fixe au lendemain.

— 3 avril (14 germinal). Arrêté du représentant Lejeune, daté de Dole :

Nous, représentant du peuple, envoyé par la Convention nationale dans les départements du Doubs et du Jura pour l'établissement du gouvernement révolutionnaire, et y prendre les mesures de salut public que les circonstances peuvent exiger ;

Considérant que l'agent national du district d'Arbois nous a instruit que le fanatisme s'était agité ces jours derniers dans la société populaire, et qu'on cherchait par des moyens perfides à ramener le peuple sous le joug de l'esclavage ;

Considérant que les ci devant ministres du culte catholique ont abdiqué entre les mains du maire, ainsi qu'il nous l'a assuré lors de notre séjour dans cette commune ;

Considérant que les prêtres et les nobles sont les ennemis déclarés du peuple et de notre sainte liberté, et que s'il s'élève quelques troubles et agitations, ce sont ces hommes perfides qui naturellement doivent être soupçonnés d'en être les auteurs, puisqu'eux seuls en retireraient tout l'avantage s'ils parvenaient à leur but, en nous remettant dans les fers ;

Considérant encore que les ci-devant prêtres qui ne se sont pas couverts du manteau de l'hypocrisie, et qui ont abdiqué leurs fonctions pour redevenir citoyens, doivent employer toutes les ressources de leur talent et de leur esprit pour éclairer le peuple, lui inspirer les sentiments de la justice et de la vertu, sans lesquels ils ne peuvent être heureux et libres, et ne cesser de lui apprendre que la patrie est tout, et que le Dieu de la nature l'a faite pour la liberté.

En conséquence, rendons garans et responsables de tous les troubles qui pourraient s'élever dans la commune d'Arbois, les prêtres, ceux mêmes qui ont donné volontairement leur démission, qui chercheraient encore dans les ténèbres à égarer le peuple, le soulever et reprendre leurs anciennes prérogatives.

Arrêtons qu'ils seront déclarés conspirateurs et traîtres à la patrie, arrêtés et saisis comme tels, et conduits à Besançon pour y être poursuivis par toutes voies révolutionnaires ; chargeons l'agent national du district de faire lire et publier notre présent arrêté tant à la société populaire que dans les places et carrefours de ladite commune, et lui enjoignons de tenir la main à son exécution, et de nous en rendre compte, sous sa responsabilité personnelle.

— 19 avril. (30 germinal). Lettre du citoyen Rozay, agent national du district, à l'agent de la commune :

Tu sais, citoyen, et tes officiers municipaux doivent le savoir, qu'il n'y a dans cette commune qu'un temple dédié à la Raison, et que la ci-devant église collégiale est maintenant maison nationale. C'est pourquoi je te requiers, sous ta responsabilité personnelle, de faire descendre sous trois jours les cloches qui sont présentement en ce clocher, de même que celles qui sont à celui de l'église ci-devant St.-Just, sauf, en ce dernier lieu, à en laisser une, en conformité du décret du 23 juillet dernier, que tu as négligé d'exécuter en son entier. Le comité de salut public me demande si ce décret a été exécuté en ce district, de lui en rendre compte, ainsi que du poids des cloches, et de les faire partir pour Pont-de-Vaux, dans le délai de dix jours, te requérant en outre de porter ma lettre tout au long sur le registre des délibérations de ta municipalité. *Salut et fraternité.*

Le conseil arrête que la cloche restant au clocher de la collégiale, et la plus petite de celles qui sont à St.-Just, seront descendues et livrées au district, et que la grosse cloche de St.-Just y sera laissée.

— 20 avril (1er floréal). Requête du citoyen Champy, agent national de la commune, au représentant Lejeune, à l'effet d'obtenir que la somme de 450 liv. exigée par les ouvriers mis en réquisition pour enlever tous les signes extérieurs de religion, soit prise sur les deniers appartenant à la nation, et ordonner au receveur du district de la lui compter, moyennant quittance.

— 4 mai (15 floréal). Questions adressées au conseil par le représentant Lejeune :

1°. Y aurait-il des exportateurs de numéraire à l'étranger, des introducteurs de faux assignats, et des alarmistes débitant de fausses nouvelles, qui tendent à avilir la représentation nationale dans son ensemble ou dans la personne de quelques-uns de ses membres?

2°. La loi du maximum a-t-elle été promulguée?

3°. Existe-t-il des entraves à l'approvisionnement des subsistances, au point que la disette devienne inquiétante et dangereuse?

A ces questions, le conseil répond négativement, et proteste de la reconnaissance et de la vénération de la population entière pour la Convention nationale, en qui elle a une confiance sans bornes.

— 9 mai (20 floréal). Inauguration du temple de la Raison. A onze heures du matin, le conseil général, le district, les comités de surveillance et de la société populaire, escortés des deux bataillons de la garde nationale, précédés des tambours et de la musique, se sont rendus à la ci-devant église paroissiale, où le citoyen maire, étant monté en chaire, après avoir donné lecture des lois arrivées pendant la dernière décade, a démontré que l'inauguration d'un temple à la Raison était l'hommage le plus pur que l'on pût rendre à l'Être-Suprême, et le plus digne de la divinité ; que cette cérémonie, qui rendait à l'homme une portion de sa dignité, n'honorait pas moins le républicain vertueux, et il a justifié les hommages que l'on rendrait désormais à la Raison, par les bienfaits qu'elle répand sur l'homme considéré dans ses différentes situations, et par les faveurs dont elle a comblé la France depuis la révolution. Ce discours, terminé par une prière à l'Être-Suprême, a été suivi de l'annonce faite par le citoyen maire, que tous les décadis, à dix heures du matin, il sera fait dans le temple de la Raison, la lecture des lois survenues, accompagnée d'un discours de morale. Des chants patriotiques, au son des instruments, et la reconduite des autorités par la garde nationale, ont terminé la cérémonie.

— 8 juin (20 prairial). Fête de l'Être-Suprême. Les autorités et la garde nationale se réunissent au-devant de la maison commune, où est amené un char de triomphe traîné par quatre bœufs, lequel est placé au centre du cortège, et fait le tour de la commune au son des tambours et de la musique. De retour sur la place, le citoyen maire prononce au pied de l'arbre de la liberté un discours de morale analogue à la fête. De là on se rend au temple de la Raison, où la lecture des lois ayant été faite, le citoyen Giroulet finit la cérémonie par une prière à l'Être-Suprême.

— 10 juin (22 prairial). A la requête de la citoyenne Ursule Maire, épouse du citoyen Jacq.-Henri Laurenceot, il lui sera délivré un certificat constatant que depuis la révolution le citoyen Laurenceot a donné les preuves du plus ardent patriotisme ; qu'enrôlé des premiers dans la garde nationale, il y a rempli avec zèle et distinction les différents emplois auxquels l'a appelé la confiance de ses concitoyens; que chef de légion à l'époque de la réquisition, il arracha ses épaulettes, et par ses discours autant que par son exemple, entraîna un grand nombre de ses camarades ; que fait capitaine dans cette formation, il fut élu par les compagnies réunies, commandant en second du bataillon, à la tête duquel il était aux frontières quand les électeurs du Jura lui donnèrent un nouveau témoignage de leur confiance en le nommant député à la Convention nationale ; que, sur ces entrefaites, le citoyen Désiré Laurenceot, son frère, commandant en chef du 4° bataillon du Jura, employé à l'armée du Rhin, revint malade en cette commune, où il mourut, et que cette considération, ni les larmes de son épouse, ni le regret de quitter plusieurs enfants en bas âge, ne purent empêcher le citoyen Laurenceot d'aller remplir le vœu de ses concitoyens ; enfin, que dans aucun instant on n'a vu se ralentir l'ardeur de son patriotisme, ni son amour pour la liberté, jusqu'à son départ pour la Convention.

N. B. Ces cinq derniers mots offrent un correctif qu'il est bon d'expliquer. Le représentant Laurenceot, l'un des 73 députés qui avaient protesté contre le 31 mai, était alors détenu aux Madelonettes.

— 12 juin (24 prairial). Lettre des administrateurs du district aux officiers municipaux :

Par l'ordre du comité de salut public, du 30 floréal, vous devez sur-le-champ rassembler et inventorier tous les linges existant dans les églises paroissiales, succursales et oratoires qui sont dans votre commune, de quelque espèce qu'ils puissent être, sans aucune distinction de ceux précieux ou non, fil, coton et même dentelle, et les faire passer sans délai au chef-lieu de ce district. *Salut et fraternité.*

Vivent la république et la montagne ! *Signés* JAVEL et COMBETTE.

— 26 juin (8 messidor). Par arrêté du représentant Lejeune, il sera pris sans délai 200 muids de vin dans les caves des émigrés, pour être envoyés aux hôpitaux militaires de la 6ᵉ division de l'armée du Rhin. Dans le cas où les 200 muids de vin ne se trouveraient pas chez les émigrés, le district décide qu'ils seront complétés chez les suspects, et, à leur défaut, chez les particuliers les mieux approvisionnés ; qu'il y sera ajouté trois muids d'eau-de-vie ; que la banlieue fournira 56 muids de vin et cinq muids d'eau-de-vie ; la commune de Salins 15 muids de vin et deux quarts de vinaigre, et que le tout sera transporté à Besançon aux frais desdites communes.

— 15 juillet (27 messid.). Sur l'avis reçu de l'adjudant-général Jarry, que la garde nationale de service sur les frontières de la Suisse a dû les abandonner pour faire ses récoltes, et qu'il importe de les remplacer immédiatement, il est délibéré qu'il sera dressé un état de ceux qui, par leur civisme, peuvent prétendre à l'honneur d'être utiles à la patrie.

— Même jour. Notification d'un arrêté des représentants du peuple près l'armée du Nord, Choudieu et Richard, concernant le citoyen Jean-Franç. Saillard, qui déclare établir sa résidence à Arbois.

Les représentants du peuple près l'armée du Nord, instruits que le citoyen Saillard, chef de brigade au 6ᵉ régiment de chasseurs à cheval, est absent de son corps depuis le 14 novembre 1792 (style esclave), et qu'il est dans l'impossibilité de continuer ses services à raison de son grand âge et d'une cuisse qu'il a eu cassée par accident ;

considérant qu'au moment d'entrer en campagne il serait dangereux de laisser sans chef un régiment de troupes légères, et voulant cependant que le citoyen Saillard ne soit pas privé des avantages qu'il doit attendre de ses longs services : Arrêtons qu'il sera procédé au remplacement de chef de brigade dans le 6ᵉ régiment de chasseurs à cheval, et que le citoyen Saillard continuera à jouir de ses appointements de chef de brigade durant l'espace de quatre mois, pendant lesquels il pourra solliciter sa retraite auprès du ministre de la guerre.

A Réunion-sur-Oise, 8 germinal an II.

Le commandement du 6ᵉ de chasseurs fut donné au célèbre d'Hautpoul, qui, devenu général de division, mourut de la blessure qu'il reçut en dirigeant la charge des cuirassiers à la bataille d'Eylau, en 1807.

— 22 juillet (3 thermidor). Il est délibéré que sur la somme de 4,000 livres, accordée par le représentant Lejeune, pour être employée à décorer le temple de l'Être-Suprême, ledit représentant sera prié de permettre que le jeu d'orgues établi dans la ci-devant église collégiale sera acquis et placé à la tribune du temple.

— 24 juillet (5 therm.). Sont désignés 54 citoyens, dont 7 de la banlieue, pour faire partie des compagnies envoyées à la garde des frontières de la Suisse.

— 4 août (16 thermidor). Sera rédigée par le citoyen maire une adresse à la Convention nationale, pour la féliciter sur ses travaux des 9 et 10 thermidor (exécution de Robespierre). Ledit citoyen maire est invité en outre à aviser aux préparatifs de la fête du 10 août.

— 24 août (6 fructidor). La commission administrative du Jura invite les citoyens à contribuer, chacun en proportion de ses facultés, à la construction d'un vaisseau que le département se propose d'offrir à la république.

— 17 septemb. (1ᵉʳ complém.). Sur l'avis que le lendemain doit arriver le citoyen représentant Besson, le conseil considérant qu'il est de son devoir de faire rendre à la représentation nationale les honneurs qui lui sont dus, et que le représentant Besson en est particulièrement digne par les sentiments de justice et d'humanité qu'il a manifestés depuis qu'il est dans le Jura, arrête qu'il ira en corps à sa rencontre, accompagné de la garde nationale, qui sera requise à cet effet.

— 18 sept. (2ᵉ complém.) Arrivée du citoyen Besson, qui, revêtu du costume de représentant, et suivi du conseil et de la garde nationale, se rend, au milieu des acclamations de joie du peuple et des cris de *Vive la république!* à la maison commune, où il fait connaître sa mission et les sentiments de justice, d'humanité et d'amour pour le bien public, dont il est animé. Après ce discours, universellement applaudi, il a indiqué, pour les trois heures de l'après-midi, une assemblée des autorités constituées, et y rend un arrêté accordant à la commune 6,000 mesures de blé, qui lui seront délivrées par les communes qu'il dénomme. Dans deux décades, à son retour du département du Mont-Blanc, il reviendra procéder à l'épurement des autorités.

— 28 sept. (7 vendémiaire an III). Arrêté du district, qui ordonne aux municipalités d'exécuter sur-le-champ le brûlement des plantes inutiles, broussailles et rémanants des coupes de leur territoire, et ne servant ni à la nourriture des animaux, ni aux usages domestiques, et de délivrer les cendres en provenant pour la formation des salpêtres propres à foudroyer les tyrans coalisés et leurs vils satellites, et à procurer la continuation des triomphes des armées de la république.

— 23 oct. (2 brumaire). Épuration des autorités constituées, faite dans le temple de l'Être-Suprême, par les représentants Foucher (du Cher) et Alexandre Besson.

— 24 oct. (3 brum.) Installation et prestation du serment des nouveaux membres de la municipalité, nommés ensuite de l'épuration faite par les représentants.

— Même jour. La municipalité d'Arbois est autorisée par le représentant Besson, à se retenir tous les ornements encore en son pouvoir, qui ont servi au culte, à l'exception de l'argenterie réservée à la nation.

— 11 nov. (20 brum.). Sur le bruit répandu que les représentants du peuple se proposent de transférer à Salins le siége du district, le citoyen maire se rendra à Dole pour leur faire les observations convenables.

— 22 nov. (1ᵉʳ frimaire). Le citoyen Rosay, agent national du district, demande qu'il soit dressé procès-verbal du poids des matières d'or, d'argent, de fer, de cuivre, d'étain, etc., prises dans les églises ou provenant de dons patriotiques, pour être transmis au comité des finances.

— 25 nov. (2 frim.). Sur le bruit répandu de la rentrée de plusieurs prêtres émigrés, qui s'efforcent de fanatiser le peuple, et surtout les esprits faibles, le conseil, considérant que le plus impérieux de ses devoirs est de prévenir les malheurs que le fanatisme ne manquerait pas d'entraîner, arrête que les personnes avec lesquelles ils pourraient avoir eu des relations, seront amenées en sa présence et interrogées, et que les scellés seront apposés sur les papiers des individus suspects. Instamment ont été amenés Jean-Thiéb. Duley et sa femme, l'ex-chanoinesse Montrichard, la femme Pargaud, née Rozet, et des questions qui leur ont été faites, a été dressé procès-verbal. Puis, sur la demande du comité de salut public, sont envoyés à Mesnay cent hommes de la garde nationale, la compagnie d'artillerie et la gendarmerie, pour y faire, en présence des officiers municipaux, les perquisitions nécessaires à l'effet d'y découvrir les prêtres émigrés qu'on dit y être cachés, et d'entendre les individus prévenus de relations avec eux.

— 10 déc. (19 frim.). Règlement dressé par le conseil, et approuvé par le représentant Besson, concernant les billards et cabarets. Tout jeu de hasard est interdit, à peine de 1,000 liv. d'amende, payables par les joueurs et le maître du billard. Défense aux habitants de fréquenter les cabarets du lieu, et aux traiteurs et aubergistes de leur donner à boire et à manger. Tout billard ou cabaret sera, sous peine de 50 liv. d'amende, fermé lorsque la cloche de la maison commune sonnera la retraite à 10 h. du soir.

— Arrêté du représentant Besson, autorisant la commission administrative du Jura à accorder, sur l'avis des districts, main-levée du séquestre apposé sur les biens des pères et mères des émigrés, majeurs, lorsqu'ils prouveront qu'ils se sont efforcés de s'opposer à leur émigration.

— 15 décemb. (24 frim.). Autre arrêté du même :

Considérant qu'il est d'un grand intérêt de soutenir le zèle des républicains qui s'efforcent d'établir dans toutes les grandes communes des sociétés dramatiques, qui, bien dirigées, produiront des effets rapides sur les mœurs et l'instruction publiques, et feront disparaître les restes de fanatisme et de vieux préjugés qui ont retenu si longtemps nos pères dans la servitude et l'ignorance ;

Considérant qu'en ce moment il n'existe aucune affectation de fonds publics pour cet objet, et voulant concilier les intérêts pécuniaires de la république avec les intérêts politiques ;

Arrête que le receveur du district d'Arbois est autorisé à faire à lad. commune l'avance de 15,000 liv., qui seront employées aux réparations nécessaires au bâtiment destiné aux représentations de la société dramatique de cette commune ; le recouvrement de ladite somme sera fait à fur et mesure des recettes de lad. société, et rétablie dans la caisse du receveur du district, le tout sous la surveillance de la municipalité.

Arrête que l'église des ci-devant Tiercelines, laquelle n'a pu jusqu'à présent être vendue ; qu'il ne s'est présenté aucun acquéreur, et que l'entretien et les réparations en absorberaient la valeur au détriment de la république, sera, ainsi que ses dépendances, affectée aux représentations de la société dramatique d'Arbois. A la diligence du district, sera faite l'estimation du bâtiment.

— 17 décemb. (26 frim.). Par arrêté du conseil municipal, le citoyen Philippe Parandier, trésorier de la société dramatique, est autorisé à toucher du receveur du district, la somme de 15,000 livres, accordée par le représentant Besson, à charge d'en justifier l'emploi.

— 18 décemb. (27 frim.). Le citoyen Laurenceot ayant annoncé, par lettre du 19 frimaire, sa rentrée à la Convention avec 70 de ses collègues, le conseil lui répond en ces termes :

Citoyen, nous avons reçu avec reconnaissance, et lu avec grand intérêt ta lettre du 19 courant.

Témoins, depuis les premiers jours de la révolution, de ta conduite politique, qui n'a offert à notre admiration que des actes d'un patriotisme épuré, loin de te condamner comme coupable, nous n'avons cessé de te plaindre comme malheureux.

Aussi, le recouvrement provisoire de ta liberté avait excité parmi nous les transports d'une joie pure, et l'objet de tous nos désirs était que la justice qui venait de recouvrer son empire, te fît bientôt rentrer dans la carrière honorable où tu pourrais consommer le bien que tu avais dignement commencé. Tu es arrivé à ce terme heureux, et nos vœux sont comblés. Reçois, citoyen représentant, nos sincères félicitations, avec nos remerciments de tes offres obligeantes. La confiance sans bornes que nous avons dans ton zèle ne nous engagera peut-être que trop souvent à en profiter.

Nous sommes avec la plus intime fraternité et le plus entier dévouement, tes concitoyens et amis.

— 22 décembre (1er nivôse). Adresse du conseil à la Convention nationale :

Représentants du peuple, le salut de la république et le bonheur des Français sont assurés pour jamais; ils reposent sur des bases que l'aristocratie, la malveillance, l'intrigue et le temps seront forcés de respecter.

Oui, citoyens représentants, c'est dans votre Adresse au peuple que sont tracées nos destinées.

C'était à vous, dont l'amour de la liberté avait calculé tous les dangers de la patrie, qu'il appartenait de savoir ce qu'il fallait pour la sauver. L'attitude imposante que vous avez prise, une conduite pleine de sagesse, un courage sublime ont été le signal de nos victoires, en même temps que l'égide contre laquelle se sont brisés les efforts de l'ambition, du brigandage et de la tyrannie.

Bientôt nous avons vu la justice reprendre son empire, la vérité sa force, la vertu ses droits, la raison son flambeau, et le patriotisme comprimé toute son énergie.

Animé de ces principes éternels, le représentant Besson, qui a paru au milieu de nous comme un génie bienfaisant, les avait déjà développés dans un discours plein de zèle et d'éloquence, auquel son affabilité et sa modestie donnaient encore plus de charmes.

Combien de partisans a fait à la révolution cet ouvrage de la sagesse! Il a servi à tous les républicains du Jura pour se convaincre que votre mandataire, fidèle à la pureté de vos principes, avait rempli sa mission en véritable ami de la justice, de l'humanité et de la vertu.

Jamais, citoyens représentants, la reconnaissance la plus étendue n'acquittera des bienfaits si signalés. Vous venez d'y mettre le comble par votre décret du 18 frimaire, qui a rappelé dans le sein de la convention les 71 membres qu'une faction liberticide en a tenus si long-temps éloignés. Qu'il est grand, cet acte de votre justice qui a opéré une si touchante réunion! Combien de prodiges elle va produire à son tour! Elle vous garantit déjà la réunion de tous les cœurs français. Au nom de la patrie, ils vous conjurent de rester au poste où la confiance publique vous a appelés; restez-y jusqu'au moment, qui n'est pas éloigné, où vous aurez achevé d'anéantir les tyrans et leurs vils satellites, les traîtres et leurs trames perfides. Nous sommes debout pour voler, s'il le faut, à votre défense; notre sang sera le prix de votre généreux dévouement; nous n'aurons jamais que la Convention nationale pour point de ralliement, et notre cri de ralliement sera toujours : *Vive la république !*

— 26 déc. (5 nivôse). Sur l'exposé qu'il se commet dans la ville des désordres continuels, des vols aux étalages publics, des rixes, batailles, tapages nocturnes dans les rues ou maisons de débauche, ce qui peut en partie être attribué à l'extrême négligence qui règne dans le service de la garde nationale, où se remarque une telle insubordination, que sur un détachement commandé, quatre hommes seulement se sont présentés ; les citoyens Vermot et Fournier, commandants des deux bataillons, sont aussitôt mandés, et il leur est enjoint de faire faire le service en personne, de ne souffrir de remplacement que ceux permis par la loi, et de traduire devant le conseil de discipline tous les coupables de délit militaire.

Il est arrêté, en outre, qu'il sera fourni chaque jour un piquet destiné à faire des patrouilles dans les rues et sur le territoire, lequel, pendant la nuit, se relaiera d'heure en heure ; procès-verbal sera dressé contre tout garde national qui refusera le service, et il sera traduit devant le tribunal : les gardes champêtres sont déclarés responsables des délits qu'ils ne constateront pas, et chaque matin les agents de police rendront compte au maire et au commissaire de police de ce qu'ils auront fait la veille.

— Dans cette année, 286 militaires Arboisiens combattent sous les drapeaux ; 21 y sont morts, dont le chef du 4e bataillon du Jura, Jean-Désiré Laurencçot. On y remarque un général en chef, Jean-Charles Pichegru ; un général de brigade, Jean-Ant. David ; un adjudant général, Alexis Grillon, et un chef de brigade (colonel) de cavalerie légère, Jean-François Saillard.

1795, 16 janv. (27 nivôse). Délibération relative à la fête commémorative du 21 janvier, anniversaire de la juste punition du dernier roi des Français. Ordre à la garde nationale de se mettre sous les armes ; les autorités constituées se réuniront à dix heures du matin à la maison commune, d'où elles se rendront au temple, où le citoyen maire prononcera un discours exposant le sujet de la fête, puis il sera chanté des hymnes en actions de grâces, analogues à la circonstance.

— 20 janv. (1er pluviôse). Réquisition aux instituteurs et institutrices, à l'effet de conduire leurs élèves au temple tous les jours de décades et de fêtes nationales.

— 23 janv. (4 pluviôse). Sur l'avis que la commune de Salins a présenté un nouveau mémoire à l'effet d'obtenir la translation du district, le citoyen maire est invité à en dresser un en réponse, lequel sera mis sous les yeux du citoyen représentant Pelletier, avec prière de prononcer de manière que cette demande ne soit plus renouvelée.

— 1er mars (11 ventôse). Adjudication faite pour le prix de 15,100 liv., de la démolition de l'ancienne maison commune.

— 12 mars (22 ventôse). Recensement de la population, 6,649. Electeurs votants dans les assemblées primaires, 1,934.

— 13 mars (23 v.) Séance du conseil, où il est demandé que l'église de St.-Just soit rendue au culte catholique.

— 17 mars (27 ventôse). Sur la réquisition du directoire du district, le conseil arrête que la ci-devant chapelle de la confrérie de la Croix, sera consacrée à l'avenir aux séances des assemblées décadaires et de section.

— 19 mars (29 ventôse). Lettre du citoyen P.-Ch.-N.

Coulon, élève de l'école normale à Paris, par laquelle il annonce au conseil que la veille la Convention nationale, sur le rapport du représentant Saladin, concernant les évènements passés dans le département du Jura, a rapporté les décrets qui frappaient plusieurs citoyens dont le courage et le civisme ne furent jamais équivoques.

— 23 mars (3 germinal an III). Sur l'avis qu'il est donné asile, dans la commune et dans les environs, à des prêtres réfractaires rentrés depuis peu, qui, non contents de semer la discorde parmi les citoyens, par leur intolérance, prêchent des maximes contre-révolutionnaires, seront commis à leur surveillance huit membres du conseil, lesquels présenteront un rapport de ce qu'ils auront découvert.

— 26 m. (6 germ.). Adresse du conseil à la Convention:

Après la consternation qui, depuis près de deux ans, régnait dans le Jura, les proscriptions, la fuite des meilleurs citoyens, seul moyen pour eux d'échapper à la mort, un grand nombre jetés dans les fers et tombant victimes du tyran ; les cruautés exercées sous l'infâme prétexte de fédéralisme, le conseil a vu avec bonheur l'heureuse révolution du 9 thermidor, qui a répandu la lumière sur la fatale journée du 31 mai. Dès lors, on a pu verser des larmes et jeter des fleurs sur le tombeau des victimes. Le décret du 28 ventôse a rendu au département la paix, la gloire et le bonheur.

Que la Convention agrée l'hommage de la reconnaissance de la commune d'Arbois, ainsi que l'engagement solennel de faire une guerre éternelle aux royalistes, aux terroristes et aux hommes de sang, et de ne tenir d'autre parti que celui de l'unité et de l'indivisibilité de la république.

— 28 mars (8 germinal). Lettre du citoyen Morivaux, maire, par laquelle il prévient le conseil qu'atteint d'une maladie dont les retours fréquents ne lui permettent pas de remplir avec toute l'assiduité qu'elles exigent les fonctions de maire, et ayant exposé ces motifs au représentant Pelletier, il en a obtenu l'autorisation de donner sa démission.

A cette lettre est joint un arrêté du représentant, qui déclare qu'en considération des services rendus à la chose publique par le citoyen Morivaux, sa démission est acceptée, sans porter atteinte à son civisme.

— 31 mars (11 germ.). Refus du conseil d'accepter la démission du citoyen Morivaux. Deux officiers municipaux, les citoyens Papillard et Coulon lui sont envoyés pour le prier de rester à son poste : ce qu'ils obtiennent, mais seulement jusqu'à ce qu'il soit pourvu à son remplacement. Le conseil décide que le représentant Bailly, qui est attendu, sera prié d'inviter le maire à continuer ses fonctions.

— 3 avril (14 germ.). Arrivée du représentant Bailly. Le conseil se porte à sa rencontre, et deux compagnies de la garde nationale sont commandées pour lui servir de garde d'honneur. Le même jour il rend un arrêté, par lequel il est ordonné de restituer en argent ou en nature les denrées versées dans les magasins nationaux par les citoyens réintégrés dans leurs droits politiques.

— 7 avril (18 germ.). Décret de la Convention sur l'établissement du système décimal des monnaies, des poids et des mesures. A dater de ce moment, on compte par francs, décimes et centimes, et non plus par livres, sous et deniers.

— 10 avril (21 germ.) Adresse du conseil à la Convention nationale, pour la féliciter de son triomphe sur les ennemis de la république, et de son décret du 12 germinal, qui ordonne la déportation des terroristes Barrère, Billaud-Varennes, Collot-d'Herbois, Vadier et Fouché, et met Paris en état de siége, sous le commandem. de Pichegru.

La journée du 12 germinal, dit le conseil, n'occupera pas dans l'histoire une place moins distinguée que celle du 9 thermidor ; elle a prouvé aux agents gagés de la révolte et de l'anarchie, l'inutilité de leurs infâmes complots, et a détruit jusqu'à l'idée du retour de leur règne sanguinaire.

Votre justice ne se bornera pas à épurer le sein de la Convention, elle ne sera satisfaite qu'après avoir banni de la société les terroristes et les hommes de sang qui l'ont si cruellement désolée.

Vos vœux et les nôtres seront puissamment secondés par le bras victorieux du général Pichegru, de cet illustre défenseur de la patrie, que nous sommes glorieux de compter au nombre de nos compatriotes.

Le même jour, le conseil écrit au général Pichegru, en ces termes :

C'est dans toute l'effusion de nos cœurs, cher compatriote, que nous mêlons nos sentiments de sensibilité et de reconnaissance à ceux que la Convention nationale vient de te manifester.

Ce n'était pas assez pour ton courageux patriotisme d'avoir vaincu au Nord et sur le Rhin, tu viens encore de frapper nos ennemis intérieurs, plus dangereux que les autres, de manière à leur ôter l'envie de renouveler leurs complots et leurs factions.

Que d'éternelles actions de grâces te soient rendues, héros incomparable! Pacificateur au-dedans, achève tes conquêtes au-dehors, pour faire jouir la république de la paix universelle, qu'elle désire si ardemment. Nous envoyons à la Convention nationale une adresse de félicitation sur la journée du 12 germinal; nous nous sommes fait un devoir de t'y rendre un hommage bien légitime. Nous espérons, cher concitoyen, que tu voudras bien l'agréer avec les nouvelles assurances de notre entier dévouement et de la plus intime fraternité.

— 14 avril (25 germinal). Vente des orgues de la ci-devant église collégiale, au prix de 3,025 fr.; elles sont adjugées aux citoyens Cl. Jussey, Ant. Perrin et Ch. Pillot.

— 15 avril (26 germ.). Arrêté du district, ordonnant le désarmement des individus qui ont participé aux horreurs commises au temps de la tyrannie qui a précédé le 9 thermid.

— 7 mai (18 floréal). Réponse du général Pichegru, à la lettre du conseil :

J'ai reçu à Landau, chers compatriotes, votre lettre du 21 germinal, et la copie de votre adresse à la Convention nationale, dans laquelle je trouve un nouveau témoignage de votre estime et de votre attachement. Recevez-en l'expression de ma reconnaissance. Il m'est d'autant plus précieux que je m'énorgueillis d'avoir reçu le jour dans vos contrées, et d'avoir partagé l'énergie que vous avez montrée dans des circonstances difficiles. Je fais des vœux bien ardents pour que d'heureux événements me permettent bientôt d'aller respirer l'air libre de nos côteaux, et de vous renouveler de vive voix les assurances du plus fraternel dévouement. *Signé* Pichegru.

— 12 mai (23 floréal). Compte rendu par le citoyen Champy, de l'emploi de 14,000 fr. (assignats) mis à sa disposition pour achat de grains.

Orge et seigle, 92 mesures, à 60 fr. chacune, 5520. Froment, 28 mesures, à 80 fr., 2,240. Fèves, 3 mesures, à 40 fr., 120 fr. Seigle, 13 mesures et demie, à 50 fr., 675. Méteil, 12 mesures, à 54 fr., 648. Frais de voyages et transport, 997 fr. Total, 10,200 francs. Reste 3,800.

— 13 mai (24 floréal). Ordre du représentant Bailly au district, de faire démolir sans délai une partie du prieuré, dont l'emplacement doit servir à l'ouverture de la nouvelle route de Lyon à Strasbourg. Les matériaux provenant de la démolition seront vendus, et le prix employé au payement des travaux de construction de la route et du rétablissement du pont conduisant à Saint-Just.

— 16 mai (27 floréal). Par arrêté daté de Dole, le 1er floréal, par le représentant Bailly, la municipalité avait été autorisée à rassembler les livres appartenant à la république, provenant des communautés religieuses supprimées, et à les conserver provisoirement sous la surveillance du bibliothécaire du district à Salins. Le représentant Saladin, révoque cet arrêté, et surseoit à toute dépense relative à l'établissement de la bibliothèque. Il lui sera fait à ce sujet des représentations.

— 24 mai (5 prairial). Pétition des citoyens Rosay et

Renaudin, à l'occasion de leur désarmement comme terroristes. Le conseil répond qu'ils ont été désarmés non par ses ordres, mais par ceux du district.

— 29 mai (10 prairial). Proclamation du conseil pour la réorganisation de la garde nationale, dont le service, dit-il, exige un redoublement de zèle, de régularité et de vigilance. D'affreuses machinations sont tramées de toutes parts. Le fanatisme, le terrorisme, le royalisme se sont concertés pour rejeter les citoyens dans les fers, et leur enlever ce qu'ils possèdent de plus précieux. Le sanctuaire de la Convention nationale a été forcé, la loi violée, la majesté du peuple outragée, le sang des représentants répandu (assassinat de Féraud). Il ne s'agissait de rien moins que de l'entière destruction de la Convention, et de ramener ces jours de sang, de deuil et de pillage dont l'horrible souvenir consterne encore les âmes.

— 9 juin (21 prairial). Sur la demande du directoire du département, à l'effet de recueillir tous les faits qui caractérisent la conduite du représentant Lejeune dans le département, en vertu d'un décret de la Convention, qui charge ses comités de lui faire un rapport sur ceux de ses membres qui, dans leur mission, ont abusé de leurs pouvoirs, le conseil d'Arbois donne les renseignements suivants :

Aussitôt après son arrivée, le représentant Lejeune se rendit à la société populaire, où, ayant loué le patriotisme et le bon esprit des habitants du Jura, il se déchaîna contre le fédéralisme qui alors servait de prétexte pour calomnier le département, et accusa les membres de l'administration d'en être les auteurs. Il faut, dit-il, que les chefs payent ce crime de leur tête. Dans le discours qu'il prononça ensuite au temple, il répéta à peu près les mêmes expressions.

Des mandats d'arrêt ont été lancés par lui contre les citoyens Jean-Baptiste Barbier, Gabriel Noirot et Cl.-Louis Laurenceot, pour avoir assisté au comité de salut public à Lons-le-Saunier, le premier, comme membre du conseil de la commune ; le second, comme juge au tribunal criminel, et le troisième, comme administrateur du district. Ce dernier n'ayant pu être arrêté comme les deux autres, Lejeune le somma, par un arrêté, de se rendre à la maison d'arrêt dans six jours, sous peine d'être réputé émigré, et de confiscation de ses biens. Cet abus de pouvoir a été répété envers le citoyen Remy Pécauld, décrété pour autres motifs.

— 14 juin (26 prairial). Le conseil arrête que tous les prêtres domiciliés dans la commune sont invités, et au besoin requis, de se présenter à la municipalité le 30 du présent mois, pour y faire, en exécution de la loi du 11 prairial, sur la liberté des cultes, la déclaration que, fidèles au serment qu'ils ont prêté, suivant le prescrit du décret du 14 août, ils seront constamment soumis aux lois de la république. Acte leur en sera immédiatement octroyé.

— 4 juillet (16 messidor). Sur l'avis reçu du procureur syndic du district, que, dans la nuit du 12 au 13, des brigands armés avaient envahi une maison de la commune de Moutonne, près d'Orgelet, en avaient massacré les habitants, pillé tout ce qui s'y trouvait à leur convenance, et que malgré toutes les mesures prises, ils avaient échappé à toutes les recherches, le conseil ordonne que la garde nationale visitera tous les passeports, fera des patrouilles de jour et de nuit sur les routes et dans les lieux écartés, et arrêtera tout individu dépourvu de papiers ou porteur de passeports suspects.

— 10 juillet (22 mess.). Par arrêté du représentant Saladin, le citoyen Joliton est réintégré dans les fonctions de secrétaire-greffier de la municipalité, dont il a été destitué sous le règne de la Terreur ; sous la réserve que le citoyen qui l'a remplacé dans cet emploi ne pourra être considéré comme frappé de destitution.

— 23 juillet (5 therm.) Le bruit s'étant répandu que les assignats de 10, 15, 25 et 50 sous étaient démonétisés, le conseil donne avis que ce bruit est faux, et qu'il ne s'agit que des assignats portant des empreintes extérieures de royauté, et de la valeur de 5 livres au moins. Il déclare que ceux qui refuseraient d'accepter des assignats de 10 à 50 sous, seront regardés comme ennemis de la république, et punis comme tels.

— Arrêté du directoire du département, par lequel les citoyens Gaspard-Marie Glanne, J.-Bap..-Ét. Petitjean et Désiré Giroulet, passés en Suisse sous le règne de la Terreur, sont rayés de la liste des émigrés.

— Démolition du cloître du prieuré et autres bâtiments, pour l'ouverture de la route de Lyon à Strasbourg.

— 25 juillet (7 therm.). Le district invite le conseil à faire célébrer l'anniversaire du 9 thermidor.

Quand même, est-il dit dans la lettre, la loi du 2 pluviôse n'aurait pas mis au rang des fêtes nationales la journée du 9 thermidor, un sentiment propre au Jura doit lui faire consacrer spécialement le souvenir de cette intéressante époque. Ce fut à pareil jour de 1793 que la tyrannie décemvirale déploya toutes ses fureurs sur le Jura, en frappant de proscription et de mort les plus chauds amis de la liberté, et ce fut à pareil jour, en 1794, que les assassins de la liberté, les persécuteurs du Jura, les monstres qui firent égorger nos frères, périrent sous le glaive de la loi. *Le secrétaire du district,* Combette.

— 9 août (22 therm.). Proclamation de la municipalité pour la fête du lendemain, prescrite par la loi du 15 de ce même mois. Il est arrêté que la fête sera annoncée le soir par la cloche et le carillon; que le lendemain, à 5 heures du matin, une salve d'artillerie rappellera l'instant heureux où le peuple français a renversé le trône; qu'à 6 heures du soir il y aura sur l'esplanade une danse civique où tous les musiciens de la commune sont invités à se rendre, pour y jouer des airs à l'honneur de la liberté et analogues aux circonstances ; qu'à la suite de cette danse il y aura une parade suivie du défilé de la garde nationale, et que la journée se terminera par une nouvelle salve d'artillerie.

— 22 août (5 fructidor). Nouvel arrêté du directoire du département, concernant les ministres des cultes. Les municipalités doivent exiger de tout ministre qui voudra exercer le culte dans quelque édifice que ce soit, public ou particulier, l'acte pur et simple d'une soumission sans réserve, modification ni exception aux lois de la république. Sera passible de 1,000 francs d'amende tout ministre qui exercerait ses fonctions sans être muni de cet acte, et ceux qui l'auraient admis seront frappés de la même peine.

— 18 oct. (26 vendém. an IV). Ordre du district, présidé par le citoyen Pierre Bouvenot, de procéder, en exécution de la loi du 15 vendémiaire courant, au réarmement des citoyens désarmés ou incarcérés comme suspects, en vertu de lois antérieures, ou de les mettre en liberté.

Accoutumez-vous, citoyens, est-il dit dans la lettre, à ne plus voir dans les hommes d'autres titres, d'autres qualités que ce qui distingue la vertu du crime, et qui forme le bon ou le mauvais citoyen ; que l'honneur, la liberté et la propriété de tout individu soient sacrés, jusqu'à ce qu'il ait mérité de les perdre en violant les lois, et qu'il ait été prononcé sur son crime dans une forme légale. Voilà, citoyens, la véritable liberté, celle qui mène à sa suite la tranquillité et le bonheur, celle que veut maintenir quiconque aime sincèrement sa patrie.

Le conseil répond, le 26 octobre (4 brumaire) :

Il n'était pas besoin, citoyens, que vous nous *ordonnassiez* d'exécuter la loi du 15 vendémiaire ; son esprit a toujours été profondément gravé dans nos âmes. Vous devez d'ailleurs savoir qu'aucun de nos concitoyens n'a été incarcéré pour terrorisme, et que les armes saisies à quelques-uns d'entr'eux ont été déposées au district, qui a fait exécuter ce désarmement. Ce n'est pas de notre part que ces citoyens ont éprouvé des retards et des duretés lorsqu'ils ont demandé à être réarmés ; nous nous sommes empressés au contraire de donner en leur faveur l'avis que la justice sollicitait, et cet avis prouve que nous sommes depuis longtemps *accoutumés* à ne voir de vrais coupables que dans ceux que la loi a déclarés tels. En désirant ardemment que ces principes soient généralement respectés, nous faisons aussi des vœux pour que les passions ne les altèrent jamais, et pour que tous les citoyens, surtout les dépositaires de l'autorité, ne cèdent pas à d'autre impulsion qu'à celle de la justice.

— 30 oct. (8 brumaire). Lettre du conseil au citoyen Gerbet, chef du bataillon de la garde nationale, pour se plaindre de ce qu'un piquet de 100 hommes, commandé pour assister à la proclamation de la constitution de l'an III, n'a point obéi à cet ordre, ce qui a fait renvoyer cette cérémonie au dimanche suivant. Il est enjoint au commandant de faire exactement traduire devant le conseil de discipline tous les gardes nationaux qui manqueront à leur service.

— 26 nov. (5 frimaire). La tranquillité publique étant troublée par un certain nombre de réfractaires et de militaires absents de leurs corps, il est fait une demande de troupes réglées pour aider la gendarmerie à les arrêter et à les reconduire à leurs corps.

— Démission du citoyen Morivaux, maire. La direction de l'administration municipale est confiée au citoyen Ferd. Coulon. En exécution de la loi du 19 oct. 1791, le citoyen Morivaux est invité à rendre les comptes de son administration.

— 9 déc. (18 frimaire). Arrêté du directoire du département, qui prescrit de distribuer aux municipalités des chefs-lieux de canton et aux tribunaux nouvellement établis, les effets mobiliers des ci-devant tribunaux de district, de conciliation, de commerce et de juges de paix, supprimés. Les meubles restés sans emploi seront inventoriés et estimés, pour être vendus sans délai.

— 19 déc. (28 frim.). Désordres commis par des réquisitionnaires. Le commissaire de police, Papillard, reçoit l'ordre d'afficher une proclamation, où il est enjoint aux jeunes militaires d'avoir à rejoindre immédiatement leurs drapeaux. Le jour même, arrive le général de division Ferrand, commandant à Besançon, ami et compagnon d'armes du général Pichegru. Sur l'avis que des hussards vont être envoyés pour saisir les réfractaires, plusieurs se déterminent à obéir à la loi.

— 26 déc. (5 nivôse). Réorganisation de l'instruction primaire. Il est réglé que l'enseignement sera donné dans la commune par trois instituteurs, nommés, après examen du Jury, par le directoire du département, sur la présentation de la municipalité.

1796, 11 janvier (22 nivôse). Envoi à l'administration centrale des papiers du district d'Arbois, pesant 52 quintaux (2,600 kilog.), y compris les caisses où ils sont renfermés. Le prix du transport est convenu à 16,800 f., assign.

— 24 janv. (6 pluviôse). Lettre du représentant Laurenceot à la municipalité. Une conspiration redoutable a été tramée contre la liberté; le fanatisme cherche à exciter la guerre civile; une surveillance sévère est de la plus indispensable nécessité.

— 5 fév. (16 pluv.). La municipalité répond au représentant :

Qu'il a été donné à sa lettre la plus grande publicité; que l'état de la commune est toujours critique; le nombre des émigrés et prêtres rentrés s'accroît chaque jour, et la loi qui défend les visites domiciliaires pendant la nuit leur donne les moyens d'échapper à toutes les recherches; la commune de Mesnay est devenue le repaire des émigrés et déportés ; les réquisitionnaires refusent de rejoindre leurs drapeaux ; pour faire cesser un tel état de choses, il faudrait l'envoi d'un bataillon ou de quelques escadrons, à discrétion. Un autre mal tue le patriotisme, c'est l'emprunt forcé qui est établi sur des bases si défectueuses, que les uns sont taxés au quinzième de leur revenu, et les autres au vingtième de leur fortune. Il faut que la loi soit modifiée, si l'on veut éviter de grands malheurs ; il faut lui substituer un emprunt basé sur l'imposition foncière, en maintenant les dispositions qui concernent les commerçants, les agioteurs et autres vampires, ainsi que celles qui exceptent le pauvre, et proscrire toute injustice et tout arbitraire.

— 14 fév. (25 pluviôse). Vers neuf heures du soir, une douzaine de réquisitionnaires se portent dans la rue de Champagnole, près de l'hôpital, et y assaillent à coups de pierre, de sabre et de pistolet, plusieurs citoyens connus par leur civisme, qui soupaient dans une maison du faubourg. Un coup de pistolet, chargé à chevrotines, est tiré sur les convives à travers la fenêtre, et quelques-uns sont blessés. L'un d'eux se saisit d'un fusil, et le décharge sur les assaillants ; le nommé Pageot est atteint et tombe mort. L'alarme se répand ; au bruit de la générale, la garde nationale et la gendarmerie prennent les armes, se rendent sur le lieu de l'événement, dont le juge de paix fait la reconnaissance. Cependant les aristocrates s'étaient rassemblés, mais voyant toute la ville sur pied, ils disparaissent et se retirent à Mesnay. De nombreuses patrouilles se répandent dans les rues, qu'elles parcourent pendant toute la nuit ; deux réquisitionnaires et le père de l'un d'eux sont rencontrés et arrêtés. La dépêche qui contient le récit de ces faits, ajoute que des cris séditieux et des provocations au rétablissement de la royauté se sont fait entendre.

— 15 fév. (26 pluviôse). Arrêté de la municipalité, par lequel il est défendu de se trouver dans les rues sans lumière, après dix heures du soir.

— Proclamation faite au nom de la municipalité, par le citoyen Jean-B.-Et. Petitjean, commissaire du directoire exécutif, adressée aux réquisitionnaires :

Mes concitoyens, l'événement malheureux qui vient d'avoir lieu dans cette commune, et qui a troublé la tranquillité publique, et les cris séditieux qui se sont fait entendre, ont forcé le département à prendre des mesures sévères contre les militaires et jeunes gens de la réquisition qui ne se sont point encore rendus à leur poste. J'aime à croire que la plupart d'entre vous seront fidèles à leurs engagements, et ont l'honneur en partage. Hâtez-vous de vous rendre à la voix de la patrie qui vous appelle. C'est pour la dernière fois que je viens vous rappeler vos devoirs, vous donner les conseils d'un ami et d'un frère. Que dans 24 heures vous ayiez à prendre vos ordres de route. Faites voir par votre soumission à la loi, que les perturbateurs, les lâches qui vous ont provoqués à la sédition, et qui déshonorent le nom glorieux de défenseurs de la patrie, n'ont pu émouvoir ou tenter vos âmes généreuses. Songez qu'une opiniâtre résistance de votre part serait funeste à vos parents, et vous entraînerait vous-mêmes dans d'incalculables malheurs. Ne repoussez pas les conseils de la prudence, et prévenez enfin, par un départ courageux, un tardif et inutile repentir. En vous éclairant sur votre situation, je remplis un devoir pénible, mais indispensable. Oui, mes concitoyens, il répugne à mon cœur d'avoir à exercer des actes de rigueur, mais je n'écoute que mon devoir, le salut public et la gloire du nom français reposant essentiellement sur l'exécution des lois. Je dois faire tous mes efforts pour en assurer le triomphe et ramener l'ordre et la paix dans nos foyers.

— 15 fév. (26 pluv.) Sur l'avis que des inconnus ont été vus dans la forêt Mouchard, la garde nationale se met à leur poursuite. Le soir, elle ramène un prêtre nommé Moras, qui est conduit en prison, et transféré le lendemain à Lons-le-Saunier, où le citoyen Coulon, prêtre, obtient qu'il soit mis en liberté.

— 23 fév. (4 ventôse). Rassemblement de cinq à six cents individus déguisés en femmes et autres manières, venus dans la forêt Mouchard et à la côte de Begon, parmi lesquels ont été reconnus des habitants de Mesnay, Aiglepierre, La Chapelle, Salins et Arbois, dans le but de délivrer un prêtre émigré, nommé Perrin, que l'on conduit à Lons-le-Saunier, comme prévenu d'avoir prêché la guerre civile. D'après la déclaration de sa sœur, six mille hommes ont résolu de le délivrer. Un gendarme, conduisant deux prisonniers, a été contraint de les relâcher. Une garde nombreuse et des patrouilles sont établies à Arbois, où les aristocrates sont en mouvement. Deux d'entre eux sont arrêtés.

— 27 fév. (8 vent.). A quatre heures du matin, plusieurs maisons de la rue Dessus, où cinq prêtres déportés ont été reçus, sont cernées par la garde nationale.

— 4 mars (14 vent.). Par arrêté de l'administration municipale, il est enjoint à tout individu des deux sexes, de porter constamment la cocarde tricolore, sous les peines portées par la loi.

— Même jour. Répartition d'une somme de 59,500 liv. assignats, jetée sur le canton, à l'effet de subvenir aux dépenses de l'administration municipale :

Papier, 8,700 liv. — Frais de voitures pour bois de chauffage, 18,009 l. — Trente liv. de chandelles, à raison de 150 l. chacune, 4,500 l. — Ecritoires et encre, 1,400 l. — Plumes, 800 l. — Pains à cacheter, 600 l. — Impressions, 500 l. — Réparations des bureaux, 6,000 l. — Frais de rayonnage, 5,000 l. — Loyer de poëles, 1,200 l. — Frais de sciage et transport de bois, 2,400 livres.

— 23 avril (4 floréal). Le citoyen Melecot est nommé commandant de la garde nationale.

— 11 mai (22 floréal). Arrestation de Babeuf et de ses complices, annoncée par une lettre du citoyen représentant Laurencot, qui donne des détails sur la découverte de la conspiration.

— 29 mai (10 prairial). Fête des Victoires, célébrée sur la promenade des Capucins. La veille, elle a été annoncée par une salve d'artillerie qui est renouvelée pendant la cérémonie, à laquelle assistent, en armes, la garde nationale et un détachement de la 4ᵉ demi-brigade d'infanterie de ligne, stationné dans la commune. Des discours y sont prononcés par les citoyens Laurenceot, représentant, Coulon, président de la municipalité, et Plumey.

— 9 - 17 juin (21 - 29 prairial). Visite du cit. Moyse, évêque du Jura, Par ses ordres, l'église de Saint-Just est reblanchie, le pavé et les chapelles réparées, et les fonts baptismaux placés avec le retable et les inscriptions en lettres d'or qui le décorent. Les vignerons se présentent en foule pour exécuter gratuitement les travaux.

Par ordre du représentant Lejeune, en 1794, les reliques de saint Claude avaient été arrachées de leur chasse et jetées sur un four de l'ancien presbytère. La châsse, que les profanateurs avaient cru d'un métal précieux, et qui n'était qu'en bois doré, était tombée entre les mains d'un particulier qui l'avait employée à faire nicher des oiseaux. Heureusement tous ces détails étaient connus d'un jeune citoyen, Just Saron, devenu depuis instituteur primaire supérieur, qui s'empressa de les révéler. La chasse est redemandée et obtenue de celui qui la possédait, et les reliques y sont replacées avec celles de saint Marcellin.

— 5 juillet (17 messidor). Vente de la chapelle de la Confrérie de la Croix, rue de Bourgogne, acquise par le citoyen Jean-Ant. Jacquemin, pour la somme de 12,158 l.

— 14 juillet (26 mess.). Mise en vente de l'Hermitage, par ordre du gouvernement. La commune d'Arbois se hâte de réclamer contre cette décision, et adresse au ministre des finances la pétition suivante :

La maison et le jardin contigu désignés vulgairement sous le nom d'Hermitage, sont une propriété communale, garantie par une possession immémoriale et exclusive, confirmée par sentence des tribunaux, spécialement par celle du bailliage d'Arbois, en date du 13 mai 1706. A cette preuve, on en peut ajouter d'autres : 1° Le site du bâtiment élevé sur un terrain communal, où la ville en permit la construction en s'en réservant la propriété ; 2° l'acte de cession du bâtiment, les augmentations qui y ont été faites, et les donations de plusieurs fonds qui en dépendent ; 3° l'usage constant du magistrat d'y placer, à titre de garde, telle personne de son choix, révocable à volonté ; 4° les arrêtés qui autorisent la ville à vendre à son profit, comme étant sa propriété, les fonds dépendant de cette maison.

Le gouvernement n'accueillit point ces observations, et persista dans son dessein ; plusieurs acquéreurs se présentèrent, mais aucun d'eux n'ayant accompli les conditions de la vente, ils finirent tous par être considérés comme débiteurs faillis. En 1812, le directeur des domaines voulut procéder à une nouvelle vente, mais, cette fois, l'opposition de la ville fut admise, et elle en fut définitivement reconnue propriétaire.

Dans l'espace de temps écoulé entre les années 1794 et 1797, l'Hermitage fut occupé par une école primaire, dirigée par Just Hugonnet, connu sous le nom religieux de *frère Modeste*.

— 19 juill. - 17 août [1er - 30 thermid.]. Dépréciation des assignats. Du 1er au 5 thermidor, 100 livres assignats valent 4 l. 9 s. 3 d. ; du 6 au 10, 4 l. 5 s. 5 d. ; du 11 au 15, 57 s. ; du 16 au 20, 49 s. 9 d. ; du 26 au 30, 37 s.

— 4 août (17 therm. an IV). Opposition de l'administration municipale, adressée au ministre des finances, contre la mise en adjudication du ci-devant couvent des Ursulines.

— 28 août (11 fruct.). Adjudication, au prix de 4,000 liv. en numéraire, faite aux citoyens Philippe Vuillame,

Hubert Barbier et Pierre Légé, des travaux en pavage et terrassement de la rectification de la route de Lyon à Strasbourg, entre le pont de St.-Just et la rue du Montot.

— 4 août [16 frimaire]. Arrivée de l'évêque du Jura, Moyse, accompagné de son vicaire général Vernerey, pour administrer le sacrement de confirmation.

1797, 5 fév. [16 pluv.]. Proclamation de l'administration centrale du département :

Habitants du Jura ! tandis que vous reposez paisiblement dans vos foyers, à l'ombre de la constitution républicaine, des conspirateurs travaillent à rétablir la monarchie. Lisez l'esquisse de leurs projets, et jugez du sort qui vous attendait, vous qui fites tant pour la liberté, vous dont tous les vœux sont pour la république. Quel contraste entre votre humanité et celle des agents de la royauté ! Combien de massacres ils méditaient ! S'ils avaient réussi, le Jura eût ressemblé bientôt aux déserts de l'Arabie. Mais, rassurez-vous, le gouvernement veille, il est saisi et des chefs et des fils de la trame. Soyez calmes, et garantissez-vous de tous les pièges qui pourraient tendre à troubler le pays ou à servir la tyrannie.

— 31 mars [11 germ.]. Établissement de trois instituteurs primaires, et autant d'institutrices, à la résidence d'Arbois. Leur traitement est fixé, pour ceux et celles auxquels il ne sera fourni ni logement, ni jardin, à 200 fr. pour chaque instituteur, et 150 pour chaque institutrice.

— 11 avril [22 germinal]. Requête de l'administration municipale au ministre de l'intérieur, à l'effet de conserver les livres provenant des maisons religieuses supprimées et conservés dans la commune. Cette demande est appuyée sur l'art. 10 de la loi du 3 brumaire, portant que les communes qui ont possédé des établissements d'instruction connus sous le nom de *colléges*, et dans lesquelles ne sera point placée une école centrale, pourront conserver les locaux affectés auxdits colléges, pour y organiser à leurs frais des écoles supplémentaires. La commune d'Arbois ayant possédé de temps immémorial un collége, et amplement manifesté l'intention de faire toutes les démarches légales pour obtenir une école supplémentaire, les livres sollicités par la commune de Salins lui deviendront nécessaires.

— 30 avril (11 floréal). *Te Deum* en réjouissance du traité de paix de Tolentino, conclu le 1er ventôse [19 février], entre le pape et la république.

— 8 juin [20 prair.]. L'administration départementale, après s'être plaint des termes *dérespectueux* employés dans la délibération du conseil du 22 germinal, et lui avoir rappelé le respect dû aux autorités, et la subordination établie par l'art. 193 de la constitution, ordonne que sous 24 heures après réception de la présente lettre, la translation des livres à Salins soit mise à exécution. L'administration municipale s'y refuse, et en appelle au ministre de l'intérieur par l'intermédiaire du général Pichegru.

— 7 juillet (19 messid.). Le ministre de l'intérieur Benezech autorise l'administration municipale à garder les livres existant dans la commune, pour en former une bibliothèque publique, en se soumettant à payer un bibliothécaire et à faire les frais d'établissement et d'entretien. L'administration départementale, prévenue de cette décision, annonce le 20 juillet (2 thermidor), qu'elle a suspendu l'exécution de son arrêté.

— 11 juillet (23 mess.). Rapport du citoyen Coulon, président de l'administration municipale, chargé, par délibération du 30 prairial, de rédiger un mémoire relatif à l'établissement et à l'organisation d'une école centrale supplémentaire.

Cette école sera placée dans les bâtiments du ci-devant

couvent des Minimes. Elle sera composée de quatre professeurs et d'un conservateur du dépôt littéraire, de physique, etc. Ce conservateur sera chargé de l'enseignement des éléments de l'histoire naturelle.

Les professeurs seront : 1° Langues anciennes et grammaire générale ; 2° mathématiques et physique expérimentale ; 3° belles-lettres, histoire et géographie ; 4° Art de penser et analyse de l'entendement humain.

Le traitement de chacun d'eux sera annuellement de 500 fr., le conservateur des dépôts exercera gratuitement.

Les frais annuels d'entretien des bâtiments, de la bibliothèque, du cabinet de physique, des prix d'encouragement et des dépenses imprévues, sont évalués à 400 fr., ceux de premier établissement à 600 francs.

Le représentant Pichegru sera prié d'accélérer la décision du Corps législatif.

— 19 sept. (3ᵉ jour complémentaire). Adresse de la municipalité au Conseil des Cinq-Cents :

Les mesures énergiques déployées le 18 fructidor, ont trop bien secondé les vœux que le conseil formait depuis longtemps, pour qu'il ne s'empresse pas d'offrir aux sauveurs de la république le tribut de sa reconnaissance, et de repousser, au nom de ses concitoyens, l'offre outrageante faite pour prix de *la trahison d'un homme qu'il rougit aujourd'hui de compter parmi ses compatriotes.*

— 22 nov. (2 frim.). Arrêté de l'administration départementale. Sous peine de deux années de fers prononcées par l'art. 26 de la loi du 19 fructidor, il est ordonné aux agents des communes et aux commissaires du Directoire exécutif, de faire toutes poursuites et recherches nécessaires pour découvrir et arrêter les ministres du culte qui, atteints par la loi précitée, n'y ont pas encore obéi. Lesdits agents et commissaires feront exécuter strictement la loi du

22 germinal, qui interdit l'usage des cloches et de toute autre espèce de convocation publique pour l'exerc. du culte.

— 5 déc. (15 frim. an VI). Arrêté de la même sur l'observation des fêtes décadaires. Les citoyens de chaque commune sont invités à se réunir, tous les décadis, à la salle décadaire, sous les yeux des autorités constituées, pour entendre, soit la lecture des lois, soit le récit des belles actions et des actes de dévouement que nous offre l'histoire de la révolution. Les instituteurs primaires conduiront leurs élèves à ces réunions. Les jours de décadis et fêtes nationales, aucune marchandise, autre que des comestibles, ne pourra être exposée en vente dans les rues ; les travaux des maçons, charpentiers et autres ouvriers sur la voie publique, seront suspendus.

1798, 5 mars (15 ventôse). Translation de l'assemblée primaire de la commune d'Arbois, dite de l'*Egalité*, de l'église des Capucins dans celle de St.-Just.

— 15 avril [26 germinal]. Vente du ci-devant couvent des Ursulines par l'administration du département, aux citoyens Duley, Dufresne et Clayeux, pour le prix de 8,100 l.

— 19 octobre [28 vendém. an VII]. Sur l'ordre donné de mettre sous le séquestre les biens du général Pichegru, déporté, lequel a quitté le lieu de sa déportation pour se rendre en pays étranger, l'administration municipale répond que *le nommé Pichegru* ne possède aucune propriété dans le canton.

1799, 12 mai [23 floréal]. Election des officiers de la garde nationale. Chef de brigade, Et.-Fr. Gerbet ; 1er bataillon, commandant, Pierre-Ch. Gouliaud ; 2e bataillon; Claude-François Plumey.

— 17 mai [28 floréal]. Ordre au chef de brigade Gerbet

d'assister exactement aux réunions décadaires, avec son état-major et une compagnie de chaque bataillon de la garde.

— 8 juin [20 prairial]. Fête funéraire en l'honneur des citoyens Bonnier et Roberjot, ministres plénipotentiaires au congrès de Rastadt, assassinés le 28 avril 1799 par les satellites de l'Autriche. Deux compagnies de la garde nationale sont requises pour y assister.

— 5 août (18 thermidor). Plaintes portées au général Emm. Rey, commandant le département, contre les 300 prisonniers polonais en station dans la commune, qui, malgré l'accueil bienveillant qui leur a été fait, se livrent à de nombreux excès. Le général répond qu'il faut faire conduire dans la prison de Salins, par la gendarmerie, les chefs et provocateurs du trouble.

— 18 août (1er fruct.). Envoi dans les prisons de Salins de quatre prisonniers polonais, accompagnés d'une lettre qui les déclare indignes des bontés dont ils ont été l'objet, et méritant d'être traités avec rigueur et sans ménagement.

— 2 oct. (10 vend. an VIII). Fête funèbre célébrée dans le temple décadaire [St.-Just], en l'honneur du général Joubert, mort sur le champ de bataille de Novi, le 28 thermidor [15 août]. L'éloge du général y est prononcé par le citoyen Jacq.-Ant.-Adrien Delort, chef d'escadron au 22e régiment de cavalerie. Cet éloge est imprimé aussitôt après par le citoyen Anat. Javel, 24 pag. in-8°.

— 5 octobre (13 vend.) Lettre de l'adjudant-général Dardenne, datée de La Haye, 2 vendémiaire :

Le 24 fructidor, l'armée a perdu le brave général David, mort des suites des blessures qu'il a reçues à la tête de sa brigade, le jour de la bataille qui s'est livrée près d'Alckmaer.

Il n'a servi malheureusement que huit jours dans notre armée, où il est arrivé sans argent, et même sans autres vêtements que ce qu'il avait sur le corps. Pour le panser, on a été obligé de couper tous ses vêtements, dont il ne reste qu'un pantalon neuf que je vais réclamer et faire vendre. Il me reste à lui une somme qui, réduite en argent de France, produira 700 et quelques livres. Je vous prie de m'indiquer quel est son héritier, afin que je les lui fasse passer par une lettre de change sur Paris.

Vous trouverez ci joint son brevet, sa lettre de service, son passeport, son extrait mortuaire, une note et deux quittances de 93 florins 18 sols.   *Salut et fraternité.*   *Signé* Dardenne.

— 19 oct. [27 vend.]. Fête funèbre en l'honneur du général David, célébrée à 5 heures du soir dans le temple décadaire. L'éloge du défunt est prononcé par le citoyen Etienne Petitjean. La garde nationale, les autorités et les dépôts des 38ᵉ et 110ᵉ demi-brigade de ligne, stationnés dans la commune, assistent à la cérémonie.

1800. 28 mars. Le général Poncet, premier préfet du Jura, est installé dans ses fonctions.

— 6 juin [17 prairial]. Installation des citoyens Jean-Baptiste-Et. Petitjean, maire; J.-B.-Louis Belon et Cl.-Ignace Saillard, adjoints, nommés par arrêté des consuls, et des membres du conseil municipal, au nombre de 29, nommés par le préfet.

— 23 juin [4 messidor]. Représentations adressées au préfet, à l'effet d'obtenir qu'il ne soit accueilli aucune soumission tendant à opérer la vente de la maison des ci-devant Minimes, sur laquelle la ville a des droits, et où elle se propose d'établir une école secondaire.

— 31 juillet [12 therm.]. Les autorités et la garde nationale s'assemblent pour l'installation des membres du tribunal de première instance, dont le citoyen Pierre Bouvenot a été nommé président.

— 10 août [22 therm.]. Réponse du préfet à la requête

adressée par l'administration municipale, à l'effet d'obtenir l'établissement d'une brigade de gendarmerie, devenue indispensable par celui du tribunal de première instance. Cette brigade ne peut être placée à Arbois que par le ministre de la guerre.

— 13 sept. [26 fructidor]. Lettres écrites au sénateur Vernier et au tribun Isnard, pour les prier d'aider de leur influence le président Bouvenot, envoyé à Paris pour obtenir que la ville soit autorisée à acquérir la maison des Ursulines.

— 17 sept. (2ᵉ complém.). Établissement des barrières à l'entrée des villes. Il donne lieu à beaucoup de désordres et de résistances. Des plaintes très-vives sont portées par le maire contre les préposés.

— 22 sept. (1ᵉʳ vendémiaire an ix). Fête solennelle de la fondation de la République. Le maire en a fait afficher le programme, précédé de la proclamation suivante :

De toutes les époques mémorables de la révolution, il n'en est point de plus chère ni de plus glorieuse pour des républicains, que celle qui leur rappelle le jour où la république française fut fondée sur les débris du trône et le renversement d'une antique monarchie.

C'est à ce jour heureux que se rapportent nos innombrables victoires et nos constants triomphes sur les ennemis de notre liberté et de notre indépendance. C'est dans ce jour solennel que tout Français doit bénir et les fondateurs de la république, et les héros qui la cimentèrent de leur sang. Quel est le citoyen qui refuserait de contribuer à la pompe de cette fête ? quel est l'ami de l'union et de la paix qui refuserait de joindre ses vœux aux accents unanimes de la France pour la célébrer avec tout l'éclat qu'elle commande ?

— 9 nov. (18 brum.). Avis donné par le préfet du Jura aux citoyens qui ont obtenu leur radiation de la liste des émigrés, que des registres destinés à recevoir leur promesse de fidélité à la constitution, sont ouverts à la préfecture et dans les sous-préfectures.

1801, 31 mars [10 germ.]. Réjouissances à l'occasion de la proclamation de la paix signée à Lunéville et à Madrid, avec l'Autriche et l'Espagne.

— 28 juin (9 messidor). Les citoyens Maurice Caffod, ancien officier d'artillerie, et Vauldry Laborde, sont nommés, par arrêtés des consuls, adjoints au maire.

— 23 oct. (1er brumaire an x). Adresse du maire et des adjoints, au nom du conseil :

Citoyen premier Consul. Il ne manquait aux lauriers dont la victoire a naguères couronné votre front, que d'y entrelacer l'olivier de la paix.

La renommée a publié vos victoires jusqu'aux extrémités de la terre, mais aujourd'hui que vous rendez le repos au monde, aujourd'hui, que grâces à vous, le calme renaît dans le vaste empire dont les destinées vous sont confiées, nos cœurs reconnaissants n'oublieront pas que BONAPARTE fut le sauveur du pays et le bienfaiteur de l'humanité.

— 5 nov. Sur la proposition de Mme Crestin d'Oussières, née Droz, se forme, sous le nom de *Dames de charité*, une association destinée à secourir toutes sortes de misères, dans la proportion des ressources dont elle pourra disposer. Elle en est élue présidente le 10 juillet 1802 ; monseigneur Lecoz, archevêque de Besançon, autorise l'association et en approuve les statuts, et le 19 mai 1805, des indulgences sont attachées à l'œuvre par le souverain pontife Pie VII.

Les devoirs des membres de l'association consistent en visites aux malades, en secours et vêtements distribués aux indigents, en layettes données pour les nouveau-nés, en payement des mois d'écolage des enfants pauvres. L'établissement postérieur des écoles primaires gratuites, les a dispensées de ce dernier devoir.

— 9 nov. Fête en réjouissance de la paix générale. Illuminations, cérémonie au temple décadaire. Cent francs sont distribués aux indigents.

1802, 21 janv. (1er pluv.). Devis pour la conduite des eaux de la Doye, près de Mesnay, à l'effet d'alimenter les fontaines de la ville. La dépense est évaluée à 18,290 fr. 68 cent.

— 24 janv. (4 pluv.). Lettre au sous-préfet sur l'état des deux établissements de bienfaisance existants dans la ville. L'hospice, destiné à recevoir les malades curables indigents, possède un revenu de 5,274 fr. ; le bureau de bienfaisance, qui distribue aux indigents des secours à domicile, jouit de 600 francs de rente annuelle.

— 14 avril (24 germ.). Adresse au premier consul :

Citoyen premier Consul. Ce n'était pas assez de votre gloire d'avoir en si peu de temps réconcilié les peuples en donnant la paix au monde, votre génie en méditait une non moins précieuse, et que votre cœur chérissait davantage encore, celle de la réunion de tous les Français au centre commun par l'extinction de toutes les haines et de toutes les divisions religieuses. Vous venez d'opérer ce grand ouvrage à la satisfaction de tous. Jouissez du plus beau triomphe dont puisse s'honorer un sage. En bons citoyens nous savons apprécier cet inestimable bienfait; la postérité en conservera le souvenir, et la reconnaissance le gravera éternellement dans nos cœurs.

— 24 avril (4 floréal). Loi qui autorise le maire à aliéner le pré de la Platière, contenant 54 ares; un terrain de 48 mètres carrés, sur la grande Place [emplacement de la maison Billecard]; la forêt de Changin, 39 hectares, et la jouissance d'une partie des égouts et de leur récipient, placé au-dessous de la promenade de Notre-Dame, pour le prix en être employé à l'acquisition de la maison des ci-devant Ursulines, et de l'église du ci-devant Chapitre, lesquelles doivent être converties, la première, en maison commune, la seconde, en halle au blé. L'excédant, s'il en est, sera employé en achat de rente sur l'État.

— 18 mai (28 floréal). Ouverture des registres destinés à recevoir le vœu émis par chaque citoyen, sur cette question : *Napoléon Bonaparte sera-t-il consul à vie?*

— Juin (prairial). Démarches du maire pour opérer la réunion religieuse. Il se rend à Besançon avec deux membres du conseil, pour en conférer avec l'archevêque, monseig^r. Lecoz. Le prélat leur donne une lettre renfermant ses intentions, laquelle doit être communiquée aux chefs des deux partis, M. Bruet, curé, et M. Noirot. Les deux ecclésiastiques adhèrent à tout ce qui leur est demandé, et promettent de faire toutes les démarches nécessaires auprès de leurs confrères. Il est résolu que la cérémonie aura lieu dans l'église de St.-Just le mardi 29 juin, et que le 27 la population sera prévenue par une proclamation du maire.

— 25 juin (6 mess.). Le préfet du Jura arrête que toute célébration du culte est interdite à l'avenir dans les oratoires, chapelles et maisons particulières.

— 27 juin (8 mess.) Le maire d'Arbois à ses concitoyens:

Le premier Consul de la république, en fermant, de la manière la plus glorieuse, l'arène des combats, n'a pas voulu que le triomphe de la paix fût incomplet, et entouré de souvenirs pénibles et douloureux.

Quelques diversités d'opinions religieuses agitaient encore la république, et opposaient des obstacles à la réunion des cœurs. Sa prudence et son génie viennent de les détruire dans leur cause immédiate en s'entendant avec le chef de l'église, et en réglant d'une manière positive tout ce qui est relatif à l'exercice des cultes. Plus de prétextes frivoles, plus de motifs de divisions! La religion s'identifie avec la république, et prescrit à ses enfants la soumission la plus sincère aux lois qui émanent de sa puissance; la république, à son tour, par un acte solennel, reconnaît et respecte cette religion bienfaisante qui, par sa morale pure, doit servir à régénérer les mœurs publiques, et à embellir le triomphe de la patrie.

Un prélat distingué par sa lumière et ses vertus apostoliques, est envoyé parmi nous pour consoler les hommes et les réunir dans les liens d'une charité inaltérable et d'une estime réciproque ; ainsi, plus d'obstacles à la paix religieuse.

C'est à vous actuellement, mes concitoyens, à répondre à ce bienfait, à cet accord mutuel, que le gouvernement a préparé pour votre repos et votre bonheur par une conduite digne de la religion même.

Déjà vos magistrats se sont empressés d'y concourir, en cherchant les moyens les plus propres d'opérer la réunion des esprits et des cœurs. Ils ont aujourd'hui la douce satisfaction de vous apprendre qu'elle est sur le point d'être effectuée. Mardi prochain est le jour fixé pour cette auguste cérémonie. Rien ne sera oublié pour lui donner tout l'éclat et la pompe qu'elle mérite. Que chaque citoyen y apporte le tribut de ses sentiments pacifiques, comme un témoignage pur de la joie que ce beau jour doit inspirer.

Que le temple saint qui fut si souvent le témoin de notre union, devienne en ce jour le monument éternel de la paix religieuse cimentée par le renonciation la plus sincère ! Vous y serez réunis d'après les intentions de notre vénérable prélat, sous la direction d'un vieillard respectable, sous la houlette d'un pasteur recommandable par trente-deux ans de travaux et de vertus évangéliques, et dont la tendre charité a su se multiplier pour le bonheur et le soulagement de l'humanité, sous la conduite de ses vicaires, qui sauront cicatriser toutes les plaies et ramener le calme dans les esprits agités. Vous y trouverez enfin d'autres ministres de la religion, non moins recommandables par leurs vertus, qui, par leurs soins et leurs exemples, vous inviteront à la concorde et au sacrifice de toutes les petites passions qui pourraient aigrir les cœurs.

Quel triomphe pour la religion ! quelle consolation pour les amis de l'ordre et de la paix ! Sans doute, mes concitoyens, vous ne serez point insensibles à ce spectacle attendrissant, vous sentirez tous le prix de cette réunion, qui établit une harmonie sociale, en resserrant les liens d'une douce fraternité. Par elle s'éteindront toutes les disputes religieuses et les haines qu'elles ont pu produire ; le passé sera enseveli dans un oubli profond, la religion parlera seule à vos cœurs qui s'entendront pour le bonheur et la prospérité de la patrie. Ce sont là les intentions du gouvernement, les vœux de vos magistrats, et ils osent espérer que la joie d'une fête aussi belle ne sera point troublée par des discussions scandaleuses et des propos injurieux, que tous enfin se souviendront que ce n'est le triomphe d'aucun parti, mais la réunion de tous dans le sein de la république et de l'église.

— 29 juin (10 messidor). Mardi, à 9 heures du matin, au son des cloches. toutes les autorités constituées, escortées d'un détachement de la garde nationale et de la gendarmerie, et précédées de la musique militaire, se rendent à l'église paroissiale. A la principale porte, elle sont reçues par le curé et les vicaires Noirot et Bonnedouce, qui les conduisent sur une estrade préparée pour les recevoir. Après le *Veni Creator,* la messe est célébrée par le curé, assisté des vicaires, et une exhortation touchante à la paix et à la concorde est prononcée par le premier, puis les prêtres des deux opinions, rassemblés dans le chœur au nombre de 33, se donnent le baiser de paix avec la plus pure cordialité. La cérémonie se termine par le *Te Deum,* dont le chant est accompagné de l'orgue et entremêlé de plusieurs décharges de boîtes.

— 17 juillet (28 mess.). Sur l'invitation du préfet du Jura, le conseil décide qu'il sera établi dans la maison des ci-devant Minimes, une école secondaire où l'enseignement des mathématiques, de la langue latine, de l'histoire, de la géographie et de la grammaire, sera donné par quatre professeurs, qui recevront annuellement, les trois premiers, 600 fr., et le quatrième 500 ; que chaque étudiant payera un franc par mois au profit de la ville. Il est procédé ensuite, par la voie du scrutin, à la nomination des professeurs. Sont élus : Directeur et professeur de mathématiques le citoyen Plumey, prêtre, 20 voix; professeur de rhétorique, seconde et troisième, le citoyen Bouvenot, ex-carme, 19 voix; professeur de quatrième et cinquième, le citoyen Vermot, prêtre, et professeur des éléments de latinité, le citoyen Mercier, 24 voix. Le citoyen Barbier, ancien professeur, jouira d'une retraite annuelle de 200 fr., payable par la ville.

— 22 août (4 fruct.). Publication solennelle du sénatus-consulte du 14 thermidor [2 août], qui proclame Napoléon Bonaparte consul à vie. Le 11 fructidor [29 août], un *Te Deum* est chanté dans l'église paroissiale.

3 nov. (11 brumaire an xi). Ouverture de l'école secondaire. Dès la première année, elle est fréquentée par 74 élèves.

— 1er avril [11 germ.]. Le gouvernement concède à la ville le ci-devant couvent des Minimes, pour y entretenir l'école secondaire.

— 1er juin [12 prairial]. Délibération par laquelle il sera prélevé, pour les dépenses du culte, sur le produit de la répartition faite au marc le franc des contributions foncière et mobilière, 1° 500 fr. pour tenir lieu au curé de location de maison, ameublement et augmentation de traitement, jusqu'à la construction d'un presbytère; 2° 1,000 fr. pour traitement des vicaires; 3° 500 francs pour l'entretien de l'église et autres objets nécessaires à l'exercice du culte.

— 12 juin (23 prairial). Première procession de la Fête-Dieu, à laquelle assistent les autorités constituées, accompagnées de deux cents hommes de la garde nationale.

— 22 juillet (3 thermidor). Établissement de la salle d'audience du tribunal de première instance, dans la partie haute de l'église du ci-devant couvent des Ursulines. La dépense s'élève à 2,400 francs.

— 11 août (23 thermidor). Recensement de la population de la ville ; elle renferme 6,406 individus.

— Budget de la ville en 1803. Revenus, 9,810 fr. ; dépenses, 10,000 fr. ; déficit, 190 francs.

1804, 6 avril. (16 germ. an XII). Le général Pichegru est trouvé étranglé dans son lit à la prison du Temple, où il était détenu en attendant son jugement depuis le 28 février [8 ventôse] précédent. Il avait été arrêté rue Chabannais, n° 11, au troisième, où lui avait donné asile un nommé Leblanc, qui le trahit, et qui, au milieu de la nuit, ouvrit à la police, avec une double clé, la porte de la chambre où il reposait.

— 19 avril (29 germ.). Le ministre de l'intérieur confirme la nomination des professeurs de l'école secondaire.

— 9 juin (20 prairial). Ouverture des registres destinés à recevoir le vœu du peuple sur l'établissement de l'empire.

— 24 septemb. (2 vend. an XIII). Le citoyen Cl.-Fr. Rosay, sergent dans la 1re compagnie du 2e bataillon de la garde nationale, est invité à se rendre à Lons-le-Saunier, équipé et en uniforme, pour se joindre à la députation du département, qui doit assister, à Paris, au couronnement de l'empereur Napoléon.

1805, 20 janv. (30 nivôse). *Te Deum* en actions de grâces du sacre et du couronnement de l'empereur.

— 24 janv. (4 pluviôse). Ordre du préfet de convoquer le conseil municipal pour délibérer sur l'établissement de l'octroi, qui, d'après la volonté du gouvernement, doit être mis à exécution dans toutes les villes renfermant plus de 4,000 âmes. Avant le 30 pluviôse, le conseil devra dresser un projet de règlement de perception convenable à la localité, indiquer les objets à assujettir au droit, et proposer un tarif proportionné aux besoins de la ville.

— 16 avril (26 germ.). Fixation des dépenses de l'école secondaire à 3,000 fr.; le traitement de tous les professeurs est porté à 600 francs, et la rétribution payée par chaque élève, à 18 francs.

— 23 mai (3 prairial). *Te Deum* en réjouissance du couronnement de l'empereur, comme roi d'Italie.

— 28 oct. (6 brum. an xiv). Réorganisation de la garde nationale dans plusieurs départements frontières, parmi lesquels le Jura est compris. Tous les citoyens de 21 à 60 ans en font partie, et les administrations municipales sont chargées de dresser un tableau indiquant les citoyens dans le cas d'occuper les grades d'officiers.

1806. A dater du 1er janvier, le calendrier républicain est aboli, le calendrier grégorien le remplace, et la qualification de citoyen est supprimée dans la correspondance et dans les actes officiels.

— 23 mai. Publication du décret impérial du 19 février, qui déclare fêtes nationales le 15 août, jour de la naissance de l'empereur et de la conclusion du concordat, et le 2 décembre, anniversaire du couronnement de S. M. et de la victoire d'Austerlitz. A ces deux fêtes sont tenues d'assister les autorités militaires, judiciaires et civiles.

— Construction de la fontaine de la Grande-Place, sur les dessins de l'architecte Lapret, qui reçoit 200 fr. pour ses honoraires. Il est payé 600 fr. à-compte au sculpteur Rosset, de Dole; 75 fr. au sieur Broye, marbrier à Poligny, et 4,000 fr. à François Comte, de Senans, pour le bassin.

— 28 août. Sont supprimées, à dater du 22 septembre, les barrières établies à l'entrée des villes.

— 14 octobre. Ordre du préfet de lui adresser, pour être transmise au ministre de la police générale, la liste exacte des individus repris de justice ou suspects à la police, soit à raison de leur conduite irrégulière, ou de leurs principes et des liaisons vicieuses qu'ils ont contractées.

— 28 octobre. Publication officielle des éclatantes victoires remportées par l'empereur sur les Prussiens.

— 22 octobre. L'église des Minimes est rendue au culte, et consacrée à servir de chapelle à l'école secondaire.

1807, 19 févr. Approbation du compte de M. Plumey, vicaire, chargé de pourvoir aux réparations du cimetière auxquelles a été consacrée une somme de 500 fr., léguée par M. Charles-François Domet.

— Juin et juillet. Sur les plaintes du sieur Truche, receveur des droits réunis, que les employés sont en butte à des propos et à des actes insultants qui leur enlèvent la tranquillité dont ils doivent jouir, plusieurs lettres sont écrites par le préfet et le sous-préfet au maire, qui leur répond que toutes les plaintes articulées ne reposent sur aucun fait. Le 11 juillet, il fait afficher une proclamation dans laquelle après avoir dit que la malveillance et la calomnie avaient cherché à flétrir les habitants de la ville près de l'autorité supérieure, qu'il est parvenu à détromper, il ajoute qu'il espère que par leur sage et prudente conduite, les habitants ne démentiront point ce qu'il a avancé pour leur justification.

— 21 novemb. Sur l'avis donné par le sous-préfet, que l'intention de l'empereur est que les communes jouissant de plus de 10,000 fr. de revenu, dotent, le jour anniversaire de son couronnement, une fille sage, qui sera mariée à un militaire ayant fait la guerre, le conseil décide que, le 6 décembre prochain, il sera procédé au mariage de Just Saillard, soldat retiré du 103e de ligne, et de Juste Faillon, et que, ledit jour, il sera compté auxdits époux la somme de 500 francs, prise sur les fonds en réserve.

1808, 18 février. Recensement de la population de la ville ; elle s'élève à 6,580 habitants.

— 2 mai. Renouvellement des maire et adjoints. Sont nommés MM. Petitjean, maire, Charles-Joseph Domet et François-Joseph Broye, adjoints.

— 6 juin. Arrivée du nommé Michel Girault, connu sous le nom de *Frère Ange*, né à Vonges, Côte-d'Or, le 11 octobre 1777. Fils d'un ouvrier de la manufacture de poudre établie dans ce village, il épousa, à l'âge de vingt ans, la fille d'un pauvre cultivateur, et exerça le métier de tisserand, puis, ayant obtenu une place de commis aux barrières de Dijon, il finit par abandonner sa femme et ses enfants, et passa en Hollande. Une escroquerie qu'il y commit en 1807, lui fit quitter précipitamment le pays. Il se rendit à la Val-Sainte, où il entra, comme domestique, chez les Pères de la Trappe. Le régime de la maison ne lui ayant pas convenu, il en sortit au bout de quinze jours en escaladant les murs du couvent, et se dirigea vers les montagnes du Jura. Il se présente chez le curé de la Chaux, près de Pontarlier, lui fait accroire qu'il possède en médecine de vastes connaissances, et se donne comme issu de la famille de Flamerans, et riche de 80,000 liv. de rentes, dont il veut consacrer une partie à bâtir un hospice dans le village même où il reçoit l'hospitalité. Le bon curé ajoute foi à toutes ces belles paroles, et bientôt, par ses soins, la renommée de son hôte s'étend au loin. Mais un village était un trop petit théâtre pour les talents du frère, car dès ce moment il avait pris le nom de *Frère Ange*.

Après une maladie feinte ou réelle, dont il guérit en

quelques heures, grâces à un remède indiqué par lui et apporté de Genève, il descend à Arbois, où déjà l'on vantait son habileté dans la cure des fractures des membres et de l'aliénation mentale qu'il guérissait avec du sang d'âne. Nous n'entrerons point dans les détails de son séjour qui a fourni la matière d'une brochure en 38 pag., in-8°, d'une comédie en prose, intitulée l'*Angélomanie*, et d'autres écrits devenus fort rares. La ville ne fut pas seule à fournir des dupes à l'aventurier ; de toutes parts on accourait pour le consulter, mais l'engouement ne tarda point à se dissiper ; la vérité se fit jour, et la police ayant réuni assez de renseignements de nature à le faire traduire devant les tribunaux, il fut condamné à une détention qui ne finit qu'avec sa vie.

— Décembre. Passage de deux divisions de la grande armée, fortes de 14,000 hommes, commandées par les généraux Boudet et Molitor. Il est arrêté que pour prouver à ces braves l'admiration et la reconnaissance qui leur sont dues, le vin d'honneur et des rafraîchissements leur seront offerts, quoiqu'ils ne fassent que traverser la ville.

— Revenus de l'hôpital. Blé, 470 doubles décalitres, estimés 1,649 fr. 50 cent. ; vin, 40 hectol., 640 fr. ; en numéraire, y compris l'octroi, 5,977 francs 43 centimes. Total, 8,266 francs 93 centimes.

1809, 20 février. Recensement de la population, elle comprend 6,648 habitants.

— 3 avril. Payement des dépenses faites, montant à 1,300 francs, pour le passage des divisions de la grande armée, effectué du 16 décembre au 3 janvier.

— 26 avril. Le baron Destouches, nommé préfet du Jura, est installé dans ses fonctions, où il déploie tous les talents d'un excellent administrateur.

— 14 juillet. Publication d'une lettre écrite par l'empereur à l'impératrice, pour lui annoncer l'éclatante victoire remportée le 6 juillet à Wagram, sur les Autrichiens.

1810, 19 avril. Fête en réjouissance du mariage de l'empereur Napoléon et de l'archiduchesse Marie-Louise. En exécution du décret du 25 mars, les nommés Jean-Pierre Jacquemin, soldat retraité du 7e régiment de cuirassiers, et Jean-Baptiste Bouveret, soldat retiré du 7e chasseurs à cheval, sont mariés, le premier à Othilie Faivre, et le second à Françoise Tabey, qui reçoivent chacune une dot de 600 francs, des deniers de la ville.

— 2 mai. Réorganisation de la compagnie de pompiers, forte de 50 hommes, commandés par un capitaine, un lieutenant, un sous-lieutenant et quatre sergents. Il est réglé que l'uniforme sera de drap gris de fer, avec collet, revers et parement en velours noir, pantalon gris, guêtres noires, le casque en cuivre. Arme, le sabre.

— 28 novembre. Ouverture d'une souscription, à l'effet de secourir les indigents pendant l'hiver. Elle produit une somme de 7,212 francs 45 centimes.

1811, 13 février. Décret impérial qui fixe le budget de l'année à 16,432 francs 43 centimes.

— 9 juin. Réjouissances à l'occasion de la naissance du roi de Rome. Un *Te Deum* est chanté à l'église de St.-Just, en présence de tous les fonctionnaires civils et militaires, accompagnés de deux compagnies de la garde nationale. Il est fait aux indigents une distribution de viande et de pain. La journée se termine par un bal public et par une illumination générale.

— 14 juin. Le préfet annonce que la demande faite par la ville, de concession de ses anciennes armoiries, a été accueillie favorablement.

— 19 oct. Le conseil d'administration du 24ᵉ régiment de dragons écrit de Lérida, que les services éclatants rendus par le colonel baron Delort, nommé général de brigade le 6 août dernier, méritant d'être recueillis et conservés, il a cru devoir en adresser l'état à la municipalité d'Arbois, pour être déposés dans ses archives ; il pense que ce témoignage de l'estime et de la vénération du corps pour son brave et digne chef, sera reçu sans doute avec autant d'intérêt que de plaisir, et que celui qui en est l'objet trouvera dans l'estime et l'affection de ses compatriotes, déjà méritées à tant de titres, la récompense la plus honorable de ses actions militaires.

1812, 17 fév. Le comité central de vaccine décerne au sieur Franç.-Joseph Dumont, docteur en médecine à Arbois, une médaille d'argent, en récompense de son zèle pour la propagation de la vaccine en 1808 et 1809.

— 21 mars. En vertu du décret impérial du 15 janvier, ordonnant qu'il sera, dans le cours de l'année, ensemencé dans l'empire 300,000 hectares de betteraves ; la ville d'Arbois y consacrera trois hectares trente ares.

— 5 avril. Par arrêté du préfet, sont nommés membres du comité de bienfaisance, établi par décret impérial, pour la distribution des soupes économiques, MM. Petitjean, maire, Bruet, curé, Crestin d'Oussières aîné, et Laurenceot. Le 9 avril, le préfet adresse au comité 1,048 fr. 50 centimes, pour subvenir à la dépense du mois courant.

— 26 nov. Sur la réclamation du maire, relative aux affiches apposées par le directeur des domaines, à l'effet d'aliéner l'Hermitage au profit de l'Etat, le préfet arrête qu'il n'y a pas lieu de procéder à cette adjudication.

1813, 14 avril. Renouvellement des maires et adjoints.

Sont nommés M. Petitjean, maire, MM. Broye et Alexis Grillon, adjoints.

— Budget de l'église de St.-Just. Recettes, 3,519 fr. Dépenses ordinaires, 3,564 fr. Déficit, 45 francs.

— 11 novem. Adresse du conseil à S. M. l'impératrice reine régente :

Madame. C'est en vain que les ennemis de la France se multiplient pour envahir nos belles contrées ; c'est en vain que l'or des Anglais soudoie des lâches ou des traîtres, ils ne parviendront jamais à humilier ou à affaiblir ce glorieux empire, et à en déshonorer les braves défenseurs. L'appel de V. M. a retenti dans tous les cœurs.

Les habitants de la ville d'Arbois ne démentiront point leur antique dévouement pour leur patrie et leur souverain ; ils réuniront leurs efforts à ceux de tous les Français. Puisse l'expression de nos sentiments et de nos vœux trouver accès au pied du trône ! Nos sentiments sont ceux de sujets fidèles et dévoués, nos vœux sont pour la paix, mais pour une paix honorable et digne d'une grande nation. Appuyés du génie de votre auguste époux, pleins de confiance dans ses grandes pensées, nous saurons concourir à leur exécution par tous les moyens que sa sagesse nous dictera.

— 27 décembre. Proclamation du maire :

Dans ce moment où notre patrie est menacée d'une invasion étrangère, nous avons tous des devoirs importants à remplir. Il ne s'agit pas seulement de cette réunion de forces et d'efforts, pour repousser toute agression hostile, mais encore de cette réunion de sentiments qui prévienne les désordres et les troubles de l'intérieur.

Il est donc fait appel à tous les bons citoyens ; qu'ils s'unissent de cœur aux autorités déléguées par le souverain pour veiller à leurs intérêts et à leur repos. Qu'ils s'empressent de former une garde sédentaire capable de donner de la confiance aux bons et d'inspirer aux méchants une crainte salutaire. Dans cette carrière honorable, ils seront guidés par leur digne compatriote, M. le général baron Delort, qui a bien voulu se charger de commander les braves citoyens qui se dévoueront à ce service. Appuyés de sa bravoure et de son expérience, vous concourrez au maintien de la paix intérieure et à la sûreté de vos familles. Soyez calmes, et reposez-vous sur notre zèle et sur notre dévouement.

— 28 décembre. Un détachement de conscrits, passant dans la ville, cédant aux suggestions de quelques habitants, abat un écriteau placé au-devant d'un bureau des droits réunis. Le maire s'empresse de rappeler aux habitants, dans une proclamation, que les employés du gouvernement sont placés sous l'égide de l'autorité municipale, qui doit la protéger et la défendre ; et les prie de lui épargner la douleur de recourir à des mesures de sévérité, qui, comme ils le savent, n'entrèrent jamais dans son cœur.

1814, 1er janvier. Évacuation, pour leur sûreté, de 31 militaires malades, sur l'hôpital de Lons-le-Saunier.

— 4 janvier. Entrée des premières troupes légères autrichiennes. Défense à tous habitants de sortir de la ville au-delà des avant-postes. Les autorités civiles et judiciaires sont maintenues dans leurs fonctions.

12 janv. Arrivée d'une garnison de 1,200 hommes, à la charge des habitants, qui doivent journellement fournir à chaque homme une demi-livre de viande, deux livres de pain, des légumes et un tiers de vin (84 centilitres).

— 17 janvier. Proclamation pour le payement des contributions foncières, propriétés bâties, portes et fenêtres, et personnelle de l'année, s'élevant à 57,138 fr. 5 cent.

— 11 fév. Désarmement. Sont déposés 129 fusils, 14 pistolets, autant de sabres, 4 épées et 62 bayonnettes. Par ordre du 17 février, sont dispensés provisoirement de la remise de leurs armes, les préfets, sous-préfets, conseillers de préfecture, membres des conseils généraux et d'arrondissement, maires, adjoints, percepteurs, pompiers, gardes champêtres, officiers et sous-officiers retraités.

— 3 mars. Entrée à Poligny de l'avant-garde du corps d'armée du maréchal Augereau ; des hussards du 4ᵉ régiment et une compagnie de voltigeurs poursuivent l'arrière-garde autrichienne jusqu'aux villages de Buvilly et de Pupillin. Le lendemain, 4 mars, au matin, les voltigeurs se portent sur Arbois, qu'occupaient 2,000 hommes d'infanterie, soutenus par de l'artillerie. A l'approche des voltigeurs, qui harcèlent à coups de fusils leur arrière-garde, les Autrichiens ne pensent qu'à évacuer la ville, et la descendent en colonne serrée. Cependant les voltigeurs s'étaient arrêtés aux premières maisons du faubourg de Faramand, mais trois d'entre eux, avec un tambour, nommé Garnier, enfant de Salins, qui battait la charge, s'élancent dans les rues et poursuivent au pas de course la colonne ennemie. En vain les habitants, émerveillés de tant d'audace, s'efforcent de les arrêter en leur offrant du vin. Ces braves n'écoutent rien, et leurs décharges renversent, près de l'hôtel-de-ville et de la promenade de Notre-Dame, deux soldats, que la commisération des habitants se hâte de secourir. La colonne autrichienne ne suspend sa retraite qu'à environ un kilomètre du faubourg de Courcelles, sur la route de Besançon, où son artillerie, mise en batterie, lance quelques boulets, dont un atteint mortellement un villageois de La Ferté. Quelques moments après, la compagnie française se retire sur Poligny.

— 5 mars. Retraite de l'avant-garde française sur Lons-le-Saunier. En même temps Arbois est encombré de troupes autrichiennes, qui s'y livrent à tous les excès. Les sieurs Loisier, marchand, Gerbet et le commissaire de police Cavaroz, sont pillés et perdent, le premier, 1,081 fr. ; le second, 1,100 fr., et le dernier, 700 fr. Plusieurs autres particuliers sont dépouillés d'objets dont la valeur est évaluée à 7,548 francs.

— 27 mars. Par arrêté du préfet, MM. Petitjean, maire, Sarret de Grozon, Crestin d'Oussières aîné, et Perroux, sont chargés de réorganiser la garde nationale.

— 10 avril. En exécution de l'arrêté du gouvernement provisoire, en date du 4 avril, il est ordonné de supprimer et d'effacer partout où ils peuvent exister, les emblêmes, chiffres et armoiries qui caractérisent le gouvernement de Bonaparte. Le même jour est établi un conseil de sûreté publique, composé de MM. de Sarret aîné, Crestin d'Oussières aîné, Laurenceot et Barberot, avocats.

— 13 avril. Proclamation du maire :

Citoyens, les événements que nous venons vous annoncer nous donnent l'espoir d'une paix solide et durable. Les magnanimes et hautes puissances alliées nous en donnent l'assurance, et le Sénat vient d'adopter la constitution qui doit faire notre bonheur.

Le trône antique de la France est rétabli ; et les descendants de Saint Louis et de Henri IV sont appelés de nouveau à nous gouverner.

Que chaque citoyen fasse éclater les transports de sa joie, et que tous confondent leurs sentiments dans celui d'une réunion pure et sincère, et dans l'oubli de tout ce qui a pu nous diviser. Proclamons avec enthousiasme Louis XVIII, notre auguste souverain, et en même temps reconnaissance éternelle aux souverains des hautes puissances alliées qui ont procuré notre bonheur.

— avril. Sur la proposition du maire, le conseil municipal arrête que M. de Sarret de Grozon, ancien officier supérieur, sera prié de se rendre à Paris pour déposer au pied du trône l'expression de la fidélité et du dévouement des habitants d'Arbois. Il lui sera personnellement exprimé la reconnaissance dont le conseil est pénétré pour les services qu'il a rendus à sa patrie dans ces moments de crise.

— 24 avril. Adhésion du conseil et des fonctionnaires aux décrets du sénat.

— 25 juin. Proclamation du maire à l'occasion de violences exercées contre des employés des droits réunis. Les habitants ont pu être vexés par ce droit odieux ; mais le roi travaille à améliorer ce système d'impôt, et à le dépouiller de ses formes vexatoires. Il faut attendre avec calme et confiance les mesures que, dans leur sagesse et leur expérience, préparent l'autorité royale et le corps législatif. Que les habitants se souviennent que toute violation de la loi, toute désobéissance à l'autorité qui doit protéger la sûreté personnelle de tous, sont des crimes qu'il est du devoir de cette autorité de faire respecter, même au péril de la vie, et de faire punir les infracteurs.

— 29 juin. Le maire annonce que le lendemain seront célébrés deux services funèbres et solennels, l'un, en mémoire de Louis XVI et des autres personnes de sa famille, mortes victimes de la révolution ; l'autre, à l'honneur du général Pichegru, comme preuve irrécusable des regrets de ses compatriotes, témoignage public de leur reconnaissance, et afin de relever la gloire qu'il a si justement acquise en défendant sa patrie contre les différents ennemis de la France. Les autorités et les fonctionnaires publics assisteront à la cérémonie.

— 2 août. Nouveaux actes de violence contre les employés des droits réunis ; ils sont arrachés des mains de la gendarmerie, accourue pour les protéger, et leur chef qui se rendait pour ses affaires à l'hôtel-de-ville, est assailli par une bande de furieux avinés, et peu s'en faut qu'il ne soit assassiné. Un arrêté du maire défend, sous les peines les plus sévères, tous rassemblements, insultes et cris.

— 22 août. M. Broye, notaire et adjoint, est chargé provisoirement des fonctions de maire, en remplacement de M. Petitjean.

— 25 août. Fête de saint Louis. Mille livres de pain sont distribuées aux indigents ; un grand banquet est offert à l'hôtel-de-ville à la garnison ; des jeux et une illumination générale terminent la journée.

— 1er septemb. Les dépenses occasionnées à la ville par l'invasion, sont évaluées à 60,153 francs 46 centimes.

— 15 - 21 sept. Réorganisation de la garde nationale et des sapeurs-pompiers. Ces derniers, au nombre de 40 h., sont choisis par le maire. Leur uniforme sera bleu de roi, avec collet, revers et parements de velours noir. Les frais d'équipement et d'habillement des deux corps, faits par la ville, s'élèvent à 4,184 francs 88 centimes.

— 20 oct. Sur l'avis de l'arrivée très-prochaine de S. A. R. Monsieur, comte d'Artois, à Lons-le-Saunier, le conseil décide qu'il sera envoyé au prince une députation pour le prier d'honorer de sa présence la ville d'Arbois. Le lieutenant général Delort, nommé pour la présider, se fait précéder d'une lettre adressée au prince, où il lui rappelle que parmi les titres de la ville pour obtenir une preuve spéciale de la bienveillance et de l'intérêt de S. A., elle lui rappellera qu'elle est la patrie du général Pichegru, la plus glorieuse victime qui se soit dévouée pour accélérer le retour du souverain légitime ; que le plus révéré et le plus cher de ses aïeux, Henri iv, aimait le vin d'Arbois, et rendait une justice éclatante à la sincérité et à la loyauté de ses habitants.

— 24 oct. Arrivée du comte d'Artois. Il est reçu à l'extrémité du territoire, sur la route de Poligny, par les autorités et la garde nationale. Il entre dans la ville à cheval, ayant à ses côtés le général Delort, à onze heures du matin, au son de toutes les cloches et au bruit des décharges de boîtes. Des drapeaux blancs pavoisaient toutes les maisons sur son passage, et flottaient aux quatre coins de tous les clochers. Descendu à l'hôtel-de-ville, il y est complimenté par mademoiselle d'Oussières, qu'accompagnent 30 jeunes demoiselles, qui offrent des corbeilles de fleurs, puis par le maire en intérim, à la tête des autorités. Dans sa réponse, le prince déclare qu'il regrette beaucoup que le général Pichegru n'existe plus, et qu'il désirerait vivement qu'il vécût pour le récompenser des services qu'il s'était efforcé de rendre à la royauté.

Toutes les réceptions faites, S. A. R. daigne accepter un déjeuner, et ayant trouvé le vin agréable, il dit qu'il ne s'étonnait point que son aïeul eût prisé un aussi bon vin.

Le déjeuner terminé, le prince se remet en marche à trois heures, escorté jusqu'à la sortie de la ville, et prend la route de Dole. Le soir, toutes les maisons sont illuminées, et l'on danse toute la nuit à l'hôtel-de-ville.

5 nov. Le duc de Maillé, aide-de-camp de Monsieur, autorise, en son nom, le général Delort à délivrer aux officiers, sous-officiers et soldats de la compagnie de pompiers et de la garde nationale, des brevets de la décoration du ys, qu'ils porteront suspendue à un ruban blanc, liseré e vert et de jaune.

22 novembre. Entrée en fonctions de M. de Sarret de rozon, nommé maire de la ville.

— Les dépenses du collége communal sont fixées à la somme de 3,220 francs.

1815, mars. Grande agitation causée par le retour de

l'empereur Napoléon. Le 22, afin de calmer cette effervescence, le maire fait afficher la proclamation suivante :

C'est à vous, pères de familles, à vous, propriétaires, que je m'adresse pour obtenir et conserver dans notre cité la tranquillité, si précieuse pour le repos des habitants, et pour juger sainement des grands événements qui se préparent.

Ce n'est pas dans l'agitation que l'on prend le parti le plus sage; soyons unis. Il serait lâche de profiter d'un instant d'effervescence pour satisfaire des haines particulières, quelles que soient leurs causes. Aujourd'hui, l'un se vengerait, demain, l'autre aurait son tour. Assez de maux planent sur nos têtes ! Guerre intestine, guerre étrangère, anarchie inséparable de ces fléaux, et traînant à sa suite les vexations et l'arbitraire; voilà ce dont sont menacés quelques-unes de nos provinces, et dont nous nous ressentirons, si nous ne laissons pas de côté tout esprit de parti, et si une conduite sage et mesurée ne dirige pas nos démarches.

Tout homme sensé n'a qu'à s'affliger ; le sang français va couler. Attendons si nous devons pleurer ou nous réjouir. Quand le repos et la paix seront rendus à la France, quand je ne verrai plus des Français armés contre des Français, je serai le premier à vous donner le signal de la joie.

La ville aurait pu être aujourd'hui victime d'un incendie. J'invite les gardes nationaux à ranimer leur zèle pour le service, et à veiller sans relâche au repos des habitants.

Le bruit s'est répandu que des listes de proscriptions avaient été dressées. S'il en était ainsi, les autorités supérieures m'auraient consulté, et je vous jure que rien de pareil n'est venu à ma connaissance.

— 9 avril. Proclamation de M. Petitjean, réintégré dans les fonctions de maire :

Citoyens, appelé par le premier magistrat de ce département à remplir de nouveau les fonctions de maire de cette ville, je n'ai pu, dans ces circonstances, rejeter un fardeau que vos vœux m'invitent encore à supporter quelques instants pour la cause de la patrie. Vous savez tous que, depuis longtemps, mes jours lui ont été consacrés et que je ne vous ai jamais abandonnés, même dans les temps les plus orageux. Je me dévoue encore, puisque vous pensez que je peux coopérer à maintenir parmi vous la paix et la concorde.

Mais, en acceptant ces fonctions, je dois avec franchise exprimer le regret que j'éprouve et que vous éprouvez sans doute avec moi, de ne point compter dans nos rangs le citoyen estimable que je remplace. Doué de toutes les qualités sociales, il mérite notre amitié et notre reconnaissance. Vous avez tous remarqué son extrême affabilité, et, plus encore, le noble désir qu'il avait de vous être utile. Son opinion franche et loyale, loin de lui être nuisible, sera toujours un titre réel à notre estime.

Citoyens, l'enthousiasme que vous avez fait éclater de toutes parts au retour de notre auguste empereur, atteste assez que vous désirez jouir de 25 ans de gloire et de sacrifices; il dit assez que vous êtes tous disposés à vous attacher au gouvernement que nous nous sommes donné. Mais, pour y parvenir avec succès, souvenez-vous que vous avez à combattre contre cette agitation sans mesure qui, appelant de toutes ses forces l'ennemi au sein de la patrie, ne respire que les fureurs d'une guerre civile.

C'est sur ce danger que j'appelle toute la sollicitude des bons citoyens; au nom de la patrie, au nom de la liberté pour laquelle tant de braves ont combattu, qu'ils n'oublient pas que dans ces moments de crise, les haines privées et les intérêts particuliers doivent disparaître.

Notre plus grand intérêt, c'est le maintien de l'ordre, et l'ordre existera toutes les fois que le peuple se réunira à l'autorité. Ralliez-vous donc sur ce point, auquel est attaché le salut de la France. Nous avons été fiers dans la servitude, montrons aujourd'hui les vertus et l'héroïsme de la liberté.

— 24 avril. Arrêté du préfet qui renouvelle le conseil municipal. Le 30 avril, les conseillers nommés prêtent serment d'obéissance et de fidélité à l'empereur.

— 29 avr. Ordre à tous les citoyens de porter la cocarde tricolore ; il sera pris contre les contrevenants telles mesures administratives que les circonstances pourront exiger.

— 4 mai. Arrivée du corps de monseig. Lecoz, archevêque de Besançon, décédé la veille à Villevieux. Le maire adresse aux habitants la proclamation suivante :

Citoyens, une mort imprévue vient de nous enlever notre vénérable archevêque au moment où il se disposait à entrer dans notre ville pour y faire sa visite pastorale.

Les regrets que nous éprouvons de ce malheur seront, je l'espère, vivement partagés par tous les amis sincères de la religion et de la patrie. Chacun de nous sait quelle était sa patience, sa charité et surtout sa clémence envers ceux qui lui attirèrent des disgrâces. Il fut un prélat aussi distingué par sa science et ses vertus évangéliques, que par son dévouement à sa patrie, et son inviolable attachement à la personne de l'empereur. En succombant à l'ardeur de son zèle, ses derniers soupirs furent ceux d'un pasteur vénérable qui ne recommandait à ses enfants que l'union et la paix.

Ce souvenir précieux doit être pour chacun de nous un motif pressant de prendre courage dans les pénibles circonstances où nous nous trouvons.

Le corps, reçu à l'entrée de la ville par une procession à laquelle la grande majorité des habitants se fit un devoir d'assister, fut conduit, au son des cloches, à l'église de Saint-Just, où il resta déposé pendant la nuit.

— 4 juillet. Proclamation pour le maintien de la tranquillité, compromise par la nouvelle du désastre de Waterloo, et la marche de l'ennemi sur Paris. Le maire prévient les habitants que des plénipotentiaires sont allés porter aux Anglo-Prussiens des paroles de paix, qu'il reste encore des braves qui sauront défendre l'honneur et l'indépendance de la nation, que des corps francs sont organisés, et que les citoyens dont l'âme est échauffée par l'amour de la patrie, peuvent se réunir à eux, quoique toute défense isolée ne puisse produire aucun avantage réel. Sont défendus tous rassemblements tumultueux, personnalités, reproches et cris qui, s'ils flattent les vœux des uns, excitent les passions des autres. Il est ordonné à la garde nationale de continuer son service.

— 15 juillet. M. de Sarret de Grozon reprend ses fonctions de maire. Le 19, il fait exécuter l'ordre du maréchal Jourdan, d'arborer le drapeau blanc et la cocarde blanche.

— 3 déc. Proclamation du maire, dans laquelle il prévient les habitants que depuis longtemps il a reçu l'ordre d'opérer le désarmement en employant des moyens de rigueur qu'il a toujours rejetés ; mais qu'aujourd'hui on le rend responsable de l'exécution de cet ordre, auquel, avant leur départ, veulent concourir les troupes alliées.

Le préfet du département, instruit qu'un bataillon de gardes nationales, stationné dans la ville, a laissé presque toutes ses armes chez les bourgeois, exige que ces armes se retrouvent, soit parce qu'elles sont la propriété du gouvernement, soit par mesure de police, nécessaire après les révolutions qui viennent de déchirer la France.

Presque toutes les personnes qui détiennent ces armes sont connues ; les fouilles et recherches les plus scrupuleuses seront faites, et ceux qui ne se seront pas conformés à l'ordre, seront très-sévèrement punis.

L'opération s'exécute les jours suivants, un prêtre est conduit en prison, et l'épée d'un officier supérieur en retraite est enlevée. Cet officier est contraint de s'enfuir.

— 31 décembre. Evaluation de ce que l'invasion a coûté au canton et à la ville en particulier. Réquisitions, 209,294 fr. 62 c., dont 117,876 fr. 51 c. à la ville. Contributions, 116,061 fr. 72 c., dont la ville a dû payer pour sa part 58,187 francs 62 centimes.

1816, 19 fév. Le conseil décide que 4,000 fr., payables dans six mois ou un an, seront consacrés à l'habillement et à l'équipement de la garde nationale.

— 9 août. Passage de S. A. R. le duc d'Angoulême. Il est ordonné de pavoiser de drapeaux blancs les rues et les places que suivra le cortège, et d'orner, autant que possible, les fenêtres de fleurs de lys.

Peu de jours après, sur le faux avis qu'un guet-à-pens avait été dressé contre le prince dans les bois de Tassenières, un docteur en médecine est arrêté et conduit, comme un criminel, à Lons-le-Saunier, où il est relâché après une courte mais sévère détention.

— 17 oct. Le conseil considérant que, jusqu'à présent, rien n'a assuré la tenue régulière des écoles primaires de la ville, décide qu'il sera établi deux écoles de garçons, l'une, d'après le mode nouvellement mis en usage, et connu sous le nom d'enseignement mutuel, l'autre, d'après la méthode dite simultanée, dont la direction sera confiée à trois frères de la doctrine chrétienne, auxquels sera alloué, en sus du logement, un traitement annuel de 1,800 francs.

Les jeunes filles indigentes seront confiées à une institutrice, qui recevra cent francs par an.

— 3 nov. Ouverture de l'école primaire d'enseignement mutuel, dirigée par le sieur Just Saron, dont le traitement annuel est fixé à 150 francs, indépendamment de l'écollage établi à 75 centimes par mois.

1818, 28 fév. Sur la proposition du conseil d'administration de l'hôpital, d'aliéner au profit de la ville le couvent des ci-devant Capucins, appartenant à cet établissement, auquel ont manqué les fonds nécessaires pour le rendre propre à l'usage des malades, le conseil considérant que cet immeuble est susceptible de recevoir une destination avantageuse aux habitants; que la ville est sans caserne et sans emplacement convenable pour en construire une;

que la brigade de gendarmerie y pourrait être commodément logée, et qu'enfin le chantier de la ville serait bien placé dans le verger y attenant, et à l'abri des vols qui s'y commettent, estime, à l'unanimité, qu'il y a lieu de traiter avec l'hôpital, moyennant la cession annuelle de 175 stères et demi de bois, moitié dur et moitié tendre, que ledit hôpital prendrait au chantier de distribution.

— 20 mars. La contenance du muids d'Arbois est déterminée à 240 pintes, de 1 litre 26 centilitres chacune, et équivalent à 302 litres 40 centilitres.

— 19 déc. Fondation de deux lits, faite à l'hôpital par M. Bulabois, ancien magistrat, moyennant un capital de 9,691 fr., qui est employé à l'acquisition d'un domaine situé à Darbonnay, et produisant un revenu de 487 francs.

1819, 13 juin. Le conseil, consulté sur une pétition adressée à M. le préfet par 25 propriétaires du faubourg de Champerroux, à l'effet d'obtenir que leurs habitations soient détachées du territoire d'Arbois et restituées à la commune de Mesnay, dont elles faisaient originairement partie; considérant que les motifs allégués sont loin d'être concluants, qu'il en résulterait pour la ville des inconvénients graves, et qu'un excellent administrateur, M. le baron Destouches, ancien préfet du Jura, se proposait de faire réunir la commune de Mesnay à celle d'Arbois, déclare, à l'unanimité, que cette demande lui paraît inadmissible.

1820, 21 janv. Le maire ayant exposé que le vénérable M. Bruet, curé de la paroisse, ayant atteint sa 93e année, on ne peut guères espérer de le conserver longtemps, et qu'il est du devoir de procurer à son successeur un logement convenable ; qu'il se présente à cet effet une occasion favorable dans l'acquisition de plusieurs bâtiments de l'ancien Prieuré, voisins de l'église, que les propriétaires sont disposés à aliéner; le conseil autorise le maire, auquel seront adjoints trois membres du conseil, à faire à ce sujet toutes démarches nécessaires.

— 31 déc. Le conseil souscrit pour une somme de 300 francs à l'acquisition du château de Chambord, qui doit être offert à S. A. R. le duc de Bordeaux.

1821, 17 fév. Décès de M. Bruet, curé d'Arbois, ancien député à l'Assemblée Constituante, âgé de 93 ans 7 mois 13 jours, après 49 ans 7 mois 18 jours de ministère pastoral dans la même paroisse.

— 24 fév. Arrivée de M. l'abbé Gaume, missionnaire, nommé administrateur provisoire. A peine est-il descendu de voiture, qu'il envoie signifier aux vicaires du pasteur décédé, MM. Bonnedouce, Plumey et Coulon, des lettres d'interdiction lancées contre eux par MM. les vicaires-généraux de l'archevêché de Besançon. Les vicaires dépossédés exerçaient leurs fonctions, le premier, depuis 49 ans, le second, depuis 26, et le troisième, depuis le concordat de 1802. Une extrême agitation se manifeste dans la ville, et d'énergiques protestations se préparent.

— 7 oct. Formation à Arbois d'une commission pour l'érection d'une statue du général Pichegru. En même temps, une seconde se forme à Paris, sous la présidence du général comte Willot. Les souscriptions seront indifféremment adressées à l'une et à l'autre, mais celle de Paris sera tenue de rendre compte à celle d'Arbois, considérée comme commission-mère.

— Jusqu'à ce moment, les frères de la Doctrine chrétienne, appelés dans la ville par la délibération du conseil du 17 octobre 1816, n'avaient pu répondre à cet appel faute d'un local disposé pour les recevoir. Les dames de charité, fondées et présidées par madame Crestin d'Oussières, née Droz, acquièrent à cet effet, pour le prix de 12,000 fr., une maison située rue du Vieux-Château, et en offrent le loyer, à titre gratuit, au conseil, qui s'empresse de l'accepter. Les réparations et le mobilier sont payés par les dames, en sus du prix d'acquisition.

1822, 4 fév. Supplique adressée par la commission parisienne au roi Louis XVIII, à l'effet d'obtenir la permission d'ériger une statue au général Pichegru. La permission est accordée.

— 11 sept. Ouverture des vendanges ; elles produisent un excellent vin.

1824, oct. Admission à la retraite de MM. Plumey, principal du collége, et Vermot, professeur de rhétorique. L'ordre et la discipline, depuis longtemps excessivement relâchés, sont rétablis par le nouveau principal, M. Dupuy, bien secondé par ses collaborateurs. Sur sa demande, de grands travaux sont ordonnés par l'administration municipale, qui consacre près de 14,000 fr. à l'appropriation de l'établissement, où jusqu'alors n'avait existé qu'un pensionnat insignifiant. De cette époque datent la prospérité et la réputation du collége.

— 12 avril. Sur l'avis reçu qu'au mépris des conventions faites entre les commissions constituées à Arbois et à Paris, pour l'érection d'un monument au général Pichegru, le comte Coutard, président de la commission parisienne depuis le décès du comte Willot, prétend que le monument doit être placé, non à Arbois, mais à Besançon, et a fait, dans ce but, au ministère de l'intérieur, des démarches suivies de quelque réussite, le conseil décide que M. le maire fera toutes les démarches qu'il croira utiles, et qu'il sera mis à sa disposition tous les fonds nécessaires pour conserver la destination primitive du monument.

1825, 5 juillet. Jugement du tribunal de la Seine, qui déclare, en opposition aux conclusions de la commission d'Arbois, qu'il n'appartient qu'au roi de décider si des monuments doivent être érigés à la mémoire des hommes qui se sont illustrés par des actions éclatantes, et dans quels lieux ces monuments doivent être placés.

— 27 juillet. Incendie de la ville de Salins. Les habitants d'Arbois se portent en masse au secours de leurs malheureux voisins.

1826, 4 mars. Sur la proposition de M. Bardenet, prêtre, décidé à cette démarche par madame Crestin d'Oussières, née Droz, et par les dames de charité, dont elle est présidente, il est délibéré qu'il lui sera fait cession, en échange d'une maison située Grande-Rue, moyennant 15,000 fr., de la propriété communale dite des Capucins, à l'effet d'y établir un pensionnat de demoiselles et deux classes d'externes, l'une, gratuite pour les filles pauvres, l'autre, où il sera payé une rétribution modérée, lesquelles seront dirigées par une communauté religieuse de femmes; le maire est autorisé à traiter avec M. Bardenet. Il est convenu en outre qu'il sera établi deux classes d'externes payant rétribution, l'une, de 1 fr. 50 c. par mois, pour les filles de cultivateurs et autres qui ne désireront pas recevoir une éducation étendue; l'autre, de 5 fr. chaque mois, pour celles qui demanderont à acquérir des connaissances plus variées et plus approfondies.

Si, par une circonstance majeure et imprévue, l'établissement ne pouvait plus se charger de l'éducation des jeunes filles de la ville, celle-ci sera en droit de reprendre la propriété de la maison d'après sa valeur vénale et à dire d'experts, avec ses accroissements, ou elle y renoncera en faveur de M. Bardenet ou de ses représentants, qui alors pourront en disposer comme ils le trouveront convenable,

Aussi longtemps que l'établissement remplira la destination prévue, la ville s'oblige à lui délivrer annuellement et gratuitement 25 cordes (100 stères) de bois, ou à lui payer 600 fr., au choix de la communauté. Le bois nécessaire au chauffage de l'école gratuite sera en outre fourni par la ville.

— 30 décem. Don de 6,000 fr., fait par madame veuve Rosay, pour fondation d'un lit d'incurable. Le 28 nov. de l'année suivante, un don d'égale somme, pour le même objet, est fait par madame veuve d'Oussières, née Droz.

1828, 7 avril. Le conseil, considérant que l'ordre des Filles de Marie, légalement reconnu par ordonnance royale du 15 mars, sera, soit pour la tenue du pensionnat, soit pour l'éducation des jeunes filles de la ville, d'une incontestable utilité, et obtiendra l'assentiment général, arrête que ledit ordre sera autorisé et accueilli.

— Les statues de Pichegru, l'une en bronze, l'autre en marbre, sont inaugurées à Besançon et à Lons-le-Saunier.

1828. Ouverture du pensionnat de demoiselles et des écoles de filles, sous la direction de madame de Castéra, supérieure des sœurs de Marie. Le presbytère, qui occupait la partie sud de la maison des Capucins, est transféré au deuxième étage du château Pécauld, attenant au collége, acquis par la ville au prix de 27,000 fr., de M. Blondeau, conservateur des hypothèques. La gendarmerie, placée dans la partie de la maison des Capucins touchant à l'église, prend possession de la maison de la Grande-Rue, cédée par M. Bardenet.

1829. Achèvement des travaux entrepris en vertu de la délibération du 5 février 1824, pour l'alimentation des fontaines de la ville. La dépense s'est élevée à 97,755 fr. 88 centimes.

1830, 10 juillet. Proclamation solennelle de la conquête d'Alger.

— 28 juillet. Il n'arrive que deux journaux, le *Moniteur* et la *Gazette de France,* renfermant les ordonnances du 25. Une grande agitation se manifeste aussitôt dans la ville. Le 29, l'absence de tout journal l'accroît; partout on se répète qu'une grande bataille se livre à Paris. Le 30, beaucoup de jeunes gens se rassemblent et parlent de prendre les armes pour se joindre aux combattants de la capitale. Enfin, le 1er août, le *Courrier Français* et le *Constitutionnel,* imprimés en placard sur demi-feuille, donnent les premières nouvelles de la lutte et de son résultat. Dans la nuit, un arbre de liberté est planté, et le drapeau tricolore arboré dans le faubourg de Faramand. La population presque entière se répand dans les rues.

— 2 août. A sept heures du matin, les notables, au nombre d'environ deux cents, sont convoqués par le maire à l'hôtel-de-ville, à l'effet de délibérer sur les mesures de sûreté générale que nécessitent les circonstances. Le rétablissement immédiat de la garde nationale est proposé. M. de Sarret répond qu'il n'a reçu aucun ordre qui lui permette de participer à cette mesure; mais l'assemblée s'étant prononcée à l'unanimité pour qu'elle soit prise, il se retire avec son adjoint, M. Félix Bryon. Aussitôt est formée une commission provisoire de sûreté, composée de MM. Jacq.-

Henri Laurenceot, ancien conventionnel, président; Delort, lieutenant général; Gerbet, chef de bataillon; Bruno Bruet et Antoine Perrin, propriétaires et membres du conseil municipal, qui s'adjoignent, en qualité de secrétaire rédacteur, M. Clerc de Landresse, avocat.

— 3 août. La commission provisoire déclare que voyant les premières fonctions de la magistrature délaissées, dans un moment où des mal intentionnés pourraient compromettre la sûreté publique et exercer des vengeances particulières, elle a été constituée pour aviser aux mesures de sûreté et recomposer la garde nationale, qui, avec les pompiers, la gendarmerie et les agents de police, veilleront à la tranquillité publique. Les gendarmes n'ayant reçu aucun ordre de leurs chefs, sont autorisés à conserver la cocarde blanche, qu'il est enjoint de respecter.

— 4 août. Sur la demande d'un grand nombre d'habitants, la commission envoie aux Parisiens une adresse où, après avoir détaillé ce qui s'est passé à Arbois, et lui avoir exprimé l'indignation qu'a excitée la nouvelle des ordonnances, indignation telle que la population disponible a été sur le point de voler au secours de Paris, elle déclare que si l'étranger, ce qu'elle ne présume pas, osait et tentait une invasion, où le pays, très-voisin de la frontière, aurait à soutenir les premières attaques, il s'efforcerait d'acquitter sa dette envers les braves habitants de la capitale.

— 5 août. Dans la pensée que les habitants d'Arbois ne doivent pas se borner à une expression stérile de reconnaissance et d'admiration envers les généreux défenseurs de la liberté, la commission arrête qu'il sera ouvert le lendemain, à la mairie, une souscription au profit des blessés, veuves et enfants des victimes des 27, 28 et 29 juillet.

— 5 août. Sont invités tous les habitants âgés de plus de 16 ans, et de moins de 60, en état de porter les armes, à s'inscrire sur les contrôles de la garde nationale. Les pompiers, ayant déjà rendu d'importants services dans les incendies, marcheront à la tête de la garde, dont ils formeront la compagnie d'élite.

Défense de planter de nouveaux arbres de la liberté; seront poursuivis tous ceux qui en couperaient dans les bois de la ville.

— 6 août. Publication de l'ordonnance du lieut. gén. du royaume, qui prescrit la reprise des couleurs nationales.

— 10 août. M. Choupot, avocat, est élu par les notables membre de la commission, en remplacement de M. le lieutenant général Delort, appelé par le roi au commandement de la 8ᵉ division militaire, à Marseille.

Le même jour, il est demandé au préfet du département des instructions propres à diriger la commission dans sa conduite, et sont envoyés à Besançon MM. Gerbet, commandant, et Delort, capitaine, pour obtenir du général commandant la 6ᵉ division militaire, 8 à 900 fusils nécessaires à l'armement de la garde nationale.

— 16 août. Réponse du préfet. Il approuve toutes les mesures prises par la commission, et surtout l'organisation de la garde nationale; mais comme c'était précisément dans ce but que la commission avait été formée, il l'engage à cesser toute espèce de fonctions, attendu qu'elle n'a aucune mission pour se mêler de l'administration municipale, et lui recommande de laisser reprendre leurs fonctions aux anciennes autorités.

Cette lettre connue, les officiers de la garde nationale déclarent qu'ils donneront leur démission si la commission est dissoute. Les notables sont convoqués, et sur la présentation des démissions écrites de MM. de Sarret, maire, Bryon, adjoint, et Romain, commissaire de police, députent à Lons-le-Saunier MM. Choupot et Ch. Gerbet, pour obtenir du préfet la nomination de leurs remplaçants. Le 18, M. Choupot est nommé maire de la ville.

— 29 août. Il est délibéré que l'école primaire d'enseignement mutuel sera gratuite à l'avenir ; le traitement de l'instituteur sera élevé à 1,000 francs, et le nombre des Frères de la doctrine chrétienne réduit de quatre à trois, tel qu'il était primitivement.

— 30 septembre. Émeute des vignerons. Rassemblés au nombre d'environ 500, ils partent du faubourg de Faramand, en ordre, sur quatre de front, en silence, et se portent au bureau du receveur des contributions indirectes. Tous les registres, papiers et meubles du bureau sont jetés par les fenêtres et livrés aux flammes.

— 26 nov. Nouvelle organisation du collége, dont le budget est porté à 8,000 francs.

— Même jour. Le conseil renouvelle un arrêté pris le 4 décembre 1819, par lequel il est décidé que les arbres existant sur la promenade des Capucins, seront abattus, et que du prix provenant de leur vente, il sera construit, pour la clore, un mur à hauteur d'appui. Dans le pourtour seront plantés deux rangs de platanes, et le milieu restera libre pour servir aux manœuvres et évolutions de la garde nationale. La promenade prendra le nom de *Champ de Mars*. Cet arrêté est mis à exécution en 1831.

FIN.

TABLE GÉNÉRALE

DES MATIÈRES.

Achey, 58, 59, 60, 200, 210, 315, 316, 328, 346, 350, 428, 448 et 477.
Albert, archiduc, cardinal, 246, 247 et 261.
Albrico (Hiérosme), 263 et 265.
Alix, comt. de Bourg., 106, 110.
Alvelda (D. Fr. Gonzalez), gouverneur, 397, 400, 402, 403.
Alviset (Bernard), official, 550.
Amboise (Charles d'), général français, 154.
Amyot, curé de St.-Just, 191, 193.
Ancillon (Aimé), assassiné, 428.
Ange (Michel Girault, dit frère), 604 et 605.
Antide (reliq. de saint), 436.
Antigny (Philippe d'), 110.
Arbois (famille d'), 60, 61, 105, 110, 115 et 117.
Arbois (Philippe d'), évêque de Tournay, 61, 127 et 130.
Archives de la ville, 276.
Arenberg (prince d'), gouvern., 383 et 385.
Arlay, bourg, 309.
Armagnacs, 141.
Arménier (Etienne et Guy), baillis, 137 et 143.
Armoiries de la ville, 445 et 606.
Arnans (régiment d'), 311.
Arpentement, 462, 471 et 483.
Arquebuse (Jeu de l'), 184, 268, 286, 351, 446, 449 et 465.
Aspremont (vicomte d'), 403, 405 et 409.

Assemblées générales, 288, 306, 307, 321 et 326.
Assemblées nationales, 518, 521, 530 et 536.
Ateliers de charité, 339 et 341.
Aubijoux (d'), gouvern. de Bourgogne, 154 et 156.
Aubry, 55, 126 et 314.
Autrichiens, 609 et 610.
Aymon, abbé de Condat, 102.
Bailli d'Aval, 40 et 143.
Bailliage d'Arbois, 41, 501, 507.
Bailly, conventionnel, 574, 576.
Balerne, abbaye, 103.
Bancenel, 222, 552.
Barberot, 196, 199, 207, 343, 347, 533, 544, 547 et 611.
Barbier, 153, 462, 464, 523, 527 et 600.
Bardenet, prêtre, 18, 623, 624, 625.
Barjon (Martin de), 510.
Barochin, 546.
Barretaine (combat de), 301.
Barrières, 594 et 602.
Bassal, conventionnel, 543, 548, 549 et 550.
Bataillon du district, 543.
Baud, sous-préfet, 62.
Baudrand, 63 et 404.
Baudricourt, général, 158 et 159.
Bauffremont, bailli d'Aval, 290.
Baume (Pierre de la), cardinal, 64, 189, 192, 193 et 197.
Baume (Claude de la), cardinal, 65, 197, 204 et 206.

Belon de Coges, 192, 495, 510, 519, 546 et 593.
Belregard (Guillaume de), 126,
Benoît XIV, pape, 480.
Bergeret, 210 et 219.
Bérieux (de), colonel, 585.
Bernard, conv., 548, et 550.
Berthod, 179.
Besançon, (capitulation de) 410.
Besson, conv., 565, 566 et 568.
Betteraves (semis de), 607.
Bibliothèque de la ville, 576, 588 et 589.
Bichot, mesure, 105.
Biens nationaux, 527.
Billards et cabarets, 563.
Billot (Jean Louis), 63, 547.
Biou, ou chapeau de Saint-Just, 54, 567.
Biran (marquis de), 422.
Biron (maréchal de), 224, 226, 229, 231, 233, 254 et 268.
Bois communaux, 110, 122, 151, 278, 444, 453, 459 et 464.
Bolifraud (Oyan), 436.
Bonnedouce, 528, 621.
Bonnevaux, 230.
Bonstetten, 242 et 249.
Bontemps (famille), 66, 142, 153, 154, 158, 210, 219, 231, 238, 249, 250, 559, 421 et 471.
Bosne (Franç.), 234, 246, 252 et 255.
Boucher (garçon), 254.
Boucherie, 269 et 451.
Boudrans, 199, 200 et 219.
Boulangers, 280 et 540.
Bousson de Romain, cons., 487.
Boutechoux (comte de), 175, 515.
Bouvenot (famille), 67, 68, 479, 482, 483, 501, 507, 513, 516, 532, 580, 593 et 600.
Boy (Jehan), marguillier, 179.
Boyvin (Jean), président, 281.
Bracon, château, 112, 122, 158.
Brahier, 318, 489 et 492.
Brandons (dimanche des), 261, 266 et 268.

Brégand, 238 et 438.
Brenans (Prosper), 219.
Bresillet, 219, 249, 281 et 289.
Brevans (de), 519.
Brigands (alerte des), 516.
Brioches défendues, 217.
Broye, 546, 604, 608 et 613.
Bruet, 70, 309, 348, 359, 488, 515, 528, 547, 559, 697, 607, 620, 621 et 626.
Bulabois, 620.
Bureau de bienfaisance, 525, 554 et 595.
Caffod de la Ferrière, 510, 546, 595.
Canoz, 198, 214, 387 et 478.
Cantonniers ou partisans, 396.
Capitation, 446, 451, 454, 470.
Capucins, 18, 394, 598, 420, 424, 444, 473, 525, 529, 532, 534, 548, 619 et 625.
Caractère, mœurs et coutumes, 47.
Carillons de St.-Just, 472.
Carmélites, 19, 199, 325, 331, 337, 404, 428, 485, 527, 537.
Carmes, 421.
Casernes, 492.
Castel Rodrigo, 598.
Cavalier français assassiné, 580.
Cavaroz (Jean), de Villersfarlay, 238.
Cerdon (Aymonet de), 123, 126.
Cernans, village incendié, 317,
Certificat de catholicité, 496.
Chaffin, tour, 10.
Châlon (Jean de), 105 et 122.
Châlon (Philibert de), 188.
Chambre des Comptes de Dole, 167, 557, 462 et 491.
Chambre des Eaux et Forêts, 458.
Chambre de Justice, 409.
Chamilly, 358, 371, 374, 376, 378, 380, 413, 416, 422, 430, 447.
Champ de Mars, 427 et 628.
Champagne (de), colonel, 500, 501.

DES MATIÈRES.   631

Champagney (Perrenot de), 184, 216 et 250.
Champerroux, 13, 105 et 620.
Champy (Ch.-Adrien), 545, 548, 551, 557, 561 et 576.
Changin, faubourg, 13, 101, 112, 310, 328, 338, 372, 421, 432 et 450.
Chapelle de la Croix, 272, 281, 353, 355, 532, 534, 540, 572 et 586.
Chapelle de St.-Roch, 201, 203, 240, 465 et 534.
Chapelle de St.-Just, 126, 290 et 361.
Chapitre de N.-Dame, 130, 134, 137, 139, 141, 144, 158, 167, 191, 199, 202, 285, 289, 292, 310, 352, 335, 357, 361, 372, 385, 399, 413, 453, 439, 484, 494, 508, 522 et 527.
Chapuis, colonel, 402.
Charles, duc de Bourg., 151, 152.
Charles-Quint, empereur, 147, 174, 181, 183, 189, 192, 197.
Charpentier, comm. des guerres, 429.
Charreton de Romette, 338.
Château sur Salins, 353 et 360.
Château-Chalon, 500.
Châtelaine (la), village et château, 101, 106, 112, 116, 124, 132, 137, 401, 410, 456, 459, 470.
Chaudanne, tour, 8.
Chasse-coquin, 427.
Chaumois (forêt des), 106, 111, 113, 118, 151, 364, 444, 448, 468 et 470.
Chauvelin (de), intendant, 425.
Chauvirey, 151, 267.
Chemin de la Platière, 433.
Chevrière, 10, 14 et 110.
Chissey (Jean de), bailli, 124.
Choupot, avocat, maire, 627.
Cicon (Guy de), bailli d'Aval, 132.
Cimetière, 355 et 530.
Cise (de), 71, 177, 191.

Civisme (certificats de), 533, 552 et 556.
Clara-Eugénia, infante, 261, 265, 270 et 292.
Claude (saint), abbé, 102.
Claude (saint), martyr, 390, 393, 430 et 537.
Clayeux, receveur, 537.
Clément, prêtre, 437.
Clément VII, pape, 139 et 191.
Clerc, 196, 483, 508 et 520.
Clerc de Landresse, avocat, 626.
Clergé (assemblée du), 279.
Cléron (chevalier de), 325.
Cligney (cardinal de), 126.
Cloche (grosse), 218, 423, 440, 477 et 506.
Clocher de St.-Just, 158, 185, 200, 340, 343, 390, 434, 453, 456, 460 et 554.
Club, 536.
Cocagne, curé de St.-Just, 444, 447 et 467.
Cocarde tricolore, 585 et 616.
Coiteux (Claude), 286.
Collége, 171, 177, 217, 257, 280, 356, 363, 389, 427, 437, 441, 453, 467, 474, 480, 484, 487, 490, 495, 499, 506, 508, 526, 529, 532, 554, 589, 599, 600, 614, 622 et 628.
Combette, 564 et 579.
Commission municipale, 626.
Compagnies bourg., 481 et 482.
Comte, procureur-syndic, 458.
Conflans (marq. et marquise de), 343 et 348.
Confrérie de la Croix, 262 et 534.
Confrérie de St.-Vernier, 343, 349 et 355.
Confrérie du St. Esprit, 195, 209, 351, 426 et 432.
Conseil de Salut public, 545.
Conseil municipal, 20, 22, 209, 216, 219, 248, 257, 274, 277, 298, 314, 325, 344, 351, 372, 385, 413, 454, 476, 480, 494,

504, 509, 520, 535, 539, 543, 547, 550, 565, 577, 580, 589, 608, 616, 619, 622 et 624.
Constitution de 1791, 555.
Constitution civile du clergé, 528.
Contesse (Gillet), lieut. du bailli, 157.
Contributions indirectes, 603, 609, 612 et 628.
Convention nationale, 556, 551, 565, 569 et 573.
Cordier (Jean-Claude). 71.
Corporal de St. Just, 136.
Corvée, 484.
Costume local ancien, 52, 408.
Cote des Sergents, 142.
Coulon (Estevenin), 189.
Coulon, 533, 546, 573, 581, 586, 589 et 621.
Couquet, 146 et 554.
Courault, capitaine, 153.
Courbouson (de), 489.
Courcelles, faubourg, 5 et 12.
Courlaoux, 401.
Courval (vicomte de), 514, 516 et 520.
Courvoisier, prof. en d., 72, 504.
Cousin (Gilbert), de Nozeroy, 2.
Couvents (multiplicité des), 502.
Crécy (Emmanuel de), 294, 351, 360, 362 et 447.
Crestin d'Oussières, 476, 499, 500, 510, 525, 533, 595, 607, 611, 622 et 624.
Creusot (moulin du), 184.
Crissach, colonel Suisse, 243.
Croissey (Jean de), 233.
Croix de St.-Louis déposées, 546.
Cromary (Eudes de), 121.
Crouzet, village incendié, 317.
Croyson, mestre de c. franç., 310.
Crozets (moulins des), 105.
Cuisance, rivière, 7.
Cul-du-Brey, vallon, 6.
Culte supprimé et rétabli, 556, 559, 580 et 600.
Curé de St.-Just, 315, 331, 362, 422 et 441.

Cussemenet de Montrichier, 354 et 359.
Daguet, tour, 9, 212 et 220.
Dampjourdain, rue, 14 et 154.
Danses et jeux défendus, 330.
Darlay (Pierre), 219 et 260.
David, général, 73, 571 et 592.
David de Saint-Georges, 75.
Dejoux (Claude), sculpteur, 76.
Delort, 78, 592, 607, 613 et 626.
Démolition des places fortes, 414.
Denis (Pierre), hermite, 273, 279, 281, 289, 315 et 323.
Dépenses municip. en 1796, 585.
Désarmem., 579, 415, 609, 618.
Deschaux (Humbert du), 298, 309.
Déserteur remplacé, 441.
Désordres dans la ville, 390, 425, 441, 465, 469, 472, 521, 571, 581, 609 et 612.
Dieu de Pitié, oratoire, 487.
Dimes du Prieuré, 185, 260, 314, 320 et 346.
Dinocourt, garde d'artillerie, 481.
Disettes et famines, 438, 442, 451, 485, 499, 515, 555.
Distiques sur la conquête du comté, 581.
District d'Arbois, 565, 566, 572, 579 et 580.
Dixaines, 220, 223, 291, 388, 400.
Dole, ville, 142, 154, 271, 294, 305, 378, 394, 410, 421, 434.
Domet, 81, 97, 298, 304, 477, 491, 506, 510, 546 et 603.
Domo (Thiébaud), curé de Saint-Just, 141.
Domprel (Fauche de), 245.
Dosnes du Prieur, 205, 211, 215, 216, 243 et 298.
Dournon (combat de), 159.
Droits de l'homme, 545.
Droits de la ville, 481.
Droits royaux, 481.
Duchamp, 152, 157 et 318.
Dumont, docteur, 44, 81 et 607.
Duperrel, commandant, 418 et 419.

DES MATIÈRES.

Duras (duc de), gouverneur, 414, 418, 420 et 424.
Durfort (Raymond de), arch., 306.
Ecleux (cultivateur d'), 443.
Ecoles de filles, 539, 540 et 623.
Edits du magistrat, 590.
Eglise de Notre-Dame, 17, 138, 143, 438, 458, 476, 527, 536, 539 et 596.
Eglise de St.-Just, 16, 101, 138, 141, 146, 157, 218, 326, 330, 351, 421, 446, 453, 456, 460, 478, 531, 554, 561, 572, 586 et 608.
Egouthail (de l'), ing., 467, 472.
Election à l'Assemblée lég., 531.
Elect. aux Etats du comté, 509, 512
Elections du magistrat, 203, 353, 358, 429, 438, 479 et 493.
Election en plein air, 296.
Elect. des prudhommes, 111, 144.
Emeutes, 215, 286, 381, 415, 505, 544, 583 et 628.
Emigrés, 594.
Enseigne ou drap. de la ville, 270.
Epidémie, 496, 497.
Espenois (Claude d'), seigneur du Vernois, 210.
Estavayer (Guillaume et Nicole d') 18, 132 et 136.
Esternod (Guillaume d'), 124.
Etats-Généraux du Comté, 141, 204, 282, 285, 292, 298, 305, 369 et 508.
Etienne de Bourgogne, 104.
Eudes IV, duc de Bourgog., 120, 123 et 143.
Evêché sollicité à Arbois, 522.
Fabrique de Saint-Just, 482.
Familiarité, 16, 183, 185, 262, 272, 289, 352, 339, 385, 416, 425, 429, 433, 460, 468, 480, 486, 522 et 527.
Faramand, faubourg, 4, 12, 221, 226, 248, 404, 426 et 451
Fédération, 547.
Fenêtre du chœur de S.-Just, 192.

Fercourt ou Sarcou, canton, 179.
Ferdinand le Catholique, 181.
Ferrette (Simon de), 177.
Fêtes révolutionnaires, 525, 532, 541, 562, 572, 579, 586, 592.
Fête-Dieu rétablie, 600.
Feuillade (duc de La), 410, 412.
Filles de Marie, 18, 624.
Foires et marchés, 109, 139, 165 et 168.
Fontaine de la Grande-Place, 451 et 602.
Fontaines, 528, 596 et 625.
Fortifications, 8, 115, 121, 131, 140, 145, 149, 168, 170, 175, 181, 200, 205, 218 et 369.
Foules (V. Promenades et Champ-de-Mars.
Fours bannaux, 110, 118 et 132.
Fours partic., 262, 440 et 452.
Franchises de la ville, 110, 129, 143 et 207.
Franchise des vins, 147, 164, 167.
Frédéric-Barberousse, emp., 102.
Frères de la Doct. chr., 619, 628.
Froissard de Broissia, p.-g., 544.
Fuyards et poltrons, 378.
Gabelle, 330, 556 et 566.
Gadagne (comte de), 579.
Galatty, colonel Suisse, 258.
Gallois, 122, 370 et 436.
Gamache (l'abbé de), prieur, 450 et 474.
Garde nationale, 516, 524, 530, 545, 567, 577, 584, 591, 611, 618 et 626.
Gardes forestiers, 444 et 467.
Gardes fruits, 54, 269 et 360.
Garnier, conventionnel, 545.
Garnier, tambour, 610.
Garnison allemande, 166.
Gatinara (Mercurin Arborio de), 178 et 186.
Gaume, missionnaire, 621.
Gauthier, 114.
Gelées, 435 et 452.
Gemilly, (Pierre de), 200.

Gendarmerie, 594 et 620.
Gerbet, 591, 626 et 628.
Gillaboz, 82, 201, 210, 219, 223, 235, 241, 249, 385, 423, 449, 489, 502 et 519.
Gilley, (Simon de), 142.
Gilley (Jeanne de Marnix, dame de), 194.
Gillois, faubourg, 13.
Gingins la Sarraz (le baron de), 5.
Girardot, 205, 452 et 458.
Girardot de Beauchemin, 299 et 304.
Girod, doyen de Nozeroy, 450 et 458.
Giroulet, 489, 562 et 579.
Glanne, 83, 101, 171, 199, 210, 219, 235, 276, 288, 387, 425, 429, 518, 533 et 579.
Glénon, 5, 180 et 421.
Gloriette, tour, 10, 133, 144, 181, 209, 261, 286 et 552.
Gorrevod (Charles de), archev., prieur, 349, 350 et 358.
Grammont (Ant.-Pierre Ier et IIe), archevêques, 368 et 482.
Grammont (comte de), 392, 455.
Grammont (François-Joseph), archevêque, 459.
Grandmont, commandant de Salins, 511.
Granges (de), colonel, 384.
Grandvelle (Nicolas Perrenot de), 184 et 192.
Grandvelle (le cardinal de), 190 et 206.
Grappin (Dom), 105.
Grassy (Jean de) 238.
Gray (ville de), 289, 334, 388, 401.
Grêle, 455 et 474.
Gresset, 546.
Grilliard, 5, 193, 199, 219, 228, 234, 246, 266 et 530.
Grillon, adjud. gén., 83, 371, 608.
Grimont, château, 118, 157, 160, 301, 305, 308, 311, 317, 320, 325 et 327.

Grosez, 84, 489.
Grozon, village, 122, 215 et 441.
Grun, command. de Joux, 324.
Guébriant (comte de), 306.
Guérin Senoy, assassiné, 428.
Guerre (bruits et préparatifs de), 210, 217, 277, 293, 325, 349, 371, 385, 389, 396, 399, 534.
Guillaume-l'Enfant, comte de Bourgogne, 101.
Guyot-Jehannin, 181, 201, 209.
Halle au blé établie, 597.
Héminage (droit d'), 357 et 361.
Henri IV, roi de France, 51, 224, 226, 235 et 239.
Herbey (colonel d'), 386.
Herbillon, notaire, 528 et 535.
Hermitage, 18, 162, 273, 279, 281, 286, 289, 300, 308, 516, 523, 528, 338, 370, 390, 436, 450, 457, 460, 478, 498, 507, 586 et 607.
Héroïsme d'une Arboisienne, 230.
Hilarion Lespaly, hermite, 370, 401, 405, 416, 425 et 437.
Hôpital, 17, 115, 152, 223, 325, 356, 389, 426, 431, 435, 439, 453, 470, 490, 534, 548, 605 et 620.
Hôtel-de-Ville, 162, 182, 305, 331, 337, 371, 446, 475, 504, 537 et 572.
Huguenet, 525, 435 et 439.
Huguenin (Louis-François), 533.
Hugues, abbé de St. Claude, 105.
Hugues, comte de Bourgogne, 106 et 110.
Hugues III, archevêque, 101.
Huot (Philippe), de Salins, 214.
Hypocras, 359.
Impositions, 324, 327, 356, 391, 454, 466, 475, 506, 609, 613 et 618.
Impôt royal, 426, 429, 431, 434, 440, 446 et 454.
Incendies (précautions contre les), 275 et 566.

Indigents, 209, 258, 288, 352, 452 et 606.
Inondations, 172, 352, 455, 474.
Instruction primaire, 110, 582, 588, 619 et 628.
Ivory, village, 429.
Jacquemet, échevin, 397, 425, 443.
Jaillon (Fauche de), 84, 219.
Jallerey, 235.
Jarre, 268, 304, 309, 357, 372 et 397.
Javel, 564 et 592.
Jean-Sans-Peur, duc de Bourgogne, 139 et 142.
Jeanne de Bourgogne, reine de France, 115 et 121.
Jeanne, duchesse de Bourgogne, 120 et 123.
Jennoret de Bersaillin, 123.
Jérusalem (chevaliers de St.-Jean de), 123.
Jésuites de Dole, 267.
Jets, ou impositions extraordin., 135, 155, 158, 168, 199, 205, 221, 248, 306, 310, 321, 326, 352, 355, 369 et 384.
Jeux de hasard défendus, 330.
Jobelot, présid., 84, 424 et 432.
Jobert, 155 et 201.
Joliton, secrétaire, 548 et 578.
Jouiste (le Père), capucin, 427.
Jourdain (Nicolas), 340 et 348.
Jouvenot, serrurier-poète, 85.
Jouvenot (Pierre), de Mesnay, 522.
Jubilé, 352.
Juifs, 123.
Juridiction du magistrat, 497.
Justice, 151 et 186.
Justice de paix, 527.
Kapler, ou Chapelard, capitaine, 159 et 161.
Lacoré (de), intendant, 493, 501.
Lacuson, capitaine, 402.
La Fond (de), intend., 430, 440.
Laire (le Père), minime, 499.
Lallemand (Pierre), seigneur de Montigny, 225 et 252.

Lalot, curé de St.-Just, 467, 478.
Laloux (Guillaume), 166 et 169.
Lambert, de Besançon, 229.
Lambert (Nicolas), caporal, 304.
Langeron, lieuten. gén., 516, 521.
Lapret, architecte, 602.
Lardereau (Huguenin), 131.
Lardon (Michel), 249 et 263.
Larnay, faubourg, 13, 141, 498.
Larrons condamnés, 432.
Laurenceot, dit Caulion, 411.
Laurenceot, 210, 231, 237, 293, 425, 521, 607 et 611.
Laurenceot, conventionnel, 86, 515, 563, 582, 586 et 626.
Laurenceot (Jean-Désiré), 86, 555 et 571.
Laurent, curé de S.-Just, 387, 432.
Lecoz (Claude), archev., 597, 616.
Legrand, sieur de Charchilla, 276.
Lejeune, conventionnel, 557, 577.
Lezay-Marnésia, 464.
Ligier (N**), 133.
Lisola, chanoine, 285.
Listenois (marquis de), 384, 401.
Loëtte (Philippe de), 159.
Loi martiale, 521.
Longueville (duc de), 299, 317.
Lons-le-Saunier, ville, 500, 402.
Louhans, ville, 401.
Louis IX, roi de France, 106.
Louis XI, id., 150 et 157.
Louis XIV, id., 359, 379 et 458.
Louis XV, id., 473 et 490.
Louvet, 334 et 448.
Luxembourg (duc de), 374, 377.
Lyonnais (régiment de), 418.
Magnin (Thiébaud), 232.
Mahaut, ou Mathilde, comtesse d'Artois, 20, 50, 110, 120, 179, 210, 272, 461, 491 et 507.
Maigrot (Pierre), prêtre, 437.
Maillot (Henri de), 159.
Maire, 87, 480 et 487.
Mairie, 20, 163, 445.
Maison d'arrêt et prison, 550.
Maladrerie, 8, 99, 170, 193, 214.

Manantage, 454 et 479.
Maraudeurs (punition des), 54.
Marcellin (reliques de saint), 390 et 433.
Marchand, 215 et 285.
Marchant (Philippe), écuyer, 266.
Maréchaussée étab. à Arbois, 504.
Marenches (Ansel. de) bailli, 157.
Marguerite d'Autriche, 158, 188.
Marguerite de Flandre, 121, 140.
Marguerite de France, 17.
Marguillier de St.-Just, 177, 329.
Mariages de soldats dotés par les villes, 603 et 606.
Marie de Bourgogne, 152.
Marie-Thérèse, reine de France, 359 et 429.
Marionnettes (joueur de), 428.
Marival (de), 481.
Marmet, orfèvre à Salins, 421.
Martin, 458 et 465.
Massiette (colonel), 595.
Mathenay, village, 100.
Mathey (N**), 276.
Mathon, chanoine, 401.
Maximilien, empereur, 147, 152, 158, 162, 172, 178 et 183.
Maximum (loi du), 551.
Mayeurs et échevins (liste des), 26 à 40.
Melecot, 131, 219 et 585.
Mendiants étrangers, 214, 261, 440, 452 et 515.
Mercière (rue), 123 et 474.
Mérona, commandant, 403 et 410.
Mesnay, village, 6, 100, 115, 145, 200, 215, 310, 344, 564, 444, 473, 487, 567, 582 et 620.
Messe matinale, 492.
Mesurage des vins, 194.
Mévillot, bailli de Bourg., 119.
Milice (tirage de la), 436 et 445.
Milice d'Aval, 385 et 400.
Milleret, avocat, 520, 534, 543.
Minimes, 18, 285, 298, 528, 430, 461, 525, 595 et 603.
Mirebel, château, 104.

Misère, 201, 288, 420 et 440.
Missionnaires, 345.
Molay (Jacques de), 117.
Molpré, 106, 154 et 152.
Monitoires, 257, 272, 315, 357, 427 et 491.
Monnier (Clauda), veuve Morel, 254 et 256.
Monstres d'armes, 192, 268, 408.
Montauban (marquis de), 425.
Monterey (comte de), 592.
Montferrand (le sire de), 127, 155.
Montigny, village, 99, 134, 145, 215, 294, 304, 351 et 362.
Montjoie Vigoreux, curé de Pesmes, 306 et 336.
Montrond, château, 104 et 121.
Montrond (Antoine de), mayeur, 219 et 237.
Morel (Joseph), capitaine, 13, 224, 240, 487 et 535.
Morfontaine, capitaine, 420.
Morillière (de la), 237.
Morivaux, 88, 489, 507, 513, 521, 532, 542, 550, 562, 573, 581.
Mornay (de), évêq. et prieur, 474.
Motte (château de la), 58, 307.
Mouchard, forêt et village, 134, 175, 278, 341 et 434.
Moulins de la ville, 102, 118, 194 et 433.
Moyrans, bourg incendié, 300.
Moyse, év. du Jura, 532 et 588.
Muids d'Arbois, sa conten., 620.
Murs de la ville, 451.
Myon (Girard de), 153.
Nancray (Fauche de), mayeur, 295, 350 et 572.
Napoléon Ier, 595 et 615.
Narbonne (comte de), 519, 521.
Naturel (Philibert), prieur, 171 et 185.
Navailles (duc de), général français, 401.
Neutral. du Comté, 185, 242, 290.
Neuville (de la), intend., 462, 472.
Noirot, 88, 528 et 597.

DES MATIÈRES.

Noisy (marq. de), gén. fr., 580.
Normand, ingénieur, 495.
Notables de la ville (assemblée des), 378.
Octroi municipal, 448 et 601.
Offices municipaux, 438 et 503.
Oies (tour des), 9, 198 et 569.
Olivettes (mont des), 14.
Orages et ourag., 211, 389, 503.
Orange (prince d'), 153 et 271.
Orchamps (d'), doyen du Chapitre, 468 et 471.
Orges (d'), 575.
Orgues de St.-Just, 575.
Orléans, 141 et 290.
Otages (loi des), 537.
Otton II, III, IV, comtes de Bourgogne, 103 et 114.
Ouvriers (journées d'), 268, 277, 330, 344 et 370.
Oyan de Joux (saint), abb., 101.
Pacoutet (Claude), 234, 266, 277 et 543.
Papillard, 180, 539, 544 et 582.
Parandier (Philippe), 569.
Paraudier (Antoine), 543.
Parlement de Besançon, 43, 421, 428, 451, 456, 466 et 496.
Parlement de Dole, 197, 208, 244, 252, 259, 273, 288, 295, 311, 319, 329, 346, 349, 354, 362 et 394.
Parties, expéd. milit., 315 et 321.
Passages de troupes espagnoles, 270 et 277.
Patois local, 52.
Patornay, 387.
Patrie en danger, 535.
Patrognet, 219 et 318.
Péalardy, général, 89.
Pécauld, 47, 184, 210, 223, 241, 269, 343, 354, 361, 386, 397, 420, 443, 455, 495, 510, 523, 539 et 578.
Pêche (droit de), 288.
Pélican, 168 et 451.
Pelouse (de), capitaine, 518.

Perrey, grange, 125, 196, 210, 432 et 454.
Perrin (Cl.), peintre, 90, 431, 453.
Perrin, curé de St-Just, 363, 444.
Perrin, vicaire général, 90.
Perroux, 363, 377, 510 et 611.
Pestes, 128, 178, 191, 208, 252, 257, 260, 267, 275, 282, 289, 294, 296, 465 et 502.
Petitjean, 91, 131, 214, 262, 309, 318, 457, 508, 527, 579, 593, 604, 608, 612 et 617.
Philippe II, roi d'Espag., 197, 263.
Philippe IV, roi d'Espagne, 367.
Philippe-le-Beau, comte de Bourgogne, 168 et 172.
Philippe-le-Bel, roi de France, 113 et 117.
Philippe-le-Bon, duc de Bourgog., 43, 142, 144, 146, 149.
Philippe-le-Hardi, duc de Bourgogne, 126, 130, 140.
Philippe-de-Rouvre, id., 123, 126.
Pianet (Jacques), 219.
Pichegru, général, 91, 555, 571, 589, 601, 612, 621 et 624.
Pierre, év. d'Albe, cardinal, 127.
Places de la ville, 14, 248.
Planche du soldat, 393.
Planches-les-Arbois, village, 7, 112, 157, 215, 262, 410, 470 et 480.
Plants de vignes, 473.
Platière (Humbert de la), 61, 126, 135, 138.
Plumey, 94, 526, 552, 559, 586, 600 et 622.
Poinçons de vin blanc, 338.
Poitiers (Joachim de), 296, 549.
Poligny, ville, 110, 202, 301, 350, 402, 409 et 516.
Polvillers (baron de), 198.
Pompes et pomp., 489, 606, 613.
Poncet, préfet du Jura, 593, 602.
Ponts, 174, 198, 263, 270, 277. 354, 360, 449 et 471.
Pontailler (Thomas de), 196.

Portes de la ville, 8, 102, 211, 218, 401, 488 et 490.
Poste aux chevaux, 498.
Poupet (Jean de), bailli d'Aval, 195.
Pouquet (Pierre), 94, 537, 556.
Pralon, ferblantier, 460.
Prédicateur de l'Avent et du Carême, 270 et 365.
Préséance aux Etats, 193 à 208.
Prêtres émigrés, 567 et 590.
Prévosté, 567.
Prieurs (liste des), 15.
Prieuré de St.-Just, 6, 15, 104, 126, 147, 520, 534, 587, 504, 525, 530, 576 et 579.
Proby, curé de St.-Just, 283, 337 et 365.
Procès, 328 et 456.
Processions, 216, 251, 260, 267, 270, 286, 289, 351, 345, 352, 369, 426, 436 et 459.
Procureur du roi de police, 491.
Productions du sol, 41.
Promenades, 11, 427 et 628.
Protestants chassés de Besançon, 204.
Proverbes arboisiens, 49.
Prudhommes (liste et serment des), 23 à 26.
Pupillin, 99, 118, 126, 137, 170, 200, 215, 271, 420 et 473.
Queminet (Pierre), chapel., 289
Quinônès, gouvern., 389 et 394.
Rahon, 237.
Raincourt (de), command., 300.
Raisin (tour du), 9.
Rançonnières (de), bailli d'Aval, 165.
Randans (le duc de), 482.
Ratelot, 177, 219, 252, 277.
Recensement de la pop., 488, 492, 501, 525, 540, 572, 601, 605.
Réception d'habitant, 284 et 471.
Receveur de la ville, 269.
Réformation (tribunal de la), 510.
Regnauld 1er et III, comtes de Bourgogne, 99 et 102.

Regnauld (Christophe), 379.
Regnauld d'Epercy, 94, 458, 450, 476, 498, 513 et 526.
Religieux du Prieuré, 357, 361, 441, 456 et 482.
Religion (signes extérieurs de), enlevés, 557.
Reliques de l'église de St.-Just, 139, 146, 182, 207, 247, 421, 537 et 586.
République (proclam. de la), 538.
Réquisition (première), 549.
Retrahants (villages), 10.
Réunion religieuse, 597.
Revenus de la ville, 338, 503, 526 et 606.
Rhody (Pierre), chan., 285, 295.
Ribauds (roi des), 122.
Robert-l'Enfant, comte de Bourgogne, 114 et 118.
Robert (Louis), receveur, 571.
Rochet (François), 451.
Rosalie (reliques de Ste.), 459.
Rosières (tour de), 8.
Rougemont (Gérard de), archevêque, 104.
Rousseau, 219 et 491.
Routes, 445, 476, 480, 530 et 576.
Routiers, 124.
Roy, capitaine, 377 et 397.
Rozay, 553, 546, 576, 601, 624.
Rye (Ferdinand de), archevêque, 207, 260 et 295.
Rues de la ville, 11 à 14.
Sacrilége commis à St-Just, 362.
Sacristain de St.-Just, 206, 259 et 272.
Saillard, 95, 564 et 593.
Saint Claude, abbaye, 351 et 345.
Saint-Cyr, village, 100 et 355.
Saint-Martin (marquis de), 295, 312, 316.
Saint-Mauris (de), 214, 219, 311 et 312.
Saint Pierre-sous-Vadans, 104.
Saint-Vallier (comte et comtesse de), 534.

Sainte-Agne, château, 372, 401.
Salins, ville, 122, 216, 297, 308, 374, 382, 396, 407, 413, 434, 443, 497, 572 et 623.
Saron (domaine du), 530.
Saron, 528, 548, 586 et 619.
Sarre (Jacques de), commandeur, 147.
Sarret de Grozon, 95, 200, 455, 611, 614, 618 et 627.
Savoyeux (baron de), 306 et 536.
Scey (baron de), gouverneur, 313 à 361.
Sel (distribution du), 293.
Semeth, principal, 453 et 474.
Sergents de ville (uniforme des), 490 et 496.
Serment du bailli, 129.
Société populaire, 544 à 559.
Sonnerie des cloches en temps d'orage, 469 et 505.
Soulerots, canton, 196 et 444.
Statues de saint Just et de la Vierge, 365.
Suspects, 536 à 567.
Taxe des denrées, 551 et 554.
Temple de la Raison, 558 et 561.
Templiers, 106 et 116.
Territoire, 8, 471 et 522.
Terroristes, 577.
Tespe aux loups, 179.
Tespe (Guillaume de la), 157 et 179.
Tessonières, canton, 180.
Théâtre, 568.
Thoire (dom de), 19, 116 et 118.
Thoraise (baron et baronne de), 200, 343, 356, 383 et 420.
Tiercelines, 19, 336, 352, 390, 424, 485, 527 et 537.
Tóchener, explication de ce mot, 303.
Tonneaux à vin blanc, 269.
Tour (Guillaume de La), archevêque, 16, 105.
Tournay (chapelles de), 130, 143.
Tremblecourt, 51, 220 et 222.
Tremblements de terre, 206, 288.
Trépassés (glas des), 354 et 367.
Tribunal du district, 526.
Tribunal de première instance, 593 et 600.
Tumulte pour rouvrir les églises, 559.
Ursulines, 19, 282, 493, 527, 537, 587, 593 et 600.
Vadans, village, 3, 157, 205, 304, 371 et 375.
Valempoulières, village, 170, 196, 318, 401 et 420.
Van-Hasberg, capit., 159, 166.
Vanolles (de), intendant, 475.
Varambon (marquis de), colonel, 204.
Vaudemont (prince de), 407, 409.
Vaudrey, village, 402 et 412.
Vaudrey (famille de), 104, 106, 115, 123, 139 et 151.
Vauldry de la Borde, 595.
Vautravers (tour de), 9.
Vaux-sur-Poligny, monast., 122.
Vauxelles (Voy. Chauvirey).
Vauxy (grange de), 5, 530.
Vauxy (titres des dimes de) livrés aux flammes, 538.
Vélasco, 221, 241 et 252.
Vellefaux (tour de), 9.
Vendanges étrangères, 360.
Vercel, chanoine, 450.
Vercey (Nicolas Coutre de), 242.
Verguières (de), command., 305.
Vergy (Antoine de), archevêque, 16 et 193.
Vergy, gouverneurs, 181 à 286.
Vermot, 528, 559, 600 et 622.
Vernier, colonel, 306.
Verreux, faubourg, 13, 307, 423 et 498.
Verreux (Jean de), 143.
Vers-Vaudrey (de), 456 à 472.
Vidart, commandant, 317.
Vienne (Hugues, Guill. et Jean de), 17, 106 et 124.
Viénot, conseiller, 165.

Vignes, 266, 278, 371, 433, 461.
Vigoreux, 97, 143, 197, 248, 261, 269, 278, 317, 375, 477.
Villefrancon (Guy de), bailli, 119.
Villeneuve-d'Aval, village, 100 et 355.
Villeroy (marquis de), 507, 512.
Villersfarlay, village, 204, 215 et 355.
Villersexel (Jean de), commandeur, 144.
Villette-les-Arbois, 100, 124, 140, 145, 206, 215, 365, 411, 425.
Vin d'Arbois, 41, 209, 264, 287, 453.
Vin blanc (envoi de), 275, 391, 437, 450, 502 et 506.
Vin étranger, 330, 356 et 485.
Vineterie, 356, 451 et 507.
Vinetier (chemin), 495 à 498.
Virées de moutons, 276.

Visconti (Fabio), mestre de camp, 398.
Vœux du Tiers-Etat d'Arbois, en 1789, 509 à 513.
Voiturier, 97, 143, 358, 569, 375 et 589.
Voleurs dans les campagnes, 570.
Volontaires, 535.
Vuillame, 365 et 587.
Vuillin, 134, 219, 238, 249, 258, 366 et 569.
Watteville (comtesse de), 348.
Watteville (Nicolas de), 243 et 348.
Weymar (duc de ...), 51, 500 et 508.
Willemin (Jean), 97, 230, 237 et 277.
Xaintonge (Anne de), 283.
Yenne (marquis d'), 363 et 365.

FIN.